Inhalt

Grundbegriffe, Methoden und Verfahren der Physik

1

ENTWICKLUNG UND EINTEILUNG DER NATURWISSENSCHAFTEN

Naturwissenschaften

Gesamtheit aller Wissenschaften von der anorganischen und organischen Natur, deren Aufgabe es ist, jene in der Natur wirkenden Beziehungen und Gesetze zu erkennen und zu beschreiben, die als Grundlage zweckmäßigen Handelns der Menschen dienen können

Einteilung der Naturwissenschaften

Physik	Wissenschaft von den Eigenschaften und Zustandsformen, der Struktur und Bewegung der nichtlebenden Materie, den diese Bewegungen hervorrufenden Kräften oder Wechselwirkungen und den dabei wirkenden Gesetzmäßigkeiten
Chemie	Wissenschaft von den Stoffen, ihrem Aufbau, ihren Eigenschaften, den Reaktionen, die zu anderen Stoffen führen und den dabei wirkenden Gesetzmäßigkeiten
Biologie	Wissenschaft vom Leben, seinen Gesetzmäßigkeiten und Erscheinungsformen, seiner Ausbreitung in Raum und Zeit. Sie erforscht Ursprung, Wesen, Entwicklung, Komplexität und Vielfalt der Lebenserscheinungen.
Astronomie	Wissenschaft von den vielfältigen Erscheinungsformen der Materie im Kosmos, ihren Bewegungen und physikalischen Zuständen, ihrer Entstehung und Entwicklung und den dabei wirkenden Gesetzmäßigkeiten

Innerhalb der Naturwissenschaften haben sich weitere *selbständige Wissenschaftsgebiete* (z. B. Geologie, Mineralogie, Meteorologie) und *Grenzwissenschaften* (z. B. Geophysik, Biochemie, Biophysik, physikalische Chemie) herausgebildet. Die Physik wird in *Teilgebiete* mit unterschiedlichen Untersuchungsgegenständen gegliedert. Zwischen den Teilgebieten gibt es enge Verbindungen.

Teilgebiete der Physik

Die Inhalte der Physik können nach unterschiedlichen Gesichtspunkten geordnet werden. Neben der *historisch gewachsenen Gliederung* der Physik in Teilgebiete (z. B. Mechanik, Optik, Elektrizitätslehre) können die Inhalte auch nach *Strukturbegriffen* (z. B. Teilchen, Welle, Feld) oder nach *Konzepten* (z. B. Erhaltungskonzept, Wechselwirkungskonzept, Relativitätsprinzip) gegliedert werden.

Klassische Physik	
Teilgebiet	**Gegenstand**
Mechanik	Erscheinungen und Vorgänge, die mit den Eigenschaften der Körper unter dem Einfluß von Kräften verbunden sind und bei Geschwindigkeiten, die klein sind gegenüber der Lichtgeschwindigkeit und ohne Berücksichtigung der speziellen Herkunft der Kräfte (↗ S. 65)
Akustik	Erscheinungen und Vorgänge im Zusammenhang mit der Erzeugung, der Ausbreitung und dem Empfang von Druck-Dichte-Wellen in verschiedenen Medien im Bereich der Tonfrequenz, des Ultra- und Infraschalls und deren Wirkungen auf den Menschen (↗ S. 137)
Thermodynamik	Erscheinungen und Vorgänge, bei denen Wärmewirkungen und Temperaturänderungen auftreten, sowie die Vorgänge der Umwandlung von thermischer Energie in andere Energieformen und umgekehrt (↗ S. 141)
Optik	Erscheinungen und Vorgänge, die mit der Entstehung und Ausbreitung des Lichtes im Vakuum und in Stoffen als Teil des elektromagnetischen Spektrums verbunden sind und vom Infrarot über das sichtbare Licht bis zum Ultraviolett reichen (↗ S. 253)
Elektrizitätslehre	Erscheinungen und Vorgänge, die mit ruhenden oder bewegten elektrischen Ladungen und den von ihnen ausgehenden elektrischen und magnetischen Feldern verbunden sind (↗ S. 181)

Moderne Physik	
Teilgebiet	**Gegenstand**
Atomphysik	Erforschung und Beschreibung des Aufbaus der Atome, ihrer Struktur und ihrer Wechselwirkungen untereinander und mit elektrischen und magnetischen Feldern (↗ S. 295)
Kernphysik	Erforschung und Beschreibung des Aufbaus und der Struktur der Atomkerne, sowie der Eigenschaften und der Umwandlungen von Atomkernen, der Radioaktivität, der Kernenergie, der Kernspaltung und der Kernfusion (↗ S. 315)
Quantenphysik	Erforschung und Beschreibung der Wechselwirkung von Materie und Licht, insbesondere der Vorgänge in atomaren Dimensionen (↗ S. 295)
Elementarteilchenphysik	Erforschung der subatomaren Welt und Beschreibung der Existenz, der Struktur, der Erzeugung und Vernichtung von Elementarteilchen sowie der zwischen diesen Grundbausteinen wirkenden Kräfte (↗ S. 315)
Festkörperphysik	Erforschung und Beschreibung des Zusammenhanges, der zwischen den Atomen bzw. Molekülen und den mechanischen, thermischen, optischen, magnetischen und elektrischen Eigenschaften fester Stoffe besteht

Teilgebiet	Gegenstand
Relativitätstheorie	Untersuchung des Zusammenhanges von Raum, Zeit und Bewegung auf der Grundlage des Prinzips der Konstanz der Lichtgeschwindigkeit und der Invarianz der mechanischen Gesetze in zueinander geradlinig und gleichförmig bewegten abgeschlossenen Systemen (spezielle Relativitätstheorie) sowie über die Abhängigkeit der metrischen Struktur des Raumes von der Massenverteilung im Kosmos (allgemeine Relativitätstheorie) (↗ S. 285)

Betrachtungsweisen in der Physik

Makrophysikalische Betrachtungsweise Betrachtungsweise, die sich auf physikalische Objekte bezieht, deren Größenordnung bzw. deren Wirkungen im Bereich der menschlichen Wahrnehmungen liegen ■ Bewegung eines Fahrzeuges; Längenänderung bei Temperaturänderung; Wirkungen des elektrischen Stromes	*Mikrophysikalische Betrachtungsweise* Betrachtungsweise, die sich auf die Physik der kleinsten Teilchen bezieht und für die das Plancksche Wirkungsquantum und die Heisenbergsche Unbestimmtheitsrelation kennzeichnend sind ■ thermische Bewegung der Moleküle; Eigenschaften der Photonen
Körperbezogene Betrachtungsweise Betrachtungsweise, bei der die Aufmerksamkeit ausschließlich auf die wechselwirkenden Körper gerichtet ist ■ Anziehung und Abstoßung elektrisch geladener Körper	*Feldbezogene Betrachtungsweise* Betrachtungsweise, bei der der durch das Vorhandensein eines physikalischen Feldes besondere Zustand des Raumes einbezogen wird ■ Kraft auf einen elektrisch geladenen Körper an verschiedenen Punkten eines Raumgebietes, erkennbar z. B. an der Auslenkung des Körpers
Phänomenologische Betrachtungsweise Betrachtungsweise, bei der die makroskopisch wahrnehmbaren Eigenschaften und Vorgänge mit makroskopisch meßbaren physikalischen Größen (z. B. Druck, Temperatur, Volumen, innere Energie) beschrieben werden ■ Zustandsgleichung des idealen Gases $p \cdot V = m \cdot R \cdot T$	*Kinetisch-statistische Betrachtungsweise* Betrachtungsweise, bei der von der Teilchenvorstellung ausgegangen wird und die Eigenschaften der Stoffe sowie die ablaufenden Prozesse auf der Grundlage der Bewegung der Teilchen (kinetischer Aspekt) und ihrer Wechselwirkungen untereinander mit statistischen Größen (statistischer Aspekt) beschrieben werden ■ Zustandsgleichung des idealen Gases $p \cdot V = \frac{2}{3} N \cdot \bar{E}_{kin}$

Kontinuumsvorstellung Vorstellung, die von einem lückenlosen Zusammenhang in den physikalischen Objekten und Prozessen ausgeht, der ohne Sprünge verläuft und in dem es keine Grenze der Teilbarkeit gibt ■ physikalische Felder	*Diskontinuumsvorstellung* Vorstellung, die von der Existenz diskreter, abgegrenzter und endlicher Teile, Elemente oder Bestandteile eines Ganzen, eines Objektes oder eines Prozesses ausgeht ■ Aufbau der Stoffe aus Teilchen
Kinematische Betrachtungsweise Betrachtungsweise, bei der Bewegungsvorgänge analysiert und typischen Bewegungen zugeordnet werden, ohne nach den Ursachen von Bewegungsänderungen zu fragen. Bestimmend sind die Begriffe Geschwindigkeit und Beschleunigung. ■ Beschreibung einer Welle als zeitlich und örtlich periodische Schwingung von Teilchen um ihre Ruhelage	*Dynamische Betrachtungsweise* Betrachtungsweise, bei der Bewegungsvorgänge unter Berücksichtigung der Kräfte analysiert werden, die die Bewegung und ihre Änderung hervorgerufen haben. Bestimmend sind die Begriffe Geschwindigkeit, Beschleunigung, Kraft, Masse und Energie. ■ Beschreibung einer mechanischen Welle als Ausbreitung eines Impulses, bei dem Energie übertragen, aber kein Stoff transportiert wird
Kausale Strategie Strategie zur Behandlung von Bewegungsvorgängen auf der Grundlage kinematischer und dynamischer Gesetze Grenzen: in der Mikrophysik nicht anwendbar	*Bilanzdenken* Strategie zur Behandlung von Bewegungsvorgängen auf der Grundlage von Erhaltungssätzen (z. B. der Energie, des Impulses, des Drehimpulses) Grenzen: Da in Erhaltungssätzen die Zeit nicht auftritt, kann keine Aussage über den zeitlichen Ablauf getroffen werden.

■ Erarbeitung der Gleichung für die Geschwindigkeiten beim freien Fall

Kausale Strategie:

$$s = \frac{g \cdot t^2}{2} \qquad v = g \cdot t$$

$$t = \sqrt{\frac{2 \cdot s}{g}}$$

$$v = \sqrt{2 \cdot g \cdot s}$$

Bilanzdenken:

$$E_{kin} = E_{pot}$$

$$\frac{m \cdot v^2}{2} = m \cdot g \cdot s$$

$$v = \sqrt{2 \cdot g \cdot s}$$

Teilchenvorstellung Vorstellung zur Erklärung physikalischer Erscheinungen und Vorgänge auf der Grundlage des Teilchenmodells	*Wellenvorstellung* Vorstellung zur Erklärung physikalischer Erscheinungen und Vorgänge auf der Grundlage des Wellenmodells

Teilchenmodell
Modell für Mikroobjekte, das solche Eigenschaften charakterisiert, die auch kleinen Körpern (Teilchen) zukommen
Zur Untersuchung, Beschreibung und Erklärung des Verhaltens von Mikroobjekten werden die Eigenschaften kleiner, makroskopisch wahrnehmbarer Körper benutzt (z. B. Billardkugeln, Stahlkugeln, Seesandkörnchen).

Merkmale des Teilchenmodells
- Die Teilchen eines Stoffes werden als punktförmig angenommen.
- Die Teilchen eines Stoffes befinden sich in ständiger ungeordneter Bewegung. Zwischen den Teilchen wirken Kräfte.
- Die Teilchen befinden sich zu jedem Zeitpunkt an einem bestimmten Ort, besitzen eine bestimmte Geschwindigkeit und einen bestimmten Impuls.
- Die Teilchen sind diskontinuierlich über den Raum verteilt.
- Jedes Teilchen bewegt sich auf einer bestimmten Bahn.
- Die von den Teilchen übertragene Energie hängt von der Teilchendichte ab ($E \sim n$).

■ thermische Bewegung von Molekülen

Wellenmodell
Modell für Mikroobjekte, das solche Eigenschaften charakterisiert, die auch Wellen besitzen
Zur Untersuchung, Beschreibung und Erklärung des Verhaltens von Mikroobjekten werden die Eigenschaften von Wellen benutzt (z. B. Wasserwellen, Schallwellen).

Merkmale des Wellenmodells
- Wellen sind räumlich ausgedehnt.
- Wellen sind durch die räumliche und zeitliche Änderung einer physikalischen Größe gekennzeichnet.
- Bei der Überlagerung von Wellen tritt Interferenz auf.
- Durch Wellen wird Energie übertragen, jedoch kein Stoff transportiert. Die übertragene Energie ist dem Quadrat der Amplitude der Welle proportional ($E \sim A^2$).

■ Eigenschaften elektromagnetischer Wellen

Quantenvorstellung
Vorstellung, die auf der Eigenschaft von Mikroobjekten (z. B. Elektronen, Protonen, Photonen) beruht, daß bestimmte Wechselwirkungen weder mit dem Teilchenmodell noch mit dem Wellenmodell vollständig beschrieben werden können
Der Zusammenhang zwischen dem Teilchen- und dem Wellenmodell wird durch die de-Broglie-Beziehung $p = \frac{h}{\lambda}$ vermittelt (↗ S. 303).

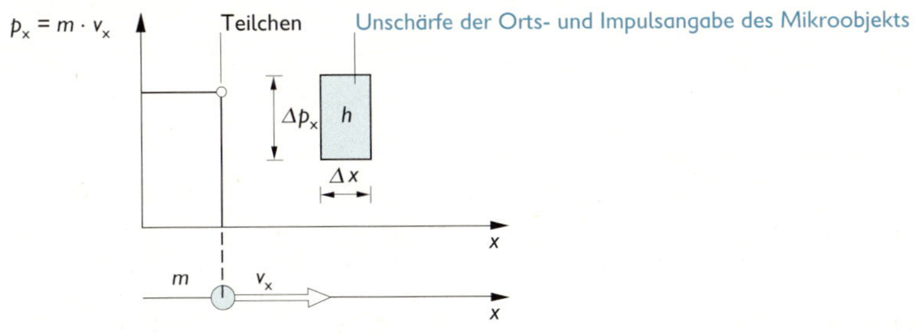

PHYSIKALISCHE GRÖSSEN UND EINHEITEN

Physikalische Größe

Ausdruck zur qualitativen und quantitativen Kennzeichnung einer meßbaren Eigenschaft oder eines meßbaren Merkmals von Gegenständen, Vorgängen oder Zuständen

Die physikalische Größe wird als Produkt aus Zahlenwert und Einheit geschrieben.

$g = \{g\} \cdot [g]$

↗ Übersicht ausgewählter physikalischer Größen, deren Formelzeichen und Einheiten, S. 19

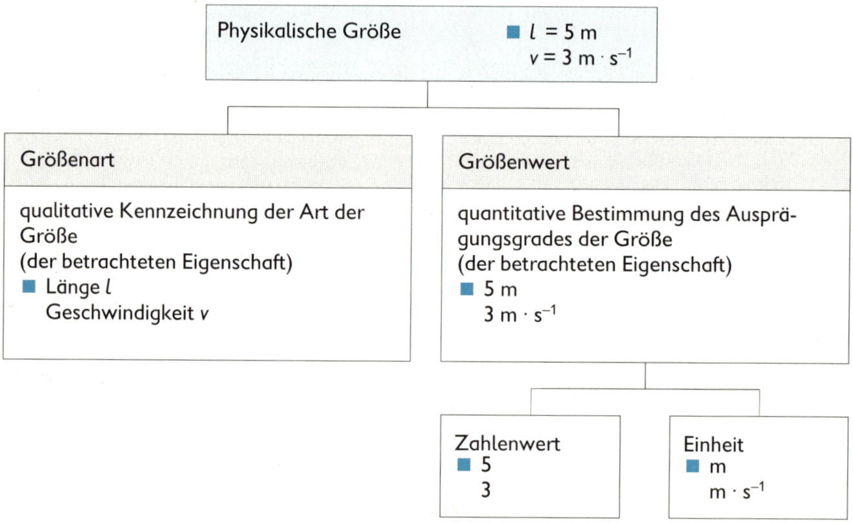

Basisgrößen (Grundgrößen)

Physikalische Größen, die nicht auf andere physikalische Größen zurückführbar und voneinander unabhängig sind

■ Länge *l*, Zeit *t*, elektrische Stromstärke *I*, Masse *m*

Basisgrößen werden definiert durch	Beispiel
– die Angabe eines Meßobjektes,	■ die Masse eines Körpers
– die Angabe einer Meßvorschrift (↗ Messen, S. 39), die besagt, wie man eine bestimmte physikalische Größe zu messen hat,	■ Vergleich der Masse des Körpers mit der bekannten Masse eines anderen Körpers mittels einer Balkenwaage
wann zwei physikalische Größen gleich sind,	■ Zwei Körper haben die gleiche Masse, wenn sie am gleichen Ort die gleiche Gewichtskraft erfahren.

wie man Vielfache und Bruchteile dieser physikalischen Größe erhält,	■ Ein Körper hat die dreifache (halbe) Masse, wenn er am gleichen Ort die dreifache (halbe) Gewichtskraft erfährt.
– die Einführung einer Einheit,	■ Die Einheit der Masse ist 1 Kilogramm. Kilogramm ist die Masse des Internationalen Kilogrammprototyps.
– die Angabe eines Meßgerätes.	■ Die Masse eines Körpers kann mit einer Balkenwaage bestimmt werden.

1

Kennzeichen einer physikalischen Größe

Kennzeichen	■ elektrischer Widerstand
Bedeutung der Größe	Die physikalische Größe elektrischer Widerstand eines Bauelements gibt an, wie groß die Behinderung des elektrischen Stromes in ihm ist.
Formelzeichen	elektrischer Widerstand R
Definitionsgleichung	$R = \frac{U}{I}$ elektrischer Widerstand $= \frac{\text{Spannung am Bauelement}}{\text{Stromstärke im Bauelement}}$
Einheit	$1\,\frac{\text{V}}{\text{A}} = 1\,\Omega$
Meßgerät	Widerstandsmesser oder Berechnung aus gemessener Spannung U und gemessener Stromstärke I

Arten physikalischer Größen

Skalare Größen
physikalische Größen, die durch Zahlenwert und zugehörige Einheit bestimmt sind

■ $m = 5$ kg $U = 10$ V $T = 373$ K $\vartheta = -17°$ C

Skalare Größen lassen sich durch Strecken, Winkel oder Flächen darstellen. Für die Darstellung muß ein Maßstab festgelegt werden.

■ Länge l einer Strecke $\overline{AB}$

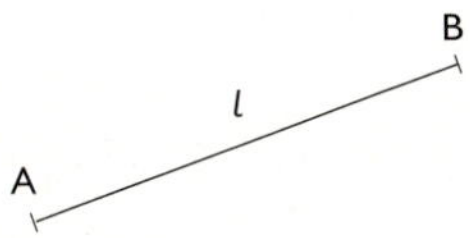

5 mm ≙ 1m

■ Widerstand R eines metallischen Leiters für ϑ = konstant

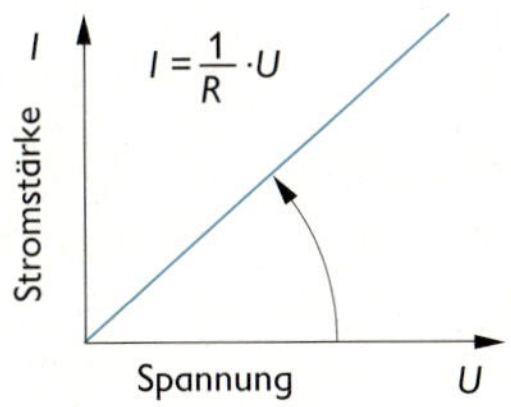

5 mm ≙ 1A 5 mm ≙ 1V

■ Weg s, den ein Körper bei einer gleichförmigen Bewegung mit der Geschwindigkeit v in der Zeit t zurücklegt

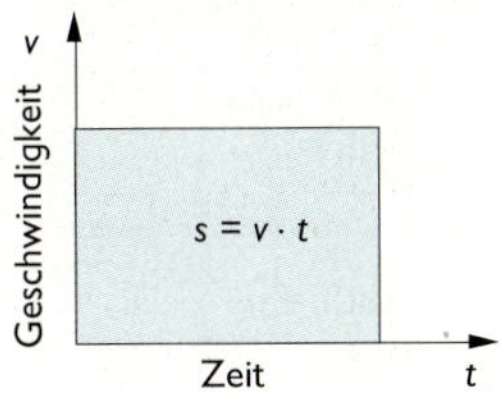

5 mm ≙ 1 $\frac{\text{m}}{\text{s}}$ 5 mm ≙ 1s

1

Vektorielle Größen
physikalische Größen, die von der Richtung abhängig sind. Sie sind durch die Angabe des Zahlenwertes, der zugehörigen Einheit und der Richtung in der Ebene oder im Raum gekennzeichnet (gerichtete Größen).

■ $\vec{v}$, $\vec{F}$, $\vec{p}$

Diese Größen werden grafisch durch Pfeile dargestellt. Dazu muß ein Maßstab festgelegt werden. Die Pfeilrichtung gibt die Richtung der physikalischen Größe an. Die Länge des Pfeiles gibt den Betrag der physikalischen Größe an.

■ Betrag und Richtung einer Kraft F

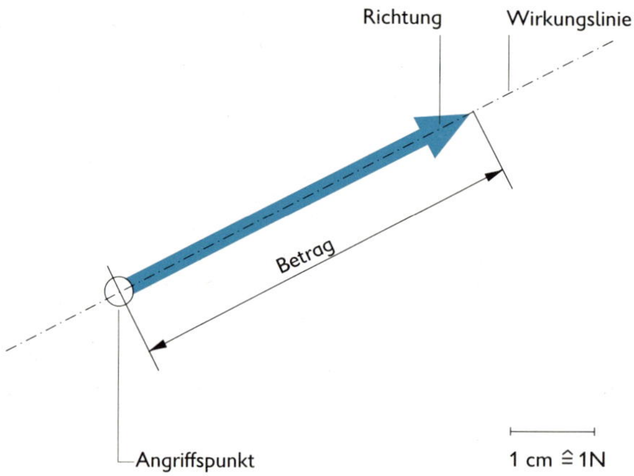

Zustandsgrößen physikalische Größen, die den Zustand eines Systems beschreiben ■ T, p, V, ρ, E_{kin}	*Prozeßgrößen* physikalische Größen, die die in einem System ablaufenden Prozesse (stattfindenden Wechselwirkungen mit der Umgebung) beschreiben ■ $W, Q, \vec{S}$
Erhaltungsgrößen physikalische Größen, für die ein Erhaltungssatz gilt, d. h. die sich während des Ablaufs eines physikalischen Vorgangs in einem abgeschlossenen System nicht ändern (zeitlich konstante Zustandsgrößen) ■ $m, E, \vec{p}, \vec{L}, Q$	*Wechselwirkungsgrößen* physikalische Größen, die die gleichzeitige gegenseitige Einwirkung zweier makrophysikalischer Systeme aufeinander beschreiben. Das mit dem System A im Zusammenhang stehende System B wirkt auf das System A und das System A auf das System B. ■ F, W, Q

Addition vektorieller (gerichteter) Größen

Die Vektoren haben die gleiche Richtung:

- $\vec{F}_R = (\vec{F}_1 + \vec{F}_2)$

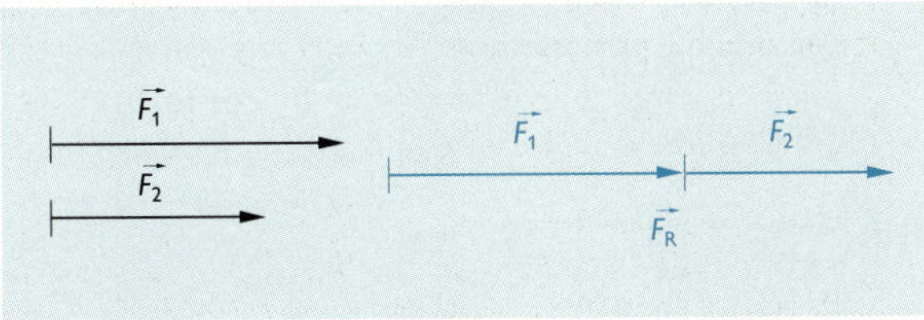

Die Vektoren haben entgegengesetzte Richtung:

- $\vec{F}_R = (\vec{F}_1 + (-\vec{F}_2))$

  $\vec{F}_R = (\vec{F}_1 - \vec{F}_2)$

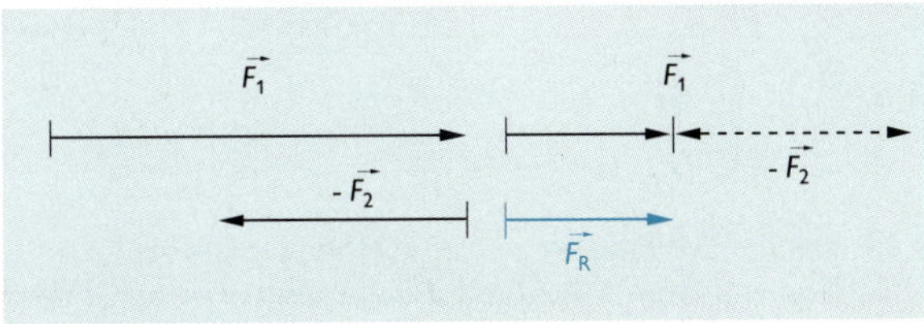

Die Vektoren haben weder gleiche noch entgegengesetzte Richtung:

- $\vec{F}_R = (\vec{F}_1 + \vec{F}_2)$

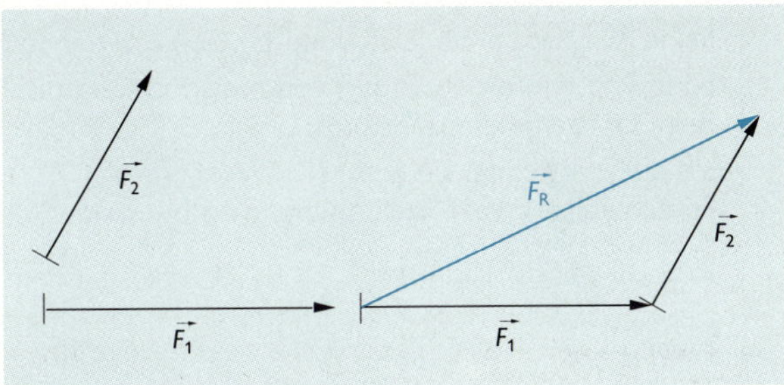

Multiplikation vektorieller (gerichteter) Größen

1. *Produkt einer vektoriellen mit einer skalaren Größe*
   Das Produkt $n \cdot \vec{a}$ einer vektoriellen Größe $\vec{a}$ mit einer skalaren Größe n (n ganzzahlig und positiv) ist gleich einer vektoriellen Größe $\vec{b}$, die dieselbe Richtung hat wie die vektorielle Größe $\vec{a}$ und deren Betrag $|\vec{b}| = n \cdot |\vec{a}|$ ist.

- $\vec{F} = m \cdot \vec{a}$
- $\vec{p} = m \cdot \vec{v}$

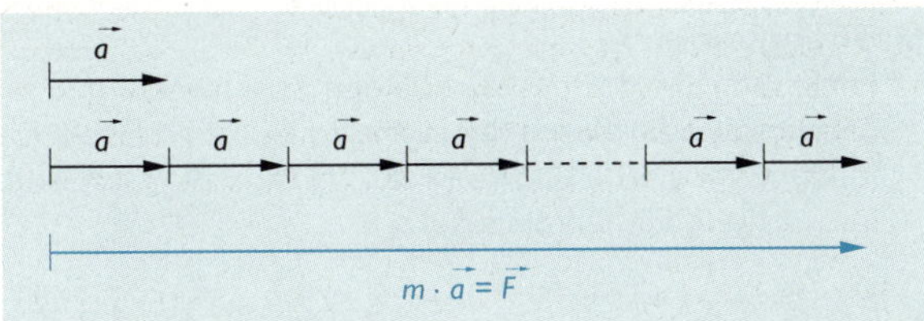

1

2. *Skalarprodukt zweier vektorieller Größen*

Das skalare Produkt zweier vektorieller Größen $\vec{a}$ und $\vec{b}$ ist eine skalare Größe c. Der Betrag von c ist gleich dem Produkt der Beträge $|\vec{a}|$ und $|\vec{b}|$ der beiden Vektoren multipliziert mit dem Kosinus des von ihnen eingeschlossenen Winkels.

$c = \vec{a} \cdot \vec{b} = |\vec{a}| \cdot |\vec{b}| \cos (\vec{a}; \vec{b}) = a \cdot b \cdot \cos (\vec{a}; \vec{b})$

Sprechweise: a skalar multipliziert mit b oder a Punkt b

■ $W = \vec{F} \cdot \vec{s}$

$W = F \cdot s \cdot \cos (\vec{F}; \vec{s})$

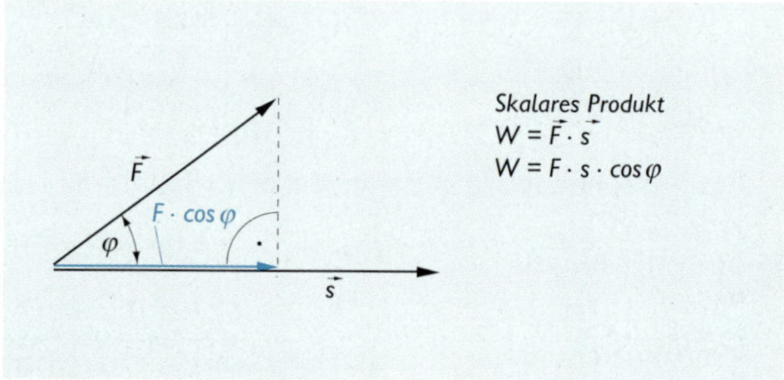

3. *Vektorielles Produkt zweier vektorieller Größen*

Das vektorielle Produkt zweier vektorieller Größen $\vec{a}$ und $\vec{b}$ ist diejenige vektorielle Größe $\vec{c}$, die auf der durch $\vec{a}$ und $\vec{b}$ bestimmten Ebene senkrecht steht und deren Betrag gleich dem Produkt der Beträge $|\vec{a}|$ und $|\vec{b}|$ der beiden vektoriellen Größen multipliziert mit dem Sinus des von ihnen eingeschlossenen Winkels ist. Seine Richtung ergibt sich dadurch, daß von der Spitze von $\vec{c}$ aus die kürzeste Drehung von $\vec{a}$ in die Richtung von $\vec{b}$ als mathematisch positive Drehung (entgegen dem Uhrzeigersinn) erfolgt.

$\vec{c} = \vec{a} \times \vec{b} = |\vec{a}| \cdot |\vec{b}| \sin (a; b) = a \cdot b \cdot \sin (\vec{a}; \vec{b})$

Sprechweise: a vektoriell multipliziert mit b oder $a \times b$

■ $\vec{M} = \vec{r} \times \vec{F} = r \cdot F \cdot \sin (\vec{r}; \vec{F})$

$\vec{F} = I \cdot (\vec{l} \times \vec{B})$

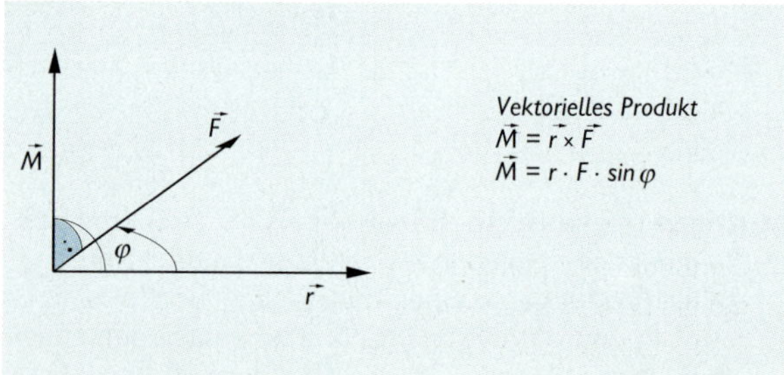

Größengleichung

Gleichung, die den gesetzmäßigen Zusammenhang zwischen physikalischen Größen beschreibt oder durch die eine physikalische Größe definiert wird

Jede physikalische Größe (↗ S. 12) ist in die Größengleichung als Produkt aus Zahlenwert und Einheit einzusetzen.

■ $F = m \cdot a$ $\quad$ $F = 5\ \text{kg} \cdot 4\ \text{m} \cdot \text{s}^{-2}$

Formelzeichen

Aus kleinen oder großen lateinischen oder griechischen Druckbuchstaben gebildetes Symbol zur Kennzeichnung einer physikalischen Größe. Zur weiteren Unterscheidung kann das Symbol mit Indizes versehen werden.
Formelzeichen werden zur Unterscheidung von Einheiten kursiv gedruckt.

■ $E_{kin} = \frac{1}{2} m \cdot v^2$ — E_{kin} kinetische Energie, m Masse, v Geschwindigkeit

$\omega = \frac{\varphi}{t}$ — ω Winkelgeschwindigkeit, φ Drehwinkel, t Zeit

Einheit

Physikalische Größe mit einem für die betreffende Größenart durch Konvention (Absprache) festgelegten, ganz bestimmten Wert. Sie wird praktisch realisiert mit der erforderlichen, technisch möglichen Genauigkeit durch Geräte geeigneten Meßprinzips und zweckentsprechender Ausführung.
↗ Einheiten (Wissensspeicher Größen und Einheiten)

■ Die Einheit der Masse ist das Kilogramm. 1799 wurde festgelegt: 1 kg ist die Masse eines Kubikdezimeters destillierten Wassers bei seiner größten Dichte. Diese Masse wird durch einen aus einer Platin-Iridium-Legierung hergestellten Zylinder mit einem Durchmesser von 39 mm und einer Höhe von 39 mm dargestellt. Dieser Körper wird in Paris aufbewahrt.

Internationales Einheitensystem (Système International d' Unités – SI)

Zum Zwecke der Vergleichbarkeit physikalischer Messungen 1954 in Paris von der „Generalkonferenz für Maß und Gewicht" getroffene internationale Vereinbarung über die verbindliche Anwendung ausgewählter Einheiten. Die Vereinbarung erhielt 1960 die Bezeichnung SI.
↗ Einheiten (Wissensspeicher Größen und Einheiten)

SI-Basiseinheiten

Unabhängig voneinander gewählte, durch verbale Festlegungen definierte Einheiten, die die Basis des SI bilden

Größe	Formelzeichen	Basiseinheit	Einheitenzeichen
Länge	l	Meter	m
Masse	m	Kilogramm	kg
Zeit	t	Sekunde	s
elektrische Stromstärke	I	Ampere	A
Temperatur	T	Kelvin	K
Stoffmenge	n	Mol	mol
Lichtstärke	I_v	Candela	cd

Abgeleitete SI-Einheiten

Alle aus den SI-Basiseinheiten und ggf. aus den ergänzenden SI-Einheiten kohärent, d. h. als Potenzprodukt mit dem Zahlenfaktor 1, gebildeten Einheiten

Größe	Formelzeichen	Abgeleitete Einheit	Einheitenzeichen
Geschwindigkeit	v	Meter je Sekunde	$m \cdot s^{-1}$
Druck	p	Pascal	$Pa = m^{-1} \cdot kg \cdot s^{-2}$
elektrischer Widerstand	R	Ohm	$\Omega = m^2 \cdot kg \cdot s^{-3} \cdot A^{-2}$
Arbeit	W	Joule	$J = m^2 \cdot kg \cdot s^{-2}$
Aber nicht:			
1 J = 0,239 cal	1 h = 60 s	$1\ Pa = 1{,}02 \cdot 10^{-5}\ kp \cdot cm^{-2}$	$1\ m \cdot s^{-1} = 3{,}6\ km \cdot h^{-1}$

Ergänzende SI-Einheiten

Größe	Formelzeichen	Abgeleitete Einheit	Einheitenzeichen
ebener Winkel	α, β, γ	Radiant	rad
Raumwinkel	Ω, ω	Steradiant	sr

Vorsätze

Hilfsmittel zur Bildung von dezimalen Vielfachen oder Teilen von SI-Einheiten

Vorsatz	Kurzzeichen	Faktor, mit dem die Einheit multipliziert wird	
Exa	E	1000000000000000000	(10^{18} Einheiten)
Peta	P	1000000000000000	(10^{15} Einheiten)
Tera	T	1000000000000	(10^{12} Einheiten)
Giga	G	1000000000	(10^{9} Einheiten)
Mega	M	1000000	(10^{6} Einheiten)
Kilo	k	1000	(10^{3} Einheiten)
Hekto	h	100	(10^{2} Einheiten)
Deka	da	10	(10^{1} Einheiten)
Dezi	d	0,1	(10^{-1} Einheiten)
Zenti	c	0,01	(10^{-2} Einheiten)
Milli	m	0,001	(10^{-3} Einheiten)
Mikro	µ	0,000001	(10^{-6} Einheiten)
Nano	n	0,000000001	(10^{-9} Einheiten)
Pico	p	0,000000000001	(10^{-12} Einheiten)
Femto	f	0,000000000000001	(10^{-15} Einheiten)
Atto	a	0,000000000000000001	(10^{-18} Einheiten)

Wichtige physikalische Größen, deren Formelzeichen und Einheiten

1

Physikalische Größe	Formelzeichen	Benennung	Einheitenzeichen	Beziehungen zu den Basiseinheiten
Raum und Zeit				
Länge	l	**Meter**	**m**	**Basiseinheit**
Die Basiseinheit 1 Meter ist die Länge der Strecke, die Licht im Vakuum während der Dauer von 1/299 792 458 Sekunden durchläuft.				
Fläche	A	Quadratmeter	m^2	$1\ m^2 = 1\ m \cdot 1\ m$
		Hektar	ha	$1\ ha = 10^4\ m^2$
Volumen	V	Kubikmeter	m^3	$1\ m^3 = 1\ m \cdot 1\ m \cdot 1\ m$
		Liter	l	$1\ l = 10^{-3}\ m^3$
ebener Winkel	α, β, γ	Radiant	rad	$1\ rad = \frac{1\ m\ Bogen}{1\ m\ Radius}$
		Grad	°	$1° = \frac{\pi}{180}\ rad$
		Minute	′	$1' = \frac{\pi}{10\,800}\ rad$
		Sekunde	″	$1'' = \frac{\pi}{648\,000}\ rad$
Zeit	t, T	**Sekunde** Minute Stunde Tag	**s** min h d	**Basiseinheit** 1 min = 60 s 1 h = 60 min = 3 600 s 1 d = 24 h = 86 400 s
Die Basiseinheit 1 Sekunde ist das 9 192 631 770fache der Periodendauer der dem Übergang zwischen den beiden Hyperfeinstrukturniveaus des Grundzustandes von Atomen des Nuklids $^{133}_{55}Cs$ entsprechenden Strahlung.				
Frequenz	f, ν	Hertz	Hz	$1\ Hz = 1\ s^{-1}$
Geschwindigkeit	v	Meter je Sekunde	$\frac{m}{s}$	$1\ \frac{m}{s} = 1\ m \cdot s^{-1}$
Winkelgeschwindigkeit	ω	Radiant je Sekunde; Eins je Sekunde	$\frac{rad}{s}$	$1\ \frac{rad}{s} = 1\ m \cdot m^{-1} \cdot s^{-1}$
Beschleunigung	a	Meter je Quadratsekunde	$\frac{m}{s^2}$	$1\ \frac{m}{s^2} = 1\ m \cdot s^{-2}$

Physikalische Größe	Formelzeichen	Benennung	Einheitenzeichen	Beziehungen zu den Basiseinheiten
Winkelbeschleunigung	α	Radiant je Quadratsekunde	$\frac{\text{rad}}{\text{s}^2}$	$1\,\frac{\text{rad}}{\text{s}^2} = 1\text{ m}\cdot\text{m}^{-1}\cdot\text{s}^{-2}$
Mechanik				
Masse	m	**Kilogramm**	**kg**	**Basiseinheit**
Die Basiseinheit 1 kg ist die Masse des Internationalen Kilogrammprototyps (↗ S. 79).				
Dichte	ρ	Kilogramm je Kubikmeter	$\frac{\text{kg}}{\text{m}^3}$	$1\,\frac{\text{kg}}{\text{m}^3} = 1\text{ m}^{-3}\cdot\text{kg}$
Kraft	F	Newton	N	$1\text{ N} = 1\text{ m}\cdot\text{kg}\cdot\text{s}^{-2}$
Kraftmoment Drehmoment	M M_D	Newtonmeter	$\text{N}\cdot\text{m}$	$1\text{ N}\cdot\text{m} = 1\text{ m}^2\cdot\text{kg}\cdot\text{s}^{-2}$
Druck, Spannung	p	Pascal	Pa	$1\text{ Pa} = 1\,\frac{\text{N}}{\text{m}^2} = 1\text{ m}^{-1}\cdot\text{kg}\cdot\text{s}^{-2}$
Impuls	p	Kilogrammmeter je Sekunde	$\frac{\text{kg}\cdot\text{m}}{\text{s}}$	$1\,\frac{\text{kg}\cdot\text{m}}{\text{s}} = 1\text{ m}\cdot\text{kg}\cdot\text{s}^{-1}$
Drehimpuls	L	Kilogramm mal Quadratmeter je Sekunde	$\frac{\text{kg}\cdot\text{m}^2}{\text{s}}$	$1\,\frac{\text{kg}\cdot\text{m}^2}{\text{s}} = 1\text{ m}^2\cdot\text{kg}\cdot\text{s}^{-1}$
Kraftstoß	S	Newtonsekunde	$\text{N}\cdot\text{s}$	$1\text{ N}\cdot\text{s} = 1\text{ m}\cdot\text{kg}\cdot\text{s}^{-1}$
Massenträgheitsmoment	J	Kilogramm mal Quadratmeter	$\text{kg}\cdot\text{m}^2$	$1\text{ kg}\cdot\text{m}^2 = 1\text{ m}^2\cdot\text{kg}$
Arbeit Energie	W, A E	Joule	J	$1\text{ J} = 1\text{ N}\cdot\text{m} = 1\text{ m}^2\cdot\text{kg}\cdot\text{s}^{-2}$
Leistung	P	Watt	W	$1\text{ W} = 1\,\frac{\text{J}}{\text{s}} = 1\text{ m}^2\cdot\text{kg}\cdot\text{s}^{-3}$

Physikalische Größe	Formelzeichen	Benennung	Einheitenzeichen	Beziehungen zu den Basiseinheiten
Wärme				
Temperatur	T, ϑ	**Kelvin** Grad Celsius	**K** °C	**Basiseinheit** 0 °C ≙ 273,15 K
Die Basiseinheit 1 Kelvin ist der 273,15te Teil der thermodynamischen Temperatur des Tripelpunktes des Wassers. Der Tripelpunkt des Wassers ist + 0,01 °C.				
Wärme	Q	Joule	J	$1\,\text{J} = 1\,\text{m}^2 \cdot \text{kg} \cdot \text{s}^{-2}$
Wärmekapazität	C	Joule je Kelvin	$\frac{\text{J}}{\text{K}}$	$1\,\frac{\text{J}}{\text{K}} = 1\,\text{m}^2 \cdot \text{kg} \cdot \text{s}^{-2} \cdot \text{K}^{-1}$
spezifische Wärmekapazität	c	Joule je Kilogramm und Kelvin	$\frac{\text{J}}{\text{kg} \cdot \text{K}}$	$1\,\frac{\text{J}}{\text{kg} \cdot \text{K}} = 1\,\text{m}^2 \cdot \text{s}^{-2} \cdot \text{K}^{-1}$
Längen-Temperatur-Koeffizient	α	Meter je Meter und Kelvin	$\frac{\text{m}}{\text{m} \cdot \text{K}}$	$1\,\frac{\text{m}}{\text{m} \cdot \text{K}} = 1\,\text{m} \cdot \text{m}^{-1} \cdot \text{K}^{-1}$
Volumen-Temperatur-Koeffizient	γ	Kubikmeter je Kubikmeter und Kelvin	$\frac{\text{m}^3}{\text{m}^3 \cdot \text{K}}$	$1\,\frac{\text{m}^3}{\text{m}^3 \cdot \text{K}} = 1\,\text{m}^3 \cdot \text{m}^{-3} \cdot \text{K}^{-1}$
Elektrizität und Magnetismus				
elektrische Stromstärke	I	**Ampere**	**A**	**Basiseinheit**
Die Basiseinheit 1 Ampere ist die Stärke eines zeitlich unveränderlichen elektrischen Stromes, der durch zwei im Vakuum parallel im Abstand von 1 Meter angeordnete, geradlinige, unendlich lange Leiter von vernachlässigbar kleinem, kreisförmigem Querschnitt fließend, zwischen diesen Leitern je 1 Meter Leiterlänge die Kraft $2 \cdot 10^{-7}$ Newton hervorrufen würde.				
elektrische Ladung	Q	Coulomb	C	$1\,\text{C} = 1\,\text{s} \cdot \text{A}$
elektrische Leistung	P	Watt	W	$1\,\text{W} = 1\,\frac{\text{J}}{\text{s}} = 1\,\text{V} \cdot \text{A}$ $= 1\,\text{m}^2 \cdot \text{kg} \cdot \text{s}^{-3}$
Wirkleistung	P, P_w			
Scheinleistung	S, P_s	Voltampere	VA	
Blindleistung	Q, P_q	Var	var	

1

1

Physikalische Größe	Formelzeichen	Benennung	Einheitenzeichen	Beziehungen zu den Basiseinheiten
elektrische Spannung	U	Volt	V	$1\,\text{V} = 1\,\frac{\text{W}}{\text{A}} = 1\,\text{m}^2 \cdot \text{kg} \cdot \text{s}^{-3} \cdot \text{A}^{-1}$
elektrische Feldstärke	E	Volt je Meter	$\frac{\text{V}}{\text{m}}$	$1\,\frac{\text{V}}{\text{m}} = 1\,\text{m} \cdot \text{kg} \cdot \text{s}^{-3} \cdot \text{A}^{-1}$
elektrische Kapazität	C	Farad	F	$1\,\text{F} = 1\,\frac{\text{C}}{\text{V}} = 1\,\frac{\text{As}}{\text{V}} = 1\,\text{m}^{-2} \cdot \text{kg}^{-1} \cdot \text{s}^4 \cdot \text{A}^2$
Dielektrizitätskonstante	ε	Farad je Meter	$\frac{\text{F}}{\text{m}}$	$1\,\frac{\text{F}}{\text{m}} = 1\,\text{m}^{-3} \cdot \text{kg}^{-1} \cdot \text{s}^4 \cdot \text{A}^2$
elektrische Feldkonstante, Influenzkonstante	ε_0			$\varepsilon_0 = 8{,}86 \cdot 10^{-12}\,\frac{\text{As}}{\text{V} \cdot \text{m}}$
elektrischer-Widerstand	R	Ohm	Ω	$1\,\Omega = 1\,\frac{\text{V}}{\text{A}} = 1\,\text{m}^2 \cdot \text{kg} \cdot \text{s}^{-3} \cdot \text{A}^{-2}$
spezifischer elektrischer Widerstand	ρ	Ohmmeter	$\Omega \cdot \text{m}$	$1\,\Omega \cdot \text{m} = 1\,\frac{\Omega\text{m}^2}{\text{m}} = 1\,\text{m}^3 \cdot \text{kg} \cdot \text{s}^{-3} \cdot \text{A}^{-2}$
magnetischer Fluß	ϕ	Weber	Wb	$1\,\text{Wb} = 1\,\text{V} \cdot \text{s} = 1\,\text{m}^2 \cdot \text{kg} \cdot \text{s}^{-2} \cdot \text{A}^{-1}$
magnetische Flußdichte (magnetische Induktion)	B	Tesla	T	$1\,\text{T} = 1\,\frac{\text{Wb}}{\text{m}^2} = 1\,\text{kg} \cdot \text{s}^{-2} \cdot \text{A}^{-1}$
magnetische Feldstärke	H	Ampere je Meter	$\frac{\text{A}}{\text{m}}$	$1\,\frac{\text{A}}{\text{m}} = 1\,\text{m}^{-1} \cdot \text{A}$
Induktivität	L	Henry	H	$1\,\text{H} = 1\,\frac{\text{Wb}}{\text{A}} = 1\,\frac{\text{Nm}}{\text{A}^2} = 1\,\frac{\text{Vs}}{\text{A}} = 1\,\text{m}^2 \cdot \text{kg} \cdot \text{s}^{-2} \cdot \text{A}^{-2}$
Permeabilität	μ	Henry je Meter	$\frac{\text{H}}{\text{m}}$	$1\,\frac{\text{H}}{\text{m}} = 1\,\text{m} \cdot \text{kg} \cdot \text{s}^{-2} \cdot \text{A}^{-2}$
magnetische Feldkonstante, Induktionskonstante	μ_0			$\mu_0 = 1{,}256 \cdot 10^{-6}\,\frac{\text{Vs}}{\text{A} \cdot \text{m}}$

Physikalische Größe	Formelzeichen	Benennung	Einheitenzeichen	Beziehungen zu den Basiseinheiten
Ionisierende Strahlung				
Energiedosis	D	Gray	Gy	$1\,\text{Gy} = 1\,\frac{\text{J}}{\text{kg}} = 1\,\text{m}^2 \cdot \text{s}^{-2}$
Aktivität	A	Becquerel	Bq	$1\,\text{Bq} = 1\,\text{s}^{-1}$
Exposition (Ionendosis)	X	Coulomb je Kilogramm	$\frac{\text{C}}{\text{kg}}$	$1\,\frac{\text{C}}{\text{kg}} = 1\,\text{kg}^{-1} \cdot \text{s} \cdot \text{A}$
Optische Strahlung				
Lichtstärke	I_v	**Candela**	**cd**	**Basiseinheit**
Die Basiseinheit 1 Candela ist die Lichtstärke in einer bestimmten Richtung, die monochromatische Strahlung der Frequenz $540 \cdot 10^{12}$ Hertz aussendet und deren Strahlstärke in dieser Richtung 1/683 Watt durch Steradiant beträgt.				
Physikalische Chemie				
Stoffmenge	n	**Mol**	**mol**	**Basiseinheit**
Die Basiseinheit 1 Mol ist die Stoffmenge eines Systems, das aus ebensovielen Einzelteilchen besteht, wie Atome in 0,012 Kilogramm des Nuklids $^{12}_{6}C$ enthalten sind. Bei Benutzung des Mol müssen die Einzelteilchen des Systems spezifiziert werden. Es können Atome, Moleküle, Ionen, Elektronen sowie andere Teilchen oder Gruppen solcher Teilchen genau angegebener Zusammensetzung sein.				

Konstante

Physikalische Größe, die eine unter gegebenen Bedingungen unveränderliche Eigenschaft eines Objekts angibt

Naturkonstanten	Stoff- oder Materialkonstanten
Ruhmasse des Elektrons $m_e = 0{,}911 \cdot 10^{-27}\,\text{g}$	spezifische Wärmekapazität von Wasser bei 18 °C $c_{H_2O} = 4{,}186\,\text{kJ} \cdot \text{kg}^{-1} \cdot \text{K}^{-1}$
Gravitationskonstante $\gamma = (6{,}670 \pm 0{,}007) \cdot 10^{-11}\,\text{N} \cdot \text{m}^2 \cdot \text{kg}^{-2}$	
elektrische Elementarladung $e = 1{,}602 \cdot 10^{-19}\,\text{C}$	Dichte des Aluminiums bei 18 °C $\rho_{Al} = 2{,}7 \cdot 10^3\,\text{kg} \cdot \text{m}^{-3}$

Bei Stoff- und Materialkonstanten wird zur Unterscheidung der Angaben für verschiedene Stoffe das chemische Symbol des Stoffes als Index angesetzt.

PHYSIKALISCHE BEGRIFFE

Typen physikalischer Begriffe

1

Qualitative oder klassifikatorische *Begriffe*	Begriffe, durch die Objekte, Eigenschaften oder Beziehungen, die in bestimmten Merkmalen übereinstimmen, einer Klasse zugeordnet werden können
■ gleichförmige Bewegung, konvexe Linse	
Halbquantitative oder komparative *Begriffe*	Begriffe, durch die Objekte, Eigenschaften oder Beziehungen durch Einführung einer Größer-Kleiner-Gleich-Relation in eine bestimmte Reihenfolge gebracht werden können
■ Härte verschiedener Stoffe, z. B. von Kalkspat, Quarz	
Quantitative oder metrische *Begriffe*	Begriffe, durch die Objekte, Eigenschaften oder Beziehungen mittels Messungen in ihrem Ausprägungsgrad quantitativ erfaßt werden können
■ Länge, Dichte, elektrische Spannung	

Begriffsbestimmung

Festlegung der Bedeutung eines Begriffes durch
– eine Formulierung in Worten
– eine Formulierung in Worten und eine Definitionsgleichung

Art des Begriffes	Beispiel
Begriffe, deren Bedeutung durch eine *Formulierung in Worten* festgelegt wird	*Flaschenzug*: technische Vorrichtung, die aus einer Kombination von mehreren festen und losen Rollen besteht *Welle*: physikalischer Vorgang der Ausbreitung einer Schwingung im Raum ohne Stofftransport *Temperatur*: physikalische Größe, die angibt, wie heiß oder wie kalt ein Körper ist
Begriffe, deren Bedeutung durch eine *Formulierung in Worten* und eine *Definitionsgleichung* festgelegt wird	*elektrischer Widerstand*: physikalische Größe, die angibt, wie groß die Behinderung des elektrischen Stromes in einem Bauelement ist $\text{elektrischer Widerstand} = \frac{\text{elektrische Spannung am Bauelement}}{\text{elektische Stromstärke im Bauelement}}$ $R = \frac{U}{I}$

Definitionsgleichung

Größengleichung zur Definition von abgeleiteten physikalischen Größen. Sie wird auf der Grundlage von Naturgesetzen, von Experimenten oder durch theoretische Betrachtungen gewonnen.

Die abgeleitete physikalische Größe x wird definiert	Beispiel
auf der Grundlage einer Proportionalität zwischen zwei anderen physikalischen Größen y und z.	Aus der Proportionalität $m \sim V$ wird die abgeleitete physikalische Größe $\rho = \frac{m}{V}$ definiert.
auf der Grundlage von zwei bestehenden Proportionalitäten $y \sim z$ und $y \sim w$ zwischen drei physikalischen Größen.	Aus den Proportionalitäten $\Delta l \sim l$ und $\Delta l \sim \Delta T$ wird die abgeleitete physikalische Größe $\alpha = \frac{\Delta l}{l \cdot \Delta T}$ definiert.
auf Grund des Zusammenwirkens zweier physikalischer Größen.	Aus F und s wird die abgeleitete physikalische Größe $W = F \cdot s$ definiert.
als Verhältnis der Werte y_1 und y_2 derselben physikalischen Größe y für zwei verschiedene Sachverhalte.	Aus dem Verhältnis der von einer Maschine verrichteten nutzbringenden Arbeit W_{nutz} und der dafür aufzuwendenden Arbeit W_{auf} wird der mechanische Wirkungsgrad der Maschine $\eta = \frac{W_{nutz}}{W_{auf}}$ definiert.
mit Hilfe eines Differentialquotienten (Augenblicksgröße).	Mit Hilfe der Ableitung des Weges s nach der Zeit t wird die Augenblicksgeschwindigkeit (Momentanwert) $v = \frac{ds}{dt}$ eines Körpers bzw. eines Massepunktes definiert.
mit Hilfe eines bestimmten Integrals.	Mit Hilfe des bestimmten Integrals wird die Arbeit bei einer Translation definiert $W = \int_{s_1}^{s_2} F \cdot ds$.

Definitionsgleichung und Gültigkeitsbedingung

Bei der Anwendung von Definitonsgleichungen zur Berechnung physikalischer Größen müssen die Gültigkeitsbedingungen für die Definitionsgleichung beachtet werden.

Definitionsgleichung	Gültigkeitsbedingung
■ mechanische Arbeit $W = F \cdot s$	gilt nur, wenn – die Kraft F längs des Weges s konstant ist – die Richtung der angreifenden Kraft F und die Richtung der Bewegung übereinstimmen
■ Drehmoment $M = F \cdot r$	gilt nur, wenn die Kraft $\vec{F}$ senkrecht zum Kraftarm $\vec{r}$ gerichtet ist
■ Leistung $P = \frac{W}{t}$	gilt nur, wenn die mechanische Arbeit W gleichmäßig während der Zeit t verrichtet wird

PHYSIKALISCHE GESETZE

1

Physikalisches Gesetz

Aussage, mit der ein vom Menschen unabhängiger (objektiver), allgemeiner und notwendiger Zusammenhang zwischen physikalischen Gegenständen, Vorgängen oder Zuständen beschrieben wird, der unter gleichen Bedingungen immer wieder auftritt. Physikalische Gesetze können wörtlich formuliert oder in Größengleichungen dargestellt werden.
Physikalische Gesetze beschreiben in der Natur gegebene, vom Menschen erkennbare Zusammenhänge. Sie werden im Ergebnis von Experimenten oder/und durch Ableitung aus bereits bekannten Gesetzen gewonnen.
Dabei ist zu beachten: Um einen physikalischen Zusammenhang zwischen zwei Größen zu erkennen, müssen während des Experiments alle anderen Größen konstant gehalten werden.
Physikalische Gesetze werden angewandt zum
- Berechnen einer Größe,
- Erklären von Beobachtungen oder der Wirkungsweise technischer Geräte (↗ S. 41),
- Voraussagen von Erscheinungen in Natur und Technik (↗ S. 44).

Physikalische Gesetze bilden die Grundlage zahlreicher technischer Anwendungen.

Gesetz	Technische Anwendung
■ Induktionsgesetz	Wechselstromgenerator; Transformator
■ Brechungsgesetz	optische Geräte; Lichtleitkabel
■ Gesetz von Archimedes	Schwimmen von Schiffen; U-Boot; Heißluftballon

Gesetz und Gültigkeitsbedingung

Bei der Anwendung von Gesetzen müssen die Gültigkeitsbedingungen beachtet werden.

Gesetz	Gültigkeitsbedingungen
■ Gesetz für die Kraft an der losen Rolle $F_{Zug} = \frac{1}{2} F_{Hub}$	– Die Seile müssen parallel geführt werden. – Die lose Rolle und das Seil müssen gewichtslos sein. – Die lose Rolle muß ohne Reibung laufen.
■ Ohmsches Gesetz $I \sim U$	bei konstanter Temperatur
■ Weg-Zeit-Gesetz für die gleichförmige Bewegung von Körpern $s = v \cdot t$	Die Wegmessung beginnt bei $t_A = 0$.

Arten physikalischer Gesetze

In physikalischen Gesetzen werden Zusammenhänge erfaßt, die das Verhalten von Einzelobjekten oder einer großen Anzahl von Einzelobjekten unter gegebenen Bedingungen beschreiben.

Dynamische Gesetze

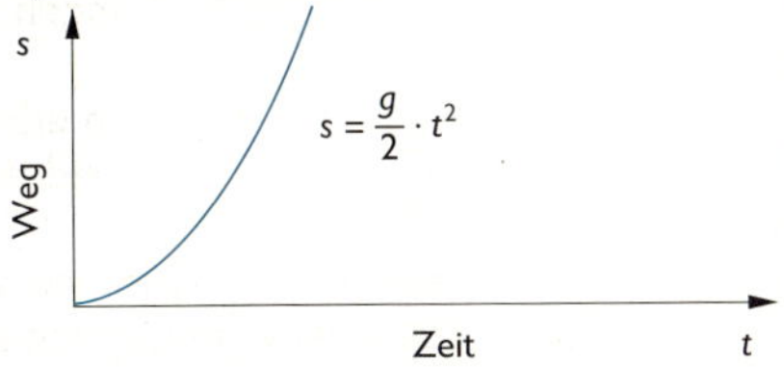

Gesetze, die angeben, wie sich ein Einzelobjekt unter gegebenen Bedingungen notwendig verhält
Ist der Anfangszustand gegeben und sind die äußeren Bedingungen bekannt, dann beschreibt das dynamische Gesetz alle Folgezustände des Einzelobjekts eindeutig.

- *Weg-Zeit-Gesetz des freien Falles*: Es gibt an, welcher Zusammenhang zwischen Weg und Zeit für den freien Fall eines Massepunktes (Einzelobjekt) unter den gegebenen Bedingungen (Vakuum, Erdnähe) besteht.

Statistische Gesetze

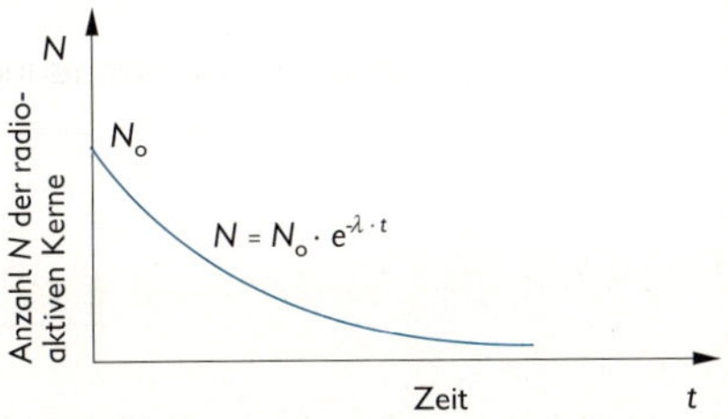

Gesetze, die angeben, wie sich eine große Anzahl von Einzelobjekten unter den gegebenen Bedingungen notwendig verhält
Ist der Anfangszustand gegeben und sind die äußeren Bedingungen bekannt, dann beschreibt das statistische Gesetz das Verhalten der Gesamtheit der Einzelobjekte. Das Verhalten eines Einzelobjekts kann nur mit einer bestimmten Wahrscheinlichkeit angegeben werden.

- *Gesetz des Spontanzerfalls*: Es gibt an, wieviele Atomkerne (große Anzahl von Einzelobjekten) einer vorgegebenen Menge von Atomkernen unter den gegebenen Bedingungen in einer bestimmten Zeit zerfallen werden. Es gibt nicht an, welche der Atomkerne zerfallen werden.

Statistische Gesetze der klassischen Physik

Sie drücken eine *Unwissenheit* aus, die dadurch entsteht, daß man nicht alle Anfangsbedingungen kennt. Würde man alle Anfangsbedingungen kennen (was in der klassischen Physik bei einem einfachen abgeschlossenen System wenigstens prinzipiell möglich wäre), so wäre die „Unwissenheit" aufgehoben, d. h. zukünftige Einzelereignisse könnten (im Prinzip) streng determiniert vorausgesagt werden (*Thermodynamische Wahrscheinlichkeit*).

Statistische Gesetze der Mikrophysik

Sie drücken eine *Unwissenheit* aus, die dadurch entsteht, daß es wegen der Unbestimmtheitsrelation (↗ S. 305) nicht möglich ist, den Zustand eines Systems durch die Angabe von Ort und Impuls der Mikroteilchen zu bestimmen, so daß bereits die Anfangsbedingungen nur mit Hilfe der Statistik beschrieben werden können (*Quantenmechanische Wahrscheinlichkeit*).

Erfahrungssätze

Physikalische Gesetze, die Erfahrungen der Menschen über den Zusammenhang zwischen physikalischen Größen in der Natur ausdrücken, die nicht aus anderen Gesetzen hergeleitet und nur an der Erfahrung bestätigt werden können

- *Wechselwirkungsgesetz*: actio = reactio
  Trägheitsgesetz: Jeder Körper bleibt im Zustand der Ruhe oder der geradlinigen gleichförmigen Bewegung, solange die Resultierende der auf ihn einwirkenden Kräfte Null ist.

Erhaltungssätze

Physikalische Gesetze, in denen die Konstanz einer physikalischen Größe festgestellt wird

- *Energieerhaltungssatz der Mechanik*: $E_{kin} + E_{pot}$ = konstant für reibungsfreie Vorgänge in einem abgeschlossenen mechanischen System

Darstellungsformen eines physikalischen Gesetzes

Der in einem physikalischen Gesetz erfaßte Zusammenhang kann dargestellt werden
- in Worten als Tendenzangabe,
- durch eine Meßwertetabelle,
- in einem Diagramm,
- als Proportionalität,
- durch eine Gleichung.

- *Weg-Zeit-Gesetz der gleichförmigen Bewegung* von Körpern
  Gültigkeitsbedingungen: v konstant, Körper als Massepunkt, Wegmessung beginnt bei $t_A = 0$

<table>
<tr><td>Tendenzangabe</td><td>Bei einer gleichförmigen Bewegung werden in gleichen Zeiten gleichlange Wegstrecken zurückgelegt.</td></tr>
<tr><td>Meßwertetabelle</td><td><table><tr><td>t in s</td><td>0</td><td>2</td><td>4</td><td>6</td><td>8 ....</td></tr><tr><td>s in m</td><td>0</td><td>4</td><td>8</td><td>12</td><td>16 ...</td></tr></table></td></tr>
<tr><td>Diagramm</td><td>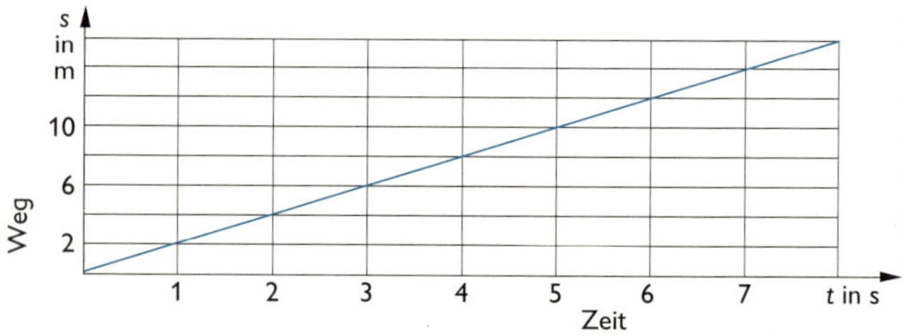
</td></tr>
<tr><td>Proportionalität</td><td>$s \sim t$</td></tr>
<tr><td>Gleichung</td><td>$s = v \cdot t$</td></tr>
</table>

Physikalische Deutung von Diagrammen

Diagramm	Physikalische Deutung	Beispiel
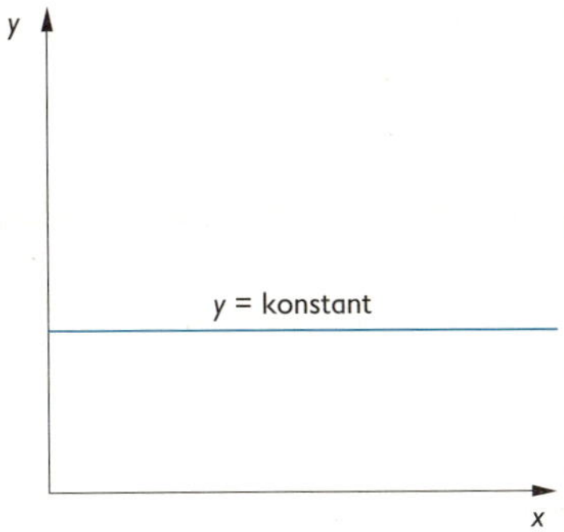	Konstanz einer physikalischen Größe y = konstant	Heben eines Körpers längs eines Weges s mit der Kraft F = konstant
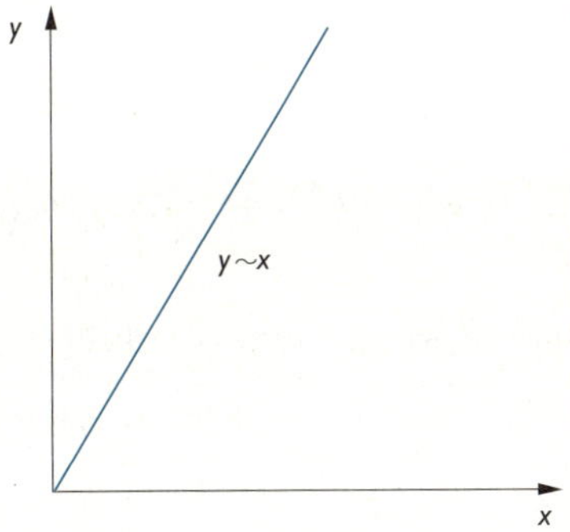	direkt proportionaler Zusammenhang zwischen zwei physikalischen Größen $y \sim x$	$I \sim U$ $s \sim F$ $Q \sim m$
	rechnerische Bestätigung des Zusammenhanges $\frac{y}{x}$ = konstant	
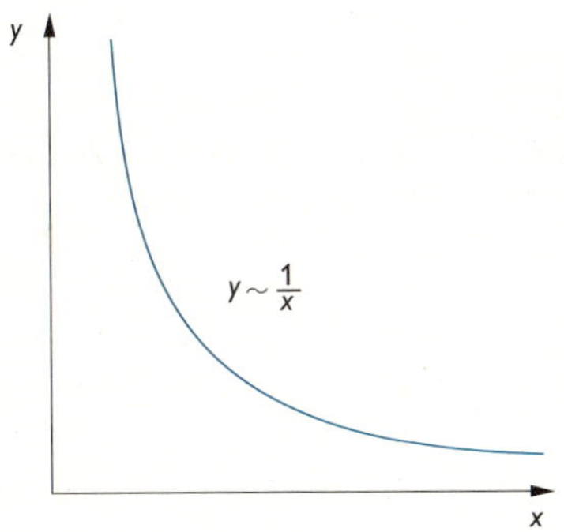	umgekehrt proportionaler Zusammenhang zwischen zwei physikalischen Größen $y \sim \frac{1}{x}$	$R \sim \frac{1}{A}$
	rechnerische Bestätigung des Zusammenhanges $y \cdot x$ = konstant	

Diagramm	Physikalische Deutung	Beispiel
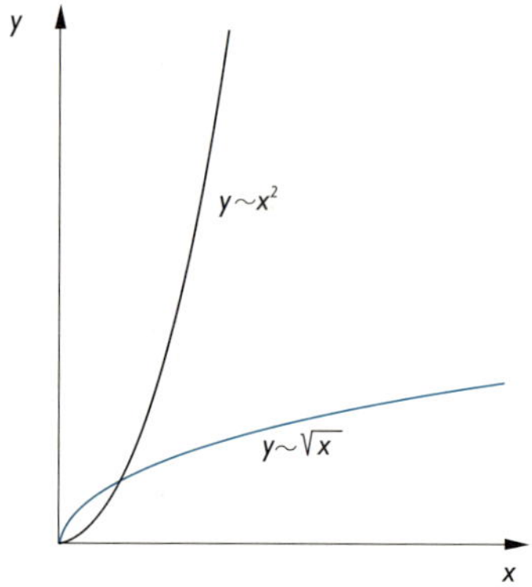	quadratische Abhängigkeit einer physikalischen Größe von einer anderen: a) $y \sim x^2$ b) $y \sim \sqrt{x}$	a) $s \sim t^2$ b) $T \sim \sqrt{l}$
	rechnerische Bestätigung des Zusammenhanges a) $\frac{y}{x^2}$ = konstant b) $\frac{y^2}{x}$ = konstant	
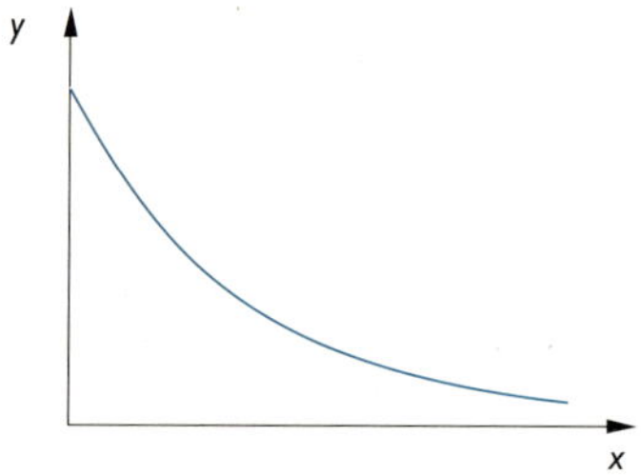	Abklingen eines Vorganges	Abkühlen einer Flüssigkeit Spontanzerfall
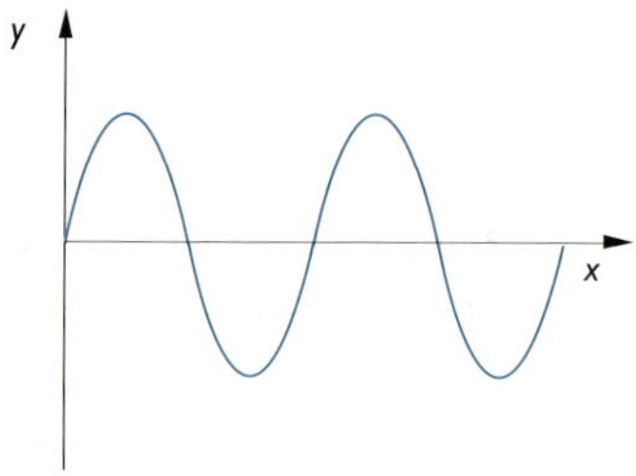	periodischer Vorgang	ungedämpfte harmonische Schwingung, zeitlicher Verlauf von Spannung und Stromstärke beim Wechselstrom
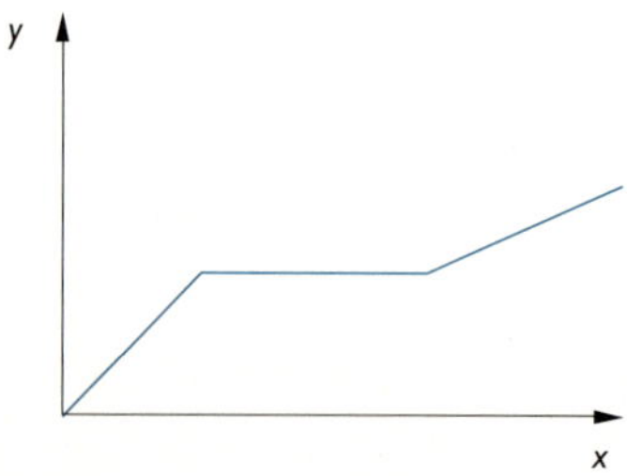	aus mehreren Teilvorgängen zusammengesetzter Vorgang	Temperatur-Zeit-Diagramm beim Schmelzen von Eis

TABELLEN UND GRAFISCHE DARSTELLUNGEN

1

Tabelle

Übersichtliche, geordnete Darstellung von physikalischen Größen oder Konstanten, von grafischen, symbolischen, wörtlichen oder mathematischen Formulierungen in einer Anordnung von Zeilen und Spalten

Anlegen einer Tabelle

Jedes Ordnen in Tabellen erfordert das Erkennen von zweckmäßigen Ordnungsmerkmalen.

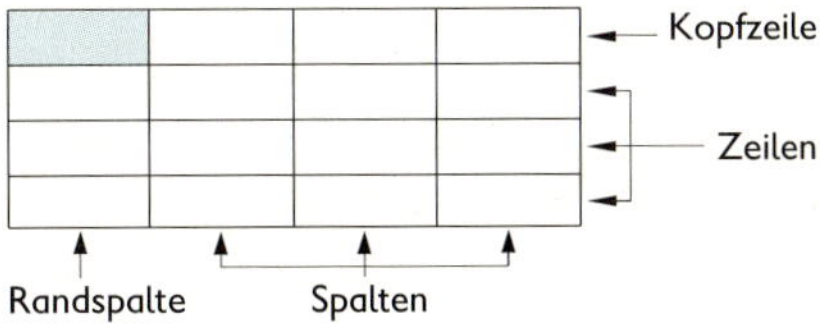

Wertetabelle

Tabelle, in der physikalische Größen oder Konstanten erfaßt werden

Bei Tabellen, die in einer Spalte gleichartige physikalische Größen enthalten, werden zur Vereinfachung Namen oder Formelzeichen und Einheiten der physikalischen Größen im Kopf der Spalte oder der Zeile angegeben.

m in g	*V* in cm^3	ρ in $\frac{g}{cm^3}$
50	6,6	7,9
100	12,5	8,0
150	10,0	7,9
200	25,0	8,0

Zusammenhang zwischen Masse und Volumen eines Körpers

Grafische Darstellung

Hilfsmittel zur Veranschaulichung physikalischer Sachverhalte in Schaubildern und zur zeichnerischen Lösung von Aufgaben

- grafische Darstellung von Größenverhältnissen oder Zusammenhängen durch bildliche Darstellungen in Strecken-, Streifen- oder Kreisdiagrammen
- Vektoraddition von Kräften; grafische Darstellung der Überlagerung von Schwingungen und Wellen; Konstruktion optischer Strahlenverläufe

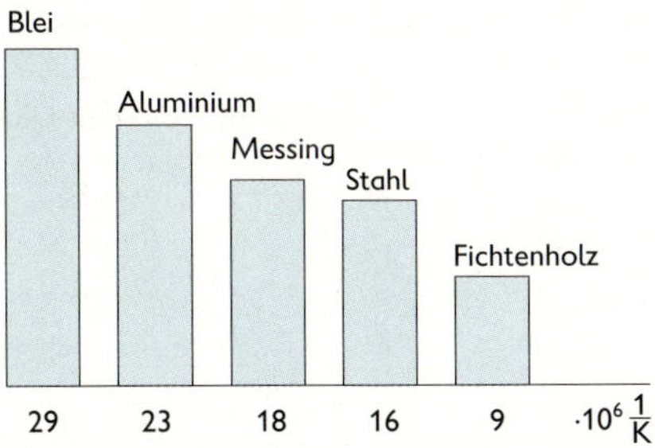

Linearer Wärmeausdehnungskoeffizient für verschiedene Stoffe

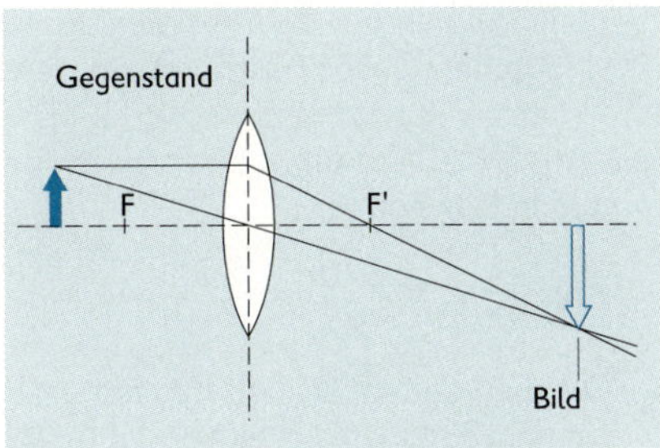

Bildkonstruktion an einer Sammellinse

Liniendiagramm

Grafische Darstellung von funktionalen Zusammenhängen in Koordinatensystemen. Die abhängige Variable wird meist auf der Ordinatenachse, die unabhängige Variable auf der Abszissenachse abgetragen.

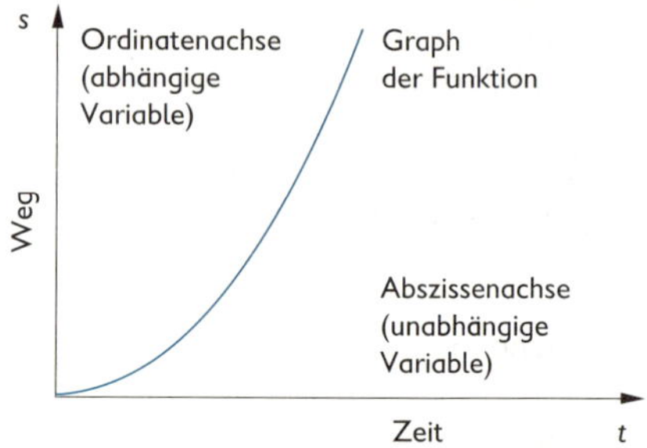

Die Koordinatenachsen können auf zwei Arten beschriftet werden:

Die Kurve wird mit Hilfe einer Menge von Wertepaaren einer Funktion konstruiert. Handelt es sich bei den Wertepaaren um physikalische Größen, dann besteht jeder Wert aus einem durch die Funktion bestimmten *Zahlenwert* und einer *Einheit*.

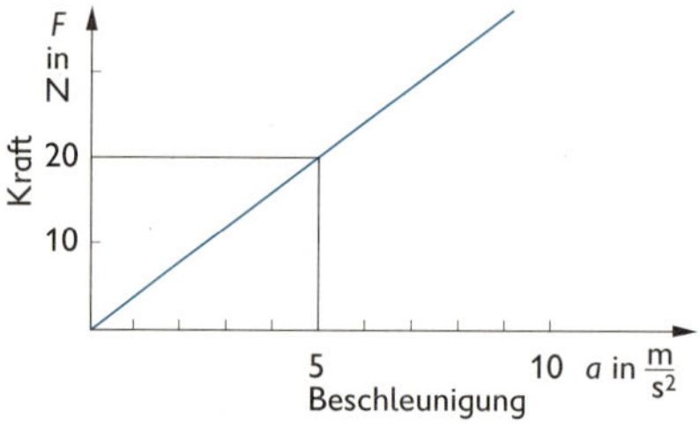

Bild der Funktion $F = m_1 \cdot a$

$m_1 = \text{konstant} = 4\,\dfrac{\text{N}}{\text{m} \cdot \text{s}^{-2}} = 4\,\text{kg}$

Die Kurve zeigt den prinzipiellen Zusammenhang zwischen zwei physikalischen Größen. Bestimmte Meßwerte mit bestimmten Einheiten liegen nicht vor.

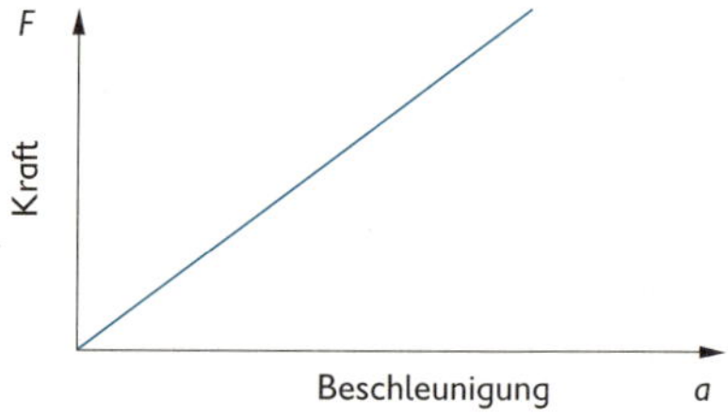

Bild der Funktion $F = m \cdot a$
m = konstant

Ergibt der Quotient der an den beiden Achsen abgetragenen physikalischen Größen eine neue physikalische Größe und liegen die Meßwertepaare auf einer Geraden, dann können aus dem Anstieg der Geraden Zahlenwert und Einheit der neuen physikalischen Größe bestimmt werden.

- Weg-Zeit-Diagramm einer gleichförmigen Bewegung

  Anstieg: $\dfrac{s}{t} = \dfrac{10\,\text{m}}{3\,\text{s}} = \dfrac{3{,}3\,\text{m}}{\text{s}}$

  Die Bewegung erfolgt mit der konstanten Geschwindigkeit von $3{,}3\,\text{m} \cdot \text{s}^{-1}$.

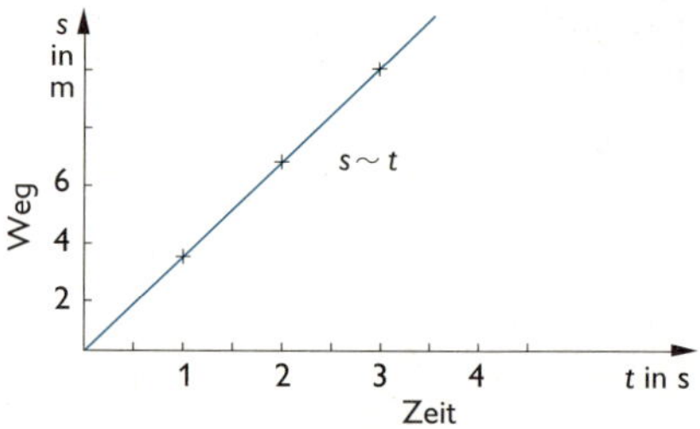

Ergibt das Produkt der an den beiden Achsen abgetragenen physikalischen Größen eine neue physikalische Größe, dann ist die Fläche unter dem Graphen ein Maß für den Wert der neuen physikalischen Größe.

- Geschwindigkeit-Zeit-Diagramm einer gleichmäßig beschleunigten Bewegung

Fläche: $s = \frac{v \cdot t}{2} = \frac{\frac{5\,\text{m}}{\text{s}}}{2} \cdot 4\,\text{s} = 10\,\text{m}$

Der gleichmäßig beschleunigt bewegte Körper legt in den ersten 4 s einen Weg von 10 m zurück.

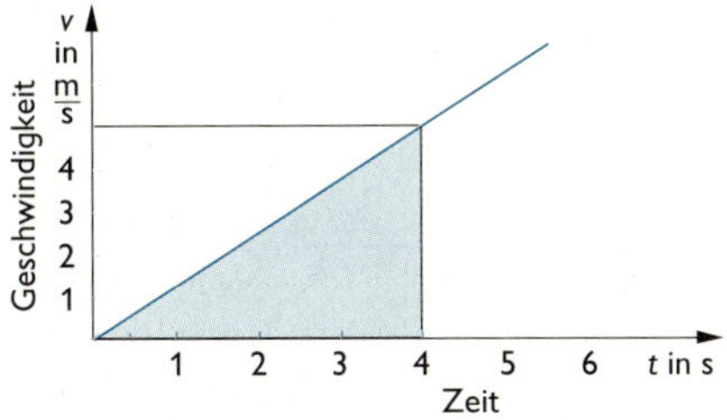

Wahl des Koordinatensystems

Die Wahl eines geeigneten Koordinatensystems ermöglicht, bestimmte Zusammenhänge durch Geraden darzustellen.

- $s = \frac{g \cdot t^2}{2}$

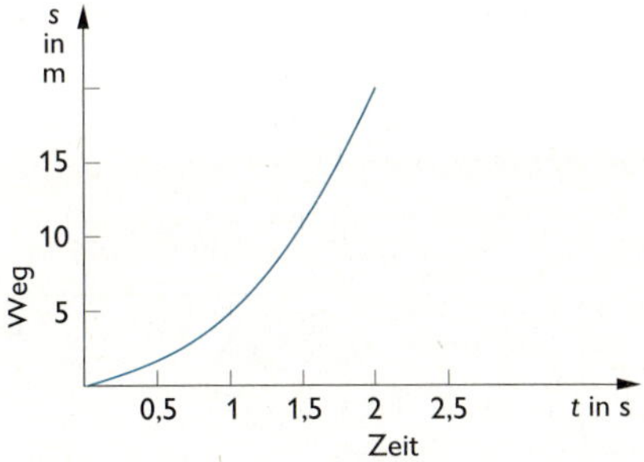

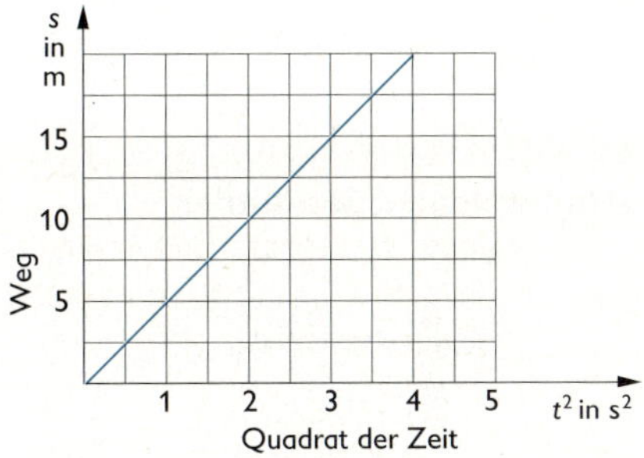

Aus der Darstellung im linearen Netz wird geschlossen, daß es sich bei dem gesuchten Zusammenhang um eine quadratische Funktion handelt.
Zur Prüfung dieser Annahme erfolgt eine Darstellung im linear-quadratisch geteilten Netz. Es ergibt sich eine Gerade. Die Annahme hat sich bestätigt. Eine Gerade läßt sich einfacher und genauer zeichnen als der entsprechende Graph im linken Bild.

Linear geteilte Netze sind besonders geeignet zur Darstellung von Funktionen der Form $y = mx + n$.

- $v_t = a \cdot t + v_0$ für $v_0 = 2\ \text{m} \cdot \text{s}^{-1}$

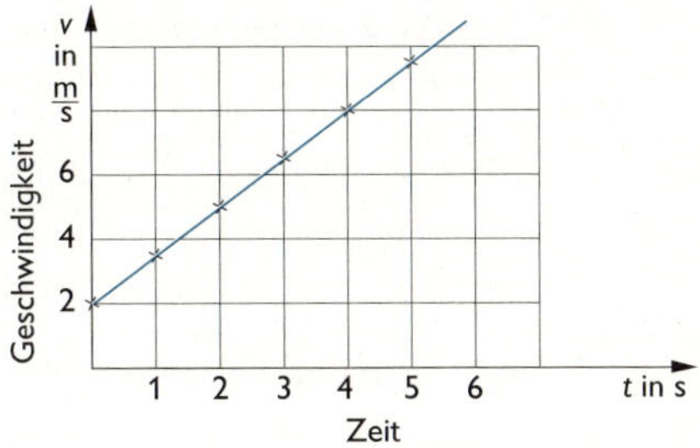

1

Physikalische Bedeutung des Anstiegs eines Graphen

Anstieg konstant 0	Anstieg konstant aber ungleich 0	Anstieg nicht konstant
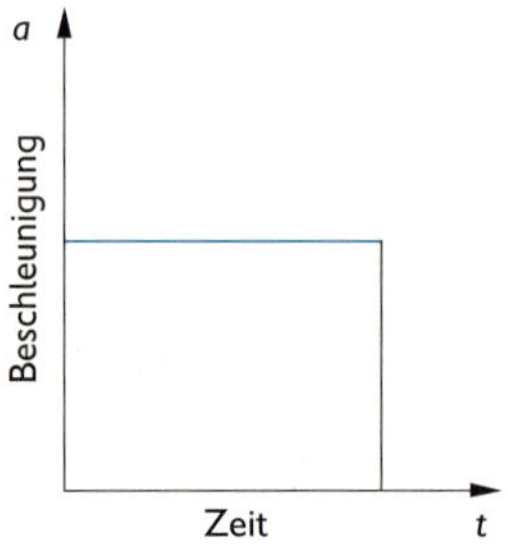	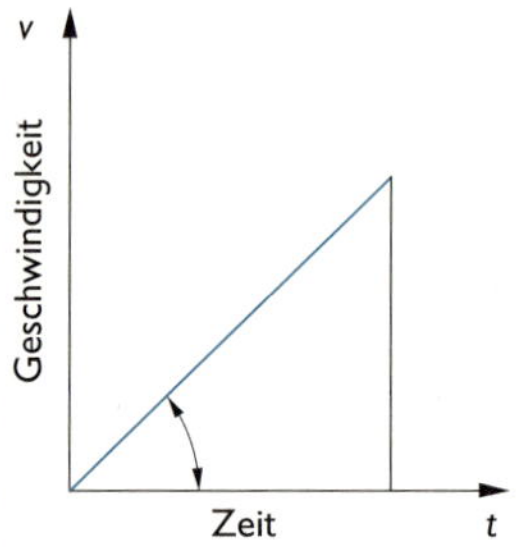	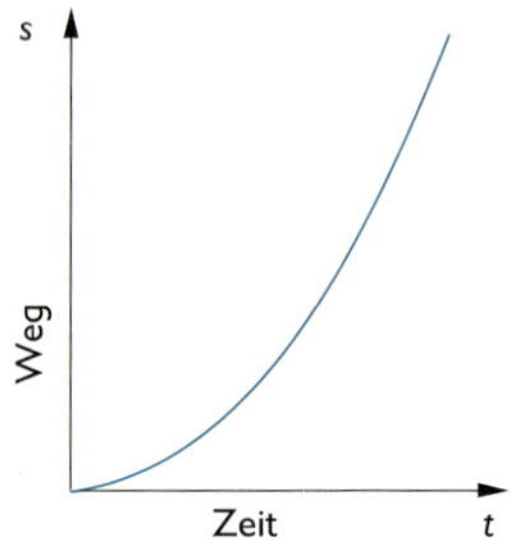
Die auf der Ordinatenachse abgetragene physikalische Größe ist konstant.	Die als Quotient aus den beiden auf den Achsen abgetragenen physikalischen Größen definierte neue Größe ist konstant.	Die als Quotient aus den beiden auf den Achsen abgetragenen physikalischen Größen definierte neue Größe ist nicht konstant.
$\frac{da}{dt} = 0$; a = konstant	$\frac{dv}{dt} = a$; a = konstant, $v \neq$ konstant	$\frac{ds}{dt} = v$; $v \neq$ konstant

Schaltzeichen, Sinnbilder

Symbole für elektrische Leitungen und elektrische oder elektronische Geräte

Symbol	Bedeutung	Symbol	Bedeutung
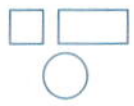	Betriebsmittel, Gerät Funktionseinheit		Veränderbarkeit, stufig
			Einstellbarkeit, stetig
	Hülle, Gehäuse, Röhrenkolben	—	Gleichstrom, Gleichspannung (rechts am Kennzeichen anzugeben)
+	positiver Anschluß		
—	negativer Anschluß	~	Wechselstrom, Wechselspannung (Frequenz oder Frequenzbereich rechts am Kennzeichen anzugeben)
	Veränderbarkeit, allgemein		
	Einstellbarkeit, abgleichbar allgemein	≂	Allstrom, Gleich- oder Wechselstrom, Gleich- oder Wechselspannung
	Veränderbarkeit, stetig	≈	Wechselspannung mittlerer Frequenz (Tonfrequenz)

Symbol	Bedeutung	Symbol	Bedeutung
	Wechselspannung hoher Frequenz (z. B. Ultraschall)		Wechsler mit Unterbrechung
	Strahlung, nicht ionisierend, elektromagnetisch (z. B. Radiowellen)		Zweiwegschließer mit Mittelstellung „Aus“
	kohärente Strahlung, nicht ionisierend (z. B. Laserlicht)		Relaisspule, allgemein
	Strahlung, ionisierend		Widerstand, allgemein
	Leiter, Leitung, Stromweg		Widerstand mit Schleifkontakt
	Abzweig von 2 Leitern		Widerstand mit Schleifkontakt, Potentiometer
	Doppelabzweig von Leitern		Widerstand mit Schleifkontakt, einstellbar
	Erde, allgemein Verbindung mit der Erde		Widerstand, veränderbar, allgemein
	Masse, Gehäuse		Widerstand, stetig veränderbar
	Anschluß (z. B. Buchse)		Widerstand, stufig veränderbar
	Verbindung von Leitern	U	Widerstand, nicht linear, spannungsabhängig
	Buchse, Pol einer Steckdose	t^0	Widerstand, temperaturabhängig, mit positivem Temperaturkoeffizienten (Thermistor, Kaltleiter)
	Stecker, Pol eines Steckers	$-t^0$	Widerstand, temperaturabhängig, mit negativem Temperaturkoeffizienten (Heißleiter)
	Buchse und Stecker Steckverbindung		Heizelement
	Primärzelle, Akkumulator		Kondensator, allgemein
	Batterie von Primärelementen, Akkumulatorenbatterie	+	Kondensator, gepolt
	Sicherung, allgemein		Kondensator, einstellbar
	Schließer, Schalter, allgemein		Kondensator, veränderbar
	Öffner		

1

Symbol	Bedeutung	Symbol	Bedeutung
	Induktivität, Spule, Wicklung Drossel		npn-Transistor, bei dem der Kollektor mit dem Gehäuse verbunden ist
	Induktivität mit Magnetkern		Sperrschicht-Feldeffekt-Transistor mit n-Kanal
	Induktivität mit bewegbarem Kontakt, stufig veränderbar		Sperrschicht-Feldeffekt-Transistor mit p-Kanal
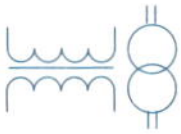	Transformator mit 2 Wicklungen		Edelgasgleichrichterröhre
	Magnetkern		Fotoelektrische Röhre, Fotozelle
	Transformator mit veränderbarer Kopplung		Fotoelement, Fotozelle
	Transformator mit Mittelanzapfung an einer Wicklung		Diode, lichtempfindlich Fotodiode
	Antenne, allgemein		
	Dipolantenne	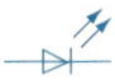	Leuchtdiode, allgemein
	Halbleiterdiode		
	Diode, Katode direkt geheizt	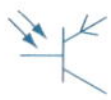	Transistor, lichtempfindlich Fototransistor pnp-Typ
	Diode, Katode indirekt geheizt	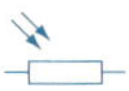	Widerstand, lichtempfindlich Fotowiderstand
			Zählrohr (z. B. zur Messung von β-Strahlung)
	Triode, Katode direkt geheizt		
	pnp-Transistor	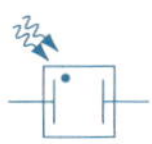	Ionisationskammer
	npn-Transistor	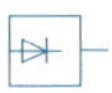	Halbleiterdetektor

Symbol	Bedeutung	Symbol	Bedeutung
	Röntgenröhre, Katode direkt geheizt		Leistungsmeßgerät, anzeigend
	Oszillograf		Galvanometer
	Glühlampe		Oszilloskop
	Leuchte für Entladungslampe, allgemein		Uhr
	Lautsprecher, allgemein	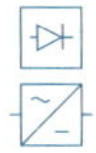	Gleichrichter-Gerät
	Mikrofon, allgemein		Tonfrequenzgenerator
	Hörer, allgemein		Hochfrequenzgenerator
	Wecker, allgemein		Verstärker, allgemein
	Generator, allgemein	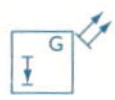	Laser als Generator
	Elektromotor		Küchenmaschine
	Gleichstrommotor		Mikrowellenherd
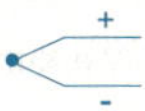	Thermoelement		Elektroherd
	Meßgerät, anzeigend, allgemein, ohne Kennzeichnung der Meßgröße		Backofen
	Strommeßgerät, anzeigend		Wärmeplatte
	Spannungsmeßgerät, anzeigend		Waschmaschine

Symbol	Bedeutung	Symbol	Bedeutung
	Geschirrspülmaschine		Dreheisenmeßwerk
	Kühlgerät, Tiefkühlgerät		Elektrodynamisches Meßwerk, eisenlos
	Heißwasserspeicher		Prüfspannungszeichen mit Angabe der Prüfspannung in kV
	Durchlauferhitzer		
			Achtung, Hochspannung!
	Drehspulmeßwerk mit Dauermagnet		Meßgerät mit senkrechtem Skalenträger
			Meßgerät mit waagerechtem Skalenträger
	Drehspulmeßwerk mit eingebautem Gleichrichter		Hinweis auf Gebrauchs-anweisung
		0,2	Klassenzeichen

Schaltplan
Zeichnerische Darstellung der leitenden Verbindungen zwischen den Bauelementen in elektrischen oder elektronischen Schaltungen

Blockschaltbild
Einfache übersichtliche Darstellungen des Zusammenwirkens einzelner komplexer Baustufen einer technischen Anlage

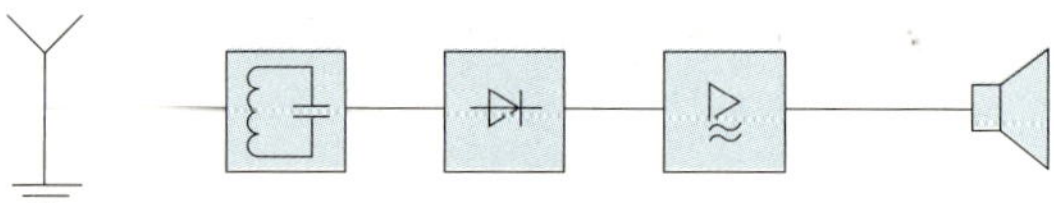

Blockschaltbild eines einfachen Rundfunkempfängers

METHODEN UND VERFAHREN DER PHYSIK

Beobachten
Zielgerichtete sinnliche Wahrnehmung bewußt ausgewählter Gegenstände, Vorgänge oder Zustände bezüglich ihrer Existenz oder ihrer Veränderung

- Beobachte das Verhalten eines Lichtbündels, das schräg auf eine Wasseroberfläche auftrifft!
  ↗ Beschreiben, S. 40

Messen

Vergleichen einer zu messenden Größe mit einer Größe gleicher Art, deren Betrag als Einheit festgelegt ist, unter Beachtung einer Meßvorschrift; quantitative Form des Beobachtens

■ Messen der Höhe einer Brückendurchfahrt

Die Einheit l_E = 1 m ist in der Höhe der Brückendurchfahrt 4 mal enthalten.

$h = 4 \cdot l_E$
$h = 4 \cdot 1\,\text{m}$
$h = 4\,\text{m}$

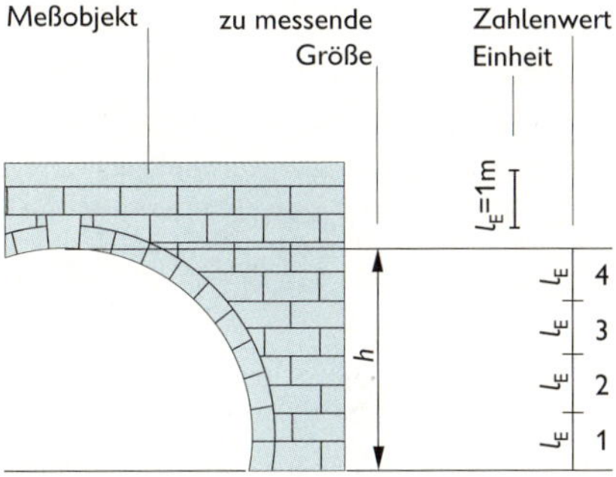

Meßverfahren

Direktes Messen	Indirektes Messen
Die durch Messen zu bestimmende physikalische Größe kann am Meßgerät unmittelbar oder nach Umrechnung abgelesen werden.	Die durch Messen zu bestimmende physikalische Größe ist nicht direkt ablesbar, sondern muß mit Hilfe eines bekannten Zusammenhanges aus direkt gemessenen physikalischen Größen berechnet werden.
■ Geschwindigkeit *v* am Tachometer elektrischer Widerstand *R* mittels Widerstandsmeßgerät	■ Geschwindigkeit *v* einer gleichförmigen Bewegung durch Messen von Weg *s* und Zeit *t* und Berechnen aus $v = \frac{s}{t}$ elektrischer Widerstand *R* durch Messen von elektrischer Spannung *U* und elektrischer Stromstärke *I* und Berechnen aus $R = \frac{U}{I}$

Beispiel für eine Meßvorschrift. Messen einer Länge

1. Auswählen eines geeigneten Meßgerätes in Abhängigkeit von der zu messenden Länge, z. B. Meterstab
2. Beachten der Eichtemperatur des Meßgerätes
3. Ausrichten des Meßgerätes auf die Endpunkte der zu messenden Länge
4. Ermitteln der Länge durch senkrechtes Blicken auf die Stellen der Skale, die mit den Endpunkten der zu messenden Länge übereinstimmen

Beschreiben

Sprachliche oder schriftliche Darstellung beobachteter physikalischer Sachverhalte bezüglich ihrer äußeren wahrnehmbaren Merkmale in systematischer und geordneter Folge

Die Beschreibung gibt an, wie der Sachverhalt beschaffen ist, aber nicht, warum er so und nicht anders beschaffen ist.

Hinweise zum Beschreiben einer Beobachtung

1. Angeben des Sachverhalts, der beschrieben werden soll (Beschreibungsobjekt)	Verhalten eines Lichtbündels bei schrägem Auftreffen auf eine Wasseroberfläche
2. Angeben der Merkmale des Sachverhalts	Ein schmales paralleles Lichtbündel trifft unter einem Winkel $0 < \alpha < 90°$ zwischen Einfallslot und Lichtbündelachse auf eine ebene Wasseroberfläche.
3. Angeben der beobachteten Veränderungen, des beobachteten Verhaltens	Das Lichtbündel ändert beim Übergang ins Wasser seine Richtung, es verläuft steiler.

Hinweise zum Beschreiben des Aufbaus eines technischen Gerätes

1. Angeben der Bezeichnung des technischen Gerätes, das beschrieben werden soll (Beschreibungsobjekt)	Das Gerät ist ein Thermometer.
2. Angeben des Verwendungszweckes des technischen Gerätes	Das Thermometer wird zum Messen der Temperatur verwendet.
3. Angeben der wesentlichen Teile des technischen Gerätes und ihrer räumlichen Anordnung (eventuell unter Verwendung einer Skizze) 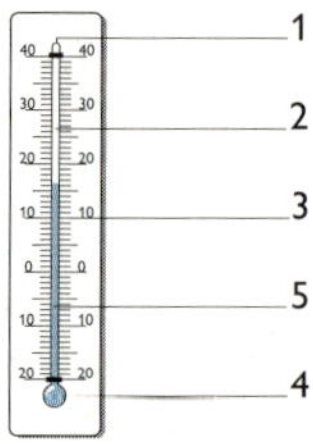	Das Thermometer besteht aus einer Glashülle (1), einem Anzeigeröhrchen (2) und einer Skale (3). Das Anzeigeröhrchen endet in dem Thermometergefäß (4). Das Thermometergefäß und ein Teil des Anzeigeröhrchens sind mit einer Thermometerflüssigkeit gefüllt (5). Die Skale reicht von –20 °C bis +40 °C. Sie ist in gleiche Teile geteilt.

Verallgemeinern

Verfahren zur Gewinnung von umfassenderen Begriffen oder Aussagen aus spezifischen Begriffen oder Einzelaussagen. Die wichtigste Form ist die induktive Verallgemeinerung (↗ S. 42).

Erklären

Zurückführen einer beobachteten physikalischen Erscheinung oder der Wirkungsweise eines technischen Gerätes auf die zugrundeliegenden Gesetze unter Beachtung der Bedingungen für das Zustandekommen der Erscheinung bzw. der Wir-

kungsweise des technischen Gerätes und der Gültigkeitsbedingungen der zur Erklärung herangezogenen Gesetze.
Die zum *Erklären* benutzten Gesetzes- und Bedingungsaussagen können *gesichert* oder noch *nicht gesichert* sein. Sind die zur Erklärung eines Sachverhalts erforderlichen Gesetzes- oder Bedingungsaussagen noch nicht bekannt, dann wird versucht, eine *wissenschaftlich begründete Vermutung*, eine *Hypothese* (S. 43), zu finden, die eine vorläufige Erklärung möglich macht.

Hinweise zum Erklären einer physikalischen Erscheinung

1. Angeben des Sachverhalts, der erklärt werden soll	Warum fällt ein laufender Mensch, der über einen Stein stolpert, nach vorn ?
2. Angeben des Gesetzes, das für den zu erklärenden Sachverhalt zutrifft	Trägheitsgesetz
3. Angeben der Bedingungen, unter denen der Sachverhalt auftritt	Mensch in Bewegung; Stein fest mit dem Erdboden verbunden
4. Ableiten der Erklärung aus dem Gesetz und den Bedingungen	Das Trägheitsgesetz besagt: Ein Körper ändert seine Bewegung nur, wenn eine Kraft auf ihn einwirkt. Stößt der Mensch mit den Füßen gegen einen Stein, wirkt eine Kraft auf seine Füße. Diese werden plötzlich abgebremst. Der Oberkörper behält aber seine Geschwindigkeit bei, da ihn keine Kraft abbremst. Der Mensch kippt nach vorn.

Hinweise zum Erklären der Wirkungsweise eines technischen Gerätes

1. Angeben des Gerätes, dessen Wirkungsweise erklärt werden soll	Thermometer
2. Angeben des Gesetzes, das der Funktion des Gerätes zugrunde liegt	– Gesetz über den Temperaturausgleich – Gesetz über die Volumenänderung von Flüssigkeiten bei Temperaturänderung
3. Angeben der Bedingungen, die für die Funktion des Gerätes wesentlich sind	Bedingung: Flüssigkeit nicht zusammendrückbar; ausreichend lange Berührung des Thermometers mit dem Körper, dessen Temperatur bestimmt wird; Masse des Thermometergefäßes klein gegenüber der des zu untersuchenden Körpers
4. Ableiten der Erklärung der Wirkungsweise des technischen Gerätes aus den Gesetzen und den Bedingungen	Bringt man das Thermometergefäß mit dem Körper in Berührung, dann nimmt die Thermometerflüssigkeit die Temperatur des Körpers an (Gesetz des Temperaturausgleichs). Da sich bei Temperaturänderung das Volumen der Thermometerflüssigkeit ändert (Gesetz der Volumenänderung), steigt die Thermometerflüssigkeit im Anzeigeröhrchen bei Temperaturerhöhung. An der Skala ist ablesbar, welche Temperatur der Körper hat.

Erläutern

Tätigkeit mit dem Ziel, bestimmte Gegenstände, Vorgänge, Ereignisse, Handlungen, Zusammenhänge, Verhaltensweisen usw. verständlicher, klarer, anschaulicher, begreifbarer, handhabbarer zu machen

Hinweise zum Erläutern einer Materialkonstanten

1

- Die spezifische Wärmekapazität von Wasser $c_{H_2O} = 4{,}19 \frac{kJ}{kg \cdot K}$ drückt aus, daß zur Erhöhung der Temperatur von 1 kg Wasser um 1 K eine Wärme von 4,19 kJ zugeführt werden muß.

Induktive Verallgemeinerung

↗ Verallgemeinern, S. 40

Hinweise zum Verallgemeinern

1. Formulieren der Aufgabe

Welcher Zusammenhang besteht zwischen dem Druck und dem Volumen eines Gases bei konstanter Temperatur?

2. Sammeln von Beobachtungen mit Hilfe von Experimenten oder von praktischen Beispielen

Beispiele: Durch Verkleinern des Volumens wächst der Druck in einem Luftpumpenzylinder. Beim Einatmen vergrößert sich der Lungenraum, der Druck der Luft in der Lunge wird kleiner. Beim Ausatmen verringert sich der Lungenraum, der Druck der Luft in der Lunge wird größer.
Experiment: T = konstant

$p_0 = 0{,}2$ MPa

$V_0 = 2{,}5 \cdot 10^{-3}\ m^3$

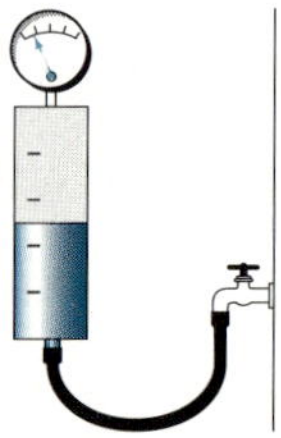

p in MPa	V in m^3	$p \cdot V$ in $N \cdot m$
0,1	$5{,}0 \cdot 10^{-3}$	500
0,2	$2{,}5 \cdot 10^{-3}$	500
0,3	$1{,}65 \cdot 10^{-3}$	495
0,4	$1{,}25 \cdot 10^{-3}$	500
0,5	$1{,}0 \cdot 10^{-3}$	500

3. Induktive Verallgemeinerung (Ausführen des induktiven Schlusses, Verallgemeinerung der Einzelaussagen zu einer allgemeinen Aussage)

$p_1 \cdot V_1 = p_2 \cdot V_2 = ... = p_n \cdot V_n \quad (T_n = \text{konstant})$

$p \cdot V = \text{konstant} \quad (T = \text{konstant})$

4. Prüfen der allgemeinen Aussage durch

– Berechnung

a) Berechnung eines speziellen Beispiels unter Benutzung des gefundenen Zusammenhanges $p_1 \cdot V_1 = p_2 \cdot V_2$

Gesucht: V_2

Gegeben: $p_1 = 0{,}25$ MPa
$p_2 = 0{,}45$ MPa
$V_1 = 2{,}00 \cdot 10^{-3}\ m^3$

$p_1 = 0{,}25$ MPa

$V_1 = 2 \cdot 10^{-3}$ m³

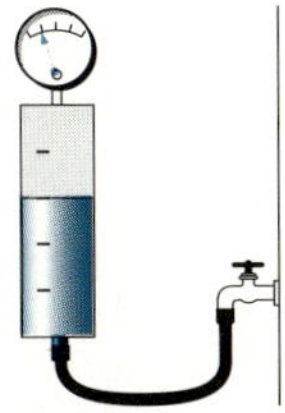

– Experimente oder durch Anwendung in der Praxis

$p_2 = 0{,}45$ MPa

$V_2 = 1{,}1 \cdot 10^{-3}$ m³

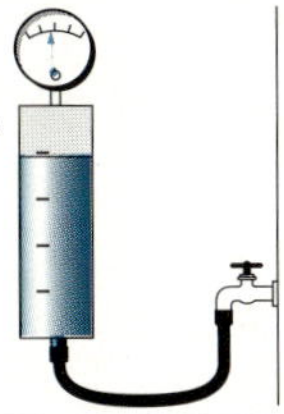

Lösung: $V_2 = \frac{p_1 \cdot V_1}{p_2}$

$$V_2 = \frac{0{,}25 \text{ MPa} \cdot 2{,}00 \cdot 10^{-3} \text{ m}^3}{0{,}45 \text{ MPa}}$$

$$V_2 = 1{,}1 \cdot 10^{-3} \text{ m}^3$$

b) Prüfen der Berechnung im Experiment

Eingestellt:	Abgelesen:
$p_1 = 0{,}25$ MPa	$p_2 = 0{,}45$ MPa
$V_1 = 2{,}00 \cdot 10^{-3}$ m³	$V_2 = 1{,}1 \cdot 10^{-3}$ m³

Auswertung des Experiments: Der berechnete Wert und der im Experiment für V_2 ermittelte Wert stimmen überein. Das Produkt aus Druck und Volumen ist konstant. Das Ergebnis dieser Überprüfung ist eine Bekräftigung der Gültigkeit der allgemeinen bzw. der speziellen Aussage.

Das Ergebnis einer induktiven Verallgemeinerung muß stets in der Praxis, im Experiment oder an der Erfahrung geprüft werden.

Hypothese

Wissenschaftlich begründete Annahme (Vermutung), mit deren Hilfe Erscheinungen erklärt werden können, die sich aus bisher bekannten Gesetzes- und Bedingungsaussagen nicht erklären lassen

- Zu einer Zeit, als die Wärmeerscheinungen noch mit der Existenz eines „Wärmestoffs" erklärt wurden, stellten BACON und LOMONOSSOW die Hypothese auf: Wärme ist die Bewegung von Molekülen. Diese Hypothese wurde später von DAVY, RUMFORD u. a. durch experimentelle Befunde bestätigt.

Für eine Hypothese gilt:
- Sie darf den gesicherten wissenschaftlichen Erkenntnissen nicht widersprechen.
- Sie sollte die Erklärung und Voraussage weiterer Erscheinungen ermöglichen.
- Sie muß in der Praxis oder im Experiment geprüft werden.

Ableiten

Gewinnen neuer Aussagen aus gesicherten (wahren) oder mehr oder weniger gesicherten (als wahr angenommenen) theoretischen Aussagen mit Hilfe logisch zwingender Schlüsse
Die wichtigste Form der Ableitung ist die deduktive Ableitung.

Hinweise zur deduktiven Ableitung
Aus gesicherten Aussagen deduktiv abgeleitete Aussagen bedürfen aus logischer Sicht keiner Prüfung. Aus mehr oder weniger gesicherten theoretischen Aussagen abgeleitete Aussagen müssen in der Praxis, im Experiment oder an der Erfahrung geprüft werden.

1. Formulieren der Aufgabe	Wie groß ist die Induktionsspannung U zwischen den Enden eines geraden Leiterstückes der Länge l, das in einem homogenen magnetischen Feld mit konstanter magnetischer Flußdichte B senkrecht zu den Feldlinien um die Strecke Δs bewegt wird?
2. Zusammenstellen der allgemeinen Aussagen und der Bedingungen	Kraft auf einen Leiter in einem konstanten Magnetfeld, der von einem Strom der Stärke I durchflossen wird: $F = B \cdot I \cdot l$ (1) Umwandlung mechanischer Energie bei der Bewegung des Leiterstückes um die Strecke Δs im Magnetfeld in elektrische Energie. Für die dabei verrichteten Arbeiten gilt auf Grund des Erhaltungssatzes der Energie: $W_{mech} = W_{el}$ (2) $W_{mech} = F \cdot \Delta s$ (3) $W_{el} = U_{ind} \cdot I \cdot \Delta t$ (4)
3. Ausführen des deduktiven Schlusses Er führt zu der in der allgemeinen Aussage bereits enthaltenen speziellen Aussage.	Aus (3) und (1) folgt $W_{mech} = B \cdot I \cdot l \cdot \Delta s$. (5) Wenn (2), dann folgt mit (5) $B \cdot I \cdot l \cdot \Delta s = U_{ind} \cdot I \cdot \Delta t$. (6) Mit $\Delta A = l \cdot \Delta s$ folgt aus (6) $U_{ind} = \frac{B \cdot \Delta A}{\Delta t}$. (7)
4. Prüfen der speziellen Aussage durch Anwenden in der Praxis, durch Experimente oder an der Erfahrung	Die auf deduktivem Wege gewonnenen Zusammenhänge werden experimentell bestätigt durch den Nachweis, daß $U \cdot \Delta t \sim B$ und $U \cdot \Delta t \sim \Delta A$

Voraussagen

Gewinnen einer Aussage über einen bisher nicht bekannten, real möglichen Sachverhalt durch logisches Schließen aus gesicherten oder als gesichert angenommenen Aussagen. Das Ergebnis ist eine Voraussage (Prognose).

Für eine Voraussage gilt:
- Sie erklärt nicht.
- Sie muß in der Praxis, im Experiment oder an der Erfahrung geprüft werden.

Hinweise zum Voraussagen

1. Angeben der Aussage und ihrer Gültigkeitsbedingungen, aus der eine Voraussage abgeleitet werden soll	Brechungsgesetz: $\frac{\sin \alpha}{\sin \beta} = \frac{n_1}{n_2}$ für $\alpha > 0°$ und für den Übergang von Licht aus Wasser ($n_1 = 1{,}33$) in Luft ($n_2 = 1$).

2. Ableiten der Voraussage(n)	Aus dem Brechungsgesetz folgt $\sin\beta = \frac{n_1}{n_2} \cdot \sin\alpha = \frac{1,33}{1} \sin\alpha$, d. h. $\beta > \alpha$. Voraussage 1: Beim Übergang des Lichtes von Wasser in Luft müßte das Licht vom Lot weggebrochen werden. Voraussage 2: Es gibt einen Winkel α_G, für den $\beta = 90°$ wird. Voraussage 3: Für α_G folgt $\beta > 90°$, d. h., daß keine Brechung auftreten dürfte.
3. Prüfen der Voraussage in der Praxis	Das Experiment zeigt: Das Licht wird vom Lot weggebrochen. Es gibt einen Grenzwinkel $\alpha_G = 48°$. Für $\beta > 90°$ tritt keine Brechung mehr auf (Totalreflexion).

Bestätigen

Verfahren zum Nachweis der Gültigkeit von Aussagen mit Hilfe von Experimenten oder durch die Praxis. Dabei werden aus der zu prüfenden Aussage auf deduktivem Wege (↗ deduktive Ableitung, S. 43) Folgerungen abgeleitet. Die Gültigkeit der Folgerungen wird durch unmittelbare oder mittelbare Beobachtung in der Praxis, im Experiment oder an der Erfahrung geprüft. Aus der Gültigkeit der Folgerungen wird auf die Gültigkeit der zu prüfenden Aussage zurückgeschlossen.

Hinweise zum Bestätigen einer Aussage

1. Formulieren der Aussage, deren Gültigkeit (Wahrheit) noch nicht feststeht	Die Brechzahl des Lichtes ist von seiner Farbe abhängig.
2. Ableiten experimentell prüfbarer Folgerungen aus der zu prüfenden Aussage	Wenn diese Aussage richtig ist, dann müßte sich das bei der Brechung von Licht unterschiedlicher Farbe durch ein Prisma zeigen.
3. Durchführen des Experiments	Im Experiment wird ein Prisma durch einen Spalt zunächst mit blauem und dann mit rotem Licht durchstrahlt.
4. Auswerten des Experiments	Das Bild des Spaltes ist für blaues Licht und für rotes Licht an verschiedenen Stellen des Bildschirmes zu beobachten.
5. Vergleichen des Ergebnisses des Experiments mit der zu prüfenden Aussage	Das Experiment bestätigt die Folgerung. Rotes und blaues Licht werden unterschiedlich gebrochen. Die Brechzahl des Lichtes ist von seiner Farbe abhängig.

Interpretieren

Angabe der Bedeutung von Gleichungen oder von Diagrammen und ihrer Teile

Hinweise zum Interpretieren einer Gleichung

■ Weg-Zeit-Gesetz der gleichmäßig beschleunigten Bewegung $s = \frac{a}{2} t^2$	
1. Angeben der physikalischen Größen	s Weg in m t Zeit in s a Beschleunigung in $\mathrm{m \cdot s^{-2}}$
2. Nennen der Bedingungen, unter denen die Gleichung gilt	a ist konstant beschleunigte Bewegung aus dem Stillstand bzw. bis zum Stillstand
3. Angeben des jeweils zwischen zwei physikalischen Größen bestehenden Zusammenhanges und der dabei als konstant zu betrachtenden Größen	$s \sim t^2$ a = konstant (Der Weg ist dem Quadrat der Zeit proportional oder der Weg wächst proportional zum Quadrat der Zeit, wenn die Beschleunigung konstant ist.)
4. Angeben von Beispielen für diese Zusammenhänge	freier Fall eines Körpers im Vakuum; gleichmäßiges Anfahren eines Fahrzeuges aus dem Stillstand

Hinweise zum Interpretieren eines Diagramms

■ Diagramm der gleichförmigen Bewegung eines Körpers	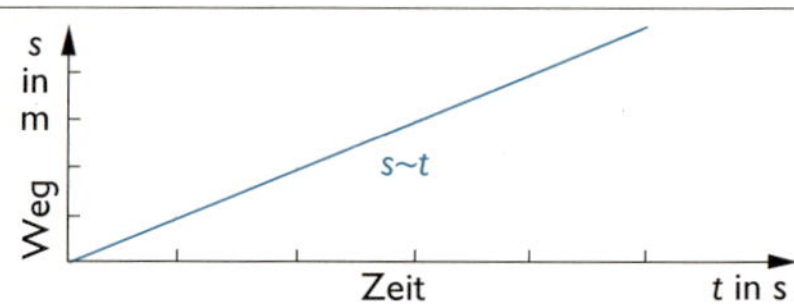
1. Angeben der physikalischen Größen, die auf den Koordinatenachsen abgetragen sind, einschließlich ihrer Einheiten	Ordinate: Weg s in m Abszisse: Zeit t in s
2. Nennen der Bedingungen, unter denen der dargestellte Zusammenhang gilt	v ist konstant Körper als Massepunkt Die Wegmessung beginnt bei $t_0 = 0$.
3. Angeben des zwischen den physikalischen Größen bestehenden Zusammenhanges	$s \sim t$ (Der Weg ist der Zeit proportional; je größer der Weg, um so mehr Zeit ist erforderlich.)
4. Angeben eines Beispiels, in dem sich der dargestellte Zusammenhang zeigt	Bewegung eines Mauerziegels auf einem Förderband, Rolltreppe

Mathematisieren

Abbilden empirischer Befunde auf Gleichungen oder Diagramme. Dem durch Worte der natürlichen Sprache oder der physikalischen Fachsprache beschriebenen Tatsachenmaterial werden mathematische Symbole zugeordnet. Die zwischen meßbaren Eigenschaften oder Merkmalen bestehenden Zusammenhänge und Beziehungen werden durch Proportionalitäten, Gleichungen oder Ungleichungen bzw. in Diagrammen dargestellt.

Hinweise zum Mathematisieren empirischer Befunde

■ Zusammenhang zwischen der Längenänderung und der Temperaturänderung eines festen Körpers	
1. Angeben der empirischen Befunde mit den Mitteln der natürlichen oder der Fachsprache	Zwischen der Längenänderung eines Metallstabes einerseits und der Temperaturänderung sowie der Länge des Stabes andererseits besteht eine direkte Proportionalität. Die Längenänderung hängt auch vom Material des Stabes ab.
2. Zuordnen von Zeichen zu den Worten	Länge l; Längenänderung Δl; Temperaturänderung ΔT; Linearer Ausdehnungskoeffizient α
3. Abbilden des Zusammenhangs unter Verwendung der zugeordneten Zeichen	$\left.\begin{array}{l}\Delta l \sim \Delta T \\ \Delta l \sim l\end{array}\right\} \Delta l \sim l \cdot \Delta T$ Δl hängt von α ab.
4. Zusammenfassen der Abhängigkeiten zu einer Proportionalität, einer Gleichung oder Ungleichung	$\Delta l = \alpha \cdot l \cdot \Delta T$

Experimentieren

Planen, Durchführen und Auswerten von Experimenten mit dem Ziel, eine vom Menschen an die Natur gestellte Frage zu beantworten

↗ Experiment, S. 47

Experiment

Von einer Person unter Anwendung von Hilfsmitteln planmäßig ausgelöster Vorgang zur Beantwortung einer sinnvollen Frage an die Natur

Merkmal	Beispiel
bewußt geschaffene Bedingungen	Die Experimentieranordnung wird gedanklich geplant, z. B. horizontale Fahrbahn mit Wagen möglichst geringer Reibung, Umlenkrolle mit bekannter Masse in Spitzen gelagert, beschleunigender Körper mit bekannter Gewichtskraft.

Merkmal	Beispiel
Veränderbarkeit der Bedingungen	Veränderung der Masse des Wagens, der beschleunigenden Kraft, der Reibung, der Neigung der Fahrbahn usw.
Kontrollierbarkeit der Bedingungen	Kontrolle der Übereinstimmung zwischen der gedanklich geplanten experimentellen Anordnung und den tatsächlich vorhandenen Bedingungen
Wiederholbarkeit des Experiments	Bei Gewährleistung der gleichen Bedingungen ergeben sich die gleichen Veränderungen, z. B. gleiche Beobachtungs- oder Meßdaten, unabhängig vom Beobachter und vom Zeitpunkt des Experiments.
Isolierbarkeit nebensächlicher oder störender Einflüsse	Experimente können unter natürlichen oder künstlichen Bedingungen ablaufen (Beobachtung der beschleunigten Bewegung beim freien Fall in der Natur oder an einer Experimentieranordnung). Bei Experimenten unter künstlichen Bedingungen gelingt es meist besser, störende oder nebensächliche, das Ergebnis verfälschende Einflüsse zu isolieren (z. B. Luftreibung, Einfluß der Form des Körpers auf das Ergebnis) oder diese zumindest zu kontrollieren.

Hinweise zum Planen von Experimenten

<table>
<tr><td>1. Formulieren der Frage, die durch das Experiment beantwortet werden soll</td><td>Wie hängt die Temperturerhöhung eines Körpers von der zugeführten Wärme ab?</td></tr>
<tr><td>2. Ausdenken eines Experiments, das geeignet ist, die Frage zu beantworten</td><td>Experiment: Erwärmung einer bestimmten Wassermenge mit einer elektrischen Kochplatte (zeitlich konstante Wärmeabgabe); Temperaturmessung mit einem Thermometer; Zeitmessung mit einer Stoppuhr; Verwendung unterschiedlicher Wassermengen; Mengenbestimmung mit einem Meßzylinder (Becherglas). Wiederholung des Experiments mit Öl im Wasserbad.</td></tr>
<tr><td>3. Festlegen der Größen, die verändert werden oder unverändert bleiben sollen</td><td><table>
<tr><th>Abhängigkeiten untersuchen</th><th>Verändern von</th><th>Konstanthalten von</th></tr>
<tr><td>Q von ΔT
Q von m
Q vom Stoff</td><td>ΔT
m
Stoff</td><td>m und Stoff
ΔT und Stoff
m und ΔT</td></tr>
</table></td></tr>
<tr><td>4. Bedenken möglicher Fehlerquellen</td><td>↗ Fehlerbetrachtungen, S. 53 ff.</td></tr>
</table>

Hinweise zum Durchführen von Experimenten

1. Aufbauen der experimentellen Anordnung und Auswählen der Meßgeräte

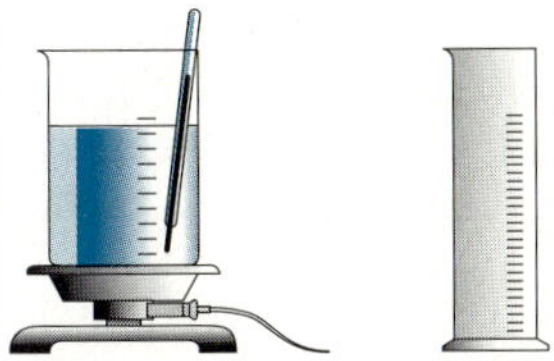

2. Durchführen der Beobachtungen oder Messungen entsprechend dem Plan ↗ Planen von Experimenten, S. 48

↗ Messen, S. 39 und 51

3. Protokollieren der Beobachtungs- bzw. Meßergebnisse

Nummer der Messung	Q in kJ	ΔT in K
1	10	12
2	20	24
3	30	36
4	40	48

Hinweise zum Auswerten von Experimenten

1. Verarbeiten der Beobachtungs- bzw. der Meßergebnisse (z. B. Diagramme)

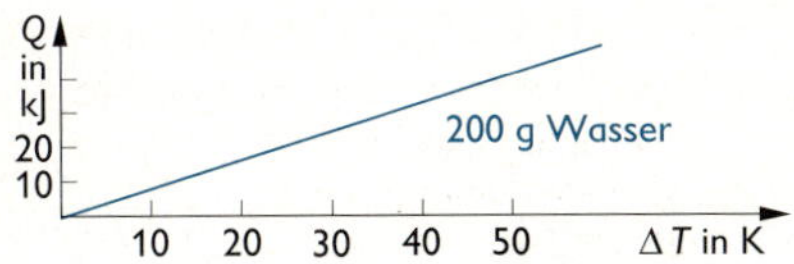

2. Erkennen des vermutlichen Zusammenhanges

$Q \sim \Delta T$

3. Prüfen des Zusammenhanges (Anmerkung: Die rechts stehende Spalte kann erst ausgefüllt werden, nachdem in den Schritten 1 und 2 der Auswertung ein vermutlich existierender Zusammenhang zwischen den gemessenen Größen erkannt wurde.)

$\frac{Q}{\Delta T}$ in $\frac{\text{kJ}}{\text{K}}$
0,83
0,83
0,83
0,83

$$\frac{Q}{\Delta T} = \text{konstant}$$

4. Formulieren des Ergebnisses Beantworten der Frage an die Natur ↗ Planen von Experimenten

Die Messungen zeigen, daß die Temperaturzunahme ΔT des Wassers der zugeführten Wärme Q proportional ist. Je größer die zugeführte Wärme ist, um so größer die Temperaturzunahme bei gleicher Wassermenge.

5. Ermitteln möglicher Fehler und Durchführen der Fehlerbetrachtung

↗ Fehlerbetrachtung, S. 53 ff.

1

Modell

Vom Menschen auf der Grundlage von Analogien geschaffenes Ersatzobjekt, das ein komplizierteres Original vertritt
Modelle können auf stofflicher Grundlage konstruiert sein (als Modell für eine Flüssigkeit können z. B. Seesand oder kleine Stahlkugeln dienen), sie können aber auch als Denkmodelle existieren (z. B. Massepunkt als Modell für einen Stein).

Denkmodell. Vereinfachte Vorstellung von real existierenden Gegenständen und Vorgängen (Gedankengebilde)

- Massepunkt als Ersatzobjekt (Denkmodell) für reale Körper
  Lichtstrahl als Ersatzobjekt (Denkmodell) für reale Lichtbündel
  Ideales Gas als Ersatzobjekt (Denkmodell) für reale Gase

Besonderheiten eines Modells	Beispiel
Für dasselbe Objekt können zur Untersuchung verschiedener Eigenschaften verschiedene Modelle geschaffen werden.	Wenn man die Bewegung von Himmelskörpern untersuchen will, kann die Erde durch das Modell *Massepunkt* dargestellt werden. Wenn man Erdbebenwellen simulieren will, kann die Erde durch einen *elastischen Körper* (Gummiball als Modell) dargestellt werden. Wenn man die Abplattung der Erde untersucht, kann die Erde durch *ein elastisches, in Drehbewegung versetztes, kreisförmiges Metallband* (Modell) dargestellt werden.
Jedes Modell stimmt nur in einigen Merkmalen mit dem Original überein.	**Original:** Erde, real existierender Körper mit räumlicher Ausdehnung und mit einer bestimmten Masse **Modell:** Massepunkt, ideell vorgestelltes Gebilde ohne räumliche Ausdehnung (mathematischer Punkt) mit der dem Punkt zugeordneten Erdmasse
Jedes Modell ist nur innerhalb angegebener Grenzen gültig.	Das Modell *Massepunkt* ist nicht mehr anwendbar, wenn die räumliche Ausdehnung eines Körpers berücksichtigt werden muß, z. B. Einparken eines Autos in eine Parklücke.
Erkenntnisse aus Modellen müssen an der Wirklichkeit überprüft werden.	Die mit dem Modell *Massepunkt* gewonnenen Erkenntnisse, z. B. über das Verhalten von Körpern unter der Wirkung von Kräften, müssen in der Praxis überprüft werden.

PHYSIKALISCHE MESSUNGEN

Messung

Bestimmung des Größenwertes einer physikalischen Größe unter Nutzung von Meßmitteln

Meßprozeß

Vom Menschen herbeigeführte Wechselwirkung eines Meßobjekts mit einer Meßapparatur, um festzustellen, wievielmal die entsprechende Einheit in der zu messenden Größe enthalten ist

Bestandteil	Erläuterung	Beispiel
Meßobjekt	Objekt, an dem die Ausprägung einer bestimmten Eigenschaft (physikalische Größe) quantitativ bestimmt werden soll	Durchmesser eines Drahtes
Einheit	physikalische Größe, mit der die zu messende Größe verglichen werden soll	Einheit der Länge: 1 Meter (1 m)
Meßapparatur	Meßgeräte einschließlich der Mittel zur Registrierung der Meßwerte	Mikrometerschraube, Meßgenauigkeit 10^{-5} m (↗ S. 52)
Meßvorschrift	Regeln zur Benutzung der Meßgeräte und zur Durchführung von Messungen	Regeln zur Benutzung der Mikrometerschraube
Meßergebnis	beim Vergleichen von Meßobjekt und Einheit (ggf. nach Umrechnung auf die Basiseinheit) gewonnener Zahlenwert	$d = 5 \cdot 10^{-4}$ m

↗ Messen, S. 39

Regeln für das Messen

1. Für die Qualität des Meßergebnisses ist die Güte der Messungen wesentlicher als die Anzahl der Messungen.
2. Offensichtlich sehr stark von allen anderen Werten abweichende Meßwerte sind bei der Auswertung der Messung nicht zu berücksichtigen.
3. Meßergebnisse sollen nicht genauer angegeben werden, als es die Messung auf Grund der Genauigkeit der Meßmittel zuläßt.
4. Fehlerangaben sind stets aufzurunden.
5. Der Größtfehler (↗ S. 58) einer Meßgeräteskalenteilung beträgt eine halbe Einheit der Skalenteilung.
6. Bei der Auswertung der Messung ist die Klassengenauigkeit der eingesetzten Meßgeräte zu beachten.
7. Bei Zeitmessungen muß die persönliche Reaktionszeit berücksichtigt werden. Sie beträgt beim Messen mit einer Stoppuhr etwa 0,3 s.

Protokoll

Um physikalische Messungen miteinander vergleichen zu können, müssen Art der Messung und Meßergebnisse registriert werden. Dazu dient ein Protokoll.

Inhalt eines Protokolls

1

Name, Vorname, Versuchspartner, Datum

Gliederung	Auswahl möglicher Teilschritte
Aufgabenstellung	Übernahme aus dem Lehrbuch; Aufgabenstellung des Lehrers; selbständige Erarbeitung
Planung und Aufbau des Experiments	– Beschreiben der experimentellen Anordnung einschließlich Skizze des Aufbaus – Angeben des Meßverfahrens – Angeben der verwendeten Geräte (z. B. genaue Bezeichnung der Meßgeräte, Angeben des Meßbereichs und der Meßgenauigkeit bzw. der Skalenteilung)
Durchführung des Experiments	– Beschreiben des Ablaufs des Experiments – Beschreiben der Beobachtungen – Angeben der gemessenen Größen und Erfassen in Tabellen
Auswertung des Experiments	– theoretische Verarbeitung der Ergebnisse – grafisches Darstellen der Ergebnisse – Erkennen und Formulieren mathematischer Zusammenhänge – Formulieren des Ergebnisses in qualitativer und in quantitativer Form
Fehlerbetrachtung	– Fehlerkritik – Fehlerabschätzung – Fehlerrechnung

Genauigkeit physikalischer Größenangaben

Näherungswerte. Zahlenwerte physikalischer Größen, die bei Messungen oder bei Berechnungen ermittelt werden. Aus unterschiedlichen Gründen (mögliche oder notwendige Meßgenauigkeit, Meßfehler, verfügbare Meßmittel usw.) weichen die Meßwerte vom „wahren" Wert der Meßgröße ab. Näherungswerte ergeben sich beim Messen, beim Zählen und bei mathematischen Operationen, z. B. beim Runden.

Eingangswerte. Näherungswerte, die in die Rechnung eingehen und die Genauigkeit eines Ergebnisses beeinflussen

Rundungsfehler. Fehler, die die Genauigkeit eines Ergebnisses durch Runden im Verlaufe der Rechnung beeinflussen

– Der Rundungsfehler muß stets kleiner sein als der Fehler der Eingangswerte, da sonst die Genauigkeit der Eingangswerte nicht voll genutzt wird.

– Das kann erreicht werden, indem bei der Rechnung 1 bis 2 Dezimalstellen mehr mitgeführt werden und erst im Ergebnis auf die den Eingangswerten entsprechende Genauigkeit gerundet wird.

Runden und Rundungsregeln (↗ Wissensspeicher Mathematik)

Regeln für das Rechnen mit Näherungswerten

1. Die Genauigkeit eines Rechenergebnisses kann nie höher sein als die Genauigkeit der in die Rechnung eingehenden Eingangswerte.
2. Berechnungen mit Meßergebnissen sind nur bis zu der Genauigkeit sinnvoll, mit der die unmittelbar gemessenen Größen bestimmt werden konnten.
3. Beim Rechnen mit Näherungswerten verschiedener Genauigkeit kann das Ergebnis der Rechnung höchstens die Genauigkeit des Näherungswertes mit der geringsten Genauigkeit haben.
4. Beim Addieren und Subtrahieren von Näherungswerten ist das Ergebnis mit der Genauigkeit anzugeben, die der Summand mit der geringsten Genauigkeit hat.

■ $l = l_1 + l_2 + l_3 = 0{,}765\ \text{m} + 3{,}3\ \text{m} + 28{,}71\ \text{m} \approx 32{,}8\ \text{m}$ Falsch: $l = 32{,}775\ \text{m}$

5. Beim Multiplizieren und Dividieren von Näherungswerten ist das Ergebnis mit so vielen geltenden Ziffern anzugeben, wie der Näherungswert mit der geringsten Anzahl geltender Ziffern hat.

■ $A = l_1 \cdot l_2 = 2{,}4\ \text{m} \cdot 3{,}78\ \text{m}, \approx 9{,}1\ \text{m}^2$ Falsch: $A = 9{,}072\ \text{m}^2$

6. In allen Zwischenergebnissen behalte man jeweils eine Ziffer mehr bei, als es die Regeln 4 bzw. 5 vorschreiben.

■ Eingangswerte: $s = 0{,}20\ \text{m}$, $t = 0{,}19\ \text{s}$
Zwischenergebnis: $t^2 = 0{,}0361\ \text{s}^2$
Endergebnis: $\frac{s}{t^2} \approx 5{,}5\ \text{m} \cdot \text{s}^{-2}$ Falsch: $\frac{s}{t^2} = 5{,}556\ \text{m} \cdot \text{s}^{-2}$

7. Die Angabe einer zu großen Stellenzahl bei physikalischen Ergebnissen ist ein Zeichen mangelnden physikalischen Verständnisses und mangelnder Kritik.

Geltende Ziffern

Alle Ziffern eines Näherungswertes mit Ausnahme der Nullen, die links von der ersten von Null verschiedenen Ziffer stehen

$g \approx 980{,}665\ \text{cm} \cdot \text{s}^{-2}$	6 geltende Ziffern	$V \approx 150{,}0\ \text{ml}$	4 geltende Ziffern
$g \approx 9{,}806\ \text{m} \cdot \text{s}^{-2}$	4 geltende Ziffern	$I \approx 0{,}305\ \text{A}$	3 geltende Ziffern

Fehlerbetrachtung

Kritische Einschätzung der Genauigkeit von Meßergebnissen durch
- Fehlerkritik
- Fehlerabschätzung
- Fehlerrechnung

Fehlerkritik

Kritische Einschätzung der Genauigkeit von Meßergebnissen durch wörtliche Aufzählung der erkundeten Fehlerursachen, die Unterscheidung von zufälligen und systematischen Fehlern und eine Beurteilung der Tendenz, mit der die gemessenen physikalischen Größen durch diese Fehler beeinflußt werden

- Verweisen auf Wärmekapazität der Gefäße, Hinweis auf Einfluß der Lufttemperatur, Verweisen auf unterschiedliche, subjektiv bedingte, ungenaue Ablesungen, verbleibende Wasserreste in den Gefäßen bzw. in Meßzylindern, auftretende Reibung, Ableseparallaxe u. a.

Fehlerabschätzung

Kritische Einschätzung der Genauigkeit von Meßergebnissen. Dabei sind die erfaßten systematischen Fehler zu berücksichtigen und die zufälligen und systematischen Fehler abzuschätzen (↗ S. 55).

Einfache Fehlerrechnung

Kritische Einschätzung der Genauigkeit von Meßergebnissen, die durch statistische Schwankungen des Meßwertes fehlerbehaftet sind. Die Meßgröße wird als Summe aus dem Mittelwert und der Fehlertoleranz $x = \bar{x} \pm \Delta x$ angegeben. Zur quantitativen Abschätzung des Fehlers, der durch die statistischen Schwankungen des Meßwertes entsteht, und zur Bestimmung der Meßgröße werden der Mittelwert, der absolute, der relative, der prozentuale Fehler des Meßwertes und der mittlere Fehler des arithmetischen Mittels berechnet. (↗ S. 57 ff.)

Wahrer Wert einer Meßgröße x_w

Zu einem bestimmten Zeitpunkt objektiver, von jedem Meßverfahren unabhängiger Wert einer physikalischen Größe. Der wahre Wert ist im allgemeinen unbekannt. Durch Messung soll ein Wert bestimmt werden, der dem wahren Wert nahekommt.

Meßfehler

Abweichung Δx_i der Meßwerte x_i vom wahren Wert: $\Delta x_i = x_i - x_w \quad i = 1, \ldots, n$

Ursachen für Meßfehler
- persönliche Fehler: Fehler, die im Verhalten des Experimentators begründet sind
- Fehler, die durch die Experimentieranordnung bedingt sind
- Fehler, die durch die Meßmittel (Meßgeräte, Maßverkörperungen) entstehen
- Fehler, die durch Umwelteinflüsse auf das Experiment hervorgerufen werden

Der Meßfehler setzt sich aus groben, aus systematischen und aus zufälligen Fehlern zusammen.

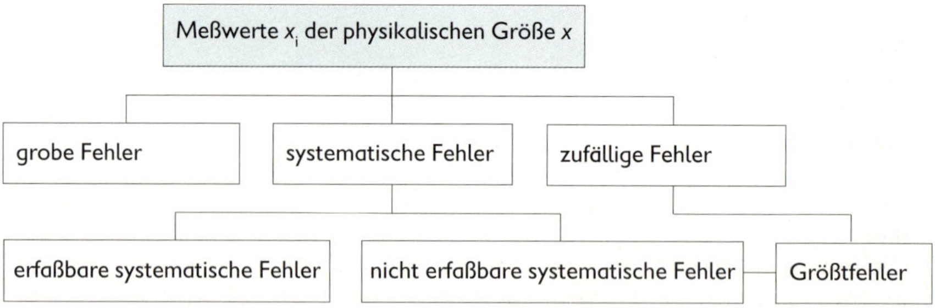

Grobe Fehler

Beruhen auf Irrtümern oder auf Unachtsamkeit des Experimentators bzw. auf falschen oder gestörten Ablesungen oder auf Defekten der verwendeten Meßmittel und sind prinzipiell vermeidbar. Grobe Fehler sind also meist erkennbar. Die entsprechenden Meßwerte werden deshalb aus Meßreihen gestrichen. Sie werden manchmal auch als „uneigentliche Meßfehler" bezeichnet.

- Irrtümer des Beobachters durch falsches Ablesen von Ziffern, Nichtbeachtung des Meßbereiches bei Skalenablesung, falsche Haltung des Meßzylinders, Parallaxefehler

Zufällige Fehler

Abweichungen, deren Ursache im Meßvorgang selbst liegt. Sie treten bei Messungen auf, die *wiederholt* werden, und setzen sich zusammen aus unkontrollierbaren und unbeeinflußbaren zufälligen Einflüssen während der Meßvorgänge und Veränderungen der Meßmittel sowie aus subjektiven, auf den Beobachter zurückführbaren Fehlern (Beobachtungsfehler).

Zufällige Fehler lassen sich nicht bestimmen und machen den Meßwert unsicher. Sie werden deshalb manchmal auch als „Unsicherheiten" bezeichnet. Die Unsicherheit kann eingegrenzt werden.

Es gibt Meßwerte, die größer als der wahre Wert sind (positive Abweichung), und Meßwerte, die kleiner als der wahre Wert sind (negative Abweichung). Die Meßwerte x_i streuen um einen Mittelwert $\bar{x}$.

Wird die Messung nur einmal durchgeführt, so muß der zufällige Fehler geschätzt werden.

- Beobachtungsfehler: Unsicherheit beim Ablesen von analog anzeigenden Meßinstrumenten (Ablesefehler); Reaktionsschnelligkeit beim Messen der Zeit mit einer Stoppuhr (Auslösefehler); ungenaues Anlegen eines Maßstabes beim Messen einer Strecke (Anlegefehler); Unsicherheiten bei der Beurteilung der Schärfe eines reellen Bildes; unterschiedliche Geschicklichkeit beim Messen
- Meßobjektbedingte Fehler: Schwankungen des Durchmessers eines Drahtes an verschiedenen Stellen; Temperaturunterschiede innerhalb einer Flüssigkeit
- Umwelteinflüsse: Temperaturschwankungen während des Meßvorganges, Schwankungen der Netzfrequenz und der Netzspannung; Erschütterungen der Experimentieranordnung

Systematische Fehler

Abweichungen, deren Ursache in der Unvollkommenheit der Meßgeräte, des Meßverfahrens oder in den Einflüssen von Umwelt und Beobachter liegt

Systematische Fehler sind prinzipiell vermeidbar und theoretisch erkennbar. Sie lassen sich praktisch, wenn auch oft nur mit großem Aufwand, erfassen bzw. korrigieren.

Sie lassen sich nach Größe und Vorzeichen bestimmen und machen den Meßwert unrichtig. Sie werden deshalb manchmal auch als „Unrichtigkeiten" bezeichnet.

Die systematischen Fehler haben stets das gleiche Vorzeichen, d. h. bei wiederholten Messungen sind die Werte alle größer oder alle kleiner als der gemessene Wert.

- Meßgeräte: Ungenauigkeiten der Meßapparatur; Fehlertoleranzen eines Meßgerätes (elektrische Meßgeräte für Schülerexperimente gehören zur Güteklasse 2,5; die Messung weist also von vornherein, durch das Meßgerät bedingt, eine Meßunrichtigkeit von $\pm 2{,}5\ \%$ auf); zu schnell oder zu langsam gehende Uhren; zu grob geteilte Skalen auf Meßgeräten

- Maßverkörperungen: Toleranz von Festwiderständen, Ungenauigkeit von Wägestücken
- Meßverfahren: Meßgeräte in strom- oder spannungsrichtiger Schaltung
- Umwelteinflüsse: Wärmeaufnahme aus der Umgebung
- Beobachtungseinflüsse: Reibung bei mechanischen Bewegungen

Um die systematischen Fehler abzuschätzen, muß das Meßverfahren einer Einschätzung und kritischen Überprüfung unterzogen werden.
Bei den systematischen Fehlern ist zu unterscheiden zwischen nach Betrag und Vorzeichen

– erfaßbaren (erfaßten) systematischen Fehlern,
Sie lassen sich durch Änderung der Experimentieranordnung vermindern bzw. durch Rechnung beseitigen.

- Berücksichtigung der Wärmekapazität des Kalorimeters bei der Bestimmung der spezifischen Wärmekapazität eines festen Körpers; strom- und spannungsrichtige Schaltung

– nicht erfaßbaren (erfaßten) systematischen Fehlern.
Sie lassen sich nur durch Kenntnis von Fehlergrenzen der Meßmittel abschätzen und werden zum zufälligen Fehler addiert.

Bestwert

Möglichst guter Näherungswert für den unbekannten wahren Wert x_w einer physikalischen Größe
Er kann bestimmt werden
– als sorgfältig gemessener *Einzelwert,*
– als arithmetisches Mittel einer *Meßreihe.*

Meßreihe

Hilfsmittel zur Abschätzung der Fehler, die durch statistische Schwankungen des Meßwertes (zufällige Fehler) entstehen

- Der in der Tabelle angegebene Meßwert für die Fallzeit einer Kugel aus 0,8 m Höhe wurde durch zehnmaliges Messen der Zeit für diese Fallhöhe gewonnen.

Meßgerät: Polydigit; 1/100 s Meßgenauigkeit; Meterstab 1 m, 1-mm-Teilung
Spalte 1: Nummer i der n Einzelmessungen der Meßreihe
Spalte 2: Meßwerte t_i der Einzelmessungen
Spalte 3: absoluter Betrag der Differenz zwischen dem Mittelwert $\bar{t}$ und dem einzelnen Meßwert t_i
Spalte 4: Quadrat des absoluten Betrages der Differenz $|t_i - \bar{t}|^2$

1	2	3	4
i	t_i in s	$\lvert t_i - \bar{t}\rvert$ in s	$\lvert t_i - \bar{t}\rvert^2$ in s^2
1	0,40	0,009	0,000081
2	0,41	0,001	0,000001
3	0,41	0,001	0,000001
4	0,40	0,009	0,000081
5	0.43	0,021	0,000441
6	0,42	0,011	0,000221
7	0,40	0,009	0,000081
8	0,43	0,021	0,000441
9	0,40	0,009	0,000081
10	0,39	0,019	0,000361
	4,09 $\bar{t} = 0{,}409$	0,110	0,001790

1

Zahlenmäßige Angabe von Meßfehlern

Definition	Formel zur Berechnung
1. *arithmetisches Mittel aller einzelnen Meßwerte, Mittelwert oder Bestwert $\bar{x}$* wahrscheinlichster Wert für das Ergebnis unter den gemessenen Werten einer Meßreihe, falls die Einzelmessungen x_i voneinander unabhängig und gleichwertig sind	$\bar{x} = \frac{1}{n}\sum_{i=1}^{n} x_i$
■ $\bar{t} = \frac{1}{10} \cdot 4{,}09\ \text{s}$ $\qquad \bar{t} = 0{,}409\ \text{s} \approx 0{,}41\ \text{s}$	
2. *absoluter Fehler Δx_i* Fehler, der sich ergibt, wenn an Stelle des meist unbekannten wahren Wertes x_w der Mittelwert $\bar{x}$ eingesetzt wird. Er kann ein positives oder negatives Vorzeichen haben. Die Summe der absoluten Fehler ist Null.	$\Delta x_i = x_i - \bar{x}$ $\qquad i = 1, \ldots, n$
■ absoluter Fehler der 1. Messung in der Tabelle S. 57 $\Delta t_1 = 0{,}40\ \text{s} - 0{,}409\ \text{s}$ $\qquad \Delta t_1 = -0{,}009\ \text{s} \approx -0{,}01\ \text{s}$	
3. *Standardabweichung oder mittlerer quadratischer Fehler s* Maß für die Streuung der Einzelmeßwerte x_i um das arithmetische Mittel $\bar{x}$. Sie trifft eine Aussage darüber, wie weit der einzelne Meßwert im Durchschnitt vom arithmetischen Mittel abweicht. In dem durch s bestimmten Intervall liegen bei einer großen Anzahl von Messungen 68,3 % der Einzelmeßwerte im Bereich $\bar{x} \pm s$.	$s = \pm\sqrt{\frac{\sum_{i=1}^{n}(x_i - \bar{x})^2}{n-1}}$
■ $s = \sqrt{\frac{0{,}00179\ \text{s}^2}{9}} = \sqrt{0{,}0002\ \text{s}^2}$ $\qquad s = \pm 0{,}014\ \text{s} \approx \pm 0{,}01\ \text{s}$	

Definition	Formel zur Berechnung
4. *mittlerer Fehler des arithmetischen Mittels oder mittlerer Fehler des Mittelwertes* $\Delta\bar{x}$ gibt den Bereich an, in dem der wahre Wert x_w mit einer bestimmten Wahrscheinlickeit liegt (Vertrauensbereich) Er trifft eine Aussage darüber, wie weit das arithmetische Mittel vom wahren Wert abweicht. Der wahre Wert liegt bei einer großen Anzahl von Messungen mit einer Wahrscheinlichkeit von 68,3 % im Bereich $\bar{x} \pm \lvert\Delta\bar{x}\rvert$.	$\Delta\bar{x} = \pm\sqrt{\frac{\sum_{i=1}^{n}(x_i-\bar{x})^2}{n(n-1)}}$
■ $\Delta t = \pm\sqrt{\frac{0{,}001790\ \mathrm{s}^2}{10\cdot 9}}$ $\Delta t = \pm 0{,}0045\ \mathrm{s} \approx \pm 0{,}005\ \mathrm{s}$ $\Delta t = \pm\sqrt{0{,}000020\ \mathrm{s}^2}$	
5. *relativer Fehler* δx kennzeichnet die Güte einer Messung im Vergleich zu anderen Messungen	$\delta x = \pm\frac{\Delta\bar{x}}{\bar{x}}$
■ $\delta t = \pm\frac{0{,}005\ \mathrm{s}}{0{,}409\ \mathrm{s}}$ $\delta t = \pm 0{,}01$	
6. *prozentualer Fehler* $\delta x_{\%}$ relativer Fehler in Prozent	$\delta x_{\%} = \delta x \cdot 100\ \%$
■ $\delta t_{\%} = \pm 0{,}01 \cdot 100\%$ $\delta t_{\%} = \pm 1\ \%$	
7. *Größtfehler* Δx berücksichtigt den ungünstigsten Fall, bei dem sich alle Fehler addieren (sich keine Fehler gegenseitig aufheben) Er setzt sich zusammen aus den zufälligen und den systematischen Anteilen des Fehlers. Es ist zu unterscheiden zwischen der Ermittlung des Größtfehlers einer direkt meßbaren physikalischen Größe und des Größtfehlers einer indirekt zu ermittelnden physikalischen Größe.	$\Delta x = \pm(\lvert\Delta\bar{x}_{zuf}\rvert + \lvert\Delta x_{syst}\rvert)$
Größtfehler einer direkt meßbaren physikalischen Größe Wird die physikalische Größe nur einmal gemessen, dann ist der Größtfehler beim Ablesen von Skalen mit der Hälfte der Einheit der kleinsten Skalenteilung anzusetzen.	
■ Lineal mit 1-mm-Teilung $\Delta l = \pm 0{,}5\ \mathrm{mm}$ Strommeßgerät mit 0,2-A-Teilung $\Delta I = \pm 0{,}1\ \mathrm{A}$ Thermometer mit 1/1-Grad-Teilung $\Delta\vartheta = \pm 0{,}5\ \mathrm{K}$	

Definition

Bei einer *genügend großen* Anzahl von Meßwerten wird der *zufällige* Anteil des Größtfehlers durch eine statistische Fehlerbetrachtung ermittelt.

$$\Delta \overline{x}_{zuf} = \pm \sqrt{\frac{\sum_{i=1}^{n} (x_i - \overline{x})^2}{n(n-1)}} \qquad \text{für } n \approx 10$$

Der *erfaßbare systematische* Anteil des Fehlers kann durch Änderung der Experimentieranordnung oder durch Rechnung beseitigt werden (↗ S. 60).
Der *nicht erfaßbare systematische* Anteil des Fehlers wird abgeschätzt.

■ Der Anzeigefehler des Schülermeßgerätes Polytest beträgt auf Grund der Genauigkeitsklasse bei Gleichgrößen ± 2,5 % und bei Wechselgrößen ± 5 % vom Meßbereichsendwert, gleichgültig, an welcher Stelle der Skala der Zeiger steht.
Der Anzeigefehler bei Laborthermometern mit einem Anzeigebereich von –10 °C bis 150 °C und einer 1-K-Teilung beträgt ± 0,5 K.
Der Anzeigefehler von Meßzylindern beträgt ± 1 % vom größten Volumen.
Die systematischen Fehler von Hakenkörpern müssen durch Vergleich mit geeichten Wägestücken ermittelt werden.
Die systematischen Fehler der Stoppuhr, des Lineals, des Meßschiebers und der Meßuhr dürfen vernachlässigt werden.

Größtfehler einer indirekt zu ermittelnden physikalischen Größe $z = f(x, y, ...)$
Es wird jeweils der Größtfehler der in die Berechnung der indirekt zu ermittelnden physikalischen Größe z eingehenden direkt gemessenen Größen ($x, y, ...$) bestimmt. Die Fehler der direkt gemessenen physikalischen Größen pflanzen sich auf den Fehler der indirekt zu ermittelnden physikalischen Größe fort.

Werden die direkt gemessenen Größen ($x, y, ...$) nur einmal gemessen, dann wird der Größtfehler der indirekt zu bestimmenden physikalischen Größe z aus den Größtfehlern $\Delta x, \Delta y, ...$ ermittelt.

■ Gemessen: $U_1 = 12\ \text{V}$, $U_2 = 18\ \text{V}$ — Geschätzt: $\Delta U_1 = \pm 0{,}5\ \text{V}$, $\Delta U_2 = \pm 0{,}5\ \text{V}$

Gleichungen:

$$U = U_1 + U_2 \qquad \Delta U = \pm (|\Delta U_1| + |\Delta U_2|)$$
$$U = (12 + 18)\ \text{V} \qquad \Delta U = \pm (0{,}5 + 0{,}5)\ \text{V}$$
$$U = 30\ \text{V} \qquad \Delta U = \pm 1\ \text{V}$$

Meßgröße: $U = (30 \pm 1)\ \text{V}$

relativer Fehler: $\delta U = \frac{1\ \text{V}}{30\ \text{V}}$ — prozentualer Fehler: $\delta U_{\%} \approx 4\ \%$

$\delta U = 0{,}033 \approx 0{,}04$

1

Definition	Formel zur Berechnung
Wird das Experiment mehrfach wiederholt, dann wird für jede Messung die Größe z aus den direkt gemessenen Größen (x, y, ...) bestimmt. Der zufällige Anteil des Größtfehlers kann berechnet werden. Um den erfaßbaren systematischen Anteil des Fehlers und den nicht erfaßbaren systematischen Anteil des Fehlers zu ermitteln, wird wie bei der Ermittlung des Größtfehlers einer direkt meßbaren physikalischen Größe verfahren (↗ S. 58).	$\Delta\overline{z} = \pm\sqrt{\frac{\sum_{i=1}^{n}(z_i - \overline{z})^2}{n(n-1)}}$ für $n \approx 10$
8. *Meßgröße oder Meßergebnis der gemessenen Größe x* physikalische Größe, deren Wert beim Messen ermittelt wird und die als Summe bzw. Differenz aus Mittelwert/ Bestwert und Betrag des Größtfehlers angegeben wird	$x = \overline{x} \pm \lvert\Delta\overline{x}\rvert$ oder $(\overline{x} - \Delta\overline{x}) \leq x \leq (\overline{x} + \Delta\overline{x})$

■ Der systematische Anteil bei der Zeitmessung kann vernachlässigt werden. Berücksichtigt wird nur der berechnete zufällige Anteil des Größtfehlers.
$t = (0{,}409 \pm 0{,}005)$ s   oder $0{,}404\ \text{s} \leq t \leq 0{,}414$ s

Größtfehler einer Summe, einer Differenz, eines Produkts oder eines Quotienten

Summe und Differenz

Größe	Absoluter Größtfehler	Relativer Größtfehler
$\overline{z} = \overline{x} \pm \overline{y}$	$\Delta\overline{z} = \pm(\Delta\overline{x} + \Delta\overline{y})$	$\delta z = \pm\frac{\lvert\Delta\overline{z}\rvert}{\overline{z}}$

■ Gegeben: $I_1 = (5{,}9 \pm 0{,}5)$ A, $I_2 = (1{,}2 \pm 0{,}2)$ A   Gesucht: $\overline{I}, \Delta\overline{I}, I, \delta I, \delta I_{\%}$

Gleichungen:

Bestwert: $\overline{I} = \overline{I}_1 + \overline{I}_2$
$\overline{I} = (5{,}9 + 1{,}2)\ \text{A} = 7{,}1\ \text{A}$

absoluter Größtfehler: $\Delta\overline{I} = \Delta\overline{I}_1 + \Delta\overline{I}_2$
$\Delta\overline{I} = \pm(0{,}5 + 0{,}2)\ \text{A} = \pm 0{,}7\ \text{A}$

Meßgröße: $I = \overline{I} \pm \Delta\overline{I}$
$I = (5{,}9 \pm 0{,}7)$ A

relativer Größtfehler: $\delta I = \pm\frac{\Delta\overline{I}}{\overline{I}} = \pm\frac{0{,}7\ \text{A}}{7{,}1\ \text{A}} = 0{,}1$

prozentualer Größfehler: $\delta I_{\%} = \pm 10\ \%$

Anmerkung: Enthält ein Summand einen konstanten Faktor (z. B. 2), so ist auch der absolute Fehler von x zu vervielfachen (z. B. zu verdoppeln).

Produkt

Größe	Absoluter Betrag	Relativer Fehler
$\bar{z} = \bar{x} \cdot \bar{y}$	$\lvert\Delta\bar{z}\rvert = \pm(\lvert\bar{x}\rvert \cdot \Delta\bar{y} + \lvert\bar{y}\rvert \cdot \Delta\bar{x})$	$\delta z = \pm\frac{\Delta\bar{z}}{\lvert\bar{z}\rvert} = \pm\left(\frac{\Delta\bar{x}}{\lvert\bar{x}\rvert} + \frac{\Delta\bar{y}}{\lvert\bar{y}\rvert}\right)$

■ Gegeben: $p = (30 \pm 1)\ \mathrm{N \cdot cm^{-2}}$ Gesucht: $\overline{W}, \Delta\overline{W}, W, \delta W, \delta W_{\%}$
$V = (1500 \pm 20)\ \mathrm{cm^3}$

Gleichungen:

Bestwert: $\overline{W} = \bar{p} \cdot \bar{V}$
$\overline{W} = 30\ \mathrm{N \cdot cm^{-2}} \cdot 1500\ \mathrm{cm^3} = 450\ \mathrm{N \cdot m}$

absoluter Größtfehler: $\Delta\overline{W} = \pm\lvert V\rvert \cdot \Delta p + \lvert p\rvert \cdot \Delta V$
$\Delta\overline{W} = \pm 1500\ \mathrm{cm^3} \cdot 1\ \mathrm{N \cdot cm^{-2}} + 30\ \mathrm{N \cdot cm^{-2}} \cdot 20\ \mathrm{cm^3}$
$\Delta\overline{W} = \pm 21\ \mathrm{N \cdot m}$

Meßgröße: $W = \overline{W} \pm \Delta\overline{W}$
$W = (450 \pm 21)\ \mathrm{N \cdot m}$

relativer Größtfehler: $\delta W = \pm\frac{\Delta\overline{W}}{\overline{W}} = \frac{21\ \mathrm{N \cdot m}}{450\ \mathrm{N \cdot m}} = \pm 0{,}05$

prozentualer Größtfehler: $\delta W_{\%} = +5\ \%$

Anmerkung: Enthält der mathematische Zusammenhang außer den Meßgrößen noch konstante Faktoren bzw. konstante Summanden, so sind sie ohne Einfluß auf die Berechnung des relativen Größtfehlers.

Quotient

Größe	Absoluter Betrag	Relativer Fehler
$\bar{z} = \frac{\bar{x}}{\bar{y}}$	$\Delta z = \pm\frac{\lvert\bar{x}\rvert \cdot \Delta\bar{y} + \lvert\bar{y}\rvert \cdot \Delta\bar{x}}{\bar{y}^2}$	$\delta z = \pm\frac{\Delta\bar{z}}{\lvert\bar{z}\rvert} = \pm\left(\frac{\Delta\bar{x}}{\lvert\bar{x}\rvert} + \frac{\Delta\bar{y}}{\lvert\bar{y}\rvert}\right)$

■ Gegeben: $U = (219 \pm 1)\ \mathrm{V}$ Gesucht: $\bar{I}, \Delta\bar{I}, I, \delta I, \delta I_{\%}$
$R = (15{,}0 \pm 0{,}2)\ \Omega$

Gleichung; Bestwert: $\bar{I} = \frac{\bar{U}}{\bar{R}}$ $\bar{I} = \frac{219\ \mathrm{V}}{15{,}0\ \Omega} \approx 14{,}6\ \mathrm{A}$

absoluter Größtfehler: $\Delta\bar{I} = \pm\left(\frac{\lvert\bar{U}\rvert \cdot \Delta\bar{R} + \lvert\bar{R}\rvert \cdot \Delta\bar{U}}{\bar{R}^2}\right)$

$\Delta\bar{I} = \pm\left(\frac{219\ \mathrm{V} \cdot 0{,}2\ \Omega + 15{,}0\ \Omega \cdot 1\ \mathrm{V}}{225\ \Omega^2}\right) \approx \pm 0{,}3\ \mathrm{A}$

Meßgröße: $I = \bar{I} \pm \Delta\bar{I} = (14{,}6 \pm 0{,}3)\ \mathrm{A}$

relativer Größtfehler: $\delta I = \pm\frac{\Delta\bar{I}}{\bar{I}} = \pm\frac{0{,}3\ \mathrm{A}}{14{,}6\ \mathrm{A}} = \pm 0{,}02$

prozentualer Größfehler: $\delta I_{\%} = \pm 2\ \%$

Anmerkung: ↗ Produkt

LÖSEN PHYSIKALISCHER AUFGABEN

Schrittfolge		Bemerkungen
1. Aufgabenstellung ↓		Die Aufgaben können in Form von Textaufgaben oder lediglich durch Angabe physikalischer Größen gestellt sein.
■ Eine homogene Kugel mit der Masse m = 1,0 kg und dem Radius r rollt unter dem Einfluß der Gewichtskraft auf einer geneigten Ebene mit der Länge s herab. Die geneigte Ebene bildet mit der Horizontalen den Winkel φ = 30°. Welche Geschwindigkeit hat der Schwerpunkt der Kugel nach dem Durchlaufen der Strecke s = 60 cm?		
2. Analysieren der Aufgabenstellung ↓	Erkennen des physikalischen Problems ↓ Anfertigen einer Skizze zur Aufgabe ↓ Herausschreiben der gesuchten Größen ↓ Herausschreiben der gegebenen Größen	Aus dem gegebenen Text oder den gegebenen physikalischen Größen muß das zu lösende Problem erkannt werden. Die Skizze dient zur Verdeutlichung des Problems. Die in der Aufgabe enthaltenen Informationen werden in die Skizze eingetragen.
Gesucht: v	Gegeben: m = 1,0 kg; φ = 30°; s = 0,60 m	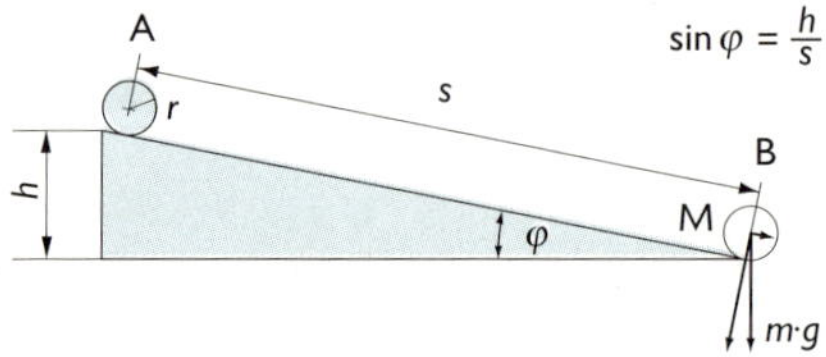 $\sin\varphi = \frac{h}{s}$
3. Vorbereiten der Lösung ↓	Suchen nach einer Lösungsidee ↓ Umsetzen des physikalischen Problems in einen mathematischen Ansatz ↓ Umstellen der Größengleichungen nach den gesuchten Größen	Sie wird häufig gefunden, indem man das Problem bekannten Lösungsverfahren zuordnet, analoge Probleme und deren Lösung aufsucht, es auf grundlegende Gesetze zurückführt (z. B. Energiesatz, Trägheitsgesetz, Impulssatz). Die geeigneten Größengleichungen sind aufzuschreiben. Die Anzahl der unabhängigen Größengleichungen darf nicht kleiner als die Anzahl der gesuchten Größen sein. Die gesuchten und die gegebenen Größen müssen in den Größengleichungen miteinander verknüpft sein. Auf der rechten Gleichungsseite dürfen nur gegebene Größen stehen.

Schrittfolge	Bemerkungen

■ Lösungsidee: Anwenden des Erhaltungssatzes der mechanischen Energie. Die potentielle Energie der Kugel im Punkt A ist gleich der kinetischen Energie der geradlinigen Bewegung und der kinetischen Energie der rotierenden Bewegung um den Kugelschwerpunkt im Punkt B.

Erhaltungssatz der mechanischen Energie	Trägheitsmoment einer Kugel in bezug auf ihren Durchmesser	Winkelgeschwindigkeit der Rotation eines starren Körpers	Neigung der Ebene
$E_{pot} = E_{kin} + E_{rot}$	$J = \frac{2}{5} m \cdot r^2$	$\omega = \frac{v}{r}$	$\sin \varphi = \frac{h}{s}$

potentielle Energie einer Kugel	kinetische Energie der geradlinigen Bewegung	kinetische Energie einer rotierenden Kugel um den Kugelschwerpunkt
$E_{pot} = m \cdot g \cdot h$	$E_{kin} = \frac{m}{2} v^2$	$E_{rot} = \frac{J}{2} \omega^2$

$$m \cdot g \cdot h = \frac{m \cdot v^2}{2} + \frac{J \cdot \omega^2}{2}$$

$$m \cdot g \cdot s \cdot \sin \varphi = \frac{m \cdot v^2}{2} + \frac{1}{2} \cdot \frac{2}{5} \cdot m \cdot r^2 \cdot \frac{v^2}{r^2}$$

$g \cdot s \cdot \sin \varphi = \frac{7}{10} v^2$	$v = \sqrt{\frac{10}{7} \cdot g \cdot s \cdot \sin \varphi}$

Schrittfolge		Bemerkungen
4. Durchführen der numerischen oder grafischen Lösung	Einsetzen der Zahlenwerte und Einheiten der gegebenen physikalischen Größen in die Größengleichungen und Ermitteln des Ergebnisses oder Ausführen der grafischen Lösung	Das Ergebnis muß evtl. in einer anderen Einheit angegeben und daher umgerechnet werden. Zum Berechnen können elektronische Taschenrechner, Rechenstab oder grafische Lösungsverfahren eingesetzt werden.
↓	↓ Überschlagsrechnung anstellen	Sie dient zum Abschätzen des Ergebnisses und zum Prüfen des Stellenwertes.

1

Schrittfolge		Bemerkungen
■ $v = \sqrt{\frac{10}{7} \cdot 9{,}81\ \mathrm{m \cdot s^{-2}} \cdot 0{,}60\ \mathrm{m} \cdot 0{,}5}$ $v \approx 2{,}1\ \mathrm{m \cdot s^{-1}}$ Eine Überschlagsrechnung ergibt: $v \approx \sqrt{10 \cdot 1 \cdot 0{,}5 \cdot \mathrm{m^2 \cdot s^{-2}}}$		$v = \sqrt{\frac{10}{7} \cdot 9{,}81 \cdot 0{,}60 \cdot 0{,}5\ \mathrm{m^2 \cdot s^{-2}}} = \sqrt{4{,}2\ \mathrm{m^2 \cdot s^{-2}}}$ $v \approx \sqrt{5}\ \mathrm{m \cdot s^{-1}}$
5. Formulieren des Ergebnisses	Angeben des Zahlenwertes und der Einheit ↓ Umsetzen des mathematischen Ergebnisses in eine physikalische Aussage ↓ Formulieren des Ergebnissatzes	
■ Die Geschwindigkeit der Kugel im Punkt B beträgt etwa $2{,}1\ \mathrm{m \cdot s^{-1}}$.		
6. Prüfen des Ergebnisses	Probe durchführen ↓ Diskutieren des Ergebnisses im Hinblick auf die Aufgabenstellung, einschließlich spezieller Fälle oder von Grenzfällen ↓ Einschätzen des Ergebnisses bezüglich seiner praktischen Bedeutung	Gleichungsprobe zum Prüfen von Fehlern beim Durchführen der Rechnung; Einheitenprobe durch Vergleich zwischen der Einheit der gesuchten und der Einheit der errechneten Größe; Vergleich des Rechenergebnisses mit dem Ergebnis der Überschlagsrechnung Ist das Ergebnis seinem Betrage und seiner physikalischen Aussage nach sinnvoll? Deckt es sich mit entsprechenden Erfahrungswerten? Kann das praktisch möglich sein?

■ $m \cdot g \cdot h = \frac{1}{2} \cdot m \cdot v^2 + \frac{1}{2} \cdot J \cdot \omega^2 \qquad h = \frac{1}{2} \cdot \frac{v^2}{g} + \frac{1}{2} \cdot \frac{2}{5} \cdot \frac{v^2}{g} = \frac{7}{10} \cdot \frac{v^2}{g} = \frac{7 \cdot 4{,}2\ \mathrm{m^2 \cdot s^{-2}}}{10 \cdot 9{,}81\ \mathrm{m \cdot s^{-2}}} = 0{,}30\ \mathrm{m}$

Mit $s = \frac{h}{\sin \varphi}$ folgt $s = \frac{0{,}30\ \mathrm{m}}{0{,}5} = 0{,}60\ \mathrm{m}$.

Da sich die Bewegung der Kugel aus einer Translations- und einer Rotationsbewegung zusammensetzt, müßte die Geschwindigkeit, die die Kugel nach dem Durchlaufen der geneigten Ebene erreicht, kleiner sein als die beim freien Fall aus der Höhe *h* erreichte Geschwindigkeit. Beim freien Fall tritt keine Rotation der Kugel um eine Schwerpunktachse auf. Die Endgeschwindigkeit der Kugel beim freien Fall berechnet sich nach

$v = \sqrt{2 \cdot g \cdot h} = \sqrt{2 \cdot 9{,}81\ \mathrm{m \cdot s^{-2}} \cdot 0{,}30\ \mathrm{m}} = \sqrt{5{,}89\ \mathrm{m^2 \cdot s^{-2}}} \approx 2{,}4\ \mathrm{m \cdot s^{-1}}$.

Das für die Bewegung auf der geneigten Ebene gefundene Ergebnis ist sinnvoll.

Mechanik

KINEMATIK

2

Kinematik

Teilgebiet der Mechanik, in dem Bewegungen beschrieben werden, ohne die Ursachen der Bewegung zu betrachten

↗ Dynamik, S. 79

Massepunkt

Denkmodell, bei dem das Volumen eines Körpers vernachlässigt wird. Man stellt sich die gesamte Masse des Körpers in einem Punkt vereinigt vor. Mit diesem idealisierten Ersatzobjekt lassen sich Bewegungen vereinfacht beschreiben.

↗ Modell, S. 50

Starrer Körper

Denkmodell, bei dem man sich einen Körper als System starr miteinander verbundener Massepunkte vorstellt, die ihren Abstand zueinander beibehalten. Einwirkende Kräfte rufen keine Veränderung der Gestalt des Körpers hervor. Das Modell wird zur Beschreibung der Rotation bzw. der Kombination von Rotation und Translation angewendet.

↗ Modell, S. 50

Mechanische Bewegung

Ortsveränderung eines Körpers in bezug auf einen zweiten Körper. Es bleibt unberücksichtigt, ob sich dieser zweite Körper selbst gegenüber einem dritten Körper bewegt. Jede Bewegung ist deshalb relativ.

Die Beschreibung einer Bewegung erfolgt häufig in Form von Tabellen, Gleichungen oder Diagrammen.

↗ physikalisches Gesetz, S. 26; Tabellen und grafische Darstellungen, S. 31

■ Bewegung eines Förderbandes, einer Rolltreppe, der Erde um die Sonne

Translation

Fortschreitende Bewegung der einzelnen Punkte eines Körpers auf einer Bahn. Alle Punkte des Körpers werden in der gleichen Zeit t parallel um die gleiche Strecke s verschoben.

Geschwindigkeit v

Physikalische Größe, die den Bewegungszustand eines Körpers kennzeichnet. Sie gibt an, wie schnell ein Körper ist, d. h., in welchem Verhältnis die Ortsveränderung zur dafür benötigten Zeit steht. Die Geschwindigkeit ist eine vektorielle Größe.

$$\vec{v} = \frac{d\vec{r}}{dt}$$

$$\vec{v} = \frac{d\vec{s}}{dt}$$

v Geschwindigkeit
r Radius
s Weg
t Zeit

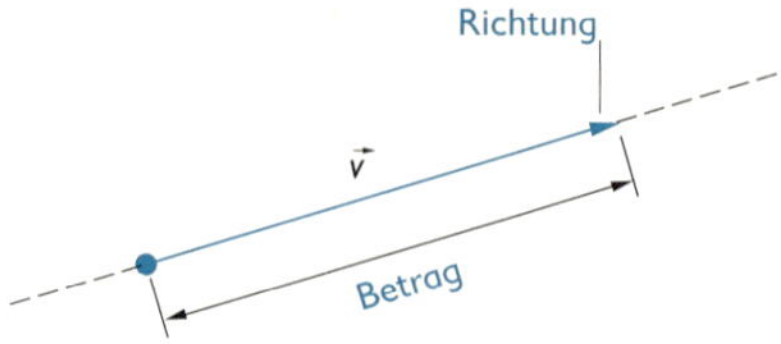

Einheiten: $1\ m \cdot s^{-1}$ (ein Meter je Sekunde),
$1\ km \cdot h^{-1}$ (ein Kilometer je Stunde)
$1\ m \cdot s^{-1} = 3{,}6\ km \cdot h^{-1}$

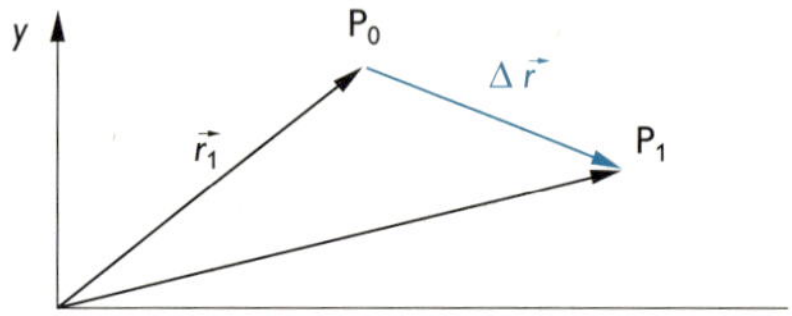

Ein Körper hat die Geschwindigkeit $1\ m \cdot s^{-1}$, wenn er in 1 s den Weg von 1 m zurücklegt.

Durchschnittsgeschwindigkeit $\bar{v}$

Physikalische Größe, die den Mittelwert der Geschwindigkeiten eines Körpers in einem Zeitintervall angibt

- Bei einer Autofahrt zwischen den Orten P_0 und P_1 ändern sich in der Regel sowohl die Richtung als auch der Betrag der Geschwindigkeit mehrfach. Zur Berechnung der Durchschnittsgeschwindigkeit werden nur der Gesamtweg zwischen den Punkten P_0 und P_1 und die dafür benötigte Gesamtzeit herangezogen.

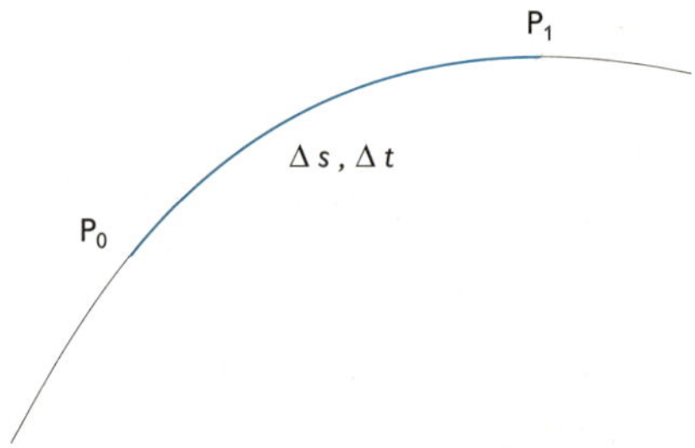

$$\bar{v} = \frac{\Delta s}{\Delta t} = \frac{s_1 - s_0}{t_1 - t_0}$$

$$\bar{v} = \frac{s}{t}$$

$\bar{v}$ Durchschnittsgeschwindigkeit
t Zeit
s Weg

Momentangeschwindigkeit v_M

Sie gibt an, wie schnell ein Körper zu einem beliebigen Zeitpunkt an einem bestimmten Punkt P der Bahn ist.

$$\vec{v}_M = \lim_{\Delta t \to 0} \frac{\Delta \vec{s}}{\Delta t} = \frac{d\vec{s}}{dt}$$

v_M Momentangeschwindigkeit
t Zeit
s Weg

Die Momentangeschwindigkeit ist die 1. Ableitung des Weges *s* nach der Zeit *t*.

Einteilung der Bewegungen nach der Änderung von Richtung und Betrag der Geschwindigkeit

Betrag der Geschwindigkeit	Richtung der Geschwindigkeit	
	konstant	veränderlich
konstant	geradlinig gleichförmig ■ Person auf Rolltreppe; Paket auf Förderband	krummlinig gleichförmig ■ Bewegung eines Punktes des Ankers eines Synchronmotors
veränderlich	geradlinig gleichmäßig beschleunigt ■ frei fallender Körper geradlinig ungleichmäßig beschleunigt ■ Fahrzeugbewegung auf gerader Strecke	krummlinig gleichmäßig oder ungleichmäßig beschleunigt ■ Planetenbewegung um die Sonne; Fahrzeugbewegung auf kurvenreicher Straße
Bewegungen, bei denen sich der Betrag oder die Richtung oder Betrag und Richtung der Geschwindigkeit ändern, heißen beschleunigte Bewegungen.		

Beschleunigung a

Physikalische Größe, die angibt, wie schnell sich die Geschwindigkeit eines Körpers ändert, in welchem Verhältnis die Geschwindigkeitsänderung zur dafür benötigten Zeit steht. Die Beschleunigung ist eine vektorielle Größe.

$$\vec{a} = \frac{d\vec{v}}{dt}$$

a Beschleunigung
t Zeit
v Geschwindigkeit

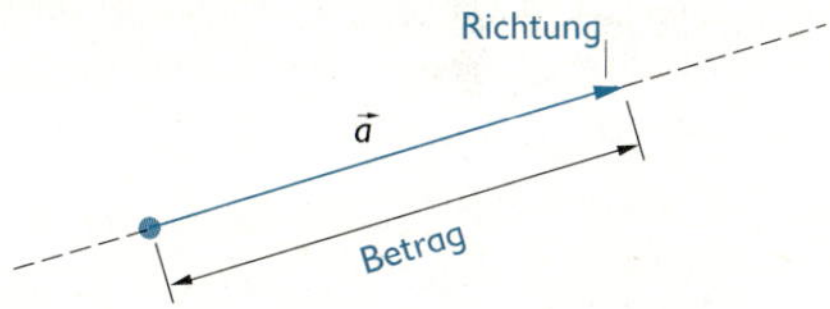

Einheit: $1\ \mathrm{m \cdot s^{-2}}$ (ein Meter je Quadratsekunde)

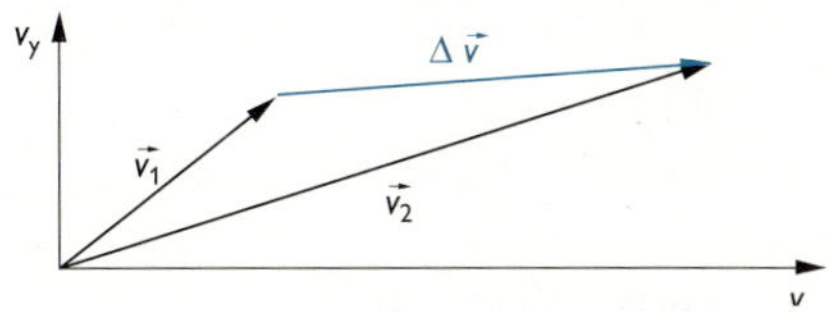

Ein Körper erfährt die Beschleunigung $1\ \mathrm{m \cdot s^{-2}}$, wenn sich seine Geschwindigkeit in 1 s um $1\ \mathrm{m \cdot s^{-1}}$ ändert.
Verringert sich der Betrag der Geschwindigkeit in der Zeit t, so sind Geschwindigkeit und Beschleunigung einander entgegengerichtet. Die Beschleunigung erhält dann ein negatives Vorzeichen.

■ Bremsvorgänge

Durchschnittsbeschleunigung $\bar{a}$

Sie gibt den Mittelwert der Geschwindigkeitsänderungen eines Körpers in einem Zeitintervall an.

$$\bar{a} = \frac{\Delta v}{\Delta t} = \frac{v_1 - v_0}{t_1 - t_0}$$

$\bar{a}$ Durchschnittsbeschleunigung
t Zeit
v Geschwindigkeit

Momentanbeschleunigung a_M

Physikalische Größe, die die Geschwindigkeitsänderung eines Körpers zu einem beliebigen Zeitpunkt an einem bestimmten Punkt P der Bahn angibt

$$\vec{a}_M = \lim_{\Delta t \to 0} \frac{\Delta \vec{v}}{\Delta t} = \frac{d\vec{v}}{dt}$$

$$\vec{a}_M = \frac{d^2\vec{s}}{dt^2}$$

a_M Momentanbeschleunigung
t Zeit
v Geschwindigkeit
s Weg

Die Momentanbeschleunigung ist die 1. Ableitung der Geschwindigkeit v nach der Zeit t bzw. die 2. Ableitung des Weges s nach der Zeit t.

Gleichförmige Bewegung

Bewegung eines Körpers, die durch eine konstante Geschwindigkeit gekennzeichnet ist

Weg, Geschwindigkeit und Beschleunigung als Funktionen der Zeit bei der gleichförmig geradlinigen Bewegung

Zusammenhang	$s \sim t$	v = konstant	$a = 0$
Diagramm	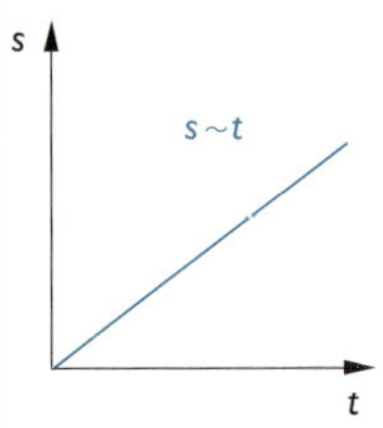	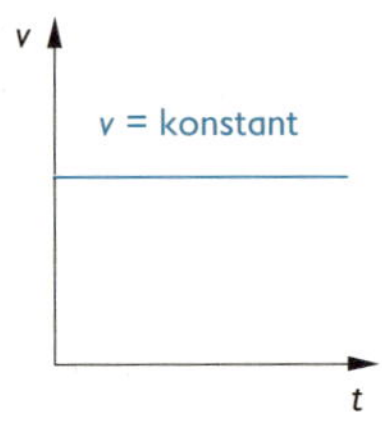	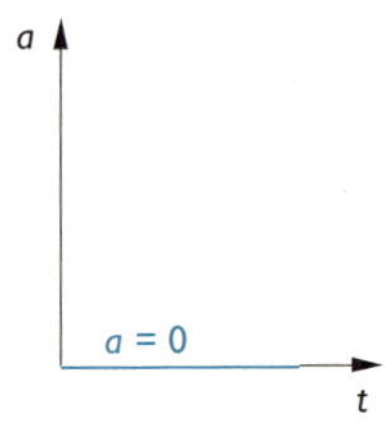

Weg-Zeit-Gesetz

$$s \sim t$$
$$s = v \cdot t$$

$$s = v \cdot t + s_0$$

s zur Zeit t zurückgelegter Weg
s_0 zur Zeit $t = 0$ zurückgelegter Weg
t Zeit
v Geschwindigkeit

Geschwindigkeit-Zeit-Gesetz

$v = \text{konstant}$	v Geschwindigkeit

Gleichmäßig beschleunigte Bewegung

Bewegung, die durch eine gleichmäßige Änderung der Geschwindigkeit in der Zeit gekennzeichnet ist

Weg, Geschwindigkeit und Beschleunigung als Funktionen der Zeit bei der gleichmäßig beschleunigten, geradlinigen Bewegung

Zusammenhang	$s \sim t^2$	$v \sim t$	$a = \text{konstant}$
Diagramm	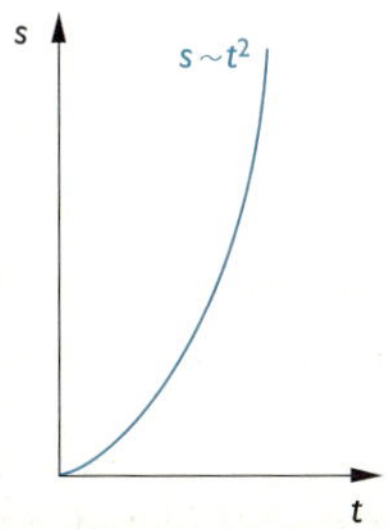	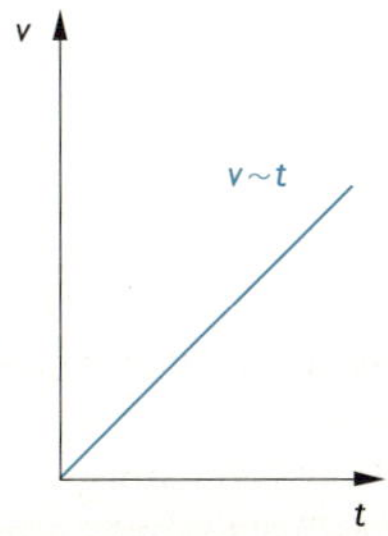	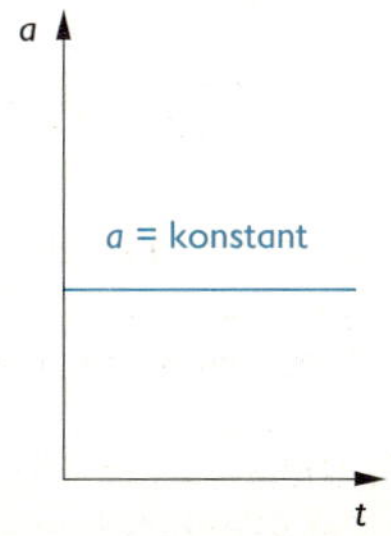

Weg-Zeit-Gesetz

$s \sim t^2$

$s = \frac{a}{2} t^2$

$s = \frac{a}{2} t^2 + v_0 \cdot t + s_0$

- s zur Zeit t zurückgelegter Weg
- s_0 zur Zeit $t = 0$ zurückgelegter Weg
- t Zeit
- v_0 Geschwindigkeit zur Zeit $t = 0$
- a Beschleunigung

Geschwindigkeit-Zeit-Gesetz

$v \sim t$

$v = a \cdot t$

$v = a \cdot t + v_0$

- v Geschwindigkeit zur Zeit t
- v_0 Geschwindigkeit zur Zeit $t = 0$
- t Zeit
- a Beschleunigung

Beschleunigung-Zeit-Gesetz

$a = \text{konstant}$

Zusammenhang zwischen den Bewegungsgesetzen

Die Bewegungsgesetze für die gleichmäßig beschleunigte, geradlinige Bewegung lassen sich durch Differentiation bzw. Integration ineinander überführen.

Anwendung der Differentiation	Bewegungsgesetze	Anwendung der Integration
	$s = \frac{a}{2} t^2 + v_0 \cdot t + s_0$	$= \int v \cdot dt$
$\frac{ds}{dt}$	$= a \cdot t + v_0$	$= \int a \cdot dt$
$\frac{d^2s}{dt^2} = \frac{dv}{dt}$	$= a$	

Freier Fall

Gleichmäßig beschleunigte, geradlinige Bewegung im Gravitationsfeld der Erde. Er tritt ohne Einschränkungen nur im Vakuum auf.

Fallbeschleunigung g (Erdbeschleunigung). Beschleunigung eines frei fallenden Körpers. Sie ist abhängig von der Entfernung vom Gravitationszentrum.
In Meereshöhe und 45° nördlicher Breite beträgt sie $g = 9{,}80665 \text{ m} \cdot \text{s}^{-2}$. Für die meisten Berechnungen genügt es, mit dem Wert $g = 9{,}8 \text{ m} \cdot \text{s}^{-2}$ zu rechnen.

$s = \frac{g}{2} t^2$	*Weg-Zeit-Gesetz*	
$v = g \cdot t$	*Geschwindigkeit-Zeit-Gesetz*	
$v = \sqrt{2 \cdot g \cdot s}$	*Geschwindigkeit-Weg-Gesetz*	

s Weg
t Zeit
v Geschwindigkeit
g Fallbeschleunigung

Kreisbewegung

Bewegung eines Massepunktes auf einer Bahn mit konstantem Abstand r vom Bahnzentrum

P(x; y) Bahnpunkt (Kartesisches Koordinatensystem)
P(r; φ) Bahnpunkt (Polarkoordinatensystem)

$x = r \cdot \cos\varphi$

$y = r \cdot \sin\varphi$

$r^2 = x^2 + y^2$

$\varphi = \arctan\left(\frac{y}{x}\right)$

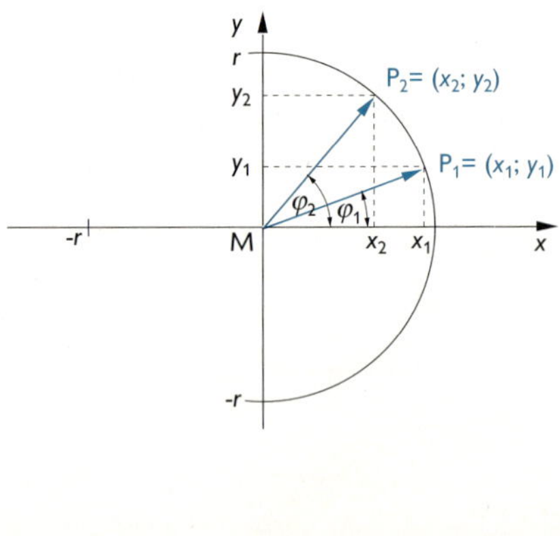

Rotation

Bewegung eines starren Körpers um eine im Bezugssystem feste Achse. Die einzelnen Punkte des Körpers beschreiben Kreisbahnen um die Achse. Die Bewegung wird auch Drehbewegung genannt.

Drehwinkel φ

Physikalische Größe, die den Ort eines Massepunktes auf einer Bahn kennzeichnet

$$\varphi = \frac{s}{r}$$

φ Drehwinkel
s Kreisbogenabschnitt
r Abstand des Punktes P vom Drehzentrum

Einheit: 1 rad (ein Radiant)
1 rad = $1\,\text{m} \cdot 1\,\text{m}^{-1}$

1 rad ist der Drehwinkel, der von einem 1 m langen Radius überstrichen wird, so daß auf dem Umfang ein Bogen der Länge 1 m entsteht (Bogenmaß).

Kreisbahngeschwindigkeit v

Physikalische Größe, die den Bewegungszustand eines Körpers auf einer Kreisbahn kennzeichnet

Sie gibt an, wie schnell ein Körper ist, in welchem Verhältnis die Ortsveränderung auf dem Kreisumfang zur dafür benötigten Zeit steht. Die Bahngeschwindigkeit bei der Kreisbewegung ist eine vektorielle Größe.

$$v = \frac{\Delta s}{\Delta t}$$

$$v = r \cdot \frac{\varphi_2 - \varphi_1}{t_2 - t_1}$$

$$\vec{v}_M = \lim_{\Delta t \to 0} \frac{\Delta \vec{s}}{\Delta t} = \frac{d\vec{s}}{dt}$$

v Kreisbahngeschwindigkeit
v_M Momentangeschwindigkeit
φ Drehwinkel
t Zeit
s Kreisbogen
r Kreisbahnradius

↗ Kreisbewegung, S. 70; Durchschnittsgeschwindigkeit, S. 66; Momentangeschwindigkeit, S. 66

Umlaufzeit T (Periodendauer)

Physikalische Größe, die angibt, welche Zeit ein Körper für einen vollständigen Umlauf auf der Bahn benötigt

Umlaufzahl n

Physikalische Größe, die angibt, wie häufig ein Körper einen bestimmten Punkt einer geschlossenen Bahn in der gleichen Richtung durchlaufen hat

$$n = \frac{t}{T}$$

n Umlaufzahl
T Umlaufzeit
Einheit: 1 s^{-1} (1 je Sekunde)

2

Umlauffrequenz *f*

Physikalische Größe, die angibt, wie viele Umläufe ein Körper in einer bestimmten Zeit zurückgelegt hat

$$f = \frac{n}{t}$$

$$f = \frac{1}{T}$$

f Umlauffrequenz
n Umlaufzahl
t Zeit für *n* Umläufe
T Umlaufzeit

Einheit: 1 s^{-1} (1 je Sekunde)

Winkelgeschwindigkeit ω

Physikalische Größe, die den Bewegungszustand eines rotierenden Körpers kennzeichnet. Sie gibt an, in welchem Verhältnis die Veränderung des Drehwinkels φ zur dafür benötigten Zeit *t* steht. Die Winkelgeschwindigkeit ist eine vektorielle Größe in der Richtung der Drehachse.

$$\omega = \frac{\Delta\varphi}{\Delta t} = \frac{\varphi_2 - \varphi_1}{t_2 - t_1}$$

$$\vec{\omega}_M = \lim_{\Delta t \to 0} \frac{\Delta\vec{\varphi}}{\Delta t} = \frac{d\vec{\varphi}}{dt}$$

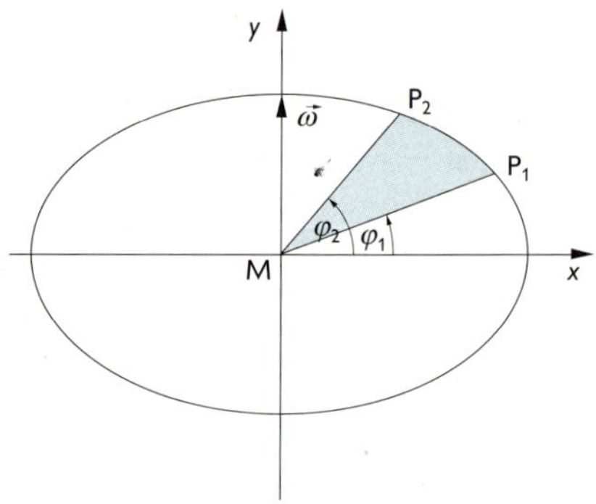

ω Winkelgeschwindigkeit
$\vec{\omega}_M$ momentane Winkelgeschwindigkeit
φ Drehwinkel
t Zeit

Einheit: 1 rad · s^{-1} (1 Radiant je Sekunde)
1 rad · s^{-1} = 1 m · m^{-1} · s^{-1}

1 rad · s^{-1} ist die Winkelgeschwindigkeit eines rotierenden Körpers, der sich während der Zeit 1 s um den Winkel 1 rad dreht. ↗ Kreisbewegung, S. 70

Winkelbeschleunigung α

Physikalische Größe, die angibt, wie schnell sich die Winkelgeschwindigkeit eines rotierenden Körpers ändert, in welchem Verhältnis die Änderung der Winkelgeschwindigkeit zur dafür benötigten Zeit steht. Sie ist eine vektorielle Größe.

$$\alpha = \frac{\Delta\omega}{\Delta t} = \frac{\omega_2 - \omega_1}{t_2 - t_1}$$

$$\vec{\alpha}_M = \lim_{\Delta t \to 0} \frac{\Delta\vec{\omega}}{\Delta t} = \frac{d\vec{\omega}}{dt}$$

α Winkelbeschleunigung
ω Winkelgeschwindigkeit
α_M momentane Winkelbeschleunigung
t Zeit

Einheit: 1 rad · s^{-2} (1 Radiant je Quadratsekunde)

1 rad · s^{-2} ist die Winkelbeschleunigung eines Körpers, dessen Winkelgeschwindigkeit sich während der Zeit 1 s um 1 rad · s^{-1} ändert.
↗ gleichförmige Kreisbewegung, S. 73

Radialbeschleunigung a_r

Physikalische Größe, die die Änderung der Richtung der Bahngeschwindigkeit in Abhängigkeit von der Zeit kennzeichnet. Sie ist eine vektorielle Größe, die zum Krümmungsmittelpunkt der Bahn gerichtet ist.

$$a_r = \frac{\Delta v}{\Delta t} = \frac{v_2 - v_1}{t_2 - t_1}$$

$$\vec{a}_{rM} = \lim_{\Delta t \to 0} \frac{\Delta \vec{v}}{\Delta t} = \frac{d\vec{v}}{dt}$$

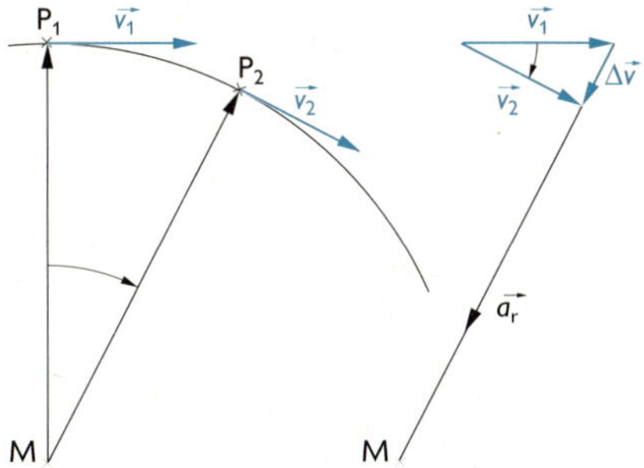

a_r Radialbeschleunigung
a_{rM} momentane Radialbeschleunigung
v Kreisbahngeschwindigkeit
t Zeit
Einheit: 1 m · s^{-2} (1 Meter je Quadratsekunde)
↗ Beschleunigung, S. 67

Gleichförmige Kreisbewegung

Bewegung eines Massepunktes auf einer Kreisbahn, bei der ein Körper in gleichen Zeitintervallen Δt gleich lange Wege Δs zurücklegt

Es gilt: Betrag $v_1 = v_2$

Richtung $\vec{v}_1 \neq \vec{v}_2$

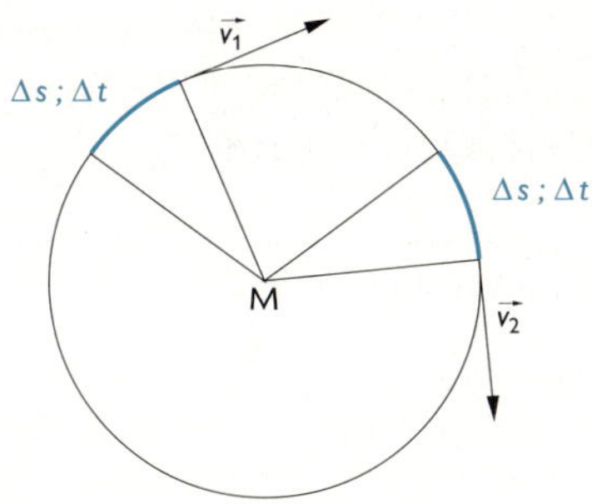

Drehwinkel, Winkelgeschwindigkeit, Winkelbeschleunigung und Radialbeschleunigung als Funktionen der Zeit bei der gleichförmigen Kreisbewegung

Zusammenhang	$\varphi \sim t$	ω = konstant	$\alpha = 0$	a_r = konstant
Diagramm	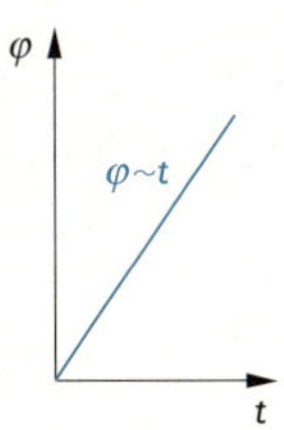	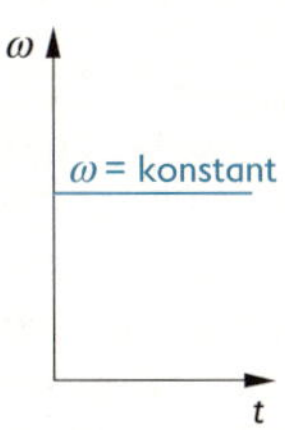	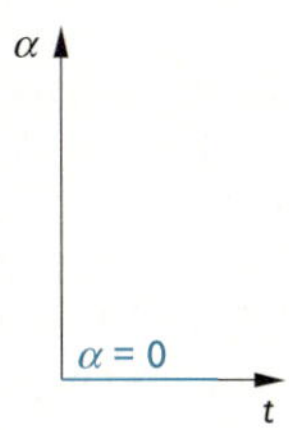	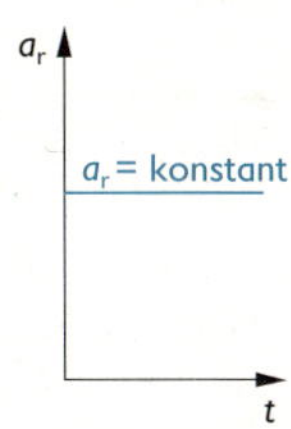

Drehwinkel-Zeit-Gesetz

$\varphi \sim t$
$\varphi = \omega \cdot t$

$\varphi = \omega \cdot t + \varphi_0$

φ Drehwinkel zur Zeit t
φ_0 Drehwinkel zur Zeit $t = 0$
ω Winkelgeschwindigkeit
t Zeit

Gleichmäßig beschleunigte Kreisbewegung

Bewegung eines Massepunktes auf einer Kreisbahn, die durch eine gleichmäßige Änderung der Geschwindigkeit gekennzeichnet ist

Drehwinkel-Zeit-Gesetz

$$\varphi = \frac{\alpha}{2} \cdot t^2$$

$$\varphi = \frac{\alpha}{2} \cdot t^2 + \omega_0 \cdot t + \varphi_0$$

φ zur Zeit t zurückgelegter Drehwinkel
φ_0 zur Zeit $t = 0$ zurückgelegter Drehwinkel
t Zeit
α Winkelbeschleunigung
ω_0 Winkelgeschwindigkeit zur Zeit $t = 0$

Winkelgeschwindigkeit-Zeit-Gesetz

$\omega = \alpha \cdot t$

$\omega = \alpha \cdot t + \omega_0$

ω Winkelgeschwindigkeit
ω_0 Winkelgeschwindigkeit zur Zeit $t = 0$
t Zeit
α Winkelbeschleunigung

Winkelbeschleunigung-Zeit-Gesetz

$\alpha = \text{konstant}$

Für die Kreisbewegung gelten weiterhin folgende Zusammenhänge:

$v = \omega \cdot r$
$a_r = \omega^2 \cdot r$
$$a_r = 4\pi^2 \cdot f^2 \cdot r = \frac{v^2}{r}$$

Überlagerung von Bewegungen

Vorgang, bei dem ein Körper zwei oder mehrere Bewegungen gleichzeitig ausführt

- Überlagerung der Schwimmbewegung eines Schwimmers und der Bewegung des strömenden Wassers beim Überqueren eines Flusses;
Überlagerung der gleichförmigen Bewegung eines geworfenen Balles mit dem freien Fall

Prinzip der ungestörten Überlagerung von Bewegungen

Ein Körper kann gleichzeitig zwei oder mehrere Bewegungen ausführen, ohne daß diese sich stören. Die einzelnen Bewegungen können in beliebiger Reihenfolge nacheinander oder gleichzeitig erfolgen. Die Teilbewegungen überlagern sich zu einer resultierenden Bewegung, ohne sich zu beeinflussen (Superpositionsprinzip der Bewegungen).

Wege, Geschwindigkeiten und Beschleunigungen werden vektoriell addiert.

Die Abläufe a, b, c zwischen den Punkten P_1 und P_2 sind gleichberechtigt. Darüber hinaus sind noch anders zusammengesetzte Bewegungen möglich.

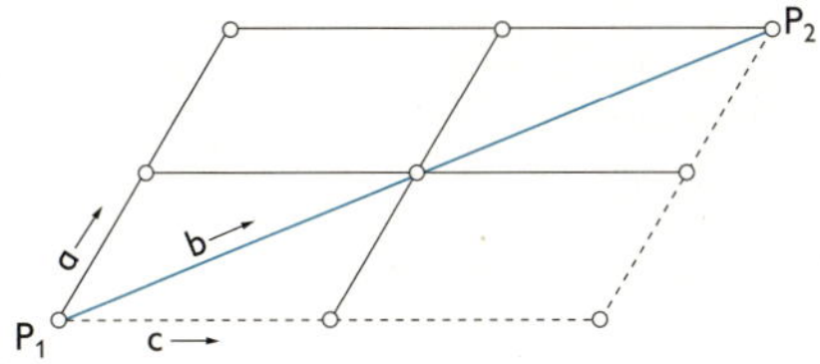

Zusammensetzen von Geschwindigkeiten

Winkel zwischen den Geschwindigkeitsvektoren	Zeichnerische Darstellung von Betrag und Richtung	Rechnerische Darstellung Betrag
beliebig	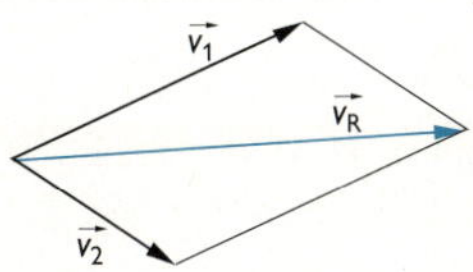	$v_R = \sqrt{v_1^2 + v_2^2 + 2\, v_1 \cdot v_2 \cdot \cos(\vec{v_1}; \vec{v_2})}$
90°	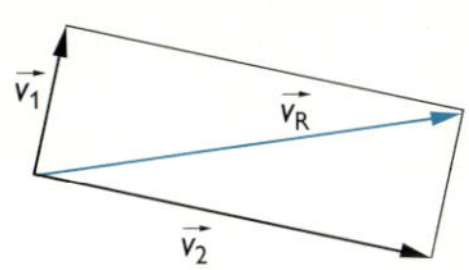	$v_R = \sqrt{v_1^2 + v_2^2}$
180°	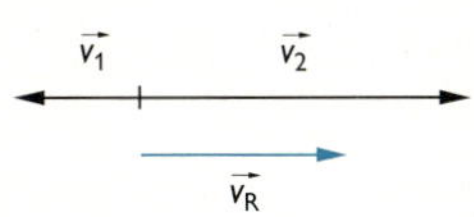	$v_R = v_2 - v_1$
0°	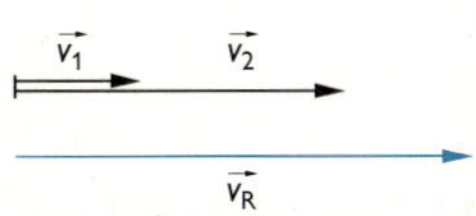	$v_R = v_1 + v_2$

Wurf

Zusammengesetzte Bewegung aus der Überlagerung

- einer gleichförmig geradlinigen Bewegung mit der Anfangsgeschwindigkeit v_0 (v_0 = konstant) in horizontaler x-Richtung und
- der gleichmäßig beschleunigten, geradlinigen Bewegung des freien Falls ($v = g \cdot t$) in negativer y-Richtung

Übersicht über die Arten des Wurfes

	Zeichnerische Darstellung	Geschwindigkeit-Zeit -Gesetz für die resultierende Geschwindigkeit v_R	Verweise
Senkrechter Wurf nach oben		$v_R = v_0 - g \cdot t$	↗ Steigzeit, S. 77 ↗ Scheitelhöhe, S. 77 ↗ Wurfdauer, S. 77
Senkrechter Wurf nach unten		$v_R = -v_0 - g \cdot t$	
Waagerechter Wurf	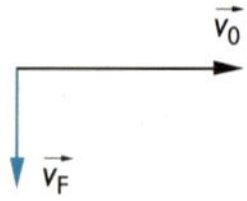	$v_R = \sqrt{v_0^2 + g^2 \cdot t^2}$	↗ Bahnkurve, S. 77
Schräger Wurf	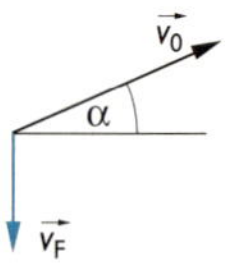	$v_R = \sqrt{v_0^2 + g^2 \cdot t^2 + 2v_0 \cdot g \cdot t \cdot \sin\alpha}$	↗ Bahnkurve, S. 78 ↗ Wurfweite, S. 78 ↗ Wurfhöhe, S. 78 ↗ maximale Wurfhöhe, S. 78

Senkrechter Wurf. Der senkrechte Wurf kann als Sonderfall (α = 90° bzw. α = 270°) aus den Gleichungen des schrägen Wurfes abgeleitet werden.

Senkrechter Wurf nach oben. Unter Vernachlässigung des Luftwiderstandes gilt:

Weg-Zeit-Gesetz

$s_x = 0$

$s_y = -\frac{g}{2} t^2 + v_0 \cdot t$

Geschwindigkeit-Zeit-Gesetz

$v_x = 0$

$v_y = -g \cdot t + v_0$

Im höchsten Punkt der Bahn ist die Geschwindigkeit gleich Null.

$t_s = \frac{v_0}{g}$	*Steigzeit*: Zeit, in der der Körper seinen höchsten Bahnpunkt erreicht
$s = \frac{v_0^2}{2g}$	*Scheitelhöhe*: größte Entfernung des Körpers von der Ausgangslage; Umkehrpunkt der Bewegungsrichtung
$t_w = \frac{2v_0}{g}$	*Wurfdauer*: Zeit, in der der Körper seine Ausgangslage wieder erreicht. Da Steigzeit und Fallzeit gleich sind, beträgt die Wurfdauer das Doppelte der Steigzeit.

- $v_0 = 20\ \text{m} \cdot \text{s}^{-1}$ Steigzeit $t \approx 2\ \text{s}$
  $g \approx 10\ \text{m} \cdot \text{s}^{-2}$ Scheitelhöhe $h \approx 20\ \text{m}$
  Wurfdauer $t \approx 4\ \text{s}$

Senkrechter Wurf nach unten

Weg-Zeit-Gesetz

$s_x = 0$

$s_y = -\frac{g}{2} \cdot t^2 - v_0 \cdot t$

Geschwindigkeit-Zeit-Gesetz

$v_x = 0$

$v_y = -g \cdot t - v_0$

Waagerechter Wurf. Der waagerechte Wurf kann als Sonderfall ($\alpha = 0^\circ$) aus den Gleichungen des schrägen Wurfes abgeleitet werden.
Unter Vernachlässigung des Luftwiderstandes gilt:

Weg-Zeit-Gesetz

$s_x = v_0 \cdot t$

$s_y = -\frac{g}{2} \cdot t^2$

Geschwindigkeit-Zeit-Gesetz

$v_x = v_0$

$v_y = -g \cdot t$

Bahnkurve $y = -\frac{g}{2v_0^2} \cdot x^2$

- Bahnverlauf beim waagerechten Wurf
  $v_0 = 20\ \text{m} \cdot \text{s}^{-1}$
  $g \approx 10\ \text{m} \cdot \text{s}^{-2}$

t in s	1	2	3	4	5
x in m	20	40	60	80	100
y in m	–5	–20	–45	–80	–125

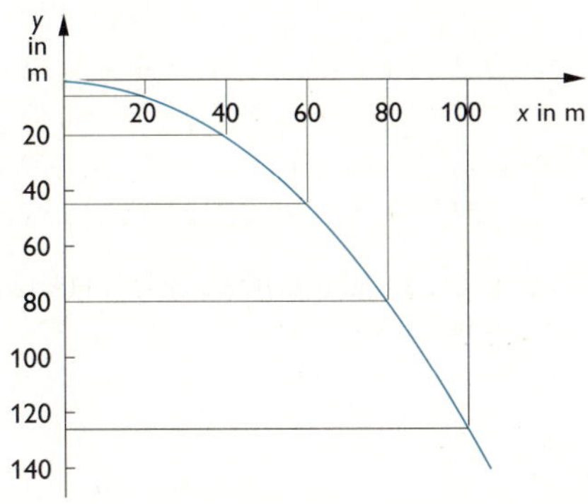

2

Schräger Wurf. Unter Vernachlässigung des Luftwiderstandes gilt:

Weg-Zeit-Gesetz

$s_x = v_0 \cdot t \cdot \cos\alpha$

$s_y = \frac{-g}{2} \cdot t^2 + v_0 \cdot t \cdot \sin\alpha$

Geschwindigkeit-Zeit-Gesetz

$v_x = -v_0 \cdot \cos\alpha$

$v_y = -g \cdot t + v_0 \cdot \sin\alpha$

Bahnkurve	Scheitelpunktkoordinaten	Steigzeit/Wurfweite
$y = -\frac{g}{2 v_0^2 \cdot \cos^2\alpha} \cdot x^2 + \tan\alpha \cdot x$	$x_s = \frac{v_0^2 \cdot \sin 2\alpha}{2g}$ $y_s = \frac{v_0^2 \cdot \sin^2\alpha}{2g}$	$t_s = \frac{v_0 \cdot \sin\alpha}{g}$ $x_w = \frac{v_0^2 \cdot \sin 2\alpha}{g}$

Wurfweite. Kürzeste Entfernung zwischen Abwurf- und Auftreffpunkt, wenn Start- und Zielort in einer horizontalen Ebene liegen. Sie hängt ab von der Anfangsgeschwindigkeit v_0 und vom Abwurfwinkel α.

Maximale Wurfweite x_{max}: $\sin 2\alpha = 1$, $\alpha = 45^\circ$
Maximale Wurfhöhe y_{max}: $\sin^2\alpha = 1$, $\alpha = 90^\circ$

Bei Abwurfwinkeln, die sich zu 90° ergänzen, sind die Wurfweiten gleich.

- $v_0 = 20\ \text{m} \cdot \text{s}^{-1}$
  $g \approx 10\ \text{m} \cdot \text{s}^{-2}$

α in °	0	15	30	45	60	75	90
x_s in m	0	20,0	34,6	40,0	34,6	20,0	0
y_s in m	0	1,3	5,0	10,0	15,0	18,7	20,0

- Bahnverlauf eines Körpers beim schrägen Wurf
  $v_0 = 20\ \text{m} \cdot \text{s}^{-1}$ $g \approx 10\ \text{m} \cdot \text{s}^{-2}$ $\alpha = 45°$

t in s	1	2	3	4	5
x in m	14,1	28,2	42,3	56,4	70,5
y in m	9,1	8,3	–2,6	–23,4	–54,3

$x_{max} \approx 40$ m $y_{max} \approx 10$ m

(Start- und Zielort liegen in der Höhe $y = 0$ m)

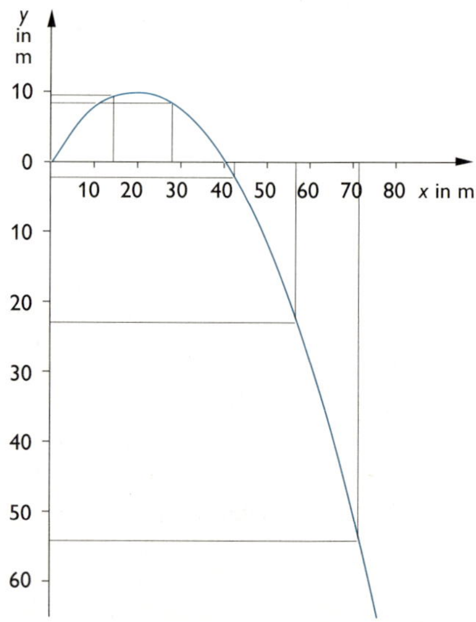

Ballistische Kurve
Wurfbahn, die der geworfene Körper unter Einfluß des Luftwiderstandes durchläuft. Sie weicht von der Parabelbahn im luftleeren Raum ab.

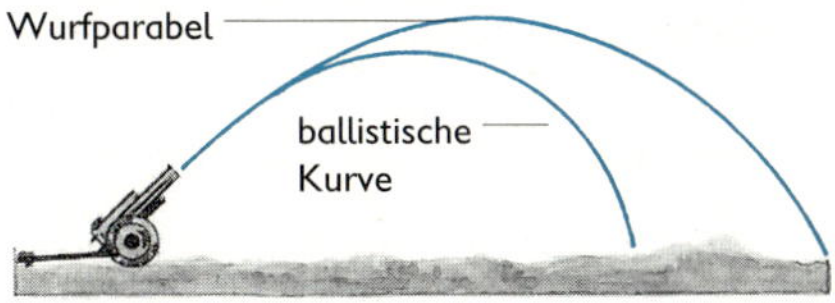

DYNAMIK

Teilgebiet der Physik, in dem Änderungen des Bewegungszustandes von Körpern in ihrem Zusammenhang mit Kräften beschrieben werden

2

Statik
Teilgebiet der Physik, in dem der Ruhezustand eines Körpers unter dem Einfluß der auf ihn wirkenden Kräfte beschrieben wird. Es werden Gleichgewichtsbedingungen betrachtet.
Die Statik kann als Sonderfall der Dynamik ($v = 0$) aufgefaßt werden.
↗ Kräftegleichgewicht, S. 84; Momentengleichgewicht, S. 90

Masse *m*
Physikalische Größe, die die Eigenschaft eines Körpers kennzeichnet, träge und schwer zu sein
Einheiten: 1 kg (ein Kilogramm), 1 t (eine Tonne)
1 kg = 1000 g
1 t = 1000 kg
1 kg ist die Masse des internationalen Kilogrammprototyps (SI-System).
↗ SI-System, S. 17; Newtonsches Grundgesetz, S. 86; Trägheitsgesetz, S. 85

Massebestimmung
Die Massebestimmung eines Körpers erfolgt
- beim statischen Verfahren durch den Vergleich der Masse des Körpers mit Wägestücken bekannter Masse auf Waagen,
- beim dynamischen Verfahren nach der Gleichung.

$$m = \frac{F}{a}$$

m Masse des Körpers
F Kraft, mit der der Körper beschleunigt wird
a Beschleunigung, die der Körper erfährt

Weitere wichtige Beziehungen zur Masse bzw. Massebestimmung:
↗ Dichte, S. 80; Gewichtskraft; S. 86 Impuls, S. 98

Volumen *V*
Physikalische Größe, die den Raum kennzeichnet, den ein Körper einnimmt
Einheiten: 1 m³ (ein Kubikmeter), 1 dm³ (ein Kubikdezimeter), 1 l (ein Liter), 1 ml (ein Milliliter)
$1\ m^3 = 1000\ dm^3$
$1\ dm^3 = 1000\ cm^3$ $\quad$ $1\ dm^3 = 1\ l$
$1\ cm^3 = 1000\ mm^3$ $\quad$ $1\ cm^3 = 1\ ml$

2

Volumenmessung

Messen und Berechnen	Verdrängung			
	Differenzmessung			Überlaufmethode
$V_K = l \cdot b \cdot h$	V_K	V_K	$V_K = V_2 - V_1$	V_K
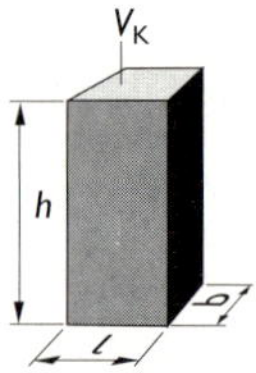	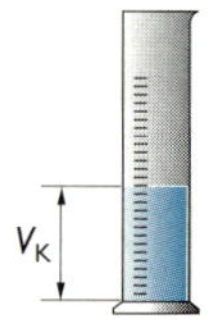	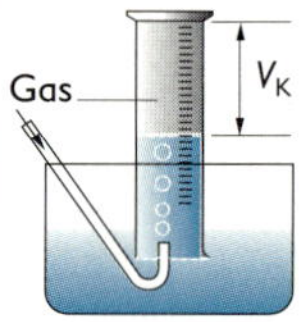	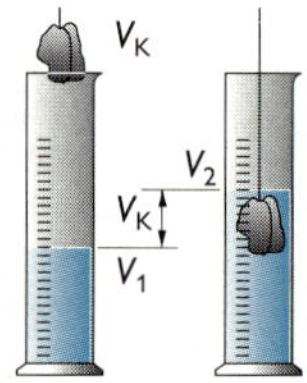	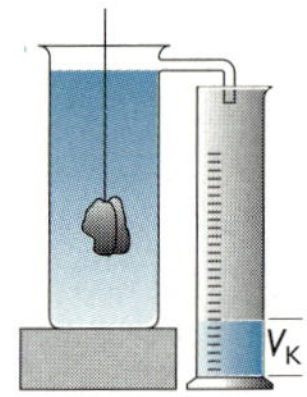
feste Körper; Form regelmäßig	Flüssigkeiten	Gase	feste Körper; Form unregelmäßig	feste Körper; Form unregelmäßig

Dichte ρ

Physikalische Größe, die eine auf das Volumen bezogene Masse eines Körpers kennzeichnet. Sie ist eine Stoffkonstante.

$$\rho = \frac{m}{V}$$

ρ Dichte des (homogenen) Stoffes
m Masse des Körpers
V Volumen des Körpers

Einheiten: $1\ \text{kg} \cdot \text{m}^{-3}$ (ein Kilogramm je Kubikmeter),
$1\ \text{g} \cdot \text{cm}^{-3}$ (ein Gramm je Kubikzentimeter)

$1\ \text{kg} \cdot \text{m}^{-3}$ ist die Dichte eines Körpers, der bei einem Volumen von $1\ \text{m}^3$ die Masse 1 kg hat.

Dichtebestimmung

Die Dichtebestimmung erfolgt
- für Flüssigkeiten mit Hilfe eines Aräometers,
- für Flüssigkeiten und feste Körper durch das Messen des Volumens und der Masse und die Berechnung nach der Gleichung $\rho = \frac{m}{V}$.

Kraft *F*

Physikalische Größe, die die Wechselwirkung zwischen zwei Körpern kennzeichnet. Sie bewirkt eine Verformung (statische Kraftwirkung) und/oder eine Änderung des

Bewegungszustandes (dynamische Kraftwirkung). Die Kraft ist eine vektorielle Größe.
Einheit: 1 N (ein Newton)
1 N ist die Kraft, die einem Körper der Masse 1 kg die Beschleunigung von 1 $m \cdot s^{-2}$ erteilt.
↗ Gewichtskraft, S. 86; Reibungskraft, S. 86

Kraftmessung

Statisches Verfahren	Dynamisches Verfahren
direkte Messung mit dem Federkraftmesser ↗ Hookesches Gesetz, S. 81	Messen von Masse und Beschleunigung und Berechnung nach $F = m \cdot a$ ↗ Grundgesetz der Dynamik, S. 86 Bestimmen des Kraftstoßes (bzw. des Impulses) und der Zeit und Berechnung nach $F = S : \Delta t$ ↗ Kraftstoß, S. 98

Hookesches Gesetz (Lineares Kraftgesetz)

Für kleine Auslenkungen gilt: Die Verlängerung einer Schraubenfeder ist proportional der wirkenden Kraft.

$$F \sim s$$
$$F = D \cdot s$$

F wirkende Kraft
s Verlängerung
D Federkonstante

Die Federkonstante D kennzeichnet die Härte der Feder. Sie hängt ab vom Material und von der Geometrie der Feder.

Wechselwirkungsgesetz

Übt ein Körper 1 auf einen Körper 2 die Kraft $\vec{F}_1$ aus (actio), so übt auch der Körper 2 auf den Körper 1 eine Kraft $\vec{F}_2$ aus (reactio). Beide Kräfte haben den gleichen Betrag, eine gemeinsame Wirkungslinie und sind einander entgegengesetzt gerichtet.

$$\vec{F}_1 = -\vec{F}_2$$
Kraft = Gegenkraft
actio = reactio

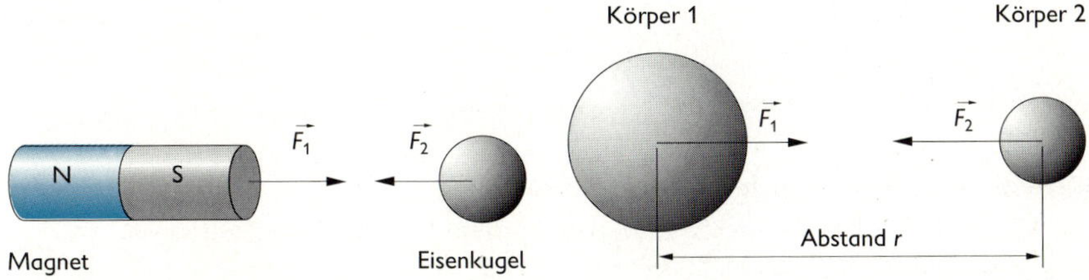

Die Wechselwirkung kann bei Berührung zwischen zwei Körpern auftreten (↗ Impuls, S. 98), durch einen dritten Körper (Seil, Stange, Kette) oder auch durch Felder (elektrisches Feld, magnetisches Feld, Gravitationsfeld) vermittelt werden.
Das Wechselwirkungsgesetz gilt unabhängig davon, ob die Körper ruhen oder sich bewegen.
Die Wechselwirkungskraft ist nicht zu verwechseln mit einer Kompensationskraft. Kompensationskräfte treten an ein und demselben Körper auf und wirken in entgegengesetzter Richtung wie die Ausgangskraft.

Satz vom Kräfteparallelogramm

Greifen zwei Kräfte $\vec{F}_1$ und $\vec{F}_2$ in einem Punkt an, können sie durch eine einzige resultierende Kraft ersetzt werden. Kräfte werden vektoriell addiert:
$\vec{F}_R = \vec{F}_1 + \vec{F}_2$.

Die Resultierende ist die Diagonale des Kräfteparallelogramms, dessen Seiten von den Kräften $\vec{F}_1$ und $\vec{F}_2$ aufgespannt werden.

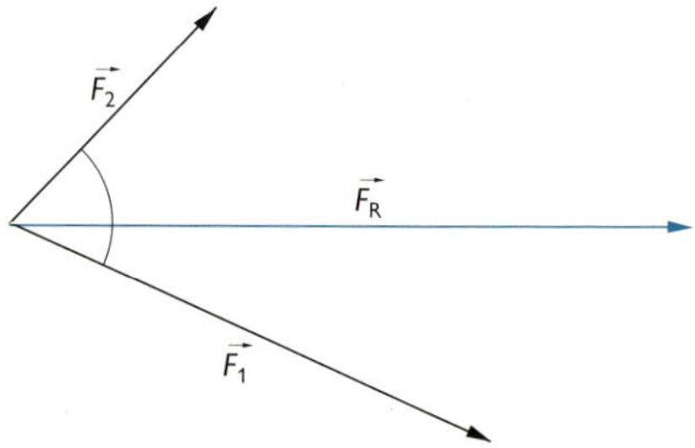

Betrag

$$F_R = \sqrt{F_1^2 + F_2^2 + 2F_1 \cdot F_2 \cdot \cos(\vec{F}_1; \vec{F}_2)}$$

Der Satz drückt die Überlagerung von Kräften aus (Unabhängigkeits- und Überlagerungsprinzip).
Greifen mehr als zwei Kräfte im selben Punkt an, so wird die Parallelogrammregel mehrfach angewendet. Einfacher ist es, die resultierende Kraft durch Parallelverschieben der einzelnen Kraftvektoren und das Zeichnen eines Polygonzuges zu ermitteln (Krafteck).
↗ Zusammensetzen von Kräften, S. 83

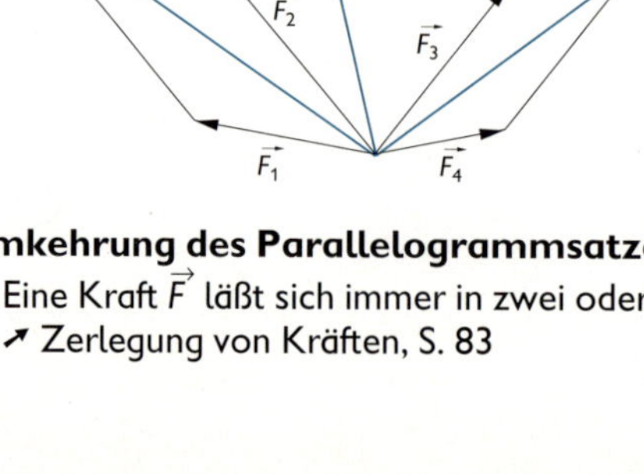

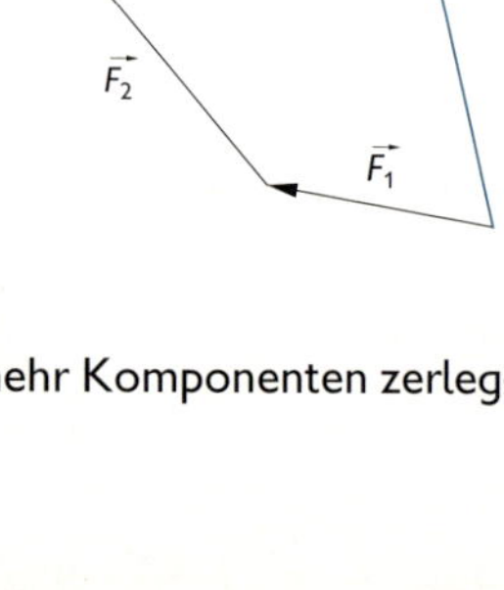

Umkehrung des Parallelogrammsatzes

Eine Kraft $\vec{F}$ läßt sich immer in zwei oder mehr Komponenten zerlegen.
↗ Zerlegung von Kräften, S. 83

Zusammensetzen und Zerlegen von Kräften

Zusammensetzen von Kräften		
Winkel zwischen den Kraftvektoren	Zeichnerische Darstellung Betrag und Richtung	Rechnerische Darstellung Betrag
beliebig	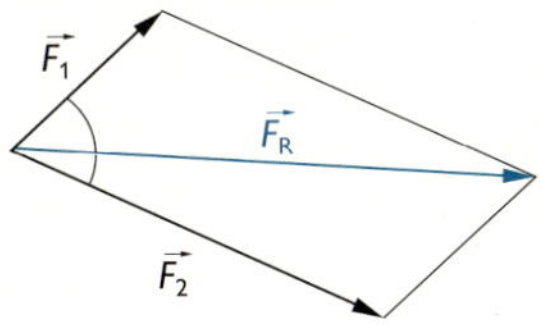	$F_R = \sqrt{F_1^2 + F_2^2 + 2F_1 \cdot F_2 \cdot \cos(\vec{F}_1; \vec{F}_2)}$
90°	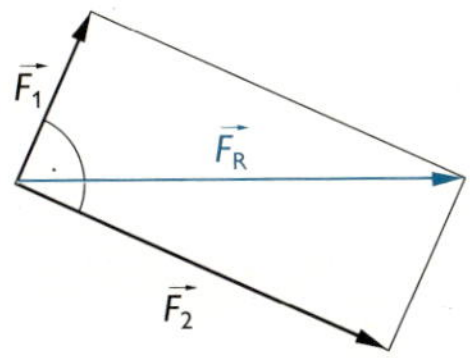	$F_R = \sqrt{F_1^2 + F_2^2}$
180°	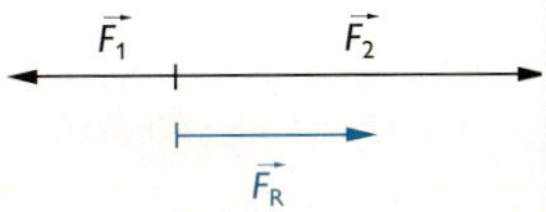	$F_R = F_2 - F_1$
0°	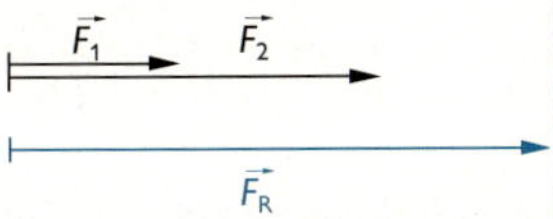	$F_R = F_1 + F_2$
Zerlegen von Kräften		
beliebig	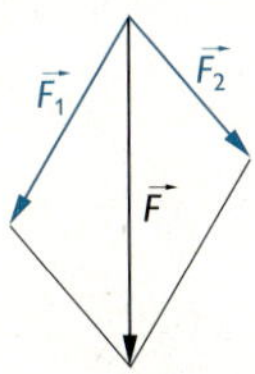	$F = \sqrt{F_1^2 + F_2^2 + 2F_1 \cdot F_2 \cdot \cos(\vec{F}_1; \vec{F}_2)}$
90°	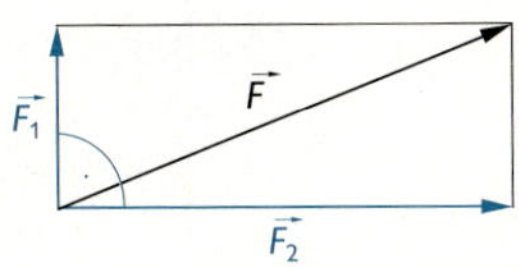	$F = \sqrt{F_1^2 + F_2^2}$

Kräftegleichgewicht

Ein freibeweglicher Massepunkt befindet sich im statischen Gleichgewicht, wenn die Summe aller auf ihn wirkenden Kräfte $\vec{F}_k$ gleich Null ist.

$$\sum_{k=1}^{n} \vec{F}_k = 0$$

2

Schwerpunkt

Der Schwerpunkt ist der Punkt eines starren Körpers, in dem man sich die Gesamtmasse vereinigt und die resultierende Gewichtskraft angreifend denken kann.

- Der Schwerpunkt S eines frei beweglichen Körpers befindet sich stets lotrecht unter dem Aufhängepunkt P. Er ist der Schnittpunkt der Schwerelinien. Unterstützt man den Körper im Schwerpunkt, so bleibt er in der Gleichgewichtslage.

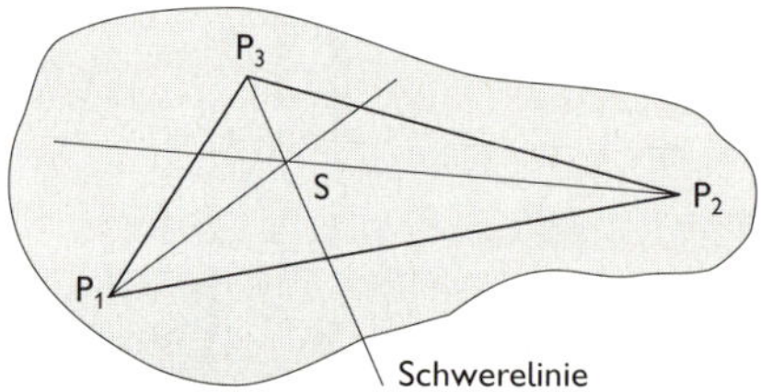

- Die Lage des Schwerpunktes S berechnet sich nach der Beziehung $m_1 : m_2 = r_2 : r_1$.

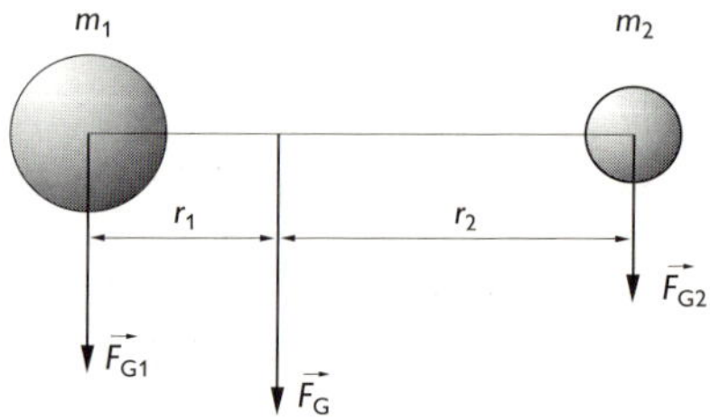

Schwerpunktsatz

Der Schwerpunkt eines Systems von Massepunkten verharrt im Zustand der Ruhe oder der gleichförmigen, geradlinigen Bewegung, solange keine äußeren Kräfte auf die einzelnen Massepunkte einwirken.

↗ Trägheitsgesetz, S. 85

Gleichgewichtsarten im Schwerefeld

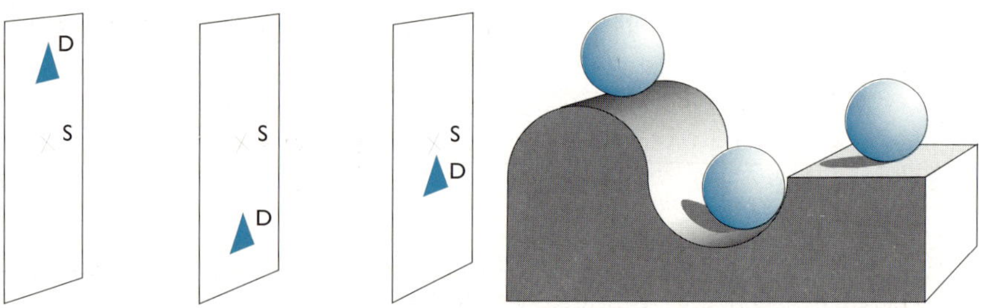

stabil labil indifferent labil stabil indifferent

Stabiles Gleichgewicht. Der Schwerpunkt S liegt unterhalb des Unterstützungspunktes D. Bei Störungen wird der Schwerpunkt gehoben, die potentielle Energie wird größer. Der Körper ist bestrebt, wieder diese Gleichgewichtslage einzunehmen.

Labiles Gleichgewicht. Der Schwerpunkt S liegt über dem Unterstützungspunkt D. Bei geringsten Störungen verläßt der Körper diese Gleichgewichtslage, der Schwerpunkt wird gesenkt, die potentielle Energie wird kleiner. Der Körper geht in die stabile Lage über.

Indifferentes Gleichgewicht. Der Schwerpunkt S liegt im Unterstützungspunkt D. Bei Störungen bleiben die Lage des Schwerpunktes und die potentielle Energie unverändert. Der Körper behält seine Lage bzw. dreht sich endlos.

Standfestigkeit

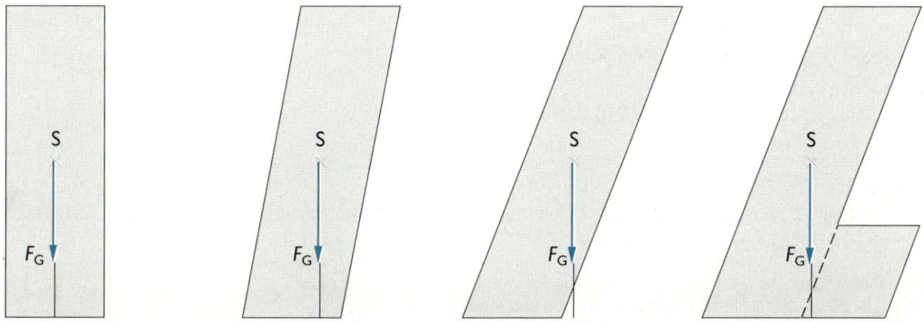

Ein Körper bleibt auf seiner Standfläche nur dann stehen, wenn sie vom Lot durch den Schwerpunkt getroffen wird. Die Standfestigkeit eines Körpers ist um so größer,
- je tiefer sein Schwerpunkt liegt,
- je größer seine Unterstützungsfläche ist,
- je größer die Gewichtskraft des Körpers ist.

↗ Gewichtskraft, S. 86; Drehmoment, S. 89; potentielle Energie, S. 94

Trägheitsgesetz

Wirken keine äußeren Kräfte auf einen Körper bzw. ist die Resultierende aller auf einen Körper wirkenden Kräfte Null, so beharrt er im Zustand der Ruhe oder der gleichförmig geradlinigen Bewegung.

Mit $\sum_{k=1}^{n} \vec{F}_k = 0$ folgt aus dem Newtonschen Grundgesetz $F = m \cdot a = 0$. Mit $m \neq 0$ folgt $a = 0$.

Das heißt, v = konstant $\neq 0$ (gleichförmig geradlinige Bewegung)
bzw. v = konstant $= 0$ (Ruhe).

↗ Erfahrungsatz, S. 28; Grundgesetz der Dynamik, S. 86

Inertialsystem

Als Inertialsystem bezeichnet man ein Bezugssystem, in dem das Trägheitsgesetz und die übrigen Gesetze der Newtonschen Mechanik gelten.

↗ Relativitätstheorie, S. 285

2

Grundgesetz der Dynamik (Newtonsches Grundgesetz)

Eine an einem freibeweglichen Körper angreifende Kraft erteilt dem Körper eine Beschleunigung in der Wirkungsrichtung der Kraft.

$a \sim F \quad (m = \text{konstant})$

$a = \frac{1}{m} \cdot F$

$\vec{F} = m \cdot \vec{a}$

F auf den Körper wirkende Kraft
m Masse des Körpers
a durch die Kraft bewirkte Beschleunigung

Eine Kraft von 1 N erteilt einem Körper der Masse 1 kg die Beschleunigung von $1\ \text{m} \cdot \text{s}^{-2}$.
↗ dynamische Massebestimmung, S. 79

Gewichtskraft F_G

Kraft, die im Gravitationsfeld auf einen Körper der Masse *m* wirkt

$\vec{F}_G = m \cdot \vec{g}$

F_G Gewichtskraft
m Masse des Körpers
g Fallbeschleunigung

Die Gewichtskraft ist ortsabhängig.
Auf einen Körper der Masse 1 kg wirkt im Gravitationsfeld der Erde in Meereshöhe und 45° geografischer Breite die Gewichtskraft von 9,81 N.

Schwerelosigkeit (Gewichtslosigkeit)

Schwerelosigkeit ($F_G = 0$) tritt an Stellen des Raumes ein, an denen die Gravitation aufgehoben ist ($g \approx 0\ \text{m} \cdot \text{s}^{-2}$).
Dieser Zustand kann erreicht werden, wenn die Gewichtskraft auf den Körper durch eine entsprechende Zentrifugalkraft aufgehoben wird. Er tritt auch ein bei einem frei fallenden Körper im Schwerefeld der Erde.
↗ Fallbeschleunigung, S. 70; Zentrifugalkraft, S. 89

Reibung

Vorgang, bei dem an der Berührungsfläche zwischen einander berührenden und gegeneinander bewegten Körpern Kräfte auftreten, Reibungskräfte. Sie hemmen die Bewegung und führen zu Energieumwandlungen.

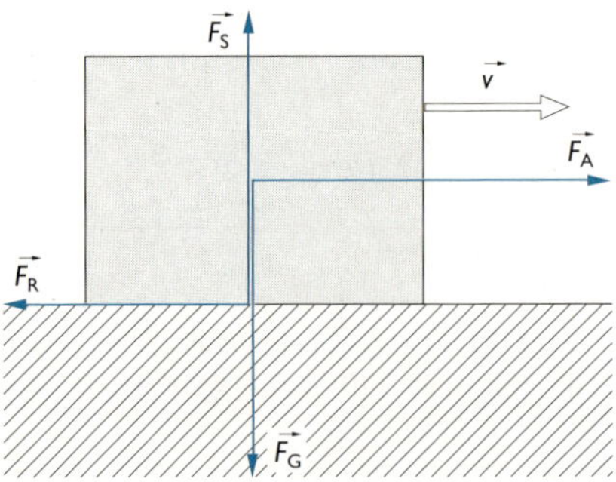

F_R Reibungskraft
F_A Antriebskraft
F_S Stützkraft von der Unterlage auf den Körper
F_G Gewichtskraft
v Geschwindigkeit

Bei gleichförmiger Bewegung gilt:
$\vec{F}_R + \vec{F}_A = 0$

Haftreibung. Der Körper befindet sich gegenüber der Unterlage in Ruhe. Haftreibung liegt vor, solange die Antriebskraft F_A die Haftreibungskraft F_{HR} nicht übersteigt. Die Haftreibungskraft F_{HR} hängt ab von der Normalkraft F_N, mit der der Körper senkrecht auf die Unterlage drückt, und von der Rauhigkeit und der Stoffart der reibenden Flächen (μ_{HR}). Sie ist unabhängig vom Flächeninhalt der Berührungsflächen.

$$F_{HR} = \mu_{HR} \cdot F_N$$

μ_{HR} Haftreibungszahl

- Schuhe auf Straßenbelag; um einen Pfosten geschlungenes Seil

Gleitreibung. Der Körper bewegt sich gegenüber der Unterlage. Gleitreibung liegt vor, wenn sich der Körper infolge der Antriebskraft F_A mit der Geschwindigkeit v bewegt. Die Antriebskraft F_A muß mindestens der Gleitreibungskraft F_{GR} gleichkommen.
Die Gleitreibungskraft F_{GR} hängt ab von der Normalkraft F_N und von der Rauhigkeit und der Stoffart der gleitenden Flächen (μ_{GR}). Sie ist unabhängig vom Flächeninhalt der Berührungsflächen.

$$F_{GR} = \mu_{GR} \cdot F_N$$

μ_{GR} Gleitreibungszahl

- gleitende Maschinenteile; Achse im Lager

Rollreibung. Der Körper bewegt sich gegenüber der Unterlage. Rollreibung liegt vor, wenn sich ein runder Körper (Rad, Walze, Welle) infolge der Antriebskraft F_A mit der Geschwindigkeit v bewegt. Die Antriebskraft F_A muß mindestens der kleineren Rollreibungskraft F_{RR} gleichkommen.
Die Rollreibungskraft F_{RR} hängt ab von der Normalkraft F_N, von der Rauhigkeit und von der Beschaffenheit der sich berührenden Flächen (μ_{RR}) und vom Radius r des rollenden Körpers.

$$F_{RR} = \mu_{RR} \cdot \frac{F_N}{r}$$

μ_{RR} Rollreibungszahl
r Radius des runden Körpers

- Kugellager, Walzenlager
Unter vergleichbaren Bedingungen gilt: $F_{RR} < F_{GR} < F_{HR}$.

Körper und Unterlage		μ_{HR}	μ_{GR}
Autoreifen auf der Straße:	naß	0,7 ... 0,9	0,5 ... 0,8
	trocken	0,1 ... 0,8	
Stahl auf Stahl:	trocken	0,15 ... 0,5	0,1 ... 0,4
	gefettet	0,1	0,01
Stahl auf Teflon:		0,04	0,04

Bezugssysteme bei der Kreisbewegung

Jede Bewegung kann von verschiedenen Bezugssystemen aus beschrieben werden.

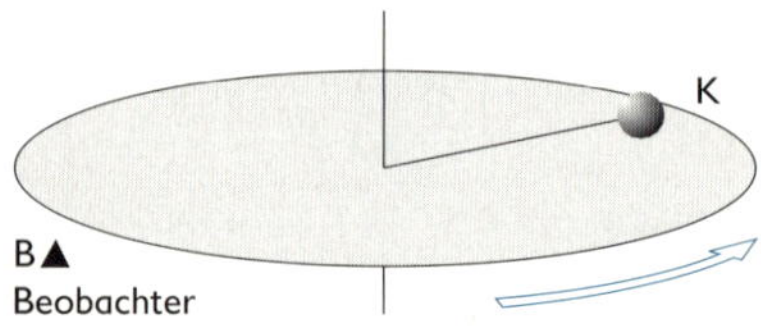	Der Beobachter B ruht außerhalb des rotierenden Systems. Der Körper K ruht im rotierenden Bezugssystem.
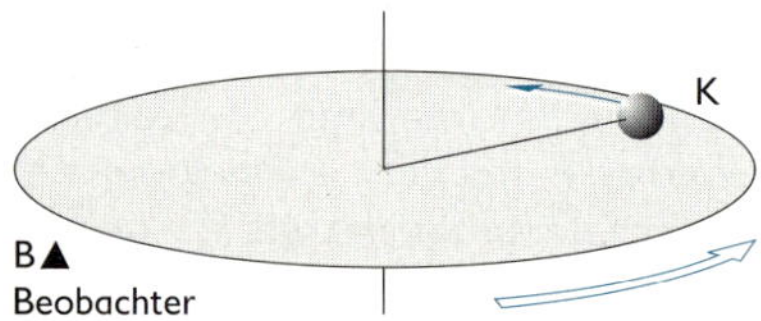	Der Beobachter B ruht außerhalb des rotierenden Systems. Der Körper K bewegt sich im rotierenden Bezugssystem.
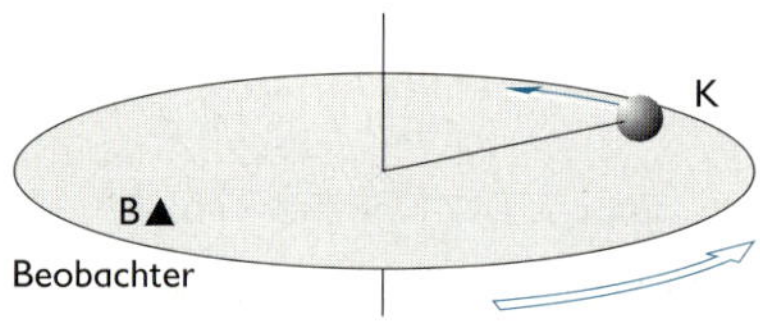	Der Beobachter B rotiert gemeinsam mit dem System. Der Körper K bewegt sich im rotierenden Bezugssystem.

Radialkraft F_r

Kraft, mit der ein Körper auf einer Kreisbahn geführt wird. Durch die in Richtung des Drehzentrums wirkende Radialkraft $\vec{F}_r$ wird am Körper eine Radialbeschleunigung $\vec{a}_r$ hervorgerufen.

$$\vec{F}_r = m \cdot \vec{a}_r$$

F_r Radialkraft
m Masse
a_r Radialbeschleunigung

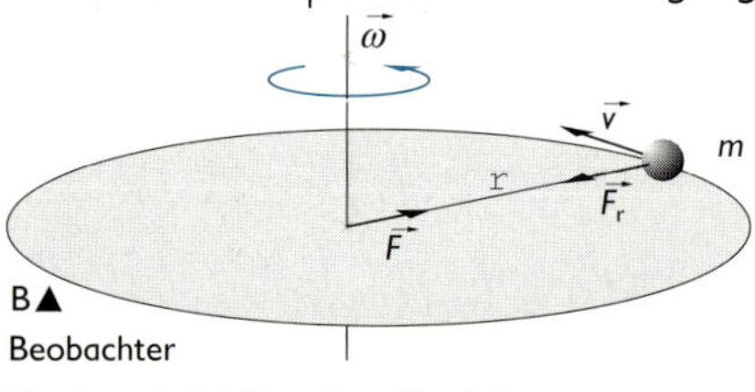

v Bahngeschwindigkeit
ω Winkelgeschwindigkeit
r Abstand des Körpers vom Drehzentrum
T Umlaufzeit

Für die gleichförmige Kreisbewegung ist die Radialkraft F_r konstant. Es gilt:

$$F_r = m \cdot \frac{v^2}{r}$$

$$F_r = m \cdot \omega^2 \cdot r$$

$$F_r = m \cdot \frac{4\pi^2}{T^2} \cdot r$$

- Rotation eines Sägeblattes einer unbelastet laufenden Kreissäge
  ↗ Radialbeschleunigung, S. 73

Zentrifugalkraft F_z

Trägheitskraft, die in Richtung des Bahnradius vom Drehzentrum wegweisend wirkt

Es gilt: $\vec{F}_z = -\vec{F}_r$.

Für ihre Abhängigkeit von Masse, Bahnradius, Bahngeschwindigkeit usw. gilt das gleiche wie für die Radialkraft. Annulliert man die Radialkraft, so verschwindet auch die Zentrifugalkraft. Damit wirkt nur noch die Kraft in Richtung der Bahngeschwindigkeit v.

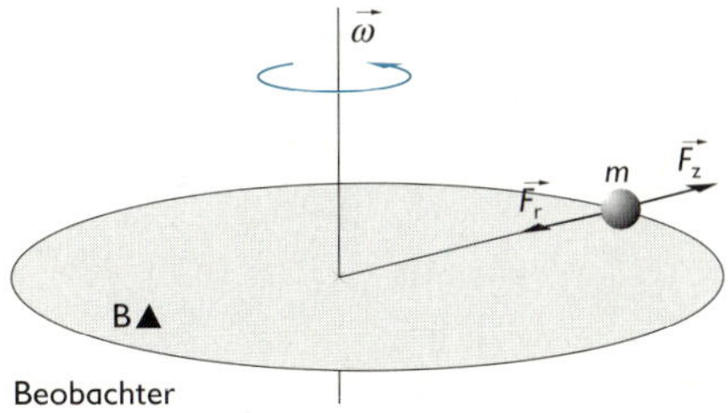

- Ein an einem Faden kreisender Stein fliegt nach Loslassen des Fadens infolge seiner Trägheit tangential zur Kreisbahn weg.

Corioliskraft

Kraft, die auf Körper wirkt, die sich im rotierenden System selbst bewegen. Sie wirkt senkrecht zur Bahngeschwindigkeit (Querkraft). Sie wirkt von oben gesehen nach rechts, wenn sich das rotierende System entgegen dem Uhrzeigersinn dreht.

- Abdriften von Passatwinden; Meeresströmungen, stärkeres Auswaschen der rechten Flußufer auf der Nordhalbkugel; stärkere Belastung der rechten Schienenstränge auf der Nordhalbkugel

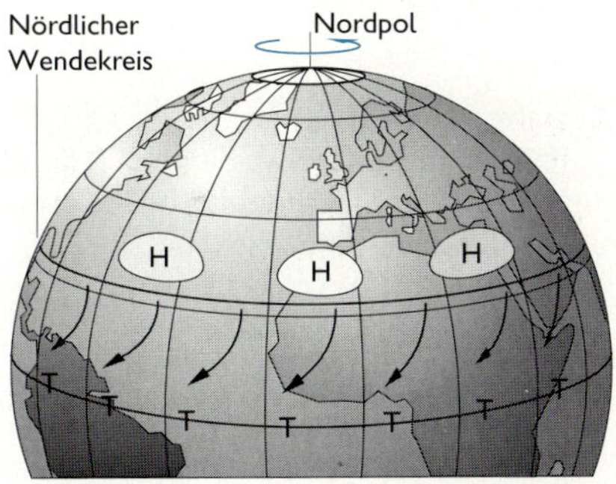

Drehmoment M

Physikalische Größe, die die Einwirkung einer Kraft F auf einen starren Körper kennzeichnet, der in einem Punkt drehbar gelagert ist. Sie ist eine vektorielle Größe.

$$\vec{M} = \vec{r} \times \vec{F}$$
$$M = r \cdot F \cdot \sin(\vec{r}; \vec{F})$$
$$M = r' \cdot F$$

M Drehmoment
F Kraft
r Abstand des Angriffspunktes der Kraft vom Drehpunkt

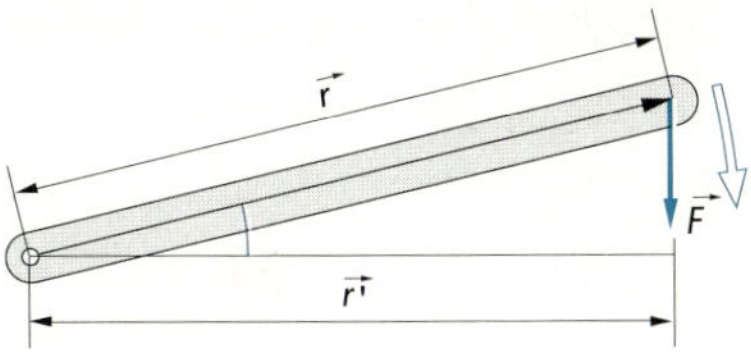

Einheit: 1 Nm (ein Newtonmeter)

1 Nm ist das Drehmoment, das durch eine Kraft von 1 N im Abstand von 1 m vom Drehpunkt erzeugt wird.

Drehmomentesatz

Wirken an einem Körper mehrere Kräfte, so addieren sich die Momente zum resultierenden Moment. Momente in mathematisch positiver Drehrichtung erhalten ein positives, in mathematisch negativer Drehrichtung ein negatives Vorzeichen.

linksdrehendes Moment $\vec{M}_1 = \vec{r}_1 \times \vec{F}_1$

rechtsdrehende Momente $\vec{M}_2 = \vec{r}_2 \times \vec{F}_2$

$\vec{M}_3 = \vec{r}_3 \times \vec{F}_3$

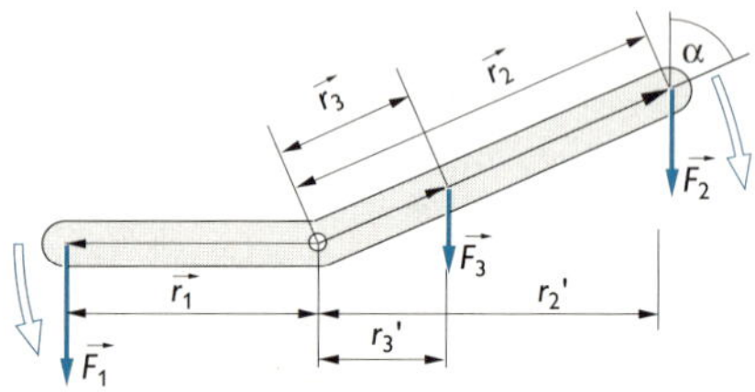

Gleichgewichtsbedingung für einen drehbaren Körper (Momentegleichgewicht)

Ein um die Achse drehbarer Körper befindet sich im statischen Gleichgewicht, wenn die Summe aller auf ihn wirkenden Drehmomente um einen beliebigen Drehpunkt gleich Null ist.

$$\sum_{k=1}^{n} \vec{M}_k = 0$$

Trägheitsmoment *J*

Physikalische Größe, die das Trägheitsverhalten eines um eine Achse rotierenden Körpers kennzeichnet. Es hängt ab von der Verteilung seiner Masseelemente in bezug auf die Drehachse.

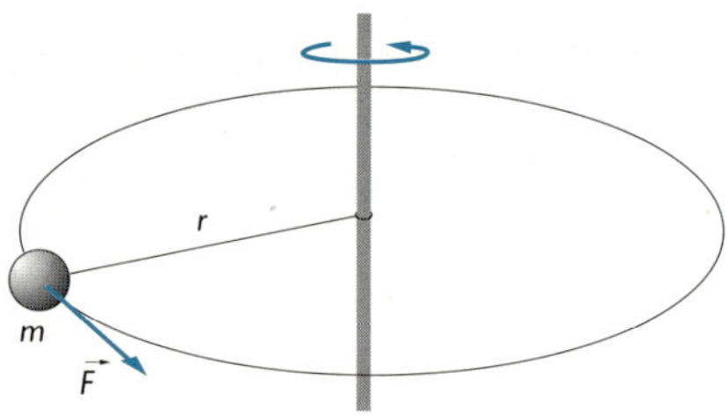

Trägheitsmoment eines Massepunktes in bezug auf eine Drehachse

$$J = m \cdot r^2$$

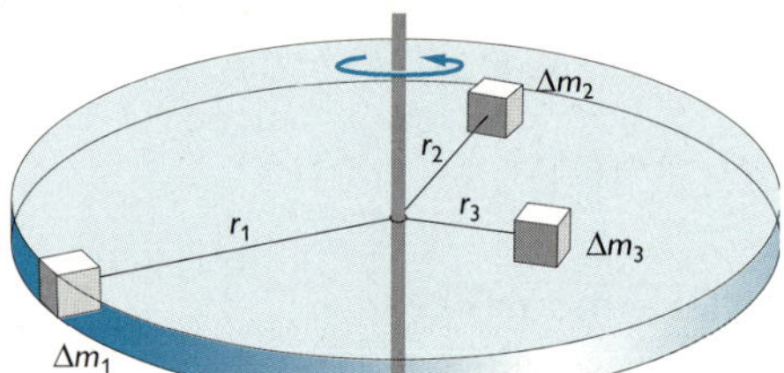

Trägheitsmoment eines starren Körpers in bezug auf eine Drehachse

$$J = \sum_{i=1}^{n} r_i^2 \cdot \Delta m_i$$

$$J = \int r^2 \cdot \mathrm{d}m$$

J	Trägheitsmoment
Δm, dm	Masseelement
r	Abstand des jeweiligen Masseelements von der Drehachse

Trägheitsmomente einiger Körperformen

Masseelement	$J = m \cdot r^2$	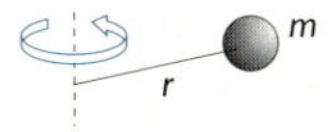
dünner Kreisring	$J = m \cdot r^2$	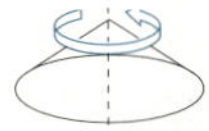
Vollzylinder	$J = \frac{1}{2} m \cdot r^2$	
Hohlzylinder	$J = \frac{1}{2} m \cdot (r_a^2 + r_i^2)$	
Kugel	$J = \frac{2}{5} m \cdot r^2$	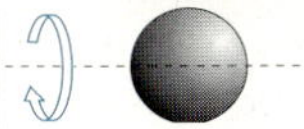

Grundgesetz der Dynamik der Rotation

Ein an einem um eine Achse drehbaren Körper angreifendes Drehmoment M bewirkt eine Änderung der Winkelgeschwindigkeit ω.

$\alpha \sim M \quad (J = \text{konstant})$

$\alpha = \frac{1}{J} \cdot M$

$\vec{M} = J \cdot \vec{\alpha}$

M am Körper wirkendes Drehmoment
J Trägheitsmoment des Körpers
α durch das Drehmoment bewirkte Winkelbeschleunigung

↗ Grundgesetz der Dynamik, S. 86

Analogien bei Translation und Rotation

Bei den Gleichungen zur Beschreibung der Translation eines Massepunktes auf einer Geraden (Translation) bzw. der Drehung eines starren Körpers um eine feste Achse (Rotation) liegt ein analoger struktureller Aufbau vor.

Translation		Rotation		Zusammenhang
Bewegung eines Massepunktes auf einer Geraden		Bewegung eines starren Körpers um eine feste Achse		
Weg	s	Drehwinkel	φ	$\varphi = \frac{s}{r}$
Geschwindigkeit	$v = \frac{ds}{dt}$	Winkelgeschwindigkeit	$\omega = \frac{d\varphi}{dt}$	$\omega = \frac{v}{r}$
Beschleunigung	$a = \frac{dv}{dt} = \frac{d^2s}{dt^2}$	Winkelbeschleunigung	$\alpha = \frac{d\omega}{dt} = \frac{d^2\varphi}{dt^2}$	$\alpha = \frac{a}{r}$
Kraft	F	Drehmoment	M	$M = r \cdot F \cdot \sin(\vec{r}; \vec{F})$
Masse	m	Trägheitsmoment	J	$J = \int r^2 \cdot dm$

MECHANISCHE ARBEIT, ENERGIE UND LEISTUNG

Mechanische Arbeit *W*

Physikalische Größe, die einen Prozeß (Vorgang) kennzeichnet, bei dem ein Körper durch eine Kraft *F* verformt oder längs eines Weges *s* verschoben wird. Sie ist eine Prozeßgröße, durch die Energieänderungen von Systemen erfaßt werden. Sie kann zur Ortsveränderung von Körpern führen (Verschiebungsarbeit, Hubarbeit), zur Überwindung der Reibung dienen (Reibungsarbeit) oder die Beschleunigung von Körpern bewirken (Beschleunigungsarbeit).

Der Betrag der Arbeit kann mit Hilfe von Arbeitsdiagrammen dargestellt werden. Die Fläche unter dem Graphen ist ein Maß für die Arbeit.

↗ Tabellen und grafische Darstellungen, S. 31ff.

$$\Delta W_i = F_i \cdot \Delta s_i$$

$$W = \sum_{i=1}^{n} F_i \cdot \Delta s_i$$

$$W = \int_{s_1}^{s_2} \vec{F} \cdot d\vec{s}$$

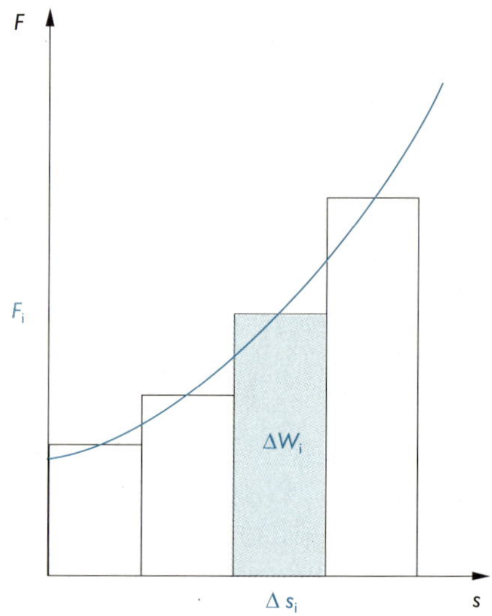

Einheiten: 1 Nm (ein Newtonmeter)
1 Nm = 1 Ws = 1 J

1 J ist die Arbeit, die verrichtet wird, wenn der Angriffspunkt der Kraft 1 N um 1 m in Wegrichtung verschoben wird.

Allgemeiner Fall und Sonderfälle zur Berechnung der Arbeit

Gleichung	Bedingung	
	Betrag der Kraft	Winkel $(\vec{F}; \vec{s})$
$W = F \cdot s$	F = konstant	0°
$W = F \cdot s \cdot \cos(\vec{F}; \vec{s})$	F = konstant	beliebig aber konstant
$W = \int_{s_1}^{s_2} \vec{F} \cdot d\vec{s}$	$F \neq$ konstant	nicht konstant

Arten der Arbeit: Gleichungen, Bedingungen, Diagramme

Hubarbeit

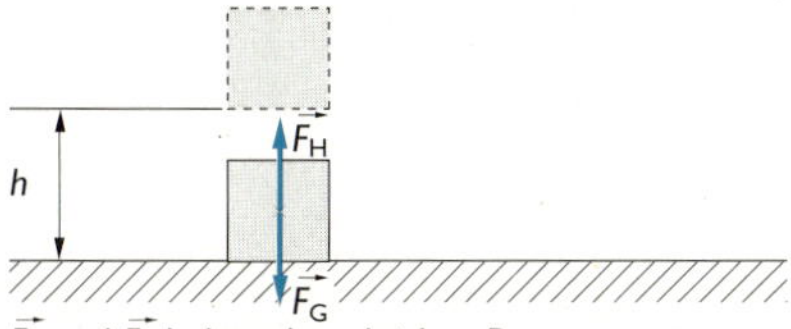

$\vec{F}_H$ und $\vec{F}_G$ haben den gleichen Betrag

$W = F_H \cdot h$ $\qquad W = F_G \cdot h$ $\qquad W = m \cdot g \cdot h$

F = konstant $\qquad v$ = konstant

Kraft in Wegrichtung

- Anheben eines Bauteiles mit einem Kran

Reibungsarbeit

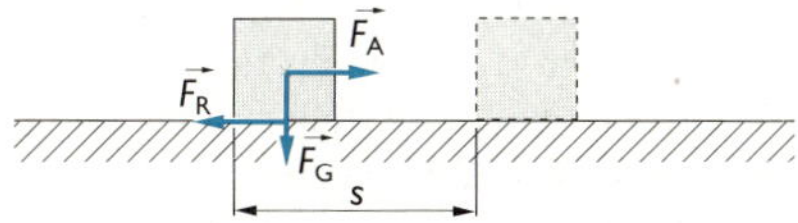

$W = F_A \cdot s$ $\qquad W = F_R \cdot s$ $\qquad W = \mu \cdot F_G \cdot s$

F = konstant $\qquad v$ = konstant

Kraft in Wegrichtung

- horizontal gleitendes Maschinenteil

Federspannarbeit

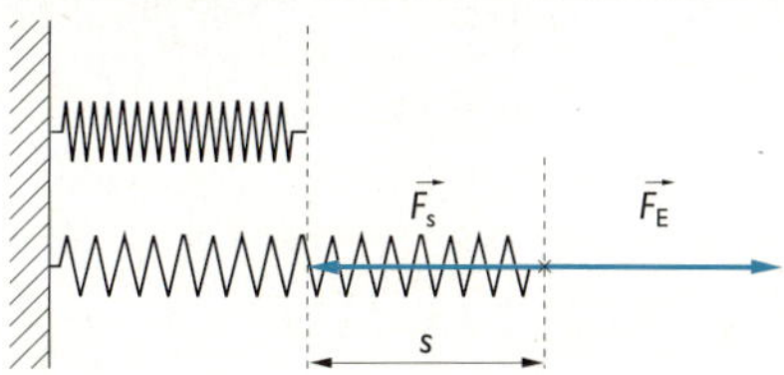

$W = \frac{1}{2} F_E \cdot s$ $\qquad W = \frac{1}{2} D \cdot s^2$

F_E Federendkraft $\qquad D$ Federkonstante

$F \sim s$ $\qquad$ elastische Verformung

Kraft in Wegrichtung

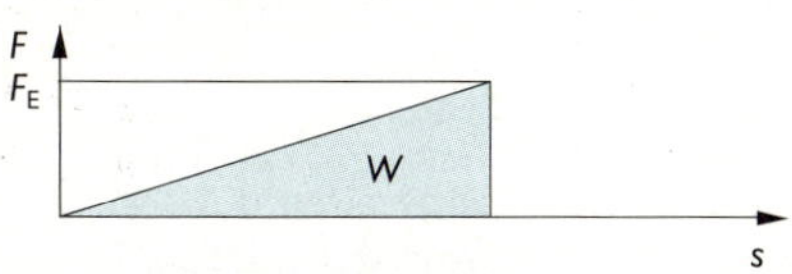

- Spannen eines Expanders

Beschleunigungsarbeit

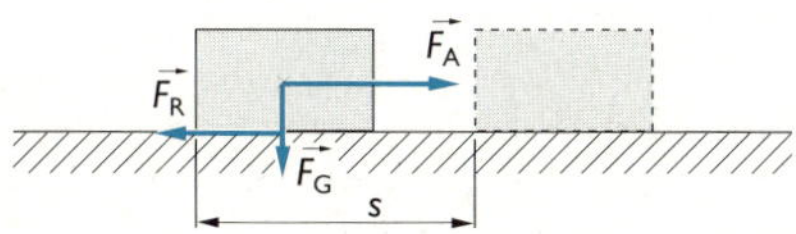

$W = F_A \cdot s$ $\qquad W = \frac{1}{2} m \cdot v^2$

F = konstant $\qquad v \neq$ konstant

Kraft in Wegrichtung

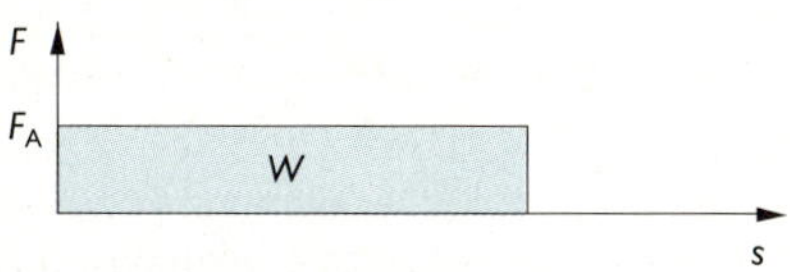

- Anfahren eines Autos

Goldene Regel der Mechanik

An einfachen kraftumformenden Einrichtungen gilt für reibungsfreie Vorgänge: Die zugeführte mechanische Arbeit W_1 ist gleich der abgegebenen mechanischen Arbeit W_2.

$$W_1 = W_2$$
$$F_1 \cdot s_1 = F_2 \cdot s_2$$

Mechanische Energie *E*

Physikalische Größe, die das Arbeitsvermögen mechanischer Systeme kennzeichnet. Zwischen mechanischer Arbeit und Energie besteht der Zusammenhang: $\Delta E = W$. Die Energie ist eine Zustandsgröße. Man unterscheidet:

potentielle Energie E_{pot} (Lageenergie) $\qquad E_{pot} = m \cdot g \cdot h$

kinetische Energie E_{kin} (Bewegungsenergie) $\qquad E_{kin} = \frac{1}{2} m \cdot v^2$

Einheiten: 1 Nm (ein Newtonmeter), 1 Ws (eine Wattsekunde), 1 J (ein Joule)
$1\ \text{N} \cdot \text{m} = 1\ \text{W} \cdot \text{s} = 1\ \text{J}$

↗ Mechanische Arbeit, S. 92; Zustandsgröße, S. 14; Prozeßgröße, S. 14

Mechanische Arbeit und mechanische Energie

Arbeit (Prozeß)	Verschiebungsarbeit		Beschleunigungsarbeit	
	Hubarbeit	Federspannarbeit	Translation	Rotation
Energie (Zustand)	potentielle Energie		kinetische Energie	
	Energie der Lage	Spannenergie	Translationsenergie	Rotationsenergie
	$E_{pot} = m \cdot g \cdot h$	$E_{pot} = \frac{1}{2} F_E \cdot s$ $E_{pot} = \frac{1}{2} k \cdot s^2$	$E_{kin} = \frac{1}{2} m \cdot v^2$	$E_{rot} = \frac{1}{2} J \cdot \omega^2$

Zusammenhang zwischen mechanischer Energie und Arbeit

$\Delta(E_{pot} + E_{kin}) = W_{mech}$

Satz von der Erhaltung der Energie

Energie kann nicht erzeugt oder vernichtet werden, sondern nur auf andere Systeme übertragen und in andere Energieformen umgewandelt werden.
$\sum E = \text{konstant}$

Beispiele für Energieumwandlungen

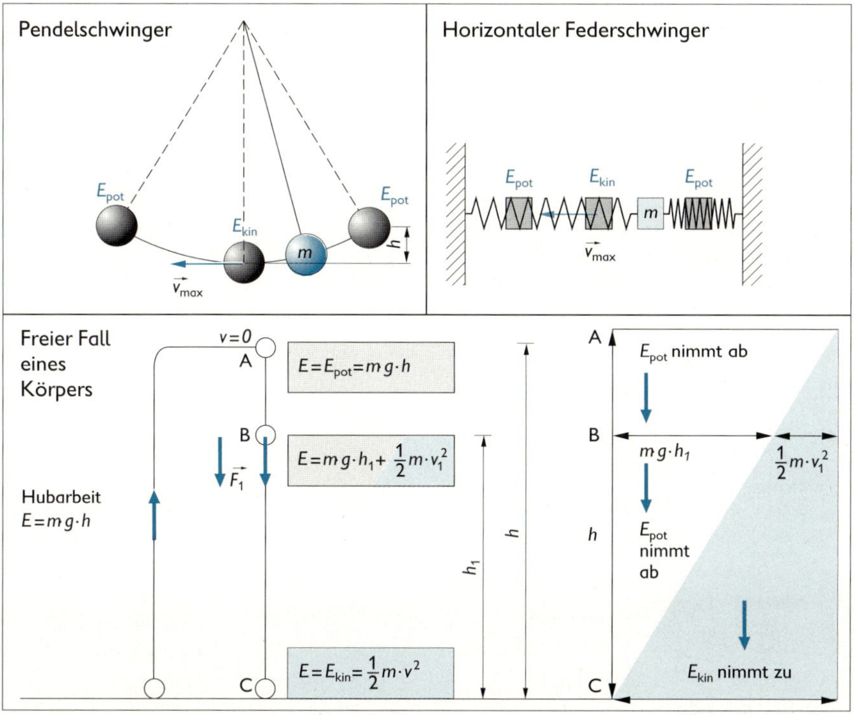

Satz von der Erhaltung der mechanischen Energie

In einem abgeschlossenen, reibungsfreien mechanischen System bleibt die Summe aus kinetischer und potentieller Energie konstant.

$E_{pot} + E_{kin}$ = konstant

Die einem bewegten Körper durch Reibung entzogene Energie geht über in thermische Energie der ungeordneten Wärmebewegung der vielen Teilchen des Körpers und ist somit entwertet.

↗ System, S. 141; Freiheitsgrad, S. 178

Kraftumformende Einrichtungen (Kraftwandler)

Einfache Maschinen, die die Richtung und/oder den Betrag der Kraft ändern

- Seil; Stab; Hebel; Rolle; geneigte Ebene (Keil, Schraube, Wellrad)

Für reibungsfreie Vorgänge gilt die Goldene Regel der Mechanik.

↗ Goldene Regel der Mechanik, S. 94

Kraftumformende Einrichtungen werden eingesetzt zum
– Verrichten von Arbeit (Vorgang),
– Herstellen eines statischen Gleichgewichts (Zustand).

2

Übersicht über einige kraftumformende Einrichtungen

Kraftumformende Einrichtung	Gleichgewicht	Gleichung	Beispiel
Hebel zweiseitig gleicharmig	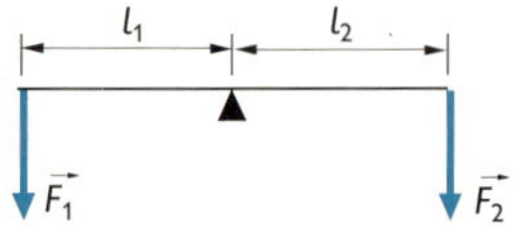	$M_1 = M_2$ $F_1 \cdot l_1 = F_2 \cdot l_2$	Balkenwaage
zweiseitig ungleicharmig	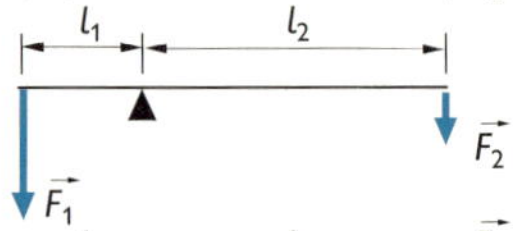	$M_1 = M_2$ $F_1 \cdot l_1 = F_2 \cdot l_2$	Wippe
einseitig ungleicharmig	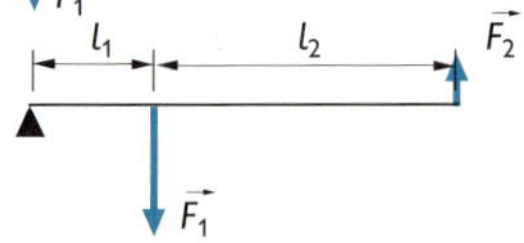	$M_1 = M_2$ $F_1 \cdot l_1 = F_2 \cdot l_2$	Schubkarre
Rolle fest	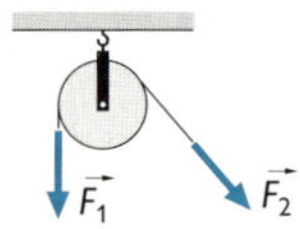	$F_2 = F_1$	Umlenkrolle
lose	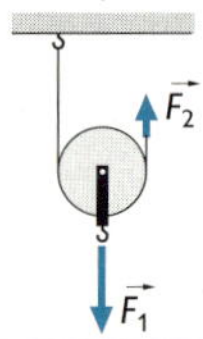	$F_2 = \frac{F_1}{2}$	in Verbindung mit fester Rolle als Spannrolle
Flaschenzug	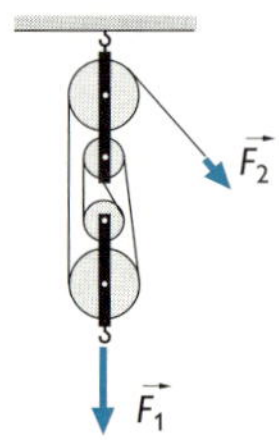	$F_2 = \frac{F_1}{n}$	Kran
geneigte Ebene	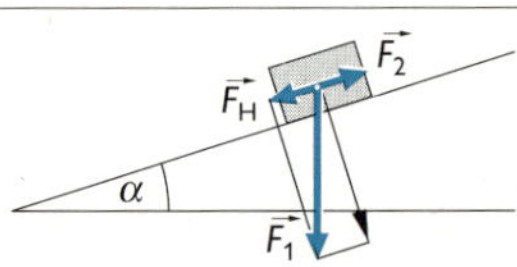	$F_2 = \frac{h}{l} \cdot F_1$ $F_2 = F_1 \cdot \sin\alpha$	Schrotleiter, Keil, Serpentine

Die Gleichungen gelten für den Gleichgewichtszustand (Ruhe). Das Eigengewicht der Hebel und Rollen wird als vernachlässigbar klein gegenüber der Kraft F_1 angenommen. Für das Verrichten von Arbeit ist zuzüglich zur Kraft F_2 eine Kraft zum Überwinden der Reibung aufzubringen.

Mechanische Leistung *P*

Physikalische Größe, die kennzeichnet, wie schnell eine mechanische Arbeit verrichtet wird

$$P = \frac{W}{t}$$

P	Leistung
W	Arbeit
t	Zeit

Einheiten: $1\ \text{Nm} \cdot \text{s}^{-1}$ (ein Newtonmeter je Sekunde)
$1\ \text{Nm} \cdot \text{s}^{-1} = 1\ \text{J} \cdot \text{s}^{-1} = 1\ \text{W}$

1 W ist die Leistung, die erbracht wird, wenn der Angriffspunkt der Kraft von 1 N in 1 s um 1 m in Wegrichtung verschoben wird.

Durchschnittsleistung

$$\overline{P} = \frac{W}{t}$$

$$\overline{P} = \frac{F \cdot s}{t}$$

$$\overline{P} = F \cdot v$$

F = konstant,
F und s in gleicher Richtung, gleichförmige Bewegung

Momentanleistung

$$P_{\text{M}} = \frac{\text{d}W}{\text{d}t}$$

Leistung bei der Drehbewegung

$$P = M \cdot \omega$$

↗ mechanische Arbeit, S. 92

Mechanischer Wirkungsgrad η

Physikalische Größe, die das Verhältnis vom nutzbaren zum aufgewendeten Anteil mechanischer Arbeit, Energie bzw. Leistung kennzeichnet

$$\eta = \frac{W_{\text{nutz}}}{W_{\text{auf}}} \qquad \eta = \frac{P_{\text{nutz}}}{P_{\text{auf}}}$$

$$\eta = \frac{E_{\text{nutz}}}{E_{\text{auf}}}$$

$$W_{\text{nutz}} < W_{\text{auf}}$$

$$\eta < 1$$

η	mechanischer Wirkungsgrad
W_{nutz}	nutzbare Arbeit
P_{nutz}	nutzbare Leistung
E_{nutz}	nutzbare Energie
W_{auf}	aufgewendete Arbeit
P_{auf}	aufgewendete Leistung
E_{auf}	aufgewendete Energie

Die nutzbare Arbeit einer Anordnung ist stets kleiner als die aufgewendete Arbeit. Der Wirkungsgrad η einer Anordnung ist stets kleiner als 1. Der Wirkungsgrad wird als Dezimalbruch oder in Prozent angegeben.

■ $\eta = 0{,}42$ oder $\eta = 42\%$

STOSS, KRAFTSTOSS, IMPULS UND DREHIMPULS

Kraftstoß *S*

Physikalische Größe, die die Wirkung einer Kraft in Abhängigkeit von der Zeit kennzeichnet. Der Kraftstoß ist eine vektorielle Größe in Richtung der Kraft. Er ist eine Prozeßgröße.

$$\vec{S} = \vec{F} \cdot \Delta t \qquad (F = \text{konstant})$$

$$\vec{S} = \sum_{i=1}^{n} \vec{F}_i \cdot \Delta t_i$$

$$\vec{S} = \int_{t_1}^{t_2} \vec{F} \cdot \mathrm{d}t \qquad (F = f(t))$$

S Kraftstoß
t Zeit
F Kraft

Einheit: 1 Ns (eine Newtonsekunde)
$1\ \mathrm{N} \cdot \mathrm{s} = 1\ \mathrm{kg} \cdot \mathrm{m} \cdot \mathrm{s}^{-1}$

1 Ns ist der Kraftstoß, den eine Kraft von 1 N während der Zeit 1 s einem Körper erteilt.

Impuls *p*

Physikalische Größe, die den Bewegungszustand eines Körpers in Abhängigkeit von seiner Masse kennzeichnet. Der Impuls ist eine vektorielle Größe mit der Richtung der Geschwindigkeit. Er ist eine Zustandsgröße.

$$\vec{p} = m \cdot \vec{v}$$

p Impuls
m Masse
v Geschwindigkeit

Einheit: $1\ \mathrm{kg} \cdot \mathrm{m} \cdot \mathrm{s}^{-1}$
(ein Kilogrammeter je Sekunde)

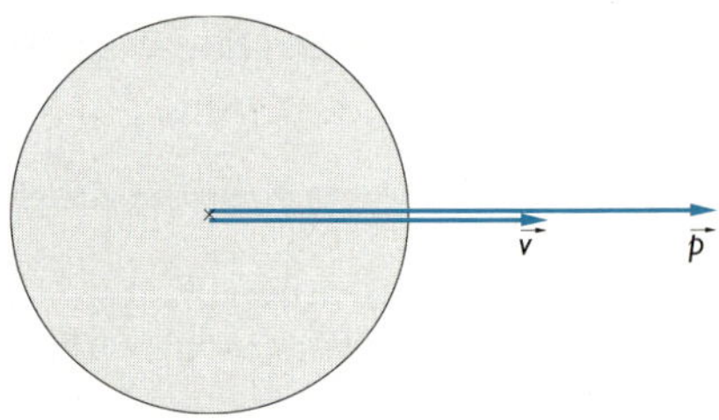

Zusammenhang zwischen Kraftstoß und Impuls

Aus dem Newtonschen Grundgesetz (↗ S. 86) $\vec{F} = m \cdot \vec{a} = m \cdot \frac{\mathrm{d}\vec{v}}{\mathrm{d}t}$ folgt:
$\vec{F} \cdot \mathrm{d}t = m \cdot \mathrm{d}\vec{v} = \mathrm{d}\vec{p}$.
Der einem Körper erteilte Kraftstoß führt zu einer Impulsänderung. Die Definition der Kraft mit Hilfe des Impulses lautet:

$$\vec{F} = \frac{\mathrm{d}\vec{p}}{\mathrm{d}t}$$

In einem System von Massepunkten ist die resultierende äußere Kraft gleich der zeitlichen Änderung des Gesamtimpulses.
↗ Kraftmessung, S. 81
Durch einen Kraftstoß von 1 Ns wird an einem Körper eine Impulsänderung von 1 kg · m · s⁻¹ hervorgerufen.
↗ Impulserhaltungssatz, S. 99

Impulserhaltungssatz

Ähnlich der Energie kann auch der Impuls von einem Körper auf einen anderen übertragen werden.
Befinden sich diese Körper in einem System, in dem die Einwirkung äußerer Kräfte fehlt, so ist die Summe aller Impulse vor und aller Impulse nach der Übertragung konstant. In diesem System bleibt der resultierende Impuls sowohl in seiner Richtung als auch in seinem Betrag erhalten.

$$\sum_{i=1}^{n}(m_i \cdot \vec{v}_i) = \text{konstant}$$

$$\vec{p} = \sum_{i=1}^{n}\vec{p}_i = \text{konstant}$$

$$d\vec{p} = 0$$

Bedingung: äußere Kräfte $\vec{F}_a = 0$
p Impuls
m Masse
v Geschwindigkeit

- elastischer Stoß zwischen zwei Billardkugeln

$$m_1 \cdot \vec{v}_1 + m_2 \cdot \vec{v}_2 = m_1 \cdot \vec{u}_1 + m_2 \cdot \vec{u}_2$$

m_1, m_2 Massen der Kugeln
v_1, v_2 Geschwindigkeiten der Kugeln vor dem Stoß
u_1, u_2 Geschwindigkeiten der Kugeln nach dem Stoß

Trägheitsgesetz als Sonderfall des Impulserhaltungssatzes

Steht ein Körper nicht in Wechselwirkung mit anderen Körpern, so ist sein Impuls

$$p = m \cdot v = \text{konstant}.$$

Mit m = konstant folgt v = konstant. Das heißt, die Geschwindigkeit ist nach Betrag und Richtung konstant. Der Körper befindet sich in Ruhe oder in gleichförmig geradliniger Bewegung.
↗ Trägheitsgesetz, S. 85

Schwerpunktsatz als Folgerung des Impulserhaltungssatzes

Aus $m_1 \cdot v_1 = m_2 \cdot v_2$ und $v_1 = s_1 : \Delta t$, $v_2 = s_2 : \Delta t$ folgt

$$m_1 : m_2 = s_2 : s_1.$$

Der Schwerpunkt eines Systems, in dem keine äußeren Kräfte wirken, kann durch die Wirkung der inneren Kräfte nicht verschoben werden. Der Schwerpunkt bewegt sich nach dem Trägheitsgesetz.
↗ Schwerpunkt, S. 84

Zusammenhang zwischen Impuls und Schubkraft. Wirkt zwischen zwei Körpern der Massen m_1 und m_2 eine Kraft, so gilt nach dem Impulserhaltungssatz:
$m_1 \cdot v_1 + m_2 \cdot v_2 = 0$

- Schubkraft auf eine Rakete

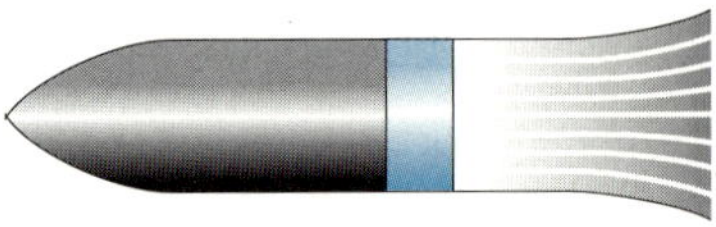

F_1 Schubkraft auf die Rakete
m_1 Masse der Rakete
m_2 Masse des ausströmenden Gases
v_2 Geschwindigkeit des Gasstroms
t Zeit

Mit $F_1 \cdot t = m_1 \cdot v_1 = m_2 \cdot v_2$ folgt $F_1 = \frac{m_2}{t} \cdot v_2$.

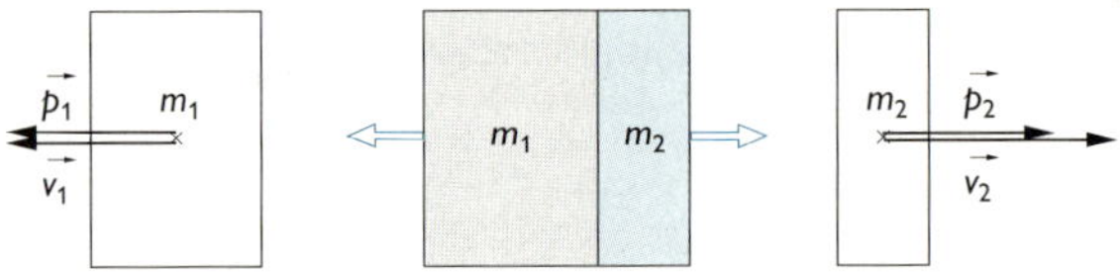

↗ Grundgesetz der Dynamik der Translation, S. 86; Kraft, S. 80

Zentraler Stoß

Vorgang, bei dem zwei Körper aufeinandertreffen, die sich auf der Verbindungsgeraden ihrer Schwerpunkte bewegen. Beim Stoß ändern sich die Impulse der beteiligten Körper, wobei der Gesamtimpuls nach dem Impulserhaltungssatz konstant bleibt.
Man unterscheidet die beiden Idealfälle: *elastischer* und *unelastischer Stoß.*

Zentraler Stoß zwischen zwei Körpern

	Elastischer zentraler Stoß	Unelastischer zentraler Stoß
Kennzeichen	Beim Stoß entstehende Verformungen bilden sich vollkommen zurück.	Beim Stoß entstehende Verformungen bleiben bestehen.
Energieerhaltungssatz der Mechanik	Es wird nur mechanische Energie übertragen. Der Energieerhaltungssatz der Mechanik gilt. $\frac{m_1 \cdot v_1^2}{2} + \frac{m_2 \cdot v_2^2}{2} = \frac{m_1 \cdot u_1^2}{2} + \frac{m_2 \cdot u_2^2}{2}$	Da ein Teil der mechanischen Energie in innere Energie umgewandelt wird, gilt der Energieerhaltungssatz der Mechanik nicht.

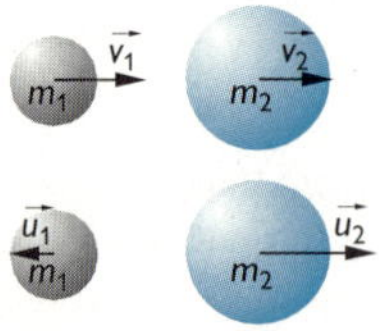

m_1, m_2 Masse der Körper
v_1, v_2 Geschwindigkeit der Körper vor dem Stoß
u, u_1, u_2 Geschwindigkeit der Körper nach dem Stoß

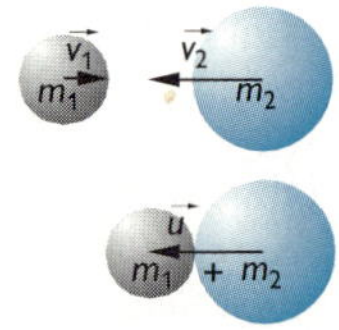

	Elastischer zentraler Stoß	Unelastischer zentraler Stoß
Impulserhaltungssatz	Der Impulserhaltungssatz gilt bei allen Stoßprozessen. $m_1 \cdot v_1 + m_2 \cdot v_2 = m_1 \cdot u_1 + m_2 \cdot u_2$	$m_1 \cdot v_1 + m_2 \cdot v_2 = (m_1 + m_2) \cdot u$
Geschwindigkeiten nach dem Stoß	allgemein	
	$u_1 = \frac{(m_1 - m_2) \cdot v_1 + 2 \cdot m_2 \cdot v_2}{m_1 + m_2}$ $u_2 = \frac{(m_2 - m_1) \cdot v_2 + 2 \cdot m_1 \cdot v_1}{m_1 + m_2}$	$u = \frac{m_1 \cdot v_1 + m_2 \cdot v_2}{m_1 + m_2}$
	Sonderfälle	
(1) $m_1 = m_2$, $v_1 \neq v_2$	$u_1 = v_2$ $u_2 = v_1$	$u = \frac{v_1 + v_2}{2}$
(2) $m_1 = m_2$, $v_2 = 0$	$u_1 = 0$ $u_2 = v_1$	$u = \frac{v_1}{2}$
(3) $m_1 << m_2$, $v_2 = 0$	$u_1 = -v_1$ $u_2 = 0$	$u = 0$
(4) $m_1 = m_2$, $v_1 = v_2$	$u_1 = u_2 = v_1 = v_2$	$u = v_1$
Beispiele	dynamische Härteprüfung Stoß von Billardkugeln Tennisball, senkrecht an die Wand gespielt	Crash-Test

Drehimpuls

Physikalische Größe, die den Bewegungszustand eines rotierenden Körpers unter Berücksichtigung des Trägheitsmoments kennzeichnet. Der Drehimpuls ist eine vektorielle Größe. Für feste Achsen stimmt seine Richtung mit der Richtung der Winkelgeschwindigkeit ω überein. Der Drehimpuls ist eine Zustandsgröße.

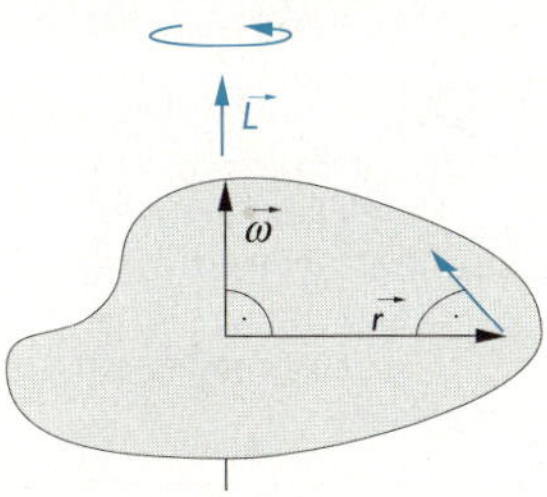

$$\vec{L} = J \cdot \vec{\omega}$$

- L Drehimpuls
- J Trägheitsmoment
- ω Winkelgeschwindigkeit

Einheit: $1\ \mathrm{kg} \cdot \mathrm{m}^2 \cdot \mathrm{s}^{-1}$ (ein Kilogrammquadratmeter je Sekunde)

Die Definition des Drehmoments mit Hilfe des Drehimpulses lautet:

$$\vec{M} = \frac{d\vec{L}}{dt}$$

↗ Drehmoment, S. 89

Drehimpulserhaltungssatz

In einem abgeschlossenen System ist die Summe der Drehimpulse konstant.

$$J_1 \cdot \vec{\omega}_1 = J_2 \cdot \vec{\omega}_2$$

$$\sum_{i=1}^{n} (J_i \cdot \vec{\omega}_i) = \text{konstant}$$

$$\vec{L} = \sum_{i=1}^{n} \vec{L}_i = \text{konstant}$$

$$d\vec{L} = 0$$

Bedingung: äußere Kraft $\vec{F}_A = 0$
bzw. äußeres Drehmoment $\vec{M}_A = 0$

ω Winkelgeschwindigkeit
J Trägheitsmoment
L Drehimpuls

Der Drehimpuls eines starren Körpers bezüglich einer festen Achse ist konstant, solange kein äußeres Drehmoment auf ihn wirkt.

- Bei einer Verkleinerung des Trägheitsmomentes J, z. B. durch Verringerung des Radius r, vergrößert sich die Winkelgeschwindigkeit ω, da $J \cdot \omega = L = \text{konstant}$.

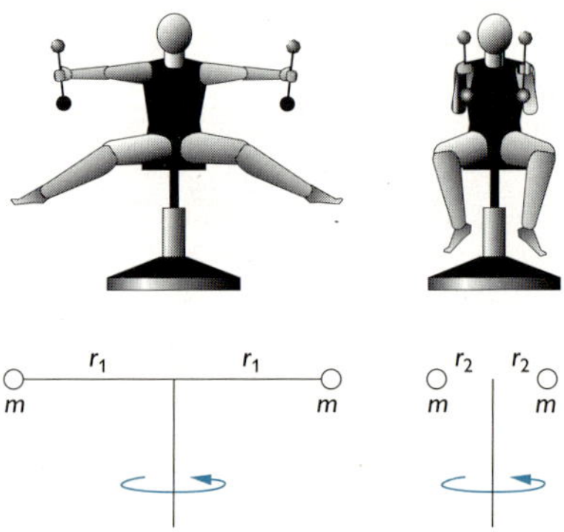

Gegenüberstellung von Größen und Gesetzen der Translation und der Rotation

Bewegung eines Massepunktes auf einer Geraden				Drehung eines starren Körpers um eine feste Achse
$\vec{F} = m \cdot \vec{a}$		Grundgesetz		$\vec{M} = J \cdot \vec{\alpha}$
$\vec{p} = m \cdot \vec{v}$	Impuls		Drehimpuls	$\vec{L} = J \cdot \vec{\omega}$
$\frac{d\vec{p}}{dt} = \vec{F}$	Impulses	Änderung des	Drehimpulses	$\frac{d\vec{L}}{dt} = \vec{M}$
$\Sigma m_k \cdot \vec{v}_k = \text{konstant}$	Impulses	Erhaltung des	Drehimpulses	$\Sigma J_k \cdot \vec{\omega}_k = \text{konstant}$

Bewegung eines Massepunktes auf einer Geraden		Drehung eines starren Körpers um eine feste Achse
$W = \int_{s_1}^{s_2} F \cdot \cos(\vec{F};\vec{s}) \cdot \mathrm{d}s$	Arbeit	$W = \int_{\varphi_1}^{\varphi_2} M \cdot \mathrm{d}\varphi$
$E_{kin} = \frac{1}{2} m \cdot v^2$	Energie	$E_{rot} = \frac{1}{2} J \cdot \omega^2$
$P = \frac{\mathrm{d}W}{\mathrm{d}t}$	Leistung	$P = \frac{\mathrm{d}W}{\mathrm{d}t}$

Analogien zwischen den physikalischen Größen bei der

Translation	$\vec{F}$	m	$\vec{v}$	$\vec{a}$	$\vec{p}$
Rotation	$\vec{M}$	J	$\vec{\omega}$	$\vec{\alpha}$	$\vec{L}$

WESENTLICHE ZUSAMMENHÄNGE IN DER MECHANIK

Physikalische Größen und Einheiten

Kraft	Arbeit Energie	Leistung	Kraftstoß Impuls
$\vec{F} = m \cdot \frac{\mathrm{d}\vec{v}}{\mathrm{d}t}$ $\vec{F} = m \cdot \vec{a}$	$W = \int_{s_1}^{s_2} \vec{F} \cdot \mathrm{d}\vec{s}$ $E_{kin} = \frac{1}{2} m \cdot v^2$ $E_{pot} = m \cdot g \cdot h$	$P = \frac{\mathrm{d}W}{\mathrm{d}t}$	$\vec{S} = \int_{t_1}^{t_2} \vec{F} \cdot \mathrm{d}t$ $\vec{p} = m \cdot \vec{v}$
1 N	$1\ \mathrm{N \cdot m}$ $1\ \mathrm{W \cdot s}$ 1 J	$1\ \mathrm{N \cdot m \cdot s^{-1}}$ 1 W $1\ \mathrm{J \cdot s^{-1}}$	$1\ \mathrm{N \cdot s}$ $1\ \mathrm{kg \cdot m \cdot s^{-1}}$

Größe	Zeit	Länge	Masse
Formelzeichen	t	s	m
Einheit	1 s	1 m	1 kg

Geschwindigkeit	Beschleunigung	Fläche	Volumen	Dichte
$\vec{v} = \frac{\mathrm{d}\vec{s}}{\mathrm{d}t}$	$\vec{a} = \frac{\mathrm{d}\vec{v}}{\mathrm{d}t}$	A	V	$\rho = \frac{m}{V}$
$1\ \mathrm{m \cdot s^{-1}}$	$1\ \mathrm{m \cdot s^{-2}}$	$1\ \mathrm{m^2}$	$1\ \mathrm{m^3}$	$1\ \mathrm{g \cdot cm^{-3}}$ $1\ \mathrm{kg \cdot dm^{-3}}$

Beschleunigte Bewegungen

Bewegung auf geradlinigen Bahnen		Bewegung auf krummlinigen Bahnen	
gleichmäßig beschleunigt	ungleichmäßig beschleunigt	gleichförmige Kreisbewegung	ungleichförmige Bewegung
Geschwindigkeit			
Gleichungen $v = \frac{\Delta s}{\Delta t}$ $v = a \cdot t$	$v = \frac{ds}{dt}$	$v = \frac{\Delta s}{\Delta t}$ $v = \frac{2\pi}{T} \cdot r$ $v = \omega \cdot r$	$v = \frac{ds}{dt}$
Betrag ändert sich gleichmäßig	ändert sich ungleichmäßig	konstant	ändert sich
Richtung in Bewegungsrichtung	in Bewegungsrichtung	in Bewegungsrichtung	in Bewegungsrichtung
Beschleunigung			
Gleichungen a = konstant $a = \frac{\Delta v}{\Delta t}$ $a = \frac{2s}{t^2}$	$a \neq$ konstant $a = \frac{dv}{dt}$	$a_r = \omega^2 \cdot r$ $a_r = \frac{v^2}{r}$	$a = \frac{dv}{dt}$
Betrag konstant	ändert sich	konstant	ändert sich
Richtung in Bewegungsrichtung	in Bewegungsrichtung	rechtwinklig zur Bewegungsrichtung	ändert sich
Kraft			
Gleichungen $F = m \cdot a$	$F = m \cdot \frac{dv}{dt}$	$F = m \cdot \omega^2 \cdot r$ $F = m \cdot \frac{v^2}{r}$	$F = m \cdot \frac{dv}{dt}$

Bewegung auf geradlinigen Bahnen		Bewegung auf krummlinigen Bahnen	
gleichmäßig beschleunigt	ungleichmäßig beschleunigt	gleichförmige Kreisbewegung	ungleichförmige Bewegung
Betrag konstant	ändert sich	konstant	ändert sich
Richtung in Bewegungsrichtung	in Bewegungsrichtung	rechtwinklig zur Bewegungsrichtung	ändert sich

GRAVITATION

Gravitation

Eigenschaft aller Körper, auf Grund ihrer Masse Anziehungskräfte aufeinander auszuüben

Deshalb bezeichnet man das Phänomen auch als Massenanziehung.

Gravitationsgesetz

Zwei beliebige Körper K_1 und K_2 mit den Massen m_1 und m_2 ziehen sich gegenseitig mit der Gravitationskraft F_g in Richtung der Verbindungslinien ihrer Schwerpunkte an.

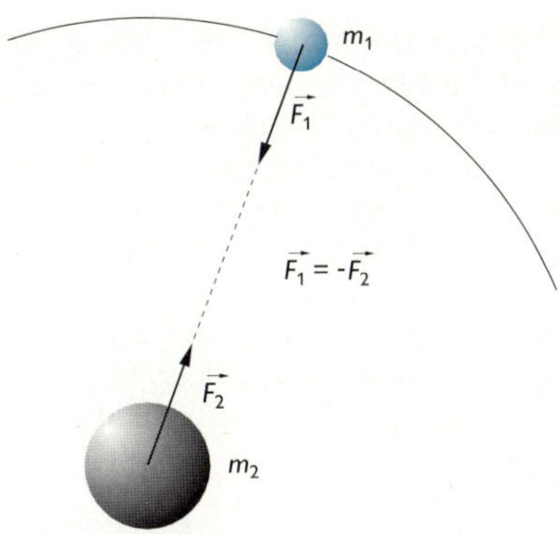

$$F_g = \gamma \cdot \frac{m_1 \cdot m_2}{r^2}$$

F_g	Gravitationskraft zwischen zwei Körpern
m_1, m_2	Massen der beiden Körper
r	Abstand der beiden Körper
γ	Gravitationskonstante

Gravitationskonstante γ. Sie ist eine universelle Naturkonstante.

$\gamma = (6{,}670 \pm 0{,}007) \cdot 10^{-11}\ \mathrm{N \cdot m^2 \cdot kg^{-2}}$

Zwei Körper im Abstand von 1 m mit den Massen von je 1 kg ziehen einander mit der Kraft von $6{,}67 \cdot 10^{-11}$ N an.

2

Gravitationsfeld

Raum um Körper, in dem an jedem Punkt auf einen dort befindlichen Körper auf Grund seiner Masse eine Gravitationskraft F_g ausgeübt wird

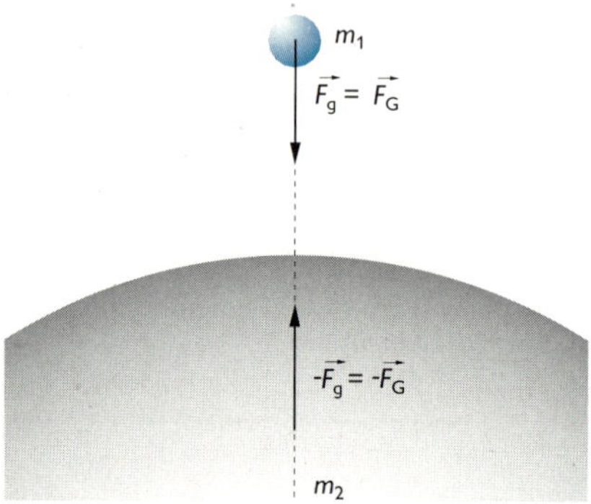

F_g Gravitationskraft
F_G Gewichtskraft

↗ Gewichtskraft, S. 86
Fallbeschleunigung, S. 70

Gravitationsfeldstärke E_g

$$\vec{E_g} = \frac{\vec{F_g}}{m}$$

E_g Gravitationsfeldstärke
F_g Gravitationskraft
m Masse

Der Betrag F_g/m und die Richtung der Kraft charakterisieren den entsprechenden Punkt im Raum.
Die Gravitationsfeldstärke $\vec{E_g}$ ergibt sich aus der Gravitationskraft $\vec{F_g}$, die ein Körper der Masse m in einem beliebigen Punkt des Feldes erfährt. Sie ist eine vektorielle Größe mit der Richtung der Kraft. Punkte mit gleicher Feldstärke lassen sich durch Linien verbinden.

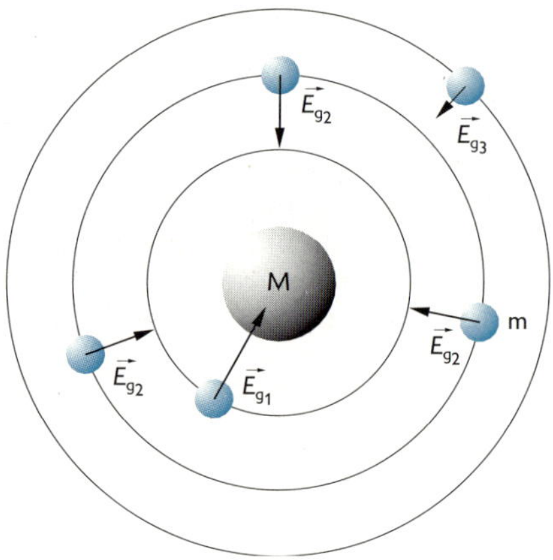

$$E_g = \frac{\gamma}{r^2} \cdot M$$

$$\vec{E_g} = \vec{g} \text{ (in Erdnähe)}$$

E_g Gravitationsfeldstärke
M Masse des das Feld verursachenden Körpers
Voraussetzung: kugelsymmetrische Masseverteilung
r Abstand vom Gravitationszentrum
γ Gravitationskonstante

Einheit: $1\ \text{N} \cdot \text{kg}^{-1}$ (ein Newton je Kilogramm)
$1\ \text{N} \cdot \text{kg}^{-1} = 1\ \text{m} \cdot \text{s}^{-2}$

In unmittelbarer Umgebung der Erde ist die Gravitationskraft F_g gleich der Gewichtskraft F_G.

Arbeit im Gravitationsfeld

Um einen Körper der Masse m_1 im Gravitationsfeld eines Körpers der Masse m_2 von Punkt P_1 zum Punkt P_2 zu verschieben, ist Arbeit zu verrichten.

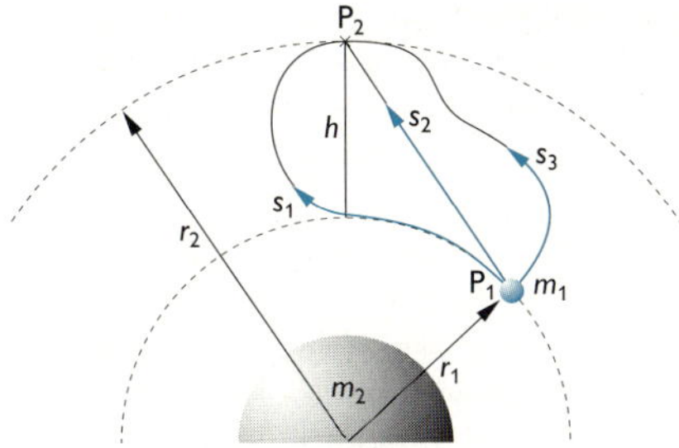

$$W_{12} = \int_{r_1}^{r_2} \vec{F} \cdot d\vec{r}$$

$$W_{12} = \int_{r_1}^{r_2} \gamma \cdot \frac{m_1 \cdot m_2}{r^2} \cdot dr$$

$$W_{12} = \gamma \cdot m_1 \cdot m_2 \left(\frac{1}{r_1} - \frac{1}{r_2} \right)$$

W	Arbeit	m	Masse
F	Kraft	γ	Gravitationskonstante
		r	Abstand

Keplersche Gesetze

1. Gesetz: Alle Planeten bewegen sich auf Ellipsenbahnen, in deren einem Brennpunkt die Sonne steht.

2. Gesetz: Ein von der Sonne zu einem Planeten gezogener Leitstrahl überstreicht in gleichen Zeiten gleiche Flächen.

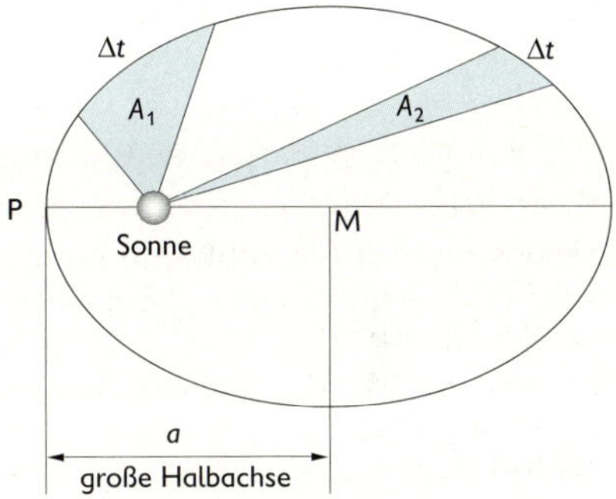

$$\frac{\Delta A}{\Delta t} = \text{konstant}$$

Folgerung: Der Betrag der Bahngeschwindigkeit ist in Sonnennähe größer als in Sonnenferne.

3. Gesetz: Die Quadrate der Umlaufzeiten T zweier Planeten verhalten sich wie die dritten Potenzen der großen Halbachsen a ihrer Bahnen.

$$T_1^2 : T_2^2 = a_1^3 : a_2^3$$

$$\frac{T^2}{a^3} = \text{konstant}$$

T Umlaufzeit
a große Halbachse

Folgerung: Der Quotient T^2/a^3 ist für alle Planeten eines Sonnensystems konstant.

2

Kosmische Geschwindigkeiten
Geschwindigkeiten, die für das Erreichen bestimmter kosmischer Bahnen charakteristisch sind

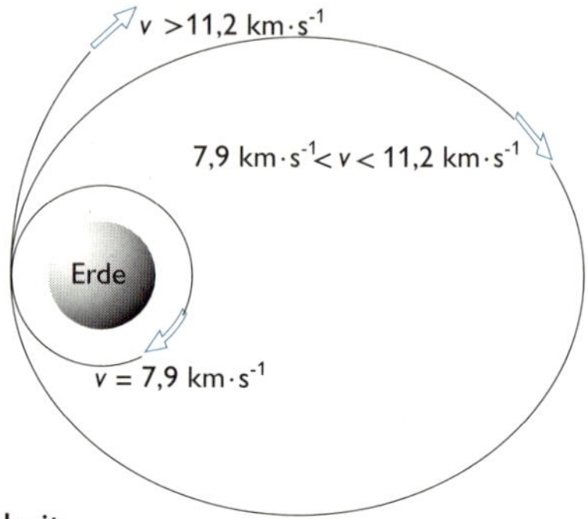

Kreisbahngeschwindigkeit. Geschwindigkeit v_K, die ein Körper haben muß, wenn er von der Erdoberfläche aus gestartet wird und auf einer Kreisbahn die Erde umrunden soll

$$v_K = \sqrt{\frac{\gamma \cdot M}{r}} = 7{,}9\,\text{km} \cdot \text{s}^{-1}$$

v_K Kreisbahngeschwindigkeit
r Erdradius
M Erdmasse

Parabelbahngeschwindigkeit. Mindestgeschwindigkeit v_P, die ein Körper haben muß, wenn er von der Erdoberfläche aus gestartet wird und das Gravitationsfeld der Erde verlassen soll

$$v_P = \sqrt{\frac{2 \cdot \gamma \cdot M}{r}} = 11{,}2\,\text{km} \cdot \text{s}^{-1}$$

Der Einfluß der Erdrotation wird vernachlässigt.

Hyperbelbahngeschwindigkeit. Mindestgeschwindigkeit v_H, die ein Körper haben muß, wenn er von der Erdoberfläche aus gestartet wird und das Sonnensystem verlassen soll

$$v_H = 16{,}7\,\text{km} \cdot \text{s}^{-1}$$

MECHANIK DER FLÜSSIGKEITEN UND GASE

Aussagen zum Teilchenaufbau der Stoffe
- Jeder Körper besteht aus Stoff.
- Jeder Körper nimmt einen Raum ein (↗ Volumen, S. 79).
- Alle Stoffe bestehen aus Teilchen.
- Die Teilchen der Stoffe befinden sich in ständiger unregelmäßiger Bewegung.
- Zwischen den Teilchen treten anziehende und abstoßende Kräfte auf. (**Kohäsionskräfte** zwischen Teilchen *eines* Stoffes; **Adhäsionskräfte** zwischen Teilchen *unterschiedlicher* Stoffe)

Aussagen zu Form und Volumen von Flüssigkeiten
- Volumen und Form werden durch das Gefäß bestimmt.
- Flüssigkeiten lassen sich kaum zusammenpressen, sie sind nahezu inkompressibel.
- Flüssigkeiten sind leicht teilbar.

Aussagen zu Form und Volumen von Gasen

- Volumen und Form werden durch das Gefäß bestimmt.
- In Gasen ist der Abstand zwischen den Teilchen groß.
- Gase lassen sich zusammenpressen, sie sind kompressibel.
- Bei den unregelmäßigen Bewegungen treten Wechselwirkungen mit anderen Teilchen und mit der Wand des Gefäßes auf.

Druck *p*

Physikalische Größe, die die Wirkung einer Kraft in Abhängigkeit von der Fläche kennzeichnet. Der Druck ist eine Zustandsgröße.

$$p = \frac{F}{A}$$

p Druck
F Druckkraft (*F* senkrecht zu *A*)
A Fläche, auf die die Kraft wirkt

Einheiten: $1\ \mathrm{N \cdot m^{-2}}$ (ein Newton je Quadratmeter), 1 Pa (ein Pascal)
$1\ \mathrm{Pa} = 1\ \mathrm{N \cdot m^{-2}}$
1 hPa = 1 mbar (nur in der Meteorologie)

1 Pa ist der Druck, der auftritt, wenn eine Kraft von 1 N senkrecht auf eine Fläche von $1\ \mathrm{m^2}$ wirkt.

Druckmessung

Geräte zur Druckmessung heißen Manometer bzw. Barometer. Wirkprinzip ist die Herstellung des Druckausgleichs durch den Schweredruck einer Flüssigkeit (Flüssigkeitsmanometer) oder durch die elastische Spannkraft einer Metallmembran (Membranmanometer).

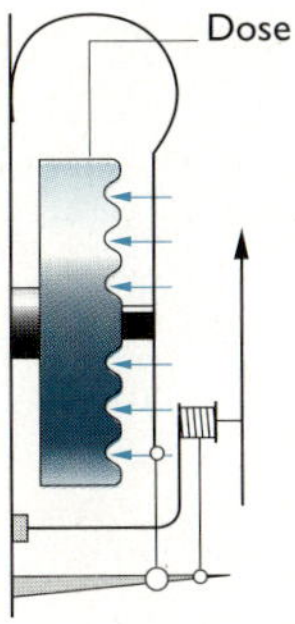

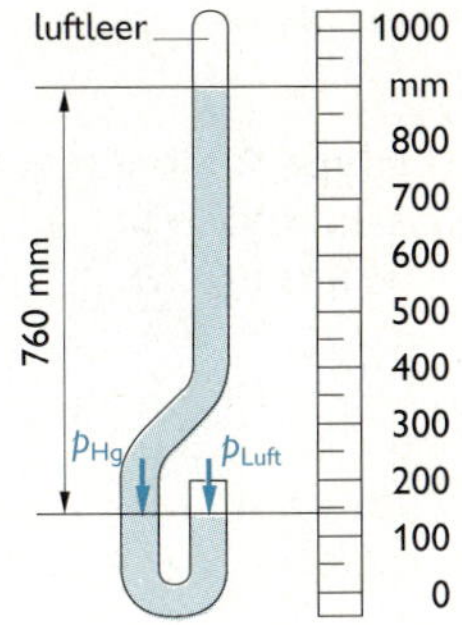

Gasdruck

Druck, der durch die Stöße der Teilchen eines abgeschlossenen Gases gegen die Gefäßwände entsteht

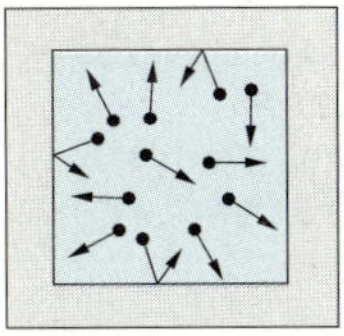

Der Druck in einer abgeschlossenen Gasmenge ist überall gleich. Er erhöht sich, wenn

- die eingeschlossene Gasmenge vergrößert wird (*V* und *T* konstant),
- das Volumen für das Gas verkleinert wird (*m* und *T* konstant),
- bei gleichbleibendem Volumen die Temperatur des Gases vergrößert wird (*m* und *V* konstant).

↗ Zustandsgleichung für das ideale Gas, S. 157

Kolbendruck

Druck, der durch die Einwirkung einer äußeren Kraft über einen Kolben auf eine eingeschlossene Flüssigkeit bzw. ein eingeschlossenes Gas entsteht

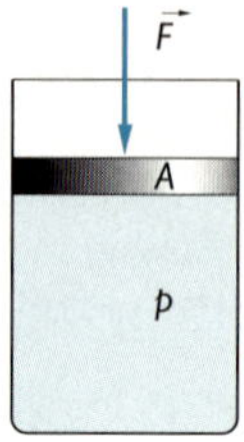

Der Druck im Behälter ist an allen Stellen gleich.

2

$$p = \frac{F}{A}$$

p Kolbendruck
F Druckkraft (F senkrecht zu A)
A gedrückte Fläche

↗ hydraulische Anlagen, S. 112

Schweredruck

Druck, der durch die Gewichtskraft der Flüssigkeit bzw. des Gases entsteht

Schweredruck in Flüssigkeiten	Schweredruck in Gasen
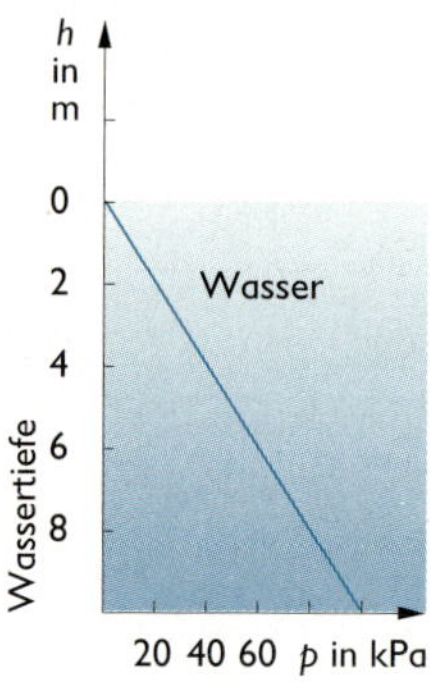	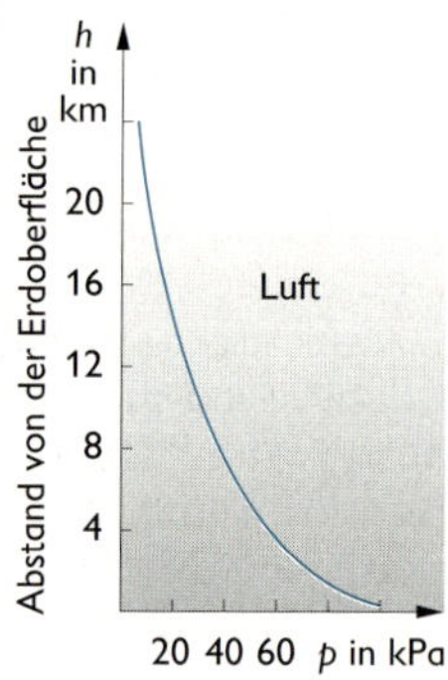
$p = \rho \cdot g \cdot h$	$p = p_0 \cdot e^{-\rho_0 \cdot g \cdot \frac{h}{p_0}}$
ρ Dichte der Flüssigkeit	(für T = konstant) p_0 Luftdruck in 0 m Höhe ρ_0 Dichte der Luft bei 0 °C und 1013 hPa
Der Schweredruck in einer Flüssigkeit nimmt linear mit der Tiefe zu. Der Schweredruck ist um so größer, je größer die Dichte der Flüssigkeit ist. Der Schweredruck – wirkt allseitig, – ist unabhängig von der Gefäßform, – ist in gleichen Höhen/Tiefen gleich.	Der Schweredruck in einem Gas nimmt exponentiell mit der Höhe ab. Infolge der Kompressibilität von Gasen ist die Dichte von der Höhe der Gassäule abhängig: $\rho = \rho(h)$ wegen $p = p(h)$
↗ verbundene Gefäße, S. 112	↗ Gesetz von BOYLE-MARIOTTE, S. 158 Zustandsgleichung für das ideale Gas, S. 157

Auflagedruck

Druck, der von einem Körper infolge seiner Gewichtskraft auf die Unterlage ausgeübt wird

$p = \frac{F}{A}$

p	Auflagedruck
F	Druckkraft (F senkrecht zu A)
A	Auflagefläche

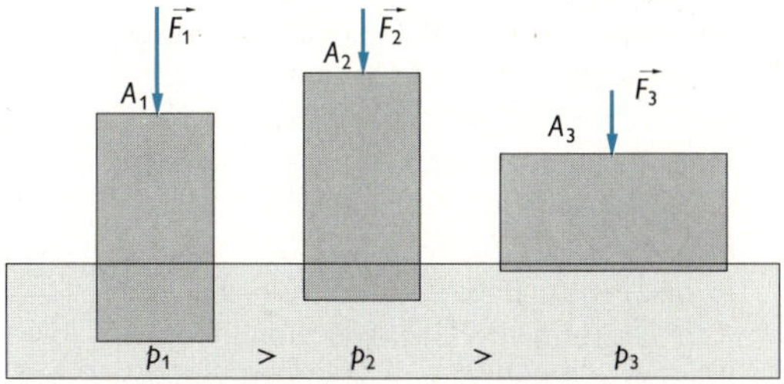

Kraft	Fläche	Druck
$F_2 = F_3$	$A_2 < A_3$	$p_2 > p_3$
$F_1 < F_2$	$A_1 = A_2$	$p_1 < p_2$

Ein kleinerer Auflagedruck ist durch Verringern der Gewichtskraft und/oder durch Vergrößern der Auflagefläche zu erreichen.

Druckausbreitung (Pascalsches Gesetz)

Der Kolbendruck breitet sich in einer eingeschlossenen Flüssigkeit bzw. einem eingeschlossenen Gas nach allen Seiten gleichmäßig aus. Er ist an allen Stellen der Flüssigkeit bzw. des Gases gleich.

Druckübertragung

Durch Erzeugen eines Kolbendruckes können in verbundenen Gefäßen Kräfte übertragen und dabei der Betrag der Kräfte und/oder ihre Richtung geändert werden.

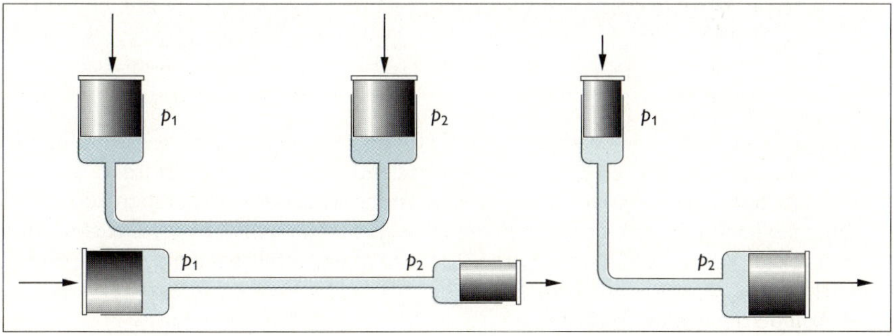

$p_1 = p_2$

Auf jedes Teilstück der Begrenzungsfläche wirkt die Flüssigkeit mit der Kraft $F = p \cdot A$. Somit gilt:

$F_1 : A_1 = F_2 : A_2$ oder $F_1 : F_2 = A_1 : A_2$.

Da in einer eingeschlossenen Flüssigkeit der Druck überall gleich ist, wirkt auf die größere Begrenzungsfläche die größere Kraft.

↗ verbundene Gefäße, S. 112; hydraulische Anlagen, S. 112

2

Druckausgleich

An der Grenzfläche zwischen Flüssigkeiten bzw. Gasen unterschiedlichen Druckes treten Kräfte auf. Die resultierende Kraft ist stets so gerichtet, daß sie vom Gebiet höheren Druckes zum Gebiet niedrigeren Druckes wirkt, bis sich ein Druckausgleich, eine Druckgleichheit, einstellt.
In der Natur bzw. Technik werden die Kräfte häufig von Grenzflächen (Trennflächen, Membranen, Mauern) aufgenommen.

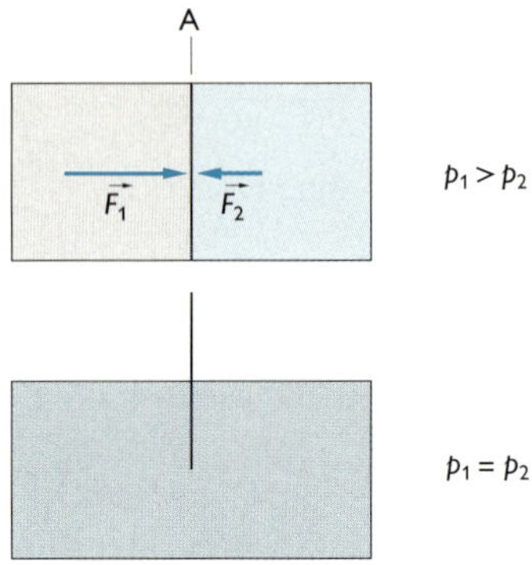

Verbundene Gefäße

Gefäße, zwischen denen eine Verbindung (Rohr, Schlauch, Kanal) besteht, so daß eine Flüssigkeitsübertragung zwischen den einzelnen Gefäßen möglich ist

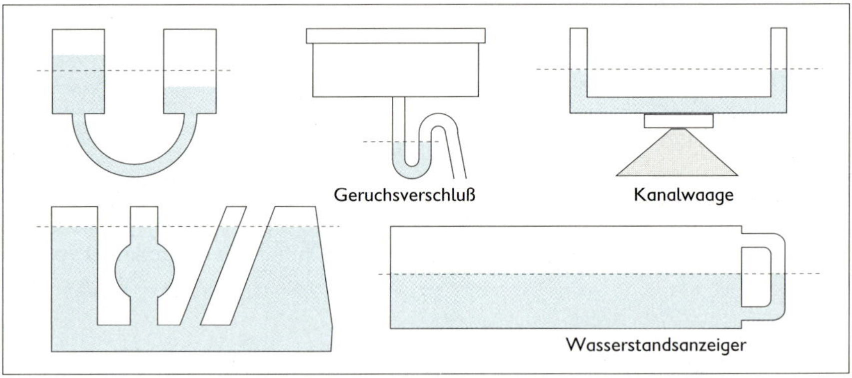

In offenen, miteinander verbundenen Gefäßen liegen die Flüssigkeitsoberflächen in derselben waagerechten Ebene. Bei unterschiedlichem Flüssigkeitsstand, d. h. unterschiedlichem Schweredruck, in den miteinander verbundenen Gefäßen kommt es infolge der leichten Verschiebbarkeit der Flüssigkeitsteilchen zu einem Druckausgleich. Er tritt ein, wenn die Flüssigkeitsoberfläche in allen Gefäßteilen die gleiche Höhe erreicht hat.

↗ Aufbau der Stoffe, S. 108
Druckausgleich, S. 112; Schweredruck, S. 110

Hydraulische Anlagen

Kraftumformende Einrichtungen, bei denen die Möglichkeit der Druckübertragung durch Flüssigkeiten genutzt wird

Die allseitige und gleichmäßige Ausbreitung des Druckes dient der Übertragung und Umformung von Kräften, deren Betrag und Richtung geändert wird.

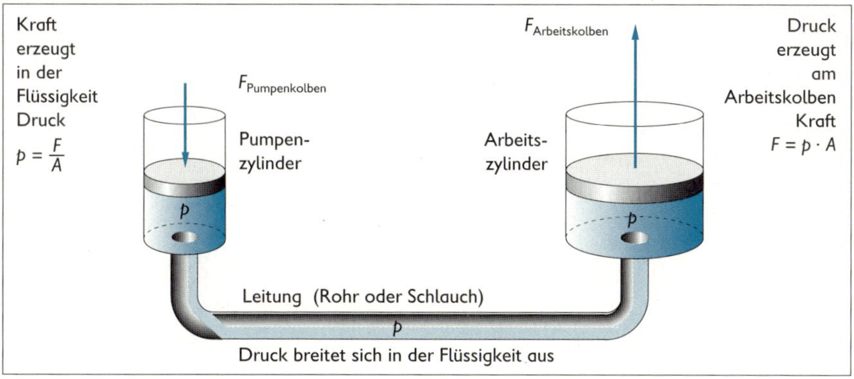

2

- hydraulische Presse, hydraulische Bremsanlagen
  ↗ kraftumformende Einrichtungen, S. 95

Statischer Auftrieb

Erscheinung, die infolge des gleichzeitigen Wirkens der Gewichtskraft F_g des Körpers und der auf den vollständig oder teilweise eingetauchten Körper wirkenden Auftriebskraft F_A zustandekommt

Auftriebskraft F_A

Kraft, die auf Körper wirkt, die in Flüssigkeiten oder in Gase eingetaucht sind. Sie ist der Gewichtskraft entgegengerichtet.

- Taucht ein Körper vollständig in eine Flüssigkeit ein, so wirken auf ihn mehrere Drücke: Die von allen Seiten wirkenden Seitendrücke heben sich in jeder Höhe paarweise auf. Durch die unterschiedliche Höhe bedingt (h_1, h_2), stellen sich Unterschiede im Schweredruck an der Ober- und an der Unterseite des Körpers ein (p_1, p_2). Damit wirken, bei Gleichheit der Fläche, unterschiedliche Kräfte ($\vec{F_1}$, $\vec{F_2}$). Die resultierende Kraft $\vec{F_A}$ ist nach oben gerichtet, der Körper erfährt einen Auftrieb.

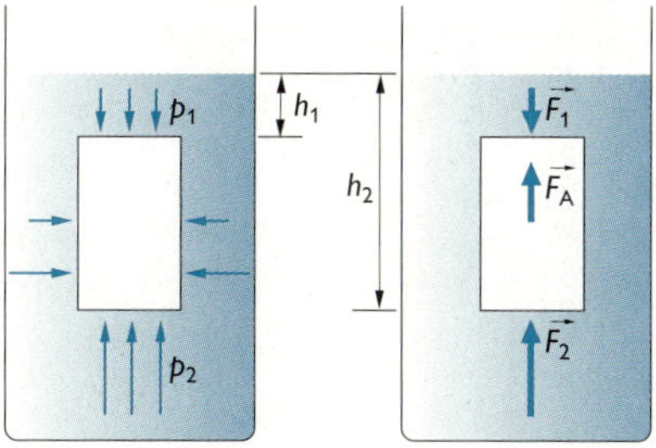

Archimedisches Gesetz

Der Auftrieb eines Körpers in einer Flüssigkeit ist gleich der Gewichtskraft der von ihm verdrängten Flüssigkeitsmenge.

$$F_A = F_G$$

$$p_1 = F_1 : A \qquad F_1 = p_1 \cdot A = \rho \cdot g \cdot h_1 \cdot A$$

$$p_2 = F_2 : A \qquad F_2 = p_2 \cdot A = \rho \cdot g \cdot h_2 \cdot A$$

$$F_A = F_2 - F_1 = \rho \cdot g \cdot (h_2 - h_1) \cdot A = \rho \cdot g \cdot V = m \cdot g = F_G$$

Sinken, Schweben, Steigen, Schwimmen

Entsprechend den Relationen zwischen Gewichtskraft F_G und Auftriebskraft F_A zeigen die Körper in Flüssigkeiten bzw. Gasen folgendes Verhalten:

Verhalten	Sinken	Schweben	Steigen	Schwimmen
zeichnerische Darstellung	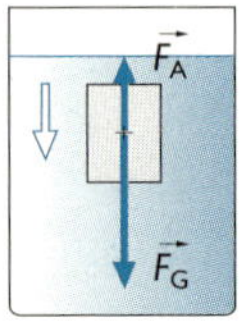	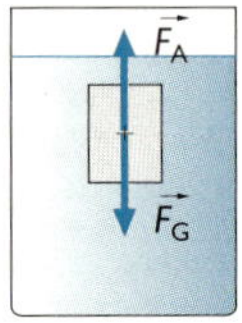	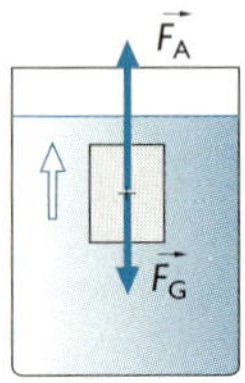	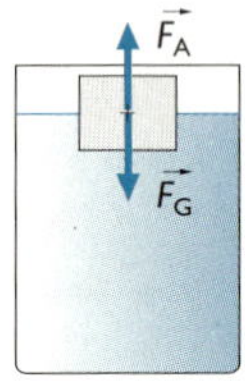
Vergleich von Auftriebskraft und Gewichtskraft	$F_A < F_G$	$F_A = F_G$	$F_A > F_G$	$F_A = F_G$
resultierende Kraft	$F \neq 0$ nach unten gerichtet	$F = 0$	$F \neq 0$ nach oben gerichtet	$F = 0$
Vergleich der Dichte des Körpers mit der Dichte der Flüssigkeit	$\rho_{Fl} < \rho_{fest}$	$\rho_{Fl} = \rho_{fest}$	$\rho_{Fl} > \rho_{fest}$	$\rho_{Fl} > \rho_{fest}$
Vergleich des Volumens des Körpers mit dem Volumen der verdrängten Flüssigkeit	$V_{Fl} = V_{fest}$	$V_{Fl} = V_{fest}$	$V_{Fl} = V_{fest}$	$V_{Fl} \leq V_{fest}$

Stromlinien

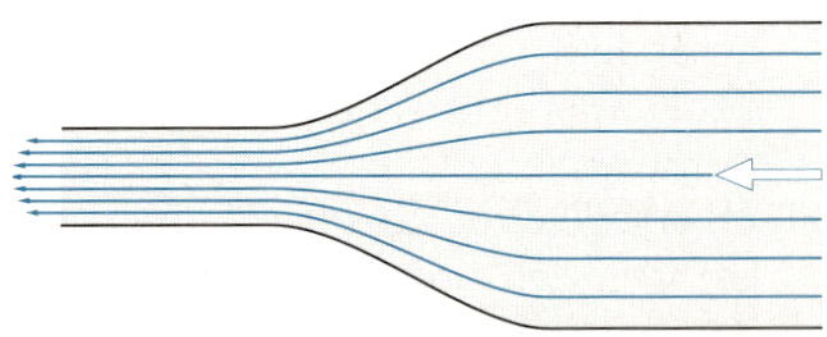

Modell, mit dem man bei stationären Strömungen die Bahnen der bewegten Flüssigkeitsteilchen beschreiben kann. Mit Stromlinienbildern lassen sich der Verlauf der Strömung, ihre Richtung, ihre Geschwindigkeit und das Verhalten von Körpern in Strömungen beschreiben und somit Schlußfolgerungen auf die Druckverhältnisse in der Strömung ziehen.

↗ dynamischer Druck, S. 115; statischer Druck, S. 115; Modell, S. 50

Strömungsgeschwindigkeit und Strömungsquerschnitt

Das in der Zeit Δt in ein geschlossenes Rohr einströmende Flüssigkeitsvolumen ist gleich dem in der Zeit Δt ausströmenden Flüssigkeitsvolumen (*Kontinuitätsgleichung für inkompressible Flüssigkeiten*).

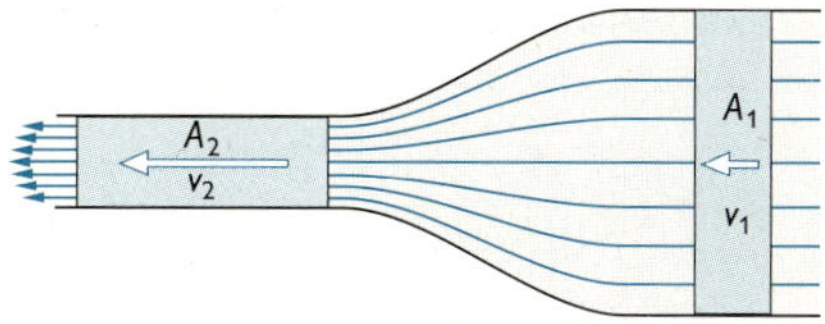

Durchströmt eine Flüssigkeit ein Rohr mit unterschiedlichen Querschnittsflächen, dann ist die Strömungsgeschwindigkeit dort am größten, wo der Rohrquerschnitt am kleinsten ist.

$$A_1 \cdot v_1 \cdot \Delta t = A_2 \cdot v_2 \cdot \Delta t$$
$$A_1 \cdot v_1 = A_2 \cdot v_2$$
$$A \cdot v = \text{konstant}$$
$$\frac{A_1}{A_2} = \frac{v_2}{v_1}$$

A durchströmte Querschnittsfläche
v Strömungsgeschwindigkeit
t Zeit

Druck in strömenden Flüssigkeiten und Gasen

In einer stationären Strömung besteht ein gesetzmäßiger Zusammenhang zwischen dem Druck, der Geschwindigkeit und der Dichte des strömenden Stoffes.

Statischer Druck p_s

Druck im Innern von Flüssigkeiten
Der statische Druck nimmt mit zunehmender Strömungsgeschwindigkeit ab.

Schweredruck p

Druck, der seine Ursache in der potentiellen Energie des strömenden Stoffes hat

$$p = \rho \cdot g \cdot (h_2 - h_1)$$

p Schweredruck
ρ Dichte des strömenden Stoffes
h Höhe

Der Schweredruck wird mit zunehmender Dichte und mit zunehmender Höhendifferenz größer.

Dynamischer Druck p_w (Staudruck)

Druck, der seine Ursache in der kinetischen Energie des strömenden Stoffes hat

$$p_w = \frac{1}{2}\rho \cdot v^2$$

p_w dynamischer Druck
ρ Dichte des strömenden Stoffes
v Strömungsgeschwindigkeit

Der dynamische Druck hat seine Ursache in der Trägheit des strömenden Stoffes. Er nimmt mit zunehmender Dichte und mit zunehmender Strömungsgeschwindigkeit zu.

Bernoullische Gleichung

Aus der Energiebilanz an einer Stromröhre folgt die Gleichung:

$$p_{s1} + \rho \cdot g \cdot h_1 + \rho \cdot \frac{v_1^2}{2} = p_{s2} + \rho \cdot g \cdot h_2 + \rho \cdot \frac{v_2^2}{2}$$

$$p_s + \rho \cdot g \cdot h + \rho \cdot \frac{v^2}{2} = \text{konstant}$$

$$p_s + p + p_w = \text{konstant}$$

p_s statischer Druck
p Schweredruck
p_w dynamischer Druck

Die Konstante kann bei verschiedenen Stromröhren unterschiedliche Werte annehmen. Bei Vernachlässigung der Schwerkraft (horizontale Röhre) gilt:

$$p_0 = p_s + \frac{1}{2} \rho \cdot v^2$$

p_0 Druck an der Stelle, wo die Strömungsgeschwindigkeit $v = 0$

- Kontinuitätsgleichung und Bernoullische Gleichung werden bei Düsen angewendet. Durch die Verengung der Querschnittsfläche einer Stromröhre wird die Strömungsgeschwindigkeit und damit der dynamische Druck vergrößert bzw. der statische Druck vermindert.

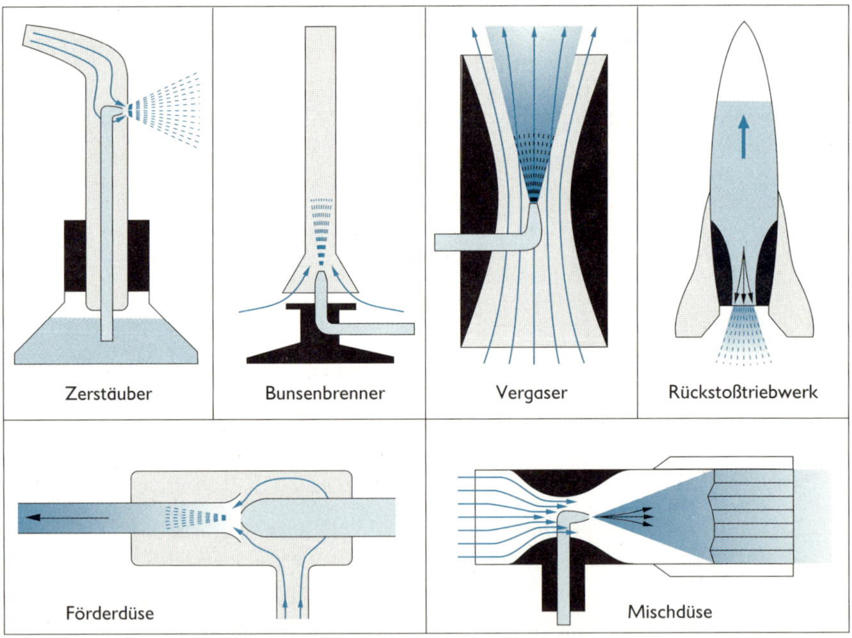

↗ Bernoullische Gleichung, S. 116; Kontinuitätsgleichung, S. 115

Strömungswiderstand F_w

Kraft, die auf einen Körper wirkt, der von einer Flüssigkeit bzw. einem Gas umströmt wird

$$F_w = \frac{1}{2} c_w \cdot \rho \cdot v^2 \cdot A$$

F_w Strömungswiderstand
c_w Widerstandszahl
ρ Dichte des strömenden Stoffes
v Strömungsgeschwindigkeit (v senkrecht zu A)
A Querschnittsfläche

Die Widerstandszahl (Widerstandsbeiwert) hängt ab von der Form und von der Oberflächenbeschaffenheit des umströmten Körpers.

Luftwiderstand c_w

Körperform						
c_w (Luftkanal)	0,05	0,1	0,25	0,35	1,2	1,3
Strömungsgeschwindigkeit, Körperquerschnitt und Oberflächenbeschaffenheit sind bei allen Körperformen gleich.						

Dynamischer Auftrieb

Erscheinung, die infolge des gleichzeitigen Wirkens von Gewichtskraft F_G und dynamischer Auftriebskraft F_{AD} an Körpern in strömenden Flüssigkeiten bzw. Gasen auftritt

Dynamische Auftriebskraft F_{AD}

Kraft, die auf Körper wirkt, die von Flüssigkeiten oder Gasen umströmt werden. Die Auftriebskraft ist der Gewichtskraft entgegengerichtet.

- Auftrieb an einem Tragflügelprofil

statischer Druck an einem umströmten Tragflügel

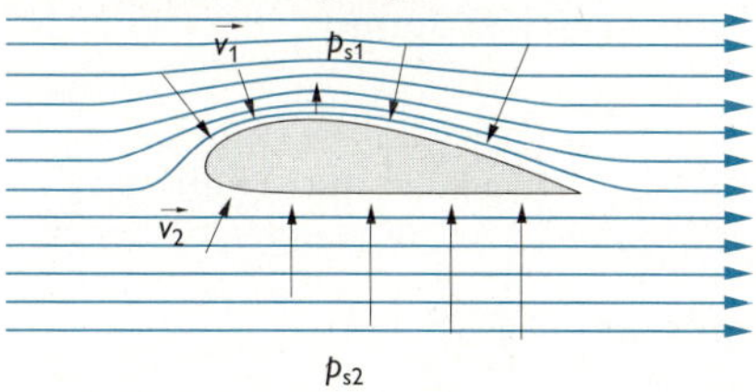

p_s statischer Druck
p_w dynamischer Druck
v Strömungsgeschwindigkeit

Kräfte an einem Tragflügel

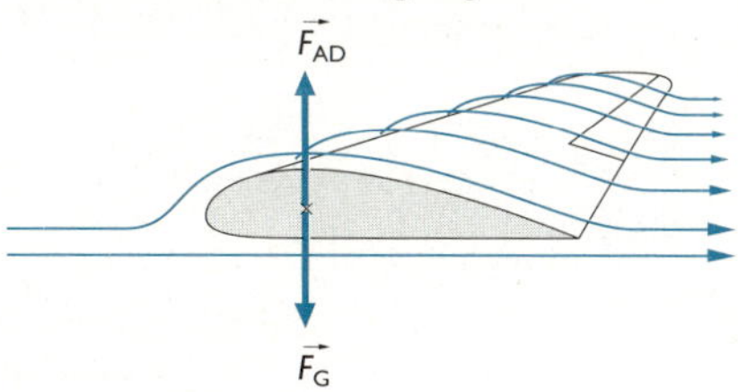

F_{AD} Auftriebskraft
F_G Gewichtskraft

Wird ein Tragflügel von Luft umströmt, so kommt es auf Grund der Profilform an seiner Unterseite bzw. Oberseite zu unterschiedlichen Strömungsgeschwindigkeiten ($v_1 > v_2$). Diese führen zu unterschiedlichen dynamischen Drücken ($p_{w1} > p_{w2}$) und damit zu unterschiedlichen statischen Drücken ($p_{s1} < p_{s2}$).

$p_{s1} + p_{w1} = p_{s2} + p_{w2}$ ↗ Bernoullische Gleichung, S. 116

Infolge des Druckunterschiedes erfährt der Körper eine resultierende Kraft nach oben, den Auftrieb F_{AD}.

2 SCHWINGUNGEN

Vorgänge mit zeitlicher Periodizität, die in einigen Teilgebieten der Physik, unter bestimmten Bedingungen auftreten ↗ Mechanik, S. 123; Elektrizitätslehre, S. 228

Wesen von Schwingung und Welle

Vorgang	Schwingung	Welle
Definition	Eine Schwingung ist ein physikalischer Vorgang, der durch die zeitlich periodische Änderung einer physikalischen Größe beschrieben wird. Bei ihr wandeln sich zwei verschiedene Energiearten periodisch ineinander um.	Eine Welle ist ein physikalischer Vorgang, der durch die zeitlich und räumlich periodische Änderung einer physikalischen Größe beschrieben wird. Eine Welle überträgt Energie, jedoch keinen Stoff.
Gleichung	$y = f(t)$ $y = y_{max} \cdot (\sin\omega \cdot t + \varphi)$	$y = f(s, t)$ $y = y_{max} \cdot \sin\left[2\pi\left(\frac{s}{\lambda} - \frac{t}{T}\right) + \varphi\right]$
Entstehung	Einem schwingungsfähigen System (Schwinger) wird Energie zugeführt.	Eine Welle entsteht, wenn sich eine Schwingung im Raum ausbreitet.
Voraussetzung	Es sind zwei „gekoppelte" Energiespeicher erforderlich.	Es müssen gekoppelte schwingungsfähige Objekte (Teilchen, Felder) vorhanden sein.

Physikalische Größen zur Beschreibung einer Schwingung

Physikalische Größe	Formelzeichen	Definition	Grafische Darstellung/ mathematische Beziehung
Momentanwert	z. B. y	Augenblickswert der sich zeitlich und örtlich periodisch ändernden Größe (z. B. Auslenkung, Wechselstromstärke)	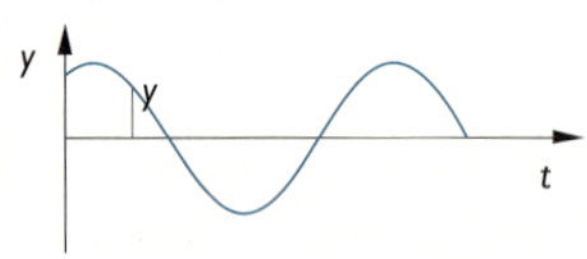

Physikalische Größe	Formelzeichen	Definition	Grafische Darstellung/ mathematische Beziehung
Amplitude	z. B. y_{max}	Höchstwert der sich zeitlich periodisch ändernden physikalischen Größe	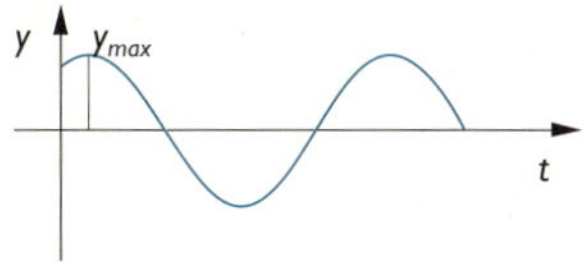
Phasenkonstante (Nullphasenwinkel)	φ	Argument für den Momentanwert zur Zeit $t = 0$	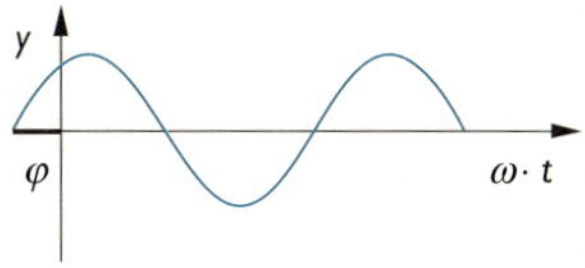
Periodendauer	T	Zeitdauer einer vollen Schwingung	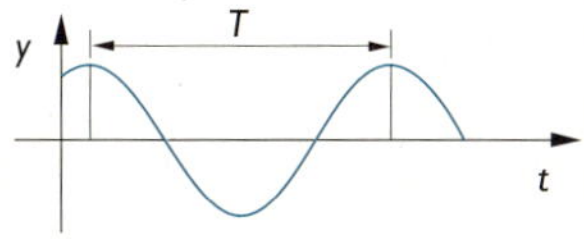
Frequenz	f	Quotient aus Anzahl der Perioden n und Zeit t	$f = \frac{n}{t}$ $f = \frac{1}{T}$
Kreisfrequenz	ω	2π-facher Wert der Frequenz	$\omega = 2\pi \cdot f$ $\omega = \frac{2\pi}{T}$

Harmonische und nichtharmonische Schwingungen

Schwingungen, die nach der Art der beschreibenden Funktion unterschieden werden

Vorgang	Merkmal	Beispiele
harmonische Schwingung	durch Sinus- oder Kosinusfunktion darstellbar $y = y_{max} \cdot \sin(\omega \cdot t + \varphi)$ oder $y = y_{max} \cdot \cos(\omega \cdot t + \varphi)$ 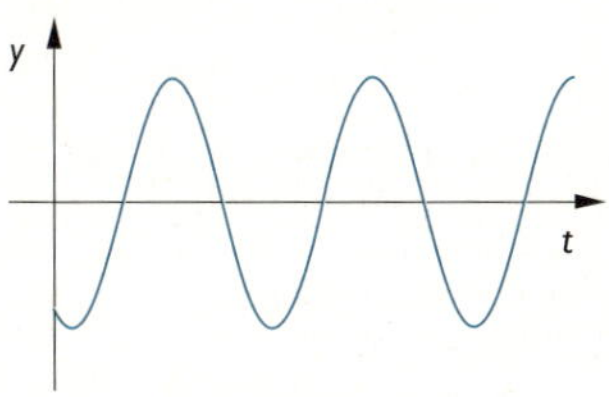	Fadenpendel, Schwingkreisschwingung 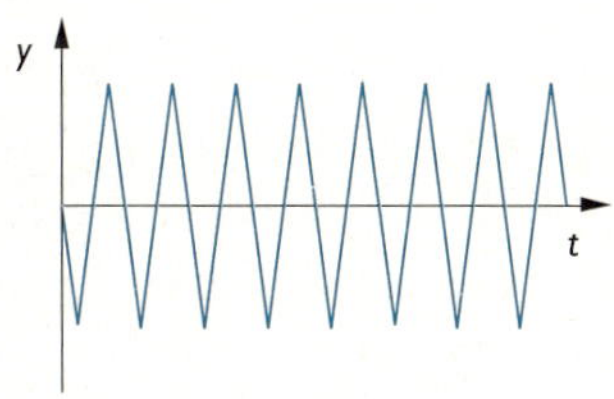
nichtharmonische Schwingung	nicht durch eine Sinus- oder Kosinusfunktion darstellbar	↗ Arten nichtharmonischer Schwingungen, S. 120

Arten nichtharmonischer Schwingungen

Sägezahn-schwingung	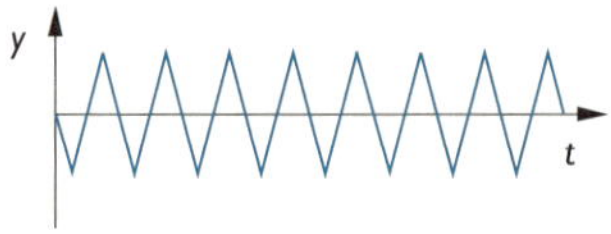	Schwingung einer gezupften Saite
Rechteck-schwingung	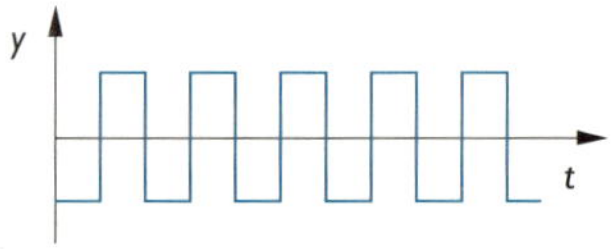	Schwingung eines Multivibrators
Kipp-schwingung	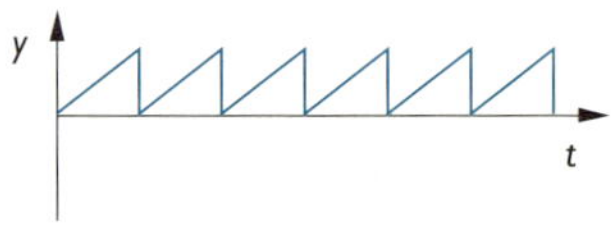	Schwingung zur Ablenkung des Elektronenstrahls im Oszillografen (Kippschwingungen treten nur bei ständiger Energiezufuhr auf.)
Wackel-schwingung	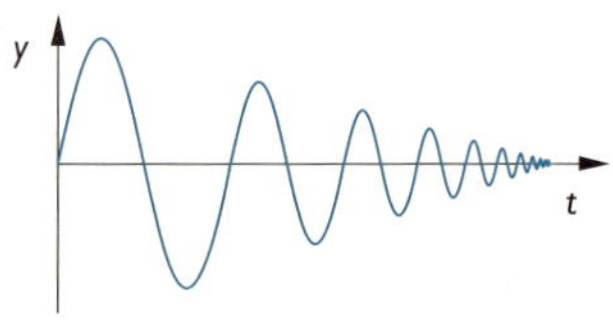	Schwingung eines hohen Holzquaders auf einer horizontalen Unterlage (Mit geringer werdender Amplitude nimmt die Frequenz der Wackelschwingung zu.)

Ungedämpfte und gedämpfte Schwingungen

Schwingungen, die sich in der Zeitabhängigkeit der Amplitude unterscheiden

Vorgang	Ungedämpfte Schwingung	Gedämpfte Schwingung
Merkmal	y_{max} ist konstant Ursache ist keine Energieabgabe durch das schwingende System oder eine periodische Energiezufuhr zum schwingungsfähigen System, so daß dessen Gesamtenergie erhalten bleibt. 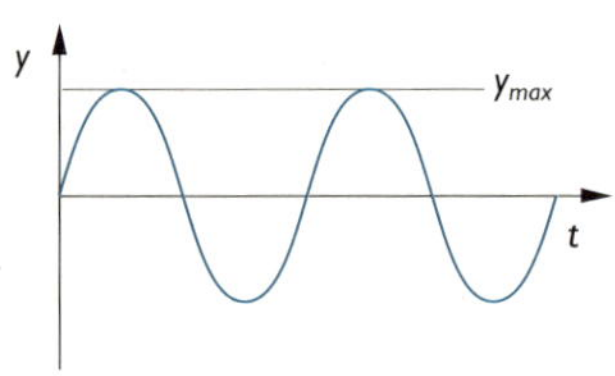	y_{max} nimmt ab (z. B. nach einer Exponentialfunktion) Ursache ist eine einmalige Energiezufuhr zum schwingungsfähigen System, wobei danach das System Energie (z. B. in Form von Wärme) an die Umgebung abgibt (Dämpfung). 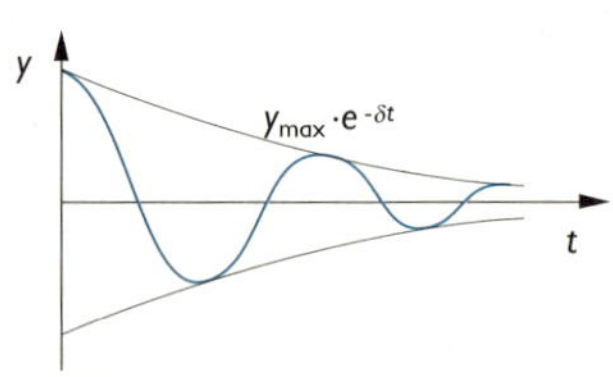
Beispiel	Transistorgeneratorschwingung	Schwingkreisschwingung

Eigenschwingungen und erzwungene Schwingungen

Schwingungen, die nach der Art der Energiezufuhr unterschieden werden

Vorgang	Eigenschwingung	Erzwungene Schwingung
Merkmal	einmalige Energiezufuhr zum schwingungsfähigen System Es tritt eine Eigenschwingung mit der Eigenfrequenz f_0 des Systems auf.	periodische Energiezufuhr zum schwingungsfähigen System Es tritt eine erzwungene Schwingung des Systems (Eigenfrequenz f_0) mit der Erregerfrequenz f_E auf.
Beispiel	Fadenpendelschwingung; Schwingkreisschwingung	Dipolschwingung eines Empfangsdipols
Energiezufuhr	einmalige Energiezufuhr $t = 0$ Der Schwinger erhält potentielle Energie (gehobener Pendelkörper).	einmalige Energiezufuhr Die elektrische Energie wird im elektrischen Feld des Kondensators gespeichert (geladener Kondensator).
Energieumwandlung	Die potentielle Energie wird $t = \frac{T}{4}$ in kinetische des sich bewegenden Schwingers umgewandelt. Infolge der Trägheit setzt der $t = \frac{T}{2}$ Schwinger seine Bewegung über die Gleichgewichtslage fort. Die kinetische Energie wandelt sich wieder in potentielle um usw.	Die elektrische Feldenergie wird in magnetische Feldenergie der Spule umgewandelt. Infolge der Selbstinduktion in der Spule fließt der Strom nach Ladungsausgleich weiter. Die magnetische Feldenergie wandelt sich wieder in elektrische um usw.
Periodendauer	$T = 2\pi\sqrt{\frac{l}{g}}$	$T = 2\pi\sqrt{L \cdot C}$
Dämpfung	wird durch den Reibungswiderstand verursacht	wird durch den ohmschen Widerstand im Schwingkreis verursacht

Erzeugung ungedämpfter Schwingungen

Die durch Widerstand oder Reibung dem System entzogene Energie wird durch periodisch zugeführte Energie ersetzt. Stimmen Erreger- und Eigenfrequenz überein (durch Selbststeuerung erreichbar), lassen sich mit geringstem Energieaufwand ungedämpfte Schwingungen erzeugen (↗ Meißnersche Rückkopplungsschaltung, S. 229).

- Schwingkreis in einem Transistorgenerator; Pendel einer Drehpendeluhr

Schwebung

Resultierende Schwingung, die bei Überlagerung von zwei Schwingungen auftritt, deren Frequenzen sich nur geringfügig unterscheiden. Die Amplitude der resultierenden Schwingung nimmt periodisch zu und ab. Die Frequenz der Schwebung ist gleich der Differenz der Frequenzen der beiden Schwingungen.

- 1. Schwingung $f_1 = 95$ Hz

  2. Schwingung $f_2 = 90$ Hz

  3. resultierende Schwingung $f = f_1 - f_2$

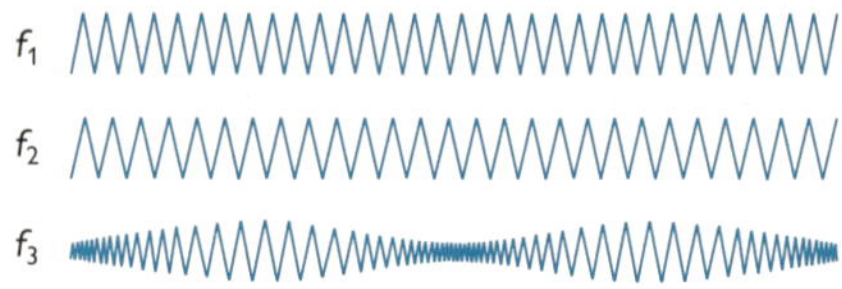

Resonanz

Besonders heftiges Mitschwingen eines schwingungsfähigen Systems (Körpers) bei Übereinstimmung von Erreger- und Eigenfrequenz (Resonanzfall) $f_E = f_0$. Die Amplitude einer erzwungenen Schwingung (↗ S. 121) hängt von der Dämpfung und der Frequenz des Erregers ab. Je größer die Dämpfung ist (große Reibung), um so geringere Werte erreicht die Amplitude.

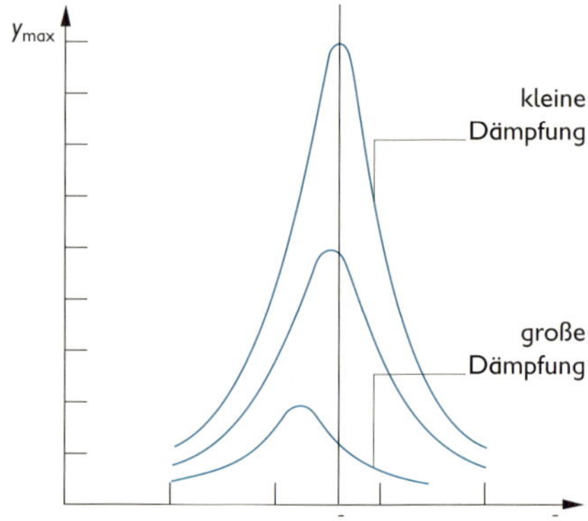

Resonanzkurve

Mechanische und elektromagnetische Schwingungen

Sie werden nach den physikalischen Vorgängen und der *Art der beschreibenden Größen* unterschieden.

Vorgang	Mechanische Schwingung	Elektromagnetische Schwingung
Merkmal	mit Größen der Mechanik beschreibbar; z. B. Auslenkung y Auslenkungswinkel α Geschwindigkeit v	mit Größen des elektromagnetischen Feldes beschreibbar; z. B. elektrische Spannung u elektrische Feldstärke E magnetische Flußdichte B
Beispiel	Fadenpendel	geschlossener Schwingkreis
	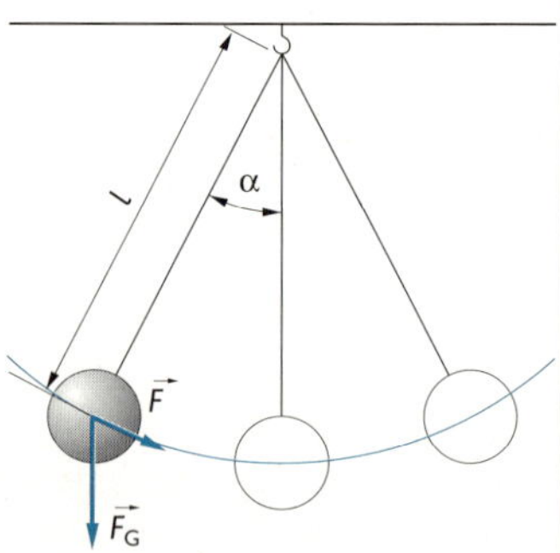	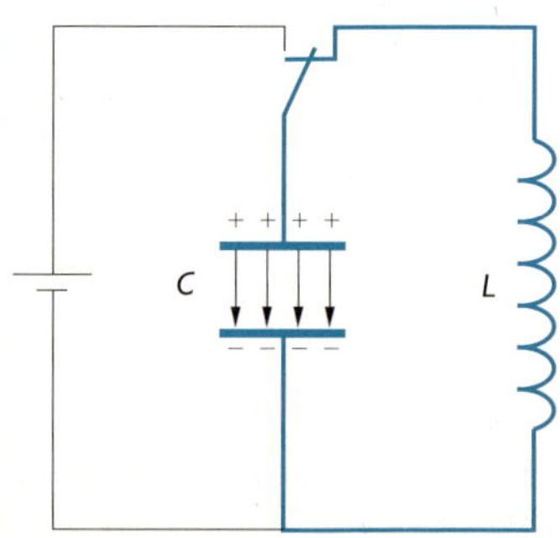

Resonanzkatastrophe. Starkes Anwachsen der Amplitude im Resonanzfall, wodurch eine Zerstörung des schwingungsfähigen Systems erfolgt (Einstürzen von Bauwerken, Zerstören eines Schwingkreises durch Funkenüberschläge).

Mechanische Schwingung

Periodische Bewegung eines Körpers um seine Gleichgewichtslage
Zur Beschreibung kann der Körper als Massepunkt betrachtet werden. Man kann die mechanische Schwingung z. B. mit Hilfe der sich zeitlich ändernden Größen Ort, Geschwindigkeit, Kraft und Energie beschreiben.
Voraussetzungen für das Entstehen einer mechanischen Schwingung sind
- eine zur Gleichgewichtslage gerichtete Kraft und
- die Trägheit des schwingenden Körpers.

Physikalische Größen zur Beschreibung einer mechanischen Schwingung

Physikalische Größe	Formelzeichen	Definition	Grafische Darstellung/ mathematische Beziehung
Auslenkung (Elongation)	y	jeweiliger Abstand des schwingenden Körpers von der Gleichgewichtslage	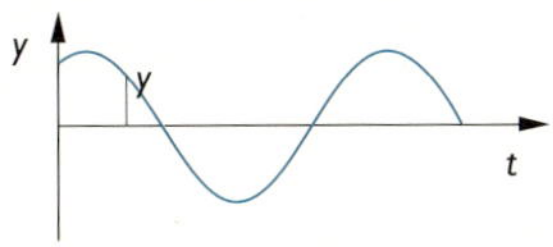
Amplitude (Maximalwert)	y_{max}	größter Abstand des schwingenden Körpers von der Gleichgewichtslage	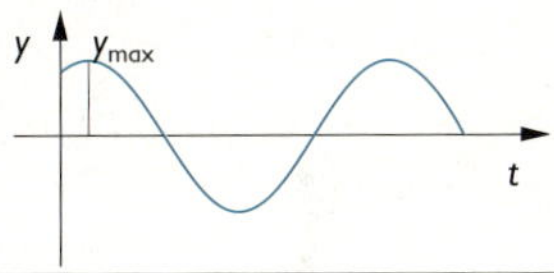
Phasenkonstante	φ	↗ S. 119	
Periodendauer	T	↗ S. 119	
Frequenz	f	kennzeichnet die Anzahl der Hin- und Herbewegungen des schwingenden Körpers in einer bestimmten Zeit	$f = \frac{n}{t}$ $\quad f = \frac{1}{T}$
Kreisfrequenz	ω	↗ S. 119	

Harmonische mechanische Schwingung

Schwingung, die auftritt, wenn bei einem mechanischen Schwinger die rücktreibende Kraft der Auslenkung proportional ist
$F \sim y;\ F = -k \cdot y$ bzw. $F = -D \cdot y$

2

Beispiel	Fadenpendel	Horizontaler Federschwinger
rücktreibende Kraft	in Bahnrichtung wirkende Komponente der Gewichtskraft	Federkraft
Periodendauer	$T = 2\pi\sqrt{\frac{l}{g}}$ l Fadenlänge Gültigkeitsbedingungen: kleine Amplitude, reibungsfreie Bewegung, Masse des Fadens vernachlässigbar klein	$T = 2\pi\sqrt{\frac{m}{k}}$ bzw. $T = 2\pi\sqrt{\frac{m}{D}}$ k Federkonstante D Direktionsgröße Gültigkeitsbedingungen: kleine Amplitude (Hookesches Gesetz), reibungsfreie Bewegung, Masse der Feder vernachlässigbar klein
Energieumwandlungen	ständige Umwandlung von potentieller Energie in kinetische Energie und umgekehrt	ständige Umwandlung von Federspannenergie in kinetische Energie und umgekehrt
zeichnerische Darstellung	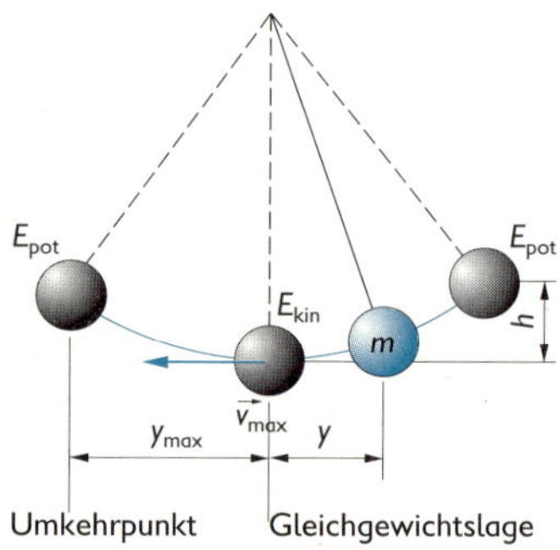	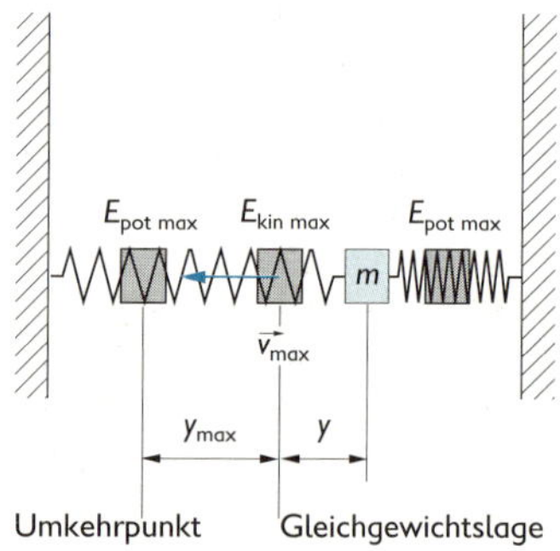

Gleichungen der mechanischen harmonischen Schwingung

Weg	Geschwindigkeit	Beschleunigung
$y = y_{max} \cdot \sin(\omega \cdot t + \varphi)$	$\frac{dy}{dt} = v$	$\frac{d^2y}{dt^2} = \frac{dv}{dt} = a$
	$v = \omega \cdot y_{max} \cdot \cos(\omega \cdot t + \varphi)$	$a = -\omega^2 \cdot y_{max} \cdot \sin(\omega \cdot t + \varphi)$
	$v = v_{max} \cdot \cos(\omega \cdot t + \varphi)$	$a = -a_{max} \cdot \sin(\omega \cdot t + \varphi) = -\omega^2 \cdot y$

Der ausgelenkte Körper wird durch die rücktreibende Kraft in Richtung Gleichgewichtslage bewegt. Infolge seiner Trägheit bewegt er sich über diese hinaus bis zum gegenüberliegenden Umkehrpunkt. Dort ändert er die Richtung seiner Bewegung, und der Vorgang beginnt von neuem.

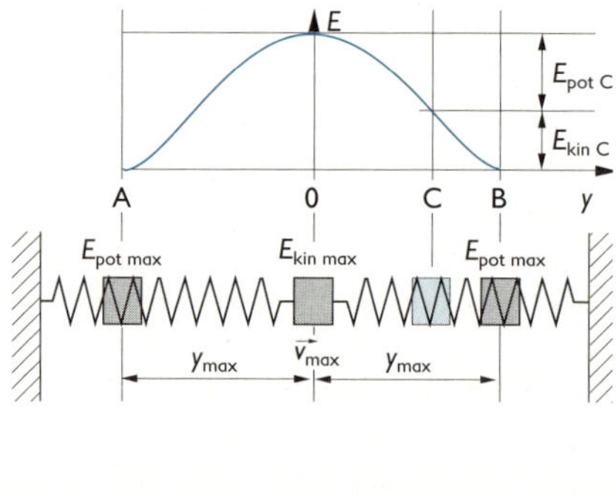

Harmonische mechanische Schwingung als Projektion einer Kreisbewegung

Bewegt sich ein Körper gleichförmig auf einer Kreisbahn, so führt sein mit parallelem Licht erzeugter Schatten eine harmonische Schwingung aus.

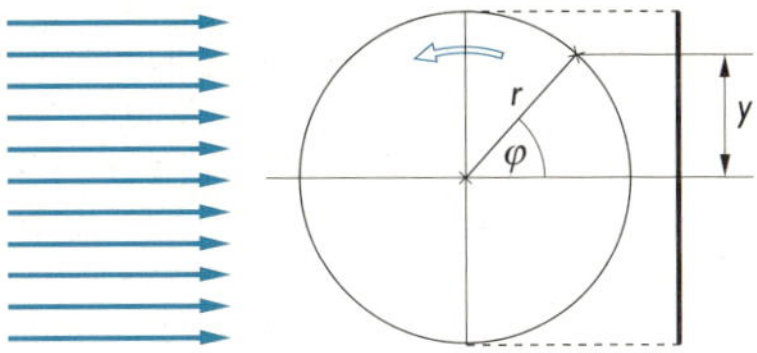

Gesamtenergie eines Federschwingers

Potentielle Energie und kinetische Energie ändern sich ständig periodisch zwischen Null und dem gleichen Höchstwert.

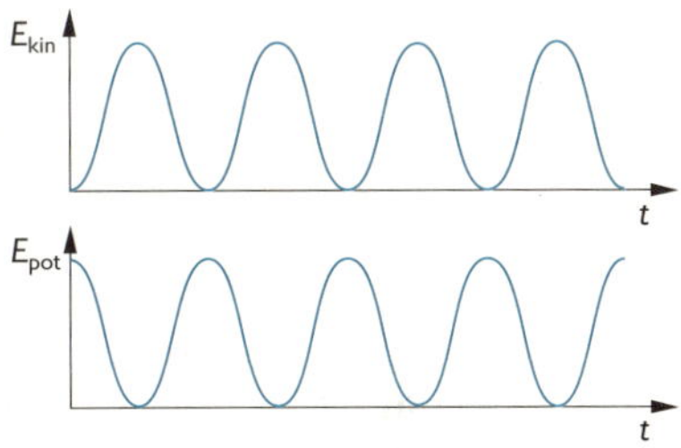

Ungedämpfte mechanische Schwingung

Vorgang, bei dem sich ständig potentielle in kinetische Energie und umgekehrt kinetische Energie in potentielle umwandelt. Die Summe aus potentieller und kinetischer Energie ist zu jedem Zeitpunkt konstant. Die Amplitude einer ungedämpften Schwingung ändert sich nicht.

Gedämpfte mechanische Schwingung

Vorgang, bei dem neben der wechselseitigen Umwandlung potentieller und kinetischer Energie ständig mechanische Energie meist infolge der Reibung in eine andere Energieform (z. B. thermische Energie) umgewandelt wird. Die Summe aus potentieller und kinetischer Energie nimmt ab. Die Amplitude einer gedämpften Schwingung verringert sich ständig.

Chaotische Bewegungen

Langfristig nicht vorhersagbare Bewegungsabläufe. Sehr kleine Änderungen einer physikalischen Größe können zu völlig andersartigen Bewegungsabläufen führen.

Chaotische Bewegungen eines mechanischen Schwingers

Wenn z. B. ein Stabpendel zu erzwungenen Schwingungen mit einer Frequenz angeregt wird, die stark von der Eigenfrequenz abweicht, so treten kleine Amplituden auf. Bei Erregung mit einer Frequenz in der Nähe der Eigenfrequenz können Überschläge auftreten, die zu unvorhersagbaren Bewegungsabläufen führen.

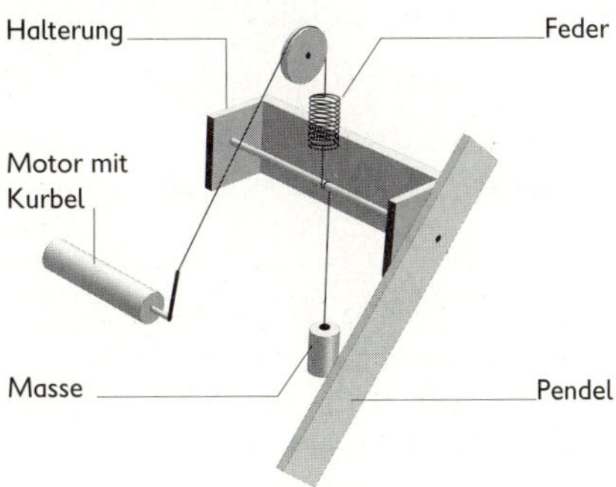

Anordnung zur Erzeugung chaotischer Bewegungen des Stabpendels

	Erreger-frequenz f_E	Phasenwinkel zwischen Erregerfrequenz und Bewegung des Schwingers	Schwingungsablauf
vorher-sagbare Bewegun-gen	$f_E < f_0$	$\varphi \approx 0°$ Schwingung erfolgt im Gleichtakt (wenn die Dämpfung vernachlässigbar ist).	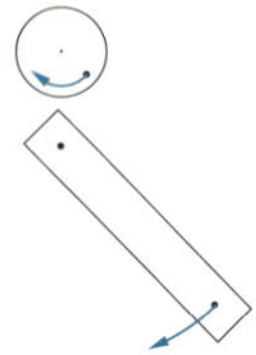
	$f_E > f_0$	$\varphi \approx 180°$ Schwingung erfolgt im Gegen-takt (wenn die Dämpfung vernachlässigbar ist).	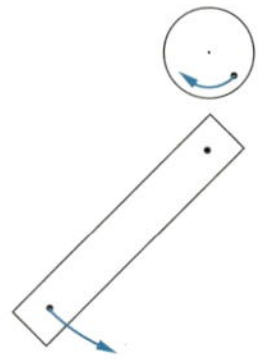
chao-tische Bewe-gungen	$f_E \approx f_0$	φ ändert sich ständig Die schwingungsartige Bewe-gung erfolgt unabhängig von der Erregerfrequenz.	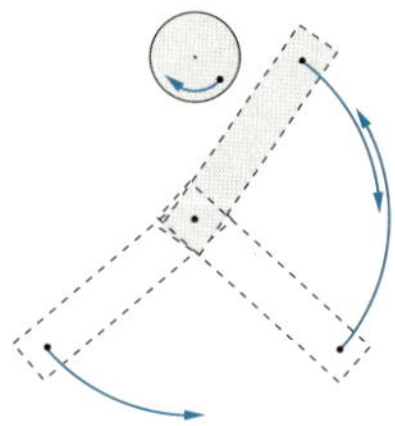

WELLEN

Grundlegende Vorgänge mit zeitlicher und räumlicher Periodizität, die in verschiedenen Teilgebieten der Physik wie Mechanik (↗ S. 133), Elektrizitätslehre (↗ S. 233), Optik (↗ S. 269) sowie Atom- und Quantenphysik (↗ S. 304) unter bestimmten Bedingungen auftreten

Physikalische Größen zur Beschreibung einer Welle

Physikali sche Größe	Formel-zeichen	Definition	Grafische Darstellung/ mathematische Beziehung
Mo-mentan-wert	z. B. y	Augenblickswert der sich zeitlich und örtlich periodisch ändernden physikalischen Größe (z. B. Elongation, elek-trische Feldstärke)	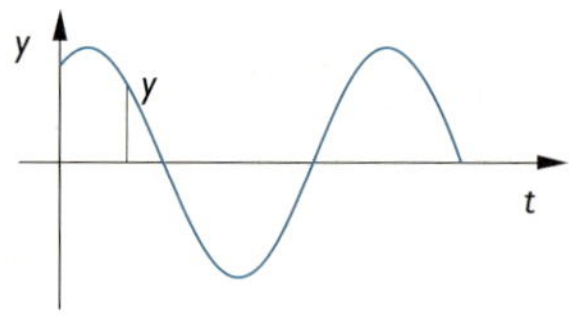

Physikalische Größe	Formelzeichen	Definition	Grafische Darstellung/ mathematische Beziehung
Amplitude	z. B. y_{max}	Höchstwert der sich periodisch ändernden physikalischen Größe	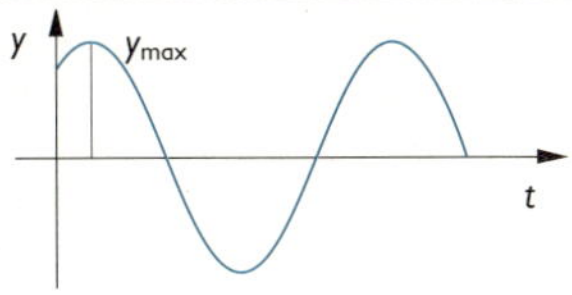
Entfernung	s	von einem bestimmten Schwingungszustand zurückgelegter Weg	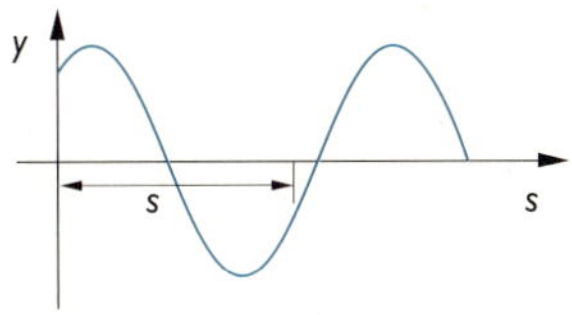
Phasenkonstante	φ	Argument für den Momentanwert zur Zeit $t = 0$ am Ort $s = 0$	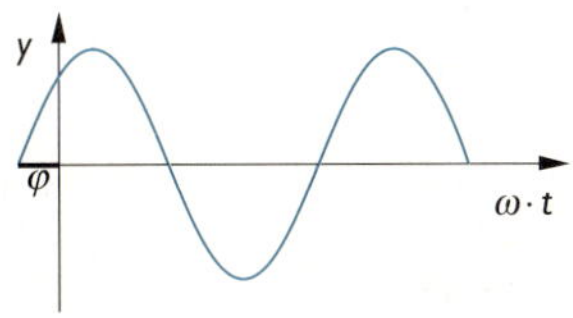
Periodendauer	T	Zeitdauer einer vollen Schwingung an einem bestimmten Ort	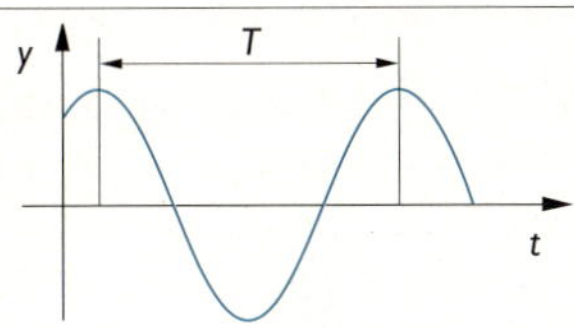
Frequenz	f	Verhältnis aus Anzahl der Perioden n und Zeit t; reziproker Wert der Periodendauer	$f = \frac{n}{t}$ $f = \frac{1}{T}$
Kreisfrequenz	ω	2π-facher Wert der Frequenz	$\omega = 2 \cdot \pi \cdot f$
Wellenlänge	λ	Abstand zweier in Ausbreitungsrichtung aufeinanderfolgender gleicher Schwingungszustände	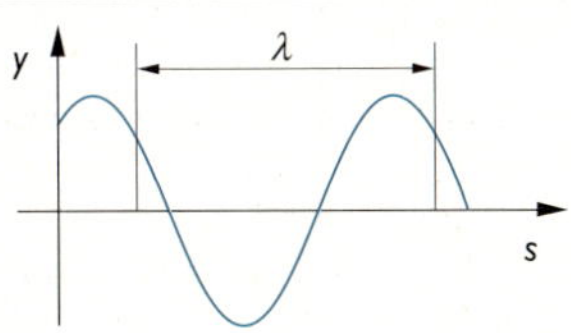
Ausbreitungsgeschwindigkeit	c	Geschwindigkeit, mit der sich ein Schwingungszustand im Raum ausbreitet	$c = \lambda \cdot f$

Transversal-, Longitudinal- und Oberflächenwellen

Wellen, die nach der Art des Zusammenhanges zwischen Schwingungsrichtung und Ausbreitungsrichtung unterschieden werden.

Vorgang	Transversalwelle	Longitudinalwelle	Oberflächenwelle
Merkmal	Schwingungs- und Ausbreitungsrichtung stehen senkrecht aufeinander 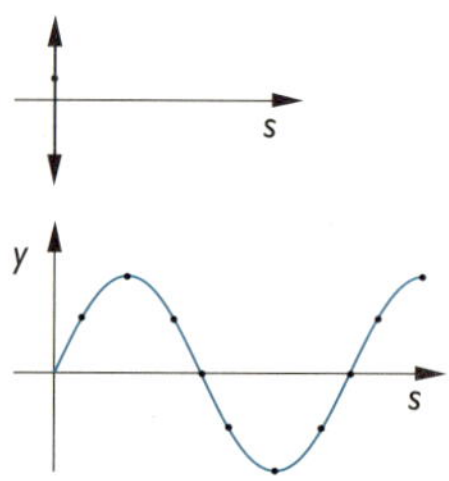 	Schwingungs- und Ausbreitungsrichtung fallen zusammen 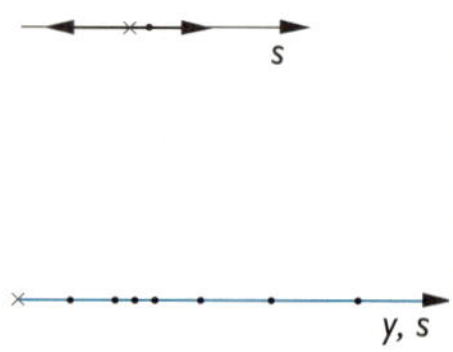 	Teilchen bewegen sich auf Kreisbahnen, deren Ebenen parallel zur Ausbreitungsrichtung liegen 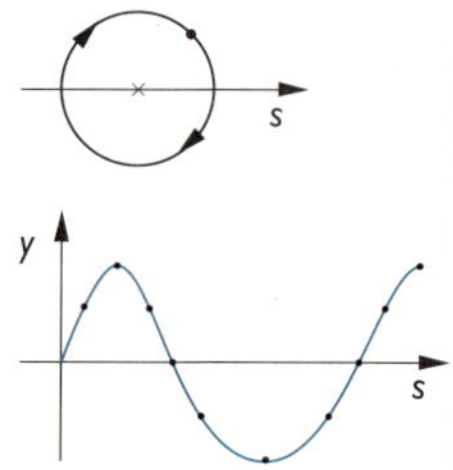
Beispiel	Seilwellen Hertzsche Wellen	Schallwellen	Wasserwellen

Mechanische und elektromagnetische Wellen

Wellen, die nach der Art der beschreibenden Größen unterschieden werden

Vorgang	Mechanische Welle		Elektromagnetische Welle
Merkmal	mit Größen der Mechanik beschreibbar; z. B. Auslenkung Druck	 $y = f(s, t)$ $p = f(s, t)$	mit Größen des elektromagnetischen Feldes beschreibbar; z. B. elektrische Feldstärke $E = f(s, t)$ magnetische Flußdichte $B = f(s, t)$
Beispiel		Schallwelle	Hertzsche Welle
	Erregerzentrum	Schallquelle (Klingel)	Sendedipol
	Ausbreitungsart	räumliche Longitudinalwelle	räumliche Transversalwelle
	Ausbreitung	nur in Stoffen Die Geschwindigkeit v ist stoffabhängig.	in Stoffen (Isolatoren) und im Vakuum Die größte Ausbreitungsgeschwindigkeit c tritt im Vakuum auf.

Vorgang	Mechanische Welle		Elektromagnetische Welle
Beispiel		Schallwelle	Hertzsche Welle
	Kopplung	Kopplung der schwingungsfähigen Systeme (Teilchen) durch Kohäsionskräfte	Verknüpfung von elektrischen und magnetischen Feldern im elektromagnetischen Feld
	Energieübertragung	Übertragung mechanischer Energie	Übertragung der Energie des elektromagnetischen Feldes

Huygenssches Prinzip

Prinzip zum Erklären der Ausbreitung sowie der Eigenschaften von Wellen (↗ S. 126)

Nach dem Huygensschen Prinzip ist jeder Punkt einer Welle Ausgangspunkt einer kreis- bzw. kugelförmigen Elementarwelle. Durch Überlagerung (↗ S. 130 und 136) bilden diese Elementarwellen neue Wellenfronten.

Die Normale einer Wellenfront, die Wellennormale, gibt deren Ausbreitungsrichtung an.

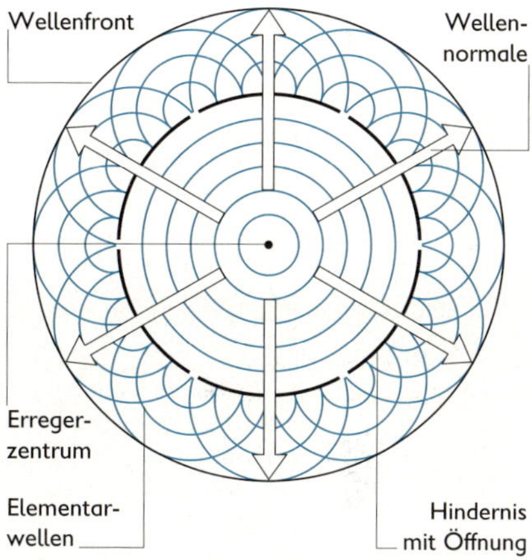

Eigenschaften von Wellen

Unterschiedliche Wellenarten haben wesentliche gemeinsame Eigenschaften

Eigenschaft	Definition	Beispiel
Absorption von Wellen	Verringerung der Amplitude von Wellen beim Durchgang durch Stoffe	Absorption von Hertzschen Wellen in Wasser Dämpfung von Schallwellen beim Durchgang durch Mineralwolle
Brechung von Wellen	Änderung der Ausbreitungsrichtung beim Durchgang durch die Grenzfläche zwischen zwei Stoffen	Brechung von Lichtwellen beim Übergang vom optisch dünneren in ein optisch dichteres Medium und umgekehrt Brechung von Hertzschen Wellen beim Übergang von Luft in Paraffin und umgekehrt

2

Eigenschaft	Definition	Beispiel
	Gesetz: Die Sinus von Einfalls- und Reflexionswinkel verhalten sich wie die Ausbreitungsgeschwindigkeiten der Wellen. $\frac{\sin\alpha}{\sin\beta} = \frac{c_1}{c_2}$ Wellennormale der einfallenden Wellen, Einfallslot und Wellennormale der gebrochenen Wellen liegen in einer Ebene	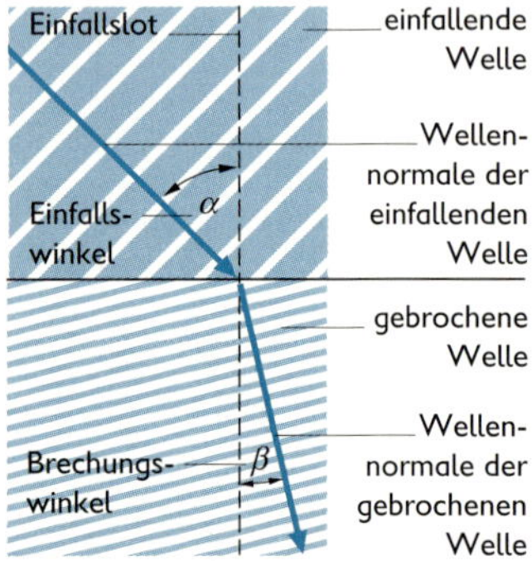 Brechung von Wasserwellen an der Grenze von tiefem und flachem Wasser
Reflexion von Wellen	Änderung der Ausbreitungsrichtung beim Auftreffen auf ein Hindernis *Gesetz*: Der Einfallswinkel ist gleich dem Reflexionswinkel. $\alpha = \alpha'$ Wellennormale der einfallenden Wellen, Einfallslot und Wellennormale der reflektierten Wellen liegen in einer Ebene	Reflexion von Schallwellen und Licht an Grenzflächen von Körpern 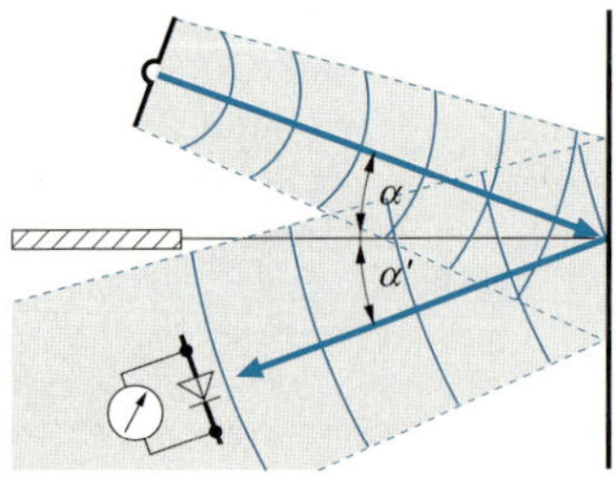 Reflexion von Hertzschen Wellen an elektrisch leitenden Flächen
Beugung von Wellen	Änderung der Ausbreitungsrichtung an einem Spalt oder an einer Kante, so daß die Welle in den dahinterliegenden Schattenraum eindringt	Beugung von Elektronenstrahlung beim Durchgang durch einen Doppelspalt oder von Röntgenstrahlung im Kristallgitter 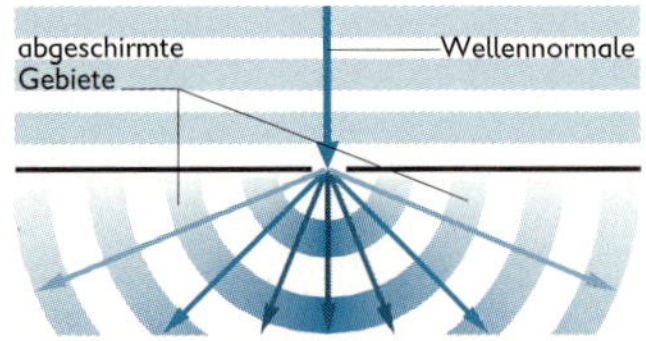 Beugung von Wasserwellen an einem schmalen Spalt

Eigenschaft	Definition	Beispiel
Interferenz von Wellen	Überlagerung von Wellen mit dem Ergebnis, daß ein Interferenzbild auftritt Je nach der Größe des Gangunterschiedes $\Delta\lambda$ tritt Verstärkung oder Abschwächung auf. $\Delta\lambda = k \cdot \lambda$ (k = 0,1,2,...): Verstärkung $\Delta\lambda = (2k+1)\,\frac{\lambda}{2}$ (k = 0,1,2,...): Auslöschung Interferenz kann durch Reflexion, Brechung und Beugung hervorgerufen werden.	Interferenz von Elektronenstrahlung durch Beugung; Interferenz von Licht am Doppelspalt 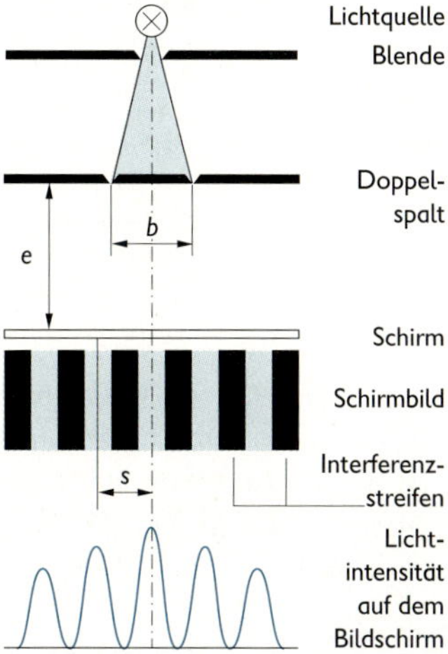
Polarisation von Wellen	Aussondern einer Schwingungsrichtung von Wellen durch Polarisatoren Polarisation kann durch Reflexion und Brechung auftreten. Polarisation tritt nur bei Transversalwellen auf.	Polarisation von Licht durch ein Polarisationsfilter Linear polarisiertes Licht zeigt das gleiche Verhalten wie Transversalwellen. 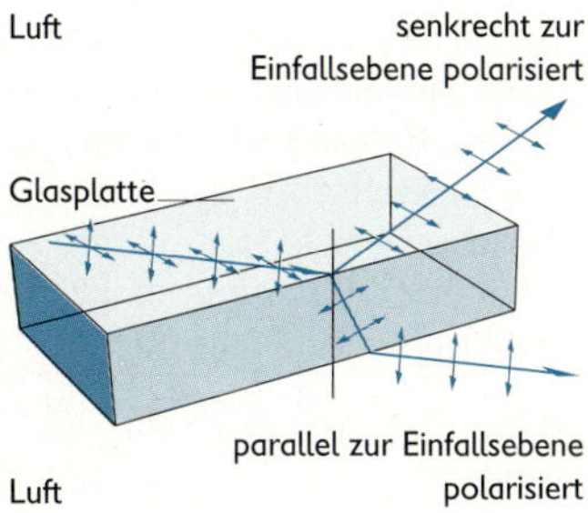 Polarisation des Lichtes durch Reflexion und Brechung an einer Glasplatte

Reflexion von Wellen am festen und am losen Ende

Bei der Reflexion am losen (freien) Ende verändert sich die Phase der Welle nicht. Bei der Reflexion am festen Ende tritt ein Phasensprung von $\Delta\varphi = 180°$ auf.

Reflexion am	Beispiele	Verlauf der Welle
losen (freien) Ende	Reflexion der mechanischen Welle am Ende einer Schraubenfeder, die mit einem dünnen Faden befestigt ist Reflexion von Licht an der Rückseite einer Glasplatte	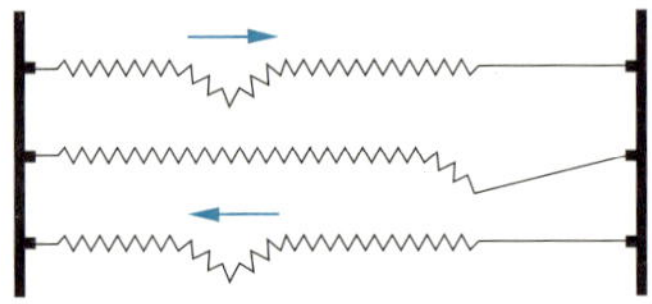
festen Ende	Reflexion der mechanischen Welle am Ende einer starr befestigten Schraubenfeder Reflexion von Licht an einer spiegelnden Metallplatte	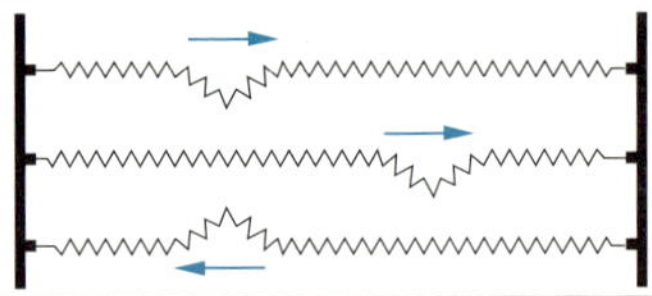

Interferenz als typische Welleneigenschaft

Die bei der Überlagerung von Wellen auftretenden Verstärkungen und Auslöschungen sind typisch für Wellen. Treten bei einem beliebigen Objekt solche Verstärkungen und Abschwächungen auf (z. B. beim Licht), so kann man daraus auf Welleneigenschaften schließen.

Stehende Welle

Welle, die durch Überlagerung zweier Wellen gleicher Amplitude und gleicher Frequenz entsteht, die in entgegengesetzter Richtung verlaufen. Sie ist dadurch gekennzeichnet, daß kein Schwingungszustand durch den Raum wandert. An bestimmten Raumpunkten tritt keine Bewegung auf (Schwingungsknoten), an anderen starke Bewegung (Schwingungsbäuche).

- Reflexion einer Seilwelle
  In der Darstellung ist erkennbar, daß sich die hinlaufende und die reflektierte Welle von Bild zu Bild um eine Achtelwellenlänge weiterbewegt hat, und zwar die eine nach links, die andere nach rechts. In der Zeichnung erkennt man, daß die resultierende Welle nicht fortschreitet. Der Abstand zweier Knoten beträgt jeweils $\frac{\lambda}{2}$.

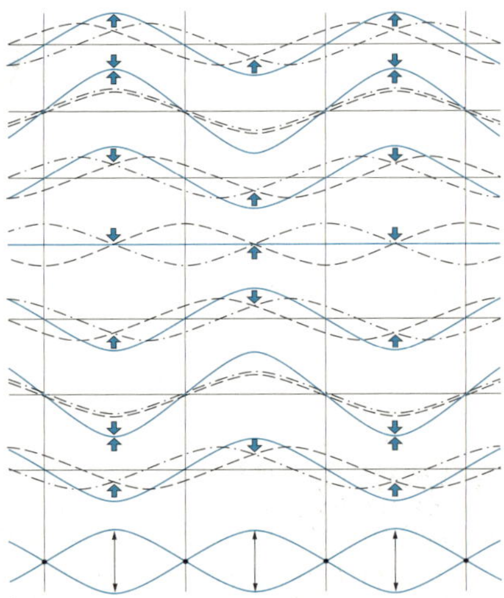

- - - - - - ➡ hinlaufende Welle
– · – · – · ⬅ rücklaufende Welle
——— stehende Welle
• • • Knoten
←→ Bauch

Stehende Wellen durch Reflexion von Schallwellen.

a) offene Pfeife (Reflexion am losen Ende)

b) gedackte Pfeife (Reflexion am festen Ende)

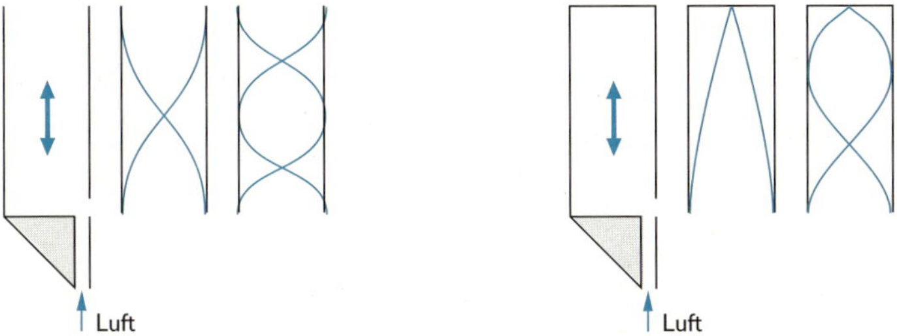

Dopplereffekt

Veränderung der Frequenz von Wellen bei Relativbewegung zwischen Wellenerreger und Beobachter. Bei Verringerung des Abstandes zwischen Wellenerreger und Beobachter nimmt die wahrgenommene Frequenz zu, bei Vergrößerung des Abstandes nimmt sie ab.

$$\Delta f = \pm f \cdot \frac{v}{c}$$

Bedingung: $v << c$
v Geschwindigkeit des Beobachters bzw. des Wellenerzeugers
c Ausbreitungsgeschwindigkeit der Welle

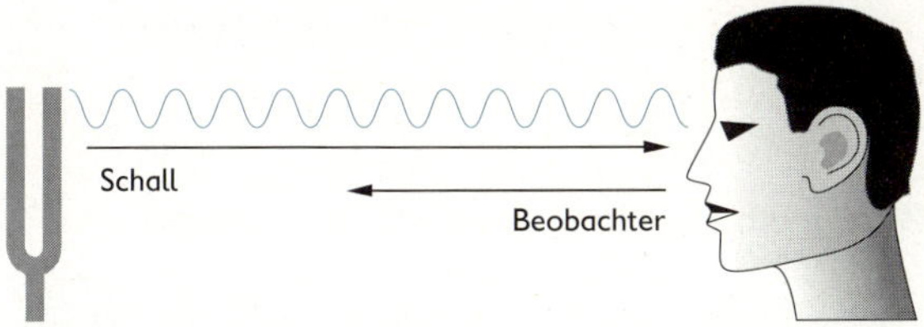

Bewegter Wellenerreger	Beobachtung
Fixsterne, die sich von der Erde wegbewegen	Rotverschiebung der Spektrallinien (Verringerung der Frequenz)
Rettungswagen mit Martinshorn, der sich auf den Betrachter zu bewegt und nachfolgend von ihm weg	größere Tonhöhe, die beim Wegbewegen in eine geringere umschlägt

Mechanische Welle

Vorgang der Ausbreitung einer mechanischen Schwingung im Raum, bei der Energie, jedoch kein Stoff übertragen wird. Die Übertragung der mechanischen Energie erfolgt durch die Kopplung der Schwinger.

Zur Beschreibung sind z. B. die sich zeitlich und örtlich periodisch ändernden physikalischen Größen Auslenkung, Weg, Geschwindigkeit, Druck, Dichte, Kraft und Energie geeignet.

Entstehung einer mechanischen Welle

Voraussetzungen für das Entstehen einer mechanischen Welle sind
– schwingungsfähige Teilchen und
– Kopplungskräfte zwischen den Teilchen.
Die Kopplung kann z. B. durch mechanische, elektrische oder magnetische Kräfte erfolgen.

2

Harmonische mechanische Welle

Welle, deren gekoppelte mechanische Schwinger harmonische Schwingungen (↗ S. 119) ausführen. Da eine Welle ein örtlich und zeitlich periodischer Vorgang ist, kann sie durch zwei Gleichungen bzw. Diagramme beschrieben werden.

$y = y_{max} \cdot \sin(\omega \cdot t + \varphi_1)$

Bedingung: s = konstant

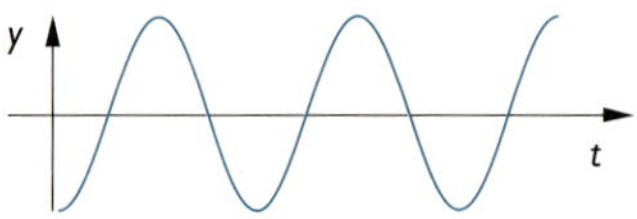

$y = y_{max} \cdot \sin\left(\frac{2\pi s}{\lambda} + \varphi_2\right)$

Bedingung: t = konstant

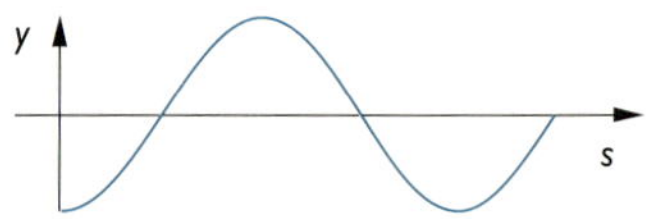

Die Gleichungen können zusammengefaßt werden, so daß y als Funktion des Ortes und der Zeit dargestellt wird:

$$y = y_{max} \cdot \sin\left[2\pi\left(\frac{s}{\lambda} - \frac{t}{T}\right) + \varphi\right]$$

Physikalische Gößen zur Beschreibung einer mechanischen Welle

Physikalische Größe	Formelzeichen	Definition	Grafische Darstellung/ mathematische Beziehung
Auslenkung (Elongation)	y	jeweiliger Abstand des schwingenden Körpers von der Gleichgewichtslage	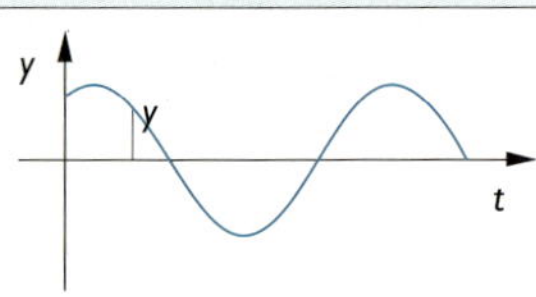
Amplitude (Maximalwert)	y_{max}	größter Abstand des schwingenden Körpers von der Gleichgewichtslage	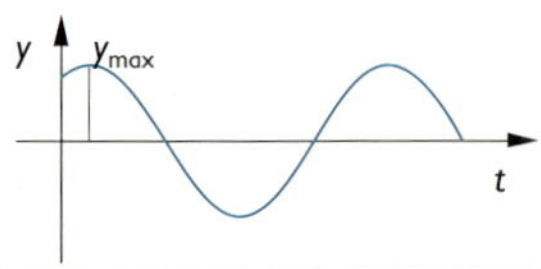
Phasenkonstante	φ	↗ S. 127	

Physikalische Größe	Formelzeichen	Definition	Grafische Darstellung/ mathematische Beziehung
Periodendauer	T	Zeit, die jedes einzelne Teilchen für eine vollständige Hin- und Herbewegung benötigt	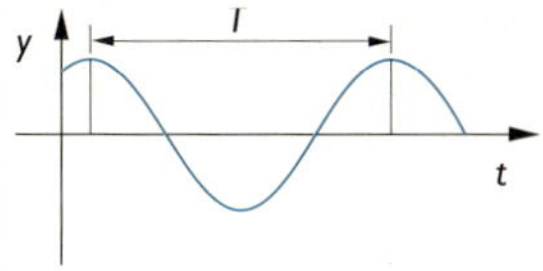
Frequenz	f	kennzeichnet die Anzahl der Hin- und Herbewegungen des schwingenden Körpers in einer bestimmten Zeit	
Kreisfrequenz	ω	↗ S. 127	
Wellenlänge	λ	Abstand zweier benachbarter Teilchen, die in Ausbreitungsrichtung einer Welle den gleichen Schwingungszustand besitzen	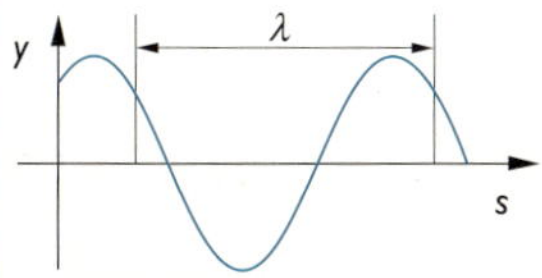
Ausbreitungsgeschwindigkeit	c	↗ S. 127	$c = \lambda \cdot f$ ↗ S. 127

Reflexion, Brechung und Beugung von mechanischen Wellen

Erscheinungen, die beim Auftreffen mechanischer Wellen auf Körper auftreten können. Dabei erfolgt eine Änderung der Ausbreitungsrichtung von Wellen. Diese Erscheinungen können mit Hilfe des Huygensschen Prinzips erklärt werden.

↗ Huygensches Prinzip, S. 129

Reflexion	Brechung	Beugung
Zurückwerfen einer Welle an der Grenzfläche eines Körpers	Richtungsänderung einer Welle, wenn sie durch die Grenzfläche zwischen zwei verschiedenen Körpern geht	Richtungsänderung eines Teils der Welle, wenn diese auf Spalte oder Kanten trifft
Reflexionsgesetz $\alpha = \alpha'$	Brechungsgesetz $\frac{\sin\alpha}{\sin\beta} = \frac{c_1}{c_2}$ c_1; c_2: Geschwindigkeiten in den betreffenden Medien	
Lot, Einfallswinkel α und Reflexionswinkel α' liegen in einer Ebene.	Lot, Einfallswinkel α und Brechungswinkel β liegen in einer Ebene.	

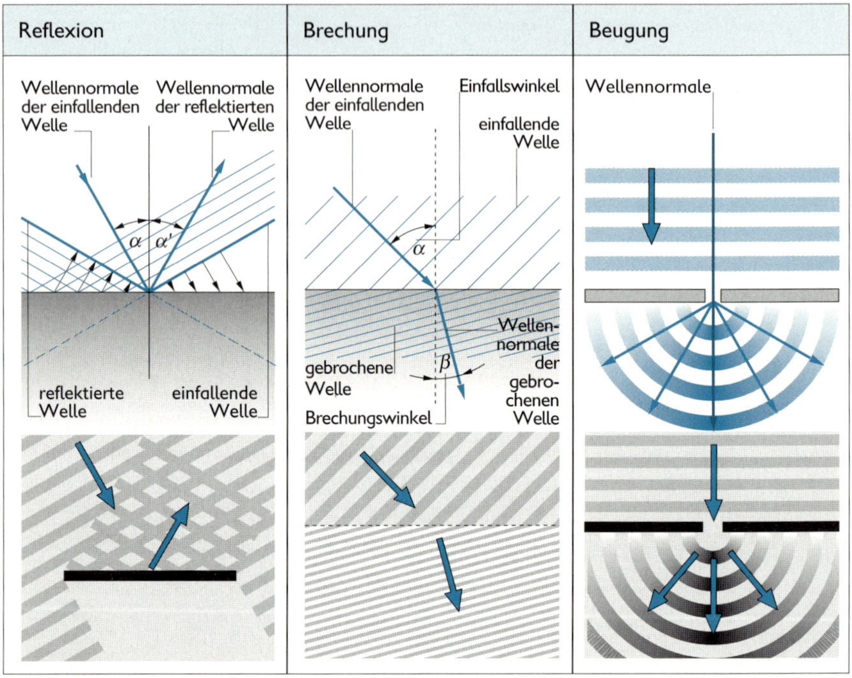

Interferenz mechanischer Wellen

Überlagerung zweier oder mehrerer Wellen. Die Wellen beeinflussen einander dabei nicht. Die Auslenkungen der Teilchen, die von den einzelnen Wellen erfaßt werden, addieren sich während der Überlagerung an jeder Stelle.

- Überlagerung zweier Kreiswellen gleicher Frequenzen und gleicher Amplitude
  Je nach Betrag des Gangunterschiedes tritt Verstärkung oder Abschwächung auf. Die Abschwächung führt an bestimmten Stellen zur Auslöschung. Es entsteht ein regelmäßiges Interferenzbild.

maximale Verstärkung	Gangunterschied $(k \cdot \lambda)$	$(k = 0,1,2,...)$
Auslöschung	Gangunterschied $(2k + 1)\frac{\lambda}{2}$	$(k = 0,1,2,...)$

Interferenz von Kreiswellen

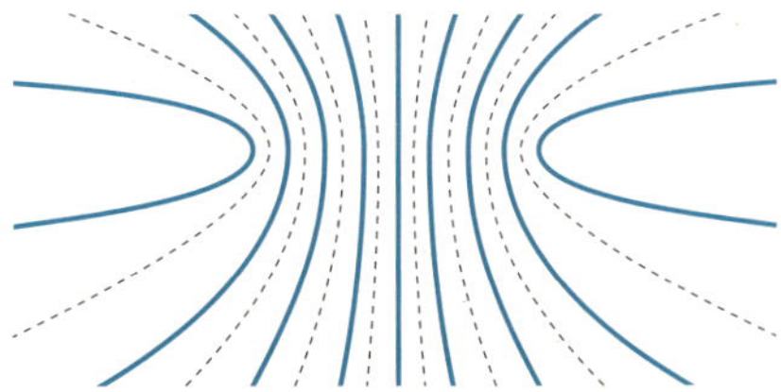

AKUSTIK

Schall

Im engeren Sinne Schallschwingungen und Schallwellen im Frequenzbereich zwischen 16 Hz und 20 kHz, die der Mensch hören kann. Schallschwingungen und Schallwellen geringer Frequenz nennt man *Infraschall* und die größerer Frequenz *Ultraschall*.

Erzeugung der Schallschwingung durch	Geräte, die auf diesem Prinzip beruhen	Skizze
schwingende Saiten	Geige, Gitarre, Klavier	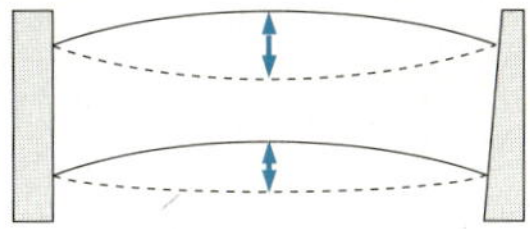
schwingende Zungen	Mundharmonika, Akkordeon	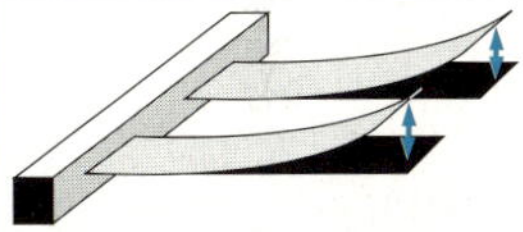
schwingende Membranen	Lautsprecher, Trommel	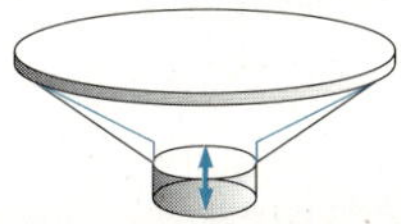
schwingende Luftsäulen	Flöte, Trompete, Orgel	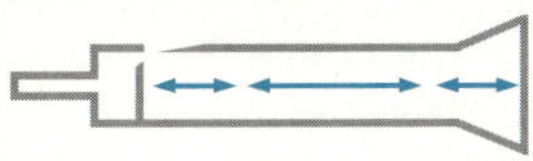

Schallgeschwindigkeit

Ausbreitungsgeschwindigkeit des Schalls

- Schallgeschwindigkeit *c* in verschiedenen Stoffen (bei 20 °C und Normaldruck)

Stahl	$5100\ \mathrm{m \cdot s^{-1}}$	Wasser	$1490\ \mathrm{m \cdot s^{-1}}$
Beton	$3800\ \mathrm{m \cdot s^{-1}}$	Luft	$343\ \mathrm{m \cdot s^{-1}}$

Schallstärke und Tonhöhe

Je größer die Amplitude des schwingenden Körpers ist, um so größer ist die Schallstärke.
Je größer die Frequenz eines schwingenden Körpers ist, um so größer ist die Tonhöhe.

	tiefer Ton $f = 220$ Hz	hoher Ton $f = 528$ Hz
kleine Schallstärke	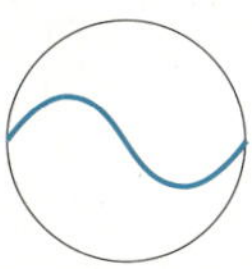	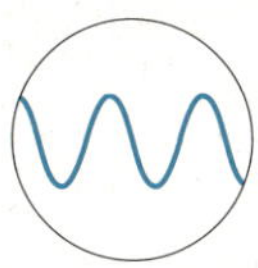

	tiefer Ton $f = 220$ Hz	hoher Ton $f = 528$ Hz
große Schallstärke	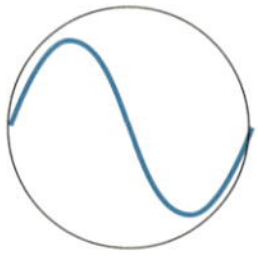	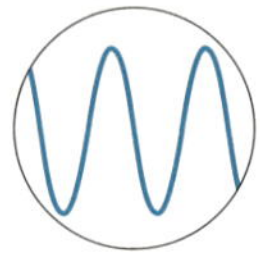

Töne und Klänge von Musikinstrumenten

Art des Instruments	Anregen der Schwingungen	Vergrößern der Tonhöhe
Saiteninstrumente		
Violine, Cello	Streichen oder Zupfen	strafferes Spannen der Saite bzw.
Klavier, Gitarre	Anschlagen	Verkürzen der Saite
Blasinstrumente		
Trompete, Flöte, Orgel	Erzeugen eines Luftstroms	Verkürzen der Luftsäule

Empfindung	Ton	Klang	Geräusch
Schwingungsverlauf	sinusförmig 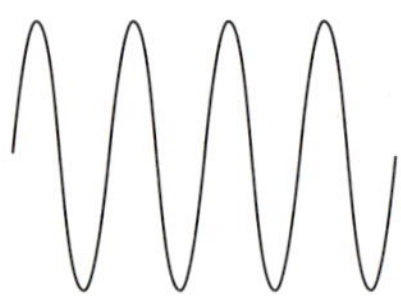	periodisch, aber nicht sinusförmig 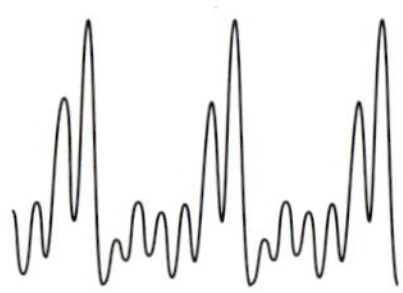	nichtperiodisch 

Intervall

Die Beziehung zweier Töne zueinander bezeichnet man in der Musik als Intervall. Bezieht man das Intervall auf einen Grundton, so ergeben sich bei der Dur-Tonskala in reiner Stimmung folgende Beziehungen:

Intervall	Oktave	Quinte	Quarte	große Terz	kleine Terz
Verhältnis der Frequenzen	1:2	2:3	3:4	4:5	5:6

Tonleiter

Folge von Tönen, die sich in ihrer Frequenz voneinander unterscheiden. Die Frequenzen der Töne stehen in einem bestimmten Verhältnis zueinander.

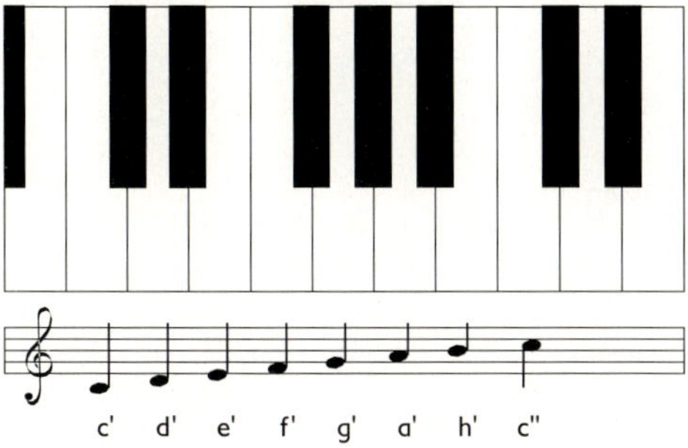

C-Dur-Tonleiter

Ton	c′	d′	e′	f′	g′	a′	h′	c″
Frequenz bei reiner Stimmung in Hz	264	297	330	352	396	440	495	528
Intervalle	8/9	9/10	15/16	8/9	9/10	8/9	15/16	

Bei der heute meist verwendeten temperierten Stimmung treten in den Verhältnissen teilweise größere Zahlen auf.

Lautstärke

Die Lautstärke gibt an, wie laut ein Ton empfunden wird.
Die Einheit der Lautstärke ist das Dezibel A (dB(A)).
Wenn sich die Schallstärke um 10 dB(A) erhöht, empfindet man die doppelte Lautstärke. Zur Verdopplung der Lautstärke ist eine Verzehnfachung der Schallenergie erforderlich.

Lärm

Störender Schall, der bei längerer Einwirkung auf den Menschen zu gesundheitlichen Schäden führt

Gesundheitliche Schäden durch Lärm.

- Lärmschwerhörigkeit
- psychische Störungen, Verminderung der Konzentrationsfähigkeit, Erzeugung von Ärger
- Müdigkeit oder Erschöpfung
- Magenbeschwerden
- Schlaflosigkeit

Lärmstärken.

30 dB(A) Immissionsgrenzwert in Wohnungen nachts (vgl. Kühlschrankbrummen)
50 dB(A) normale Umgangssprache
70 dB(A) Schreibmaschine in 1 m Abstand
90 dB(A) schwerer Lkw in 5 m Abstand
120 dB(A) Schmerzgrenze

2

Lärmschutz

technische, organisatorische und gesetzgeberische Maßnahmen zum Schutz von Mensch, Tier und Gütern vor Lärmbelästigung

Ort des Lärmschutzes	Maßnahmen
an der Lärmquelle	lärmarme Konstruktionen Verkleiden der lärmerzeugenden Teile
auf den Ausbreitungswegen	Dämmung durch stark reflektierende bzw. wenig reflektierende Wände Dämmung durch Absorption
beim Empfänger	Gehörschutz

Ultraschall

Schallschwingungen und Schallwellen, die der Mensch infolge ihrer hohen Frequenz nicht mehr hören kann. Der Frequenzbereich liegt zwischen 20 kHz und 107 kHz.

Ultraschallquellen

Mechanische Schwinger mit Frequenzen über 20 kHz

Ultraschallquelle	Wirkprinzip
Galtonpfeife	Ein Luftstrahl trifft auf eine Schneide und erregt eine sehr kleine Luftsäule zum Schwingen.
Piezoelektrischer Ultraschallgeber	Ein Schwingquarz oder keramischer Schallgeber wird mit einer Hochfrequenz durch den piezoelektrischen Effekt (Längenänderung im elektrischen Feld) zu Schwingungen mit der Eigenfrequenz angeregt.
Magnetostriktiver Ultraschallgeber	Ein Nickelkern wird im Magnetfeld eines Hochfrequenzstromes infolge der Magnetostriktion (Längenänderung im magnetischen Feld) zu Schwingungen mit der Eigenfrequenz angeregt.

Anwendungen des Ultraschalls

- Zerstörungsfreie Materialprüfung
- Ultraschalldiagnose in der Medizin
- Ultraschallortung (z. B. Tiefenmessung im Meer mit dem Echolot)
- Bohren mit Ultraschall
- Reinigen von Metallteilen mit Ultraschall

Thermodynamik

In der Thermodynamik werden Zustandsänderungen von Systemen infolge Energieübertragung durch Wärme und Arbeit, Wärmestrahlung sowie Energieumwandlungen unter Beteiligung von Wärme untersucht und beschrieben.

THERMODYNAMISCHE GRUNDBEGRIFFE

3

Betrachtungsweisen

Phänomenologische Betrachtungsweise (makroskopisch)	Kinetisch-statistische Betrachtungsweise (mikroskopisch)
Ausgangspunkt sind äußere Erscheinungen und damit direkt meßbare Größen des Systems, wie die Größen Temperatur, Volumen, Druck. Die gewonnenen Erkenntnisse werden in Form *dynamischer Gesetze* (↗ S. 27) dargestellt. Damit sind sichere Aussagen über das Verhalten und die Eigenschaften von einzelnen (makroskopischen) Objekten möglich.	Ausgangspunkt ist die Bewegung der Teilchen, aus denen das System aufgebaut ist, sowie deren Wechselwirkungen. Im Mittelpunkt stehen solche physikalische Größen, wie Geschwindigkeit und kinetische Energie der Teilchen. Die gewonnenen Erkenntnisse werden in Form *statistischer Gesetze* (↗ S. 27) dargestellt. Über einzelne Teilchen können deshalb nur Wahrscheinlichkeitsaussagen gemacht werden, über das Verhalten und die Eigenschaften einer großen Anzahl von Teilchen (mikroskopisch) sind jedoch sichere Aussagen möglich.

Thermodynamisches System

Bereich, der gedanklich oder tatsächlich durch seine Systemgrenze von der Umgebung abgetrennt wird, aber mit dieser in Wechselwirkung stehen kann
Im thermodynamischen System werden nur bestimmte, vor allem thermodynamische Eigenschaften der betrachteten Objekte, untersucht. Die Beschreibung seines Zustandes erfolgt durch Zustandsgrößen.

Umgebung. Gesamtheit aller Objekte, mit denen das System über die Systemgrenze in Wechselwirkung treten kann. Die Beschreibung der Wechselwirkung erfolgt mit Hilfe von Prozeßgrößen.

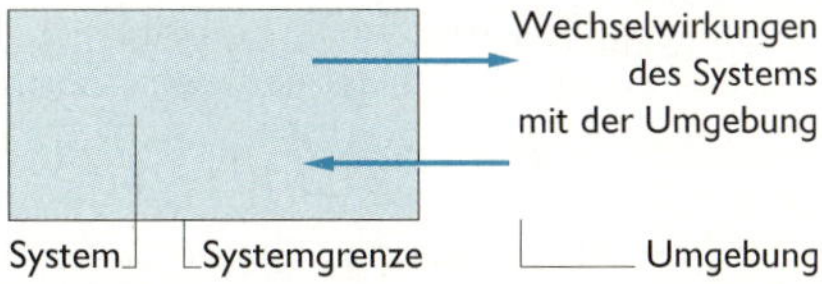

- Tauchsieder; Zylinder eines Motors
  ↗ Zustandsgrößen, S. 14, 142
  Prozeßgrößen, S. 14, 144

Man unterscheidet offene, geschlossene und abgeschlossene Systeme:

Bezeichnung des Systems	Kennzeichnung der Systemgrenze durchlässig für	undurchlässig für	Beispiel
offenes System	Stoff Energie		offener Kühlschrank
geschlossenes System	Energie	Stoff	geschlossener Kühlschrank
abgeschlossenes System		Stoff Energie	abgeschlossenes Thermosgefäß

Thermodynamische Zustandsgröße

Physikalische Größe, die zur Beschreibung des Zustandes eines thermodynamischen Systems geeignet ist. Der Wert der Zustandsgröße beschreibt den gegenwärtigen Zustand des Systems unabhängig davon, wie der betreffende Zustand entstanden ist. Zur eindeutigen Festlegung des Zustandes eines Systems ist meist die Angabe mehrerer Zustandsgrößen notwendig. Die Änderung einer dieser Größen bewirkt die Änderung einer oder mehrerer anderer Zustandsgrößen.

- Phänomenologische Betrachtungsweise
  Temperatur T, Volumen V, Druck p, innere Energie U, die mechanische Zustandsgröße Masse m
- Kinetisch-statistische Betrachtungsweise
  mittlere kinetische Energie $\overline{E}_{kin}$ der Teilchen, Teilchenanzahldichte $\frac{N}{V}$, Geschwindigkeit v_i eines Teilchens, Masse m_T eines Teilchens

Temperatur T, ϑ

Die Temperatur ist eine Zustandsgröße.

Phänomenologische Betrachtungsweise	Kinetisch-statistische Betrachtungsweise
physikalische Größe, die aussagt, wie heiß bzw. kalt ein Körper ist	physikalische Größe, die die mittlere kinetische Energie der Teilchen eines thermodynamischen Systems widerspiegelt Dabei ist die Temperatur eines Systems um so höher, je heftiger sich die Teilchen bewegen, aus denen das System besteht. ↗ mittlere kinetische Energie S. 159

Einheit: 1 K (ein Kelvin)
1 °C (ein Grad Celsius)

1 K ist der 273,16te Teil der (thermodynamischen) Temperatur des Tripelpunktes von Wasser (+ 0,01 °C).

Zwischen der Temperatur T in Kelvin und der Temperatur ϑ in Grad Celsius besteht folgende Beziehung:

$$\frac{\vartheta}{°C} = \frac{T}{K} - \frac{T_0}{K}$$

T absolute Temperatur
ϑ Celsiustemperatur
$T_0 = 273{,}15$ K

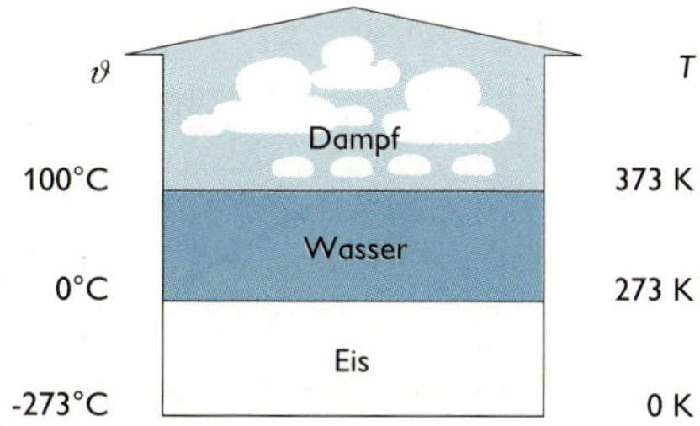

Vereinfacht rechnet man meist mit der Beziehung
–273 °C ≙ 0 K (absoluter Nullpunkt).
Temperaturdifferenzen werden stets in K angegeben: 100 °C – 20 °C = 80 K.

Temperaturskalen. Sie dienen zur objektiven Festlegung der Temperatur eines Systems. Zum Eichen der Skalen werden die Änderung von Zustandsgrößen (Länge, Volumen) oder Eigenschaften (elektrischer Widerstand, Farbe) des thermodynamischen Systems (Thermometer) bei Temperaturänderung genutzt.
Die Temperaturdifferenz zwischen der Schmelztemperatur des Eises und der Siedetemperatur des Wassers bei normalem Luftdruck (genau reproduzierbare Fixpunkte) wird in 100 gleiche Teile eingeteilt. Einem solchen Teil wird die Temperaturdifferenz ein Kelvin (1 K) zugeordnet.

3

- Volumenänderung des idealen Gases (↗ S. 158) bei einer isobaren Zustandsänderung

$$V = \gamma \cdot V_0 \cdot T$$

V_0 Volumen bei 0 °C
γ kubischer Ausdehnungskoeffizient (↗ S. 150)
T Temperatur

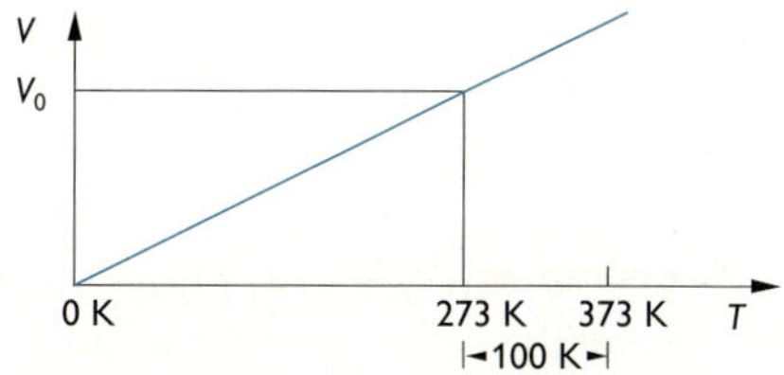

V-*T*-Diagramm des idealen Gases

Temperaturmessung

Verfahren zum quantitativen Erfassen von Temperaturen unter Ausnutzung einer möglichst proportionalen Zustands- oder Eigenschaftsänderung bei Temperaturänderung

Temperaturmeßverfahren

Temperaturmeßverfahren	Meßbereich	Änderung der Zustandsgröße bzw. Eigenschaft
Flüssigkeitsthermometer mit Quecksilber	–30 °C bis 280 °C	Volumen
Flüssigkeitsthermometer mit Alkohol	–110 °C bis 50 °C	Volumen
Thermocolore	150 °C bis 600 °C	Farbe
elektrische Widerstandsthermometer	–250 °C bis 1000 °C	elektrischer Widerstand
Gasthermometer	–272 °C bis 2800 °C	Volumen

Innere Energie U

Phänomenologische Betrachtungsweise	Kinetisch-statistische Betrachtungsweise
physikalische Größe, die die Fähigkeit eines Systems beschreibt, an seine kältere Umgebung Wärme abzugeben oder mechanische Arbeit zu verrichten Die innere Energie eines thermodynamischen Systems ist um so größer, je höher die Temperatur und je größer die Masse des Systems sind. Die innere Energie eines Systems ist auch von dem Stoff abhängig, aus dem das System besteht: $U = c_V \cdot m \cdot T$ U innere Energie c_V spezifische Wärmekapazität bei konstantem Volumen (↗ S. 148, 161) m Masse des Systems T Temperatur	physikalische Größe, die sich aus der Summe der kinetischen und der potentiellen Energie im Kraftfeld der gegenseitigen Kohäsionskräfte aller Teilchen des thermodynamischen Systems zusammensetzt Kinetische Energie der Teilchen (auch thermische Energie E_{th} genannt) umfaßt – Translationsenergie, – Rotationsenergie, – Schwingungsenergie der Teilchen des Systems.

Die innere Energie ist eine Zustandsgröße.
Einheit: 1 J (ein Joule), 1 kJ, 1 MJ
$1\,J = 1\,W \cdot s = 1\,N \cdot m$

Druck p

Phänomenologische Betrachtungsweise	Kinetisch-statistische Betrachtungsweise
physikalische Größe, die die Wirkung einer Kraft auf eine Fläche kennzeichnet $p = \frac{F}{A}$ p Druck F Druckkraft senkrecht auf die gedrückte Fläche A Fläche, auf die die Kraft wirkt (↗ Druck S. 109)	physikalische Größe, die durch die mittlere kinetische Energie der Teilchen sowie durch die Teilchenanzahldichte eines thermodynamischen Systems gekennzeichnet ist Der Druck in einem thermodynamischen System ist um so höher, je heftiger sich die Teilchen, aus denen das System besteht, bewegen und je größer die Teilchenanzahldichte ist.

Der Druck ist eine Zustandsgröße.
Einheit: 1 Pa (ein Pascal)
$1\,Pa = 1\,N \cdot m^{-2}$

Thermodynamische Prozeßgröße

Physikalische Größe, die die Wechselwirkung eines thermodynamischen Systems über die Systemgrenze mit der Umgebung kennzeichnet. Durch die Einwirkung einer Prozeßgröße wird der Zustand des Systems geändert.

■ Wärme Q (↗ S. 145), Volumenarbeit W_V (↗ S. 149)

Wärme Q

Physikalische Größe, die angibt, wieviel Energie von einem System auf ein anderes System übertragen wird und dadurch in dem anderen System den Zustand (Temperatur, Volumen, Druck) ändert. Die Wärme ist eine Prozeßgröße.
Die Wärme, die einem thermodynamischen System übertragen wird, ist um so größer, je höher die Temperaturänderung und je größer die Masse des Systems sind. Die übertragene Wärme ist auch vom Stoff abhängig, aus dem das System besteht.

$$Q = c \cdot m \cdot \Delta T$$

Q	übertragene Wärme
c	spezifische Wärmekapazität des Stoffes, ↗ S. 148
m	Masse des Systems
ΔT	Temperaturänderung, wobei $\Delta T = T_E - T_A$
T_E	Endtemperatur
T_A	Anfangstemperatur

Einheit: 1 J (ein Joule), 1 kJ, 1 MJ
$1\ \text{J} = 1\ \text{W} \cdot \text{s} = 1\ \text{N} \cdot \text{m}$

Änderung der inneren Energie bei Wärmezufuhr

Q ↓

innere Energie wächst	($\Delta U > 0$)	mittlere kinetische Energie der Teilchen wächst
→ Temperatur steigt	($\Delta T > 0$)	
System dehnt sich aus	($\Delta V > 0$)	
Druckerhöhung (wenn V = konstant)	($\Delta p > 0$)	Anzahl der Stöße je Zeiteinheit auf die Wand steigt

Änderung der inneren Energie bei Wärmeabgabe

innere Energie nimmt ab	($\Delta U < 0$)	mittlere kinetische Energie der Teilchen sinkt
→ Temperatur sinkt	($\Delta T < 0$)	
System verkleinert sein Volumen	($\Delta V < 0$)	
Druckabnahme (wenn V = konstant)	($\Delta p < 0$)	Anzahl der Stöße je Zeiteinheit auf die Wand sinkt

↓ $-Q$

Vorzeichenfestlegung
Wird einem thermodynamischen System Wärme zugeführt, so gilt: $Q > 0$.
Wird von einem thermodynamischen System Wärme abgegeben, so gilt: $Q < 0$.

Thermodynamisches Gleichgewicht

Zustand, bei dem in einem thermodynamischen System oder zwischen zwei Systemen keine Zustandsänderungen mehr stattfinden

■ Temperaturausgleich beim Mischen von Wasser höherer Temperatur mit Wasser niedrigerer Temperatur
Druckausgleich beim Verbinden zweier Gasbehälter unterschiedlichen Druckes

Energieübertragung durch Wärme

Bei einer Energieübertragung durch Wärme zwischen zwei oder mehreren thermodynamischen Systemen unterschiedlicher Temperatur erfolgt der Wärmeaustausch so lange, bis alle Systeme die gleiche Temperatur T_M erreicht haben. Alle Systeme befinden sich dann im thermodynamischen Gleichgewicht.

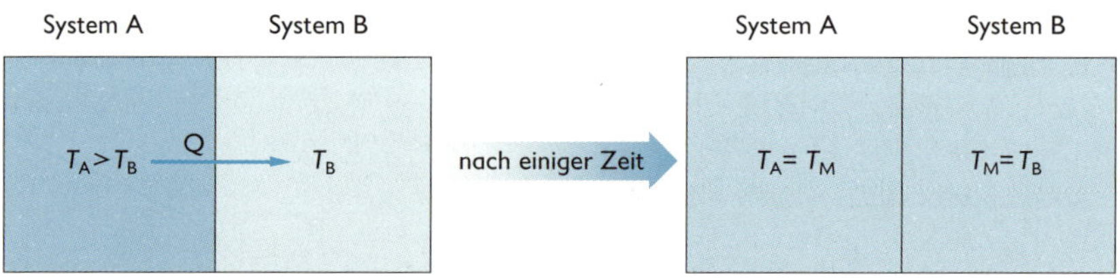

Die Summe der Beträge der vom System höherer Temperatur abgegebenen Wärmen ist gleich der Summe der dem System niederer Temperatur zugeführten Wärmen.
$\Sigma |-Q_{ab}| = \Sigma Q_{zu}$ (Richmannsche Regel)

Formen der Energieübertragung durch Wärme

Mit Stoff- und Energietransport	Nur Energietransport	
Wärmeströmung	Wärmeleitung	Wärmestrahlung
– Energietransport durch Teilchen in einem System – Teilchen bewegen sich von einem Ort zum anderen – tritt in Flüssigkeiten und Gasen auf	– Energieübertragung durch Stoß an benachbarte Teilchen – Teilchen bleiben am Ort – tritt vornehmlich in festen Stoffen auf	– Energieübertragung von einem System zu einem anderen ohne Mitwirkung eines Stoffes – kein Kontakt zwischen dem wärmeren und dem kälteren Körper – tritt nur in Gasen und im Vakuum auf
■ Warmwasserheizung Luft- und Meeresströmungen	■ Lötkolben Kochplatte	■ Sonnenstrahlung Infrarotstrahler ↗ elektromagnetisches Spektrum, S. 283.

In Natur und Technik wirken häufig mehrere Arten der Energieübertragung durch Wärme zusammen.

■ Thermosflasche

Wärmedämmung. Verhindern unerwünschter Energieübertragung durch Wärme. Man nutzt dazu Stoffe, die die Wärme schlecht leiten sowie Wärmeströmung und Wärmestrahlung behindern.

■ Schaumstoff; Glaswolle; helle und spiegelnde Oberflächen; Wärmeschutzglas; Doppelfenster; Vakuum

Nullter Hauptsatz der Thermodynamik

Sind zwei Systeme A und B miteinander im thermodynamischen Gleichgewicht und ist ein System C mit dem System B im thermodynamischen Gleichgewicht, so sind auch die Systeme A und C im thermodynamischen Gleichgewicht.

Wärmequelle

Alle technischen und natürlichen Objekte, die eine höhere Temperatur als ihre Umgebung haben und deshalb Wärme an die Umgebung abgeben

■ Ofen; Heizkörper; Heizplatte; Sonne; Luftmassen

Für Wärmequellen gelten alle Hauptsätze der Thermodynamik

↗ 0. Hauptsatz der Thermodynamik, S. 147
1. Hauptsatz der Thermodynamik, S. 160
2. Hauptsatz der Thermodynamik, S. 163

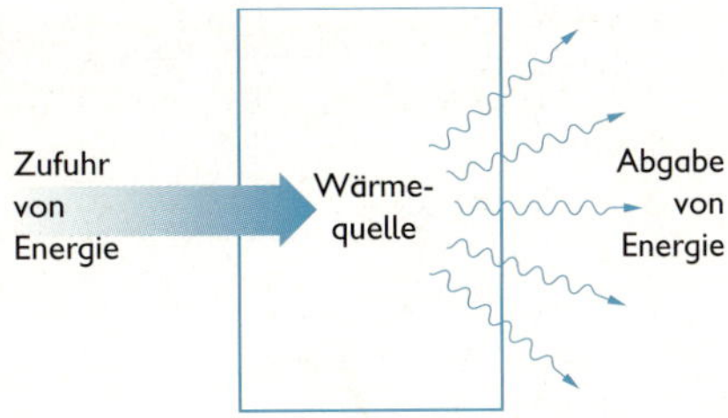

Heizwert

Physikalische Größe, die angibt, wieviel Wärme abgegeben wird, wenn 1 kg (bei festen Stoffen), 1 l (bei Flüssigkeiten) oder 1 m^3 (bei Gasen) eines Brennstoffes verbrannt wird

Thermische Leistung

Physikalische Größe, die angibt, wieviel Wärme von einer Wärmequelle in 1 s abgeben wird

$$P_{th} = \frac{Q}{t}$$

P_{th} thermische Leistung
Q abgegebene Wärme
t Zeitdauer der Wärmeabgabe

Einheit: $1\ J \cdot s^{-1}$ (ein Joule je Sekunde), $1\ kJ \cdot s^{-1}$, $1\ MJ \cdot s^{-1}$
$1\ J \cdot s^{-1} = 1\ W$ (ein Watt)

Wärmekapazität C

Physikalische Größe, die den Zusammenhang zwischen der einem thermodynamischen System zugeführten (bzw. von ihm abgegebenen) Wärme und der dadurch erzielten Temperaturänderung beschreibt

$$C = \frac{Q}{\Delta T}$$

C Wärmekapazität
Q zugeführte bzw. abgegebene Wärme
ΔT Temperaturänderung

Bedingung: keine Änderung des Aggregatzustandes (↗ S. 152)
Einheit: 1 kJ · K^{-1} (ein Kilojoule je Kelvin)

3

1 kJ · K^{-1} ist die Wärmekapazität eines Körpers, dessen Temperatur um 1 K steigt, wenn ihm die Wärme 1 kJ zugeführt wird.
Besteht ein Körper aus einem einheitlichen Stoff, so ist die Wärmekapazität gleich dem Produkt aus der Masse *m* des Körpers und der spezifischen Wärmekapazität *c* des Stoffes, aus dem der Körper besteht.

$$C = c \cdot m$$

C Wärmekapazität
c spezifische Wärmekapazität des Stoffes, ↗ S. 148
m Masse des Körpers

Spezifische Wärmekapazität c

Physikalische Größe, die angibt, wieviel Wärme aufgenommen oder abgegeben werden muß, damit sich die Temperatur von 1 kg eines bestimmten Stoffes um 1 K ändert

$$c = \frac{Q}{m \cdot \Delta T}$$

c spezifische Wärmekapazität des Stoffes
Q zugeführte bzw. abgegebene Wärme
m Masse des Körpers
ΔT Temperaturänderung

Einheit: 1 kJ · (kg · K)$^{-1}$ (ein Kilojoule je Kilogramm und Kelvin)

1 kJ · (kg · K)$^{-1}$ ist die spezifische Wärmekapazität eines Stoffes, bei der ein Körper aus diesem Stoff der Masse 1 kg die Wärmekapazität 1 kJ · K^{-1} besitzt. Die spezifische Wärmekapazität eines Stoffes ist von dessen Temperatur abhängig.
Wasser hat von allen in der Natur vorkommenden Flüssigkeiten die größte spezifische Wärmekapazität. Das ist für die Natur und Technik von großer Bedeutung.

- Einfluß des Meeres auf das Klima

Spezifische Wärmekapazität der Gase. Bei Gasen sind zu unterscheiden:

Spezifische Wärmekapazität c_V bei konstantem Volumen (V = konstant)	Spezifische Wärmekapazität c_p bei konstantem Druck (p = konstant)

↗ Zusammenhang von c_p und c_V beim idealen Gas, S. 161

Volumenarbeit W_V

Physikalische Größe, die den Vorgang der Veränderung des Volumens durch eine auf einen Kolben wirkende Kraft kennzeichnet
Die Volumenarbeit ist eine Prozeßgröße.
Einheit: 1 J (ein Joule)
$1\,J = 1\,N \cdot m = 1\,W \cdot s$

Vorzeichenfestlegung
Wird an einem thermodynamischen System die Volumenarbeit W_V verrichtet, so gilt: $W_V > 0$.
Wird von einem thermodynamischen System die Volumenarbeit W_V verrichtet, so gilt: $W_V < 0$.

Diese Vorzeichenfestlegung gilt für alle Formen der mechanischen Arbeit (↗ Beschleunigungsarbeit, S. 93; Hubarbeit, S. 93; Federspannarbeit, S. 93; Reibungsarbeit, S. 93).

3

Gleichung zur Berechnung der Volumenarbeit

Druck konstant (isobare Zustandsänderung: p = konstant)

$$W_V = -p \cdot \Delta V$$
$$W_V = -p \cdot (V_2 - V_1)$$

W_V Volumenarbeit
p konstanter Druck
ΔV Volumenänderung
V_2 Endvolumen
V_1 Anfangsvolumen

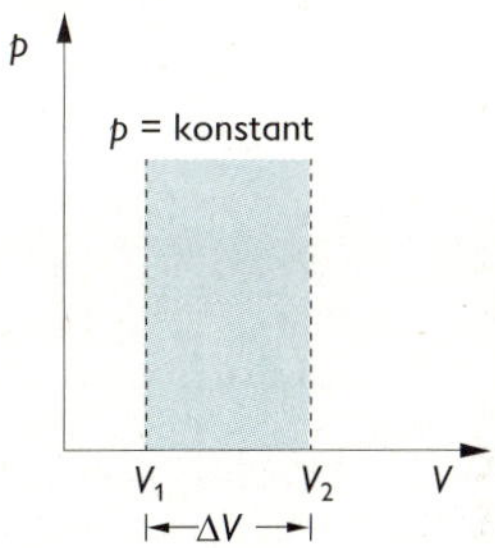

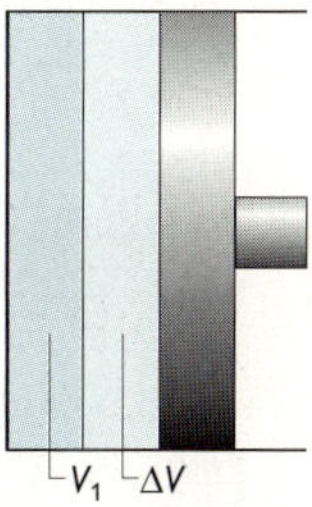

Druck nicht konstant
(nicht isobare Zustandsänderung)

$$W_V = -\int_{V_1}^{V_2} p \cdot dV$$

W_V Volumenarbeit
p veränderlicher Druck
dV Volumenelement
V_2 Endvolumen
V_1 Anfangsvolumen

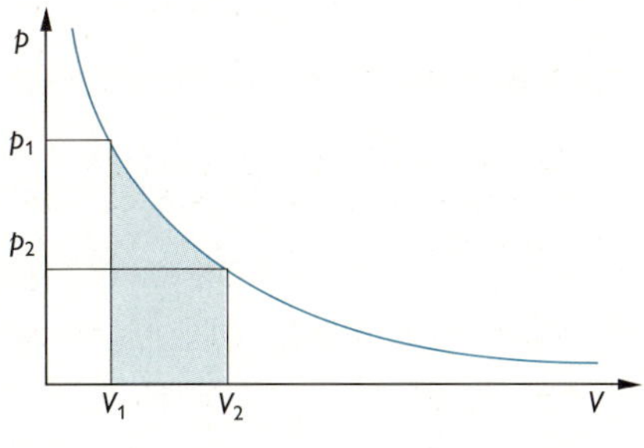

Temperatur konstant (isotherme Zustandsänderung)

$$W_V = -p_1 \cdot V_1 \cdot \ln \frac{V_2}{V_1}$$

W_V Volumenarbeit
p_1 Anfangsdruck
V_2 Endvolumen
V_1 Anfangsvolumen

THERMISCHES VERHALTEN VON KÖRPERN

3

Temperaturänderung ΔT

Physikalische Größe, die die Änderung der mittleren kinetischen Energie der Teilchen eines Körpers beschreibt

Für Temperaturerhöhung gilt: $\Delta T > 0$.
Für Temperaturerniedrigung gilt: $\Delta T < 0$.

■ Temperaturerhöhung einer Flüssigkeit durch Erwärmen
Temperaturerhöhung von Luft durch Kompression (pneumatisches Feuerzeug, Dieselmotor)

Häufig ändern sich bei der Temperaturänderung eines Gases sowohl das Volumen als auch der Druck.

■ Reifen; Luftmatratze; Schlauchboot

Volumenänderung ΔV

Physikalische Größe, die die Änderung der räumlichen Ausdehnung bei fast allen festen Körpern, den meisten Flüssigkeiten und allen Gasen bei Temperaturänderung beschreibt

Kubischer Ausdehnungskoeffizient γ

Physikalische Größe, die angibt, um welchen Teil sich das Volumen eines Körpers aus einem bestimmten Stoff ändert, wenn seine Temperatur um 1 K geändert wird

$$\gamma = \frac{\Delta V}{V_0 \cdot \Delta T}$$

γ kubischer Ausdehnungskoeffizient
ΔV Volumenänderung
V_0 Anfangsvolumen bei 0 °C
ΔT Temperaturdifferenz

Einheit: $1\ m^3 \cdot (m^3 \cdot K)^{-1} = 1\ K^{-1}$

Für alle Gase, die als ideales Gas betrachtet werden können, beträgt der kubische Ausdehnungskoeffizient:

$\gamma = \frac{1}{273} K^{-1}$ Das bedeutet: Ein Gas vergrößert sein Volumen bei einer Temperaturerhöhung um 1 K um $\frac{1}{273}$ seines Anfangsvolumens bei 0 °C.

Bei den festen Stoffen und Flüssigkeiten kann man wegen der wesentlich geringeren Volumenänderung von einem Anfangsvolumen bei einer beliebigen Temperatur ausgehen.

■ Der kubische Ausdehnungskoeffizient von Petroleum beträgt $\gamma = 0{,}00096\ K^{-1}$. Das heißt: 1 l Petroleum dehnt sich bei einer Temperaturerhöhung um 1 K um 0,00096 l aus.

Längenänderung Δl

Physikalische Größe, die die Volumenänderung nur in einer Richtung beschreibt

Linearer Ausdehnungskoeffizient α

Physikalische Größe, die angibt, um welchen Teil sich die Länge eines Körpers aus einem bestimmten Stoff ändert, wenn seine Temperatur um 1 K geändert wird

$$\alpha = \frac{\Delta l}{l_0 \cdot \Delta T}$$

α linearer Ausdehnungskoeffizient
Δl Längenänderung
l_0 Anfangslänge
ΔT Temperaturdifferenz

Einheit: $1\ \text{m} \cdot (\text{m} \cdot \text{K})^{-1} = 1\ \text{K}^{-1}$

Für feste Körper gilt $3\alpha \approx \gamma$.

- Der lineare Ausdehnungskoeffizient von Stahl beträgt $\alpha = 0{,}000013\ \text{K}^{-1}$.
  Das heißt: Ein 1 m langer Stahlstab dehnt sich bei einer Temperaturerhöhung von 1 K um 0,000013 m aus.

Volumenänderung	Längenänderung
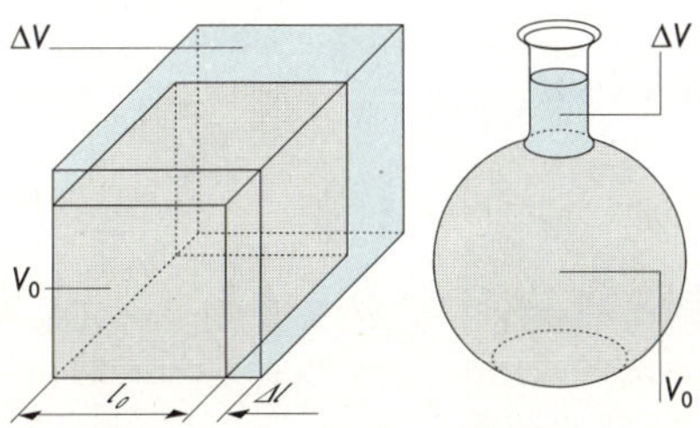	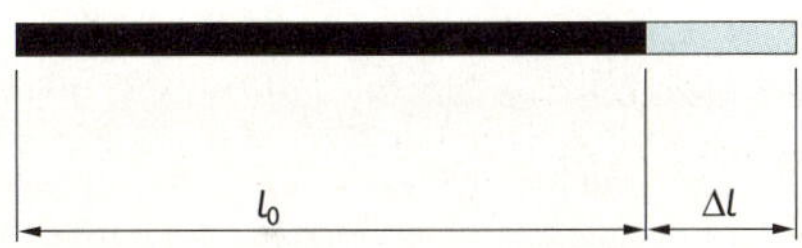
Für die meisten Stoffe gilt annähernd: $\Delta V \sim \Delta T$ $\Delta V \sim V_0$ $\Delta V = \gamma \cdot V_0 \cdot \Delta T$ ■ Luftmatratze; Öl im Öltank	Für die meisten Stoffe gilt annähernd: $\Delta l \sim \Delta T$ $\Delta l \sim l_0$ $\Delta l = \alpha \cdot l_0 \cdot \Delta T$ ■ Rohre; Schienen; elektrische Freileitungen; Brücken; Bimetallstreifen

Anomalie des Wassers

Eigenschaft des Wassers, sich beim Abkühlen im Temperaturbereich von 4 °C bis 0 °C auszudehnen

Wasser hat bei 4 °C seine größte Dichte.

- Stehende Gewässer frieren von oben her zu.

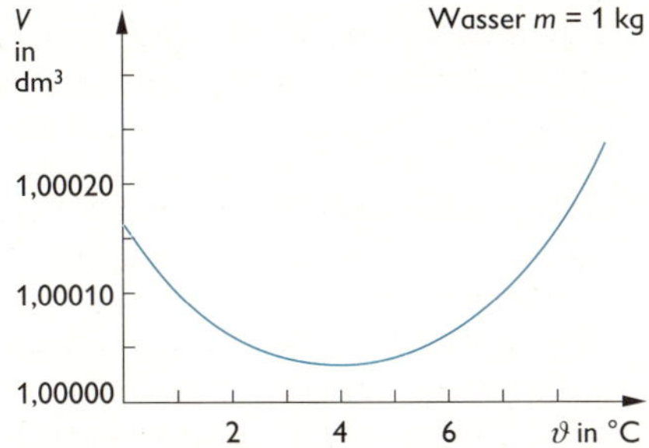

Thermodynamische Phase

Physikalisch einheitlicher Teilbereich eines thermodynamischen Systems, der durch räumlich konstante Beschaffenheit gekennzeichnet und von anderen Teilbereichen des Systems durch Grenzflächen abgegrenzt ist

- verschiedene Modifikationen eines festen Körpers, ↗ Wissensspeicher Chemie

Aggregatzustand

Zustandsform, in der ein Körper auftritt
Es gibt den festen, den flüssigen und den gasförmigen Zustand. Das Plasma wird auch als 4. Aggregatzustand bezeichnet.

Fest	Flüssig	Gasförmig
		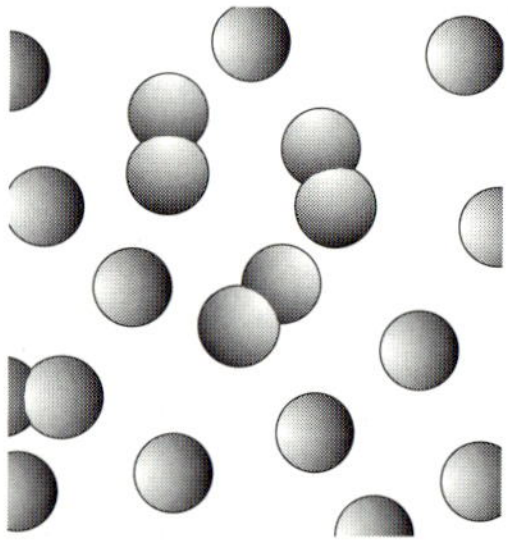
Die Teilchen befinden sich relativ eng beieinander und üben aufeinander starke Kohäsionskräfte aus. Dabei schwingen die Teilchen um ihre Gleichgewichtslage.	Der Abstand zwischen den Teilchen ist groß, die Kohäsionskraft damit kleiner. Die Teilchen sind frei verschiebbar.	Der Teilchenabstand ist so groß, daß Kohäsionskräfte vernachlässigt werden können. Die Teilchen bewegen sich frei im Raum.
Feste Stoffe besitzen deshalb eine bestimmte Gestalt und ein bestimmtes Volumen.	Flüssige Stoffe behalten ihr Volumen, nehmen jedoch eine beliebige, durch das Gefäß bedingte Gestalt an.	Gase füllen jedes zur Verfügung stehende Raumgebiet aus.

Aggregatzustandsänderung

Physikalischer Vorgang, bei dem Stoffe durch Zufuhr oder Entzug von Wärme bei bestimmten Temperaturen in einen anderen Aggregatzustand übergehen
Die Temperatur bleibt dabei konstant, bestimmte physikalische Eigenschaften ändern sich sprunghaft.

Umwandlungstemperatur T_U

Physikalische Größe, die die Temperatur kennzeichnet, bei der die Aggregatzustandsänderung eines bestimmten Stoffes erfolgt
Die Umwandlungstemperaturen der Stoffe sind vom Druck abhängig.

Umwandlungswärme Q_U

Physikalische Größe, die die Wärme angibt, die einem Körper für eine bestimmte Aggregatzustandsänderung zugeführt werden muß oder von dem Körper abgegeben wird

Die dem Körper zugeführte oder von ihm abgegebene Umwandlungswärme bewirkt keine Temperaturänderung des Körpers. Durch die Energieübertragung wird der Ordnungszustand der Teilchen des Stoffes geändert (potentielle Energie), nicht aber deren mittlere kinetische Energie.

Spezifische Umwandlungswärme *q*

Physikalische Größe, die angibt, welche Umwandlungswärme aufgenommen oder abgegeben werden muß, damit sich der Aggregatzustand von 1 kg eines bestimmten Stoffes bei der Umwandlungstemperatur ändert

3

$$q = \frac{Q_U}{m}$$

q spezifische Umwandlungswärme
Q_U Umwandlungswärme
m Masse

Einheit: $1\ \mathrm{kJ \cdot kg^{-1}}$ (ein Kilojoule je Kilogramm)

Schmelzen und Erstarren

Schmelzen	Erstarren
physikalischer Vorgang, bei dem ein fester Stoff durch Zufuhr von Wärme in den flüssigen Zustand übergeht Die regelmäßige Anordnung der Teilchen wird zerstört. Die Umwandlungswärme heißt **Schmelzwärme** Q_S. Die Umwandlungstemperatur ist die **Schmelztemperatur** T_S bzw. ϑ_S.	physikalischer Vorgang, bei dem eine Flüssigkeit unter Abgabe von Wärme in den festen Zustand übergeht Eine regelmäßige Anordnung der Teilchen entsteht. Die Umwandlungswärme heißt **Erstarrungswärme** Q_E. Die Umwandlungstemperatur ist die **Erstarrungstemperatur** T_E bzw. ϑ_E.
Die beim Schmelzen dem Körper zugeführte Wärme wird beim Erstarren wieder abgegeben: $\lvert Q_S \rvert = \lvert -Q_E \rvert$ Die Schmelztemperatur ist für einen bestimmten Stoff bei konstantem Druck gleich der Erstarrungstemperatur: $T_S = T_E$ Die Schmelztemperatur steigt bei den meisten Stoffen mit dem Druck. Bei Eis gilt jedoch: Je größer der Druck ist, desto niedriger ist die Schmelztemperatur. ■ Gleiten der Schlittschuhe; Wandern von Gletschern	

Verdampfen und Kondensieren

Verdampfen	Kondensieren
physikalischer Vorgang, bei dem eine Flüssigkeit durch Zufuhr von Wärme in den gasförmigen Zustand übergeht Der Dampf bildet sich bereits in der Flüssigkeit.	physikalischer Vorgang, bei dem ein Stoff aus seinem gasförmigen Zustand unter Abgabe von Wärme in den flüssigen Zustand übergeht
Beim Verdampfen verlassen Teilchen die Flüssigkeit und werden im zur Verfügung stehenden Raum frei beweglich. Die Umwandlungswärme heißt **Verdampfungswärme** Q_V. Die Umwandlungstemperatur ist die **Siedetemperatur** T_V bzw. ϑ_V.	Beim Kondensieren entsteht aus frei beweglichen Teilchen ein Verband frei verschiebbarer Teilchen. Die Umwandlungswärme heißt **Kondensationswärme** Q_K. Die Umwandlungstemperatur ist die **Kondensationstemperatur** T_K bzw. ϑ_K.
Die beim Verdampfen dem Körper zugeführte Wärme wird beim Kondensieren wieder abgegeben: $\lvert Q_V \rvert = \lvert -Q_K \rvert$ Die Siedetemperatur ist für einen bestimmten Stoff bei konstantem Druck gleich der Kondensationstemperatur: $T_V = T_K$ Die Siedetemperatur steigt mit dem Druck. ■ Schnellkochtopf; Dampfkessel	

Umwandlungswärme bei Aggregatzustandsänderungen

Aggregatzustandsänderungen erfolgen unter Zufuhr bzw. Abgabe von Wärme.

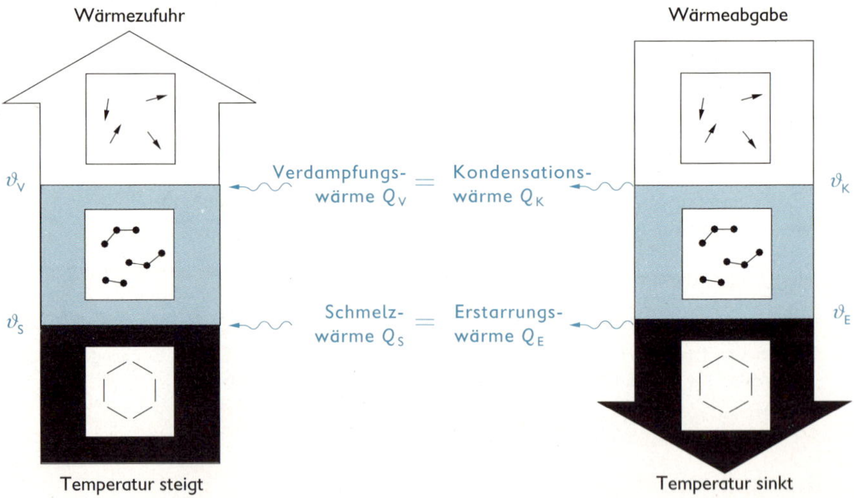

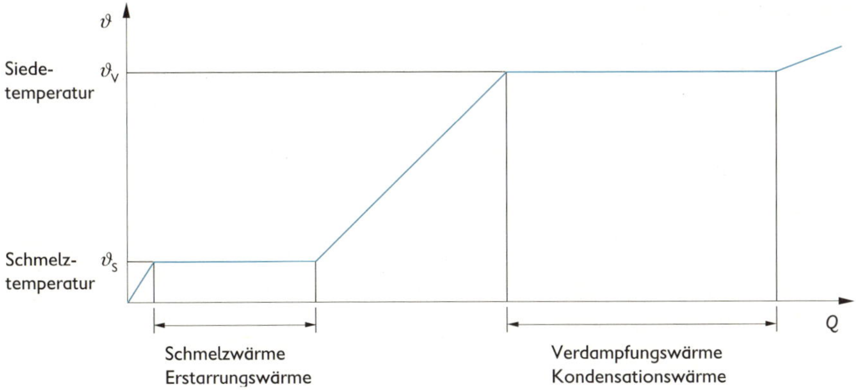

ϑ-Q-Diagramm

Die spezifische Verdampfungswärme (*Kondensationswärme*) eines Stoffes ist wesentlich größer als seine spezifische Schmelzwärme (*Erstarrungswärme*).

■ Für 1 kg Wasser beträgt die Verdampfungswärme 2260 kJ und die Schmelzwärme 334 kJ (bei p = 1013 hPa).

Sublimieren und Verfestigen

Sublimieren	Verfestigen
physikalischer Vorgang, bei dem ein fester Stoff unter Überspringen des flüssigen Zustandes durch Zufuhr von Wärme sofort in den gasförmigen übergeht Sublimation tritt bei allen festen Stoffen in bestimmten Temperatur- und Druckbereichen auf. Die Umwandlungwärme heißt **Sublimationswärme**. ■ Mottenkugeln; Geruch fester Stoffe	physikalischer Vorgang, bei dem ein gasförmiger Stoff unter Überspringen des flüssigen Zustandes durch Abgabe von Wärme sofort in den festen übergeht Die Umwandlungswärme heißt **Verfestigungswärme**. ■ Bildung von Rauhreif

Verdunsten

Physikalischer Vorgang, bei dem eine Flüssigkeit unterhalb der Siedetemperatur an der Oberfläche in den gasförmigen Zustand übergeht
Zum Verdunsten ist eine Umwandlungswärme (*Verdunstungswärme*) notwendig. Verdunsten erfolgt jedoch nicht bei einer bestimmten Umwandlungstemperatur, sondern findet bei jeder Temperatur oberhalb der Schmelztemperatur statt.

■ Austrocknen von Gewässern; Trocknen von Wäsche

3

Ideales Gas

Phänomenologische Betrachtungsweise

Gas, für das die Gleichung $V = V_0 \cdot \gamma \cdot T$ mit $\gamma = \frac{1}{273}\,\mathrm{K}^{-1}$ bei einer isobaren Zustandsänderung streng erfüllt ist
Für viele reale Gase nimmt γ unter gewissen Voraussetzungen diesen Wert an.

Kinetisch-statistische Betrachtungsweise

Modell (↗ S. 50), das wesentliche Eigenschaften realer Gase durch folgende Annahmen erfaßt:

- Die Teilchen des Gases nehmen kein Eigenvolumen ein.
- Die Teilchen besitzen nur kinetische Energie.
- Zwischen den Teilchen bestehen keine Wechselwirkungen.
- Der Abstand benachbarter Teilchen ist relativ groß.
- Beim Stoß gegen eine Wand ändert sich die Energie der Teilchen nicht, die Stöße erfolgen elastisch.
- Es wird von einer großen Anzahl von Teilchen ausgegangen.
- Die Teilchen haben alle die gleiche Masse m_T.
- Bei der Teilchenbewegung wird keine Richtung bevorzugt.

Stoffmenge *n*

Physikalische Größe, die angibt, aus wieviel gleichartigen elementaren Teilchen (Atome oder Moleküle) ein System besteht

Einheit: 1 mol (ein Mol); 1 kmol

Ein chemisches System hat die Stoffmenge 1 Mol, wenn es aus ebenso vielen Teilchen besteht, wie Atome in 12 g des reinen Kohlenstoffisotops $^{12}_{6}C$ enthalten sind.

Avogadro-Konstante N_A

Physikalische Konstante, die angibt, wieviel Teilchen 1 Mol eines Stoffes enthält
$N_A = 6{,}002136 \cdot 10^{23}\,\mathrm{mol}^{-1}$
Für die Anzahl *N* der Teilchen eines Systems gilt damit:

$$N = N_A \cdot n$$

N Teilchenanzahl des Systems
N_A Avogadro-Konstante
n Stoffmenge

Molares Volumen V_m

Physikalische Größe, die das Volumen angibt, das 1 Mol eines Gases einnimmt

$$V_m = \frac{V}{n}$$

V_m molares Volumen
V Volumen
n Stoffmenge

Einheit: $1\,\mathrm{m}^3 \cdot \mathrm{mol}^{-1}$ (ein Kubikmeter je Mol)

Das molare Volumen des idealen Gases bei Normbedingungen (T_0 = 273,15 K, p_0 = 101,3 kPa) beträgt 22,41 l · mol^{-1}.

Molare Masse m_m

Physikalische Größe, die die Masse angibt, die 1 Mol eines Stoffes besitzt

$$m_m = \frac{m}{n}$$

m_m molare Masse
m Masse
n Stoffmenge

Einheit: $1\ kg \cdot mol^{-1}$ (ein Kilogramm je Mol)

Für die Masse m_T eines Teilchens gilt damit:

$$m_T = \frac{m}{N} = \frac{m_m}{N_A}$$

m_T Masse eines Teilchens
m Masse des Systems
N Anzahl der Teilchen des Systems
m_m molare Masse des Systems
N_A Avogadro-Konstante

Zwischen der molaren Masse und dem molaren Volumen besteht die Beziehung:

$$m_m = \rho \cdot V_m$$

m_m molare Masse
ρ Dichte des Stoffes
V_m molares Volumen

Zustandsgleichung für das ideale Gas

Gesetz, das die Abhängigkeit der thermischen Zustandsgrößen Druck p, Volumen V, Temperatur T und der mechanischen Zustandsgröße Masse m voneinander beschreibt

$$p \cdot V = m \cdot R \cdot T$$

p Druck
V Volumen
R spezifische Gaskonstante
m Masse
T Temperatur

Betrachtet man ein abgeschlossenes System des idealen Gases, so vereinfacht sich die Zustandsgleichung.

Bedingung: m = konstant
(p_1, V_1, T_1) Anfangszustand
(p_2, V_2, T_2) Endzustand

$$\frac{p \cdot V}{T} = \text{konstant} \qquad \frac{p_1 \cdot V_1}{T_1} = \frac{p_2 \cdot V_2}{T_2}$$

Spezifische Gaskonstante R

Konstante, die für jedes Gas einen bestimmten Wert hat

$$R = \frac{p \cdot V}{m \cdot T}$$

Einheit: $1\ kJ \cdot (kg \cdot K)^{-1}$ (ein Kilojoule je Kilogramm und Kelvin)

Molare Gaskonstante R_0

Universelle Konstante, die für alle Gase den gleichen Wert hat

$R_0 = 8{,}314\ kJ \cdot (kmol \cdot K)^{-1}$

Mit der molaren Gaskonstante R_0 lautet die Zustandsgleichung für das ideale Gas:

$$p \cdot V = n \cdot R_0 \cdot T$$

p Druck
V Volumen
R_0 molare Gaskonstante
n Stoffmenge
T Temperatur

Boltzmann-Konstante *k*

Universelle Konstante, die sich als Quotient aus der molaren Gaskonstante R_0 und der Avogadro-Konstante N_A ergibt

$$k = \frac{R_0}{N_A}$$

k Boltzmann-Konstante
R_0 molare Gaskonstante
N_A Avogadro-Konstante

$k = 1,3806 \cdot 10^{-23}\ \mathrm{J \cdot K^{-1}}$

Sonderfälle der Zustandsgleichung für das ideale Gas

	Bedingung	Zustandsgleichung	*p*-*V*-Diagramm
Isotherme Zustandsänderung	T = konstant	$p \cdot V$ = konstant $p_1 \cdot V_1 = p_2 \cdot V_2$ (Gesetz von BOYLE-MARIOTTE)	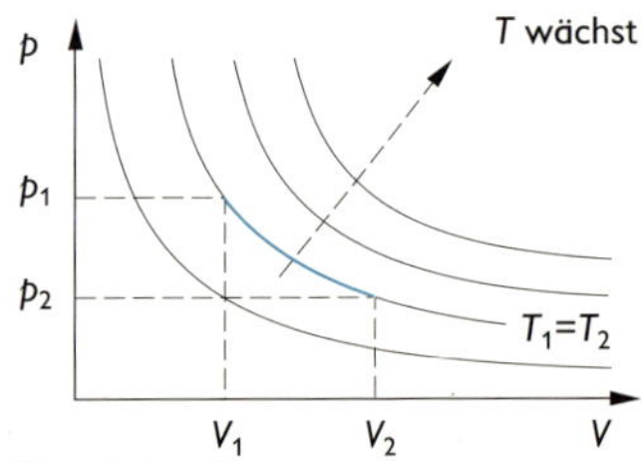 Graph: Isotherme
Isochore Zustandsänderung	V = konstant	$\frac{p}{T}$ = konstant $\frac{p_1}{T_1} = \frac{p_2}{T_2}$ (Gesetz von AMONTONS)	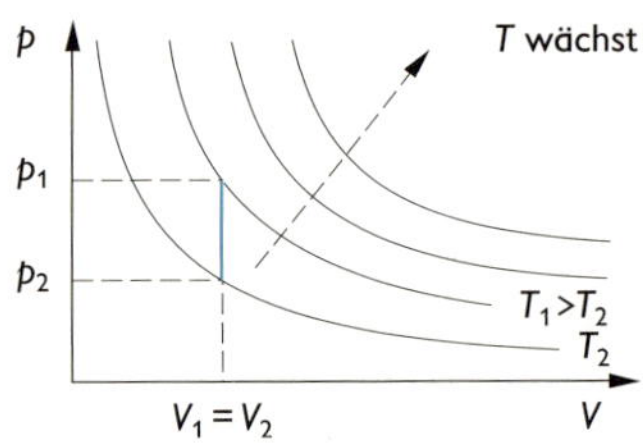 Graph: Isochore
Isobare Zustandsänderung	p = konstant	$\frac{V}{T}$ = konstant $\frac{V_1}{T_1} = \frac{V_2}{T_2}$ (Gesetz von GAY-LUSSAC)	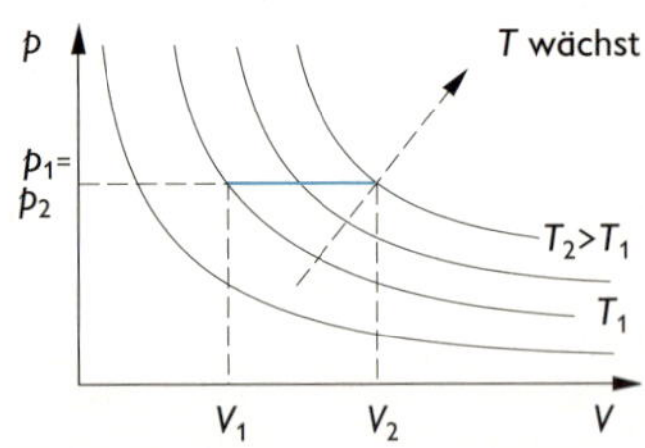 Graph: Isobare

Innere Energie des idealen Gases

Physikalische Größe, die angibt, wie groß die Summe der kinetischen Energien aller Teilchen des idealen Gases ist
Beim idealen Gas besteht die innere Energie nur aus thermischer Energie.

Phänomenologische Betrachtungsweise

$$U = c_V \cdot m \cdot T$$

U innere Energie
c_V spezifische Wärmekapazität bei konstantem Volumen
m Masse
T Temperatur

Mit $c_V = \frac{3}{2} R$ (↗ Gleichverteilungssatz S. 178) ergibt sich daraus:

$$U = \frac{3}{2} m \cdot R \cdot T$$
$$U = \frac{3}{2} n \cdot R_0 \cdot T$$

U innere Energie
m Masse
R spezifische Gaskonstante
T Temperatur
n Stoffmenge
R_0 molare Gaskonstante

Kinetisch-statistische Betrachtungsweise

$$U = \sum_{i=1}^{N} E_{kin,i}$$

U innere Energie
N Gesamtanzahl der Teilchen
$E_{kin,i}$ kinetische Energie des i-ten Teilchens

$$E_{kin} = U = \sum_{i=1}^{N} \frac{1}{2} \cdot m_T \cdot v_i^2$$

N Anzahl der Teilchen
m_T Masse eines Teilchens
v_i Geschwindigkeit des i-ten Teilchens

Mittlere kinetische Energie $\bar{E}_{kin}$

Physikalische Größe, die angibt, welche kinetische Energie die Teilchen des idealen Gases im Mittel besitzen

$$\bar{E}_{kin} = \frac{\sum_{i=1}^{N} E_{kin,i}}{N}$$

$\bar{E}_{kin}$ mittlere kinetische Energie der Teilchen
N Gesamtanzahl der Teilchen
$E_{kin,i}$ kinetische Energie des i-ten Teilchens

$$U = N \cdot \bar{E}_{kin}$$

U innere Energie
N Gesamtanzahl der Teilchen
$\bar{E}_{kin}$ mittlere kinetische Energie der Teilchen

HAUPTSÄTZE DER THERMODYNAMIK

Erster Hauptsatz der Thermodynamik

Der erste Hauptsatz der Thermodynamik macht eine Aussage über die *Erhaltung und Umwandlung von Energie.*

> Bei keinem Vorgang kann Energie neu entstehen oder verschwinden. Energie kann jedoch durch mechanische Arbeit, Wärme oder Licht von einem Körper auf einen anderen übertragen werden und sich von einer Energieform in eine andere umwandeln.

Die Änderung der inneren Energie eines thermodynamischen Systems ist gleich der Summe der über die Systemgrenze übertragenen Energie.	$\Delta E_{\text{Syst}} = \Sigma E_{\text{übertr}}$

Betrachtet man nur Systeme, bei denen die Änderung der kinetischen und potentiellen Energie des Systems Null oder vernachlässigbar klein ist und bei denen kein Stofftransport über die Systemgrenze sowie keine Energieübertragung durch Strahlung erfolgt, so gilt:

Änderung der inneren Energie des Systems	=	über die Systemgrenze übertragene Wärme	+	über die Systemgrenze übertragene Arbeit
ΔU	=	Q	+	W

Die Arbeit W kann Volumenarbeit, Hubarbeit oder Reibungsarbeit sein.

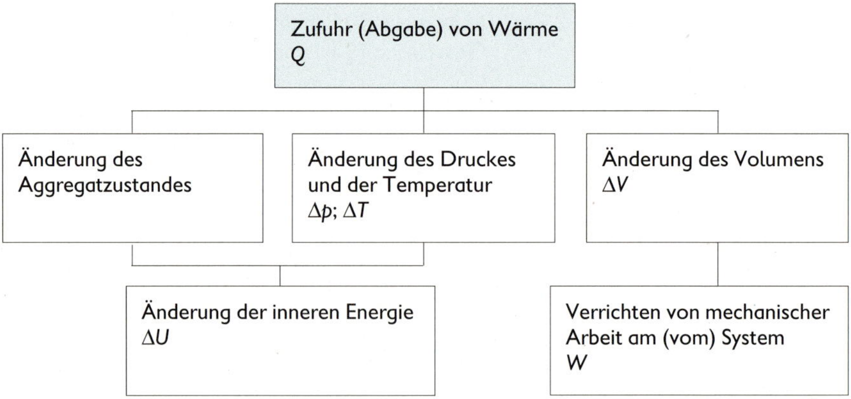

Die Zufuhr bzw. Abgabe von Wärme Q kann sowohl zu einer Änderung der inneren Energie ΔU als auch zum Verrichten bzw. zur Aufnahme einer mechanischen Arbeit W oder auch zu beidem führen.

Zusammenhang von c_p und c_V beim idealen Gas

Isochorer Vorgang $W = 0$	Isobarer Vorgang $W = -p \cdot \Delta V$
1. Hauptsatz der Thermodynamik:	
$Q = \Delta U$ $Q = c_V \cdot m \cdot \Delta T$	$Q = \Delta U + p \cdot \Delta V$ $Q = c_V \cdot m \cdot \Delta T + p \cdot \Delta V$ $Q = c_p \cdot m \cdot \Delta T$
$c_V < c_p$	
Die zugeführte Wärme bewirkt nur eine Erhöhung der inneren Energie.	Die zugeführte Wärme bewirkt nicht nur eine Erhöhung der inneren Energie, sondern auch eine Verrichtung von Arbeit.

Mit $c_V \cdot m \cdot \Delta T = c_p \cdot m \cdot \Delta T - m \cdot R \cdot \Delta T$ ergibt sich:

$$c_p - c_V = R$$

c_p spezifische Wärmekapazität bei konstantem Druck
c_V spezifische Wärmekapazität bei konstantem Volumen
R spezifische Gaskonstante

Perpetuum mobile 1. Art. Maschine, die mehr Energie abgäbe, als man ihr zuführt. Aus dem Energieerhaltungssatz folgt, daß dies nicht möglich ist.

Reversible und irreversible Vorgänge

Reversible Vorgänge	Irreversible Vorgänge
Reversibel oder umkehrbar wird ein Vorgang genannt, der rückgängig gemacht werden kann, ohne daß dabei dauernde Veränderungen gegenüber dem ursprünglichen Zustand in der Umgebung des Systems zurückbleiben.	Irreversibel oder nicht umkehrbar heißt ein Vorgang, der nur durch äußere Einwirkung rückgängig gemacht werden kann. Dadurch tritt in der Umgebung des Systems eine Veränderung gegenüber dem ursprünglichen Zustand ein. Irreversible Vorgänge verlaufen von selbst nur in einer Richtung.
■ Bewegungen ohne Reibung; wie Pendelschwingung; Stoß zwischen elastischen Körpern	■ Reibungsvorgänge; Temperaturausgleich zwischen Körpern; Diffusion
 Planetenbewegung	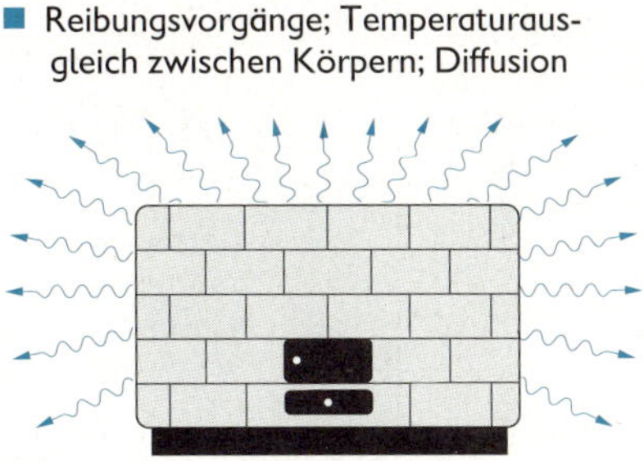 Ofen

Innere Energie, Wärme und Arbeit bei Zustandsänderungen

Sonderfälle zum 1. Hauptsatz der Thermodynamik

Zustandsänderung	1. Hauptsatz der Thermodynamik	p-V-Diagramm	Beispiel
isotherme Zustandsänderung ($\Delta T = 0$ → $\Delta U = 0$)	$Q = -W$ Q ⇨ $\Delta U = 0$ ⇨ $-W$ oder $W = -Q$ $-Q$ ⇦ $\Delta U = 0$ ⇦ W	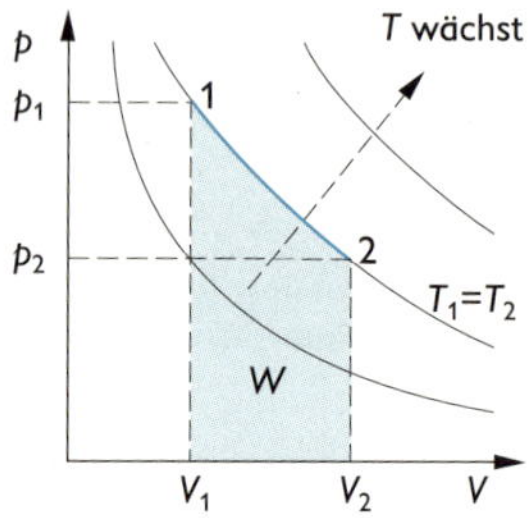	Ausdehnen des Dampfes bei der Dampfmaschine (angenähert)
isochore Zustandsänderung ($\Delta V = 0$ → $W = 0$)	$Q = \Delta U$ Q ⇨ $\Delta U > 0$ oder $-\Delta U = -Q$ $-Q$ ⇦ $\Delta U < 0$	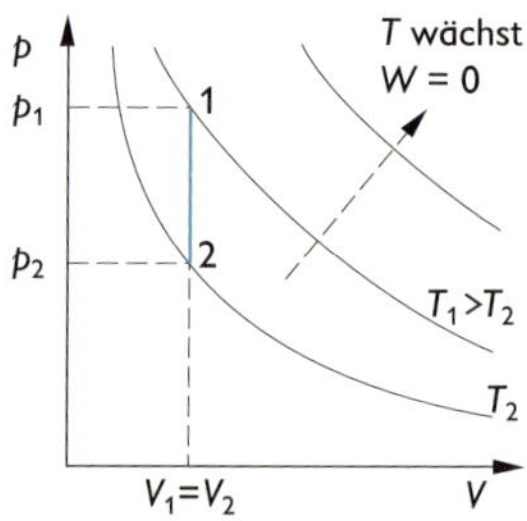	Erwärmen eines Gases in einem geschlossenen Behälter
isobare Zustandsänderung ($\Delta p = 0$)	$Q = \Delta U - W$ $Q = \Delta U + p \cdot \Delta V$ Q ⇨ $\Delta U > 0$ ⇨ $-W$ oder $W = \Delta U - Q$ $-Q$ ⇦ $\Delta U > 0$ ⇦ W	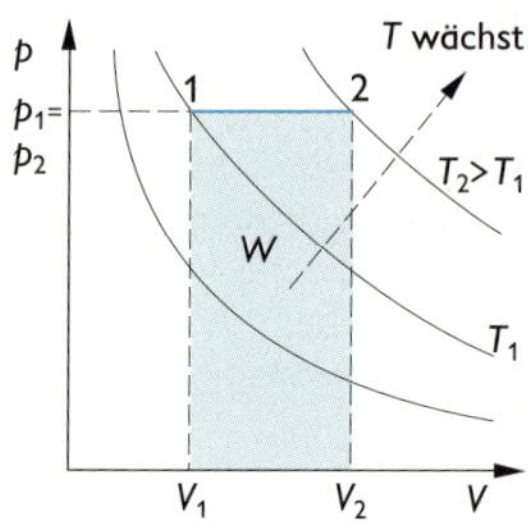	Verbrennen von Kraftstoff im Strahltriebwerk (angenähert)
adiabatische Zustandsänderung ($Q = 0$)	$W = \Delta U$ $\Delta U > 0$ ⇦ W oder $-\Delta U = -W$ $\Delta U < 0$ ⇨ $-W$	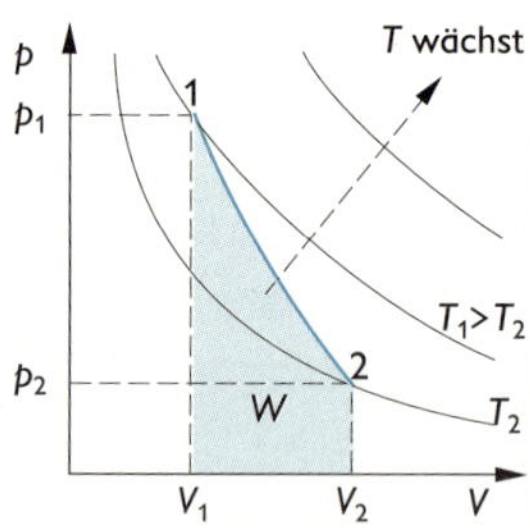	pneumatisches Feuerzeug; Kompressionstakt beim Dieselmotor; Nebelkammer

Zweiter Hauptsatz der Thermodynamik

Der 2. Hauptsatz der Thermodynamik macht eine Aussage über die *Richtung der Übertragung von Wärme.*

Wärme geht von selbst nur von einem System höherer Temperatur zu einem System niedrigerer Temperatur über. In einem System entstehen nie von selbst Temperaturunterschiede.

Wenn die Richtung der Übertragung von Wärme umgekehrt werden soll, dann muß zusätzlich Energie zugeführt werden.

- Kühlschrank (↗ S. 173); Wärmepumpe (↗ S. 173)

Alle Vorgänge, bei denen Reibung auftritt, sind irreversibel. Alle natürlichen Prozesse sind irreversibel. Reversible Prozesse sind nicht erreichbare Grenzfälle irreversibler Vorgänge.

Die Natur strebt aus einem unwahrscheinlicheren Zustand dem wahrscheinlichsten zu (↗ Entropie, S. 179).

Es ist unmöglich, eine periodisch arbeitende Maschine zu konstruieren, die nichts weiter bewirkt, als einem Energiespeicher Wärme zu entziehen und vollständig als mechanische Arbeit nach außen abzugeben (↗ Wärmekraftmaschine, S. 164).

Perpetuum mobile 2. Art. Periodisch arbeitende Maschine, die lediglich einen Körper abkühlt und eine entsprechende mechanische Arbeit abgibt
Da es sich um die Umkehrung eines irreversiblen Vorganges handelt, kann es ein Perpetuum mobile 2. Art nicht geben.

Dritter Hauptsatz der Thermodynamik

Es ist nicht möglich, einen Körper bis zum absoluten Nullpunkt (0 K) abzukühlen.

THERMISCHE ENERGIEWANDLER

Thermischer Energiewandler

Periodisch arbeitende Maschine, die
- die innere Energie eines Energiespeichers höherer Temperatur nutzt, um mechanische Arbeit zu verrichten (Wärmekraftmaschine) oder
- die Energie von einem Energiespeicher niederer Temperatur zu einem Energiespeicher höherer Temperatur überträgt, indem sie Arbeit verrichtet (Kältemaschine).

Alle thermischen Energiewandler durchlaufen dabei einen Kreisprozeß.

Kreisprozeß

Aufeinanderfolge verschiedener beliebiger Zustandsänderungen eines thermodynamischen Systems (meist ideales Gas) mit Rückkehr in den Anfangszustand

Da stets der Anfangszustand in allen seinen Zustandsgrößen wieder erreicht wird, gilt für jeden Kreisprozeß:

$\Delta U = 0$; $\Delta T = 0$; $\Delta p = 0$; $\Delta V = 0$.

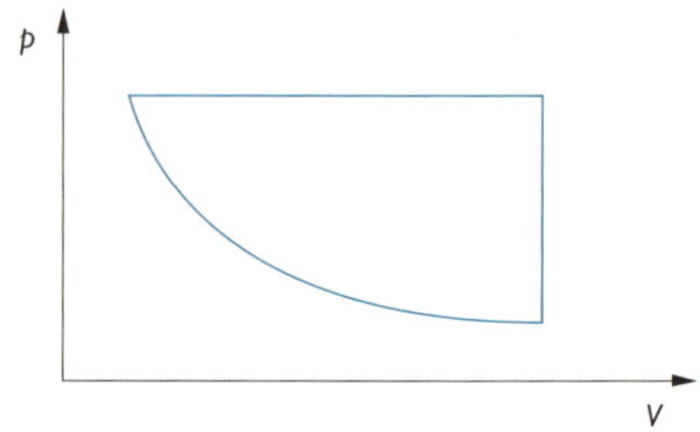

Rechtslaufender Kreisprozeß.
Kreisprozeß, der im Uhrzeigersinn durchlaufen wird

Bei Abgabe von mechanischer Arbeit muß dem System eine entsprechende Wärme zugeführt werden.

↗ Prinzip der Wärmekraftmaschinen, S. 164

$Q = -W$
(1. Hauptsatz der Thermodynamik)

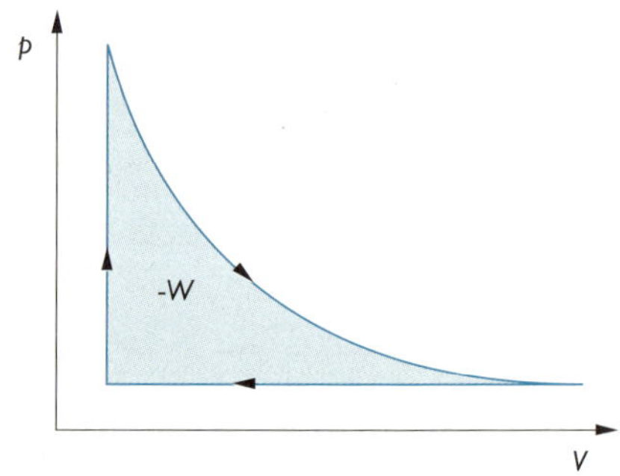

Linkslaufender Kreisprozeß. Kreisprozeß, der entgegen dem Uhrzeigersinn durchlaufen wird

Bei Abgabe von Wärme muß dem System eine entsprechende mechanische Arbeit zugeführt werden.

↗ Prinzip der Kältemaschinen, S. 172)

$W = -Q$
(1. Hauptsatz der Thermodynamik)

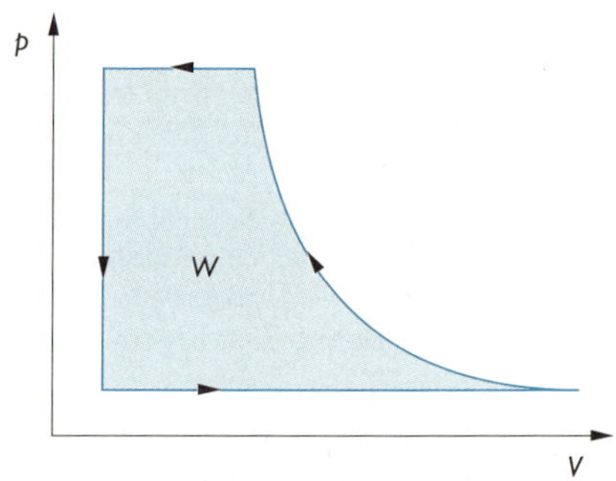

Wärmekraftmaschinen

Maschinen, in denen das thermodynamische System (Dampf, Gas) periodisch einen rechtslaufenden Kreisprozeß durchläuft. Dabei wird dem System aus einem Energiespeicher 1 der hohen Temperatur T_1 die Wärme $Q_1 = Q_{zu}$ zugeführt und die Wärme $Q_2 = -Q_{ab}$ an einen Energiespeicher 2 der niedrigen Temperatur T_2 abgegeben.

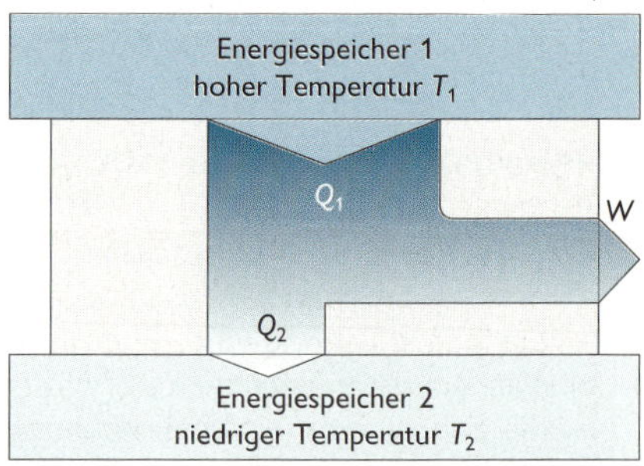

$|Q_2| < Q_1$

Das System verrichtet die Arbeit: $|-W| = W_{Nutz} = Q_1 - |Q_2|$

Nutzarbeit W_{Nutz}

Physikalische Größe, die für einen rechtslaufenden Kreisprozeß angibt, wie groß die Differenz zwischen dem Betrag der abgegebenen Arbeit bei der Expansion und der für die Kompression aufzuwendenden Arbeit ist

$$W_{Nutz} = |W_{ab}| - W_{zu}$$
$$W_{Nutz} = Q_{zu} - |Q_{ab}|$$

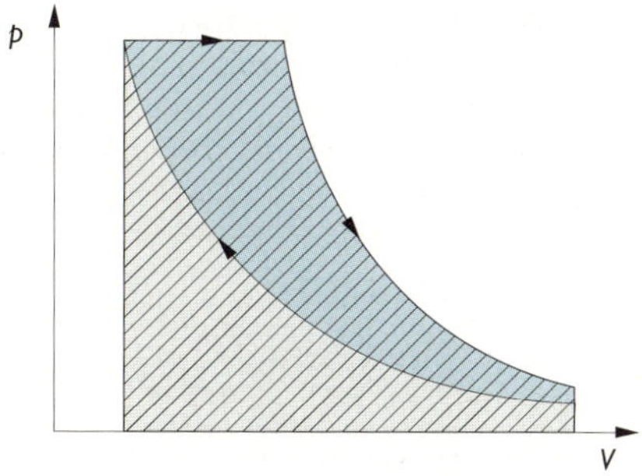

bei der Expansion abgegebene Arbeit
bei der Kompression zuzuführende Arbeit
Nutzarbeit

Thermischer Wirkungsgrad η_{th}

Verhältnis aus der nutzbaren mechanischen Arbeit einer Wärmekraftmaschine und der zugeführten Wärme

$$\eta_{th} = \frac{W_{Nutz}}{Q_{zu}}$$

η_{th} thermischer Wirkungsgrad
W_{Nutz} abgegebene Nutzarbeit
Q_{zu} zugeführte Wärme

Mit dem 1. Hauptsatz der Thermodynamik gilt:

$$\eta_{th} = \frac{Q_{zu} - |Q_{ab}|}{Q_{zu}}$$
$$\eta_{th} = 1 - \frac{|Q_{ab}|}{Q_{zu}}$$

η_{th} thermischer Wirkungsgrad
Q_{ab} abgegebene Wärme
Q_{zu} zugeführte Wärme

Der thermische Wirkungsgrad wird als Dezimalbruch ohne Einheit oder in Prozent angegeben.

■ $\eta_{th} = 0{,}36$ oder $\eta_{th} = 36\,\%$

Der thermische Wirkungsgrad η_{th} jeder Wärmekraftmaschine ist kleiner als 1 beziehungsweise kleiner als 100 %.
$\eta_{th} < 1$ bzw. $\eta_{th} < 100\,\%$

Bei den heutigen technischen Möglichkeiten kann der maximale thermische Wirkungsgrad 67 % nicht übersteigen.
Durch Reibungsvorgänge, Abstrahlung und andere Einflüsse liegt der tatsächlich erreichte technische Wirkungsgrad η_{techn} (auch realer Wirkungsgrad η_{real} genannt) immer unter dem thermischen Wirkungsgrad η_{th}.

3

Energiestreifendiagramm

Darstellung der Anteile der nutzbaren und nicht nutzbaren Energie von Wärmekraftmaschinen

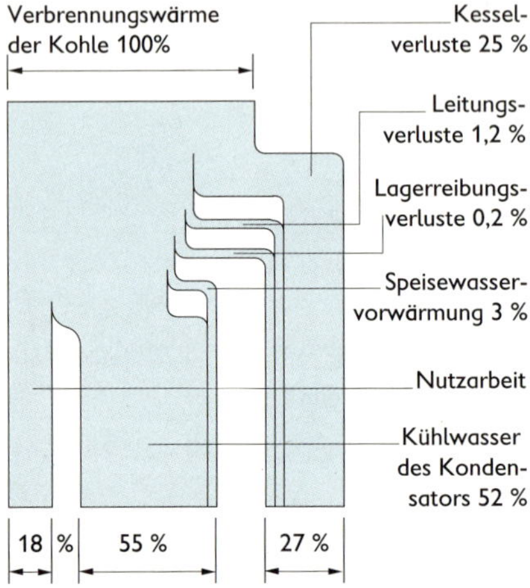

Energiestreifendiagramm einer Dampfturbine

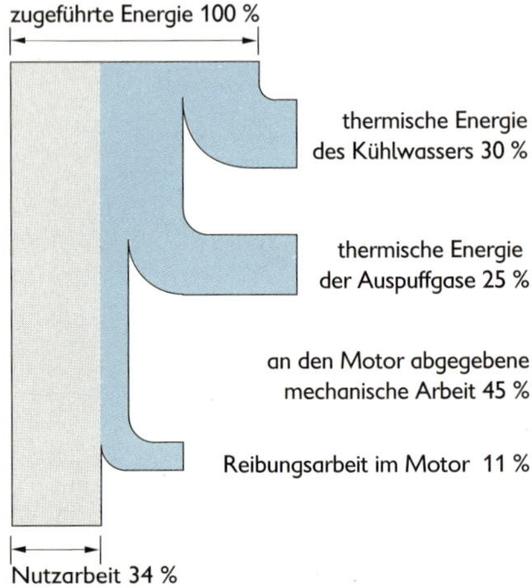

Energiestreifendiagramm eines Ottomotors

Indikatordiagramm

p-*V*-Diagramm des Kreisprozesses von Wärmekraftmaschinen. Es ist ein Arbeitsdiagramm und wird durch entsprechende Zusatzgeräte an der Wärmekraftmaschine automatisch aufgezeichnet.

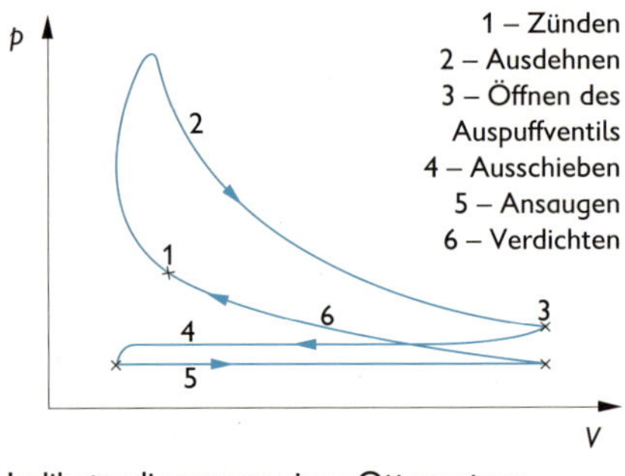

Indikatordiagramm eines Ottomotors

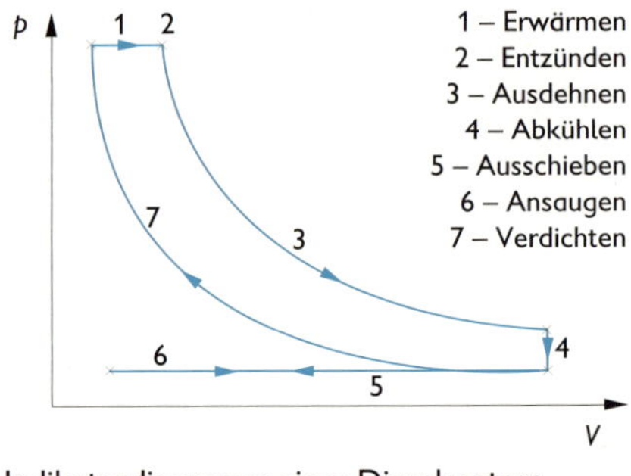

Indikatordiagramm eines Dieselmotors

Carnotscher Kreisprozeß

Rechtslaufender Kreisprozeß einer idealen Wärmekraftmaschine mit dem größten theoretisch erreichbaren thermischen Wirkungsgrad

Der Carnotsche Kreisprozeß umfaßt vier periodisch wiederkehrende Zustandsänderungen (Takte) des idealen Gases.

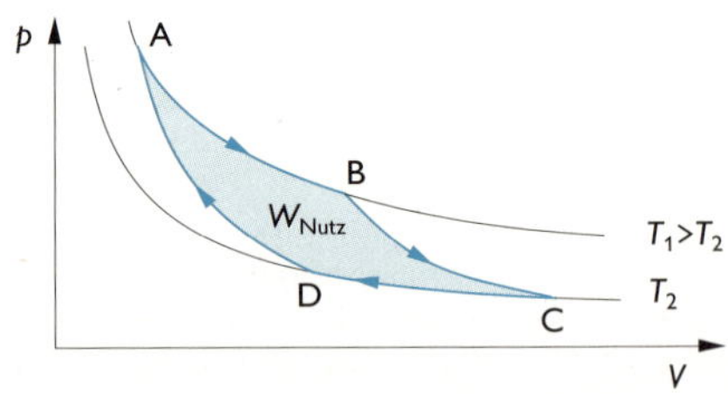

1. Takt (A → B)
isotherme
Expansion

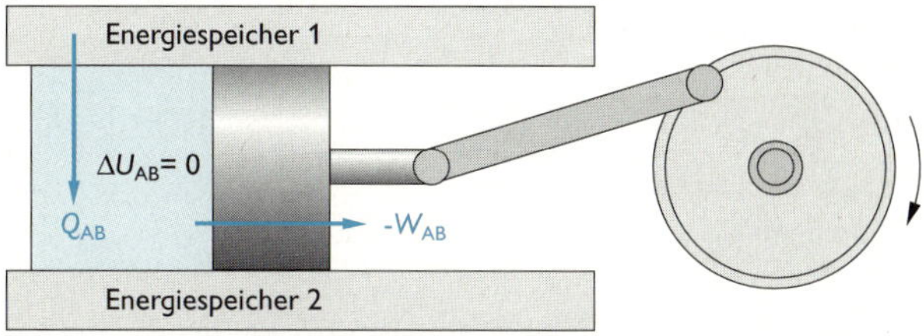

2. Takt (B → C)
adiabatische
Expansion

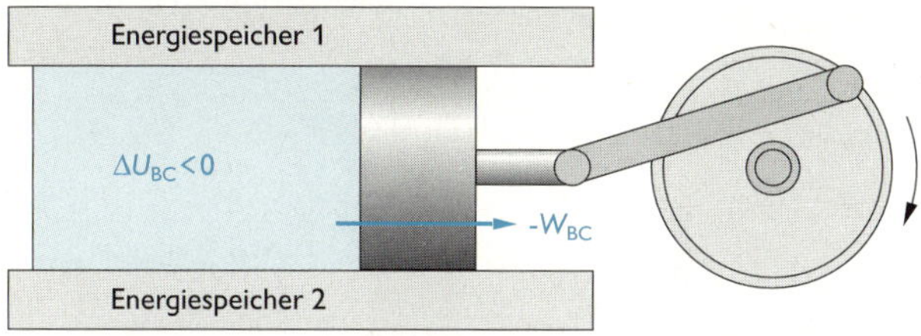

3. Takt (C → D)
isotherme
Kompression

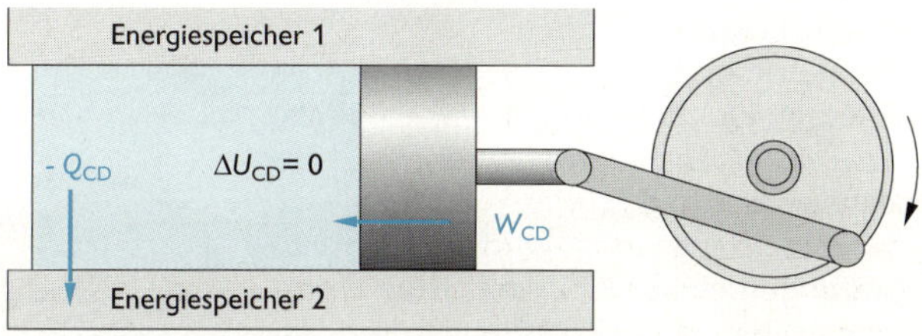

4. Takt (D → A)
adiabatische
Kompression

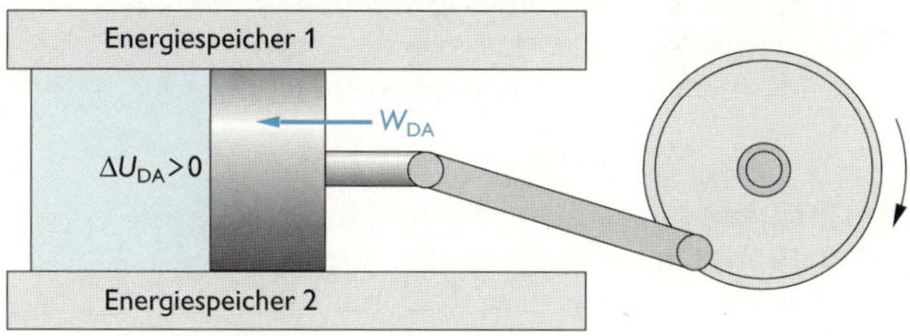

Thermischer Wirkungsgrad η_C des Carnotschen Kreisprozesses

$$\eta_C = \frac{T_1 - T_2}{T_1}$$

$$\eta_C = 1 - \frac{T_2}{T_1}$$

η_C thermischer Wirkungsgrad des Carnot-Prozesses
T_1 hohe Temperatur des Energiespeichers 1
T_2 niedrige Temperatur des Energiespeichers 2

Um einen großen thermischen Wirkungsgrad bei Wärmekraftmaschinen zu erzielen, muß die Temperatur T_1 des Energiespeichers 1 (Dampf, Gas) sehr hoch, die Temperatur T_2 des Energiespeichers 2 (Kühler) dagegen sehr niedrig sein.

Arten von Wärmekraftmaschinen

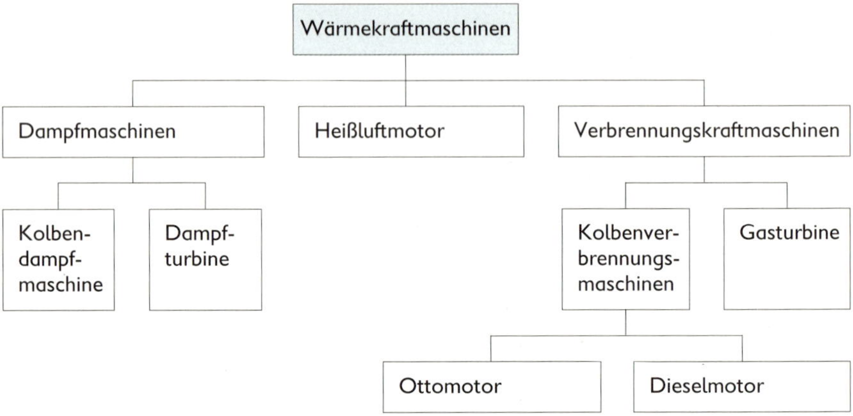

Kolbendampfmaschine

Antriebsmaschine, in der thermische Energie des Dampfes in mechanische Energie (Translationsenergie) des Kolbens umgewandelt wird
Über die Pleuelstange wird ein Schwungrad angetrieben, wodurch sich die Translationsenergie des Kolbens in Rotationsenergie des Schwungrades umwandelt.
Der technische Wirkungsgrad von Dampfmaschinen beträgt maximal 25 %.

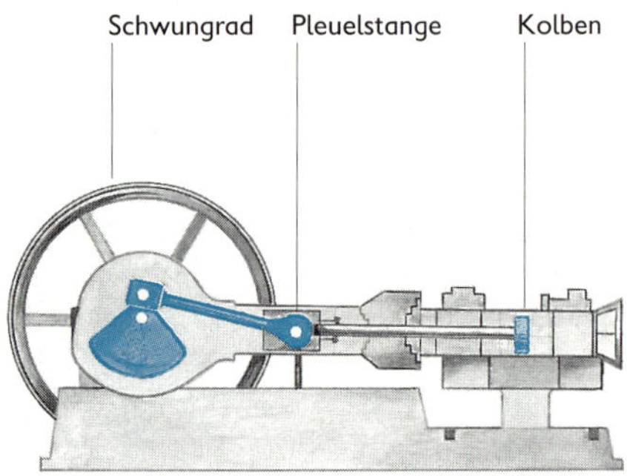

Dampfturbine

Antriebsmaschine, in der die thermische Energie des Dampfes unmittelbar in Rotationsenergie des Turbinenrades umgewandelt wird
Dampfturbinen werden auf Grund ihrer hohen und gleichmäßigen Drehzahl vorwiegend für den Antrieb von Generatoren (↗ S. 196; 226) in Kraftwerken genutzt.
Der technische Wirkungsgrad beträgt maximal etwa 35 %.

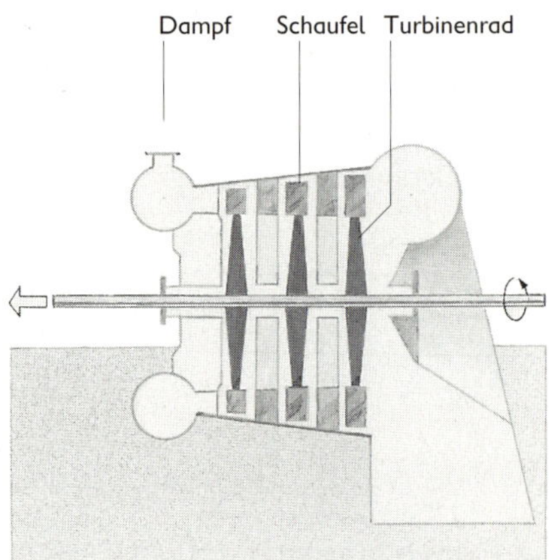

Heißluftmotor (Stirlingmotor)

Antriebsmaschine, in der die thermische Energie von erwärmter Luft zum Verrichten von Arbeit genutzt wird

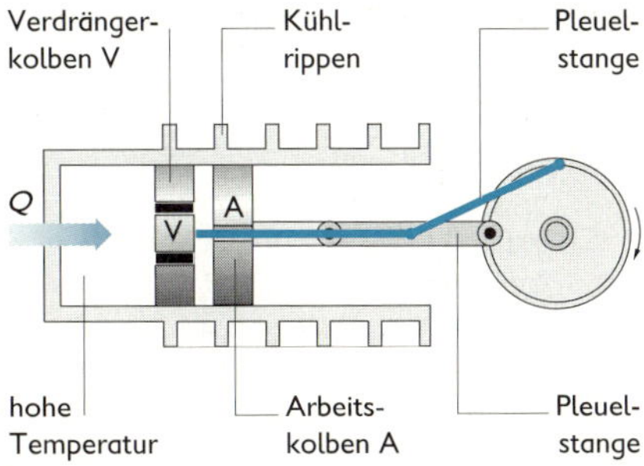

Der Heißluftmotor arbeitet mit zwei Kolben, die Wärme wird der Luft im Zylinder von außen zugeführt.

Der Verdrängerkolben V wird vom Schwungrad hin und her geschoben, und zwar mit einer Phasenverschiebung von 90° gegenüber dem Arbeitskolben A. Der Verdrängerkolben erfüllt zwei Aufgaben:

- Transport der Luft von links nach rechts und umgekehrt,
- Speicherung von thermischer Energie (Aufnahme von Wärme) bei Bewegung der Luft nach rechts und Abgabe von Wärme bei Bewegung der Luft nach links.

3

1. Takt	2. Takt	3. Takt	4. Takt
Durch Wärmezufuhr expandiert die Luft im linken heißen Teil des Zylinders. Dadurch wird der Arbeitskolben nach rechts bewegt.	Die Luft strömt durch den sich nach links bewegenden Verdrängerkolben hindurch. Dabei gibt sie Wärme an den Verdrängerkolben und die Umgebung ab. Ihre Temperatur sinkt.	Der sich nach links bewegende Arbeitskolben komprimiert die Luft wieder. Durch Wärmeabgabe bleibt die Temperatur konstant.	Die Luft strömt durch den sich nach rechts bewegenden Verdrängerkolben hindurch. Dabei nimmt sie vom Verdrängerkolben Wärme auf. Die Temperatur steigt.
isotherme Expansion 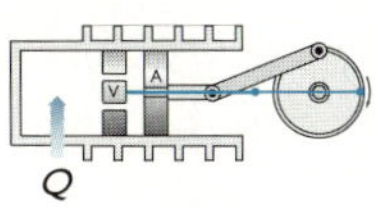	isochore Abkühlung 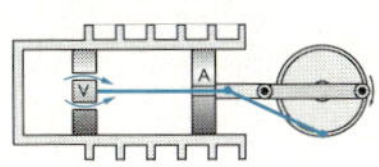	isotherme Kompression 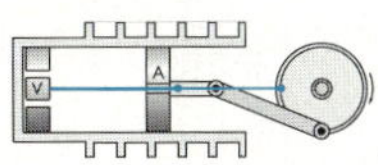	isochore Erwärmung 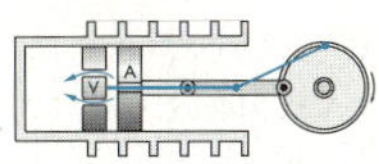
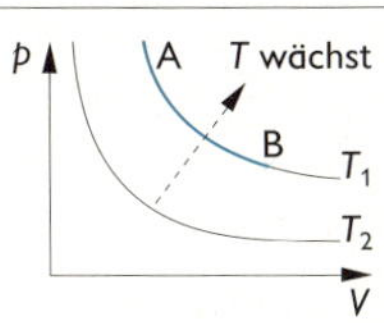	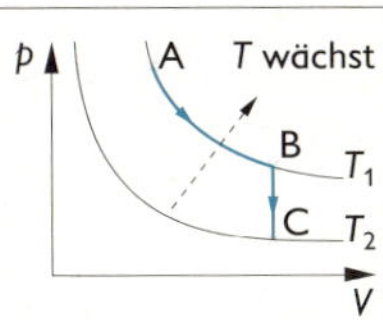	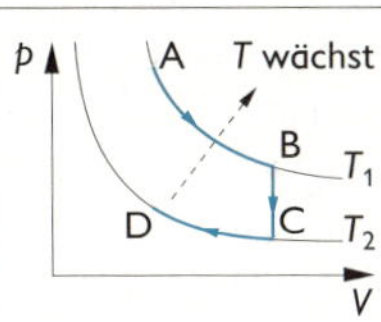	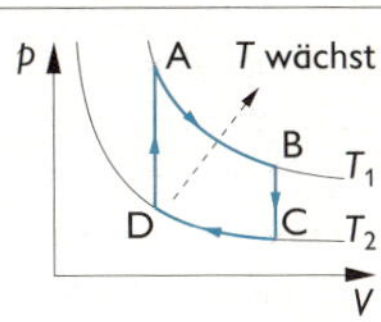

Thermischer Wirkungsgrad des Stirlingmotors

$$\eta_{th} = \frac{T_1 - T_2}{T_1}$$

Bedingung: $|Q_{BC}| = Q_{DA}$

Kolbenverbrennungsmaschine

Antriebsmaschine, bei der die Verbrennung innerhalb der Maschine erfolgt und die chemische Energie von Kraftstoff (Benzin, Dieseltreibstoff, Gas) zum Verrichten von mechanischer Arbeit genutzt wird

Ottomotor. Der Vergaser (nicht im Bild) erzeugt ein Kraftstoff-Luft-Gemisch, das der Motor ansaugt. Die Zündung des Gemisches erfolgt durch einen elektrischen Funken zwischen den Elektroden der Zündkerze. Ottomotoren gibt es als Viertakt- und als Zweitaktmotoren. Sie werden zum Antrieb von Krafträdern, Pkw, leichten Lkw und Booten sowie zum Antrieb kleiner Maschinen (Wasserpumpen, Motorsägen) verwendet.
Der technische Wirkungsgrad von Ottomotoren beträgt maximal etwa 30 %.

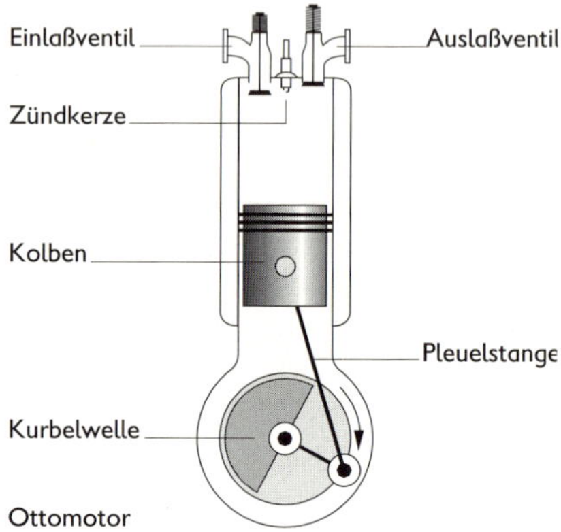

Ottomotor

Arbeitsweise des Viertakt-Ottomotors

1. Takt	2. Takt	3. Takt (Arbeitstakt)	4. Takt
Ansaugen des Kraftstoff-Luft-Gemisches	Verdichten des Kraftstoff-Luft-Gemisches	Zünden des Kraftstoff-Luft-Gemisches und Ausdehnen der Verbrennungsgase	Ausschieben der Verbrennungsgase
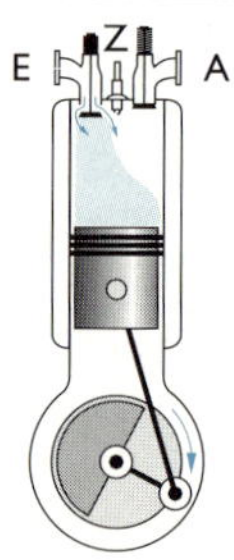	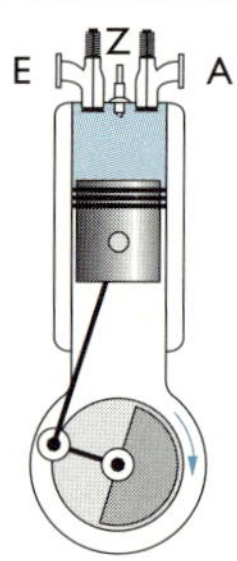	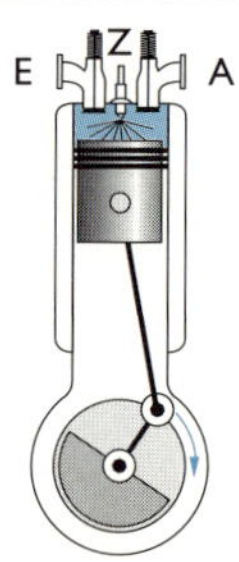	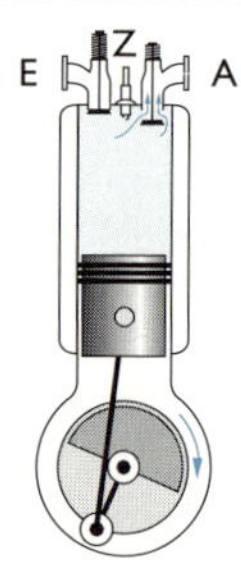
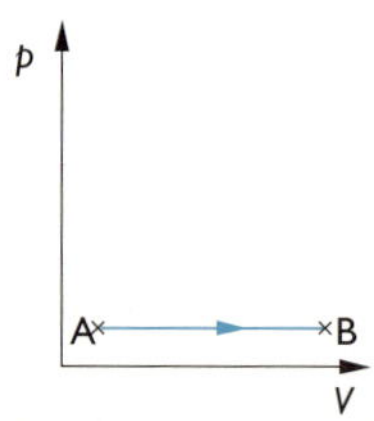	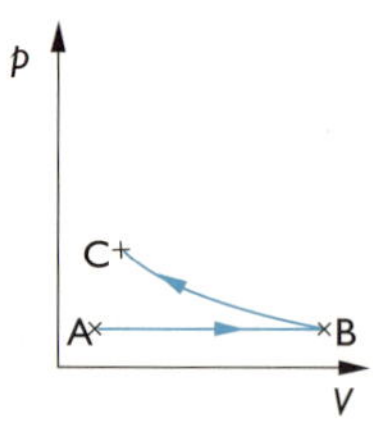	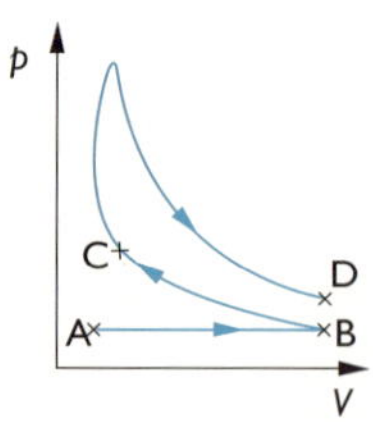	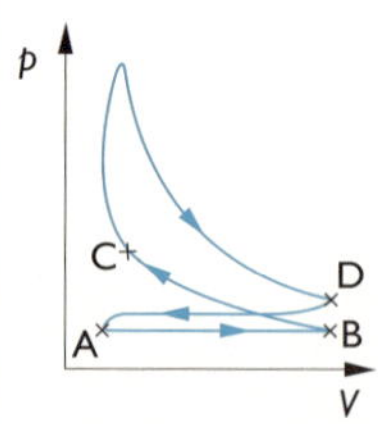

Dieselmotor. Kraftstoff wird mit einer Einspritzpumpe (nicht im Bild) im Zylinder in verdichtete und damit erwärmte Luft (adiabatische Kompression) eingespritzt. Der Kraftstoff verbrennt durch Selbstzündung (keine Zündkerze erforderlich).
Dieselmotoren gibt es als Viertakt- und als Zweitaktmotoren. Sie werden vor allem zum Antrieb von Lkw, Bussen, Lokomotiven und Schiffen verwendet.
Der technische Wirkungsgrad von Dieselmotoren beträgt maximal 40 %.
Der Dieselmotor ist damit die Wärmekraftmaschine mit dem höchsten technisch erreichbaren Wirkungsgrad.

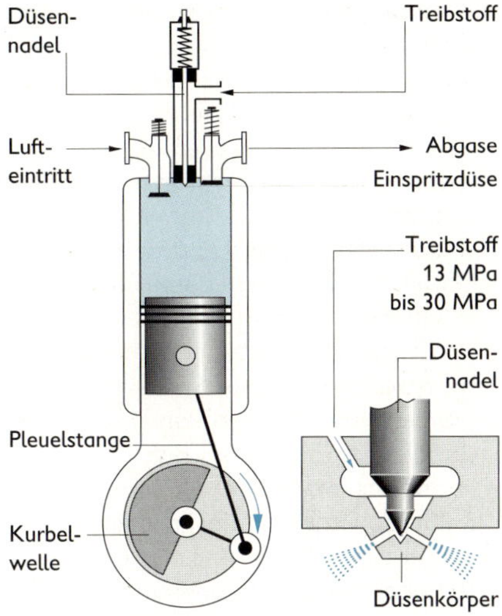

3

Arbeitsweise des Viertakt-Dieselmotors

1. Takt	2. Takt	3. Takt (Arbeitstakt)	4. Takt
Ansaugen von Luft	Verdichten von Luft; dabei starke Temperaturerhöhung der Luft auf 500 °C bis 700 °C	Einspritzen und Entzünden des Kraftstoffes und Ausdehnen der Verbrennungsgase	Ausschieben der Verbrennungsgase
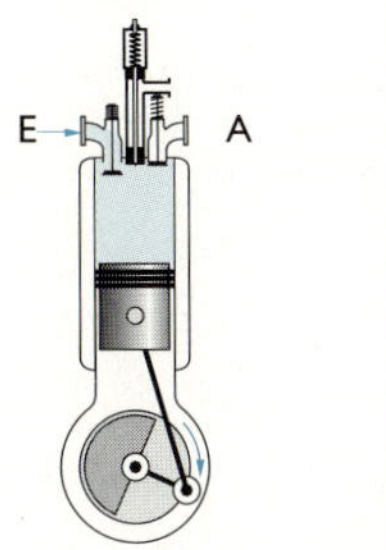	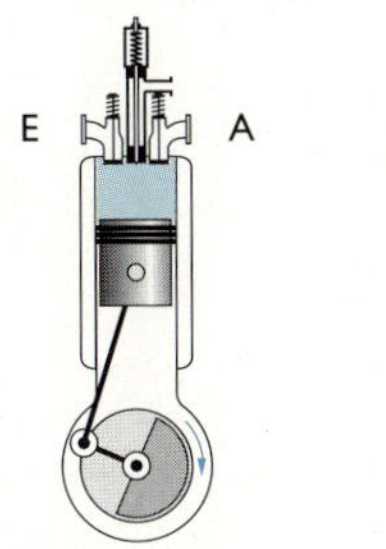	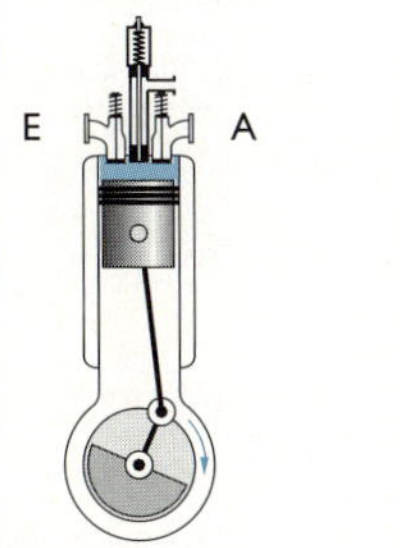	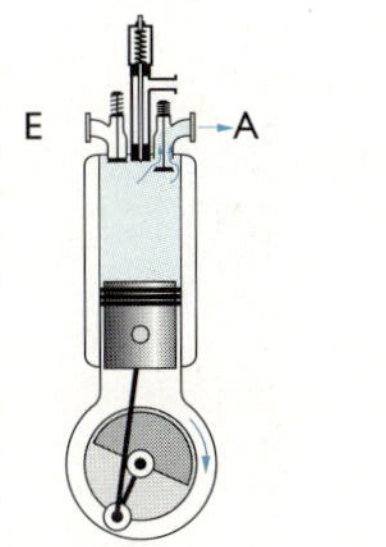
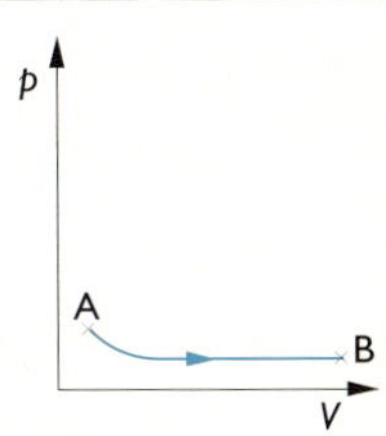	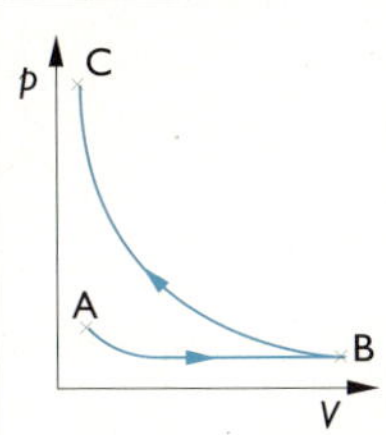	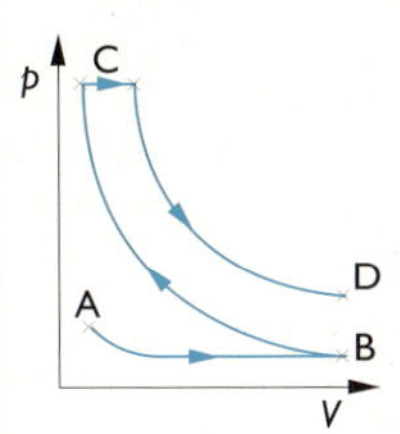	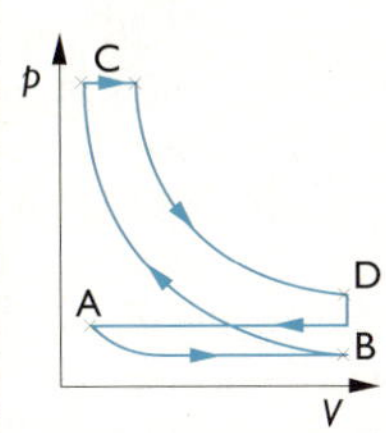

Gasturbine. Antriebsmaschine, in der die chemische Energie des Kraftstoffes direkt in Rotationsenergie der Laufräder einer Turbine umgewandelt wird
Durch den Kompressor wird Luft angesaugt und adiabatisch verdichtet. In die erwärmte Luft der Brennkammer wird Kraftstoff eingespritzt. Nach einmaliger Zündung findet eine dauernde Verbrennung statt.
Gasturbinen werden bei der Elektroenergieerzeugung in Spitzenzeiten aber auch für den Antrieb von Pumpen beim Erdöltransport verwendet.
Gasturbinen haben einen maximalen technischen Wirkungsgrad von 28 %.

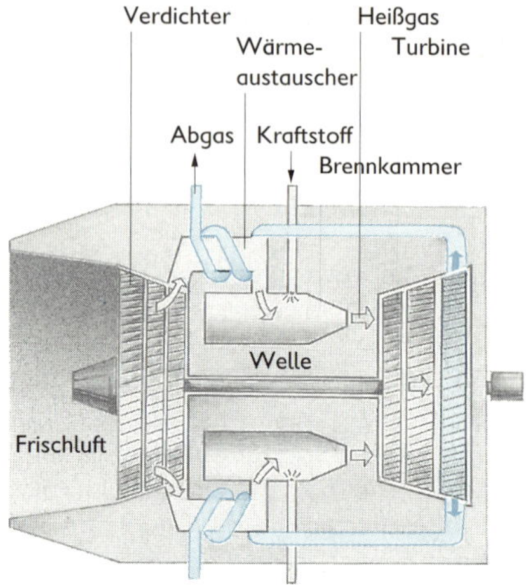

Arbeitsweise der Gasturbine

1. Takt	2. Takt	3. Takt	4. Takt
Im Kompressor erfolgt eine adiabatische Verdichtung. Druck und Temperatur steigen.	In der Brennkammer steigt nochmals die Temperatur, während der Druck annähernd gleich bleibt.	In der Turbine erfolgt eine adiabatische Expansion, Druck und Temperatur sinken.	Im Kühler kühlt sich das Gas auf die Anfangstemperatur ab.
adiabatische Kompression 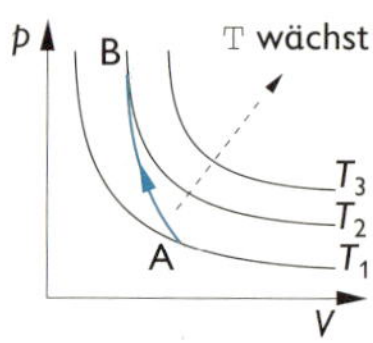	isobare Wärmezufuhr 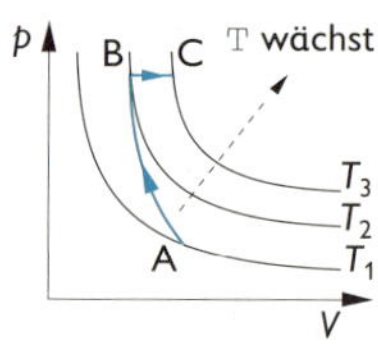	adiabatische Expansion 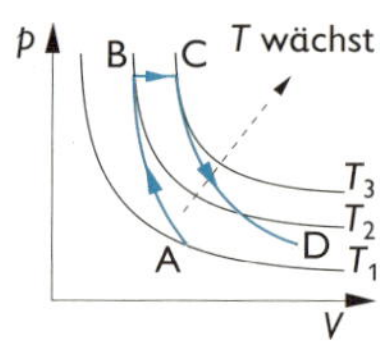	isobare Wärmeabgabe 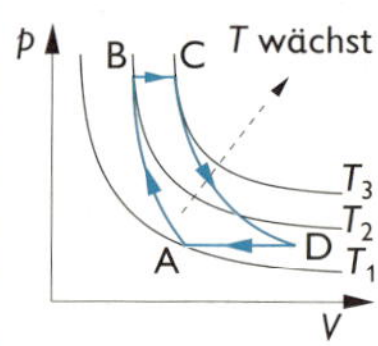

Kältemaschine

Maschine, in der das thermodynamische System (Kühlflüssigkeit) periodisch einen linkslaufenden Kreisprozeß durchläuft
Dabei wird unter Zufuhr der Arbeit W einem Energiespeicher 2 mit der niedrigen Temperatur T_2 die Wärme Q_2 entzogen und die Wärme $|-Q_1| > Q_2$ einem Energiespeicher 1 der höheren Temperatur T_1 zugeführt.

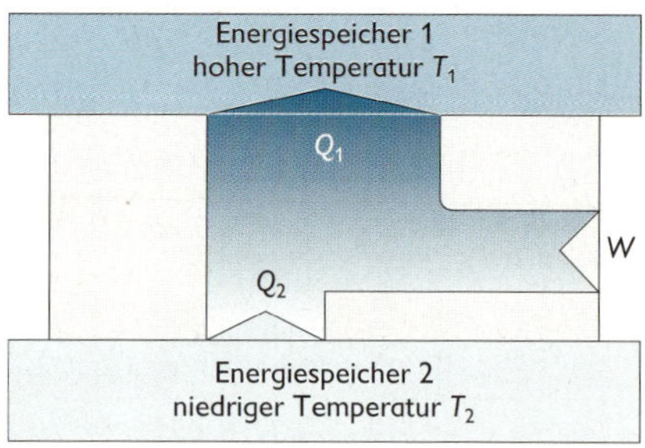

Kühlschrank. Technisches Gerät, um ein thermodynamisches System (z. B. einen Kühlraum) unter Arbeitsaufwand abzukühlen
Der Energiespeicher 2 ist dabei der Kühlraum, dem die Wärme Q_2 als Verdampfungswärme für die Verdampfung des Kühlmittels im Verdampfer entzogen wird. Durch den Kompressor wird die Arbeit W zugeführt und die Wärme $|Q_1| = Q_2 + W$ als Kondensationswärme vom Verflüssiger an die umgebende Luft (Energiespeicher 1) abgegeben.

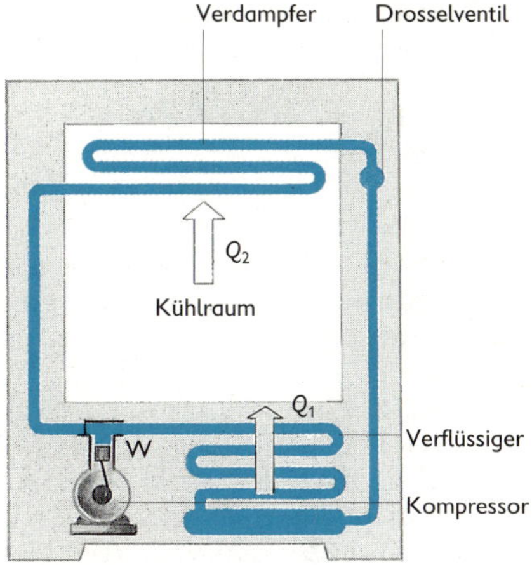

Als **Leistungszahl** ε_K eines Kühlschrankes wird definiert:

$$\varepsilon_K = \frac{Q_2}{W}$$

Q_2 dem Raum niedriger Temperatur T_2 entzogene Wärme
W mit dem Kompressor zugeführte Arbeit

Wird der Kreisprozeß als linkslaufender Carnot-Prozeß durchgeführt, so ergibt sich daraus:

$$\varepsilon_K = \frac{T_2}{T_1 - T_2}$$

T_1 höhere Temperatur der Umgebung
T_2 niedrigere Temperatur des Kühlraumes

Wärmepumpe. Technisches Gerät, um einem thermodynamischen System (z. B. Wohnhaus) unter Arbeitsaufwand Wärme zuzuführen
Im Unterschied zum Kühlschrank wird der Umgebung (Energiespeicher 2) mit der niedrigeren Temperatur T_2 die Wärme Q_2 entzogen und unter Arbeitsaufwand die dem Betrage nach größere Wärme $|Q_1| = Q_2 + W$ dem Wohnhaus (Energiespeicher 1 der höheren Temperatur T_1) zugeführt.

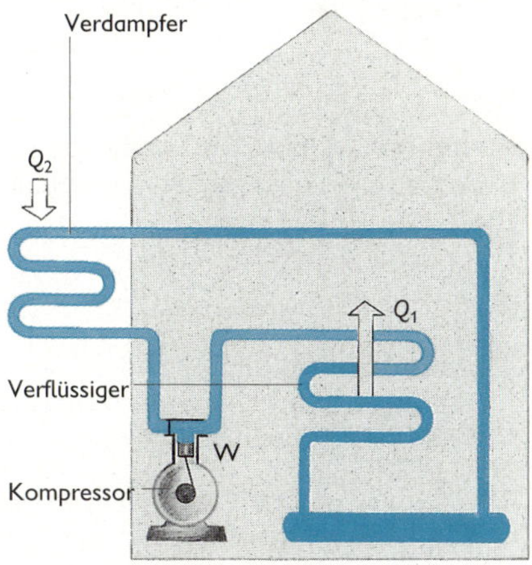

Als **Leistungszahl** ε_W der Wärmepumpe wird definiert:

$$\varepsilon_W = \frac{|Q_1|}{W}$$

Q_1 an den Raum höherer Temperatur T_1 abgegebene Wärme
W mit dem Kompressor zugeführte Arbeit

Wird der Kreisprozeß als linkslaufender Carnot-Prozeß durchgeführt, so ergibt sich daraus:

$$\varepsilon_W = \frac{T_2}{T_1 - T_2}$$

T_1 höhere Temperatur des Wohnhauses
T_2 niedrigere Temperatur der Umgebung

Da $\varepsilon_W > 1$ ist, stellen Wärmepumpen eine effektive Heizungsart dar, denn dem zu erwärmenden Raum wird stets mehr Wärme zugeführt, als an Arbeit aufzubringen ist. Außerdem belasten Wärmepumpen die Umwelt kaum.

KINETISCH-STATISTISCHE WÄRMETHEORIE

3

Theorie, durch die direkt beobachtbare (makroskopische) Vorgänge und Eigenschaften thermodynamischer Systeme auf Vorgänge und Eigenschaften im molekularen (mikroskopischen) Bereich zurückgeführt werden
Die Darstellung gewonnener Erkenntnisse erfolgt mit Hilfe *statistischer Gesetze* (↗ S. 27). Über Einzelobjekte (Teilchen des Systems) können nur *Wahrscheinlichkeitsaussagen* gemacht werden.
↗ kinetisch-statistische Betrachtungsweise, S. 9, 141; Teilchenvorstellung, S. 10

Wahrscheinlichkeitsgrößen der Thermodynamik

Größen, mit deren Hilfe Wahrscheinlichkeitsaussagen über die Teilchen eines thermodynamischen Systems getroffen werden können

Teilbereich Δx

Teil eines Wertebereiches einer physikalischen Größe *x*, die die Teilchen eines thermodynamischen Systems besitzen können

- $4{,}0\ \text{m} \cdot \text{s}^{-1} \leq v \leq 6{,}0\ \text{m} \cdot \text{s}^{-1}$ ergibt den Geschwindigkeitsbereich $\Delta v = 2{,}0\ \text{m} \cdot \text{s}^{-1}$
  $65\ \text{W} \cdot \text{s} \leq E_{kin} \leq 70\ \text{W} \cdot \text{s}$ ergibt den Energiebereich $\Delta E_{kin} = 5\ \text{W} \cdot \text{s}$

Häufigkeit H_j (absolute Häufigkeit)

Größe, die die Anzahl N_j der Teilchen eines Systems im j-ten Teilbereich angibt

- 5 Teilchen befinden sich im Geschwindigkeitsbereich $4{,}0\ \text{m} \cdot \text{s}^{-1} \leq v \leq 6{,}0\ \text{m} \cdot \text{s}^{-1}$
  $H_j = 5$

Relative Häufigkeit h_j

Größe, die den Anteil der Teilchen im j-ten Teilbereich an der Gesamtanzahl *N* der Teilchen des Systems angibt

$$h_j = \frac{H_j}{N}$$

h_j relative Häufigkeit der Teilchen im j-ten Teilbereich
H_j absolute Häufigkeit der Teilchen im j-ten Teilbereich
N Gesamtanzahl der Teilchen des Systems

Die relative Häufigkeit wird als Dezimalbruch ohne Einheit oder in Prozent angegeben.

■ 5 Teilchen von 12 Teilchen befinden sich im Geschwindigkeitsbereich
$4{,}0\ \text{m} \cdot \text{s}^{-1} \leq v \leq 6{,}0\ \text{m} \cdot \text{s}^{-1}$

$h_j = \frac{5}{12}$ bzw. $h_j = 0{,}417$ oder $h_j = 41{,}7\ \%$

Die Summe aller relativen Häufigkeiten ist 1.

$$\sum_{j=1}^{k} h_j = 1$$

h_j relative Häufigkeit der Teilchen im j-ten Teilbereich
k Anzahl der Teilbereiche

Wahrscheinlichkeit P_j

Größe, die angibt, wie groß die relative Häufigkeit der Teilchen je Teilbereich ist

$$P_j = \frac{h_j}{\Delta x}$$

P_j Wahrscheinlichkeit des Auftretens der Teilchen im j-ten Teilbereich
h_j relative Häufigkeit der Teilchen im j-ten Teilbereich
Δx Teilbereich

$$P_j = \frac{H_j}{N \cdot \Delta x}$$

P_j Wahrscheinlichkeit des Auftretens der Teilchen im j-ten Teilbereich
H_j absolute Häufigkeit der Teilchen im j-ten Teilbereich
N Gesamtanzahl der Teilchen des Systems
Δx Teilbereich

■ 5 Teilchen von insgesamt 12 Teilchen befinden sich im Geschwindigkeitsbereich

$4{,}0\ \text{m} \cdot \text{s}^{-1} \leq v \leq 6{,}0\ \text{m} \cdot \text{s}^{-1}$ $\quad P_j = \frac{5}{12 \cdot 2\ \text{m} \cdot \text{s}^{-1}}$ oder $P_j = 0{,}209\ (\text{m} \cdot \text{s}^{-1})^{-1}$

Zahlenbeispiel zur Erläuterung der Größen

j	Teilbereich v_j in $\text{m} \cdot \text{s}^{-1}$	Häufigkeit H_j	Relative Häufigkeit h_j	Wahrscheinlichkeit P_j in $(\text{m} \cdot \text{s}^{-1})^{-1}$
1	Δv_1: 0,0 bis 2,0	$H_1 = 0$	$h_1 = 0{,}000$	$P_1 = 0{,}000$
2	Δv_2: 2,0 bis 4,0	$H_2 = 4$	$h_2 = 0{,}333$	$P_2 = 0{,}167$
3	Δv_3: 4,0 bis 6,0	$H_3 = 5$	$h_3 = 0{,}417$	$P_3 = 0{,}209$
4	Δv_4: 6,0 bis 8,0	$H_4 = 2$	$h_4 = 0{,}167$	$P_4 = 0{,}084$
5	Δv_5: 8,0 bis 10,0	$H_5 = 1$	$h_5 = 0{,}083$	$P_5 = 0{,}042$
6	Δv_6: 10,0 bis 12,0	$H_6 = 0$	$h_6 = 0{,}000$	$P_6 = 0{,}000$
		$\sum_{j=1}^{6} H_j = 12$	$\sum_{j=1}^{6} h_j = 1$	
		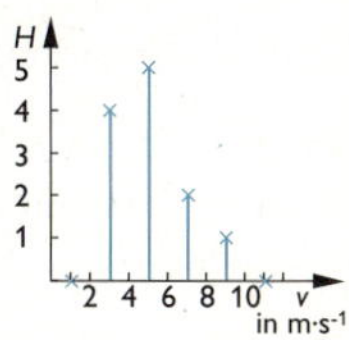	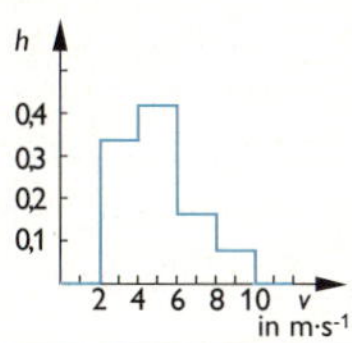	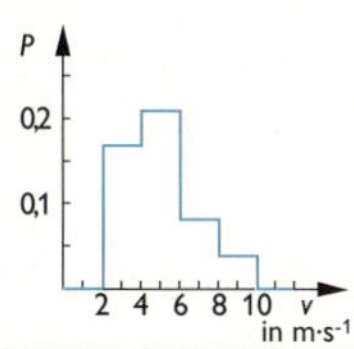

Energieverteilung der Teilchen des idealen Gases

Wahrscheinlichkeit P der Belegung verschiedener Teilbereiche der kinetischen Energie der Teilchen des idealen Gases

Für infinitesimal kleine Teilbereiche dE_{kin} der kinetischen Energie mit der relativen Häufigkeit $\frac{dN}{N}$ ergibt die Wahrscheinlichkeit

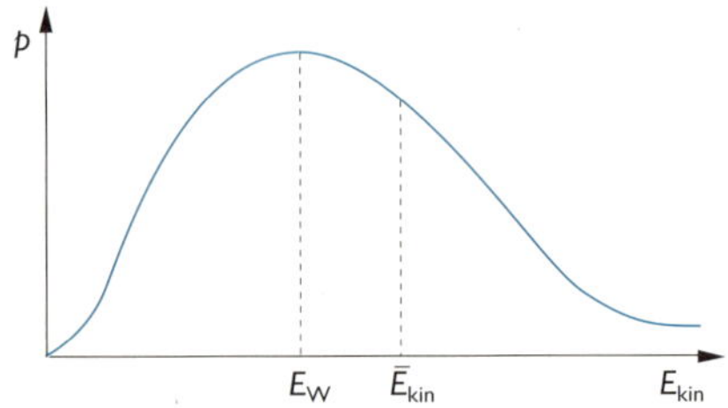

$$P = \frac{dN}{N \cdot dE_{kin}}$$

3

dN Anzahl der Teilchen im Teilbereich dE_{kin}
N Gesamtanzahl der Teilchen
dE_{kin} Teilbereich der kinetischen Energie

Daraus folgt die obige Energieverteilung der Teilchen des idealen Gases.
Die Energieverteilung ist unsymmetrisch (↗ Bild), die mittlere kinetische Energie $\bar{E}_{kin}$ (↗ S. 159) ist größer als die Energie E_W (kinetische Energie, die mit größter Wahrscheinlichkeit auftritt).

Geschwindigkeitsverteilung der Teilchen des idealen Gases

Wahrscheinlichkeit P der Belegung verschiedener Teilbereiche der Geschwindigkeit der Teilchen des idealen Gases

$$P = \frac{dN}{N \cdot dv}$$

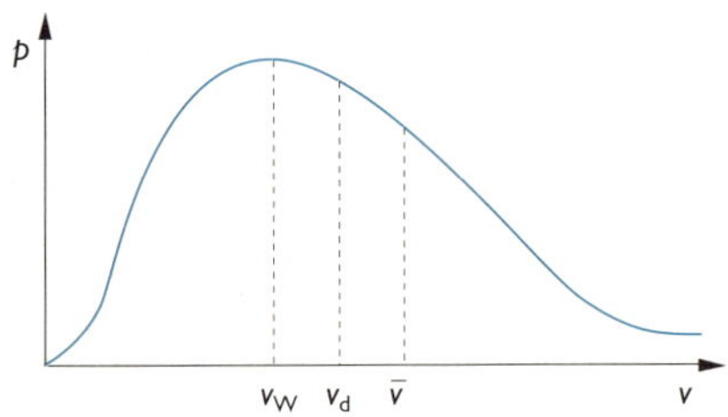

dN Anzahl der Teilchen im Teilbereich dv der Geschwindigkeit
N Gesamtanzahl der Teilchen
dv Teilbereich der Geschwindigkeit

Die Geschwindigkeitsverteilung ist unsymmetrisch (↗ Bild).
Es sind drei verschiedene Geschwindigkeiten zu unterscheiden:

Wahrscheinlichste Geschwindigkeit v_W. Sie stellt die Geschwindigkeit dar, die mit größter Wahrscheinlichkeit auftritt.

Durchschnittliche Geschwindigkeit v_d. Sie ergibt sich aus dem arithmetischen Mittel aller Geschwindigkeiten der Teilchen des idealen Gases.

$$v_d = \frac{\sum_{i=1}^{N} v_i}{N}$$

v_d durchschnittliche Geschwindigkeit
v_i Geschwindigkeit des i-ten Teilchens
N Gesamtanzahl aller Teilchen

Mittlere kinetische Geschwindigkeit $\bar{v}$. Sie ergibt sich aus der mittleren kinetischen Energie der Teilchen des idealen Gases.

$$\bar{v} = \sqrt{\frac{\sum_{i=1}^{N} v_i^2}{N}}$$

$\bar{v}$ mittlere kinetische Geschwindigkeit
v_i Geschwindigkeit des i-ten Teilchens
N Gesamtanzahl aller Teilchen

Es gilt: $\bar{v} = 1{,}22\ v_W$ und $\bar{v} = 1{,}09\ v_d$.

Zusammenhang zwischen phänomenologischer und kinetisch-statistischer Betrachtungsweise beim idealen Gas

Phänomenologisch		Kinetisch-statistisch	
Druck	p	Teilchengeschwindigkeit	v_i
Volumen	V	mittlere kinetische Geschwindigkeit	$\bar{v}$
Temperatur	T	kinetische Energie eines Teilchens	$E_{kin,i}$
Masse	m	mittlere kinetische Energie der Teilchen	$\bar{E}_{kin}$
oder		Teilchenanzahl	N
Stoffmenge	n	Teilchenanzahldichte	$\frac{N}{V}$
innere Energie	U	Masse eines Teilchens	m_T
$p \cdot V = m \cdot R \cdot T$		Zustandsgleichung	$p \cdot V = \frac{2}{3} N \cdot \bar{E}_{kin}$

Die Temperatur des idealen Gases ist der mittleren kinetischen Energie der Teilchen proportional.

$T = \frac{2}{3} \frac{N}{m \cdot R} \bar{E}_{kin}$ $\quad T \sim \bar{E}_{kin}$

Der Druck des idealen Gases ist der mittleren kinetischen Energie der Teilchen und der Teilchenanzahldichte proportional.

$p = \frac{2}{3} \frac{N}{V} \cdot \bar{E}_{kin}$ $\quad p \sim \bar{E}_{kin}$ $\quad p \sim \frac{N}{V}$

Die innere Energie des idealen Gases ist der mittleren kinetischen Energie der Teilchen proportional.

$U = N \cdot \bar{E}_{kin}$ $\quad U \sim \bar{E}_{kin}$

Die mittlere kinetische Geschwindigkeit der Teilchen des idealen Gases ist der Wurzel aus der Temperatur proportional.

$\bar{v} = \sqrt{3 \cdot R \cdot T}$ $\quad \bar{v} \sim \sqrt{T}$

Die mittlere kinetische Geschwindigkeit der Teilchen des idealen Gases hängt von dessen Druck und Dichte ab.

$\bar{v} = \sqrt{\frac{3 \cdot p \cdot V}{m}}$ $\quad \bar{v} \sim \sqrt{p}$ $\quad \bar{v} \sim \sqrt{\frac{1}{\rho}}$

Gleichverteilung der Energie für die Teilchen

Freiheitsgrad. Anzahl der räumlichen Dimensionen, nach denen die Bewegung eines Körpers (Translation, Rotation, Schwingung) erfolgen kann

- Die Teilchen des einatomigen Gases haben 3 Freiheitsgrade der Translation.
  Die Teilchen des zweiatomigen Gases (Hantelmodell, S. 178) haben 5 Freiheitsgrade (3 Freiheitsgrade der Translation, 2 Freiheitsgrade der Rotation).

Gleichverteilungssatz. Jeder Freiheitsgrad steuert im Mittel zur inneren Energie je Teilchen den Betrag $\frac{1}{2}k \cdot T = \frac{1}{2}m_T \cdot R$ bei.

Spezifische Wärmekapazität von Gasen

	Freiheitsgrade		c_V	c_p	$c_p - c_V$
	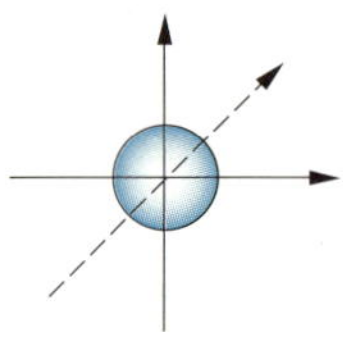 Freiheitsgrade der Translation	3	$\frac{3}{2}R$	$\frac{5}{2}R$	R
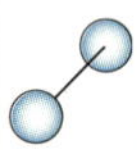	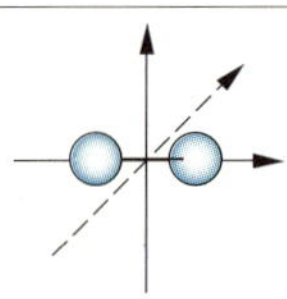 Freiheitsgrade der Translation 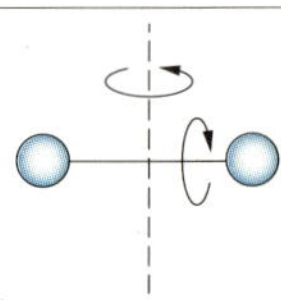 Freiheitsgrade der Rotation	3 + 2	$\frac{5}{2}R$	$\frac{7}{2}R$	R

c_V spezifische Wärmekapazität bei konstantem Volumen
c_p spezifische Wärmekapazität bei konstantem Druck
R spezifische Gaskonstante

Brownsche Bewegung, Diffusion

Brownsche Bewegung	Diffusion
Bewegung von mikroskopisch beobachtbaren Teilchen infolge der Stöße durch die nicht beobachtbaren, in ständiger Bewegung befindlichen Moleküle	gegenseitiges Eindringen von Molekülen eines Körpers infolge ihrer Bewegung in den angrenzenden Körper; Durchmischung der Teilchen verschiedener Stoffe eines Systems

Brownsche Bewegung	Diffusion
■ Rauchteilchen in Luft	■ Grenzschicht bei Transistoren Kupfersulfat in Wasser
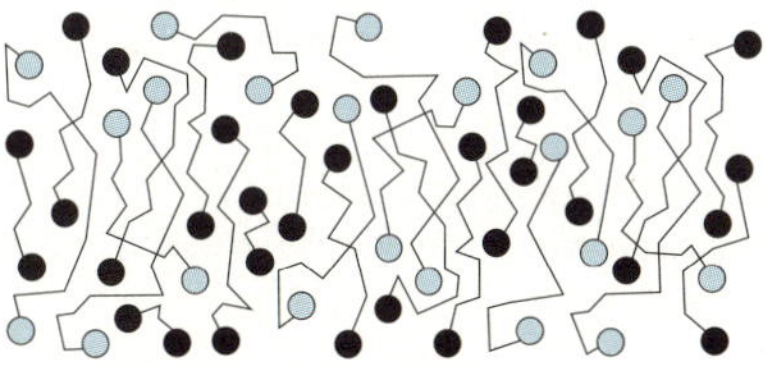	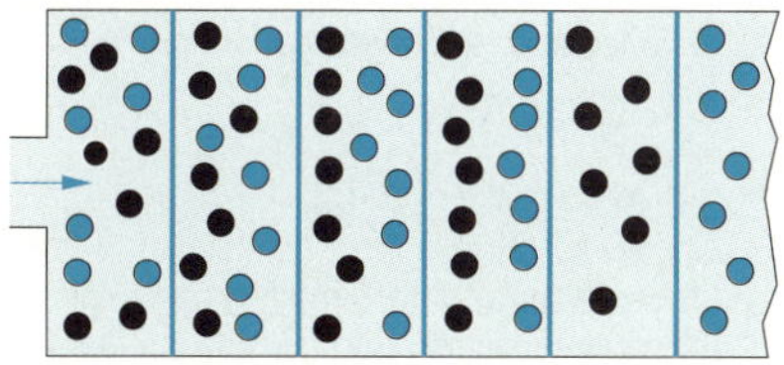
Brownsche Bewegung eines Teilchens	Leichte Moleküle diffundieren schneller als schwere Moleküle

Entropie *S*

Physikalische Größe, die ein Maß für die Ungeordnetheit in einem abgeschlossenen thermodynamischen System darstellt

Je größer die Ordnung der Teilchen des Systems ist, desto kleiner ist die Entropie. Die Entropie ist eine Zustandsgröße.

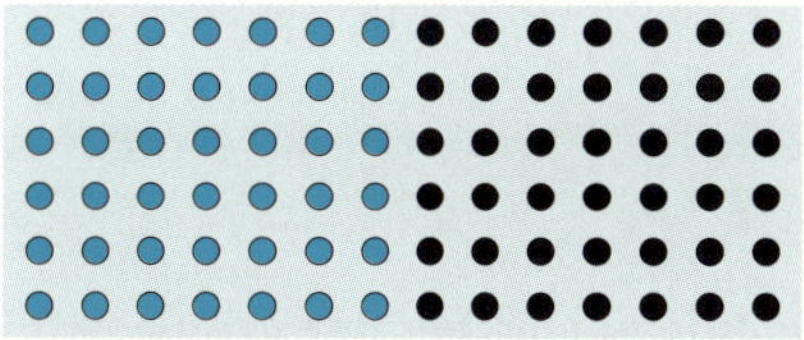

geringe Entropie

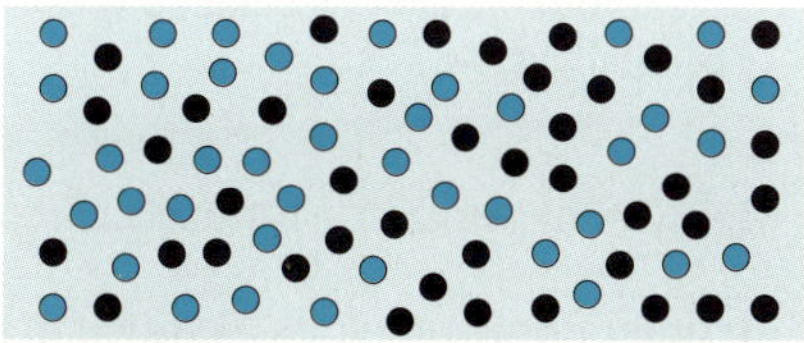

hohe Entropie

■ Diffusion, Temperaturausgleich in einem Körper oder zwischen zwei Körpern unterschiedlicher Temperatur

Je größer die Wahrscheinlichkeit *P* des Zustandes eines thermodynamischen Systems ist, um so höher ist seine Entropie *S*.

$$S = k \cdot \ln P$$

S Entropie des Systems
k Boltzmann-Konstante
P Wahrscheinlichkeit des Zustandes

Einheit: $1\ \mathrm{J} \cdot \mathrm{K}^{-1}$ (ein Joule je Kelvin)

Für die Entropieänderung ΔS beim Übergang eines thermodynamischen Systems von einem Zustand 1 mit der Wahrscheinlichkeit P_1 in einen Zustand 2 mit der Wahrscheinlichkeit P_2 gilt:

$$\Delta S = S_2 - S_1 = -k \cdot \ln \frac{P_2}{P_1}$$

ΔS Entropieänderung
k Boltzmann-Konstante
P_2 Wahrscheinlichkeit des Zustandes 2
P_1 Wahrscheinlichkeit des Zustandes 1

Entropieänderung eines Systems in kinetisch-statistischer Betrachtungsweise

Abgeschlossenes System	Offenes System
$\Delta S > 0$ für irreversible Vorgänge $\Delta S = 0$ für reversible Vorgänge In einem abgeschlossenen System kann eine Entropieverminderung (Erhöhung des Ordnungszustandes der Teilchen) nicht eintreten (2. Hauptsatz der Thermodynamik).	In einem offenen System kann auf Grund des Stoff- und Energieaustausches mit der Umgebung eine Entropieverminderung eintreten. Das bedeutet, daß der Ordnungszustand des Systems wächst, der Ordnungszustand der Umgebung dagegen sinkt.
■ Diffusion ($\Delta S > 0$) Planetenbewegung um die Sonne ($\Delta S = 0$ bei nicht zu großen Zeiträumen)	■ Aufrechterhaltung und Höherentwicklung biologischer Strukturen kosmische Entwicklung ($\Delta S < 0$)

Der 2. Hauptsatz der Thermodynamik kann danach auch so formuliert werden:

Die Natur strebt aus einem unwahrscheinlicheren Zustand von selbst dem wahrscheinlichsten Zustand zu.

Der 2. Hauptsatz ist ein statistisches Gesetz.

Entropieänderung eines Systems in phänomenologischer Betrachtungsweise
Führt man einem System bei konstanter Temperatur in einem reversiblen Vorgang die Wärme Q_{rev} zu, so erhöht sich die Entropie des Systems.

$$\Delta S = \frac{Q_{rev}}{T}$$

ΔS Entropieerhöhung
Q_{rev} zugeführte Wärme in einem reversiblen Vorgang
T konstante Temperatur

Einheit: $1\ \mathrm{J \cdot K^{-1}}$ (ein Joule je Kelvin)

■ Entropieerhöhung beim Schmelzen oder Verdampfen

Elektrizitätslehre

LADUNG, STROMSTÄRKE, SPANNUNG

Ladung

Eigenschaft von Mikroobjekten (Elementarteilchen, Ionen), auf der die Erscheinungen der Elektrizitätslehre beruhen
Mikroobjekte sind Träger positiver (+) oder negativer (-) elektrischer Ladungen.
↗ elektrische Ladung, S. 182; Kräfte zwischen elektrisch geladenen Körpern, S. 183; Atom, S. 295 ff.; Elementarteilchen, S. 315

Verwendung des Ladungsbegriffs und der Symbolik

Art der Ladung	Symbolik
negative Elementarladung des Elektrons positive Elementarladung des Protons und des Positrons	⊖ Elektron ⊕ Proton
elektrische Ladung von Ionen als Differenz aus der positiven Kernladung und der negativen Ladung der Elektronen in der Atomhülle (Bei Übereinstimmung liegt ein neutrales Atom vor.)	Na^+ Cl^-
elektrische Ladung eines Körpers, die bei Elektronenüberschuß negativ und bei Elektronenmangel positiv ist	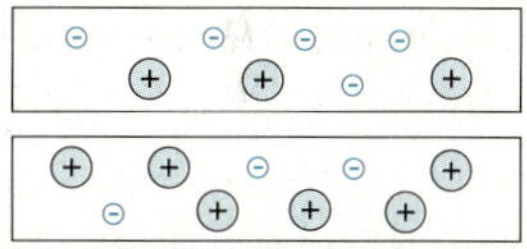
wanderungsfähige Ladungsträger in einem elektrisch neutralen Körper	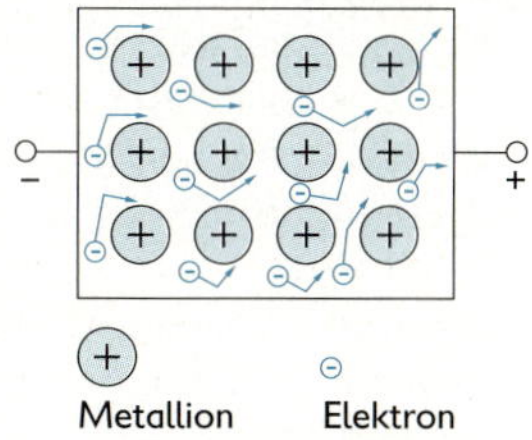

Ladungstrennung

Vorgang, durch den positive und negative Ladungsträger (Ionen, Elektronen) voneinander getrennt werden
Zur Ladungstrennung muß Arbeit aufgewendet werden, die als Energie des elektrischen Feldes gespeichert wird.
↗ elektrostatisches Feld, S. 203

Möglichkeiten zur Ladungstrennung

Enge Berührung geeigneter Stoffe	Verschiebung von Ladungsträgern durch die Lorentzkraft
■ Bandgenerator Enge Berührung (Reibung) von Kunststoffklötzchen und bewegtem Gummiband führt zu Ladungstrennung. Die Ladungen des Gummibandes werden auf der Metallhaube gesammelt. 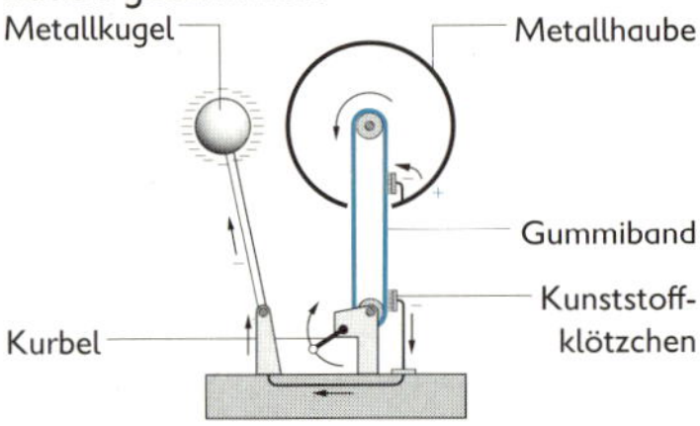 	■ MHD-Generator Im magnetohydrodynamischen Generator lenkt die Lorentzkraft die im Gasstrom enthaltenen Ladungsträger nach entgegengesetzten Seiten ab, wo sie zu den Elektroden gelangen. 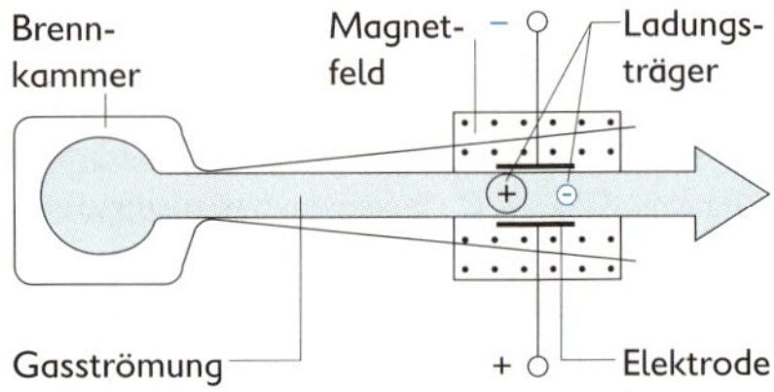
Elektrochemische Vorgänge	**Ionisation von Atomen durch Energiezufuhr**
■ Batterien bzw. Akkumulatoren	■ Stoßionisation

Ladungsausgleich

Vorgang, bei dem elektrische Ladungsträger (Ionen, Elektronen) von unterschiedlich elektrisch geladenen Körpern bis zum Ausgleich der Ladungen abgegeben bzw. aufgenommen werden

- Verbinden der Pole einer Spannungsquelle mit einem metallischen Leiter; Entladen von Ionen an Elektroden

Ladungsübertragung

Vorgang, bei dem elektrische Ladungsträger von einem Körper auf andere übergehen. Die Ladungsübertragung führt zu einer Ladungsaufteilung oder einem Ladungsausgleich. Als kleinster Betrag kann eine *Elementarladung* e übertragen werden.
↗ Elementarladung, S. 182

Elektrische Elementarladung e

Kleinste, unteilbare elektrische Ladung. Sie ist beim Elektron negativ (-e), beim Proton und beim Positron positiv (+e).

$e = 1{,}602 \cdot 10^{-19}\,\text{As}$ ↗ Bestimmung der Elementarladung, S. 209

Elektrische Ladung Q

Physikalische Größe, die die Ladungsmenge eines geladenen Körpers bzw. einer Ladungsverteilung angibt

Ladungsbestimmung. Theoretisch (rechnerisch) läßt sich die elektrische Ladung Q als Vielfaches von e bestimmen.
Praktisch bestimmt man den Betrag der elektrischen Ladung Q mit Hilfe einer Ladungsübertragung und dem damit verbundenen elektrischen Strom.
Die Einheit der Ladung leitet sich aus der Basiseinheit für die Stromstärke, dem Ampere, ab.
↗ elektrischer Strom, S. 184; Einheit der Stromstärke, S. 185

Ist die elektrische Stromstärke konstant, so gilt:

$$Q = I \cdot t$$

Q elektrische Ladung
I elektrische Stromstärke
t Zeit

Einheit: 1 A · s (eine Amperesekunde)
1 A · s = 1 C = $6{,}2 \cdot 10^{18}$ e

Ist die elektrische Stromstärke nicht konstant, so gilt:

$$Q = \int_{t_1}^{t_2} I(t) \cdot dt$$

Die Messung kurzer Stromstöße $\int_{t_1}^{t_2} I(t) \cdot dt$ erfolgt mit dem Stoßgalvanometer. Bei diesem Gerät ist der Zeigerhöchstausschlag ein Maß für die transportierte Ladung Q.

Kräfte zwischen elektrisch geladenen Körpern

Gleichnamig elektrisch geladene Körper stoßen einander ab.
Ungleichnamig elektrisch geladene Körper ziehen einander an.

elektrisch gleichnamig geladen

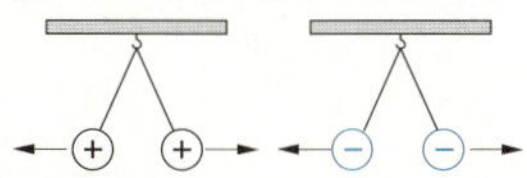

elektrisch ungleichnamig geladen

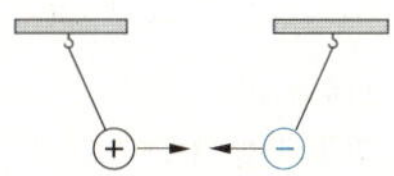

Coulombsches Gesetz

Zusammenhang zwischen der Kraft, die zwischen zwei Punktladungen im Vakuum wirkt, und den Beträgen sowie dem Abstand der Ladungen

$$F = \frac{1}{4\pi\varepsilon_0} \cdot \frac{Q_1 \cdot Q_2}{r^2}$$

F Kraft zwischen den geladenen Körpern
Q_1, Q_2 elektrische Ladungen der Körper
r Abstand der Körpermittelpunkte
ε_0 elektrische Feldkonstante (absolute Dielektrizitätskonstante)
$\varepsilon_0 = 8{,}86 \cdot 10^{-12}\ \mathrm{AsV^{-1}m^{-1}}$

Punktladung. Modell eines elektrisch geladenen Körpers, dessen räumliche Abmessungen vernachlässigbar klein sind und bei dem ein radiales elektrostatisches Feld vorliegt
↗ elektrisches Feld, S. 205 f.

Elektroskop

Gerät zum Ladungsnachweis
Der Zeigerausschlag entsteht durch die Wechselwirkung gleichartig geladener (Stab, Zeiger) oder ungleichartig geladener Bauteile (Stab, Zeiger - Gehäuse).

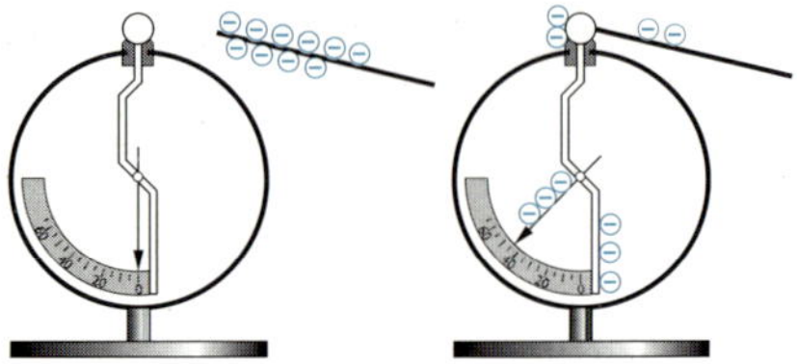

Influenz

Verschiebung von Ladungsträgern auf der Oberfläche leitender Körper unter dem Einfluß der Kräfte eines elektrischen Feldes
Der Körper bleibt als Ganzes elektrisch neutral, er hat aber auf seiner Oberfläche zwei unterschiedlich geladene Bereiche. Ohne elektrisches Feld gleichen sich die influenzierten Ladungen wieder aus.

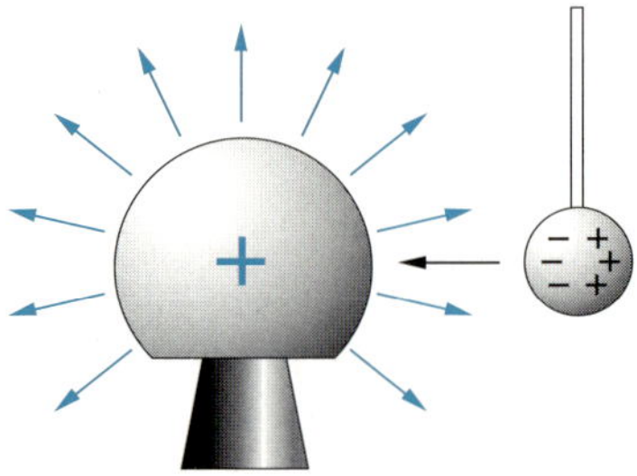

■ influenzierte Ladungen auf einer Metallkugel

Dielektrische Polarisation

Verschiebung der Ladungsschwerpunkte in den Molekülen von nichtleitenden Stoffen unter dem Einfluß der Kräfte eines elektrischen Feldes. Die Moleküle werden dadurch zu elektrischen Dipolen.
Elektrische Dipole richten sich unter dem Einfluß der Kräfte eines elektrischen Feldes aus.

■ Polarisation und Ausrichten von Grießkörnchen im homogenen Feld eines Plattenkondensators
Dipolstruktur bestimmter Stoffe auf Grund ihres Molekülbaus

Elektrischer Strom

Gerichtete Bewegung von Ladungsträgern unter dem Einfluß eines elektrischen Feldes. Die Energie des elektrischen Feldes wird in kinetische Energie der sich gerichtet bewegenden Ladungsträger und in damit verbundene magnetische Feldenergie umgewandelt.
↗ magnetisches Feld, S. 210

Voraussetzungen für das Fließen eines elektrischen Stromes:
– ein elektrisches Feld,
– Ladungsträger, die sich gerichtet bewegen können.
↗ elektrische Leitungsvorgänge, S. 237 ff.

Elektrischer Stromkreis. Er besteht mindestens aus zwei Energiewandlern und Verbindungsleitern.

Spannungsquelle: Bereitstellung elektrischer Energie durch Umwandlung einer zugeführten mechanischen, chemischen oder anderen Energieart
„Verbraucher“: Umwandlung der elektrischen Energie in eine abgegebene mechanische, thermische oder andere Energieart

Wirkungen des elektrischen Stromes treten an Energiewandlern infolge des Stromflusses auf. Die Wirkung steht im Zusammenhang mit der Energieart, in die umgewandelt wird.

Art der Wirkung	Energiewandler	Energieart
Wärmewirkung	Tauchsieder, Elektroschweißen	thermische Energie
Lichtwirkung	Leuchtstofflampe, Leuchtdiode	Lichtenergie
magnetische Wirkung	Gleichstrommotor	mechanische Energie
chemische Wirkung	Akkumulator, Elektrolysezelle	chemische Energie

Elektrische Stromrichtung. Sie kennzeichnet die Richtung des elektrischen Stromes.

Festlegung: *Die elektrische Stromrichtung verläuft außerhalb der Spannungsquelle vom positiven zum negativen Pol.*

Negative Ladungsträger (Elektronen, Anionen) bewegen sich entgegengesetzt zur festgelegten elektrischen Stromrichtung.

Elektrische Stromstärke *I*

Physikalische Größe (Basisgröße), die die pro Zeiteinheit durch einen Leiterquerschnitt transportierte elektrische Ladung angibt

Ist $Q \sim t$, so gilt:

$$I = \frac{Q}{t}$$

I elektrische Stromstärke
Q transportierte elektrische Ladung
t Zeit

Einheit: 1 A (ein Ampere)

$$1\,\mathrm{A} = \frac{1\,\mathrm{A \cdot s}}{1\,\mathrm{s}} = 1\,\mathrm{C \cdot s^{-1}}$$

$$1\,\mathrm{A} = 6{,}2 \cdot 10^{18}\,\mathrm{e \cdot s^{-1}}$$

↗ Ladungsbestimmung, S. 183

Sind elektrische Ladung und Zeit nicht proportional zueinander, so gilt für die Momentanstromstärke i:

$$i = \frac{dQ}{dt}$$

- harmonischer Wechselstrom $i = i_{max} \cdot \sin(\omega \cdot t)$

Stromstärkemessung

Sie erfolgt vorwiegend mit Meßgeräten, die Kraftwirkungen des Magnetfeldes registrieren, das den zu messenden Strom I umgibt.
Strommesser werden in Reihe mit dem Energiewandler R geschaltet. Damit der zu messende Strom nicht wesentlich durch den Innenwiderstand R_i des Strommessers beeinflußt wird, muß die Bedingung $R_i \ll R$ erfüllt sein.
↗ elektrische Meßgeräte im Stromkreis, S. 193

Meßgerät	Drehspulmeßgerät	Dreheisenmeßgerät
Aufbau	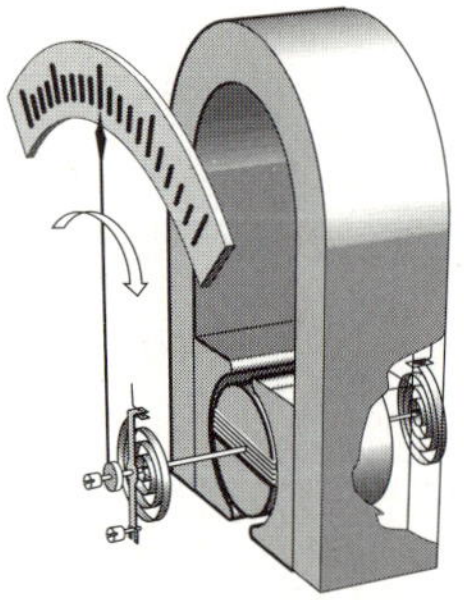	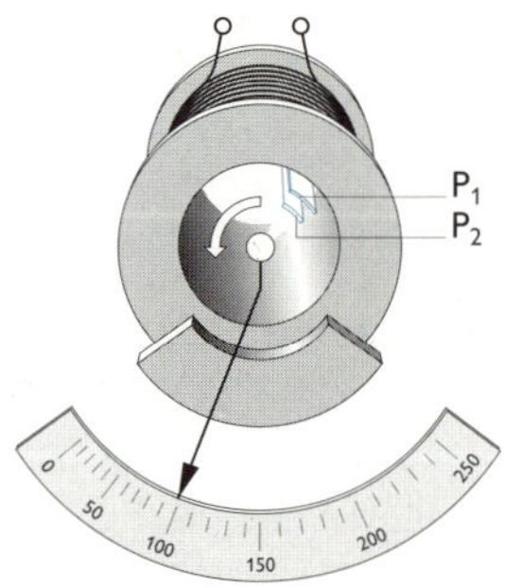
Wirkungsweise	Auf die stromdurchflossene, drehbare Spule wirkt im Magnetfeld des Dauermagneten eine Kraft. Dadurch wird die Spule mit dem Zeiger ausgelenkt: $F = I_x \cdot l_{ges} \cdot B$. Beim Wechsel der Stromrichtung wechselt die Auslenkrichtung. (I_x zu messende Stromstärke) ↗ Lorentzkraft, S. 217	I_x erzeugt in der feststehenden Spule ein Magnetfeld. Dieses Magnetfeld magnetisiert die Platten P_1 und P_2 gleichartig, wodurch P_2 mit dem Zeiger ausgelenkt wird. Die gleichartige Magnetisierung ist unabhängig von der Stromrichtung. (I_x zu messende Stromstärke)
Stromart	Gleichstrom ↗ S. 189	Gleich- und Wechselstrom ↗ S. 189, 196

Drehspulmeßgeräte können auch für Wechselstrom verwendet werden, wenn ein Gleichrichter vorgeschaltet ist.
↗ Wechselstromfrequenz, S. 197; Halbleiterdiode, S. 247; Gleichrichtung von Wechselströmen, S. 248

Elektrische Spannung U

Physikalische Größe, die bei einer Spannungsquelle infolge des Ladungsunterschiedes deren Fähigkeit kennzeichnet, im Stromkreis ein elektrisches Feld aufzubauen, das die gerichtete Bewegung der Ladungsträger bewirkt
Sie läßt sich aus der bei der Bewegung einer Ladungseinheit verrichteten Arbeit berechnen.

$$U = \frac{W}{Q}$$

U elektrische Spannung
W Arbeit beim Transport der Ladung Q im elektrischen Feld
Q elektrische Ladung

Einheit: 1 V (ein Volt) $1\,\mathrm{V} = \frac{1\,\mathrm{W \cdot s}}{1\,\mathrm{C}} = \frac{1\,\mathrm{W \cdot s}}{1\,\mathrm{A \cdot s}} = \frac{1\,\mathrm{W}}{1\,\mathrm{A}}$

Der Betrag der Spannung folgt aus den betrachteten Bezugspunkten, die zugleich die Meßpunkte für den Spannungsmesser sein können.

Meßpunkte	Spannung
Punkte im Abstand d der Platten eines Kondensators	Spannung U_C, die an einem Kondensator anliegt 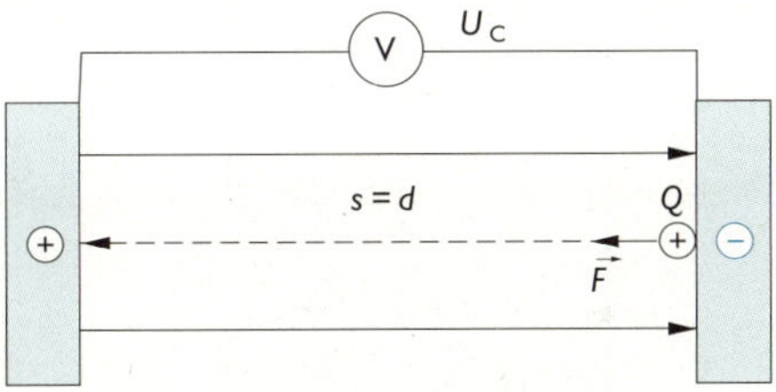
Anschlüsse (Klemmen) einer Spannungsquelle	Klemmenspannung der Spannungsquelle = Gesamtspannung im Stromkreis U_{Kl} 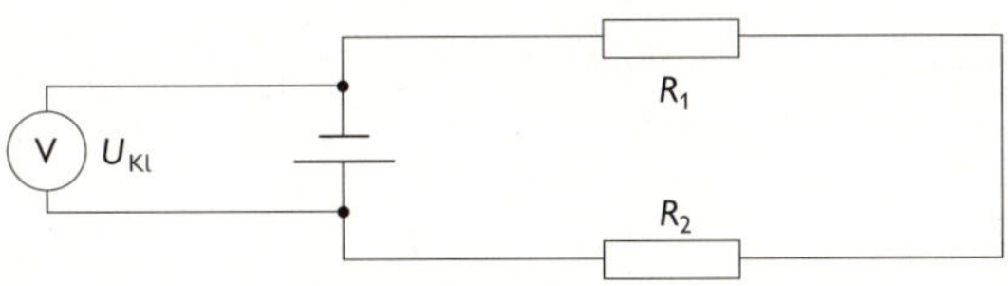
Anschlüsse eines Bauelements (Energiewandler R)	Teilspannung am Bauelement = Spannungsabfall U_R 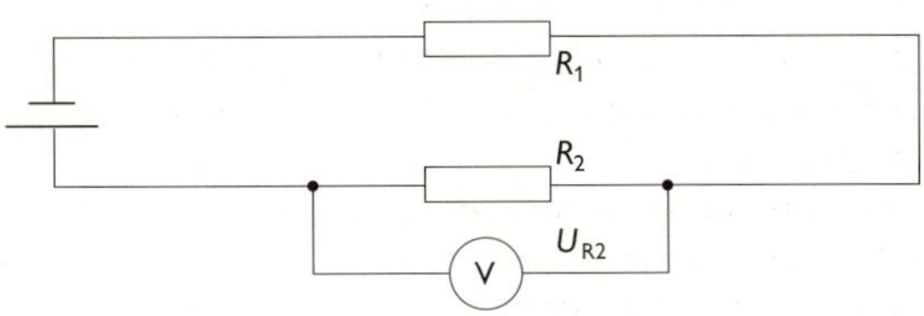

Spannungsmessung

	Dynamische Spannungsmessung	Statische Spannungsmessung
Meßprinzip	Nutzung der Kraft eines Dauermagneten auf einen stromdurchflossenen Leiter und der Proportionalität zwischen Spannung und Stromstärke	Nutzung der Kräfte zwischen ruhenden elektrischen Ladungen
Merkmal	geringer Stromfluß durch das Meßgerät, bedingt durch hohen Innenwiderstand	kein Stromfluß im Meßgerät
Gerätetyp	Drehspulmeßgerät, Dreheisenmeßgerät, ↗ S. 186	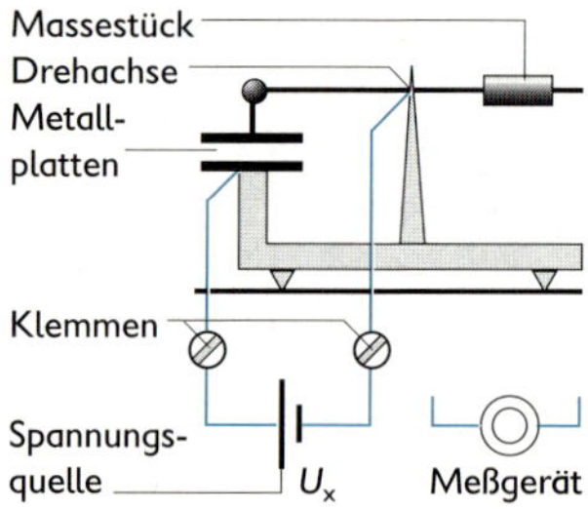 Spannungswaage 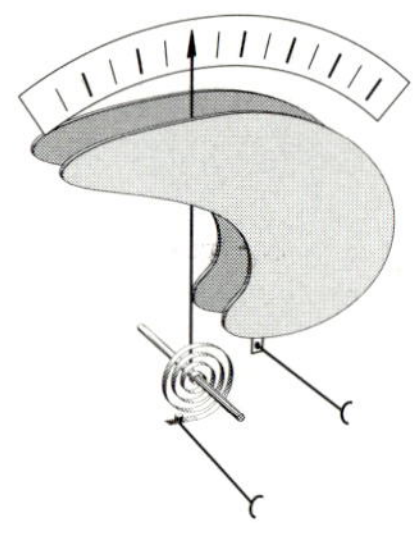 statischer Spannungsmesser

Drehspul- bzw. Dreheisenmeßgeräte, die für die Spannungsmessung verwendet werden, unterscheiden sich gegenüber solchen, die für die Strommessung verwendet werden, durch

– die Schaltung parallel zum Energiewandler (↗ Meßpunkte und Spannung, S. 187),
– die Eichung der Skale auf der Grundlage des Ohmschen Gesetzes $I \sim U$ (↗ Ohmsches Gesetz, S. 189),
– die Größe des Innenwiderstandes R_i, für den $R_i \gg R$ erfüllt sein muß, damit der Meßstrom den tatsächlichen Strom durch den Energiewandler nur wenig verfälscht.

Gleichstromkreis

Gleichstromkreis

Stromkreis mit einer Gleichspannungsquelle, Verbindungsleitern und weiteren Energiewandlern. Zwischen den Polen der Gleichspannungsquelle fließt bei geschlossenem Stromkreis ein Gleichstrom.

↗ Gleichstrom, S. 189; elektrische Stromrichtung, S. 185

Gleichspannungsquelle

Gerät, in dem zugeführte oder gespeicherte Energiearten (mechanische, chemische oder andere) in elektrische Energie umgewandelt werden

Jede Gleichspannungsquelle hat einen Minuspol (Elektronenüberschuß) und einen Pluspol (Elektronenmangel).

■ Knopfzelle

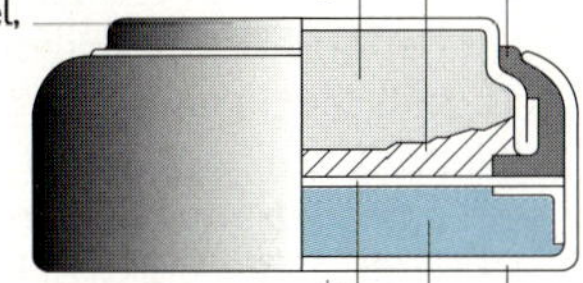

4

Gleichstrom

Gerichtete Bewegung von Ladungsträgern, deren Bewegungsrichtung aus der Art der Ladung und der Polung der Gleichspannungsquelle folgt

↗ Kräfte zwischen elektrischen Ladungsträgern; S. 183; Wechselstrom, S. 196; Stromstärke, S. 185

Ohmsches Gesetz

Zusammenhang zwischen der an einem bestimmten Leiter anliegenden Spannung und der infolge dieser Spannung im Leiter hervorgerufenen Stromstärke

Sind die Temperatur des Leiters und die Konzentration der im Leiter für die gerichtete Bewegung zur Verfügung stehenden Ladungsträger konstant, so gilt:

$$I \sim U \text{ oder } \frac{U}{I} = \text{konstant}$$

I elektrische Stromstärke
U elektrische Spannung

Das Ohmsche Gesetz gilt auch für wäßrige Lösungen von Elektrolyten, solange sich die Ionenkonzentration nicht wesentlich ändert.

Elektrischer Widerstand *R*

Physikalische Größe zur Kennzeichnung der Eigenschaft eines elektrischen Bauelements (Leiters), die gerichtete Bewegung der Ladungsträger zu behindern

$$R = \frac{U}{I}$$

R elektrischer Widerstand
U elektrische Spannung
I elektrische Stromstärke
Einheit: $1\,\Omega$ (ein Ohm) $1\,\Omega = 1\,V \cdot A^{-1}$

In metallischen Leitern wird der elektrische Widerstand durch Wechselwirkungen der Elektronen mit den Ionen des Metallgitters verursacht. Die bei zunehmender Temperatur heftigeren Schwingungen der Ionen behindern die gerichtete Bewegung der Elektronen und bewirken einen größeren elektrischen Widerstand. Für elektrische Leiter, die einen konstanten elektrischen Widerstand R haben, gilt das Ohmsche Gesetz ($I \sim U$).

Technischer Widerstand

Bezeichnung für jene Bauelemente, die wegen ihrer physikalischen Eigenschaft, einen elektrischen Widerstand R zu haben, in Schaltungen eingesetzt werden. Der Widerstand R eines technischen Widerstandes hängt vom verwendeten Stoff und seiner geometrischen Bauform ab.

Technische Widerstände sind Energiewandler, die elektrische Energie in andere Energiearten umwandeln.

↗ Kennlinien und Kenngrößen von Bauelementen, S. 250; Widerstandsgesetz, S. 191; Wirkungen des elektrischen Stromes, S. 185

Elektrischer Leitwert G

Physikalische Größe zur Kennzeichnung der Eigenschaft eines elektrischen Bauelements, den Stromfluß zu ermöglichen

$$G = \frac{I}{U} = \frac{1}{R}$$

G elektrischer Leitwert
I elektrische Stromstärke
U elektrische Spannung
R elektrischer Widerstand

Einheit: 1 S (ein Siemens) $\quad 1\ \mathrm{S} = 1\ \mathrm{A} \cdot \mathrm{V}^{-1}$

Während aus dem elektrischen Widerstand auf jene Spannung gefolgert werden kann, die beim Leiter zu einer Stromstärke von 1 A führt, läßt sich aus dem Leitwert jene Stromstärke folgern, die bei einer anliegenden Spannung von 1 V auftreten würde.

Spezifischer elektrischer Widerstand ρ

Physikalische Größe, die die Stoffabhängigkeit des elektrischen Widerstandes erfaßt

Einheit: $1\ \Omega \cdot \mathrm{m}$, $1\ \Omega \cdot \mathrm{mm}^2 \cdot \mathrm{m}^{-1}$ $\quad 1\ \Omega \cdot \mathrm{m} = 10^6\ \Omega \cdot \mathrm{mm}^2 \cdot \mathrm{m}^{-1}$

Dieser Widerstand ergibt sich aus den mikrophysikalischen Besonderheiten des jeweiligen Stoffes, die den Stromfluß beeinflussen: Konzentration der Ladungsträger im Stoff, Wechselwirkungen der sich bewegenden Ladungsträger mit den Gitterbausteinen bzw. Molekülen. Letzteres bewirkt die Temperaturabhängigkeit von ρ, die bei Fremderwärmung des Stoffes und bei der Eigenerwärmung durch den Stromfluß feststellbar ist.

↗ Halbleiter, S. 238; Isolator, S. 238

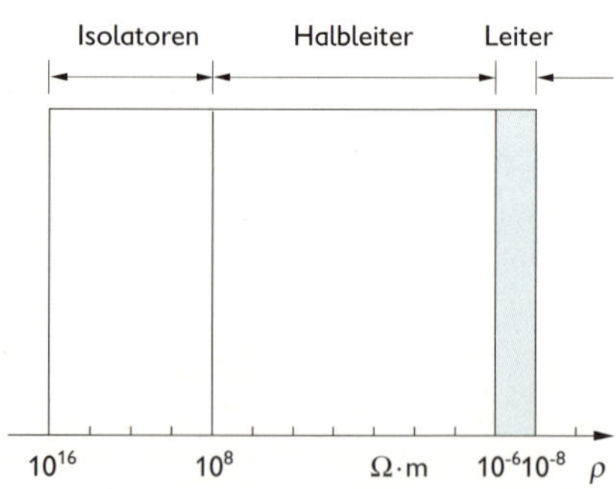

Spezifischer elektrischer Leitwert γ

Physikalische Größe, die die Stoffabhängigkeit des elektrischen Leitwerts erfaßt
Er ist als Reziprokes des spezifischen elektrischen Widerstandes ρ definiert.

$$\gamma = \rho^{-1}$$

Widerstandsgesetz

Zusammenhang zwischen dem elektrischen Widerstand eines metallischen Leiters, seinen geometrischen Abmessungen und seiner stofflichen Beschaffenheit

$$R = \rho \cdot \frac{l}{A}$$

R elektrischer Widerstand
ρ spezifischer elektrischer Widerstand
l Länge des elektrischen Leiters
A Leiterquerschnittsfläche

Bei der Berechnung von ohmschen Widerständen mit dem Widerstandsgesetz wird die Temperaturabhängigkeit des spezifischen elektrischen Widerstandes ρ meist vernachlässigt.

Widerstandsbestimmung

- Messen von Stromstärke und Spannung, Berechnen mit $R = \frac{U}{I}$
- Ermitteln von spezifischem Widerstand, Leiterlänge und Leiterquerschnitt, Berechnen mit $R = \rho \cdot \frac{l}{A}$
- direktes Messen mit einem Widerstandsmesser
- Verwenden einer Wheatstoneschen Brückenschaltung

Das Meßgerät in der Brücke PQ ist stromlos, wenn die Spannung in beiden Zweigen im gleichen Verhältnis geteilt wird.

Es gilt: $\frac{R_x}{R} = \frac{R_1}{R_2}$ R, R_1 und R_2 sind bekannt.

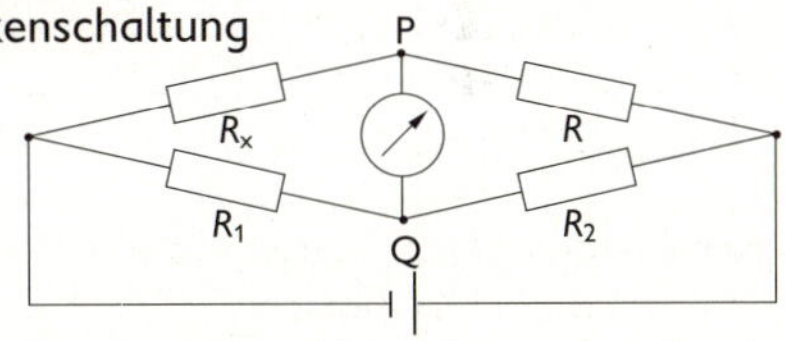

Schaltplan einer Wheatstoneschen Brücke

Unverzweigter und verzweigter Stromkreis

	Unverzweigter Stromkreis (Reihenschaltung)	Verzweigter Stromkreis (Parallelschaltung)
Schaltplan	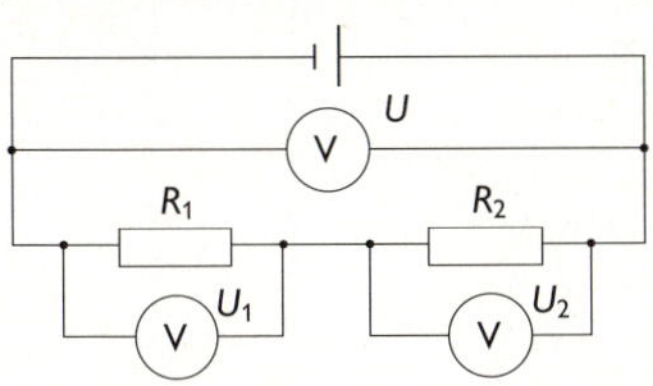	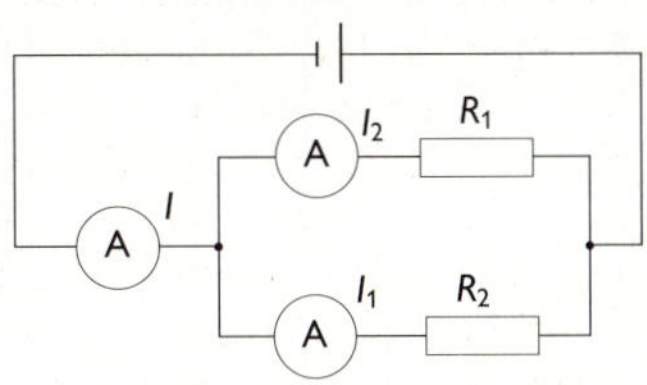

	Unverzweigter Stromkreis (Reihenschaltung)	Verzweigter Stromkreis (Parallelschaltung)
Merkmal	Energiewandler liegen in Reihe	Energiewandler liegen parallel
Spannungen	$U = U_1 + U_2$	$U = U_1 = U_2$
Stromstärken	$I = I_1 = I_2$	$I = I_1 + I_2$
Widerstände	$R = R_1 + R_2$	$\frac{1}{R} = \frac{1}{R_1} + \frac{1}{R_2}$
Leitwerte	$\frac{1}{G} = \frac{1}{G_1} + \frac{1}{G_2}$	$G = G_1 + G_2$
Proportionen	$U_1 : U_2 = R_1 : R_2$	$I_1 : I_2 = R_2 : R_1$
Verallgemeinerung	*Maschenregel* In jedem unverzweigten Gesamt- bzw. Teilstromkreis („Masche") ist die Summe der vorzeichenbehafteten Spannungen der Spannungsquellen (Polung) gleich der Summe der vorzeichenbehafteten Teilspannungen an den Widerständen. $\sum_{i=1}^{n} U_{i\,\text{Quelle}} = \sum_{j=1}^{m} U_{j\,\text{Teil}}$ $U_{j\text{Teil}} = R_j \cdot I_j$	*Knotenregel* An jedem Stromverzweigungspunkt („Knoten") ist die Summe der Stromstärken der zufließenden Ströme gleich der Summe der Stromstärken der abfließenden Ströme. $\sum_{i=1}^{n} I_{i\,\text{zu}} = \sum_{j=1}^{m} I_{j\,\text{ab}}$
Beispiel	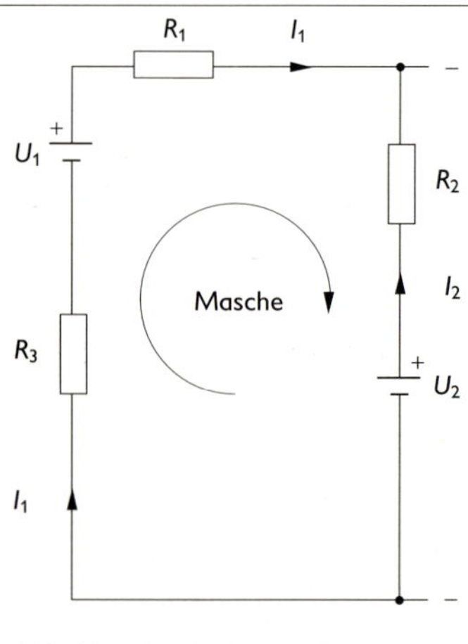 $U_1 - U_2 = R_1 \cdot I - R_2 \cdot I + R_3 \cdot I$	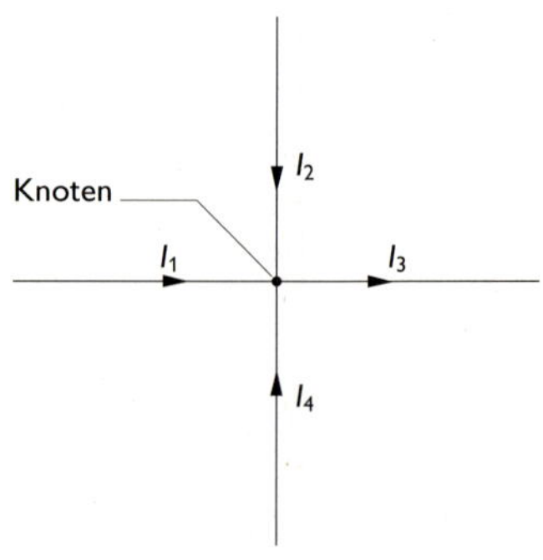 $I_1 + I_2 + I_4 = I_3$

Elektrische Meßgeräte im Stromkreis

Die Anzeige eines Meßgerätes beruht auf dem Stromfluß durch das Meßwerk des Gerätes.

Je nach Eichung der Skale kann die Meßgröße eine Spannung *U* oder eine Stromstärke *I* sein.

↗ Stromstärkemessung, S. 186; Spannungsmessung, S. 188; Widerstandsbestimmung, S. 191; Drehspulinstrument, S. 186; Dreheiseninstrument, S. 186

Innenwiderstand R_i. Er kennzeichnet den elektrischen Widerstand eines Meßgerätes. Bei der Bestimmung der Spannung und der Stromstärke an einem Bauelement muß beachtet werden, daß auch durch das Meßgerät ein Strom fließt und bei der Strommessung am Meßgerät eine Teilspannung abfällt.

Damit die daraus resultierenden Verfälschungen der Werte vernachlässigbar sind, müssen folgende Bedingungen erfüllt sein:

– bei Stromstärkemessungen: $R_i \ll R$,
– bei Spannungsmessungen: $R_i \gg R$.

Schaltung von Meßgeräten

Stromrichtige Meßschaltung	Spannungsrichtige Meßschaltung
Die stromrichtige Meßschaltung wird bei großen Widerständen *R* verwendet, damit die geringe Stromstärke durch *R* nicht wesentlich durch jene Stromstärke des Stromes verfälscht wird, der durch den Spannungsmesser fließt.	Die spannungsrichtige Meßschaltung wird bei kleinen Widerständen *R* verwendet, damit die Spannung an *R* nicht wesentlich durch jene Teilspannung verfälscht wird, die am Strommesser auftritt.
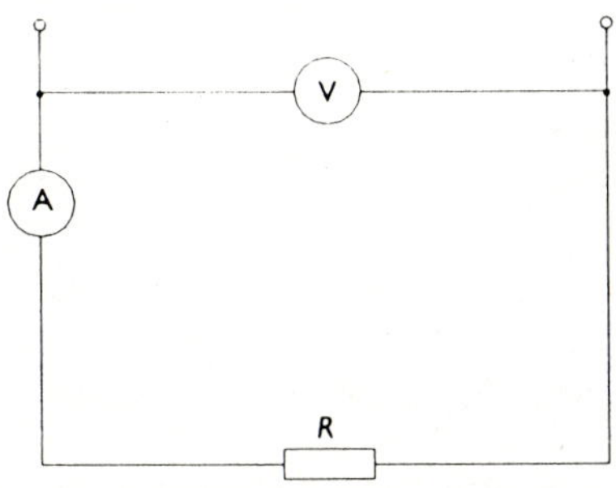	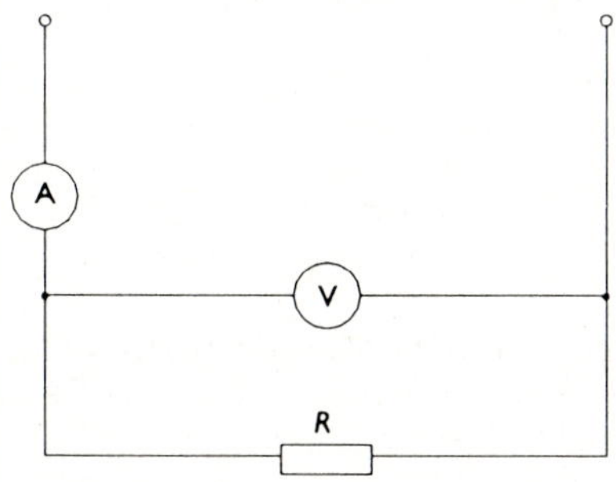

Meßbereichserweiterung

Möglichkeit, ein Meßwerk (Drehspul- bzw. Dreheiseninstrument) zum Messen unterschiedlicher Werte von Stromstärken oder Spannungen unter Anwendung der Gesetze des unverzweigten und verzweigten Stromkreises zu nutzen

↗ unverzweigter und verzweigter Stromkreis, S. 191 f.

■ Vielfachmeßgerät

Meßgerät	Spannungsmesser	Strommesser
Meß-bereichs-erweiterung	In-Reihe-Schalten eines Widerstandes R_v 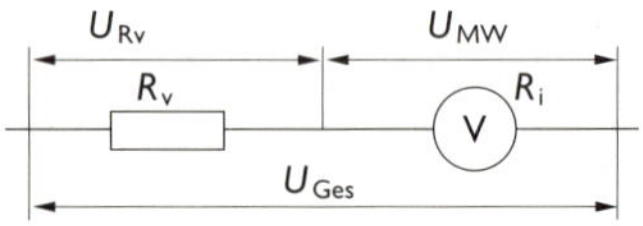	Parallelschalten eines Widerstandes R_p 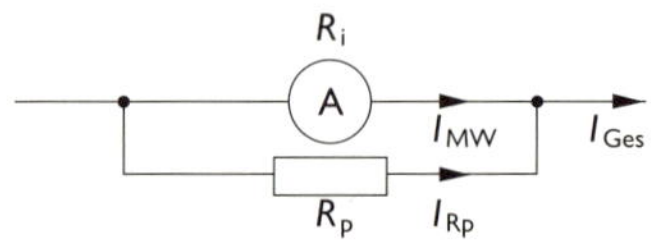
Erweiterungsfaktor	$n = \frac{U_{Ges}}{U_{MW}}$ U_{MW}: Spannung, auf die das Meßwerk ausgelegt ist	$n = \frac{I_{Ges}}{I_{MW}}$ I_{MW}: Stromstärke, auf die das Meßwerk ausgelegt ist
Widerstandsberechnung	$R_v = (n-1) \cdot R_i$ R_i: Innenwiderstand des Meßwerkes	$R_p = \frac{R_i}{n-1}$ R_i: Innenwiderstand des Meßwerkes

Spannungsteilerschaltung

Schaltung zur Gewinnung von Teilspannungen aus einer größeren Gesamtspannung. Das wird durch eine Kombination von Widerständen oder durch Potentiometer realisiert. Am Teilwiderstand R_T wird die Teilspannung U_T abgegriffen.

Nach den Gesetzen für den unverzweigten Stromkreis gilt im unbelasteten Zustand:

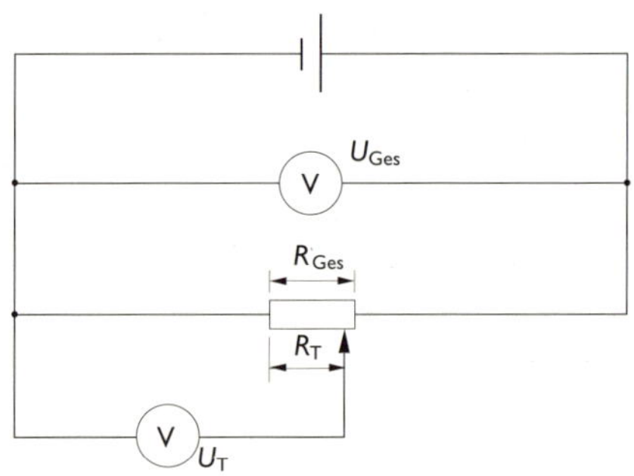

$$U_T : U_{Ges} = R_T : R_{Ges}$$

R_{Ges} Gesamtwiderstand
R_T Teilwiderstand
U_{Ges} Gesamtspannung
U_T Teilspannung

Energieumwandlungen im Stromkreis

Elektrische Energie wird in einer Energiequelle, in der Regel als Spannungsquelle bezeichnet, bereitgestellt.

Im Stromkreis erfolgt dann an anderen Energiewandlern, den Bauelementen, eine Umwandlung der elektrischen Energie in andere Energiearten. Dabei gilt der Energieerhaltungssatz.

↗ Stromkreis, S. 185; Energieerhaltungssatz, S. 95, 160; Wirkungen des elektrischen Stromes, S. 185

Elektrische Arbeit W_{el}

Physikalische Größe zur Kennzeichnung der elektrischen Energie, die in einem Energiewandler infolge des Stromflusses in andere Energiearten umgewandelt wird

Sind die am Energiewandler anliegenden Größen U und I zeitlich konstant, so gilt:

$$W_{el} = U \cdot I \cdot t$$

W_{el} elektrische Arbeit
U elektrische Spannung
I elektrische Stromstärke
t Zeit

Einheit: 1 W · s (eine Wattsekunde)
1 W · s = 1 V · A · s

Sind $u(t)$ und $i(t)$ zeitabhängige Größen, so gilt:

$$W_{el} = \int_{t_1}^{t_2} u(t) \cdot i(t)\, dt$$

Messen der elektrischen Arbeit. Die Messung erfolgt mit Elektrizitätszählern (Kilowattstundenzähler).

4

Elektrische Leistung P_{el}

Physikalische Größe, die die pro Zeiteinheit in einem Energiewandler verrichtete elektrische Arbeit kennzeichnet

↗ mechanische Leistung, S. 97

$$P_{el} = \frac{W_{el}}{t}$$

P_{el} elektrische Leistung
W_{el} elektrische Arbeit
t Zeit

Einheit: 1 W (ein Watt)

Sind U und I zeitlich konstante Größen, so gilt:

$$P_{el} = U \cdot I$$

Einheit: 1 W = 1 V · A

Messen der elektrischen Leistung. Die Messung erfolgt mit einem Leistungsmesser.

Leistungsaufnahme einiger elektrischer Geräte

Energiewandler (elektrisches Gerät)	Leistungsaufnahme in W
Quarzuhr	10^{-6}
Taschenrechner	$4 \cdot 10^{-4}$
Taschenlampe	3
Glühlampe	15 bis $2 \cdot 10^{2}$
Farbfernsehgerät	70
Waschmaschine	$2 \cdot 10^{3}$
Straßenbahn	$1{,}6 \cdot 10^{5}$
Generator im Kraftwerk	$5 \cdot 10^{8}$
Lichtbogen im Elektrostahlofen	10^{7}
zum Vergleich: mittlerer Blitz	10^{13}

WECHSELSTROMKREIS

Wechselstromkreis

Stromkreis mit einer Wechselspannungsquelle. Im Stromkreis ändert sich periodisch die Richtung der Bewegung der Ladungsträger (Wechselstrom). Der Energietransport ist an diesen periodischen Vorgang gekoppelt. Wechselstromkreise müssen deshalb keine durchgehend leitenden Verbindungen haben.
↗ Kondensator, S. 206

Wechselstromgenerator

Gerät zum Erzeugen von Wechselspannung durch elektromagnetische Induktion Zugeführte mechanische Energie wird in elektrische Energie umgewandelt. Es fließt ein Wechselstrom.
↗ elektromagnetische Induktion, S. 220 f.

Wechselstrom

Elektrischer Strom, dessen Betrag und Richtung sich zeitlich periodisch in schneller Folge ändern
↗ Kenngrößen einer Schwingung, S. 118 f.

Wechselstromstärke *i*

Physikalische Größe zur Beschreibung der elektrischen Stromstärke im Wechselstromkreis

Für einen harmonischen Wechselstrom gilt:

$$i = i_{max} \cdot \sin(\omega \cdot t)$$

i Momentanwert der Wechselstromstärke
i_{max} Maximalwert (Amplitude) der Wechselstromstärke
ω Kreisfrequenz
t Zeit

Einheit: 1 A (ein Ampere)
↗ harmonische und nichtharmonische Schwingung, S. 119; Wechselstromfrequenz, S. 197; Kreisfrequenz, S. 119

Wechselspannung *u*

Physikalische Größe zur Beschreibung der elektrischen Spannung im Wechselstromkreis. Die Polarität der Spannung wechselt periodisch.

Für eine harmonische Wechselspannung gilt:

$$u = u_{max} \cdot \sin(\omega \cdot t)$$

u Momentanwert der Wechselspannung
u_{max} Maximalwert (Amplitude) der Wechselspannung
ω Kreisfrequenz
t Zeit

Einheit: 1 V (ein Volt)
↗ harmonische Schwingung, S. 119; Wechselstromfrequenz, S. 197; Kreisfrequenz, S. 119

Messen von Spannung und Stromstärke im Wechselstromkreis

- Die zeitlichen Änderungen der Größen sind mit einem Oszillographen darstellbar. Bei entsprechender Eichung können aus dem Oszillographenbild der Maximalwert u_{max} bzw. i_{max} (Umrechnung mit Hilfe eines Widerstandes R) und die Periode T abgelesen werden.
- Dreheisen- bzw. Drehspulmeßinstrumente mit vorgeschaltetem Gleichrichter zeigen die Effektivwerte von Spannung U bzw. Stromstärke I an.

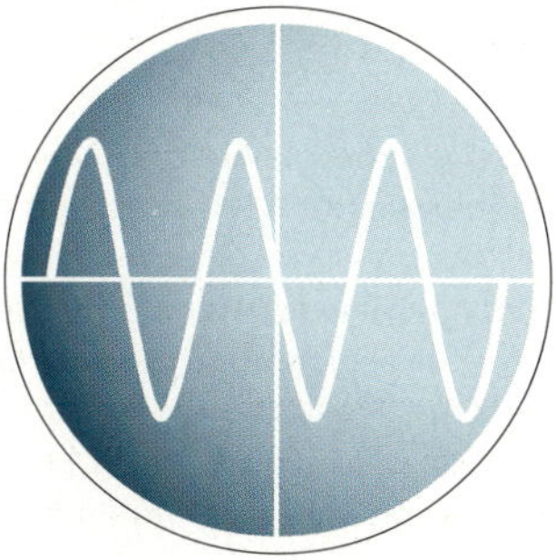

↗ Stromstärkemessungen, S. 186; Spannungsmessungen, S. 188

Effektivwerte von Wechselstromstärke und Wechselspannung

Kenngrößen des Wechselstromkreises, die an Meßgeräten abgelesen werden, wenn das Meßwerk der Frequenz des Wechselstromes nicht folgen kann. Effektivwerte sind zeitliche Mittelwerte.

Werden an einem ohmschen Widerstand R die Effektivwerte I bzw. U gemessen, so wird an diesem Widerstand die gleiche Durchschnittsleistung $P_{el} = U \cdot I$ umgesetzt wie in einem Gleichstromkreis, in dem am Widerstand R die Gleichspannung U bzw. die Gleichstromstärke I gemessen werden.

$$I^2 = \frac{1}{T}\int_0^T i^2(t)\,dt \qquad U^2 = \frac{1}{T}\int_0^T u^2(t)\,dt$$

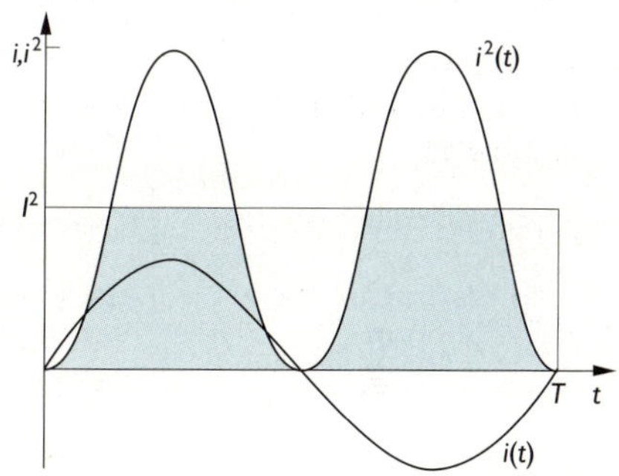

Zusammenhang zwischen Effektivwert und Maximalwert

$$I = \frac{1}{2}\sqrt{2}\,i_{max} = \frac{i_{max}}{\sqrt{2}} \qquad U = \frac{1}{2}\sqrt{2}\,u_{max} = \frac{i_{max}}{\sqrt{2}}$$

Wechselstromfrequenz f

Physikalische Größe, die die pro Zeiteinheit durchlaufene Anzahl von Schwingungen (Perioden) des Wechselstromes angibt

$$f = \frac{n}{t}$$

f Wechselstromfrequenz
n Anzahl der Schwingungen (Perioden) einer harmonischen Wechselstromstärke i bzw. Wechselspannung u
t Zeit, in der die n Schwingungen ablaufen

Einheit: 1 Hz (ein Hertz)
$1\ \text{Hz} = 1\ \text{s}^{-1}$

$$f = \frac{1}{T}$$

f Wechselstromfrequenz
T Periodendauer; Zeit für eine volle Schwingung von i bzw. u

Im europäischen Energieversorgungsnetz beträgt die Wechselstromfrequenz $f = 50$ Hz.
↗ Kreisfrequenz einer harmonischen Schwingung, S. 119; Umlaufzahl, S. 71

Wechselstromfrequenzmessung. Sie erfolgt
- mit einem Zungenfrequenzmesser, dessen Zungen durch einen vom Wechselstrom durchflossenen Elektromagneten zu erzwungenen Schwingungen angeregt werden,
↗ erzwungene Schwingung, S. 121
- elektronisch mit Hilfe digitaler Zähler, die die Frequenz direkt in Hertz anzeigen.

Widerstände im Wechselstromkreis

Bauelemente, die im Wechselstromkreis den Effektivwert I und/oder den zeitlichen Verlauf der Wechselstromstärke i in bezug auf den zeitlichen Verlauf der Wechselspannung u beeinflussen

Ohmscher Widerstand R	Induktiver Widerstand X_L	Kapazitiver Widerstand X_C
Widerstand eines Bauelements, bei dem zu jedem Zeitpunkt $i \sim u$ gilt Der Widerstand ist unabhängig von der Frequenz des Wechselstromes.	Widerstand einer Spule im Wechselstromkreis (ohne ohmschen Widerstand) Der induktive Widerstand einer Spule erhöht sich mit zunehmender Induktivität L und zunehmender Frequenz f des Wechselstromes.	Widerstand eines Kondensators im Wechselstromkreis Der kapazitive Widerstand eines Kondensators erhöht sich mit abnehmender Kapazität C und abnehmender Frequenz f des Wechselstromes.
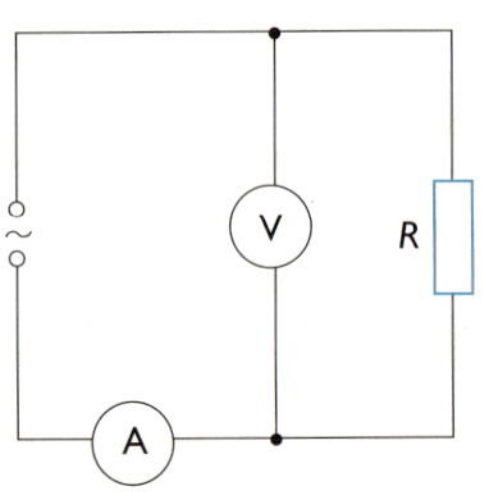	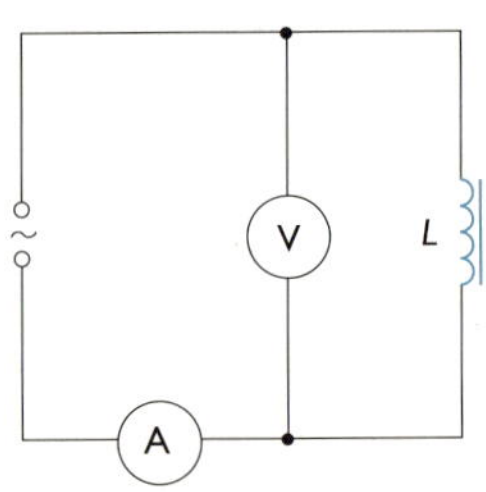	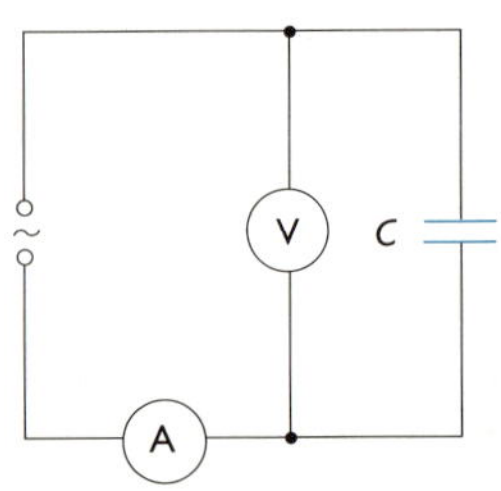
$R = \frac{U}{I}$	$X_L = \frac{U}{I}$	$X_C = \frac{U}{I}$
metallischer Leiter $R = \rho \cdot \frac{l}{A}$	Spule $X_L = \omega \cdot L = 2\pi f \cdot L$	Kondensator $X_C = \frac{1}{\omega \cdot C} = \frac{1}{2\pi f \cdot C}$

Ohmscher Widerstand R	Induktiver Widerstand X_L	Kapazitiver Widerstand X_C
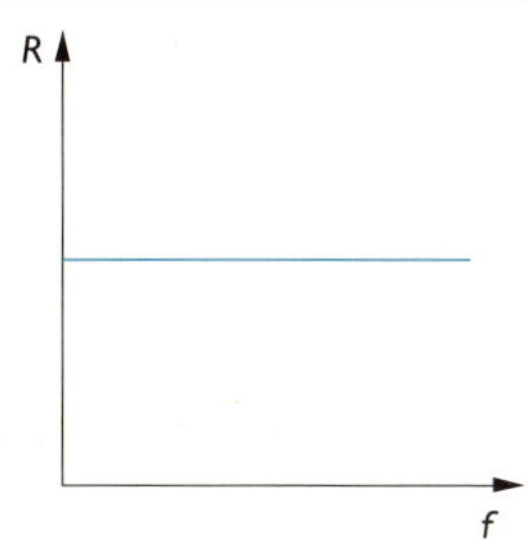	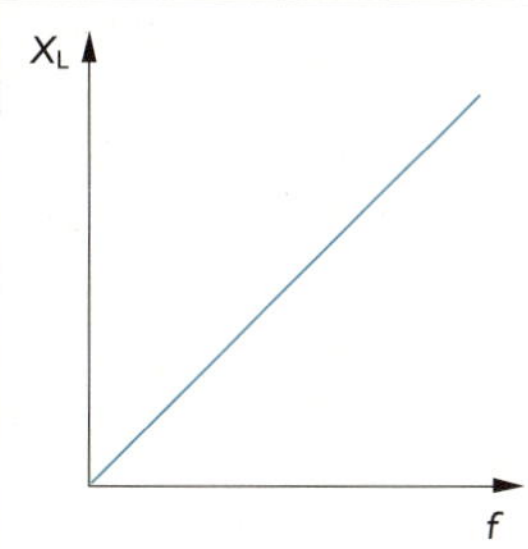	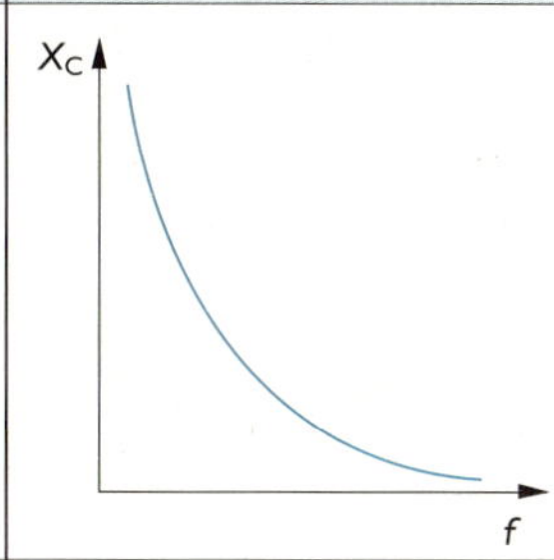
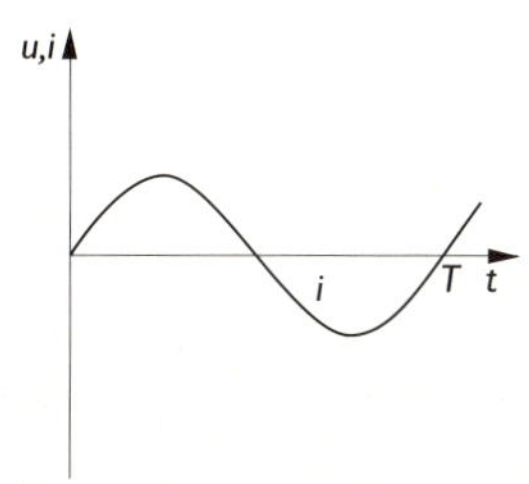	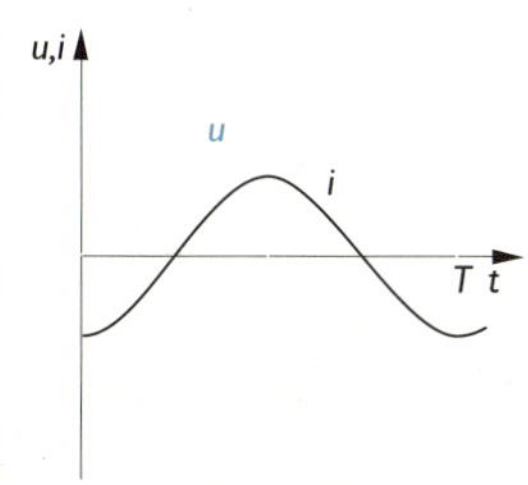	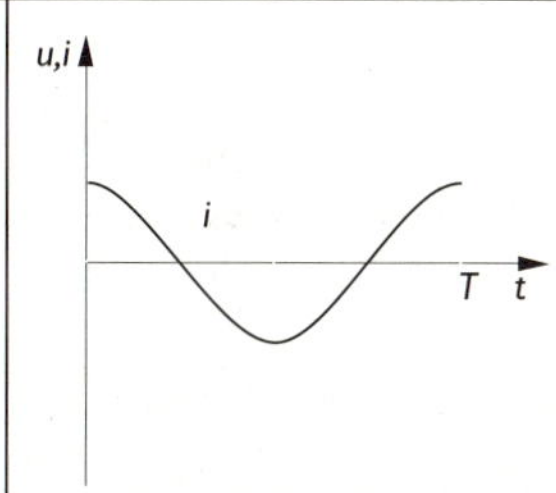
Es tritt keine zeitliche Verschiebung zwischen Spannungs- und Stomstärkekurve auf. $\varphi = 0$	Die Spannungskurve erreicht zeitlich vor der Stromstärkekurve ihr Maximum. $\varphi = \frac{1}{4}T$	Die Spannungskurve erreicht zeitlich nach der Stromstärkekurve ihr Maximum. $\varphi = -\frac{1}{4}T$

Scheinwiderstand Z
Elektrischer Widerstand im Wechselstromkreis bei Reihen- bzw. Parallelschaltung von ohmschem Bauelement, Spule und/oder Kondensator

Reihenschaltung von R-L-C

Schaltbild	Spannungszeigerdiagramm	Widerstandszeigerdiagramm
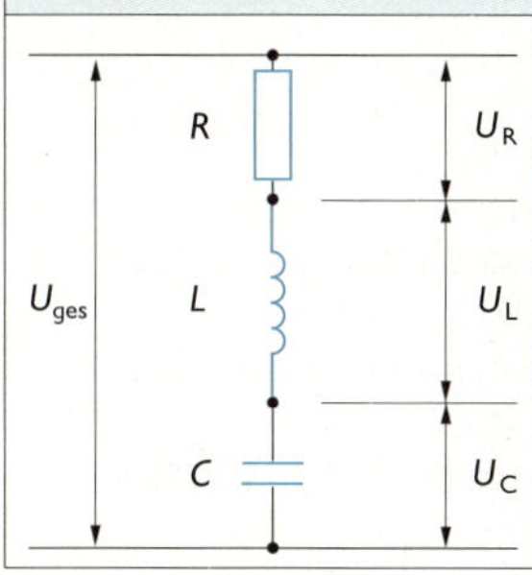	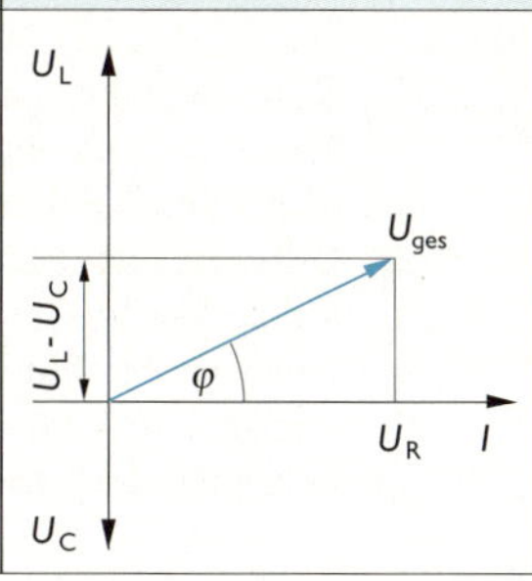	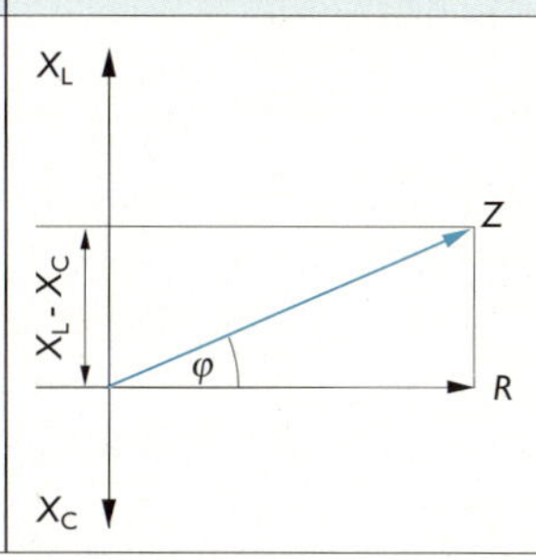

Die Stromstärke I ist für alle Bauelemente der Reihenschaltung gleich. Sie wird deshalb als Bezugszeiger im *Spannungszeigerdiagramm* gezeichnet. Die Spannungszeiger werden unter Beachtung der jeweiligen Phasenverschiebung φ am Stromstärkezeiger angetragen. Über die Beziehung $X(R) = U : I$ erhält man das *Widerstandszeigerdiagramm.* Es gilt:

$$Z = \sqrt{R^2 + (X_L - X_C)^2}$$

$$\tan\varphi = \frac{X_L - X_C}{R}$$

Z Scheinwiderstand
R ohmscher Widerstand
X_L induktiver Widerstand
X_C kapazitiver Widerstand
φ Phasenverschiebung

Parallelschaltung von R-L-C

Schaltbild	Stromstärkezeigerdiagramm	Leitwertzeigerdiagramm
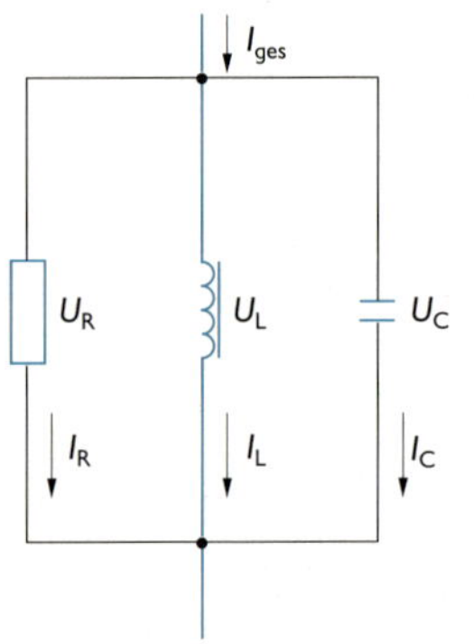	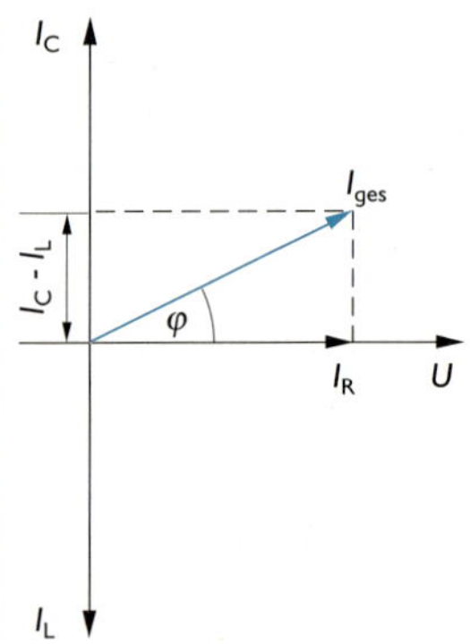	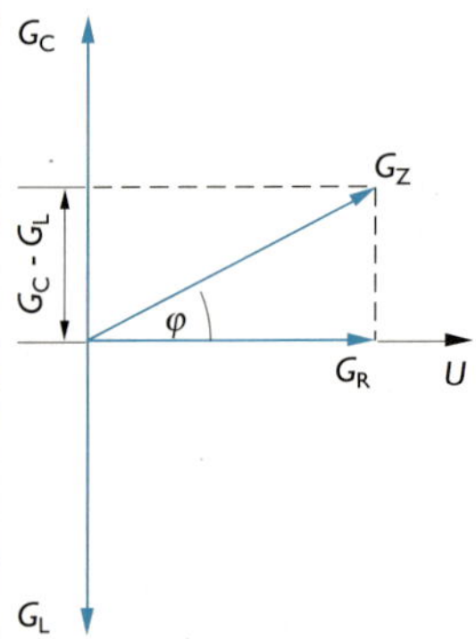

Die Spannung U ist für alle Bauteile in der Parallelschaltung gleich. Sie wird deshalb als Bezugszeiger im *Stromstärkezeigerdiagramm* gezeichnet. Die Stromstärkezeiger werden unter Beachtung der jeweiligen Phasenverschiebung φ am Spannungszeiger angetragen.
Über die Beziehung $G = I : U$ erhält man das *Leitwertzeigerdiagramm.*
Es gilt:

$$\frac{1}{Z} = \sqrt{\frac{1}{R^2} + \left(\frac{1}{X_C} - \frac{1}{X_L}\right)^2}$$

$$\tan\varphi = \frac{\frac{1}{X_C} - \frac{1}{X_L}}{\frac{1}{R}} = \frac{G_C - G_L}{G_R}$$

Z Scheinwiderstand
φ Phasenverschiebung
R ohmscher Widerstand
G_R Leitwert des ohmschen Widerstandes
X_L induktiver Widerstand
G_L Leitwert des induktiven Widerstandes
X_C kapazitiver Widerstand
G_C Leitwert des kapazitiven Widerstandes

Leistung im Wechselstromkreis

Physikalische Größe, die die pro Zeiteinheit im Wechselstromkreis umgewandelte elektrische Energie kennzeichnet

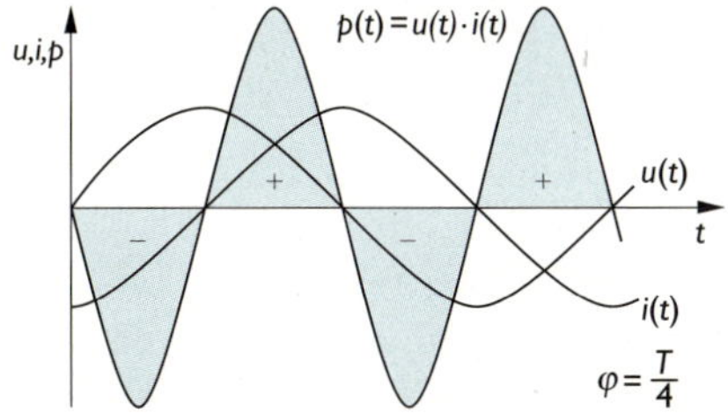

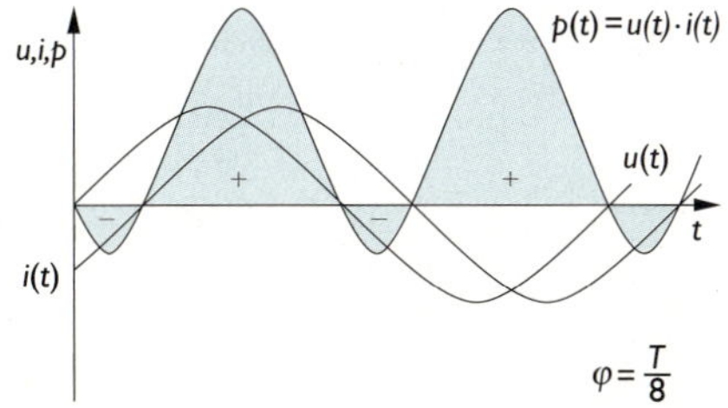

$p(t) = u(t) \cdot i(t)$ ist im Wechselstromkreis eine zeitabhängige Funktion. In Abhängigkeit von φ treten positive und negative Momentanleistungen p auf. Die zugehörigen Flächenstücke im p-t-Diagramm sind Anteile der elektrischen Arbeit (↗ S. 202).
Positive Leistungs- bzw. Arbeitsanteile werden der Wechselspannungsquelle entnommen und in den Bauelementen umgesetzt (mechanische oder thermische Energie am Widerstand R, elektrische Feldenergie im Kondensator C, magnetische Feldenergie an der Spule L). Negative Anteile werden beim Abbau der Felder an die Wechselspannungsquelle wieder zurückgegeben.
Messungen der elektrischen Leistung führen in der Regel zu einem zeitlichen Mittelwert, der auch aus den Effektivwerten U und I berechnet werden kann.

Wirkleistung P_W	Blindleistung P_B	Scheinleistung P_S
gibt den Anteil der Wechselstromleistung an, der in thermische oder mechanische Leistung umgewandelt wird	gibt den Anteil der Wechselstromleistung an, der mit dem Auf- und Abbau der Felder verbunden ist und deshalb an Wechselstromwiderständen nicht in mechanische oder thermische Leistung umwandelbar ist	ist der von Wechselstrommeßgeräten aus den Effektivwerten U und I ermittelte und angezeigte Wert Die Scheinleistung erhält man aus der geometrischen Addition der Zeiger von Wirk- und Blindleistung.
$P_W = U \cdot I \cdot \cos\varphi$	$P_B = U \cdot I \cdot \sin\varphi$	$P_S = U \cdot I$
Einheit: 1 W (ein Watt)	Einheit: 1 var (ein voltampere reaction)	Einheit: 1 VA (ein Voltampere)

$$P_S^2 = P_W^2 + P_B^2$$
$$P_W = P_S \cdot \cos\varphi$$
$$P_B = P_S \cdot \sin\varphi$$

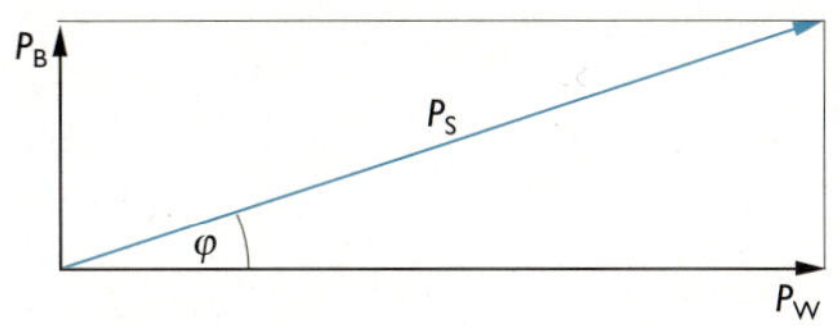

Leistungszeigerdiagramm

Leistungsfaktor $\cos\varphi$

Physikalische Größe, die sich aus der zeitlichen Verschiebung φ zwischen Spannung u und Stromstärke i im Wechselstromkreis ergibt

Aus dem Leistungszeigerdiagramm folgt:

$$\cos\varphi = \frac{P_W}{P_S}$$

$\cos\varphi$	Leistungsfaktor
P_W	Wirkleistung
P_S	Scheinleistung

Der Leistungsfaktor $\cos\varphi$ kann direkt mit einem Meßgerät ermittelt werden. Eine hohe Effektivität der Energieversorgung wird erreicht, wenn Wirk- und Scheinleistung möglichst gleich groß sind. Der Leistungsfaktor hat dann etwa den Wert 1; die Phasenverschiebung beträgt fast Null.

Arbeit im Wechselstromkreis

Physikalische Größe zur Kennzeichnung der auftretenden Energieumwandlungen in einem Wechselstromkreis

Wirkarbeit W_W	Blindarbeit W_B	Scheinarbeit W_S
stellt jenen Teil der elektrischen Arbeit dar, der am Bauelement tatsächlich verrichtet und folglich dem Stromkreis entnommen wird Die Wirkarbeit W_W kann ebenso wie die elektrische Arbeit W_{el} mit dem „Kilowattstundenzähler“ gemessen werden.	wird nur kurzzeitig zum Aufbau magnetischer oder elektrischer Felder der Wechselspannungsquelle entnommen und beim Abbau der Felder wieder an die Quelle zurückgeführt Das führt zu unerwünschten Belastungen des Leitungsnetzes. Um dies zu verhindern, sollte der Leistungsfaktor nahezu 1 sein.	ist die aus den Effektivwerten U und I und der Zeit ermittelte Arbeit Die Scheinarbeit erhält man aus der geometrischen Addition der Zeiger von Wirk- und Blindarbeit.
$W_W = U \cdot I \cdot t \cdot \cos\varphi$ $W_W = W_S \cdot \cos\varphi = P_W \cdot t$	$W_B = U \cdot I \cdot t \cdot \sin\varphi$ $W_B = W_S \cdot \sin\varphi = P_B \cdot t$	$W_S = U \cdot I \cdot t = P_S \cdot t$
Einheit: 1 Ws (eine Wattsekunde)	Einheit: 1 var · s (eine Varsekunde)	Einheit: 1 VA (ein Voltampere)

Es gilt: $W_S^2 = W_W^2 + W_B^2$

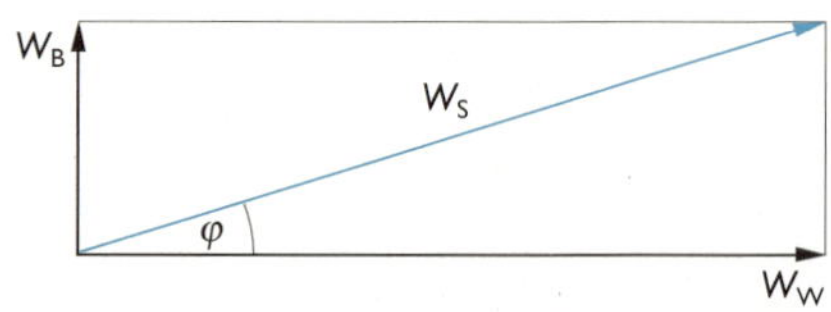

Arbeitszeigerdiagramm

↗ Scheinleistung, S. 201; Wirkleistung, S. 201; Blindleistung, S. 201; Arbeit und Leistung im Gleichstromkreis, S. 194 f.

ELEKTRISCHES FELD

Elektrisches Feld

Raum um elektrisch geladene Körper bzw. um elektrische Ladungsträger mit besonderen Eigenschaften
In diesem Raum sind Kräfte auf andere Ladungsträger nachweisbar. Aus den zeit- und raumbezogenen Gegebenheiten der Ladungsträgerverteilung resultieren die Eigenschaften des jeweiligen elektrischen Feldes.

Elektrostatisches Feld. Es ist ein elektrisches Feld, dessen Eigenschaften zeitlich konstant sind. Voraussetzung für ein elektrostatisches Feld ist eine zeitlich unveränderliche Ladungsträgerverteilung.

Eigenschaften elektrischer Felder

Kraftwirkung auf ruhende oder bewegte Ladungsträger

↗ Coulombsches Gesetz, S. 183; Beschleunigung elektrischer Ladungsträger, S. 208

- Die Kraft verschiebt Ladungsträger in Körpern.
↗ Influenz, S. 184; dielektrische Polarisation, S. 184

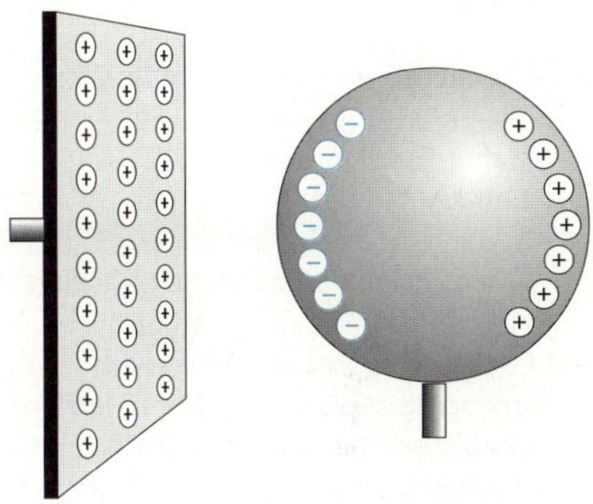

- Die Kraft kann freibewegliche Ladungsträger beschleunigen. Dies führt zu einer Betrags- und evtl. zu einer Richtungsänderung der Geschwindigkeit der bewegten Ladungsträger und zu einer Änderung ihrer kinetischen Energie.
↗ Beschleunigungsarbeit an Ladungsträgern, S. 209; elektrischer Strom, S. 184

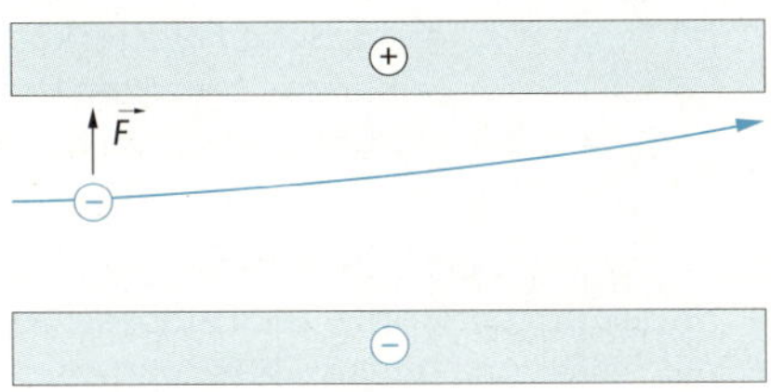

Speicher für elektrische Energie

Die für die Erzeugung der Ladungsträgerverteilung aufzuwendende Arbeit ist als Energie des elektrischen Feldes gespeichert. Diese Energie kann in andere Energiearten umgewandelt werden.

- Umwandlung elektrischer Feldenergie in kinetische Energie der Ladungsträger
↗ Beschleunigungsarbeit an Ladungsträgern, S. 209

Elektrische Feldstärke $\vec{E}$

Physikalische Größe, die angibt, wie groß die Kraft auf einen elektrisch geladenen Probekörper im elektrischen Feld ist

$$\vec{E} = \frac{\vec{F}}{Q}$$

$\vec{E}$ elektrische Feldstärke am Ort der Probeladung
$\vec{F}$ Kraft auf die Probeladung
Q Ladung des Probekörpers

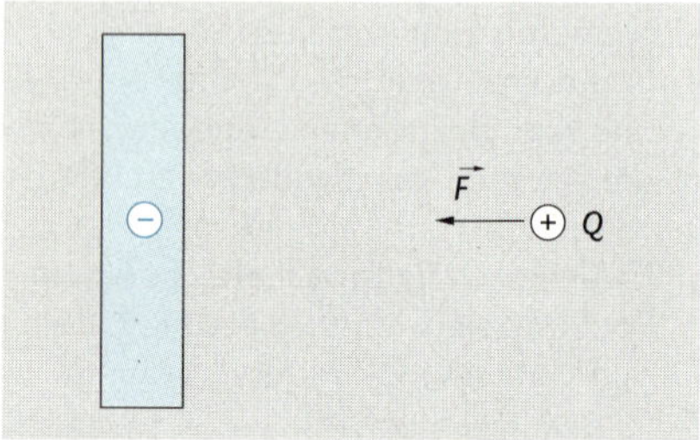

Einheit: $1\ \mathrm{N} \cdot (\mathrm{As})^{-1} = 1\ \mathrm{V} \cdot \mathrm{m}^{-1}$
(ein Volt je Meter)

4

Die elektrische Feldstärke $\vec{E}$ ist eine vektorielle (gerichtete) Größe. Ihre Richtung stimmt mit der Richtung der Kraft $\vec{F}$ überein, die im elektrischen Feld auf einen elektrisch positiv geladenen Probekörper wirkt.

■ Beispiele für elektrische Feldstärken

– Leuchtstofflampe	$50\ \mathrm{V} \cdot \mathrm{m}^{-1}$
– Luft in Bodennähe	$10^2\ \mathrm{V} \cdot \mathrm{m}^{-1}$
– Luft bei Gewitter	$10^6\ \mathrm{V} \cdot \mathrm{m}^{-1}$
– Spitze eines Feldelektronenmikroskops	$10^9\ \mathrm{V} \cdot \mathrm{m}^{-1}$
– Dielektrikum eines Elektrolytkondensators	$10^{10}\ \mathrm{V} \cdot \mathrm{m}^{-1}$

Elektrische Feldstärke im homogenen elektrostatischen Feld eines Plattenkondensators. Sie hat in jedem Punkt des Innenraumes zwischen den Kondensatorplatten den gleichen Betrag und die gleiche Richtung.
↗ Plattenkondensator, S. 208

$$E = \frac{U}{s}$$

E elektrische Feldstärke im Innenraum des Kondensators
U Spannung zwischen den Kondensatorplatten
s Abstand zwischen den Kondensatorplatten

Elektrische Verschiebungs- oder Flußdichte $\vec{D}$

Physikalische Größe zur Feldbeschreibung mit Hilfe von Ladungsverteilungen
Der Betrag von $\vec{D}$ wird auch als Flächenladungsdicht σ bezeichnet. Die Richtung von $\vec{D}$ ist identisch mit der Richtung von $\vec{E}$.
Für die homogene (gleichmäßige) Ladungsverteilung auf einer Oberfläche gilt:

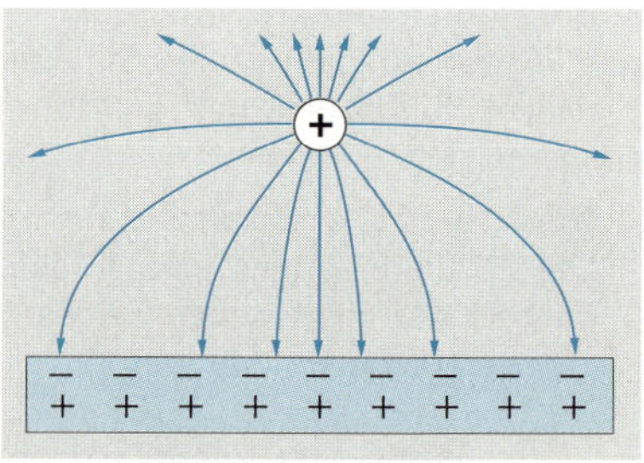

$$D = \frac{Q}{A}$$

Q Ladung, die homogen über die Oberfläche verteilt ist
A Oberfläche eines Körpers, auf der die Ladung Q verteilt ist

Zwischen elektrischer Feldstärke und elektrischer Verschiebungsdichte besteht der Zusammenhang:

$$\vec{D} = \varepsilon_0 \cdot \varepsilon_r \cdot \vec{E}$$

$\vec{D}$	elektrische Verschiebungsdichte
ε_0	elektrische Feldkonstante
ε_r	Dielektrizitätszahl
$\vec{E}$	elektrische Feldstärke

Einheit: $1\ \text{As} \cdot \text{m}^{-2}$ (eine Amperesekunde je Quadratmeter)
$\varepsilon_0 = 8{,}86 \cdot 10^{-12}\ \text{As} \cdot (\text{Vm})^{-1}$

Elektrisches Feldlinienbild

Modell des elektrischen Feldes

Feldlinien geben in jedem Punkt des Raumes die Richtung der elektrischen Feldstärke $\vec{E}$ an ($\vec{E}$ ist Tangentialvektor).

Die Richtung der Feldkraft auf einen positiv geladenen Probekörper im Feld stimmt mit der Richtung der elektrischen Feldlinien überein.

Ein elektrisch geladener Körper kann als Probekörper betrachtet werden, wenn sein eigenes Feld das zu untersuchende nicht merklich beeinflußt.

Feldlinien elektrostatischer Felder beginnen am positiv geladenen und enden am negativ geladenen Körper. Sie treten senkrecht aus den Körpern aus und in die Körper ein. Die Dichte der Feldlinien ist ein Maß für den Betrag der elektrischen Feldstärke.

Arten elektrostatischer Felder

Homogenes Feld	Inhomogenes Feld	
$\vec{E}$ hat an verschiedenen Punkten des Raumes, in dem das Feld besteht, den gleichen Betrag und die gleiche Richtung.	$\vec{E}$ hat an allen Punkten des Raumes, in dem das Feld besteht, unterschiedliche Beträge bzw. eine unterschiedliche Richtung.	
■ Feld im Innenraum eines Plattenkondensators 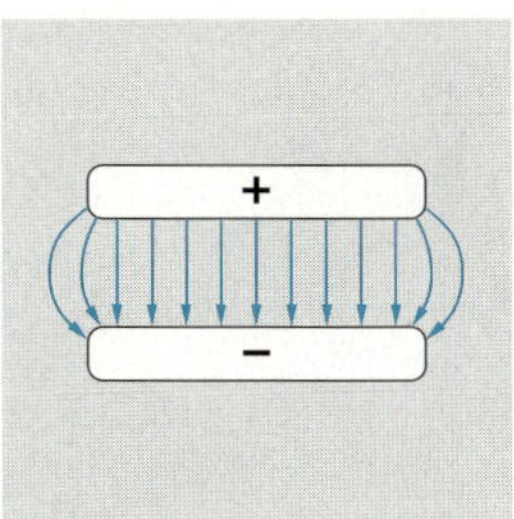	■ radiales Feld einer positiven Ladung 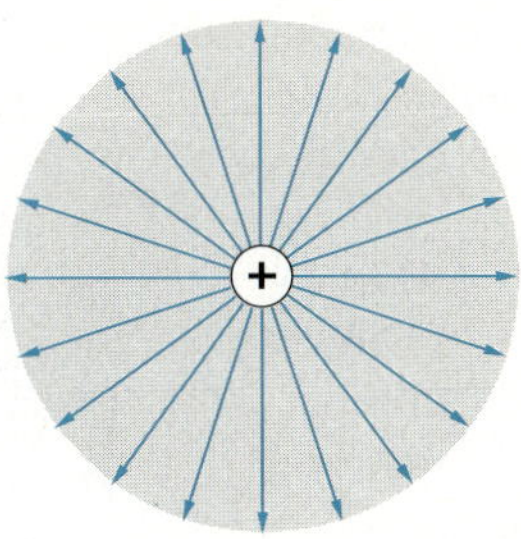	■ Feld zwischen einer positiven und einer negativen Punktladung 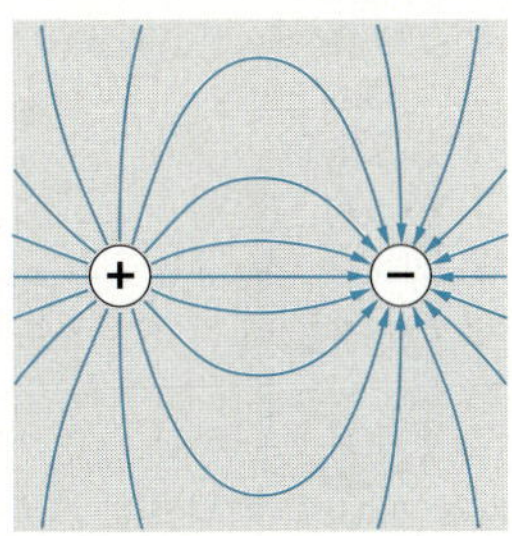

Kondensatoren

Bauelemente zum Speichern von elektrischen Ladungen. Sie bestehen aus zwei gegeneinander isolierten Leitern, die im geladenen Zustand ungleichnamige, aber betragsgleiche elektrische Ladungen tragen. Infolge der Ladungsträgerverteilung besteht zwischen den Leitern ein elektrisches Feld. Die zum Laden der Leiter aufzuwendende Arbeit wird als Energie des elektrischen Feldes im Kondensator gespeichert.

Dielektrikum. Stoff zwischen den Leitern, der diese gegeneinander isoliert. Er beeinflußt das elektrische Feld und die Speicherfähigkeit des Kondensators.
↗ elektrische Verschiebungsdichte $\vec{D}$, S. 204; Dielektrizitätszahl ε_r, S. 208

Technische Bauformen von Kondensatoren

Blockkondensator
(Wickelkondensator)
Die Ladungen werden auf zwei aufgewickelten Metallfolien gespeichert, die durch ein Dielektrikum gegeneinander isoliert sind.

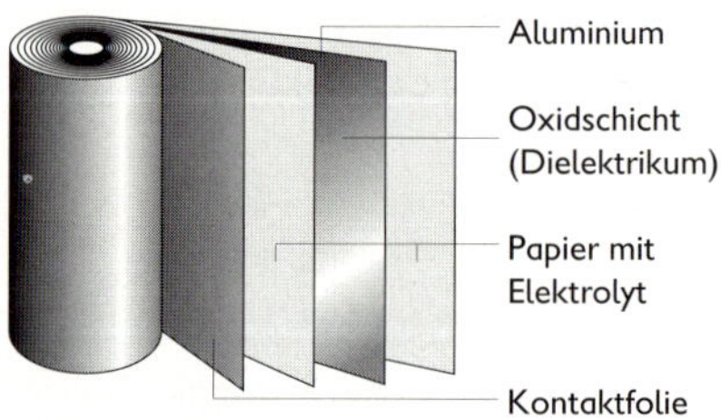

Keramikkondensator

Die Ladungen werden auf Metallbelägen gespeichert, die auf der Innen- bzw. Außenseite eines isolierenden Keramikröhrchens aufgedampft sind.

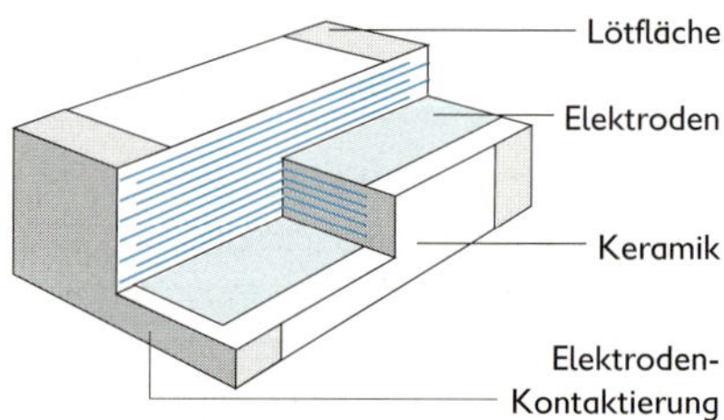

Elektrolytkondensator
Die Ladungen werden auf einer Aluminiumfolie und in einem Elektrolyten gespeichert. Das Dielektrikum wird durch eine dünne Schicht Aluminiumhydroxid gebildet, mit der sich die Aluminiumfolie überzieht. Damit dieser Zustand erhalten bleibt, muß die Folie stets die positive Ladung tragen. Polungsfehler führen zur Zerstörung des Kondensators.

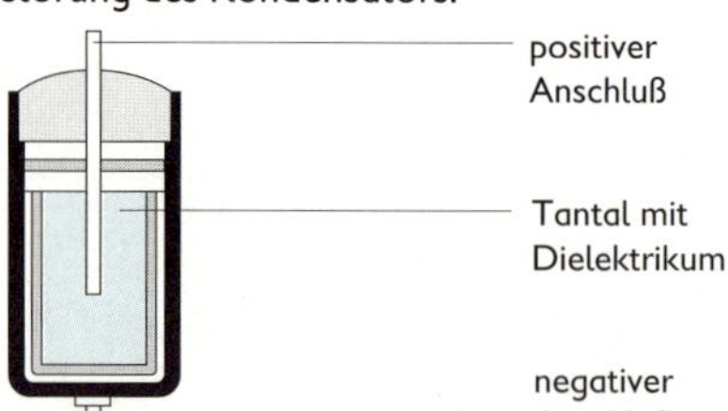

Drehkondensator
Die Ladungen werden auf zwei Metallplattensätzen gespeichert. Das Dielektrikum ist die umgebende Luft. Durch Ineinanderdrehen der Plattensätze wird die wirksame Fläche und damit die Kapazität des Kondensators vergrößert.

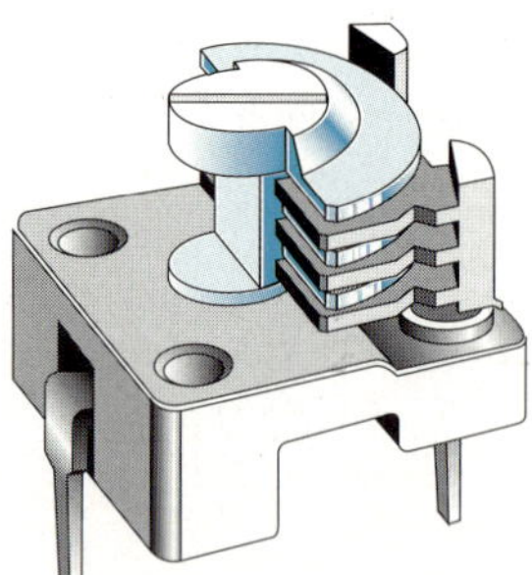

Laden und Entladen eines Kondensators. Diese Vorgänge führen zu elektrischen Strömen, deren Verlauf durch eine Exponentialfunktion beschrieben wird.

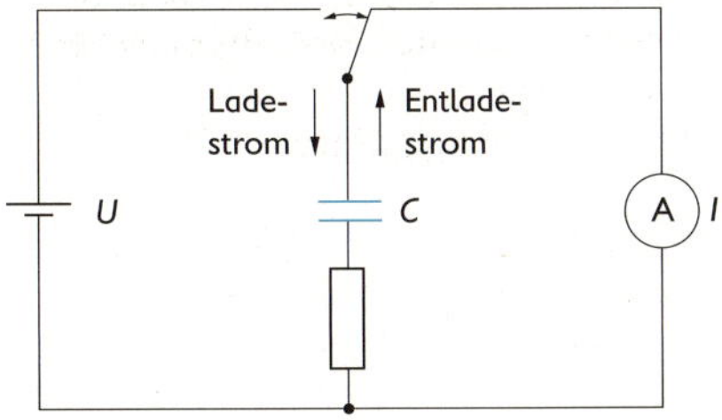

Schaltplan

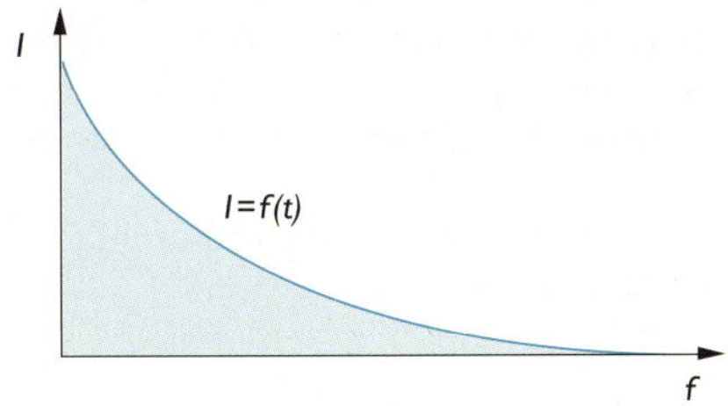

I-t-Diagramm für den Entladevorgang
Die farbige Fläche gibt den Betrag der gespeicherten Ladung an.

Anwendung von Kondensatoren

Physikalische Eigenschaft	Anwendung
Speichern elektrischer Ladungen	Kondensator im Schwingkreis Funkenlöschung bei Schaltvorgängen Glättung pulsierenden Gleichstroms
Phasenverschiebung φ zwischen u und i	Verbesserung des Leistungsfaktors $\cos \varphi$

Elektrische Kapazität *C*
Physikalische Größe, die die Speicherfähigkeit eines Kondensators für elektrische Ladungen angibt

$$C = \frac{Q}{U}$$

C elektrische Kapazität
Q positive, auf einem Leiter gespeicherte elektrische Ladung
U elektrische Spannung zwischen den speichernden Leitern

Einheit: $1\ \mathrm{F} = 1\ \mathrm{As} \cdot \mathrm{V}^{-1}$ (ein Farad)
$1\ \mu\mathrm{F} = 10^{-6}\ \mathrm{F}$; $1\ \mathrm{nF} = 10^{-9}\ \mathrm{F}$; $1\ \mathrm{pF} = 10^{-12}\ \mathrm{F}$

Zusammenhang zwischen Ladung und Spannung an einem Kondensator
In einem Kondensator ist die gespeicherte elektrische Ladung Q zur Ladespannung U proportional: $Q \sim U$.

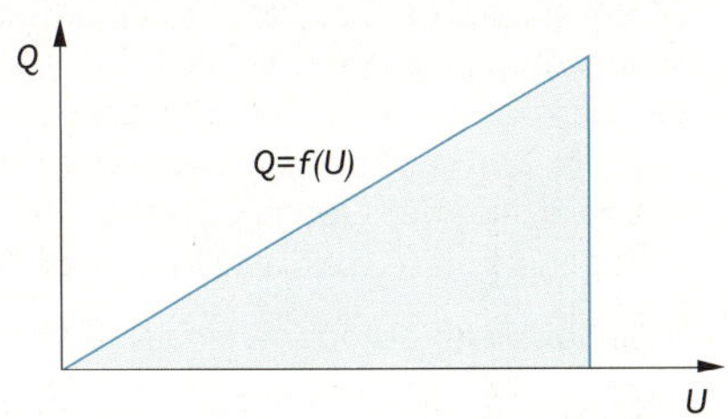

Q-U-Diagramm eines Kondensators
Die farbige Fläche im Diagramm gibt den Betrag der beim Speichern der Ladungen verrichteten Arbeit und damit den der gespeicherten Energie E_{el} des elektrostatischen Feldes an.

↗ Energie des elektrostatischen Feldes, S. 208

Dielektrizitätszahl ε_r

Physikalische Größe, die den Einfluß eines Dielektrikums auf das Speichervermögen eines Kondensators kennzeichnet. Sie ist jener Faktor, um den sich die Kapazität vergrößert, wenn sich an Stelle von Vakuum der entsprechende Stoff zwischen den Leitern befindet.
Die Dielektrizitätszahl ist dimensionslos und vom Stoff abhängig.

- Beispiele für die Dielektrizitätszahl ε_r von Isolatoren

– Vakuum	1	– Glas	5 bis 16
– Luft	1,00058	– Wasser	81
– Paraffin	2	– spezielle Keramiken	bis 10^4

Kapazität eines Plattenkondensators

Die speichernde Leiteranordnung besteht aus zwei ebenen, parallelen Metallplatten. Der Raum zwischen den Platten wird vollständig durch ein Dielektrikum ausgefüllt.

4

$$C = \varepsilon_0 \cdot \varepsilon_r \cdot \frac{A}{s}$$

C elektrische Kapazität
ε_0 elektrische Feldkonstante
$\varepsilon_0 = 8{,}86 \cdot 10^{-12}\,\mathrm{As} \cdot (\mathrm{Vm})^{-1}$
ε_r Dielektrizitätszahl
A Flächeninhalt einer Kondensatorplatte
s Abstand der Kondensatorplatten

Energie E_{el} des elektrostatischen Feldes

Physikalische Größe, die den Arbeitsaufwand zum Aufbau bzw. das Arbeitsvermögen beim Abbau eines elektrostatischen Feldes kennzeichnet

Energie des elektrostatischen Feldes eines Kondensators

$$E_{el} = \frac{1}{2} Q \cdot U = \frac{1}{2} C \cdot U^2 = \frac{Q^2}{2C}$$

E_{el} Energie des elektrostatischen Feldes
Q Ladung des Kondensators
U Spannung am Kondensator
C Kapazität des Kondensators

Einheit: 1 W · s = 1 V · A · s (eine Wattsekunde)

Beschleunigung elektrischer Ladungsträger

Vorgang, bei dem elektrische Ladungsträger im elektrischen Feld durch die Feldkraft beschleunigt werden. Sind die Richtung der Geschwindigkeit eines elektrischen Ladungsträgers und die Kraftrichtung im elektrischen Feld parallel/antiparallel, so wird nur der Betrag der Geschwindigkeit vergrößert/verkleinert, anderenfalls wird auch die Richtung der Geschwindigkeit geändert.
↗ Eigenschaften elektrischer Felder, S. 203

Aus der Definition der elektrischen Feldstärke $\vec{E}$ (↗ S. 204) folgt:

$$\vec{F} = Q \cdot \vec{E}$$

$\vec{F}$ Kraft auf den Ladungsträger
Q elektrische Ladung des Ladungsträgers
$\vec{E}$ elektrische Feldstärke am Ort des Ladungsträgers

■ Ablenkung von Elektronen durch das elektrische Feld von Ablenkplattenpaaren in einer Elektronenstrahlröhre

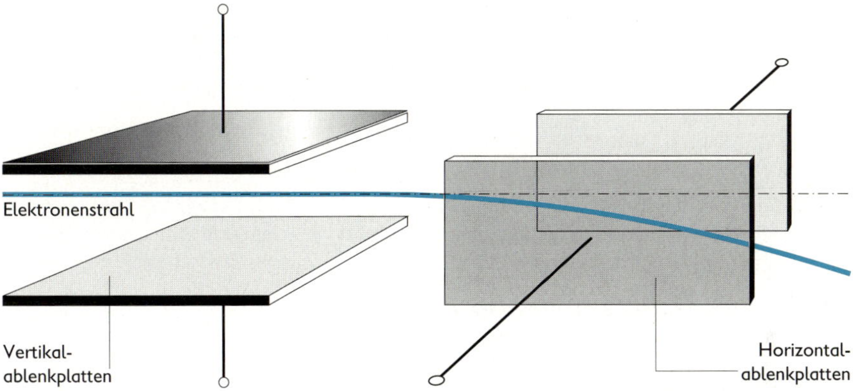

■ Millikan-Versuch zur Bestimmung der elektrischen Elementarladung e

$F = F_G$

$Q \cdot E = m \cdot g$ $\qquad E = \frac{U}{s}$

$Q = \frac{m \cdot g \cdot s}{U}$

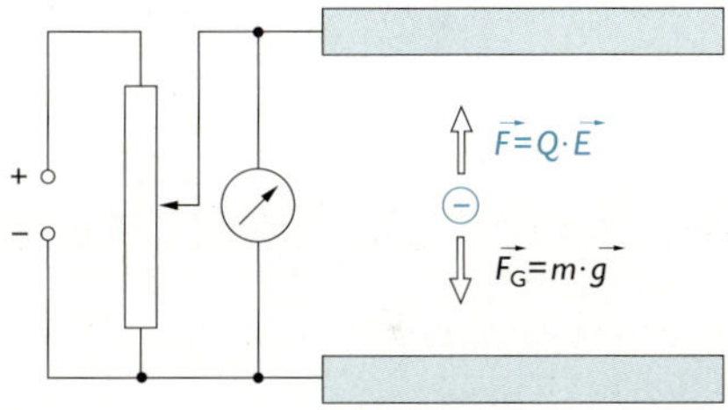

$Q = n \cdot e$

n Anzahl der Elementarladungen auf dem schwebenden Tröpfchen
e Elementarladung (größter gemeinsamer Teiler aus einer Vielzahl ermittelter Ladungen Q)

↗ Elementarladung e, S. 182

Beschleunigungsarbeit an Ladungsträgern. Sie wird verrichtet, wenn diese in einem elektrischen Feld durch die Feldkraft beschleunigt werden. Die potentielle Energie des Ladungsträgers im Feld wird in kinetische Energie umgewandelt.
Die Beschleunigungsarbeit ist gleich der elektrischen Verschiebungsarbeit, die notwendig ist, um Ladungsträger zwischen zwei Punkten eines elektrischen Feldes gegen die Feldkraft zu verschieben.
↗ Energie E_{el} des elektrostatischen Feldes, S. 208

$W_{el} = Q \cdot U$

W_{el} elektrische Arbeit
Q Ladung des Ladungsträgers
U Spannung

Einheit: 1 Ws (eine Wattsekunde)

Wird ein Elektron in einem elektrostatischen Feld durch eine Spannung U beschleunigt, so gilt wegen $E_{pot} = E_{kin}$:

$$e \cdot U = \frac{m_e \cdot v^2}{2}$$

- e elektrische Elementarladung
- U elektrische Spannung zwischen Anfangs- und Endpunkt der Elektronenbahn
- m_e Masse des Elektrons (bei $v \ll c$)
- v Endgeschwindigkeit des Elektrons (Anfangsgeschwindigkeit $v_0 = 0$)

Die Gleichung gilt auch für ein beliebiges, elektrisch geladenes Teilchen, wenn dessen Masse und elektrische Ladung eingesetzt werden und die erreichte Endgeschwindigkeit v nicht in der Größenordnung der Lichtgeschwindigkeit liegt.

- Beschleunigung von Elektronen zwischen Anode und Katode im elektrostatischen Feld einer Elektronenstrahlröhre

4

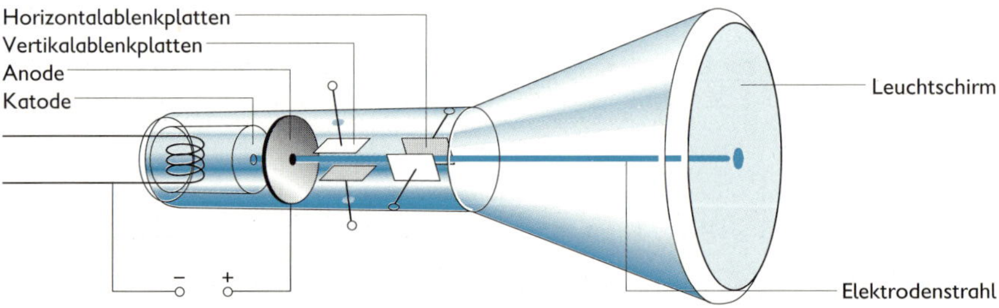

MAGNETISCHES FELD

Magnetisches Feld

Raum um Dauermagnete, bewegte elektrische Ladungsträger, stromführende Leiter und zeitlich veränderliche elektrische Felder. In diesem Raum wirken Kräfte auf Dauermagnete und Körper aus Eisen, Kobalt bzw. Nickel und andere ferromagnetische Stoffe, bewegte elektrische Ladungsträger und stromführende Leiter.

Dauermagnete. Sie besitzen zwei Pole (Nord- bzw. Südpol). Die Pole treten stets paarweise auf. Ursachen für den Dauermagnetismus sind molekulare elektrische Ströme und die parallele Ausrichtung der molekularen Magnete, die bei ferromagnetischen (dem Eisen verwandten) Stoffen besonders in Erscheinung tritt.

Magnetostatisches Feld. Magnetisches Feld mit zeitlich konstanten Eigenschaften

Voraussetzungen für ein magnetostatisches Feld
- sich mit konstanter Geschwindigkeit bewegende elektrische Ladungsträger
- elektrische Ströme mit einer konstanten Stromstärke I
- ortsfeste Dauermagnete

Sind die Voraussetzungen nicht erfüllt, liegt ein zeitlich veränderliches Magnetfeld vor, das zugleich mit einem zeitlich veränderlichen elektrischen Feld verknüpft ist.

Eigenschaften magnetischer Felder

Kraftwirkungen (↗ Lorentzkraft, S. 217; Kraft auf stromführende Leiter, S. 219)

Beispiel	Anwendung
Kraft auf Probekörper aus Eisen, Kobalt oder Nickel und deren Legierungen	Elektromagnet; elektrische Klingel; Relais
Kraft auf Magnete – gleichnamige Magnetpole stoßen sich ab – ungleichnamige Pole ziehen sich an	Ausrichtung einer Magnetnadel in Nord-Süd-Richtung im Magnetfeld der Erde
Kraft auf stromführende Leiter	Gleichstrommotor
Kraft auf bewegte elektrische Ladungsträger	Ablenken der Elektronenstrahlung in Elektronenstrahlröhren

Speichern magnetischer Feldenergie
Die zum Aufbau eines magnetischen Feldes notwendige Arbeit wird als Energie des magnetischen Feldes gespeichert. Diese kann in andere Energiearten umgewandelt werden.

■ Umwandlung elektrischer Energie in mechanische Energie im Elektromotor; Umwandlung magnetischer Feldenergie in elektrische Energie durch die Selbstinduktion in einer Spule (↗ S. 224);
Energieübertragung durch elektromagnetische Wellen (↗ S. 232)

Magnetische Flußdichte *B*

Physikalische Größe zur quantitativen Feldbeschreibung, die angibt, wie groß die Kraft auf einen Probeleiter (Stromstärke I; Leiterlänge l) im Magnetfeld ist.

$$B = \frac{F}{I \cdot l}$$

B magnetische Flußdichte am Ort des Probeleiters
F Kraft auf den Probeleiter
I Stromstärke im Probeleiter
l Länge des Probeleiters

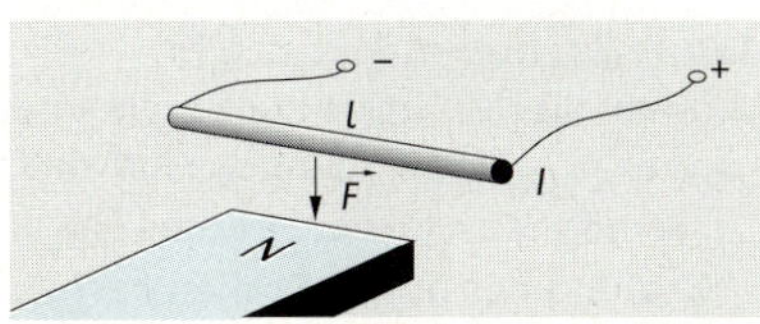

Einheit: 1 T (ein Tesla)

$1\,\mathrm{T} = 1\,\mathrm{N} \cdot (\mathrm{Am})^{-1} = 1\,\mathrm{Vs} \cdot \mathrm{m}^{-2} = 1\,\mathrm{Wb} \cdot \mathrm{m}^{-2} \quad (1\,\mathrm{Vs} = 1\,\mathrm{Wb})$

Gültigkeitsbedingungen: homogenes Magnetfeld, gerader Leiter, Kraft senkrecht zur magnetischen Flußdichte

$\vec{B}$ ist eine vektorielle Größe, deren Richtung anhand der Magnetpole mit Hilfe der 3-Finger-Regel (↗ S. 212) bzw. der Umfassungsregel (↗ S. 214) festgelegt wird.
Da der Betrag der Kraft $\vec{F}$ durch die magnetischen Eigenschaften der im Feld befindlichen Stoffe beeinflußt wird, erfaßt $\vec{B}$ die Abhängigkeit der Stärke des Magnetfeldes von den anwesenden Stoffen. Von besonderer Bedeutung ist der Einfluß ferromagnetischer (dem Eisen verwandter) Stoffe.
↗ Permeabilitätszahl μ_r, S. 213; Zusammenhang zwischen magnetischer Feldstärke $\vec{H}$ und magnetischer Flußdichte $\vec{B}$, S. 212

Einige magnetische Flußdichten

Magnetfeld der Erde in Deutschland	$2 \cdot 10^{-5}$ T
Magnetfeld der Erde (Maximum)	$7 \cdot 10^{-5}$ T
Magnetfeld von Kompaßnadeln	10^{-2} T
Magnetfeld eines Hufeisenmagneten	bis $2 \cdot 10^{-1}$ T
Magnetfeld von Sonnenflecken	$4 \cdot 10^{-1}$ T
Magnetfeld im Eisenkern eines Transformators	bis 1 T
Magnetfeld im Beschleuniger	bis 10 T
Magnetfeld von Neutronensternen	10^{8} T

Stromrichtung, Richtung der magnetischen Flußdichte und Kraftrichtung

Die Stromrichtung (von + nach -), die Richtung der magnetischen Flußdichte $\vec{B}$ und die Kraftrichtung *F* bilden in dieser Reihenfolge ein orthogonales Rechtssystem.

4

3-Finger-Regel der rechten Hand
U Ursache: Stromrichtung
V „Vermittlung": Richtung von $\vec{B}$
W Wirkung: Richtung von $\vec{F}$

Weist der Daumen in Stromrichtung, der Zeigefinger in Richtung der Feldlinien, so zeigt der Mittelfinger in Kraftrichtung.

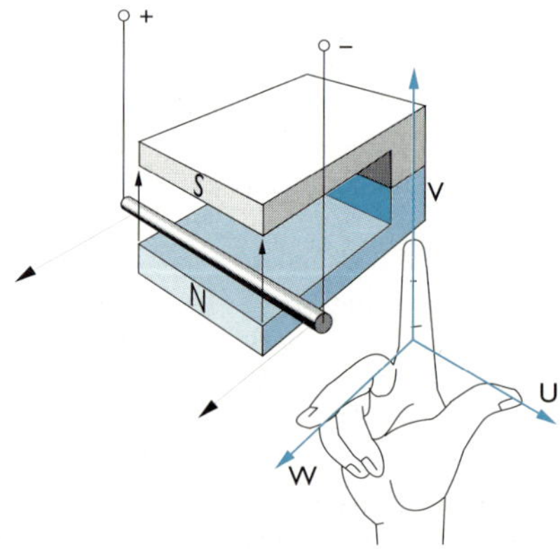

Magnetische Feldstärke $\vec{H}$

Physikalische Größe zur Beschreibung der Stärke eines Magnetfeldes auf der Grundlage der felderzeugenden Anordnung

Die magnetische Feldstärke $\vec{H}$ ist eine vektorielle Größe, deren Richtung analog zur Richtung der magnetischen Flußdichte $\vec{B}$ festgelegt wird. Sie wird oft für Felder angegeben, die im Vakuum oder in Luft bzw. in solchen Stoffen bestehen, die das Magnetfeld nicht oder nur unwesentlich beeinflussen.

↗ magnetische Flußdichte $\vec{B}$, S. 211

Der Zusammenhang zwischen magnetischer Flußdichte $\vec{B}$ und magnetischer Feldstärke $\vec{H}$ kann vereinfacht mit Hilfe der Permeabilitätszahl μ_r des Stoffes, der sich im Magnetfeld befindet, dargestellt werden:

$$\vec{B} = \mu_0 \cdot \mu_r \cdot \vec{H}$$

$\vec{B}$ magnetische Flußdichte (mit Stoffanwesenheit)
$\vec{H}$ magnetische Feldstärke (ohne Stoffanwesenheit)
μ_r Permeabilitätszahl des Stoffes
μ_0 magnetische Feld- oder Induktionskonstante (Naturkonstante)
$\mu_0 = 1{,}257 \cdot 10^{-6}\ \mathrm{Vs} \cdot (\mathrm{Am})^{-1}$

Permeabilitätszahl μ_r

Physikalische Größe, die die Auswirkungen eines im Magnetfeld befindlichen Stoffes auf die Stärke des Magnetfeldes kennzeichnet. Sie ist als stoffcharakterisierende Größe von der Stärke des Magnetfeldes, der vorangegangenen magnetischen Beeinflussung des Stoffes und der Temperatur abhängig. Vereinfachend wird die Verstärkung des Magnetfeldes durch eine dimensionslose Zahl angegeben.

↗ Stoffe im magnetostatischen Feld, S. 216; Hysterese, S. 216

- Beispiele für Permeabilitätszahlen μ_r ferromagnetischer Stoffe

Kobalt	$2 \cdot 10^2$	Eisen	$5 \cdot 10^3$	Permalloy (Sonderlegierung)	$3 \cdot 10^5$
Gußeisen	$8 \cdot 10^2$	Nickel	$2{,}5 \cdot 10^3$	Transformatorenblech (Legierung)	$8 \cdot 10^3$

Analogie von Größen des elektrischen und des magnetischen Feldes

Bedeutung	Elektrisches Feld	Magnetisches Feld
Stärke des Feldes ohne Berücksichtigung des Stoffes	elektrische Feldstärke $\vec{E}$	magnetische Feldstärke $\vec{H}$
Stärke des Feldes mit Berücksichtigung des Stoffes	elektrische Verschiebungsdichte $\vec{D}$	magnetische Flußdichte $\vec{B}$
Stoffcharakterisierung	Dielektrizitätszahl ε_r	Permeabilitätszahl μ_r
Feldkonstante	$\varepsilon_0 = 8{,}86 \cdot 10^{-12}\ \mathrm{As} \cdot (\mathrm{Vm})^{-1}$	$\mu_0 = 1{,}257 \cdot 10^{-6}\ \mathrm{Vs} \cdot (\mathrm{Am})^{-1}$
Definition	$E = F \cdot Q^{-1}$	$B = F \cdot (I \cdot l)^{-1}$
Zusammenhang	$\vec{D} = \varepsilon_0 \cdot \varepsilon_r \cdot \vec{E}$	$\vec{B} = \mu_0 \cdot \mu_r \cdot \vec{H}$

4

Magnetisches Feldlinienbild

Modell zur qualitativen Darstellung magnetischer Felder

Eine Feldlinie eines magnetischen Feldes erhält man, indem der Richtung der Kraft gefolgt wird, die auf einen Pol eines magnetischen Probekörpers (z. B. Kompaßnadel) ausgeübt wird. Eine Anzahl von Feldlinien, die in einem ebenen Schnitt des Raumes, in dem das Magnetfeld besteht, die wesentlichsten Eigenschaften des Feldes modellmäßig widerspiegeln, bezeichnet man als Feldlinienbild. Da es keine magnetischen Monopole gibt, sind magnetische Feldlinien geschlossene Kurven.

Festlegung der Feldlinienrichtung, Feldlinienbilder

– Die Richtung der Feldlinien stimmt mit der Richtung der Kraft überein, die auf den Nordpol eines Probemagneten ausgeübt wird.

- Feldlinien eines Dauermagneten verlaufen im Außenraum vom Nord- zum Südpol

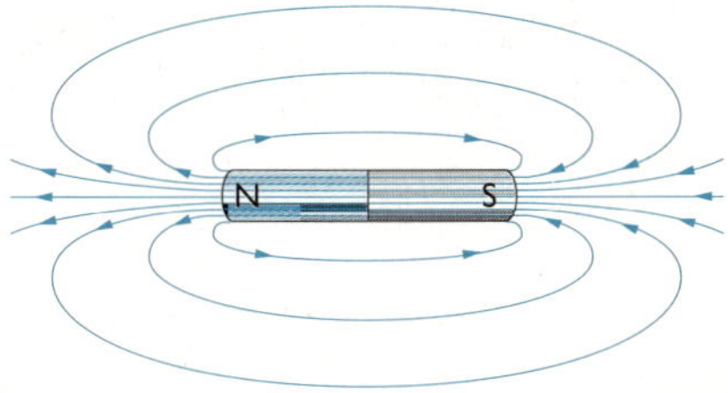

Feldlinienverlauf um einen Stabmagneten

– Die Richtung der Feldlinien folgt aus der Stromrichtung (von + nach –) mit Hilfe der „Umfassungsregel der rechten Hand“.

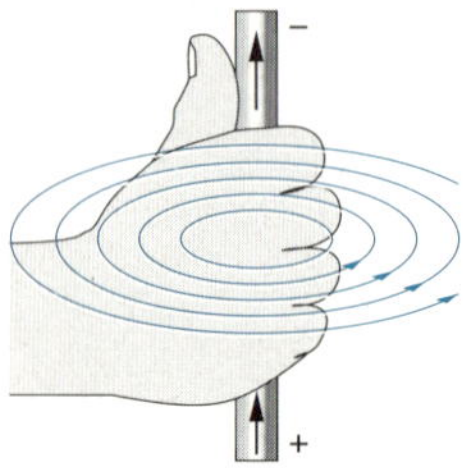

Stromrichtung = Richtung des abgewinkelten Daumens

Feldlinienrichtung = Richtung der gekrümmten Finger

4

■ Strom fließt in die Zeichenebene hinein

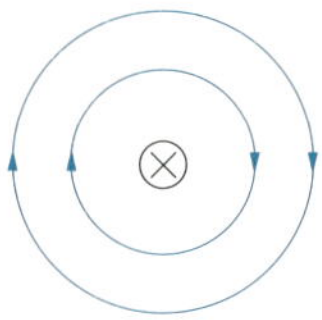

Strom fließt aus der Zeichenebene heraus

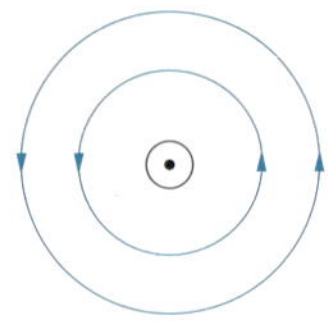

– Die Richtung der Feldlinien wird mit Hilfe der „3-Finger-Regel“ der rechten Hand festgelegt.

↗ Stromrichtung, Richtung der magnetischen Flußdichte und Kraftrichtung, S. 212

Magnetfeld der Erde

Der magnetische Nordpol der Erde befindet sich in der Nähe des geographischen Südpols, der magnetische Südpol der Erde in der Nähe des geographischen Nordpols.

Die Feldlinien sind gegen die Erdoberfläche geneigt, das Magnetfeld der Erde hat eine Horizontal- und eine Vertikalkomponente.

Die Horizontalkomponente ermöglicht die Bestimmung der Nord-Süd-Richtung, wobei jedoch eine Mißweisung (Deklination) zu beachten ist. Der Deklinationswinkel liegt in Deutschland zwischen 5° und 10° West.

Die Neigung (Inklination) der Feldlinien führt in Deutschland zu einem Inklinationswinkel von 63° im Süden bzw. 69° im Norden.

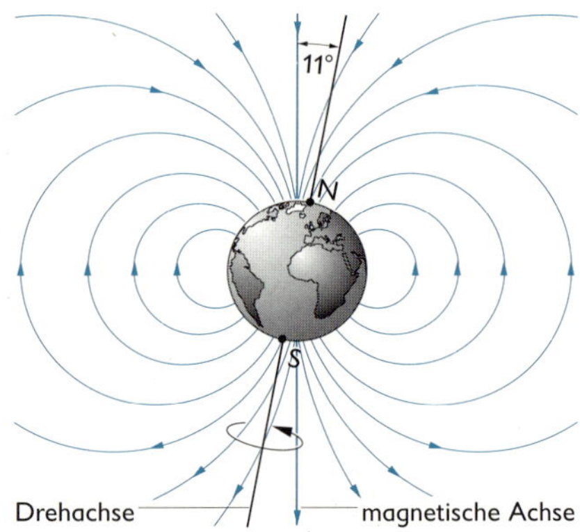

Magnetfeld der Erde im erdnahen Raum

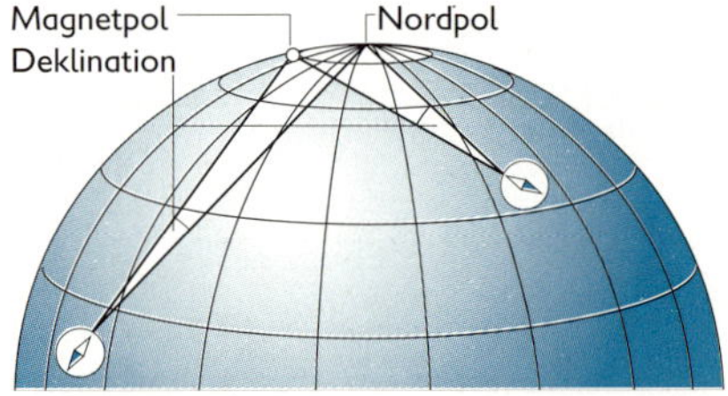

Magnetfeld einer stromdurchflossenen Spule

Entsteht durch die Überlagerung der Magnetfelder der einzelnen stromführenden Windungen

Es ist im Innenraum am stärksten (große Dichte der Feldlinien), die Spulenenden verhalten sich wie Magnetpole.

Ein homogenes magnetostatisches Feld besteht im Innenraum von langgestreckten Zylinderspulen bzw. von Ringspulen, wenn diese von einem Gleichstrom durchflossen werden und je Längeneinheit der Spule stets eine konstante Anzahl von Windungen gewickelt ist.

Die Stärke eines solchen Feldes ist an jedem Ort im Innenraum gleich groß und zeitunabhängig. Ein homogenes Magnetfeld wird durch äquidistante, parallele Feldlinien charakterisiert.

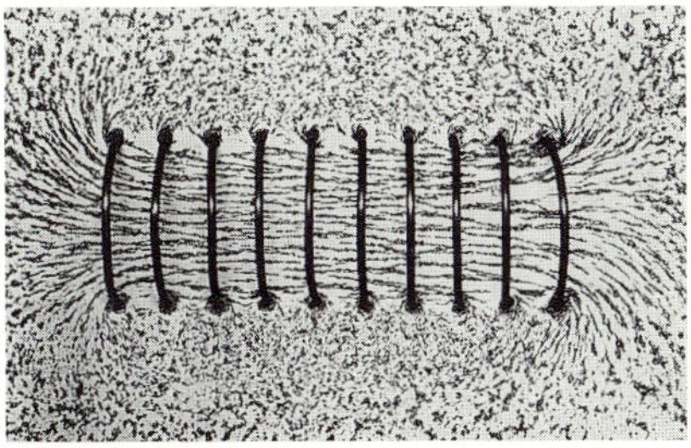

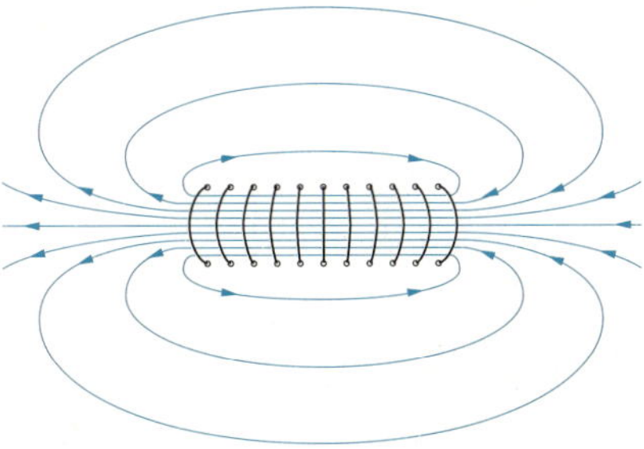

4

- magnetische Feldstärke im homogenen magnetostatischen Feld einer langen, dünnen Zylinderspule (Spulendurchmesser ≪ Spulenlänge) ohne Eisenkern:

$$H = I \cdot \frac{N}{l}$$

H Betrag der magnetischen Feldstärke
I elektrische Stromstärke in der Spule
N Windungszahl der Spule
l Länge der Spule

- magnetische Flußdichte im homogenen magnetostatischen Feld einer langen, dünnen Zylinderspule, die vollständig von einem Eisenkern ausgefüllt ist:

$$B = \mu_0 \cdot \mu_r \cdot H = \mu_0 \cdot \mu_r \cdot I \cdot \frac{N}{l}$$

μ_r Permeabilitätszahl des Eisenkerns
μ_0 magnetische Feldkonstante

Energie des magnetostatischen Feldes

Physikalische Größe, die das Arbeitsvermögen des magnetostatischen Feldes kennzeichnet, das von einer Spule erzeugt wird, in der ein Strom mit einer konstanten Stromstärke fließt

$$E_{magn} = \frac{1}{2} L \cdot I^2$$

E_{magn} Energie des magnetostatischen Feldes
L Induktivität der Spule
I elektrische Stromstärke in der Spule

Einheit: 1 Ws (eine Wattsekunde)
↗ Selbstinduktion, S. 224

Stoffe im magnetostatischen Feld

Stoffart	ferromagnetische Stoffe	paramagnetische Stoffe	diamagnetische Stoffe
Merkmale für Körper aus diesen Stoffen	starkes Hineinziehen der Körper (kein Dauermagnet) in Bereiche mit hoher Feldstärke, große Verstärkung des Feldes	schwaches Hineinziehen der Körper in Bereiche mit hoher Feldstärke, schwaches Verstärken des Feldes	schwaches Abstoßen der Körper hin zu Bereichen mit geringer Feldstärke, geringes Schwächen des Feldes
Permeabilitätszahl	$\mu_r \gg 1$	$\mu_r > 1$	$\mu_r < 1$
Temperaturabhängigkeit von μ_r	μ_r nimmt mit steigender Temperatur ab (bei Erreichen der Curietemperatur treten keine ferromagnetischen Eigenschaften auf)	μ_r nimmt mit steigender Temperatur ab	μ_r ist unabhängig von der Temperatur
Beispiele	Eisen, Kobalt, Nickel	Aluminium, Platin, Sauerstoff	Wasser, Wismut, Kochsalz

Magnetische Werkstoffe

Art	hartmagnetisch	weichmagnetisch
Merkmale	starker Dauermagnetismus schwer magnetisierbar	schwacher Dauermagnetismus leicht magnetisierbar
Stoffe	Stahl, entsprechende Legierungen, Ferrite (Maniperm) und keramische Werkstoffe	Weicheisen, entsprechende Legierungen, Ferrite (Manifer) und keramische Werkstoffe
Anwendungsbeispiele	Magnete/Kerne im Lautsprecher, im Fahrraddynamo, in Kleinstmotoren, in elektrischen Meßgeräten	Spulenkerne für die Hochfrequenz- und Fernmeldetechnik, Ferrit-Antennenstäbe
Hystereseschleife Darstellung der Abhängigkeit $B = f(H)$	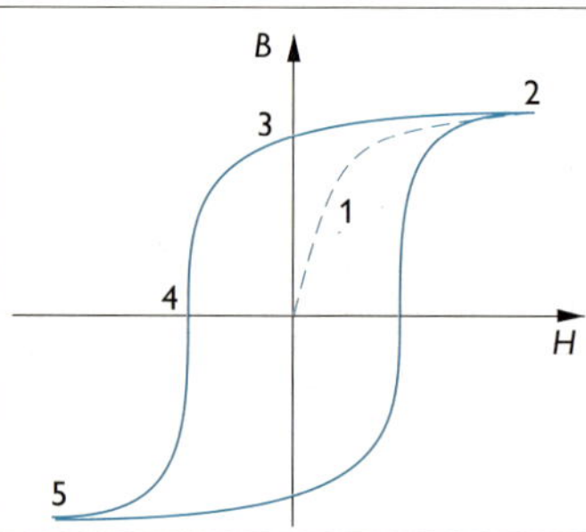	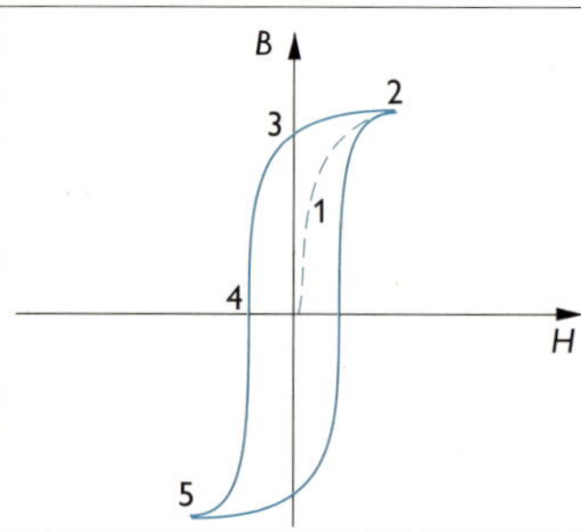

Zu den Hystereseschleifen von S. 216
1 Neukurve (erstmalige Magnetisierung des Werkstoffes)
2 Sättigung in der Magnetisierung des Werkstoffes (Maximalwert von μ_r ist erreicht)
3 Restmagnetismus im Werkstoff ohne äußeres Feld (der Werkstoff ist zu einem Dauermagneten geworden)
4 Koerzitivfeldstärke zur Entmagnetisierung (der Restmagnetismus des Werkstoffes ist durch ein „Gegenfeld" wieder aufgehoben)
5 Sättigung nach erfolgter „Gegenmagnetisierung" (2 und 5 unterscheiden sich durch die am Werkstoff vertauschten Pole)

Lorentzkraft F_L

Wenn sich die Ladungsträger senkrecht zu den magnetischen Feldlinien bewegen, so wirkt auf sie die Lorentzkraft, und es gilt:

$$F_L = Q \cdot v \cdot B$$

F_L Betrag der Lorentzkraft
Q elektrische Ladung des bewegten Ladungsträgers
v Betrag der Geschwindigkeit des Ladungsträgers
B Betrag der magnetischen Flußdichte

4

Einheit: 1 N (ein Newton)

Wenn sich die Ladungsträger unter einem beliebigen Winkel zu den magnetischen Feldlinien bewegen, so gilt:

$$F = Q \cdot v \cdot B \sin\sphericalangle(\vec{v}\,;\vec{B})$$

$$F_L = Q \cdot (\vec{v} \times \vec{B})$$

$\sphericalangle(\vec{v}\,;\vec{B})$ Winkel zwischen der Richtung der Geschwindigkeit und der Richtung der magnetischen Flußdichte

Sonderfall: $F_L = 0$, wenn $v = 0$ oder $B = 0$ oder $\sphericalangle(\vec{v}\,;\vec{B}) = 0°$ bzw. $180°$

$$\vec{F_L} \perp \vec{v}$$

Die Lorentzkraft wirkt als Radialkraft, sie ändert nur die Richtung aber nicht den Betrag der Geschwindigkeit.

Elektrische Ladungsträger, die unter einem von 0° bzw. 180° verschiedenen Winkel in Magnetfelder eingeschossen werden, bewegen sich folglich auf kreisförmigen ($\sphericalangle(\vec{v}\,;\vec{B}) = 90°$) oder schraubenförmigen Bahnen.

Anwendung der Lorentzkraft

Ablenken eines bewegten Elektrons	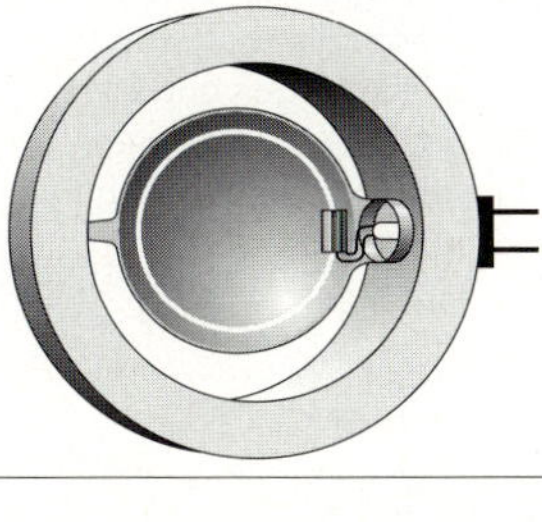

Anwendung der Lorentzkraft

Bestimmen der spezifischen Ladung eines Elektrons $\frac{e}{m_e} = 1{,}76 \cdot 10^{11}\ \frac{\text{As}}{\text{kg}}$	$F_L = F_R$ $evB = \frac{m_e v^2}{r}$ $W_{el} = E_{kin}$ $e \cdot U = \frac{m_e \cdot v^2}{2}$ $\frac{e}{m_e} = \frac{2U}{B^2 \cdot r^2}$ 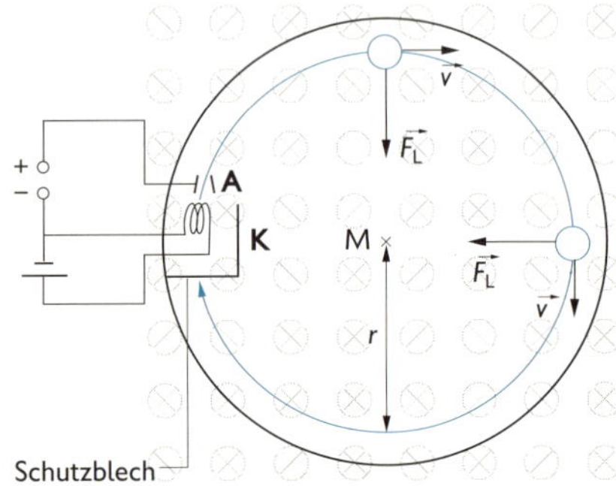 Die Lorentzkraft F_L zwingt die Elektronen auf die Kreisbahn.
Kreisbeschleuniger zum Beschleunigen von Elementarteilchen auf hohe Energien	Zyklotron: Das magnetische Feld zwingt die Teilchen auf eine Kreisbahn. Weil sie durch elektrische Felder mehrfach beschleunigt werden, entsteht schließlich eine Spiralbahn. 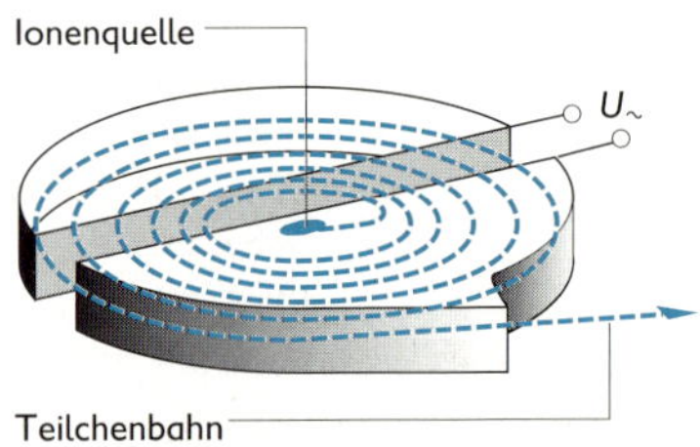
Elektronenmikroskop ↗ Welle-Teilchen-Verhalten von Mikroobjekten, S. 302, 304	Magnetische Linsen sind Magnetspulen mit Polschuhen. Bewegt sich Elektronenstrahlung durch das magnetische Feld zwischen den Polschuhen, so können die Elektronen durch die Lorentzkraft ähnlich abgelenkt werden, wie Licht durch Glaslinsen. Wegen der kleineren Wellenlänge der Elektronen gegenüber Licht erreicht man wesentlich höhere Vergrößerungen und ein größeres Auflösevermögen als beim Lichtmikroskop. 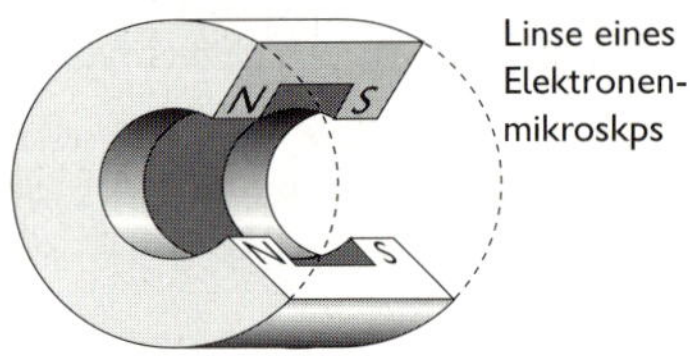 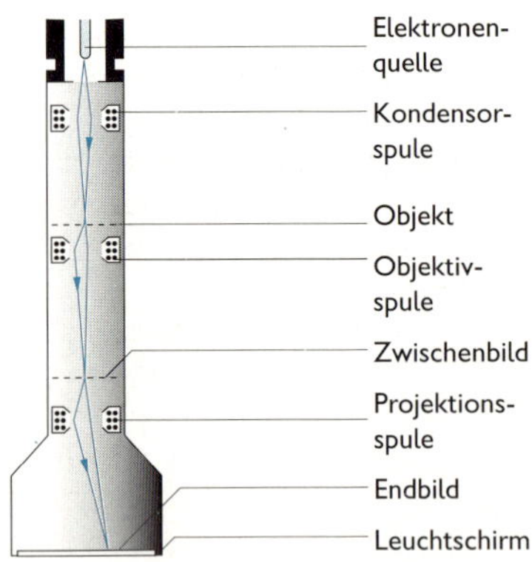

Hall-Effekt Die Ablenkung bewegter Ladungsträger durch ein orthogonales Magnetfeld führt in einer stromdurchflossenen Folie zur Hall-Spannung U_H, die senkrecht zur Stromrichtung mit einer bestimmten Polung auftritt.	$U_H = \frac{I \cdot B}{n \cdot e \cdot d}$ I Stromstärke in der Folie B magnetische Flußdichte n Elektronen- (Defektelektronen-) dichte der Folie d Dicke der Folie e elektrische Elementarladung	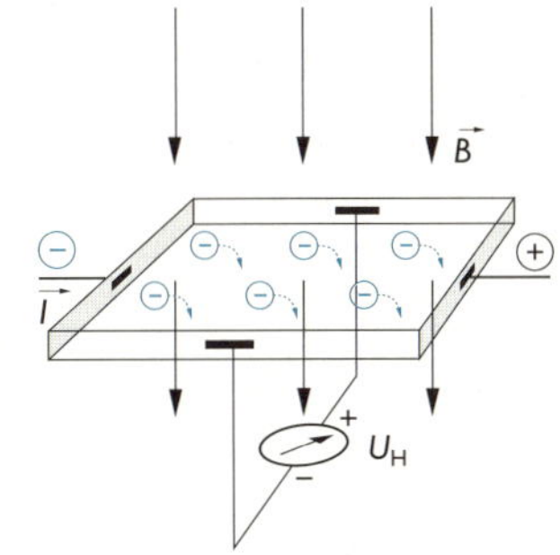

Stromführende Leiter im Magnetfeld

Sie erfahren durch eine Kraft, die als Summe der Lorentzkräfte auf die sich im Leiter geordnet bewegenden Ladungsträger entsteht, eine Beschleunigung.

$$F = I \cdot l \cdot B$$

F Betrag der Kraft
I Stromstärke im Leiter
l Länge des Leiters im Magnetfeld, orthogonal zur Richtung der magnetischen Flußdichte bzw. zur Richtung der magnetischen Feldlinien
B magnetische Flußdichte

Einheit: 1 N (ein Newton)

Liegt der Leiter unter einem von 0° bzw. 180° verschiedenen Winkel zur Richtung der magnetischen Flußdichte, so gilt:

$$F = I \cdot l \cdot B \cdot \sin\sphericalangle(\vec{l}\,;\vec{B})$$

$$\vec{F} = I \cdot (\vec{l} \times \vec{B})$$

$\sphericalangle(\vec{l}\,;\vec{B})$ Winkel zwischen dem Leiter und der magnetischen Flußdichte
$\vec{l}$ Vektor, der aus der Leiterlänge l und der Stromrichtung (von + nach −) gebildet wird

- Elektromotor

Bei der Ablenkung eines stromführenden Leiters wird Arbeit verrichtet, der Leiter erhält kinetische Energie, die aus der elektrischen Energie des Stromflusses umgewandelt wird (Prinzip des Elektromotors).
Auf die stromdurchflossenen Windungen wirken im Magnetfeld Kräfte, die den Rotor in eine Drehbewegung versetzen. Jeder Motortyp weist Baugruppen auf, die für eine Beibehaltung der Drehrichtung sorgen (z. B. der Kollektor beim Gleichstrommotor).

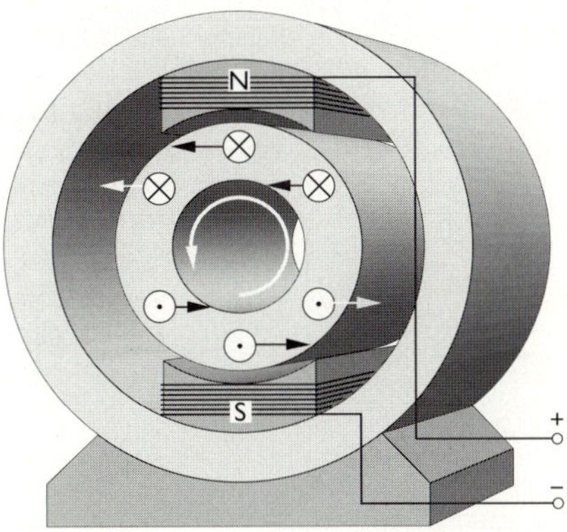

ELEKTROMAGNETISCHES FELD

Elektromagnetisches Feld

Raumgebiet, in dem zeitlich veränderliche elektrische und magnetische Felder untrennbar miteinander verknüpft sind. Zur quantitativen Beschreibung können die elektrische Feldstärke E (↗ S. 204) und die magnetische Flußdichte B (↗ S. 211) in Abhängigkeit von Ort und Zeit verwendet werden: $E = f(r, t)$ bzw. $B = f(r, t)$.

↗ elektrisches Feld, S. 203; magnetisches Feld, S. 210

Entstehung des elektromagnetischen Feldes

Voraussetzungen für die Entstehung sind zeitlich veränderliche Ströme elektrischer Ladungsträger oder zeitlich veränderliche elektrische Felder

Ein elektromagnetisches Feld tritt in Wechselwirkung mit ruhenden und bewegten Ladungsträgern.

Verknüpfung eines zeitlich veränderlichen Magnetfeldes mit einem elektrischen Feld

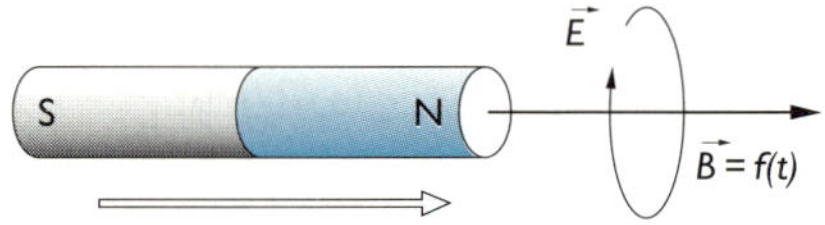

Elektromagnetische Induktion

Vorgang, bei dem durch die Veränderung des magnetischen Flusses in einer Leiterschleife (Spule) an deren Enden eine elektrische Spannung entsteht

↗ magnetostatisches Feld, S. 210; geschlossener Schwingkreis, S. 228; Generator und Motor, S. 225; Transformator, S. 227

Voraussetzungen für das Entstehen einer Induktionsspannung

Bedingungen	Magnetfeld zeitlich konstant bewegter Leiter	Magnetfeld zeitlich veränderlich ruhender Leiter
Möglichkeit der Realisierung	zeitliches Ändern der vom magnetischen Feld durchsetzten Leiterschleifenfläche	zeitliches Ändern des magnetischen Feldes, das eine Leiterschleife durchsetzt
Zusammenhang	In einer Leiterschleife (Spule) wird eine Spannung induziert, solange sich durch Bewegung zwischen Leiterschleife und Magnet der räumliche Anteil des von der Leiterschleife umfaßten Magnetfeldes ändert.	Verändern der Stärke des Magnetfeldes eines Elektromagneten das von der Leiterschleife umfaßte Magnetfeld ändert.
Schematische Darstellung	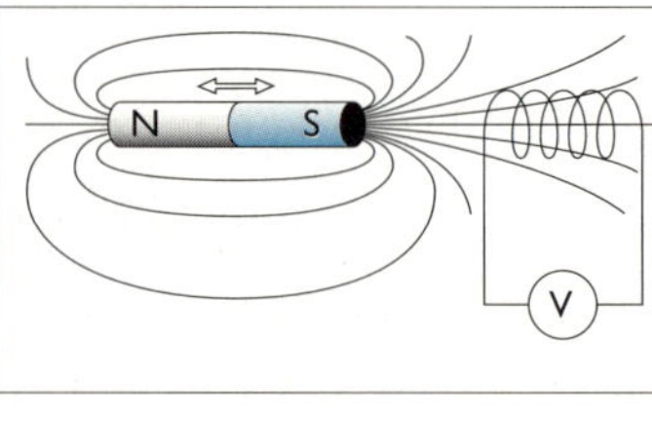	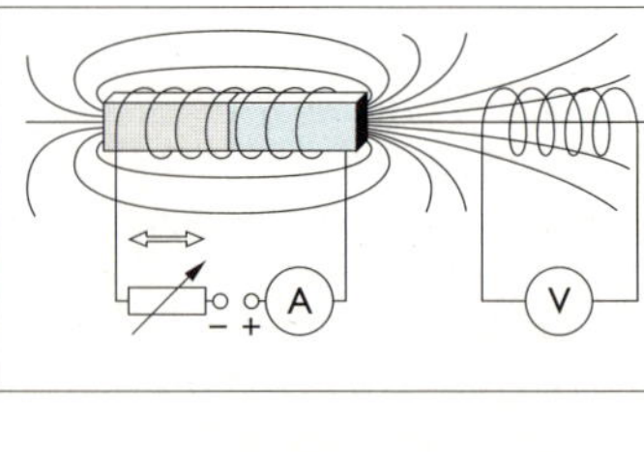

Mathematische Beziehung	$U_{ind} = -N \cdot B \cdot \frac{dA}{dt}$ Gültigkeitsbedingung B = konst.; $B \perp A$ U_{ind} Induktionsspannung N Windungszahl der Induktionsspule $\frac{dA}{dt}$ Änderungsgeschwindigkeit der umschlossenen Fläche	$U_{ind} = -N \cdot A \cdot \frac{dB}{dt}$ Gültigkeitsbedingung A = konst.; $B \perp A$ U_{ind} Induktionsspannung N Windungszahl der Induktionsspule $\frac{dB}{dt}$ Änderungsgeschwindigkeit der magnetischen Flußdichte
Beispiel	↗ Generator, S. 225	↗ Transformator, S. 227

Magnetischer Fluß Φ

Physikalische Größe zur quantitativen Beschreibung des elektromagnetischen Feldes und der elektromagnetischen Induktion. Der magnetische Fluß kennzeichnet den Magnetismus, der eine Fläche durchsetzt.

$$\Phi = B \cdot A$$

Φ magnetischer Fluß
B magnetische Flußdichte
A wirksame Windungsfläche

Einheit: 1 Wb (ein Weber) $1\ \text{Wb} = 1\ \text{V} \cdot \text{s} = 1\ \text{kg} \cdot \text{m}^2 \cdot \text{s}^{-2} \cdot \text{A}^{-1}$

Aus $\Phi = B \cdot A$ erhält man $B = \frac{\Phi}{A}$.

Damit wird die Bezeichnung „magnetische Flußdichte $\vec{B}$" verständlich.
Für die wirksame Windungsfläche A gilt:
$A = A_0 \cdot \cos\alpha$.

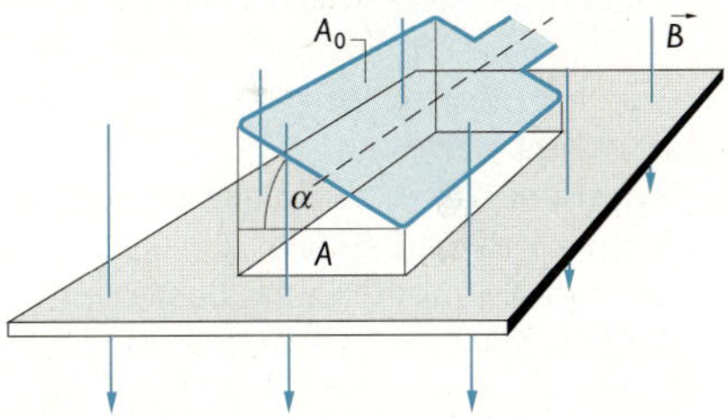

Induktionsgesetz

Gesetzmäßiger Zusammenhang zwischen der Induktionsspannung und dem magnetischen Fluß. An den Enden einer Spule tritt eine Spannung auf, solange sich der von der Spule umfaßte magnetische Fluß ändert.

$$U_{ind} = -N \cdot \frac{d\Phi}{dt}$$

U_{ind} Induktionsspannung
N Windungszahl der Induktionsspule
Φ magnetischer Fluß durch die wirksame Windungsfläche einer Leiterschleife bzw. Spule
t Zeit

Mit $\Phi = B \cdot A$ erhält man $U_{ind} = -N \cdot \frac{d(B \cdot A)}{dt}$. Daraus resultieren die beiden prinzipiellen Möglichkeiten zum Erzeugen einer Induktionsspannung.
↗ Voraussetzungen für das Entstehen einer Induktionsspannung, S. 220

Induktion bei Relativbewegung zwischen Spule und Magnetfeld

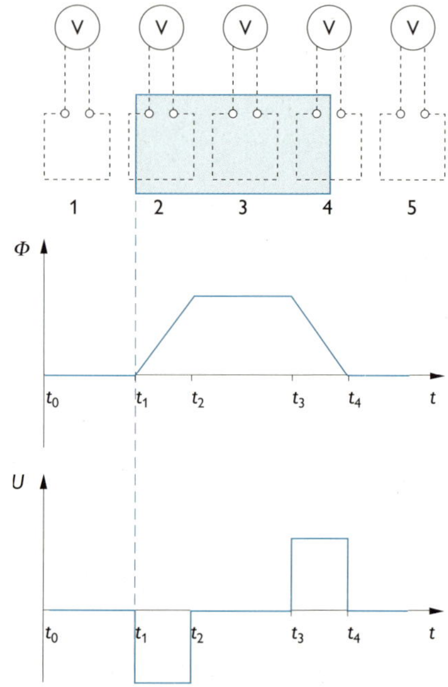

Gleichförmige Bewegung einer Rahmenspule über eine magnetische Polfläche

Zeitlicher Verlauf des magnetischen Flusses, der die Rahmenspule durchsetzt

Zeitlicher Verlauf der Induktionsspannung an den Spulenenden

Lenzsches Gesetz

Zusammenhang zwischen der Richtung des Induktionsstromes und der Ursache des Induktionsvorganges

Die Induktionsspannung besitzt eine solche Polarität, daß der durch sie hervorgerufene Strom der Ursache des Induktionsvorganges entgegenwirkt.

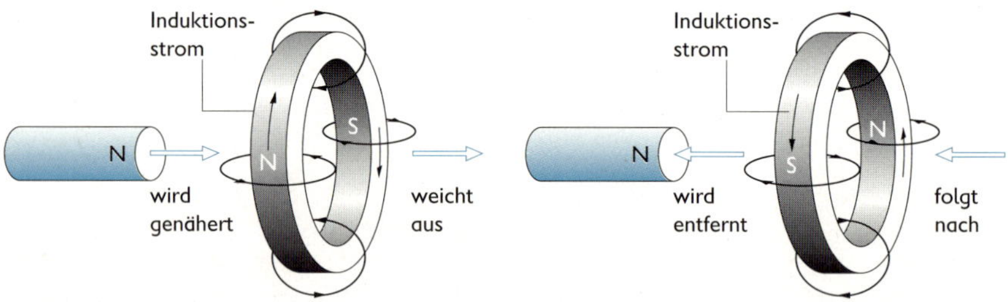

Experiment zum Nachweis des Lenzschen Gesetzes

Das Magnetfeld des Induktionsstromes wirkt der Zu- oder Abnahme des magnetischen Flusses entgegen.

Das Lenzsche Gesetz ist ein Sonderfall des Energieerhaltungssatzes.

↗ Energieerhaltungssatz, S. 94; Induktionsgesetz, S. 221

Wirbelströme

Ströme, die in ausgedehnten Metallteilen infolge elektromagnetischer Induktion hervorgerufen werden. Die Ladungsträger bewegen sich nicht auf vorgegebenen Bahnen, sondern im einfachsten Falle auf konzentrischen Kreisbahnen ähnlich der Teilchenbewegung in Wirbeln von Strömungen. Entsprechend den Voraussetzungen für die elektromagnetische Induktion können Wirbelströme unter zwei unterschiedlichen Bedingungen auftreten.

<table>
<tr><td>Bedingung</td><td>Relativbewegung zwischen massivem Leiter und Magnetfeld</td><td>Verändern der Stärke des Magnetfeldes im massiven Leiter</td></tr>
<tr><td>Wirkungen</td><td>Behinderung der Bewegung,
Erwärmung des massiven Leiters</td><td>Erwärmung des massiven Leiters</td></tr>
<tr><td>Technische Anwendung</td><td>Wirbelstromdämpfung in Meßinstrumenten,
Wirbelstrombremse,
Drehstrommotor,
Wirbelstromtachometer
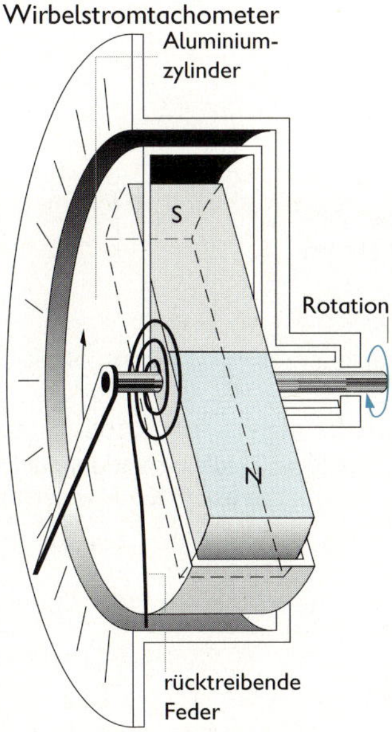
</td><td>Wirbelstromerwärmung zum Reinigen von Metallen (Zonenschmelzverfahren),
Wirbelstromerwärmung zum Härten von Metallteilen
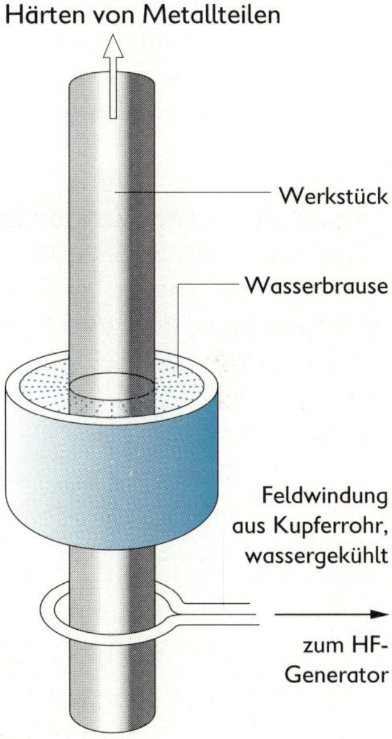
</td></tr>
<tr><td>Maßnahmen zur Verringerung der Wirbelströme</td><td>Vermeiden massiver Metallteile (Schlitzen der Teile)</td><td>Herstellen von Eisenkernen aus gegeneinander isolierten Blechlamellen,
Verwenden von magnetischen Keramik-Materialien
(hoher elektrischer Widerstand)
↗ Wirkungsgrad eines Transformators, S. 227</td></tr>
</table>

Selbstinduktion

Vorgang, bei dem durch ein zeitlich veränderliches Magnetfeld in einer felderzeugenden Spule selbst eine Spannung hervorgerufen wird. Dieser Vorgang verläuft nach dem Induktionsgesetz und dem Lenzschen Gesetz unter Berücksichtigung der Induktivität L der jeweiligen Spule.

$$U_{ind} = -L \cdot \frac{dI}{dt}$$

U_{ind}	Selbstinduktionsspannung
L	Induktivität einer Spule
I	Erregerstromstärke in der Spule
t	Zeit

Die Selbstinduktionsspannung wirkt dem Aufbau bzw. dem Abbau eines magnetischen Feldes entgegen.

↗ Induktionsgesetz, S. 221; Lenzsches Gesetz, S. 222; Induktivität L, S. 224

4

Die Selbstinduktion führt zum verzögerten Anwachsen der Stromstärke beim Schließen eines Stromkreises sowie zum allmählichen Abklingen der Stromstärke beim Abschalten der Spannungsquelle und bei weiterhin geschlossenem Stromkreis.

In entsprechender Weise wird durch die Selbstinduktion das Verstärken oder Abschwächen der Stromstärke in einem Stromkreis verzögert.

↗ induktiver Widerstand X_L, S. 198

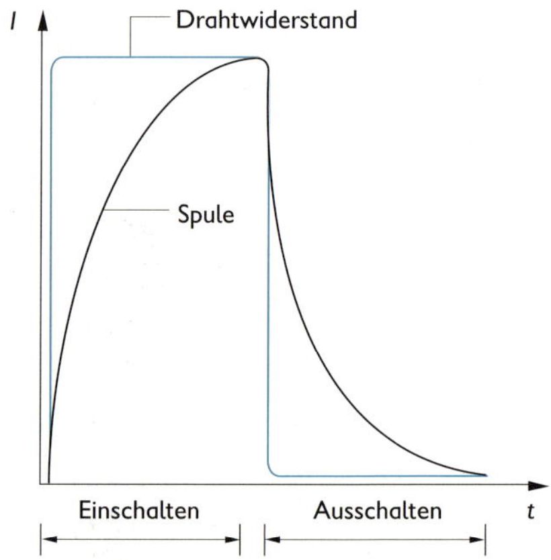

Zeitlicher Verlauf der Stromstärke in einem Drahtwiderstand und einer Spule

Induktivität L

Physikalische Größe, die das elektrische Verhalten einer Spule bei Stromstärkeänderungen charakterisiert

$$L = \mu_0 \cdot \frac{N^2 \cdot A}{l}$$

L	Induktivität
μ_0	magnetische Feldkonstante
N	Windungszahl der Spule
A	Querschnittsfläche der Spule
l	Länge der Spule

Einheit: 1 H (ein Henry) $1\ \mathrm{H} = 1\ \mathrm{V} \cdot \mathrm{s} \cdot \mathrm{A}^{-1}$

Gültigkeitsbedingungen: Spule ohne Eisenkern, Spulenlänge groß gegenüber dem Spulendurchmesser

Verknüpfung von elektrischem und magnetischem Feld

Unter bestimmten Bedingungen sind elektrisches und magnetisches Feld untrennbar miteinander verknüpft.

sich veränderndes magnetisches Feld — damit verknüpftes elektrisches Feld

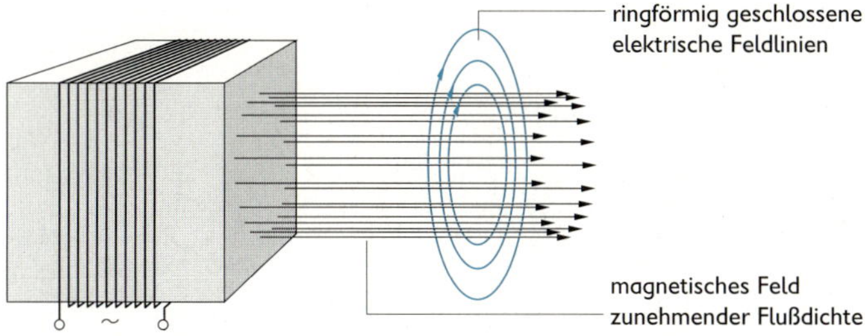

Jedes sich verändernde magnetische Feld ist untrennbar mit einem elektrischen Feld verknüpft.
(Inhalt der 2. Maxwellschen Gleichung)

sich veränderndes elektrisches Feld — damit verknüpftes magnetisches Feld

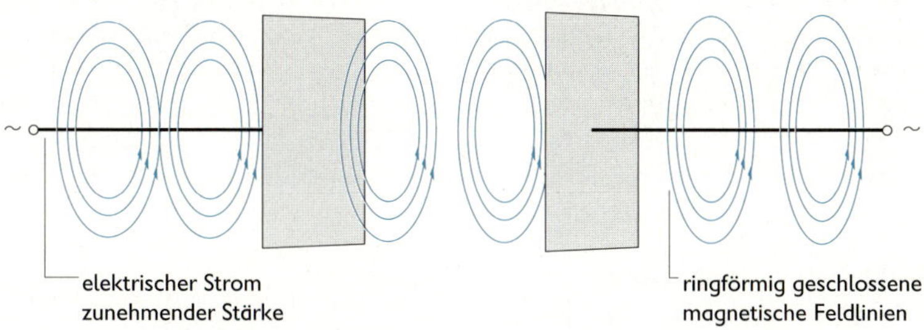

Jeder elektrische Strom und jedes sich ändernde elektrische Feld sind untrennbar mit einem magnetischem Feld verknüpft.
(Inhalt der 1. Maxwellschen Gleichung)

Die Änderung des elektrischen Feldes zwischen den Kondensatorplatten hat das gleiche Magnetfeld zur Folge wie der Strom, der durch die Zuleitungen fließt.

Generator und Motor

Generator. Energiewandler, in dem die Relativbewegung eines Leiters im zeitlich konstanten magnetischen Feld zur Erzeugung einer Induktionsspannung genutzt wird

Motor. Energiewandler, in dem die Kraft, der ein stromdurchflossener Leiter im magnetischen Feld unterliegt, zur Erzeugung eines Drehmoments genutzt wird

Gerät	Generator	Motor
Energie-umwandlung	Umwandlung mechanischer Energie in elektrische Energie	Umwandlung elektrischer Energie in mechanische Energie
Aufbau 1, 5 Polschuhe 2 Rotor 3 Schleif-kontakt (geteilt als Polwender) 4 Rotorspule	Gleichstromgenerator 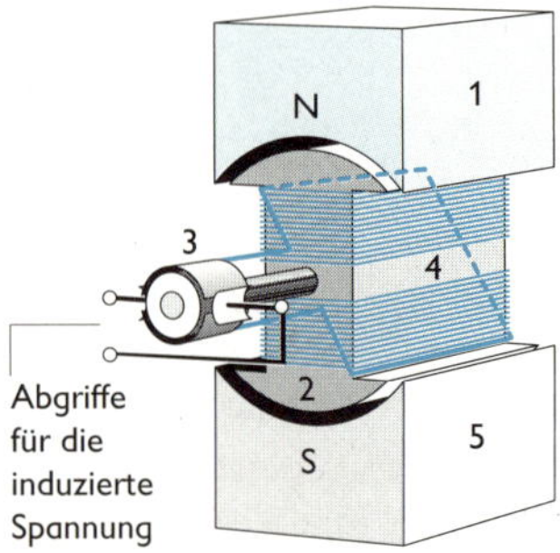	Gleichstrommotor 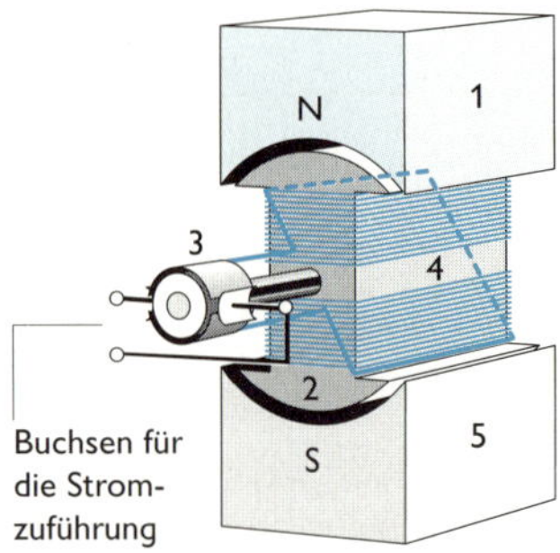
Physikalischer Vorgang	Eine Leiterschleife (Spule) befindet sich im zeitlich konstanten magnetischen Feld. Beim Drehen der Leiterschleife wird infolge der damit verbundenen zeitlichen Änderung des magnetischen Flusses in der Leiterschleife eine Spannung induziert.	Eine Leiterschleife (Spule) befindet sich in einem magnetischen Feld. Beim Fließen eines elektrischen Stromes treten in der Leiterschleife Kräfte auf (Lorentzkraft F_L, ↗ S. 217), durch die eine Drehbewegung der Leiterschleife (Spule) bewirkt wird.

↗ Wechselstromgenerator, S. 226; Voraussetzungen für das Entstehen einer Induktionsspannung, S. 220

Wechselstromgenerator

Gerät zur Erzeugung von Wechselspannung durch Rotation einer Leiterschleife (Spule) in einem Magnetfeld (Außenpolmaschine) oder eines Magnetfeldes zwischen den Spulen (Innenpolmaschine) auf der Grundlage der elektromagnetischen Induktion

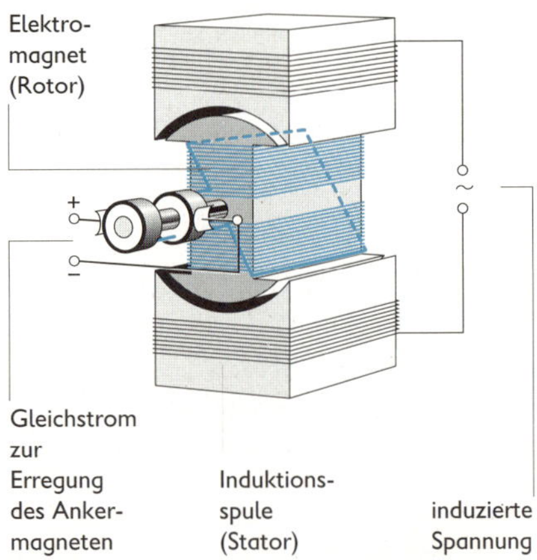

Wechselstromgenerator
Prinzip einer Innenpolmaschine

Transformator

Gerät zur Wandlung von Wechselspannungen und Wechselstromstärken. Es beruht auf dem Prinzip der Induktion im zeitlich veränderlichen Magnetfeld (↗ S. 220).
An die Primärspule wird eine Wechselspannung mit den sich zeitlich periodisch ändernden Größen $u = f(t)$ und $i = f(t)$ angelegt. Damit wird in der Sekundärspule eine Wechselspannung induziert.
↗ Wechselspannung u, S. 196; magnetische Flußdichte B, S. 211

Übersetzungsverhältnisse am idealen („verlustfreien") Transformator ($P_{S1} = P_{S2}$)

Art der Übersetzung	Spannungsübersetzung	Stromstärkeübersetzung
Gleichung	$\frac{U_1}{U_2} = \frac{N_1}{N_2}$	$\frac{I_1}{I_2} = \frac{N_2}{N_1}$
Bedingung	Sekundärstromkreis geöffnet (Leerlauf)	Sekundärstromkreis kurzgeschlossen (Kurzschluß)
Beispiele	Hochspannungstransformator Klingeltransformatoren	Schweißtransformatoren

Bei einem belasteten Transformator sinkt die Sekundärspannung U_2 mit wachsender Belastung, d. h. bei wachsender Sekundärstromstärke I_2. ↗ Scheinleistung P_S, S. 201

Rückwirkung des Sekundärstromes auf den Primärstrom

Auf Grund der Selbstinduktionsspannung fließt beim unbelasteten Transformator ein Primärstrom mit nur geringer Stromstärke. Außerdem bedingt die Phasenverschiebung zwischen Stromstärke und Spannung eine sehr kleine Wirkleistung. Beim belasteten Transformator fließt sekundär ein Strom mit größerer Stromstärke, während die Sekundärspannung sinkt. Das Magnetfeld des Sekundärstromes bewirkt, daß sich die Energieaufnahme des Transformators der sekundärseitigen Belastung anpaßt (Rückwirkung). Dabei ändert sich auch die Phasenverschiebung im Primärstromkreis.

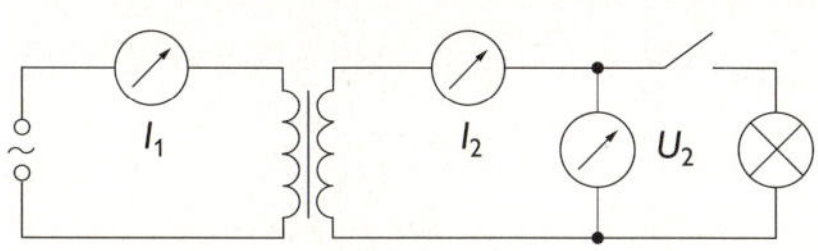

Transformator, unbelastet

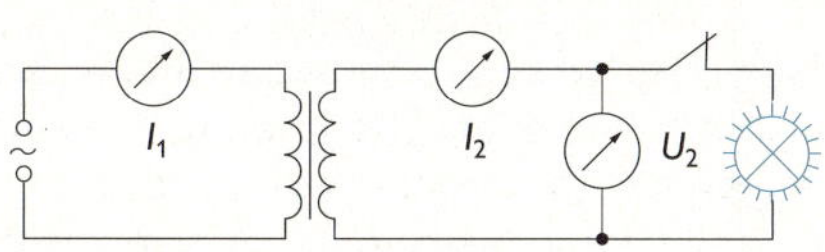

Transformator, belastet

Wirkungsgrad eines Transformators. Er ist infolge unerwünschter Energieumwandlungen stets kleiner als 1.

$$\eta = \frac{P_{W2}}{P_{W1}}$$

η Wirkungsgrad
P_{W1} Wirkleistung im Primärstromkreis
P_{W2} Wirkleistung im Sekundärstromkreis

↗ Wirkungsgrad η, S. 97; Wirkleistung P_W, S. 201; Wirbelströme, S. 223

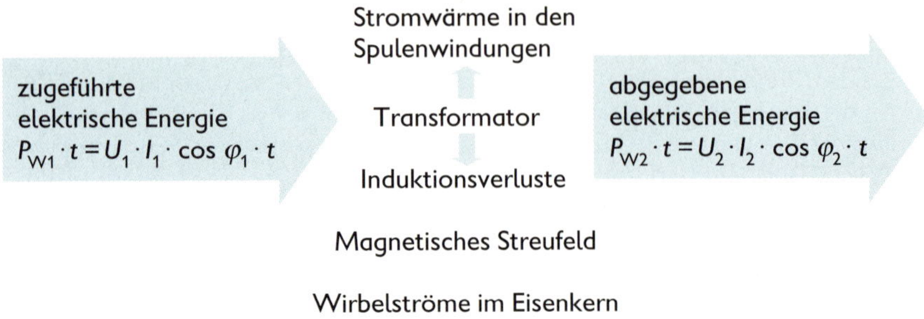

Energieumwandlungen beim Transformator

Leistungstransformatoren im öffentlichen Energieversorgungsnetz haben einen Wirkungsgrad bis 0,98.

4 SCHWINGKREIS

Elektromagnetische Schwingung

Vorgang, bei dem sich das elektromagnetische Feld zeitlich periodisch ändert. Dieser Vorgang kann durch den zeitlichen Verlauf entsprechender Größen beschrieben werden, z. B. für $E = f(t)$, $B = f(t)$, $u = f(t)$, $i = f(t)$.

↗ elektrische Feldstärke E, S. 204; magnetische Flußdichte B, S. 211; Wechselspannung u, S. 196; Wechselstromstärke i, S. 196

Geschlossener Schwingkreis

Geschlossener Leiterkreis, bestehend aus Spule und Kondensator, in dem elektromagnetische Schwingungen unterschiedlicher Frequenz in Abhängigkeit von L und C erzeugt werden können

↗ Wechselstromfrequenz f, S. 197

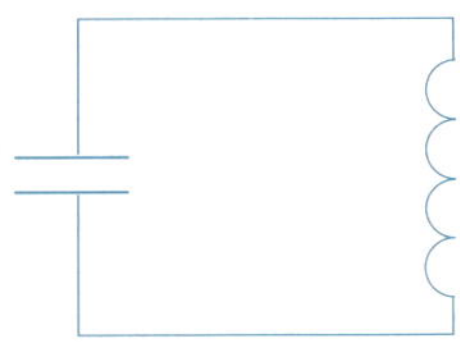

Gedämpfte elektromagnetische Schwingung

Nach einmaliger Energiezufuhr finden im geschlossenen Schwingkreis zeitlich periodische Umwandlungen von elektrischer Feldenergie in magnetische Feldenergie und umgekehrt statt. Ein Teil der zugeführten Energie wird infolge des ohmschen Widerstandes in thermische Energie umgewandelt, so daß die Summe aus elektrischer und magnetischer Feldenergie allmählich abnimmt.

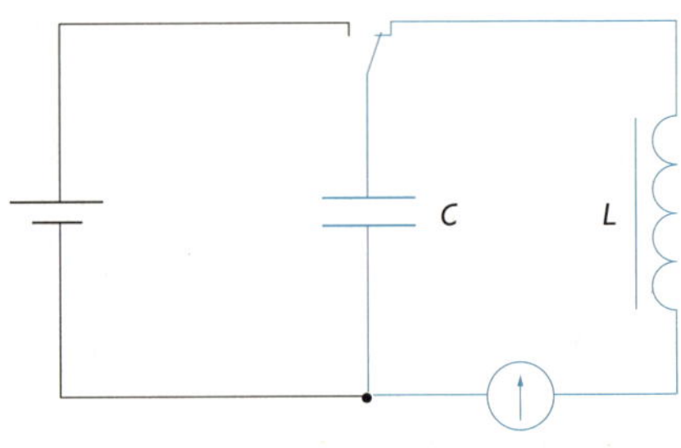

↗ gedämpfte Schwingung, S. 120; Energie E_{el} des elektrostatischen Feldes, S. 208; Energie E_{magn} des magnetostatischen Feldes, S. 215

Vorgänge in einem Schwingkreis

In einem elektrischen Schwingkreis finden ständige Umlade- und Induktionsvorgänge statt. Dadurch ändern sich Spannung und Stromstärke periodisch.

Zeit	Vorgänge im Kondensator	Vorgänge in der Spule
0	Kondensator beginnt sich zu entladen	Strom beginnt zu fließen
$T/8$	Spannung nimmt allmählich ab	Stromstärke nimmt infolge der Selbstinduktion nur langsam zu
$T/4$	Kondensator ist entladen	Stromstärke erreicht höchsten Wert
$(3/8)T$	Kondensator wird mit entgegengesetzter Polarität wieder aufgeladen; Spannung nimmt allmählich zu	Strom fließt durch das Zusammenbrechen des magnetischen Feldes infolge der Selbstinduktion weiter; Stromstärke nimmt allmählich ab
$T/2$	Kondensator ist mit entgegengesetzter Polarität aufgeladen	Stromstärke ist Null

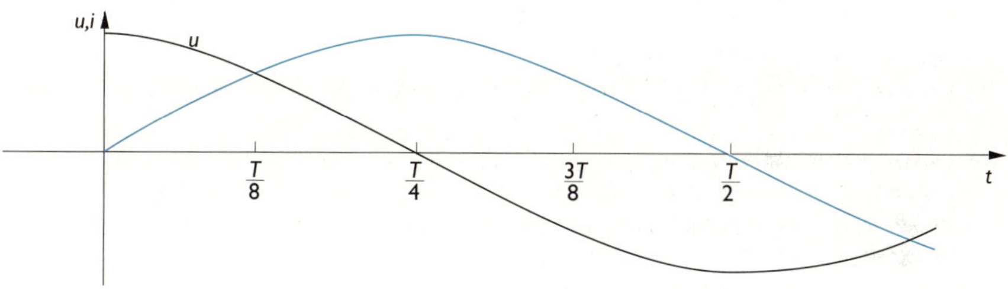

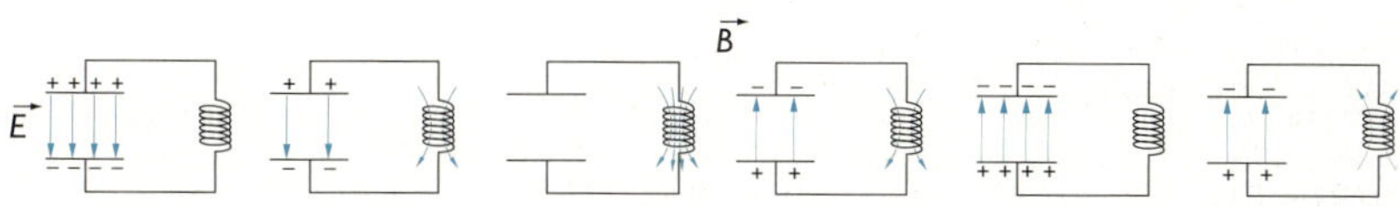

Prinzip der periodischen Energieumwandlungen im geschlossenen Schwingkreis bei einer ungedämpften Schwingung

Erzeugung ungedämpfter elektromagnetischer Schwingungen

Ungedämpfte elektromagnetische Schwingungen können in einem Schwingkreis durch periodische Energiezufuhr erzeugt werden. Energetisch vorteilhaft ist die Energiezufuhr mit der Eigenfrequenz des Schwingkreises. Sie kann technisch zweckmäßig mit der Selbststeuerung durch Rückkopplung in einem Transistor- oder Röhrengenerator realisiert werden.

Dabei steuert z. B. ein Transistor die periodische Energiezufuhr zum Schwingkreis (Meißnersche Rückkopplungsschaltung). Dadurch entstehen ungedämpfte elektromagnetische Schwingungen mit der Eigenfrequenz f_0 des Schwingkreises.

↗ ungedämpfte und gedämpfte Schwingungen, S. 120

4

Die Schwingkreisspule ist mit der Spule im Emitter-Basis-Kreis induktiv gekoppelt. Dadurch fließt in diesem Kreis ein Strom mit der Frequenz f_0 des Schwingkreises. Dieser Strom steuert die Stromstärke im Emitter-Kollektor-Stromkreis (Energiezufuhr), die den Schwingkreis zu ungedämpften Schwingungen erregt.

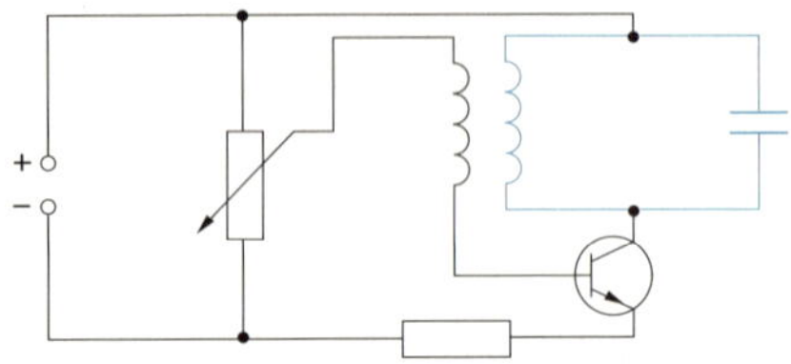

Rückkopplungsschaltung mit einem Transistor

Hochfrequenzerwärmung (bei Frequenzen zwischen 10 kHz und 1 MHz) in Technik und Medizin.

Induktive Hochfrequenzerwärmung: Leiter im hochfrequenten Wechselfeld einer Spule (Oberflächenhärtung, Zonenschmelzen)

Kapazitive Hochfrequenzerwärmung: Nichtleiter im hochfrequenten Wechselfeld eines Kondensators (Plastschweißen, Kurzwellentherapie)

4

Elektrischer Schwingkreis und Federschwinger

Die Vorgänge in einem elektrischen Schwingkreis kann man sehr gut mit den Vorgängen in einem Federschwinger vergleichen.

	Schwingkreis	Federschwinger
sich entsprechende Teile und Größen	Kondensator Spule elektrische Feldenergie des geladenen Kondensators magnetische Feldenergie der stromdurchflossenen Spule Spannung am Kondensator	Schraubenfeder schwingender Körper potentielle Energie der gespannten Feder kinetische Energie des bewegten Körpers Kraft der gespannten Federn
sich entsprechende Prozesse	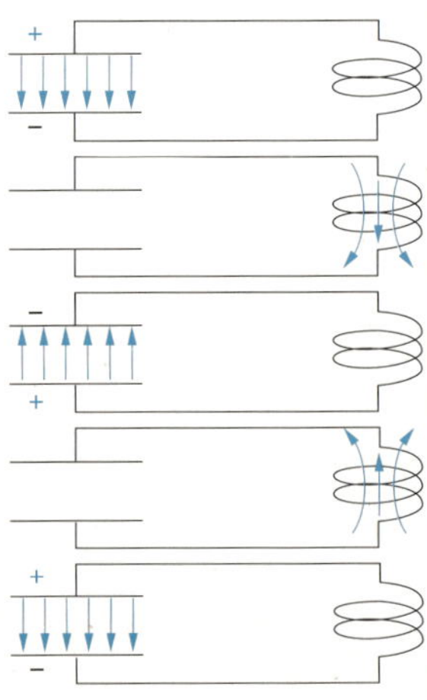	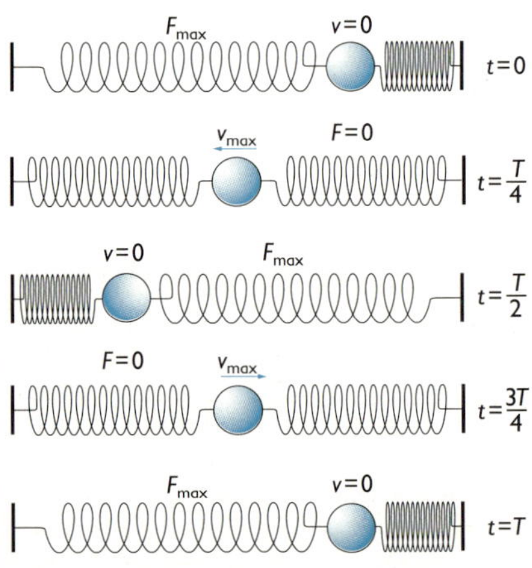

Geschlossener Schwingkreis und Dipol

Art	Geschlossener Schwingkreis	Offener Schwingkreis (Dipol)
Darstellung	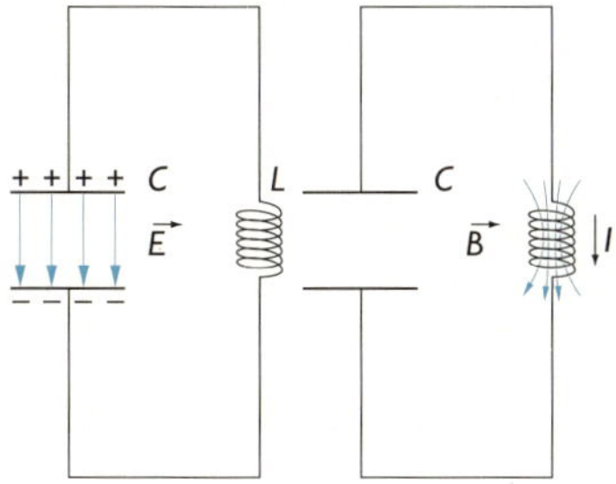	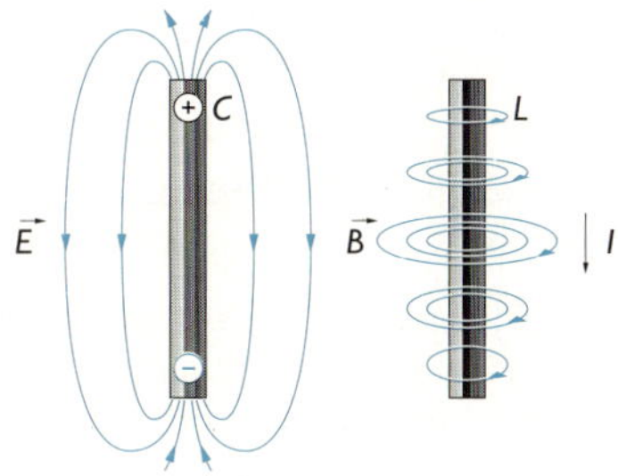
Energiespeicher	Kondensator mit einer Kapazität C Spule mit der Induktivität L	Dipol mit einer Kapazität C (insbesondere seine Enden wirken wie Kondensatorplatten) und einer Induktivität L (insbesondere der mittlere Teil des Dipols)
Energieart	elektrische Feldenergie magnetische Feldenergie	elektrische und magnetische Feldenergie Energie des elektromagnetischen Feldes
Energieumwandlungen	elektrische Feldenergie in magnetische Feldenergie und umgekehrt ständige teilweise Umwandlung dieser Energiearten in thermische Energie	elektrische Feldenergie in magnetische Feldenergie und umgekehrt ständige teilweise Umwandlung dieser Energiearten in thermische Energie und Energie der ausgestrahlten elektromagnetischen Wellen
Frequenz	Eigenfrequenz: $f_0 = \frac{1}{2\pi\sqrt{L \cdot C}}$	Frequenz der sich ausbreitenden Schwingung: $f = \frac{c}{\lambda}$
Periodendauer	bei Eigenschwingungen $T = 2\pi\sqrt{L \cdot C}$ Thomsonsche Schwingungsgleichung	$T = \frac{1}{f}$
Beispiel	Erzeugen gedämpfter oder ungedämpfter elektromagnetischer Schwingungen durch einmalige oder periodische Energiezufuhr	Erzeugen elektromagnetischer Wellen (Hertzscher Wellen)

↗ gedämpfte und ungedämpfte Schwingungen, S. 120; elektrische Kapazität C, S. 207; Induktivität L, S. 232; elektromagnetische Welle, S. 234; Dipol, S. 224; elektromagnetisches Feld, S. 220

Resonanz

Erscheinung bei erzwungenen elektromagnetischen Schwingungen, die dadurch eintritt, daß die Eigenfrequenz f_0 eines Schwingkreises (Resonator) mit der Erregerfrequenz f_E des Erregers nahezu übereinstimmt

- Abstimmkreis in Rundfunk- und Fernsehgeräten; Transistorgenerator

↗ Eigenschwingungen und erzwungene Schwingungen, S. 121; elektromagnetische Schwingung, S. 228

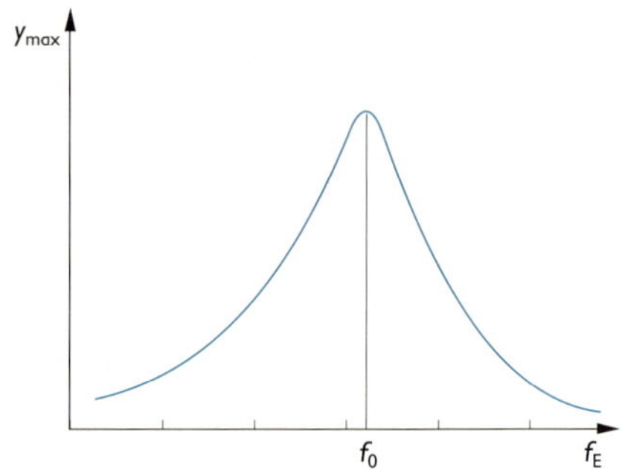

Resonanzkurve eines Schwingkreises

HERTZSCHE WELLEN

4

Ausbreitung eines elektromagnetischen Feldes

Vorgang, bei dem sich ein elektromagnetisches Feld in Form einer elektromagnetischen Welle im Raum ausbreitet

Von einem Sendedipol ausgehend, breitet sich ein elektromagnetisches Feld als Hertzsche Wellen (↗ S. 233) im Raum mit Lichtgeschwindigkeit aus.

↗ Dipolarten, S. 234; Lichtgeschwindigkeit , S. 270

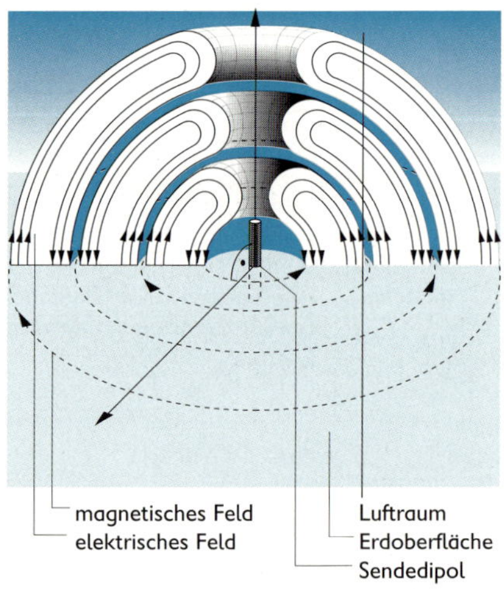

Prinzip der Ausbreitung eines elektromagnetischen Feldes in größerer Entfernung von einem Sendedipol (Fernfeld, Schnitt durch die obere Halbebene)

Elektromagnetische Welle

Vorgang, bei dem sich ein elektromagnetisches Feld zeitlich und räumlich periodisch ändert. Es breitet sich im Raum aus. Eine elektromagnetische Welle kann durch elektrische und magnetische Feldgrößen in Abhängigkeit vom Raumpunkt und von der Zeit beschrieben werden:

$\vec{E} = f(\vec{r}, t)$ und $\vec{B} = f(\vec{r}, t)$.

Die elektrische Feldstärke $\vec{E}$ ist dabei stets senkrecht zur magnetischen Flußdichte $\vec{B}$ gerichtet, beide verlaufen senkrecht zur Ausbreitungsrichtung.

↗ elektrische Feldstärke $\vec{E}$, S. 204, magnetische Flußdichte $\vec{B}$, S. 211

Hertzsche Wellen

Elektromagnetische Wellen (Funkwellen) mit einem Wellenlängenbereich von etwa 1 mm bis 10 km

↗ elektromagnetisches Spektrum, S. 283; Dipolarten, S. 234

Eigenschaften Hertzscher Wellen

Eigenschaft	Vorgang	Anwendung
Ausbreitung	Hertzsche Wellen breiten sich im Raum mit Lichtgeschwindigkeit aus.	Rundfunk, Fernsehen, Radar
Reflexion	Hertzsche Wellen werden an elektrisch leitenden Flächen reflektiert. Es gilt das Reflexionsgesetz (↗ S. 255).	Reflektorspiegel beim Richtfunk, Spiegel beim Satellitenfernsehen und bei Radioteleskopen
Durchdringungsfähigkeit	Hertzsche Wellen durchdringen Isolatoren, werden bei geringer Leitfähigkeit (Wasser) teilweise absorbiert und von Leitern abgeschirmt.	Ausbreitung der Wellen in Luft und im Vakuum, Abschirmung von Bauelementen
Brechung	Hertzsche Wellen werden beim Übergang von einem Isolator in einen anderen gebrochen. Es gilt das Brechungsgesetz (↗ S. 260).	
Beugung	Hertzsche Wellen werden an Hindernissen gebeugt.	Empfang von UKW- und Fernsehsendungen außerhalb der optischen Sichtweite
Interferenz	Bei der Überlagerung Hertzscher Wellen können Interferenzerscheinungen auftreten.	Schwunderscheinungen (Fading) bei Kurzwellenempfang

Einteilung Hertzscher Wellen (Angaben für λ und f gerundet)

Wellenbereich	Wellenlänge λ in Luft in m	Frequenz f in MHz
Längstwellen	15000 bis 10000	0,02 bis 0,03
Langwellen	10000 bis 1000	0,03 bis 0,3
Mittelwellen	1000 bis 100	0,3 bis 3
Kurzwellen	100 bis 10	3 bis 30
Ultrakurzwellen	10 bis 1	30 bis 300
Dezimeterwellen	1 bis 0,1	300 bis 3000
Zentimeterwellen	0,1 bis 0,01	3000 bis 30000
Millimeterwellen	0,01 bis 0,001	30000 bis 300000

↗ physikalische Größen zur Beschreibung einer Welle, S. 126

Dipol

Offener Schwingkreis, der durch den angekoppelten geschlossenen Schwingkreis eines Röhrengenerators zu erzwungenen elektromagnetischen Schwingungen der Eigenfrequenz f_0 des geschlossenen Schwingkreises erregt wird. In der Umgebung des Dipols entsteht ein elektromagnetisches Feld (↗ S. 220), das sich im Raum in Form einer elektromagnetischen Welle (↗ S. 232) ausbreitet.

↗ geschlossener Schwingkreis, S. 228; elektromagnetische Schwingung, S. 228; Erzeugung ungedämpfter elektromagnetischer Schwingungen, S. 229

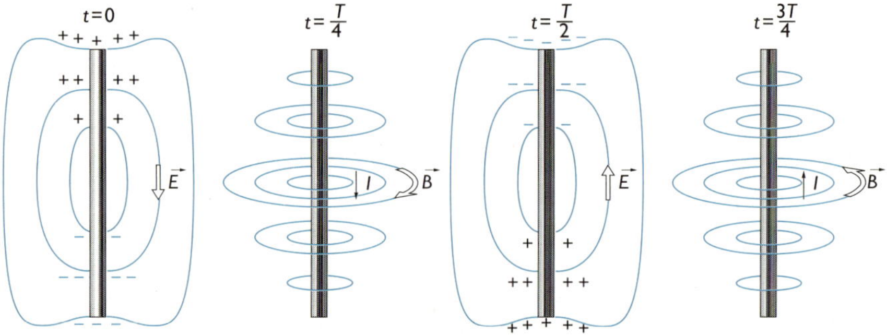

Schematische Darstellung des elektromagnetischen Feldes in unmittelbarer Nähe eines Dipols zu verschiedenen Zeiten. Die Maxima der elektrischen Feldstärke E und der magnetischen Flußdichte B sind jeweils um eine Viertelperiode gegeneinander verschoben.

Dipolarten

Art	Sendedipol	Empfangsdipol
Aufbau	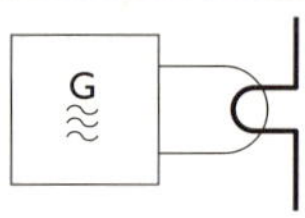	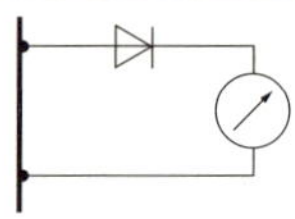
Wirkprinzip	Abstrahlung einer elektromagnetischen Welle, durch die Energie des elektromagnetischen Feldes übertragen wird Die Frequenz dieser Welle ist gleich der Frequenz der im Dipol (Antenne) erzwungenen elektromagnetischen Schwingung.	Anregung des Dipols zu erzwungener elektromagnetischer Schwingung durch elektromagnetische Induktion und Influenz. Ursache dafür sind elektromagnetische Wellen. Die Frequenz der im Dipol erzwungenen Schwingung ist gleich der Frequenz der vom Sendedipol ausgestrahlten Welle. Durch einen mit dem Dipol gekoppelten Abstimmkreis kann Resonanz mit dem jeweiligen Sender erreicht werden.

↗ elektromagnetische Welle, S. 232; elektromagnetisches Feld, S. 220; elektromagnetische Schwingung, S. 228; elektromagnetische Induktion, S. 220

Modulation

Vorgang, bei dem einer hochfrequenten Trägerschwingung der Hertzschen Welle eine Signalschwingung erheblich kleinerer Frequenz (z. B. 16 Hz bis 15 kHz – Sprache und Musik) aufgeprägt wird. Ein Sendedipol kann die modulierte hochfrequente Hertzsche Welle abstrahlen.

↗ Hertzsche Wellen, S. 233

Blockschaltbild für das Erzeugen einer amplitudenmodulierten HF-Schwingung und nachfolgender Verstärkung sowie Abstrahlung als hochfrequente Hertzsche Welle

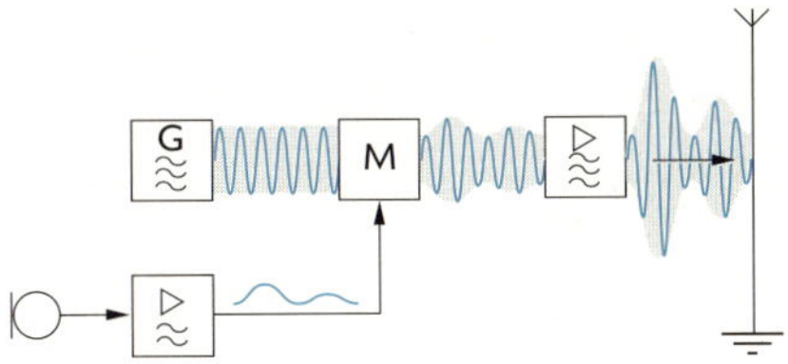

Modulationsarten

Art	Amplitudenmodulation	Frequenzmodulation
Prinzip	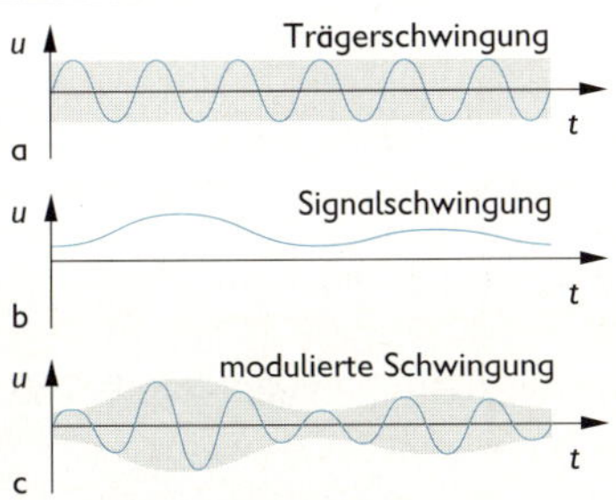 a: Hochfrequente Trägerschwingung (150 kHz < f < 30 MHz) b: Niederfrequente Signalschwingung c: Amplitudenmodulierte HF-Schwingung Diese kann nach Verstärkung als Hertzsche Welle ausgestrahlt werden.	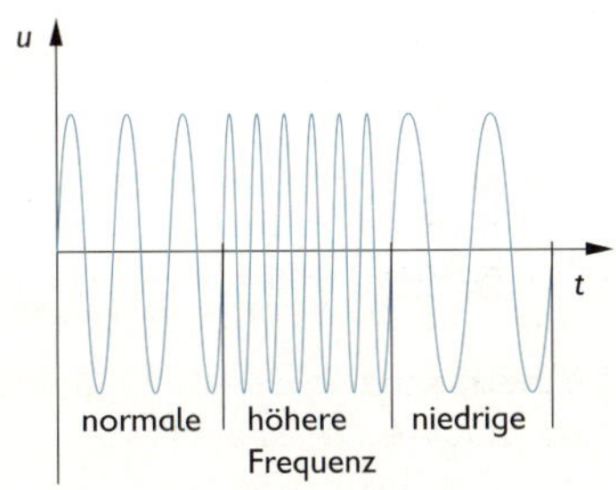 Die Normalfrequenz der hochfrequenten Trägerschwingung (f > 30 MHz) wird durch die Frequenz der Signalschwingung verändert.
Beispiel	Fernseh-Bildsignalübertragung	Fernseh-Tonsignalübertragung

Demodulation

Vorgang der Trennung einer tonfrequenten Signalschwingung von der empfangenen modulierten Schwingung

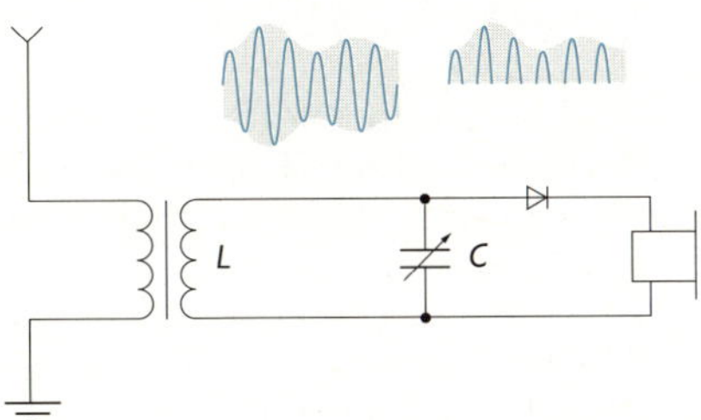

Frequenzbereiche für Rundfunk und Fernsehen

Bereich	Wellenlänge	Frequenz
Langwellen (LW)	2 km bis 860 m	150 kHz bis 350 kHz
Mittelwellen (MW)	580 m bis 184 m	515 kHz bis 1630 kHz
Kurzwellen (KW)	160 m bis 10 m	1,9 MHz bis 30 MHz
Fernsehen VHF/Band I	6,4 m bis 4,4 m	47 MHz bis 68 MHz
Ultrakurzwellen (UKW)	3,42 m bis 2,88 m	88 MHz bis 104 MHz
Fernsehen UHF	1,72 m bis 1,3 m	172 MHz bis 230 MHz
Fernsehen VHF/Band II	0,64 m bis 0,35 m	470 MHz bis 860 MHz
Satellitenfernsehen	2,7 cm bis 2,3 cm	11 GHz bis 13 GHz

Prinzip des Empfangs modulierter Hertzscher Wellen

4

Die Antenne (Empfangsdipol) empfängt gleichzeitig Hertzsche Wellen unterschiedlicher Frequenz der verschiedenen Sender.
Der angekoppelte geschlossene Schwingkreis (Abstimmkreis) wird durch Verändern der Kapazität (Drehkondensator, S. 206) auf Resonanz mit der Sendefrequenz des gewünschten Senders eingestellt.
Der in der Antenne induzierte hochfrequente Wechselstrom wird durch einen Gleichrichter in pulsierenden Gleichstrom umgewandelt (Demodulation).
Die Membran eines Lautsprechers kann der hochfrequenten Trägerschwingung nicht folgen. Sie strahlt deshalb nur Schallwellen mit der Frequenz der Signalschwingung ab.
↗ Hertzsche Wellen, S. 233; elektromagnetische Induktion, S. 220; geschlossener Schwingkreis, S. 228

- **Sprechfunk.** Für Funkverbindungen im Umkreis bis 15 km um die Sendestation werden UKW-Sprechfunkanlagen verwendet. Tragbare und für den Einbau in Fahrzeuge vorgesehene Funksprechgeräte (Leistung etwa 10 Watt; Wellenlänge etwa 2 m) haben besondere Bedeutung beim Einsatz im Gesundheits-, Bau- und Verkehrswesen, für Bergbau, Landwirtschaft, Polizei und Bundeswehr.

Richtfunk. Dezimeter- und Zentimeterwellen werden von Parabolspiegeln gebündelt. Mit einer Sendeleistung von wenigen Watt werden Entfernungen bis 50 km überbrückt. Auf Richtfunkstrecken können wegen der sehr hohen Frequenzen durch mehrfache Modulation gleichzeitig mehrere Rundfunk- und Fernsehsendungen und bis 1000 Telefongespräche übertragen werden.
Richtfunkstrecken finden im Nachrichtenwesen Anwendung.

Funkmessung. Ein vom Sender ausgestrahltes kurzes Funksignal wird am Objekt reflektiert und vom Empfänger wieder aufgenommen. Aus der Laufzeit des Signals und der Ausbreitungsgeschwindigkeit ergibt sich die Entfernung des Objekts.
Die Funkmessung findet Einsatz bei Funkmeßgeräten (Radaranlagen), zur Ortung von bewegten Objekten und Fahrzeugen und auch bei der Geschwindigkeitsmessung von Fahrzeugen.

ELEKTRISCHE LEITUNGSVORGÄNGE

Leitungsvorgang

Gerichtete Bewegung negativer und positiver Ladungsträger in festen, flüssigen und gasförmigen Stoffen und im Vakuum (↗ elektrischer Strom, S. 184). Art und Konzentration der wanderungsfähigen Ladungsträger hängen wesentlich von der Art der chemischen Bindung (↗ Wissensspeicher Chemie) ab. Es können Elektronen, Defektelektronen (↗ S. 239) oder Ionen sein.

Voraussetzungen für das Fließen eines elektrischen Stromes: – elektrische Spannung (↗ elektrostatisches Feld, S. 203) – wanderungsfähige Ladungsträger	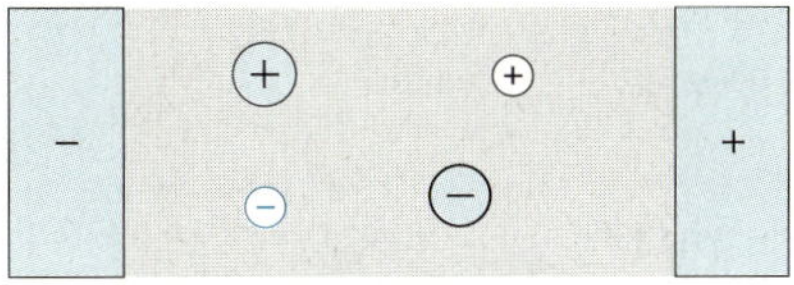 – Elektronen, negative Ionen + positive Ionen, Defektelektronen
Elektrischer Strom ist die beschleunigte Bewegung der positiven und negativen wanderungsfähigen Ladungsträger in Richtung der Feldlinien des elektrischen Feldes oder entgegen diesen. Dabei wird die gerichtete Bewegung der wanderungsfähigen Ladungsträger durch Wechselwirkung mit anderen Teilchen des Körpers behindert. (↗ elektrischer Widerstand, S. 189) Folge: Temperaturerhöhung im Körper	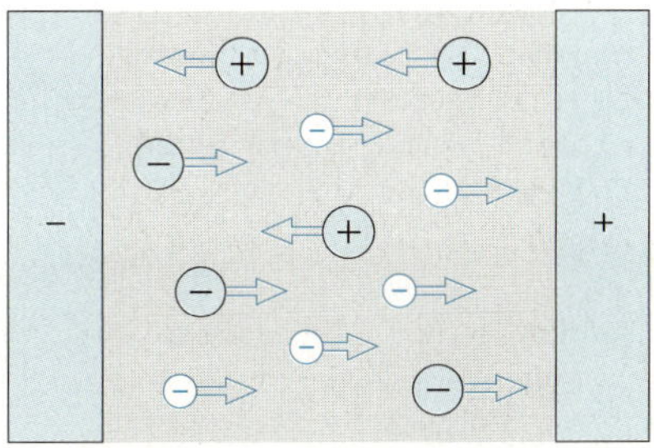
elektrische Stromstärke (↗ S. 185) $I = I_- + I_+$	I_- Stärke des Stromes der negativen Ladungsträger I_+ Stärke des Stromes der positiven Ladungsträger

Durch Energiezufuhr können Konzentration und Beweglichkeit der wanderungsfähigen Ladungsträger geändert werden. ↗ spezifischer elektrischer Widerstand, S. 190

Leitungsvorgänge in Festkörpern

Gerichtete Bewegung von Elektronen und Defektelektronen in festen Körpern

Bändermodell. Modell von Festkörpern zur Beschreibung ihrer elektrischen Leitfähigkeit. In jedem Festkörper sind soviel Atome enthalten, daß sich die Energieniveaus ihrer Elektronen nicht mehr einzeln darstellen lassen. Es entstehen Energiebänder. Ein voll mit Elektronen besetztes Band heißt Valenzband. Nur wenn Energiebänder nicht voll mit Elektronen besetzt sind (Leitungsband), ist der Körper elektrisch leitfähig. Die Energiebänder sind voneinander durch Energielücken getrennt, die von den Elektronen nur nach Energiezufuhr überwunden werden können.

Energiezustände
a) bei einem Atom
b) bei zwei Atomen
c) bei sehr vielen Atomen

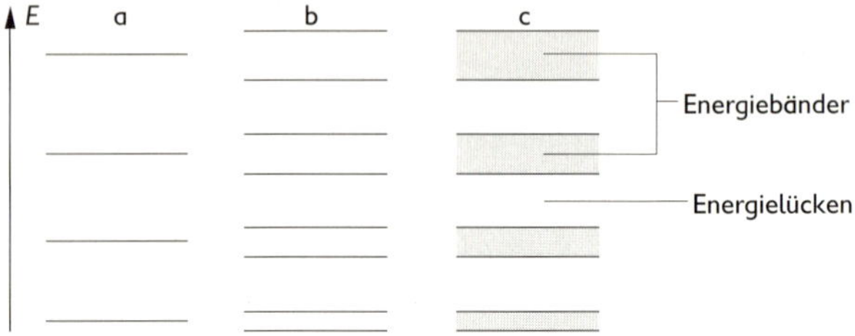

4

Art	Leiter	Halbleiter	Isolatoren
Leitfähigkeit	Stoffe mit guter elektrischer Leitfähigkeit wegen der großen Konzentration wanderungsfähiger Ladungsträger	Stoffe mit geringer elektrischer Leitfähigkeit wegen geringer Konzentration wanderungsfähiger Ladungsträger	Stoffe, die praktisch keine elektrische Leitfähigkeit haben, da fast keine wanderungsfähigen Ladungsträger vorhanden
Beispiele	Metalle Leitungsband Valenzband	Silizium, Germanium Leitungsband Valenzband	Keramik Leitungsband Valenzband
Beschreibung im Bändermodell	Leitungsband halb besetzt: gute Leitfähigkeit	Leitungsband fast leer, Abstand zum Valenzband klein: geringe Leitfähigkeit	Leitungsband leer, Abstand zum Valenzband groß: keine Leitfähigkeit

Leitungsvorgang in Metallen

Gerichtete Bewegung von wanderungsfähigen Elektronen in Metallen zwischen den Metallionen und Metallatomen

$I = I_{-}$

Die wanderungsfähigen Elektronen bewegen sich zwischen den Punkten P_1 und P_2 unter dem Einfluß der Spannung U mit der mittleren Geschwindigkeit v entgegen der Richtung des elektrischen Feldes. Die Ladung Q durchwandert je Zeiteinheit die Leiterquerschnittsfläche A.

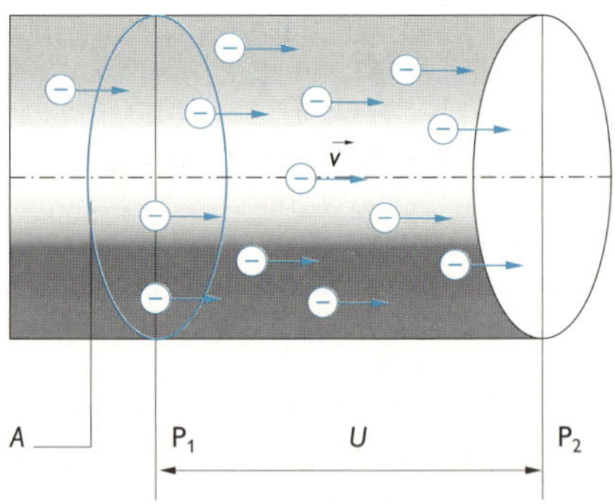

$$Q = n \cdot A \cdot e \cdot v \cdot t$$

n Konzentration der Leitungselektronen
v mittlere Geschwindigkeit der Elektronen
e elektrische Elementarladung
t Zeit

Für die elektrische Stromstärke gilt $I = Q : t$ und bei konstantem Widerstand $I \sim U$.
↗ Ohmsches Gesetz, S. 189
Die Wechselwirkung der Leitungselektronen mit den Gitterbausteinen führt zur Energieumwandlung und damit zur Temperaturerhöhung des Leiters.

Temperaturabhängigkeit des Widerstandes in Metallen

Eigenschaft metallischer Leiter, bei steigender Temperatur einen zunehmend größeren elektrischen Widerstand zu besitzen. Infolge der höheren Temperatur wird die Bewegung der Gitterbausteine heftiger. Dadurch sinkt die Beweglichkeitkeit der Elektronen.

$$R = R_0 (1 + \alpha \cdot t)$$

α Temperturkoeffizient des Widerstandes (↗ S. 190)

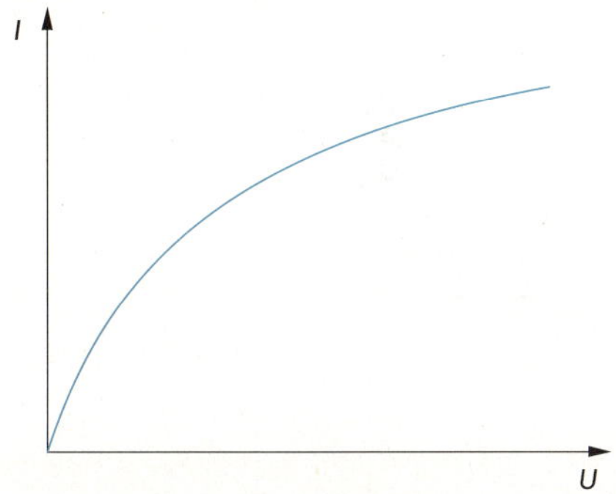

I-*U*-Kennlinie einer Glühlampe
Die Zunahme der Stromstärke wird mit höherer Temperatur immer geringer.

Supraleitung. Eigenschaft bestimmter Stoffe, unterhalb einer charakteristischen Temperatur, der sogenannten Sprungtemperatur T_c, dem Stromfluß keinen elektrischen Widerstand entgegen zu setzen. Natürlich vorkommende Stoffe haben sehr niedrige Sprungtemperaturen (z. B. Hg 4,15 K). Die derzeit höchste bekannte Sprungtemperatur liegt bei 133 K ($HgBa_2Cu_3O_8$).

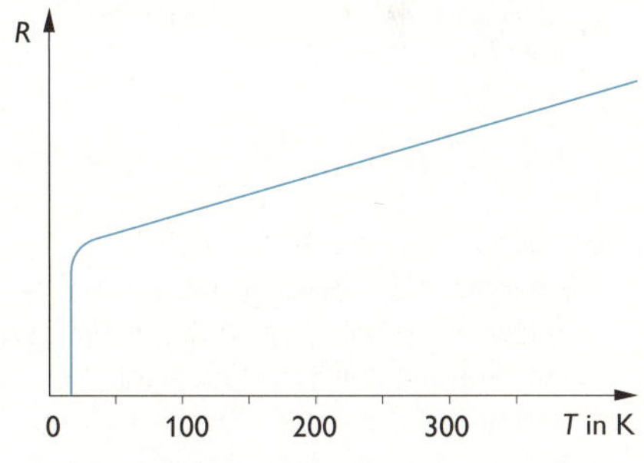

Leitungsvorgang in Halbleitern

Gerichtete Bewegung wanderungsfähiger Elektronen und Defektelektronen in einem Halbleiter

Defektelektron. Ein Loch, das beim Übergang eines Elektrons aus dem Valenzband (↗ Bändermodell, S. 237) ins Leitungsband entsteht und sich wie ein positiv geladenes Elektron verhält (Elektron, ↗ S. 182). Das Loch ist auch als die verlassene Stelle eines Elektrons im Halbleiterkristall zu verstehen.

<table>
<tr><th rowspan="2">Eigenleitung</th><th colspan="2">Störstellenleitung</th></tr>
<tr><td colspan="2">Vorgang, bei dem durch Einbau von Fremdatomen in den Kristall (Dotierung) zusätzliche wanderungsfähige Ladungsträger bereitgestellt werden, was zu einer erhöhten elektrischen Leitfähigkeit führt. Je nach Art der Störstellen entsteht n-leitendes oder p-leitendes Material.</td></tr>
<tr><td rowspan="2">Sie ist die gerichtete Bewegung wanderungsfähiger Elektronen und Defektelektronen in Halbleitern auf Grund ihrer Temperatur, die wesentlich größer als 0 K ist.
Einzelne Elektronen werden aus ihren Bindungen befreit und sind nun wanderungsfähige Ladungsträger (n-Leitung). Die entstehenden Löcher verhalten sich wie positive wanderungsfähige Ladungsträger (p-Leitung). Der elektrische Strom ist die Summe der n- und der p-Ströme.

$I = I_- + I_+$
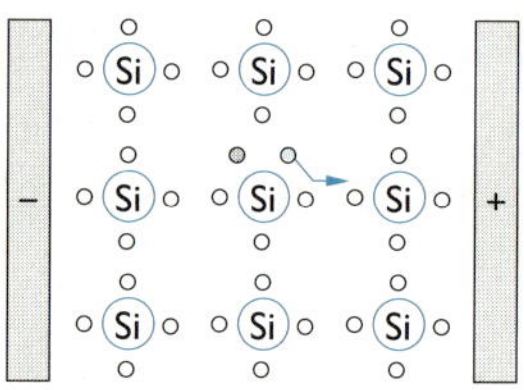</td><td>n-Leitung</td><td>p-Leitung</td></tr>
<tr><td>Leitungsvorgang, bei dem im Halbleitermaterial zusätzliche wanderungsfähige Elektronen den Stromfluß ermöglichen. Durch Störstelleneinbau von Atomen mit 5 Außenelektronen, z. B. Phosphor, in den Siliziumkristall mit jeweils 4 Außenelektronen wird bei jedem Phosphoratom ein Elektron wanderungsfähig.

$I = I_-$
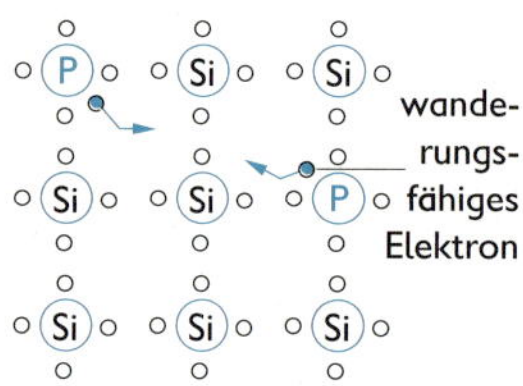</td><td>Leitungsvorgang, bei dem im Halbleitermaterial Defektelektronen den Stromfluß ermöglichen. Durch Störstelleneinbau von Atomen mit 3 Außenelektronen in den Siliziumkristall mit 4 Außenelektronen, z. B. Indium, bleibt eine Elektronenstelle unbesetzt.
Dieses Loch (Defektelektron) verhält sich wie ein positiver wanderungsfähiger Ladungsträger.

$I = I_+$
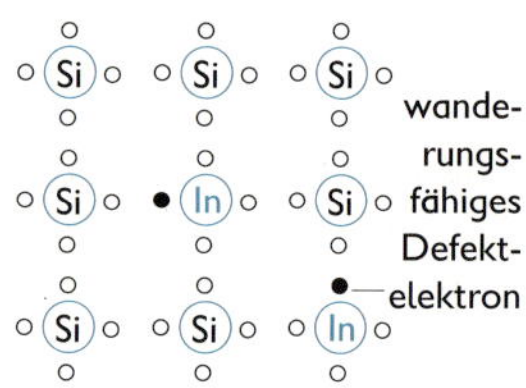</td></tr>
</table>

Temperaturabhängigkeit des Widerstandes

Halbleiter haben bei steigender Temperatur einen zunehmend geringeren elektrischen Widerstand. Bei höherer Temperatur nimmt die Beweglichkeit der Ladungsträger ab. Die Konzentration der Ladungsträger steigt aber sehr stark an, so daß der Widerstand insgesamt bei Temperaturerhöhung abnimmt, also die Stromstärke steigt.

Bei einigen Halbleitern steigt die Konzentration der Ladungsträger auch mit zunehmender Bestrahlung mit Licht.

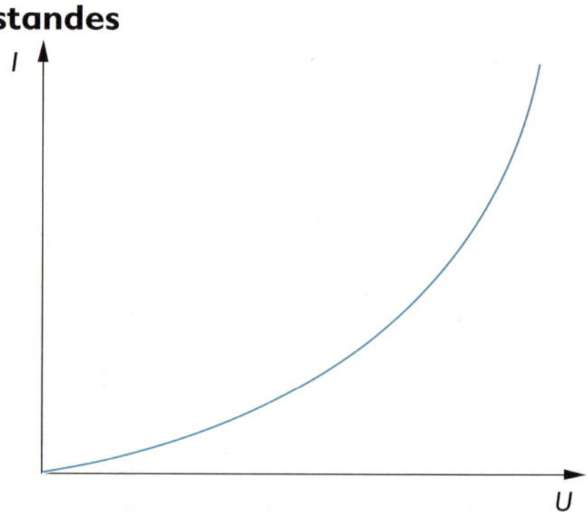

Grenzschicht. Sie entsteht an der Grenzfläche zwischen n- und p-dotiertem Halbleiter und heißt auch p-n-Schicht. Durch Diffusion (↗ S. 179) der Ladungsträger (Elektronen ins p-Gebiet, Defektelektronen ins n-Gebiet) und der dadurch möglich werdenden Rekombination (Vereinigung positiver und negativer Ladungsträger) wird die Konzentration der wanderungsfähigen Ladungsträger geringer und der elektrische Widerstand größer. In dieser dünnen Schicht entsteht ein elektrisches Feld (Diffusionsfeld), da im n-Gebiet positive und im p-Gebiet negative Ionen als Raumladung zurückbleiben.

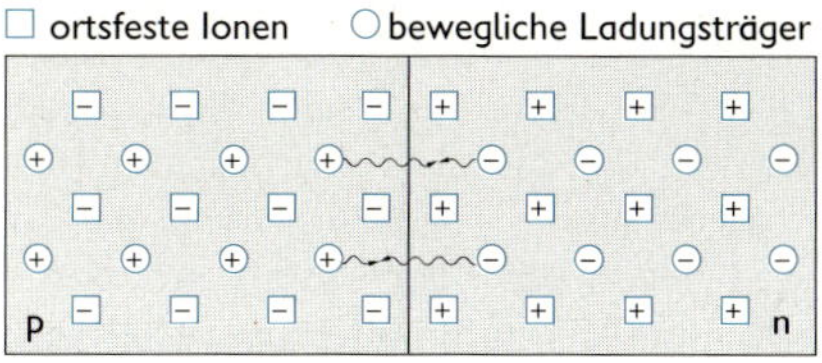

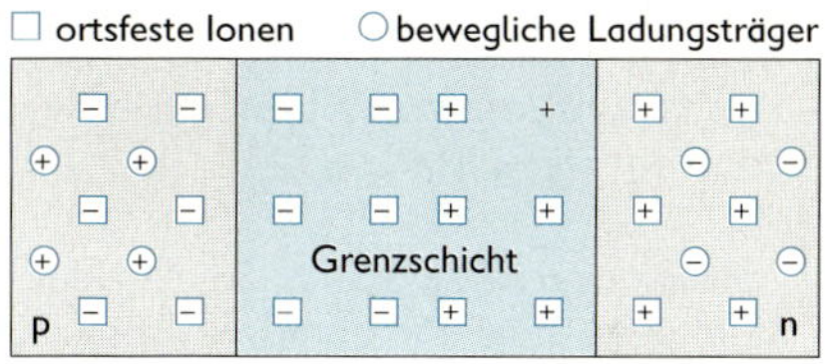

Vergleich der Leitungsvorgänge in Metallen und Halbleitern

Stoff	Metall	Halbleiter	Metall	Halbleiter
Temperatur	konstant	konstant	Erhöhung	Erhöhung
Art der Ladungsträger	Elektronen	Elektronen oder Defektelektronen	Elektronen	Elektronen oder Defektelektronen
Konzentration der Ladungsträger	konstant	konstant	nahezu konstant	steigt stark
Beweglichkeit der Ladungsträger	konstant	konstant	sinkt	sinkt
Elektrischer Widerstand	konstant	konstant	steigt	sinkt
Stromstärke-Spannungs-Kennlinie	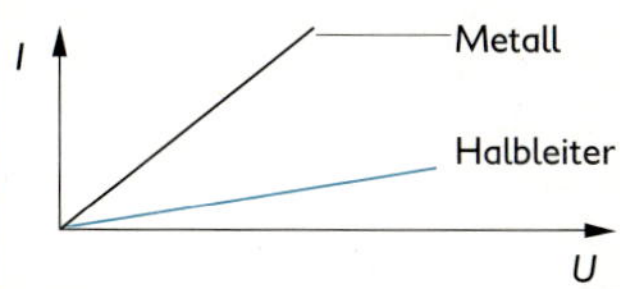		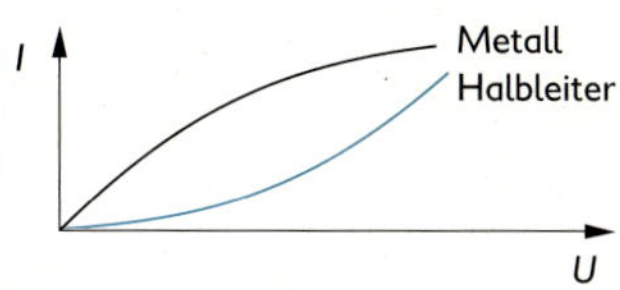	
Widerstands-Kennlinie	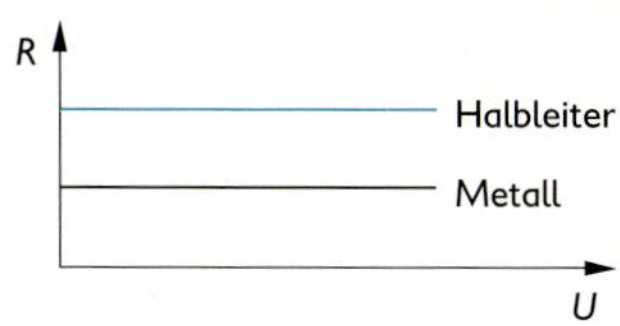		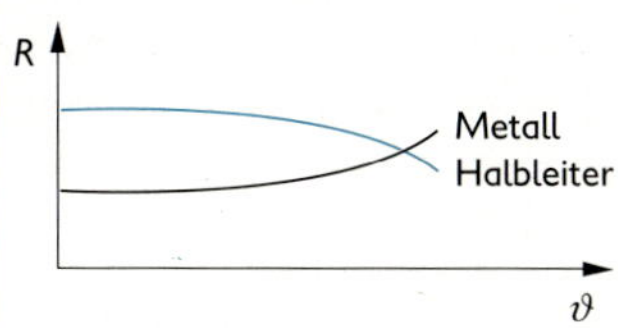	

Leitungsvorgang in Flüssigkeiten

Gerichteten Bewegung wanderungsfähiger Ionen in wäßrigen Lösungen von Salzen, Säuren und Laugen (Elektrolyte) in Abhängigkeit von der Konzentration. Wanderungsfähige Ladungsträger sind die positiven und negativen Ionen. Der elektrische Strom ist mit Stofftransport verbunden.

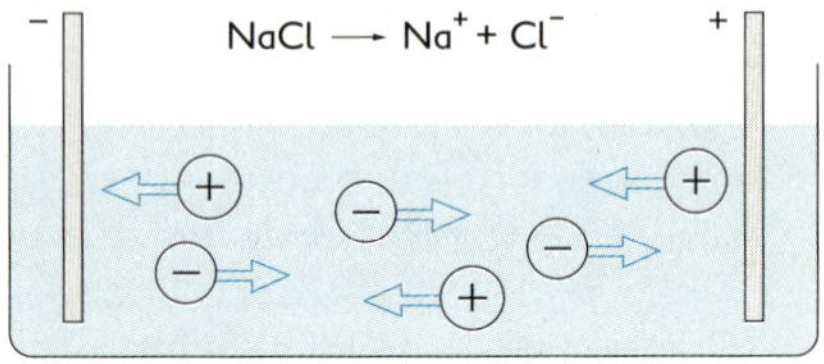

An der Katode scheidet sich Natrium ab, an der Anode Chlor.

Leitfähigkeit von Flüssigkeiten. Sie ist um so größer, je größer die Konzentration der Ionen ist.

Elektrolyt. Stoff (Salz, Säure oder Lauge), der in wäßriger Lösung wanderungsfähige positive und negative Ionen (Kationen und Anionen) bildet. Die Ionen entstehen durch Dissoziation.

4

- $NaCl \rightarrow Na^+ + Cl^-$.

Der elektrische Strom ist die Summe der Ströme der Kationen (Richtung Katode) und der Anionen (Richtung Anode).

$$I = I_+ + I_-$$

Elektrolyse. Zerlegung von Elektrolyten in zwei Bestandteile durch elektrischen Strom und Anreicherung dieser Teile an jeweils einer Elektrode

- Gewinnung von Chlor aus Kupferchlorid: $CuCl_2 \rightarrow Cu^{2+} + 2\,Cl^-$.

Galvanik. Gezielte Abscheidung von Stoffen zur Oberflächenbeschichtung durch elektrischen Strom

- Verkupfern: $CuSO_4 \rightarrow Cu^{2+} + SO_4^{2-}$. Das zu verkupfernde Teil wird als elektrisch negative Elektrode in die $CuSO_4$-Lösung gebracht.

Leitungsvorgang in Gasen

Gerichtete Bewegung wanderungsfähiger Ladungsträger in einem Gas. Das können Elektronen oder Ionen sein. Sie werden durch Energiezufuhr, z. B. durch Wärme (↗ S. 145), durch Röntgen- und Kernstrahlung (↗ S. 326) und durch Stoßionisation, aus neutralen Teilchen gebildet. Gase leiten elektrischen Strom nur, wenn in ihnen wanderungsfähige Ladungsträger erzeugt werden.

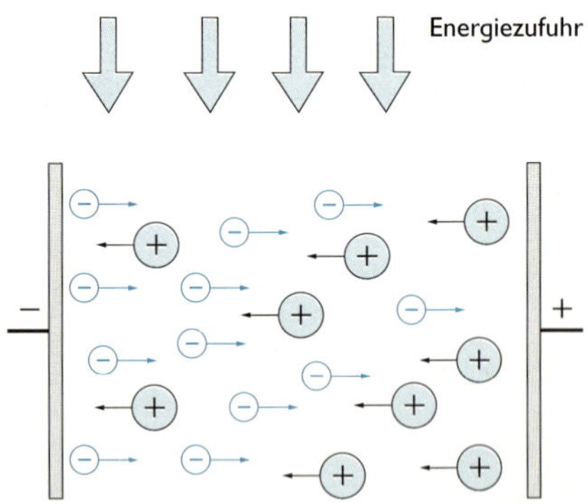

$$I = I_+ + I_-$$

Unselbständige Leitung in Gasen
Vorgang der elektrischen Leitung in Gasen, bei dem nur ein Strom fließt, solange durch äußere Einflüsse wanderungsfähige Ladungsträger erzeugt werden

- Geiger-Müller-Zählrohr (↗ S. 328)

Stoßionisation
Vorgang in einem Gas mit niedrigem Druck, bei dem Ladungsträger – einige sind immer vorhanden – durch ein elektrisches Feld so stark beschleunigt werden, daß sie beim Zusammenstoß mit neutralen Gasteilchen diese ionisieren können und dabei weitere Ladungsträger erzeugen, die ihrerseits neutrale Teilchen ionisieren usw.

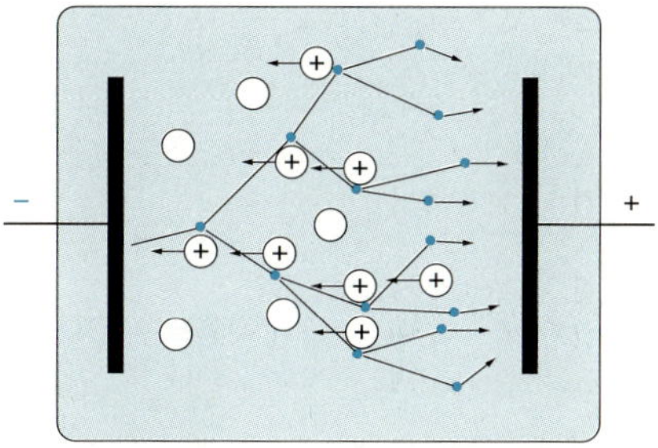

Selbständige Leitung in Gasen
Vorgang der elektrischen Leitung in Gasen, bei dem die wanderungsfähigen Ladungsträger beim Leitungsvorgang selbst erzeugt werden. Elektronen mit hoher Geschwindigkeit bewirken Stoßionisation. Die entstehenden Ionen werden beschleunigt und schlagen Elektronen aus der Katode. Vor der Katode wächst die Anzahl der zunächst nur wenigen Elektronen stark an. Der dadurch bedingte Stromfluß kann zu einem Leuchten des Gases führen.

- *Glimmlampe:* Neongefüllte Glasröhre, in der sich zwei Elektroden unter einem Druck von 10 hPa gegenüberstehen. Bei ca. 90 V setzt die selbständige Leitung ein: das Gas leuchtet orangenfarbig.
  Leuchtstoffröhre: Glasröhre, in der Quecksilberdampf mit einem Druck von 0,1 Pa bei angelegter Netzspannung selbständig leitend wird und UV-Licht erzeugt. Eine Leuchtschicht gibt dann durch Fluoreszenz sichtbares Licht ab.

Leitungsvorgang im Vakuum
Gerichtete Bewegung wanderungsfähiger Ladungsträger im Vakuum
Durch Energiezufuhr, z. B. Wärme oder Licht, an ein im Vakuum befindliches Metall oder Metalloxid können Elektronen als wanderungsfähige Ladungsträger bereitgestellt werden.
Glühemission und Fotoemission sind Möglichkeiten der Ladungsträgererzeugung im Vakuum.
Im Vakuum kann kein elektrischer Strom fließen, wenn keine Ladungsträger hineingebracht werden.

$I = I_-$

Art der Ladungsträgererzeugung	Glühemission	Fotoemission
Mechanismus der Erzeugung von Ladungsträgern	Ein Teil der Elektronen eines Metalls oder Metalloxids besitzt bei hohen Temperaturen eine so große kinetische Energie, daß sie aus der Oberfläche heraustreten können.	Ein Teil der Elektronen eines Metalls oder Metalloxids erhält bei Bestrahlung des Körpers mit Licht eine so hohe kinetische Energie, daß sie aus der Oberfläche austreten können.
Schematische Darstellung	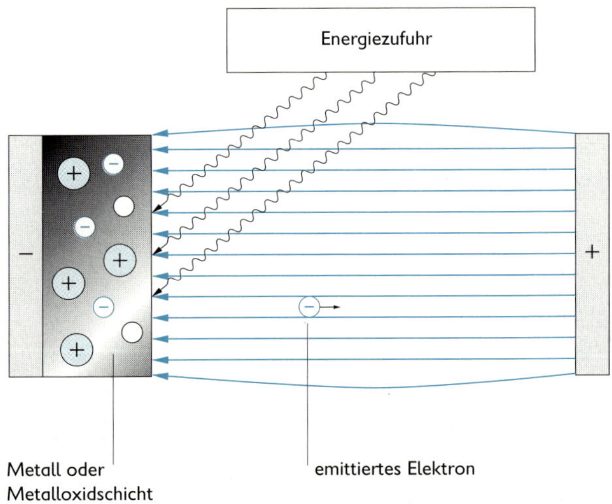	
Realisierung	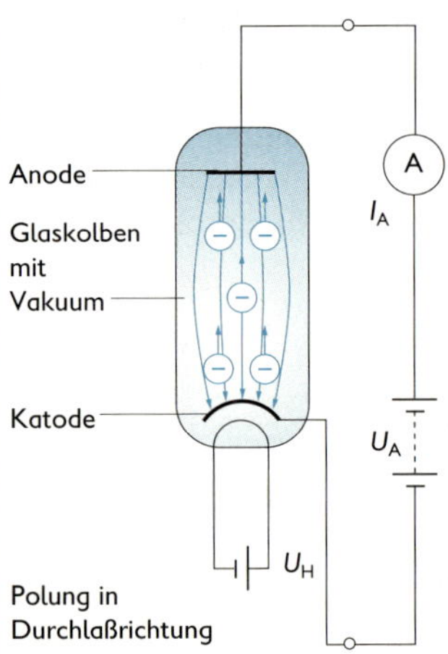 Elektronenröhre	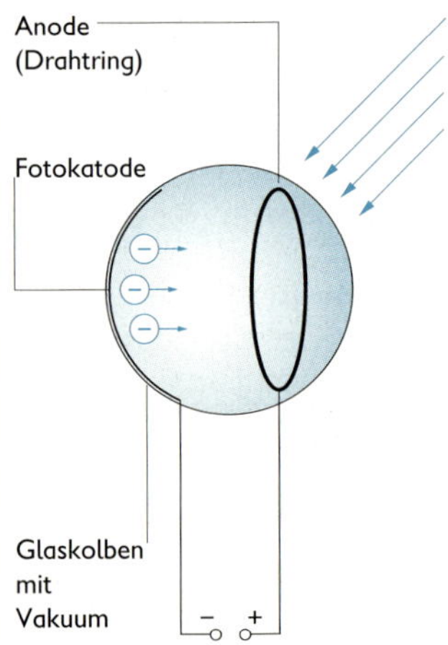 Fotozelle ↗ lichtelektrischer Effekt, S. 306

Leitungsvorgänge in verschiedenen Medien

Medium	Leitfähigkeit	Ladungsträger	Bereitstellung der Ladungsträger	Bauelement/ Apparatur	Anwendungsbeispiele
Metall	sehr gut	Elektronen	entfällt, da schon vorhanden	elektrischer Leiter	elektrisch leitende Verbindungen
Flüssigkeit	gut nur in wäßrigen Lösungen von Elektrolyten	positive und negative Ionen	durch Dissoziation des Elektrolyten	galvanisches Bad	Oberflächenveredelung
Halbleiter	gering	Elektronen, Defektelektronen	durch Energiezufuhr und/oder Dotierung	Thermistor Diode Transistor	Temperaturmessung Gleichrichter Verstärker
Gas	sehr gering ohne äußere Einwirkung (Isolator)	Ionen und Elektronen	durch Ionisation	Leuchtstoffröhre	Lichterzeugung
Vakuum	nicht vorhanden ohne äußere Einwirkung (Isolator)	Elektronen	durch Glühemission oder Fotoemission	Elektronenstrahlröhre Fotozelle	Bildröhre im Fernsehgerät Lichtmessung

4

Thermistor

Halbleiterwiderstand, dessen elektrischer Widerstand bei Temperaturerhöhung abnimmt. Bei konstanter Spannung besteht ein linearer Zusammenhang zwischen Temperatur und Stromstärke.

- Thermistoren als Temperaturmesser im Bereich von –50 °C bis 450 °C

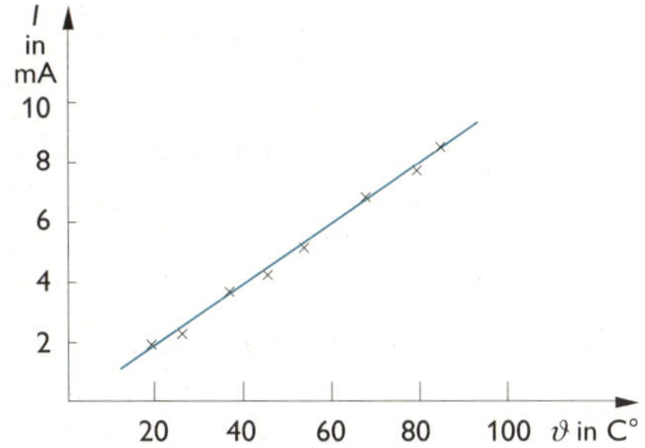

↗ Temperaturmessung S. 143; spezifischer elektrischer Widerstand, S. 190

Optische Halbleiterbauelemente

<table>
<tr>
<td>Fotowiderstand
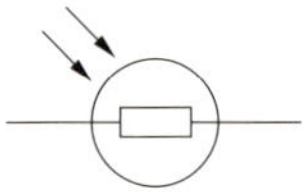</td>
<td>Halbleiterbauelement, dessen elektrischer Widerstand bei Bestrahlung mit Licht abnimmt. Bei konstanter Spannung steigt die elektrische Stromstärke mit zunehmender Beleuchtungsstärke.</td>
<td>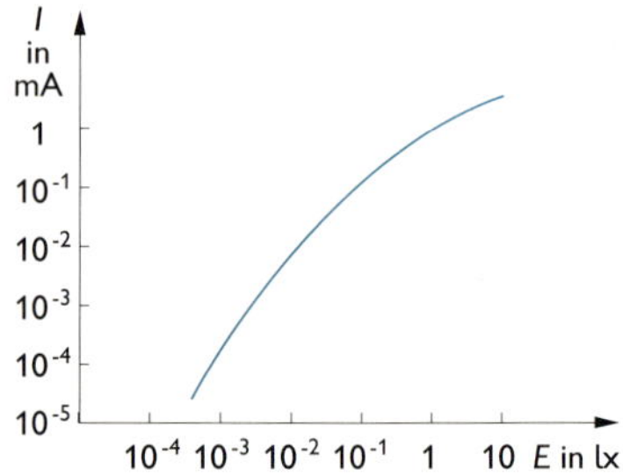

I elektrische Stromstärke
E Beleuchtungsstärke</td>
</tr>
<tr>
<td>Fotodiode
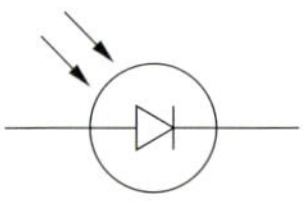</td>
<td>Halbleiterbauelement aus je einer p- und einer n-Schicht, bei dem durch Belichten der pn-Grenzschicht eine Spannung entsteht. Das Licht erzeugt Elektron-Loch-Paare, die durch das Feld in der pn-Schicht getrennt werden.</td>
<td>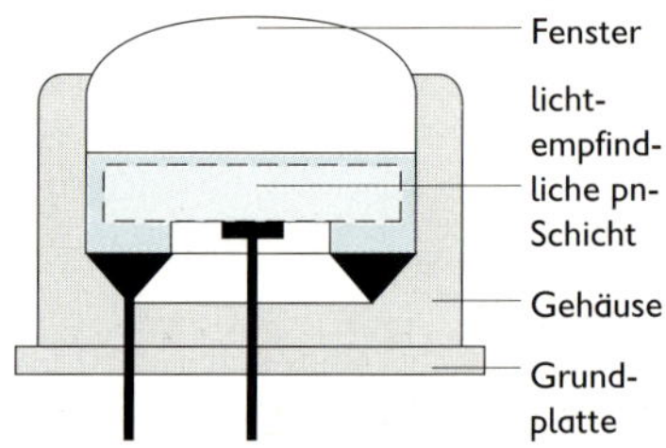
</td>
</tr>
<tr>
<td>Solarzelle</td>
<td>Großflächige Fotodiode zur direkten Erzeugung elektrischer Energie aus Licht. Auf eine p-leitende Siliziumscheibe wird n-Silizium so dünn aufgedampft, daß das Licht durch diese Schicht hindurch den pn-Übergang erreichen kann.</td>
<td>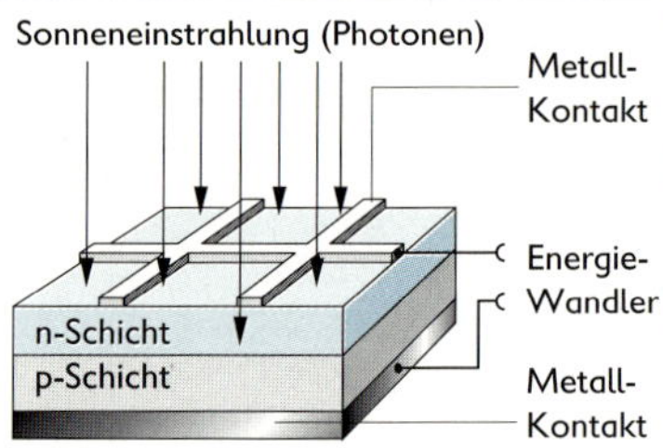
</td>
</tr>
<tr>
<td>Lumineszenzdiode (LED)
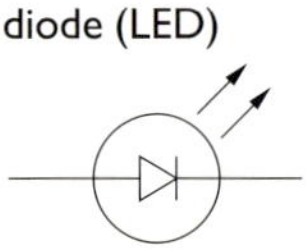</td>
<td>Halbleiterbauelement auf Gallium-Arsenid-Basis,das elektrische Energie in Licht umwandelt. Der Aufbau ähnelt dem der Fotodiode. Das Licht entsteht bei der Rekombination von Elektronen und Defektelektronen in der Grenzschicht, wenn die Diode in Durchlaßrichtung betrieben wird. LED geben nur Licht einer bestimmten Farbe ab.</td>
<td>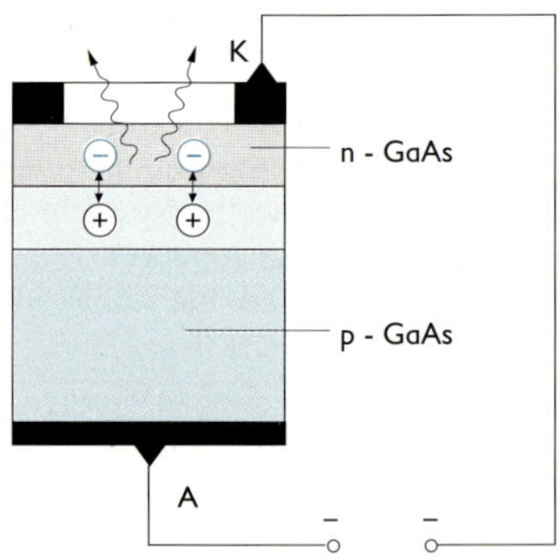
</td>
</tr>
</table>

Halbleiterdiode

Halbleiterbauelement, das aus einem Einkristall mit einer p- und einer n-Schicht besteht. Zwischen beiden entsteht die Grenzschicht, die bestimmend für das elektrische Verhalten ist. Strom kann im wesentlichen nur in einer Richtung fließen. Diese heißt Durchlaßrichtung.

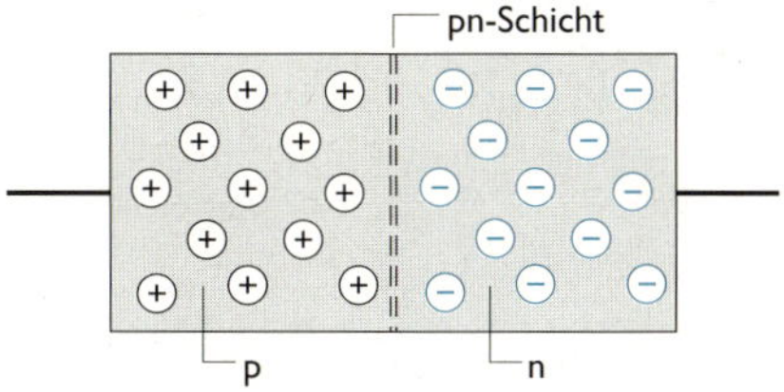

Sperrichtung. Pluspol am n-Gebiet. Die ladungsträgerarme pn-Schicht wird verbreitert, es kann kein Strom fließen.

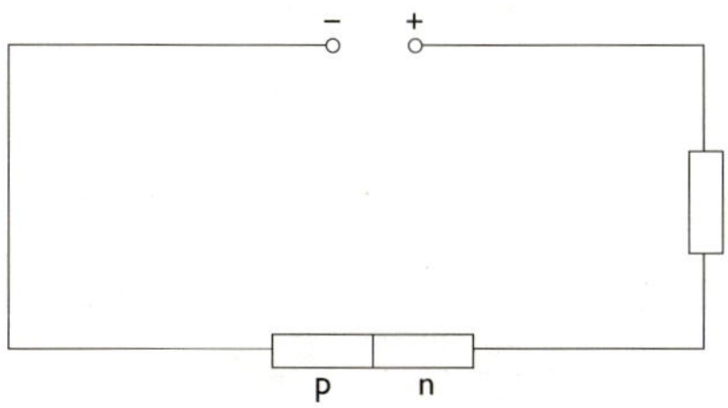

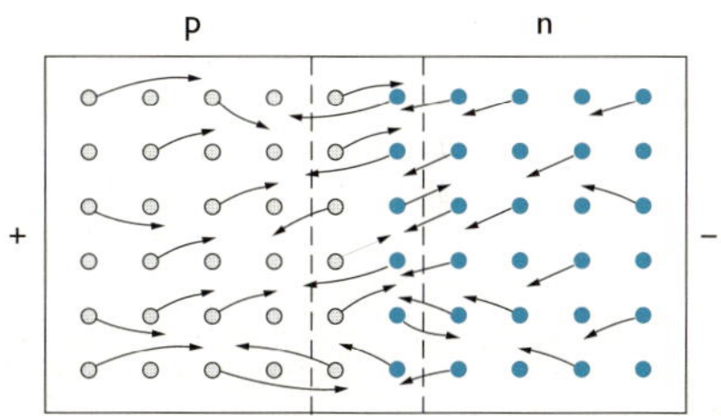

Durchlaßrichtung. Pluspol am p-Gebiet. Die pn-Schicht wird mit Ladungsträgern überflutet, oberhalb einer bestimmten Spannung, der Schwellenspannung, fließt ein Strom.

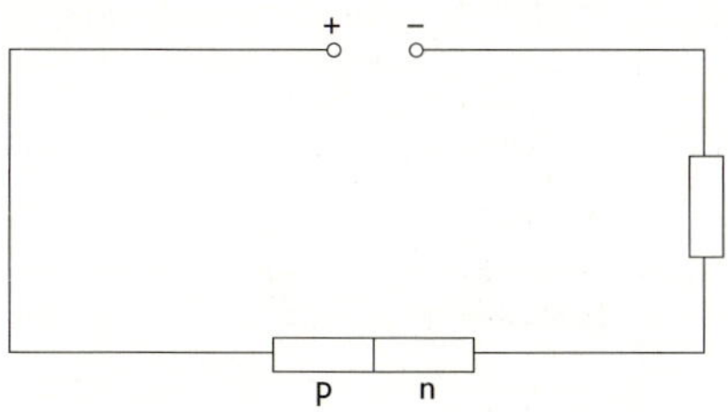

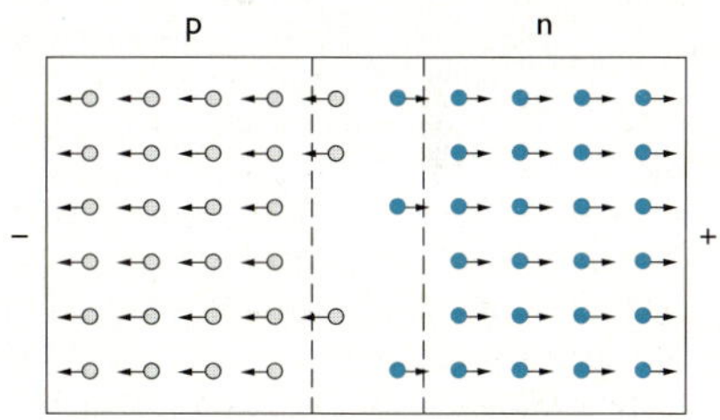

Kennlinie einer Halbleiterdiode. Wichtige Kenngrößen sind die maximale Sperrspannung und die maximale Durchlaßstromstärke.
Man beachte die unterschiedliche Wahl der Einheiten im positiven und negativen Bereich der Ordinatenachse.

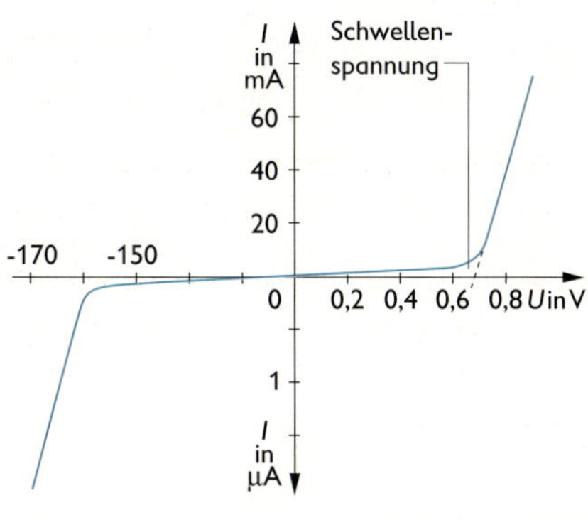

Gleichrichtung von Wechselströmen

Vorgang, bei dem mit einer oder mehreren Halbleiterdioden aus einem Wechselstrom (↗ S. 196) ein Strom erzeugt wird, der immer in die gleiche Richtung fließt

Art der Gleichrichtung	Einweggleichrichtung	Zweiweggleichrichtung
Schaltung	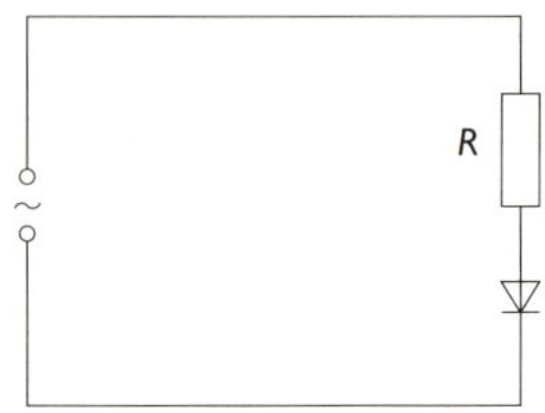	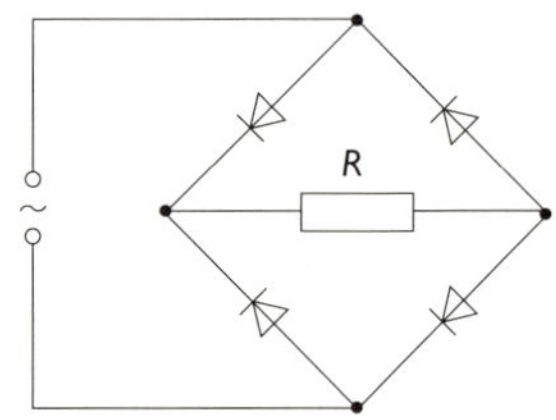
Anlegen einer Wechselspannung 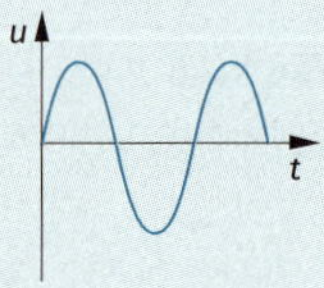	Der auf die Halbleiterdiode treffende Wechselstrom kann nur in Durchlaßrichtung fließen. 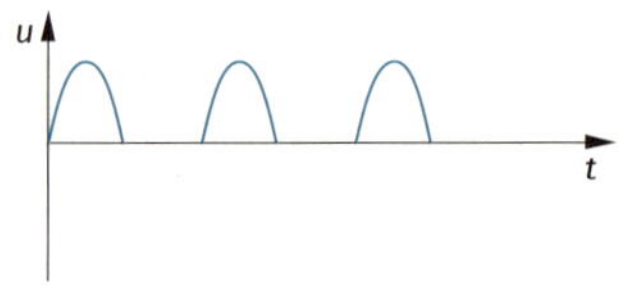	Der auf die Kombination von 4 Dioden treffende Wechselstrom erreicht bei jeder Polung 2 Dioden in Durchlaßrichtung. Durch den Widerstand fließt immer ein Strom. 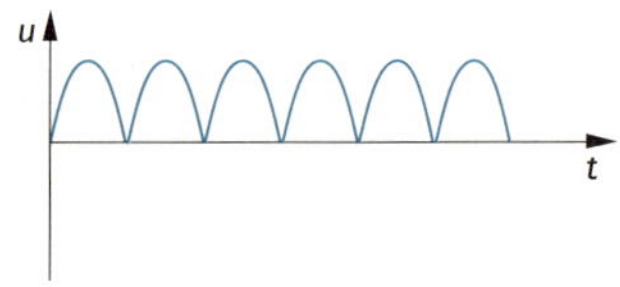

Bipolartransistor

Stromgesteuertes Halbleiterbauelement, das aus einem Einkristall (meist Silizium) mit drei leitenden Zonen in der Reihenfolge p-n-p oder n-p-n besteht. Dazwischen liegen zwei Grenzschichten.

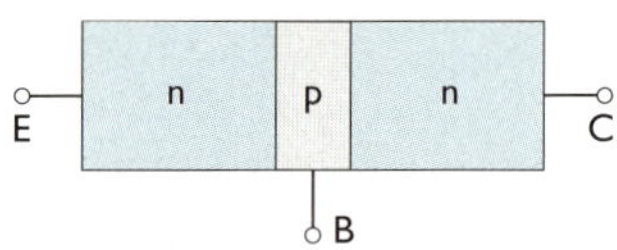

Funktionen: Steuern, Verstärken, Schalten
Die Steuerung wird durch einen veränderlichen Strom erreicht.

Aufbau und Wirkungsweise. An jeder der drei durch Dotierung erzeugten Zonen ist ein Kontakt angebracht – Kollektor C, Basis B und Emitter E. Elektronen und Defektelektronen tragen zum Stromfluß bei. Durch die sehr geringe Dicke der Basis sind die pn-Übergänge nicht unabhängig voneinander. Fast alle vom Emitter abgegebenen Elektronen überschwemmen den Basis-Kollektor-Übergang in dem Maße, wie ein Basisstrom fließt (↗ Leitungsvorgang in Halbleitern, S. 239).

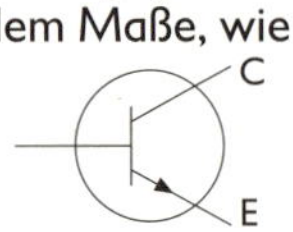

An den drei Kontakten liegen zwei Stromkreise, wobei die Grenzschicht BE in Durchlaßrichtung und die Grenzschicht CB in Sperrichtung geschaltet wird. Es fließt nur dann ein Kollektorstrom, wenn mit der Spannung U_{BE} der Basis-Emitter-Übergang leitend gemacht wird. Durch Veränderung der geringen Basisstromstärke läßt sich die Kollektorstromstärke steuern.
Der Transistoreffekt ist besonders groß,wenn
– die Basis sehr dünn ist,
– die Basis nur schwach dotiert ist.

Transistor als Verstärker	Transistor als Schalter
Eine geringe Änderung von I_B hat eine große Änderung von I_C zur Folge. Deshalb kann der Transistor zur Verstärkung genutzt werden. Stromverstärkung: $V = (\Delta I_C) : (\Delta I_B)$ 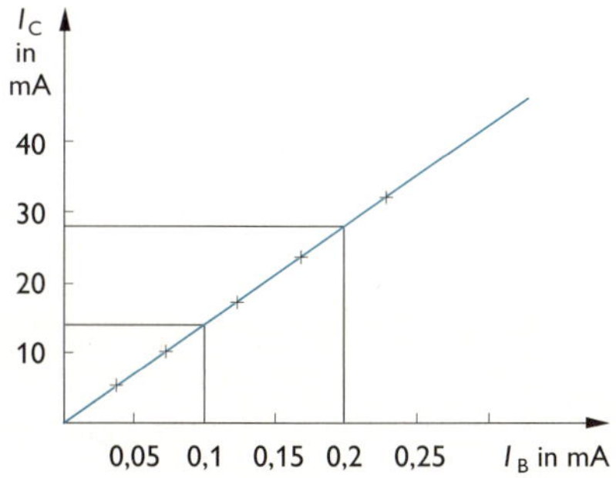 $V = 14 \text{ mA} : 0{,}1 \text{ mA} = 140$	Im Kollektor-Emitter-Kreis fließt nur dann ein Strom, wenn im Basis-Emitter-Kreis ein Strom fließt. Damit kann der Transistor als Schalter genutzt werden. 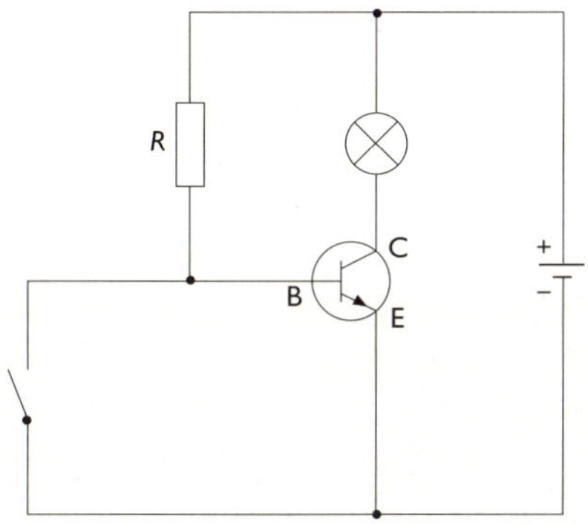

Feldeffekttransistor (FET)

Unipolartransistor, bei dem nur eine Ladungsträgerart den Stromfluß bewirkt

Funktionen: Steuern, Verstärken, Schalten

Vorteile: leistungslose Steuerung, sehr schnelle Veränderungen möglich, einfachere Herstellung

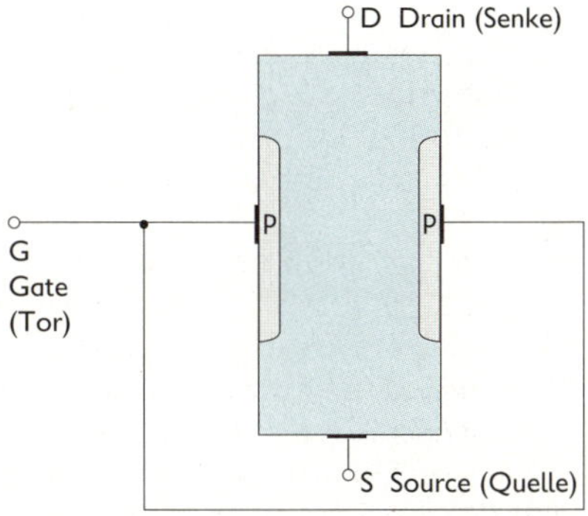

Aufbau und Wirkungsweise. An den Enden eines n-leitenden Silizium-Kristalls sind Kontakte angebracht – S Source (Quelle) und D Drain (Senke). An den Seiten befinden sich p-Gebiete, die das G Gate (Tor) darstellen. Zwischen S und D fließt ein Elektronenstrom, der durch das elektrische Feld zwischen G und S gesteuert wird. Ein Steuerstrom fließt nicht.

Kennlinien und Kenngrößen einiger elektronischer Bauelemente

Bauelement	Prinzipieller Kennlinienverlauf	Beispiele für wichtige Kenngrößen und Grenzdaten
Glühlampe 	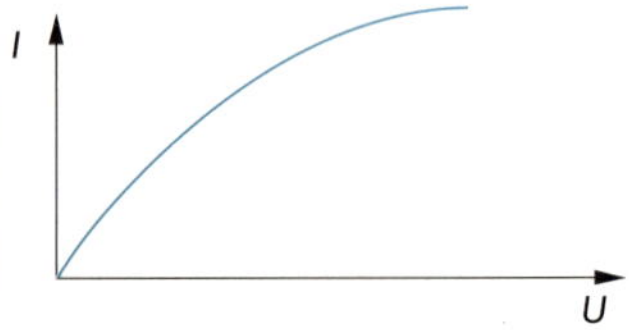 *I*-*U*-Kennlinie	Nennspannung Nennleistung
Thermistor 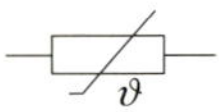	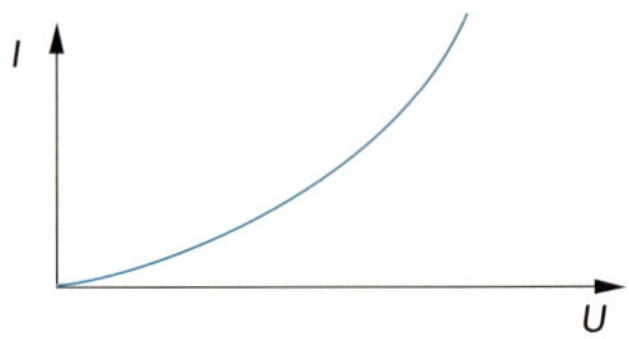 *I*-*U*-Kennlinie	Kaltwiderstand maximale Leistung
Halbleiterdiode 	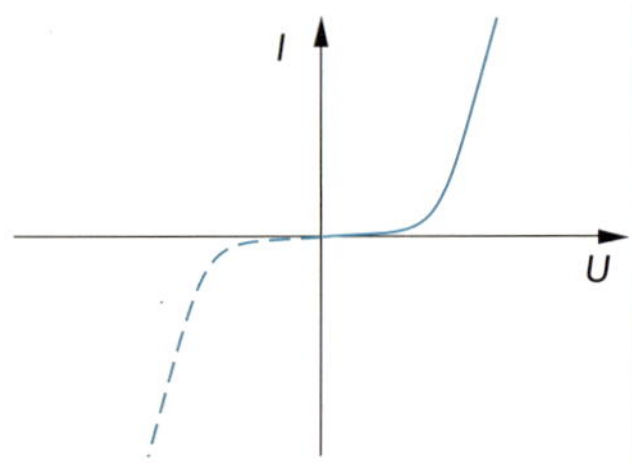 *I*-*U*-Kennlinie	maximale Sperrspannung maximale Durchlaßstromstärke
Thermistor (als Thermometer) 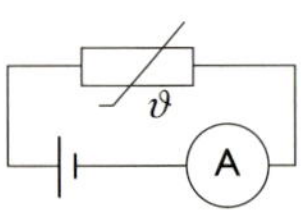	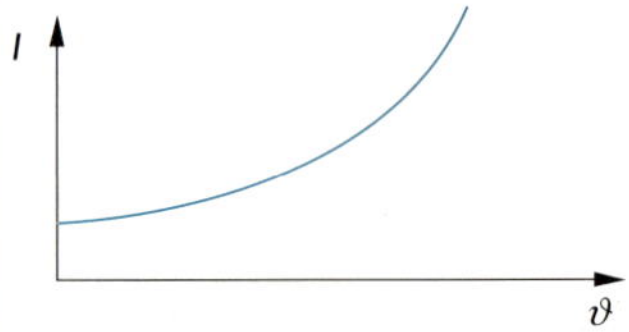 Steuerkennlinie	Empfindlichkeit
Transistor 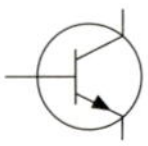	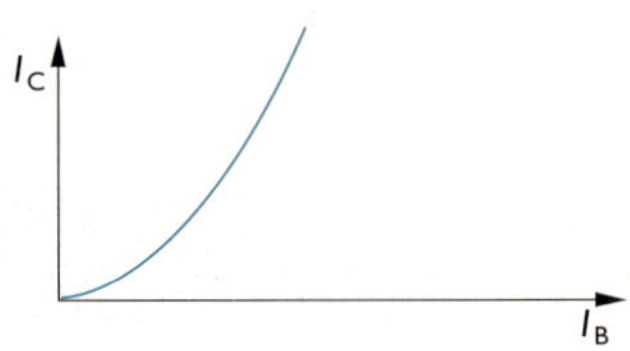 Steuerkennlinie	Stromverstärkung maximale Sperrspannung maximale Leistung

Schaltkreise

Kombination sehr vieler elektronischer Bauelemente auf Halbleiterbasis auf einer Siliziumscheibe (integrierte Schaltung). Sie hat eine sehr hohe Packungsdichte, je Chip (ca. 1 cm^2) etwa eine Million Funktionen, und wird in FET-Technologie hergestellt.

Elektronenstrahlung (Katodenstrahlung)

- Bündel schnellbewegter Elektronen, die sich im Vakuum geradlinig ausbreiten
- Sie hat mechanische und thermische Wirkungen, schwärzt fotografische Platten, ionisiert Gase, regt bestimmte Stoffe zum Leuchten an und erzeugt beim Aufprall auf Metalle Sekundärelektronen und Röntgenstrahlung.
- Sie wird im elektrischen und magnetischen Feld abgelenkt.

Elektronenstrahlröhre

Vakuumröhre aus Glas mit Leuchtschirm. Im System Katode-Zylinderanoden wird ein Elektronenstrahl erzeugt, der auf einem Leuchtschirm die Auftreffstelle zum Leuchten anregt. Größe, Schärfe und Helligkeit des Leuchtflecks werden über den Wehneltzylinder, an den eine Spannung angelegt wird, gesteuert. Durch elektrische Spannungen an den zwei senkrecht zueinander angeordneten Ablenkplattenpaaren kann der Elektronenstrahl so beeinflußt werden, daß jeder Punkt des Schirms zum Leuchten angeregt werden kann.

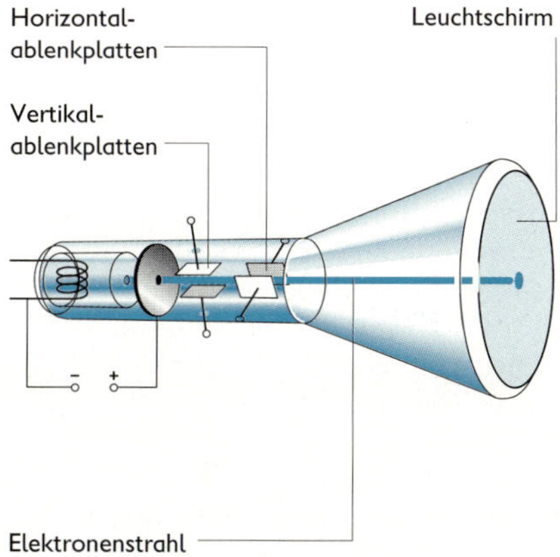

↗ Eigenschaften des elektrischen Feldes, S. 203; Beschleunigung elektrischer Ladungsträger, S. 208; Lorentzkraft, S. 217

Oszilloskop

Elektrisches Meß- und Aufzeichnungsgerät mit einer Elektronenstrahlröhre. Wird das zu untersuchende elektrische Signal z. B. an die Vertikal-Ablenkplatten gelegt und der Elektronenstrahl zusätzlich periodisch in horizontaler Richtung von links nach rechts über den Bildschirm bewegt, so kann man den zeitlichen Verlauf der angelegten Spannung beobachten und messen.

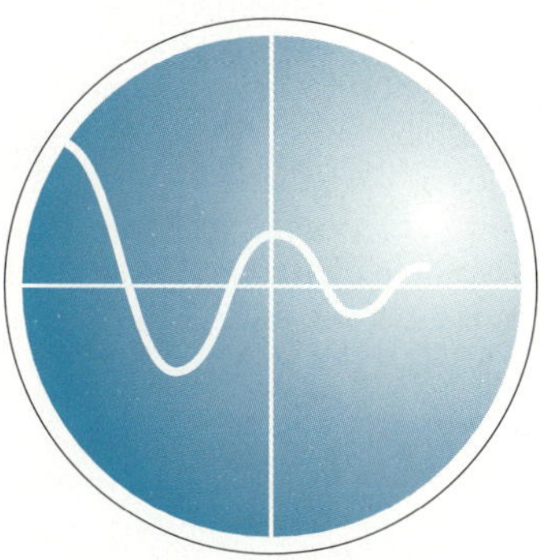

Oszilloskopbild einer gedämpften Schwingung

Bildröhre

Elektronenstrahlröhre. Die Ablenkung des Elektronenstrahls erfolgt in dieser Röhre in durch Spulen erzeugten Magnetfeldern.

- Fernsehgerät, Computermonitor

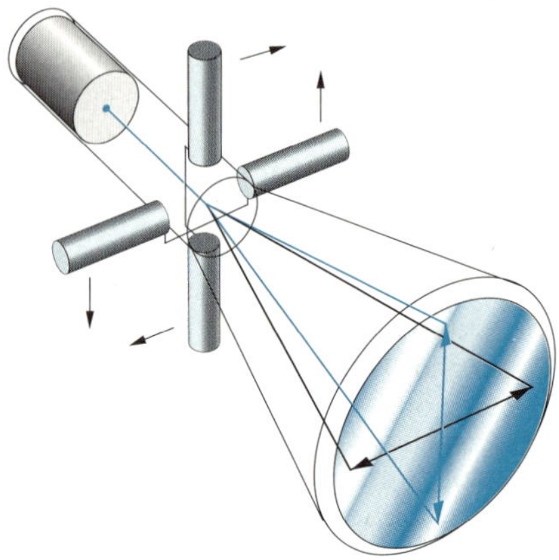

Röntgenröhre

Elektronenstrahlröhre, in der der Elektronenstrahl hoher Energie auf ein Schwermetall (z. B. Wolfram) gerichtet wird. Ein geringer Teil der Elektronen (ca. 1 %) wandelt beim Aufprall seine kinetische Energie in Strahlungsenergie der Röntgenstrahlung um.

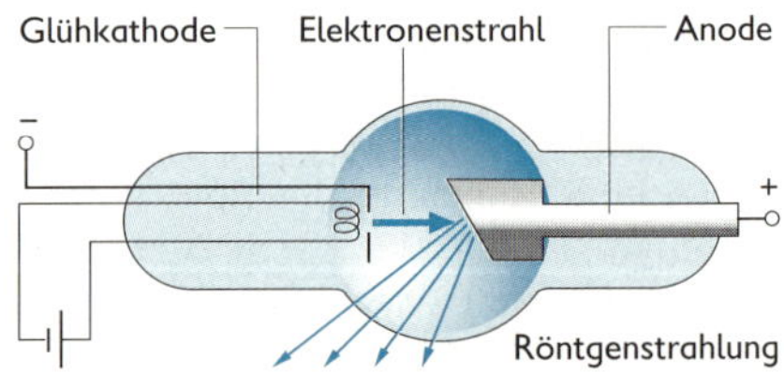

Elektronische Steuerung und Verstärkung

Elektronische Prozesse, bei denen mittels elektronischer Bauelemente elektrische Größen durch Steuergrößen wie Temperatur, Basisstromstärke, Beleuchtungsstärke u. a. in beabsichtigten Grenzen beeinflußt werden können

Die Steuerung kann durch Steuerkennlinien beschrieben werden. Aus diesen lassen sich die Kenngrößen der steuerungsfähigen Bauelemente ableiten. Steuerungsfähige Bauelemente werden im allgemeinen mit konstanter Spannung betrieben.

- Steuerung einer Lichtschrankenanlage,
  Tonwidergabe mittels Photozelle (↗ S. 244),
  Verstärkung, die bewirkt wird durch Steuerungsprozesse, bei denen die Leistung des gesteuerten Prozesses größer ist als die Steuerleistung,
  Verstärkung akustischer Signale
  ↗ elektrische Leistung, S. 195

Optik

GRUNDBEGRIFFE DER STRAHLENOPTIK

Strahlenoptik

Teilgebiet der Physik, in dem physikalische Erscheinungen und Vorgänge mit Hilfe des Modells Lichtstrahl beschrieben werden. Teilchen- und Welleneigenschaften des Lichtes werden dabei nicht berücksichtigt.
↗ Welleneigenschaften des Lichtes, S. 269; Photon, S. 307

Modelle der Optik

Strahlenmodell	Wellenmodell	Teilchenmodell
Modell Lichtstrahl ↗ Strahlenoptik, S. 253	**Modell Lichtwelle** ↗ Welleneigenschaften des Lichtes, S. 269	**Modell Lichtteilchen** ↗ Quanteneigenschaften des Lichtes, S. 307

Lichtquellen

Körper, die Licht aussenden (selbstleuchtende Körper)

Sichtbare Körper

Körper, die Licht aussenden (selbstleuchtende Körper) oder auftreffendes Licht reflektieren (beleuchtete Körper)

- selbstleuchtende Körper: Glühlampe, Leuchtstofflampe, Kerze, Glühwürmchen, Sonne
  beleuchtete Körper: Rückstrahler, Möbel, Mond, Tiere, Pflanzen

Lichtausbreitung

Licht breitet sich in einem gleichmäßig aufgebauten Medium geradlinig und mit großer, aber endlicher Geschwindigkeit aus (↗ Lichtgeschwindigkeit, S. 270).
Auf der geradlinigen Ausbreitung des Lichtes beruhen:

Abbildung von Körpern mittels kleiner Öffnungen	**Schatten** bei Verwendung einer punktförmigen Lichtquelle
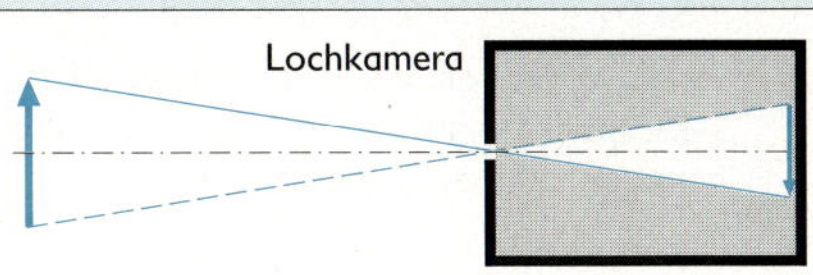	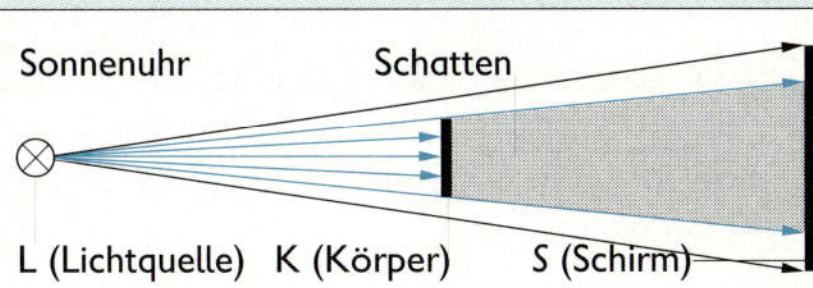

Kern- und **Halbschatten** bei Verwendung zweier punktförmiger Lichtquellen	**Schatten** bei Verwendung einer flächenhaften Lichtquelle
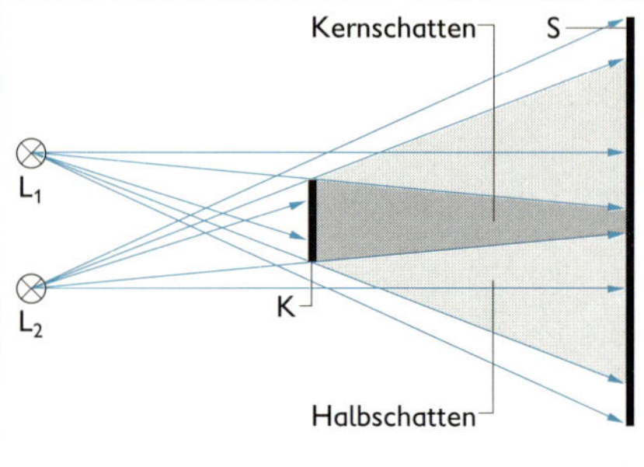	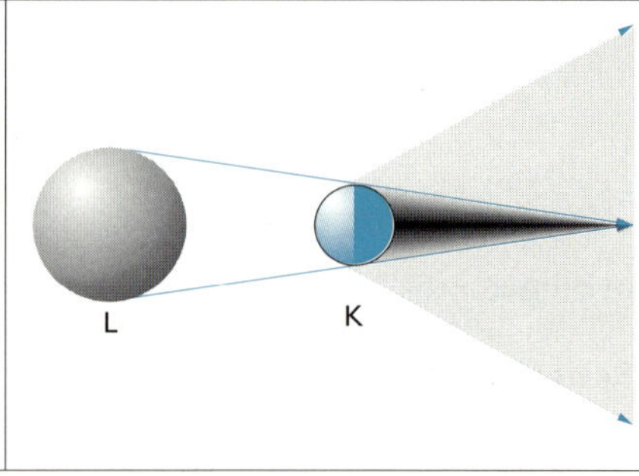

Lichtbündel

Von einer Blende begrenztes Licht

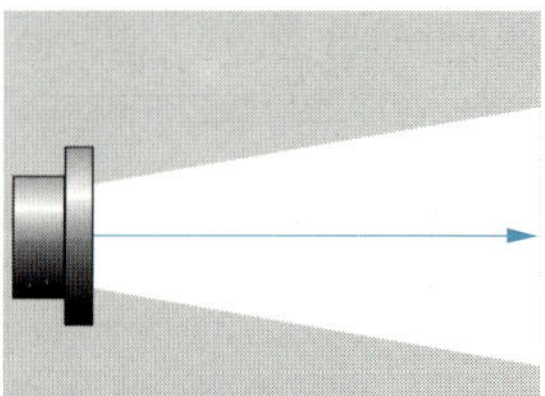
divergentes Lichtbündel

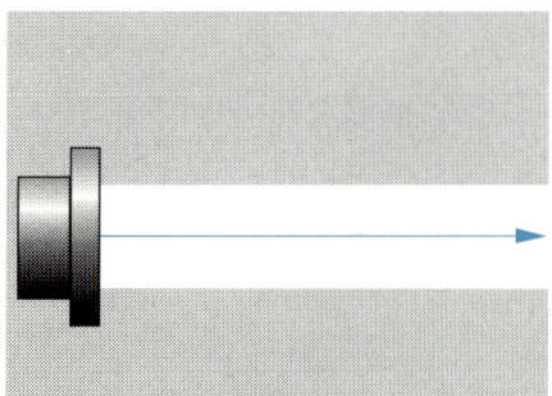
paralleles Lichtbündel

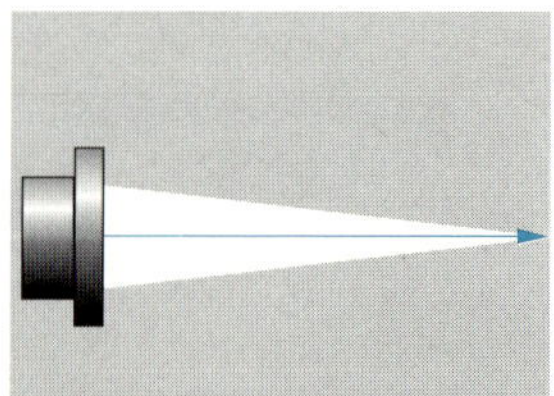
konvergentes Lichtbündel

Lichtstrahl

Modell zur vereinfachten Darstellung eines Lichtbündels. Es kennzeichnet den Weg.
↗ Modell, S. 50

Umkehrbarkeit des Lichtweges

Eigenschaft des Lichtes, seinen Weg auch in umgekehrter Richtung durchlaufen zu können. So kann man z. B. den Lichtverlauf bei der Reflexion und Brechung umkehren, ohne daß sich der Lichtweg und die Erscheinungen ändern.

Optische Bilder

Abbildungen von Gegenständen durch Spiegel oder Linsen
↗ Spiegel, S. 255; Linse, S. 261

Reelle (wirkliche) Bilder	Virtuelle (scheinbare) Bilder
Die einzelnen *Bildpunkte* eines rellen Bildes entstehen am Schnittpunkt der Strahlen, die von den entsprechenden *Gegenstandspunkten* ausgehen.	Die Strahlen, die von den einzelnen *Gegenstandspunkten* ausgehen, verlaufen divergent und schneiden sich deshalb nicht.

Reelle (wirkliche) Bilder	Virtuelle (scheinbare) Bilder
Reelle Bilder sind auf einem Schirm auffangbar (↗ S. 258 f.).	Die einzelnen *Bildpunkte* des virtuellen Bildes entstehen an den Stellen, an denen sich die rückwärtig verlängerten Strahlen treffen. Virtuelle Bilder sind nicht auf einem Schirm auffangbar (↗ S. 263).

REFLEXION DES LICHTES

Reflexion

Physikalischer Vorgang, bei dem Licht, aus einem Medium kommend, an einer Grenzfläche in das gleiche Medium zurückgeworfen (**reflektiert**) wird
Man unterscheidet:

Regelmäßige Reflexion	Diffuse Reflexion
Licht trifft auf eine glatte Grenzfläche. 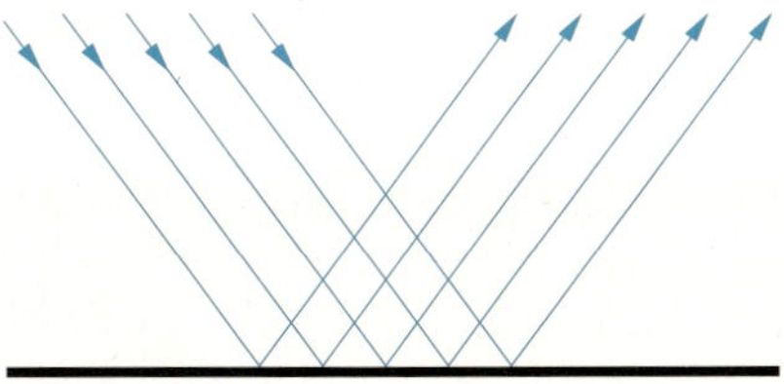 ■ Spiegel	Licht trifft auf eine rauhe Grenzfläche. 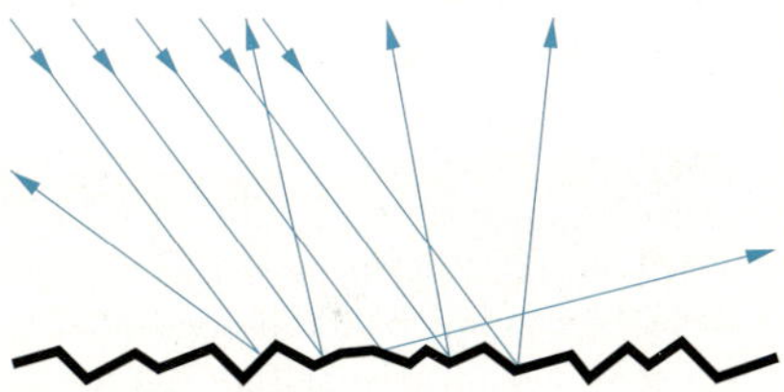 ■ Zimmerdecke

Reflexionsgesetz

Trifft Licht auf einen Körper, so wird es reflektiert. Bei der Reflexion sind Einfallswinkel und Reflexionswinkel gleich groß. Einfallender Strahl, reflektierter Strahl und Einfallslot liegen in derselben Ebene. $\alpha = \alpha'$ α **Einfallswinkel** α' **Reflexionswinkel**	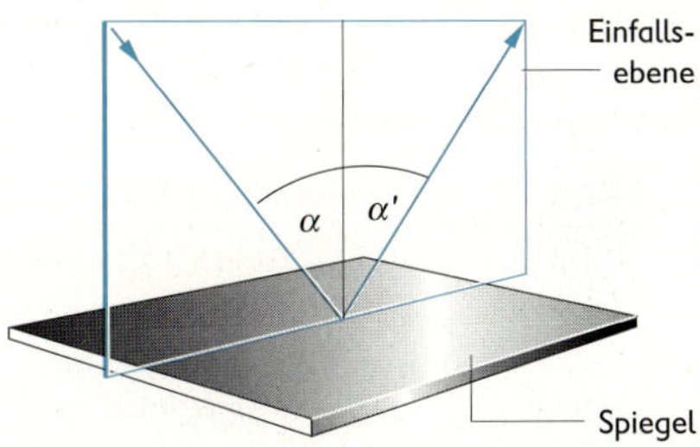

5

Spiegel

Körper mit glatter Fläche, der den größten Teil des auftreffenden Lichtes regelmäßig reflektiert. Spiegelkörper bestehen meist aus Glas, Quarz oder Metall und haben eine polierte Oberfläche. Glatte Flüssigkeitsoberflächen wirken ebenfalls als Spiegel.

Reflexion an glatten Flächen

Zur Beschreibung des Lichtverlaufs an Spiegeln werden folgende Begriffe verwendet:

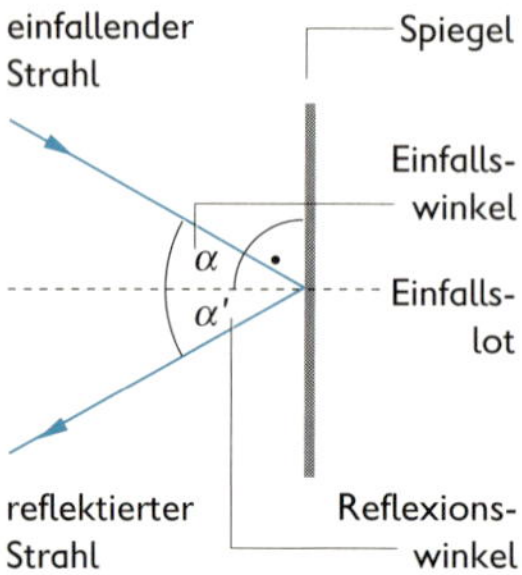

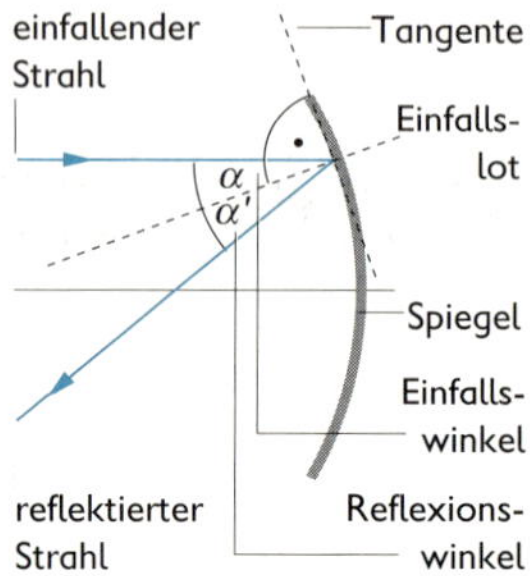

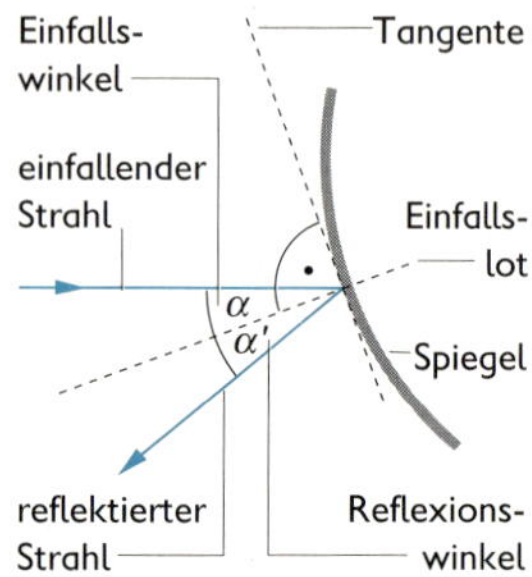

Das Reflexionsgesetz gilt unabhängig davon, ob das Licht an einer ebenen oder an einer gekrümmten Fläche reflektiert wird.

Bildentstehung am ebenen Spiegel

Infolge der Reflexion entsteht vom Gegenstand (G) ein virtuelles Bild (B). Die Gegenstandsweite s ist genauso groß wie die Bildweite s'. Gegenstandsgröße y und Bildgröße y' sind ebenfalls gleich.

↗ Reflexionsgesetz, S. 255

Vorder- und Rückseite des Gegenstandes sind bezüglich der Spiegelfläche vertauscht. Das Bild ist seitenrichtig.

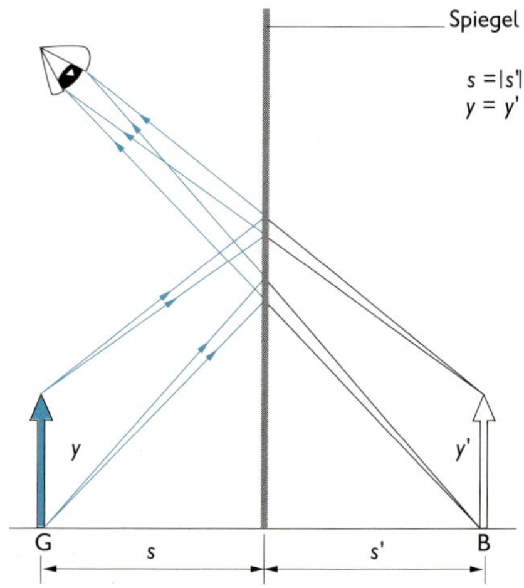

Gekrümmte Spiegel

Unterscheidung nach der Form		Unterscheidung nach der dem Licht zugewandten Seite	
sphärischer Spiegel  (Kugelspiegel)	asphärischer Spiegel 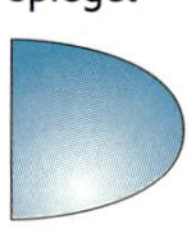 (Parabolspiegel)	Wölbspiegel 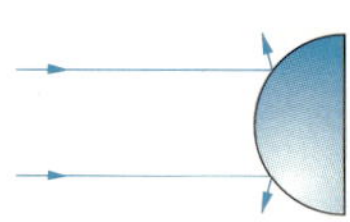 (Konvexspiegel)	Hohlspiegel 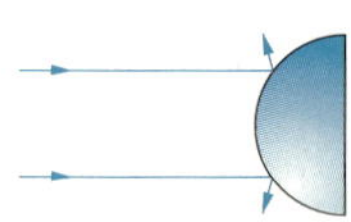 (Konkavspiegel)

Begriffe am gekrümmten Spiegel

Begriff	Zeichen	Erläuterung	Darstellung
Krümmungs-mittelpunkt	M	Mittelpunkt einer Kugel, aus der man sich einen Hohl-spiegel herausgeschnitten denken kann	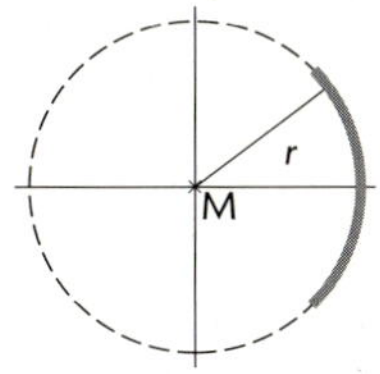
Krümmungs-radius	r	Radius der gekrümmten Spie-gelfläche	
Scheitelpunkt	S	geometrischer Mittelpunkt der spiegelnden Fläche	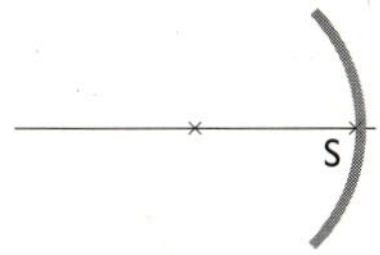
optische Achse		Gerade durch den Krüm-mungsmittelpunkt M und den Scheitelpunkt S	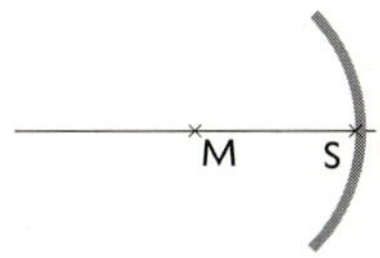
Brennpunkt	F	Schnittpunkt der durch den Spiegel reflektierten achsen-nahen Parallelstrahlen	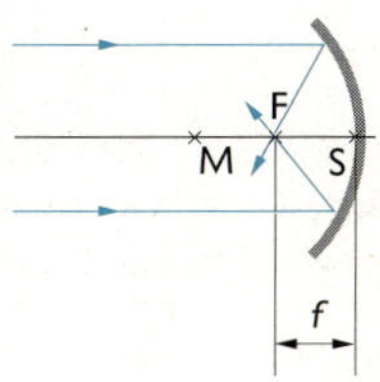
Brennweite	f	Abstand zwischen S und F ($f = \frac{r}{2}$ bei Kugelspiegel und achsennahen Strahlen)	

Strahlenverlauf am Hohlspiegel

Zur zeichnerischen Darstellung der Bildentstehung am Hohlspiegel wählt man aus der Vielzahl der durch den Spiegel reflektierten Strahlen mindestens zwei der im folgenden beschriebenen drei Strahlen aus.

Name des Strahles	Verlauf vor der Reflexion	Verlauf nach der Reflexion	Zeichnerische Darstellung
Parallel-strahl	parallel zur opti-schen Achse	durch den Brennpunkt F	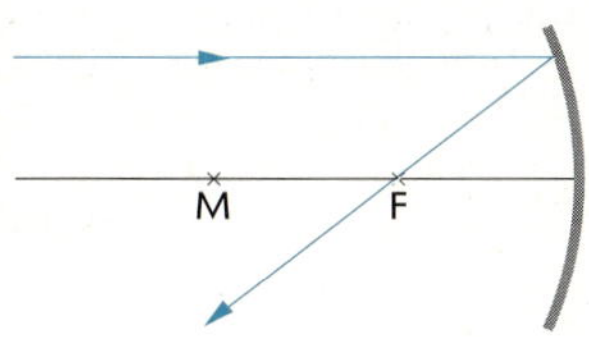

Name des Strahles	Verlauf vor der Reflexion	Verlauf nach der Reflexion	Zeichnerische Darstellung
Brenn-punkt-strahl	durch den Brennpunkt F	parallel zur optischen Achse	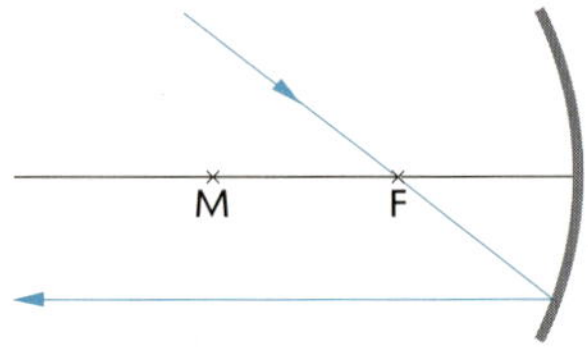
Mittel-punkt-strahl	durch den Krümmungs-mittelpunkt M	wird in sich selbst reflektiert	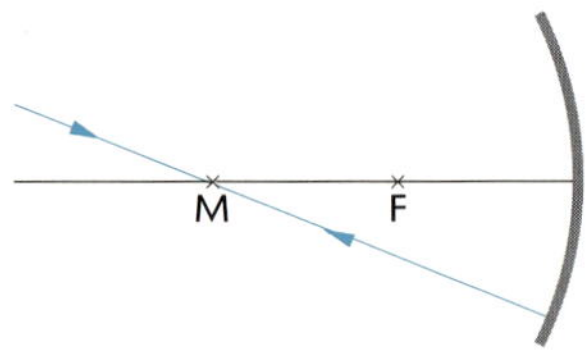

5 Bildentstehung an gekrümmten Spiegeln

Die Abbildung entsteht unter folgenden Voraussetzungen:
- Es werden achsennahe Lichtbündel verwendet.
- Die Lichtbündel bilden mit der optischen Achse kleine Winkel.

Spiegel-art	Ort des Gegenstandes	Ort des Bildes	Art, Lage, Größe des Bildes	Geometrische Darstellung
ebener Spiegel	vor dem Spiegel	genausoweit hinter dem Spiegel, wie sich der Gegenstand vor dem Spiegel befindet	virtuell, aufrecht	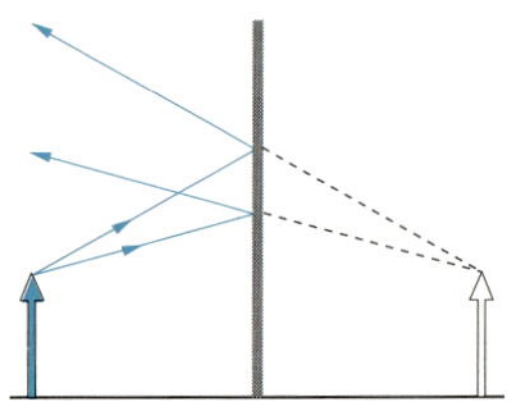
	$\infty > s > 0$	$s = \lvert s' \rvert$	$y' = y$	■ Wandspiegel, Taschenspiegel
Hohl-spiegel	außerhalb der doppelten Brennweite	zwischen einfacher und doppelter Brennweite auf der gleichen Seite des Spiegels	reell, umgekehrt, kleiner als der Gegenstand	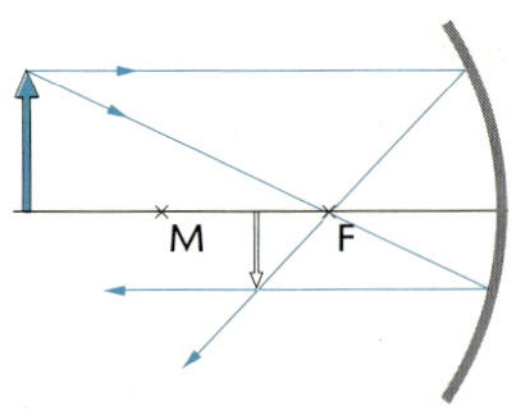
	$s > 2f$	$2f > s' > f$	$y' < y$	■ Spiegelfernrohr

Spiegelart	Ort des Gegenstandes	Ort des Bildes	Art, Lage, Größe des Bildes	Geometrische Darstellung
	im Krümmungsmittelpunkt	im Krümmungsmittelpunkt auf der gleichen Seite des Spiegels	reell, umgekehrt, gleichgroß wie der Gegenstand	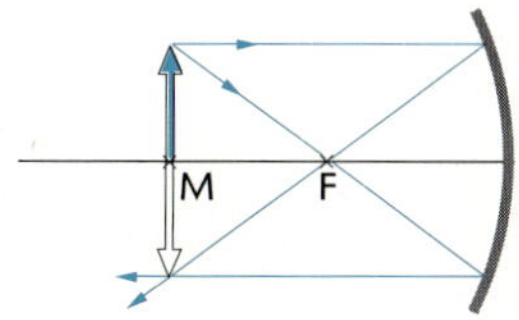
	$s = 2f$	$s' = 2f$	$y' = y$	■ Projektoren (Abbildung der Lichtquelle)
	zwischen einfacher und doppelter Brennweite	außerhalb der doppelten Brennweite auf der gleichen Seite des Spiegels	reell, umgekehrt, größer als der Gegenstand	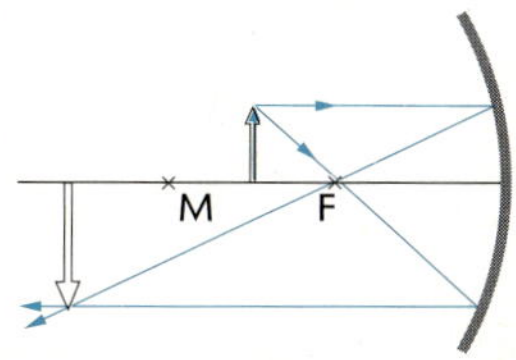
	$2f > s > f$	$s' > 2f$	$y' > y$	
	innerhalb der einfachen Brennweite	auf der anderen Seite des Spiegels	virtuell, aufrecht, größer als der Gegenstand	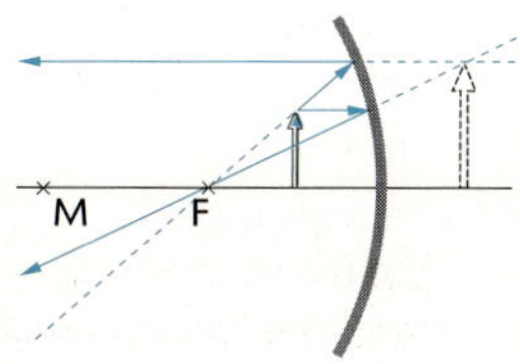
	$s < f$	$0 < \lvert s' \rvert < \infty$	$y' > y$	■ Rasierspiegel
Wölbpiegel	vor dem Spiegel	auf der anderen Seite des Spiegels	virtuell, aufrecht, kleiner als der Gegenstand	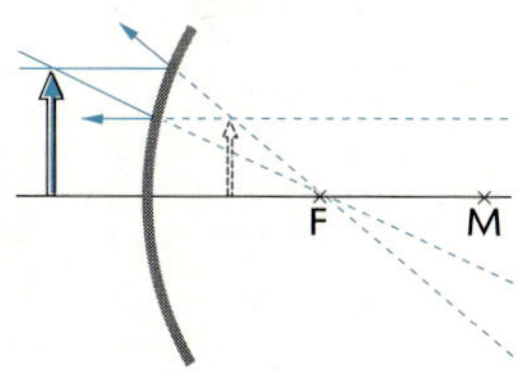
	$\infty > s > 0$	$\lvert s' \rvert < f$	$y' = y$	■ Rückspiegel

Abbildungsgleichung für Spiegel

$$\frac{1}{f} = \frac{1}{s} + \frac{1}{s'}$$

f Brennweite des Spiegels
s Gegenstandsweite
s' Bildweite

↗ Abbildungsgleichung für Glaslinsen in Luft S. 264

Abbildungsmaßstab

$$\frac{y'}{y} = \frac{s'}{s}$$

y Gegenstandsgröße
y' Bildgröße
s Gegenstandsweite
s' Bildweite

Für virtuelle Bilder, die stets hinter dem Spiegel entstehen, ist die Bildweite s' negativ. Die Brennweite eines Hohlspiegels ist positiv, die eines Wölbspiegels negativ.

BRECHUNG DES LICHTES

Brechung

Physikalischer Vorgang beim Übergang von Licht aus einem optischen Medium in ein anderes. An der Grenzfläche ändert das Licht seine Geschwindigkeit und damit (für einen Einfallswinkel $\alpha \neq 0$) seine Richtung.

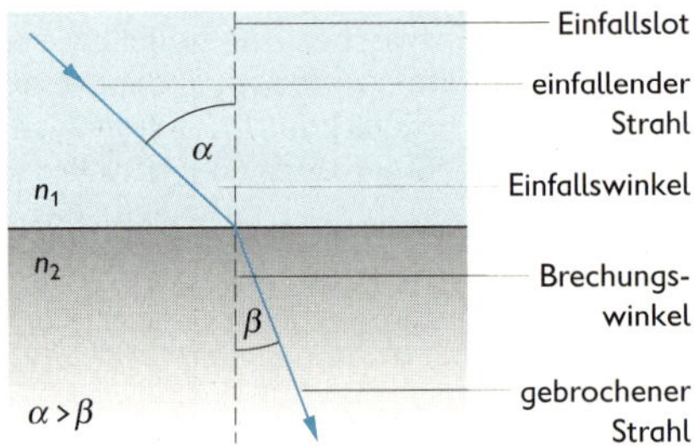

Brechungsgesetz

Geht Licht von einem optischen Medium in ein optisch dichteres oder optisch dünneres über, so ändert sich an der Grenzfläche seine Geschwindigkeit und damit (bei $\alpha \neq 0$) seine Richtung. Einfallender Strahl, Einfallslot und gebrochener Strahl liegen in der gleichen Ebene.

$$\frac{\sin \alpha}{\sin \beta} = \frac{c_1}{c_2}$$
$$\frac{\sin \alpha}{\sin \beta} = \frac{n_2}{n_1}$$
$$\frac{\sin \alpha}{\sin \beta} = n_{1,2}$$

α Einfallswinkel
β Brechungswinkel
c Lichtgeschwindigkeit im betreffenden Medium
n Brechzahl des betreffenden Mediums
$n_{1,2}$ Brechungsverhältnis beim Übergang vom Medium 1 zum Medium 2

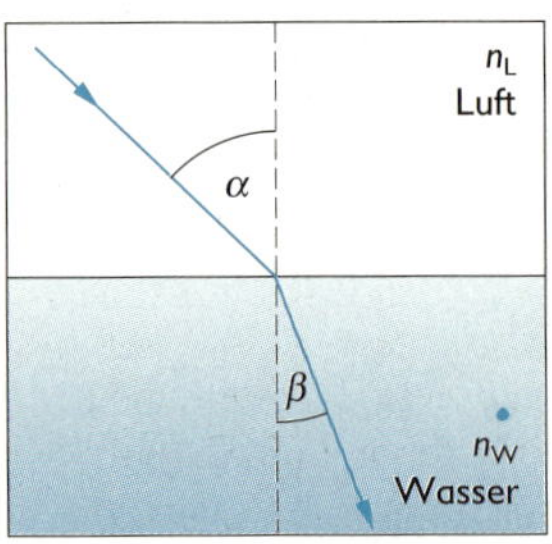

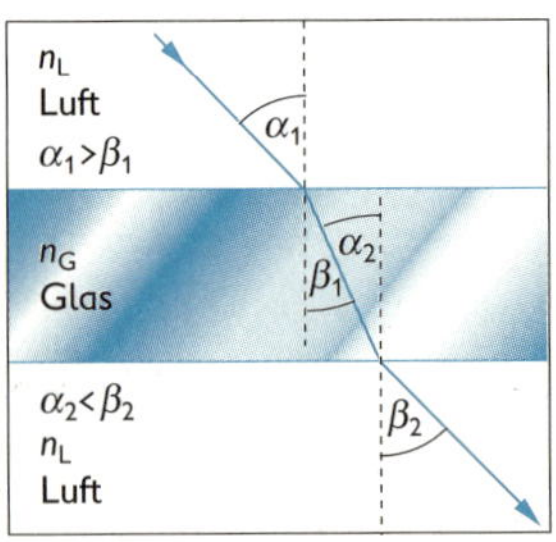

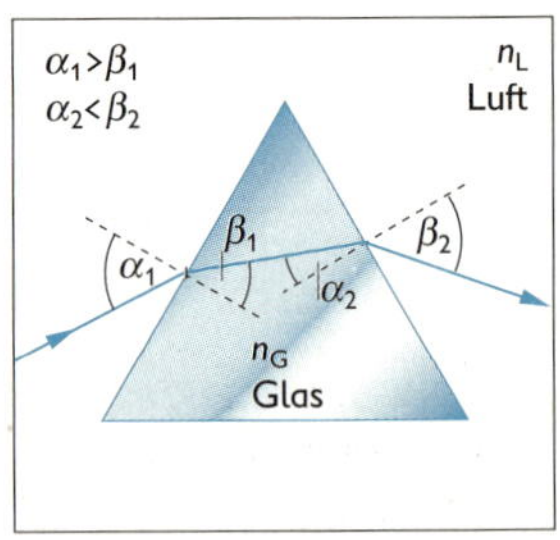

Brechzahl *n*

Physikalische Größe zur Beschreibung der Richtungsänderung des Lichtes bei der Brechung. Sie ist eine Stoffkonstante. Die Brechzahl *n* eines Stoffes gibt an, wie stark ein Lichtbündel beim Übergang vom Vakuum in diesen Stoff gebrochen wird.
Für das Vakuum ist $n_V = 1$. Für die Brechzahl *n* eines beliebigen Stoffes gilt:

$$\frac{\sin \alpha_V}{\sin \beta} = n$$

Von zwei lichtdurchlässigen Medien bezeichnet man das als optisch dichter, das die größere Brechzahl besitzt.
↗ Brechungsgesetz, S. 260

Brechungsverhältnis $n_{1,2}$

Physikalische Größe zur Beschreibung der Richtungsänderung des Lichtes bei der Brechung. Das Brechungsverhältnis $n_{1,2}$ ist der Quotient aus den Brechzahlen n_2 und n_1 beim Übergang des Lichtes vom Medium 1 zum Medium 2.

$$\frac{n_2}{n_1} = n_{1,2}$$

↗ Brechungsgesetz, S. 260

Optische Linsen

Durchsichtige Körper, die von zwei gewölbten Flächen oder einer ebenen und einer gewölbten Fläche begrenzt werden
↗ Bedingungen für Linsen, S. 263

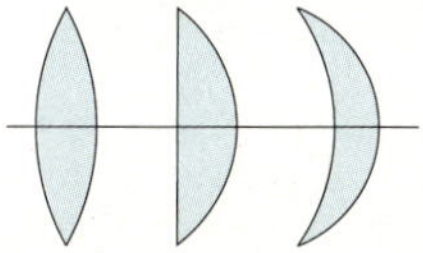

Konvex-
linsen

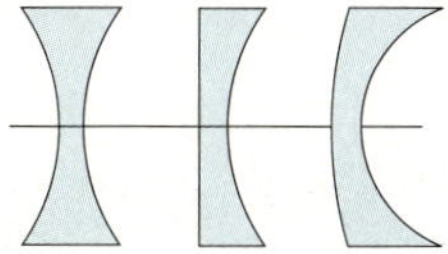

Konkav-
linsen

Sammel- und Zerstreuungslinsen

Je nach dem Verlauf von Parallelstrahlen, die durch Linsen gebrochen werden, spricht man von Sammellinsen oder Zerstreuungslinsen.
Zur Vereinfachung der Darstellung des Strahlenverlaufs zeichnet man anstelle der zweifachen Brechung an den beiden Linsenflächen die Lichtstrahlen so, als ob sie nur einmal in der Linsenebene gebrochen würden.

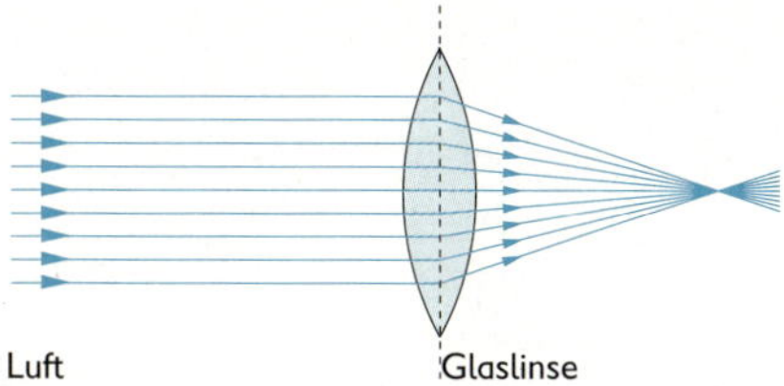

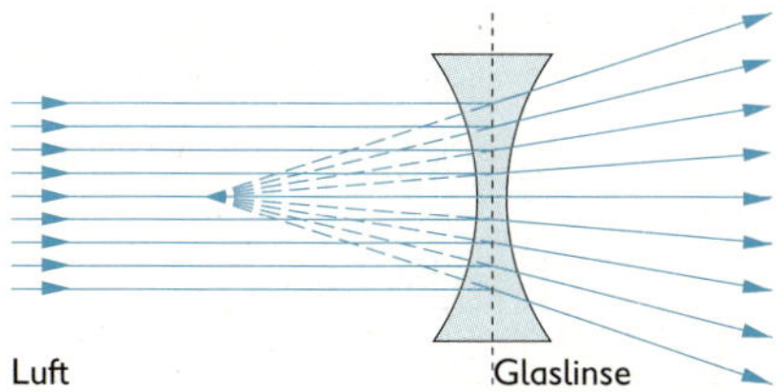

Begriffe an Konvexlinsen

Begriff	Zeichen	Erläuterung	Darstellung
Krümmungs-mittelpunkt	M_1, M_2	Mittelpunkte der die Linse begrenzenden Kugelflächen	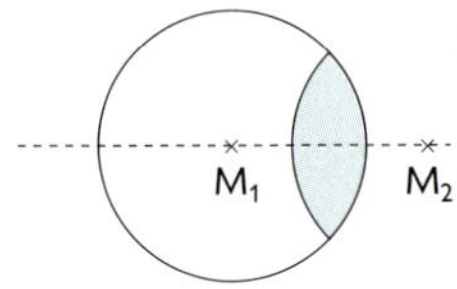
optische Achse		Gerade durch die Krümmungsmittelpunkte M_1 und M_2	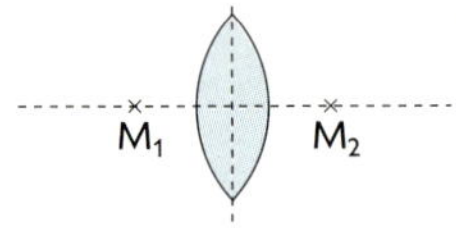
optischer Mittelpunkt	O	Schnittpunkt der optischen Achse mit der Linsenebene	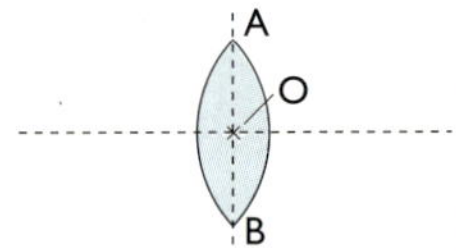
Linsenebene		Ebene durch den optischen Mittelpunkt O senkrecht zur optischen Achse	
Brennpunkt	F	Schnittpunkt der achsennah in die Linse einfallenden, gebrochenen Parallelstrahlen	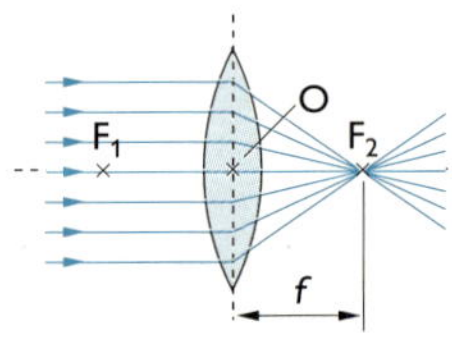
Brennweite	*f*	Strecke zwischen O und F	
Krümmungs-radius	*r*	Radius der gekrümmten Linsenoberfläche (für dünne bikonvexe Linsen gilt mit guter Näherung: $f = r$)	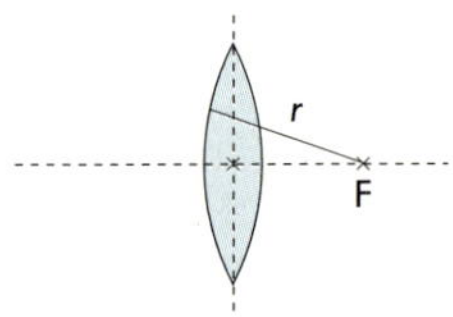

Strahlenverlauf an Glaslinsen in Luft

Zur zeichnerischen Darstellung der Bildentstehung an dünnen Linsen wählt man aus dem Lichtbündel mindestens zwei der im folgenden beschriebenen drei Strahlen aus.

Name des Strahles	Verlauf an der Sammellinse	Verlauf an der Zerstreuungslinse	Verlauf nach der Brechung
Parallel-strahl	parallel zur optischen Achse 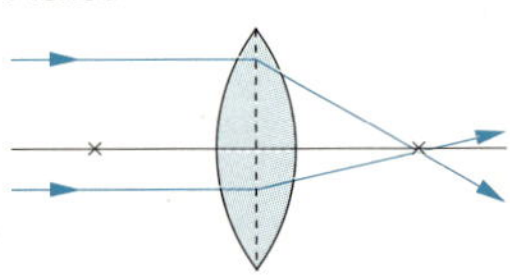	parallel zur optischen Achse 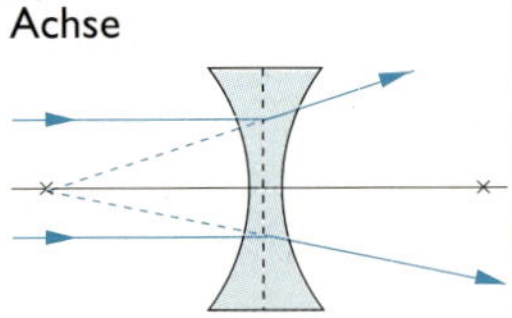	durch den Brennpunkt bzw. scheinbar vom Brennpunkt kommend

Name des Strahles	Verlauf an der Sammellinse	Verlauf an der Zerstreuungslinse	Verlauf nach der Brechung
Brennpunktstrahl	durch einen Brennpunkt der Linse 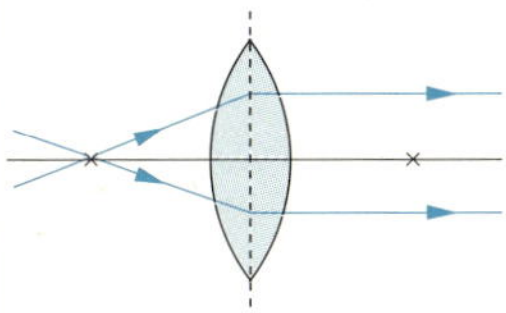	in Richtung auf den Brennpunkt, der auf der anderen Seite der Linse liegt 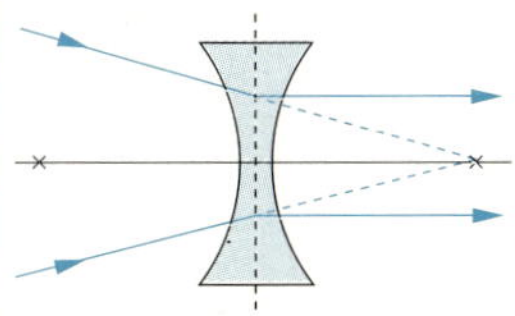	parallel zur optischen Achse
Mittelpunktstrahl	durch den Mittelpunkt der Linse 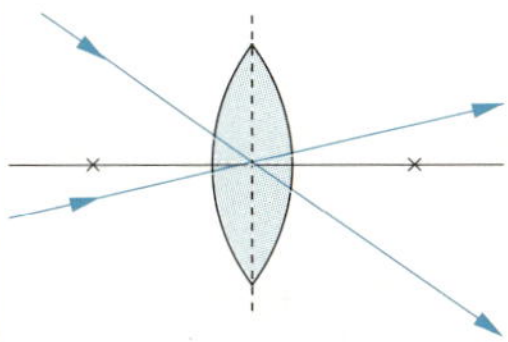	durch den Mittelpunkt der Linse 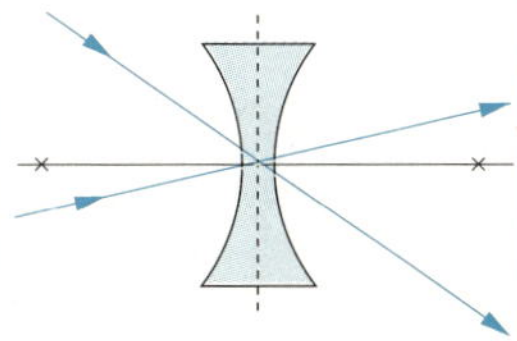	wird nicht gebrochen

Bildentstehung an Linsen

Infolge der Brechung des Lichtes werden durch Linsen bzw. Linsensysteme Gegenstände abgebildet.

Abbildungsbedingungen:

- Es wird nur die Abbildung durch dünne Linsen betrachtet.
- Die einfallenden Lichtbündel sind achsennah.

Für die hier dargestellten Fälle gilt zusätzlich:

- Der Stoff, aus dem die Linse besteht, ist optisch dichter als der Stoff der Umgebung.

Linsenart	Ort des Gegenstandes	Ort des Bildes	Art, Lage, Größe des Bildes	Geometrische Darstellung
Sammellinse	außerhalb der doppelten Brennweite $s > 2f$	zwischen einfacher und doppelter Brennweite auf der anderen Seite der Linse $f < s' < 2f$	reell, umgekehrt, kleiner als der Gegenstand $y' < y$	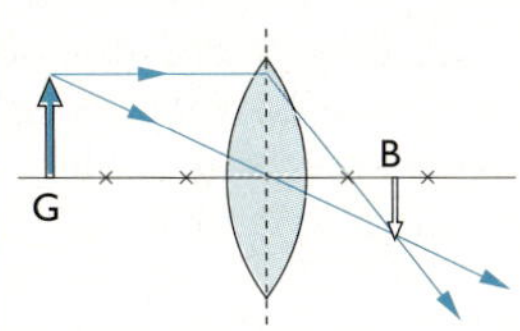 ■ Objektiv des Keplerschen Fernrohres

Linsen-art	Ort des Gegenstandes	Ort des Bildes	Art, Lage, Größe des Bildes	Geometrische Darstellung
	in der doppelten Brennweite $s = 2f$	in der doppelten Brennweite auf der anderen Seite der Linse $s' = 2f$	reell, umgekehrt, gleichgroß wie der Gegenstand $y' = y$	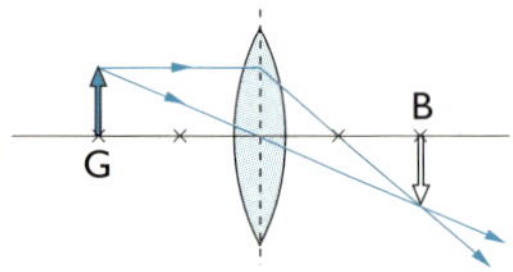 ■ Umkehrlinse im Keplerschen Fernrohr
	zwischen einfacher und doppelter Brennweite $2f > s > f$	außerhalb der doppelten Brennweite auf der anderen Seite der Linse $s' > 2f$	reell, umgekehrt, größer als der Gegenstand $y' > y$	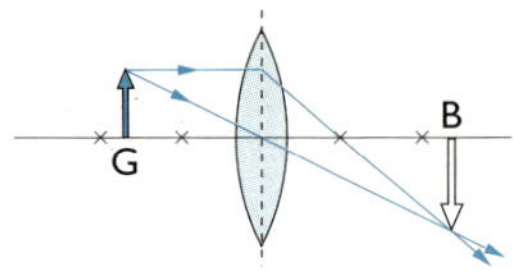 ■ Objektiv von Projektoren
	innerhalb der einfachen Brennweite $s < f$	auf derselben Seite der Linse $0 < \|s'\| < \infty$	virtuell, aufrecht, größer als der Gegenstand $y' > y$	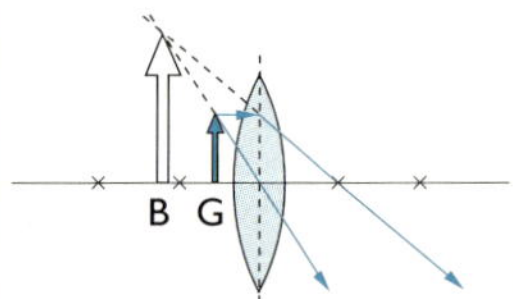 ■ Lupe, Okular vom Keplerschen Fernrohr und vom Mikroskop
Zerstreuungs-linse	$\infty > s > 0$	Bildweite kleiner als Gegenstandsweite; auf derselben Seite der Linse $\|s'\| < f$	virtuell, aufrecht, kleiner als der Gegenstand $y' < y$	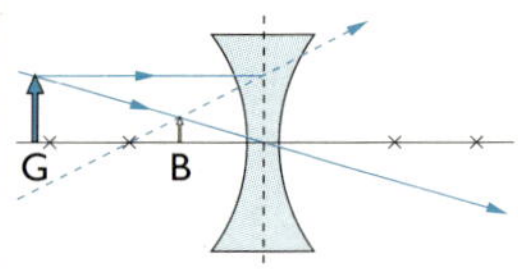 ■ Okular des Galileischen Fernrohres

Ort, Lage und Größe des Bildes hängen von der Gegenstandsweite und der Brennweite ab. Bewegt sich der Gegenstand G in Richtung der optischen Achse auf die Linse zu oder von ihr weg, so bewegt sich das Bild B jeweils gleichsinnig. Dabei ändert sich seine Größe.

Abbildungsgleichung für Glaslinsen in Luft

$$\frac{1}{f} = \frac{1}{s} + \frac{1}{s'}$$

f Brennweite der Linse
s Gegenstandsweite
s' Bildweite

↗ Abbildungsgleichung für Spiegel, S. 259

Für virtuelle Bilder, die stets auf der gleichen Seite der Linse wie der Gegenstand entstehen, ist die Bildweite s' negativ. Die Brennweite einer Sammellinse ist positiv, die einer Zerstreuungslinse negativ.

Totalreflexion

Vorgang, der auftritt, wenn Licht von einem optisch dichteren Medium auf die Grenzfläche zu einem optisch dünneren Medium trifft und der Einfallswinkel α größer als der Grenzwinkel der Totalreflexion α_G ist. Das Licht wird dann nicht mehr gebrochen, sondern zurück in das optisch dichtere Medium reflektiert.

Grenzwinkel der Totalreflexion α_G

Der Grenzwinkel α_G ist der Einfallswinkel, der überschritten werden muß, damit das einfallende Licht vom optisch dichteren Medium gerade nicht mehr durch Brechung in das optisch dünnere Medium gelangt. Das ist dann der Fall, wenn der Brechungswinkel β_G gleich 90° ist.

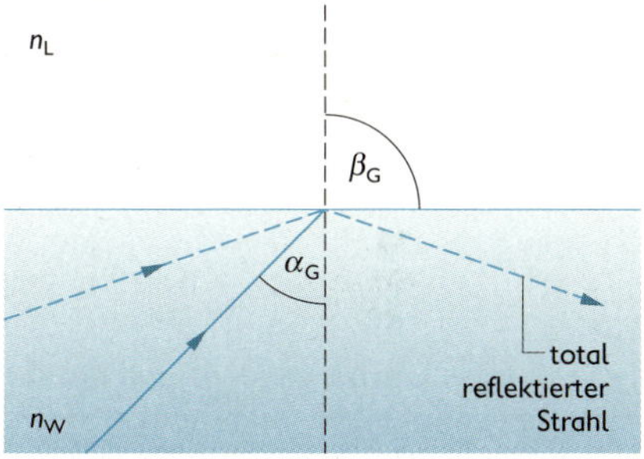

Aus dem Brechungsgesetz (↗ S. 260) folgt für $\sin \beta_G = 1$, daß $\sin \alpha_G = n_2 : n_1$.

Totalreflektierende Prismen

Meist rechtwinklige Prismen, in denen die Richtung des Lichtes durch Totalreflexion z. B. um 90° oder 180° geändert wird

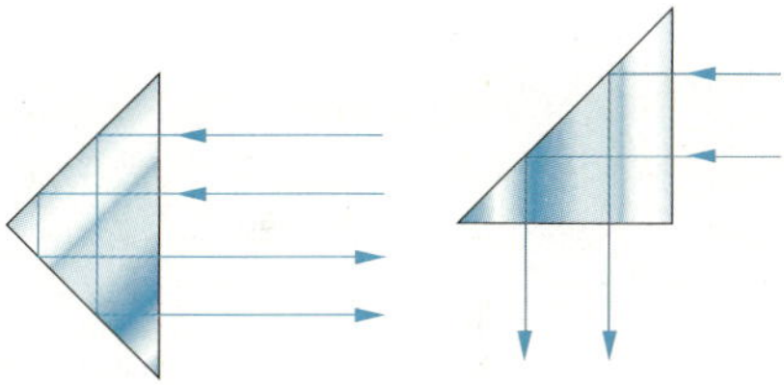

- Prismenfeldstecher

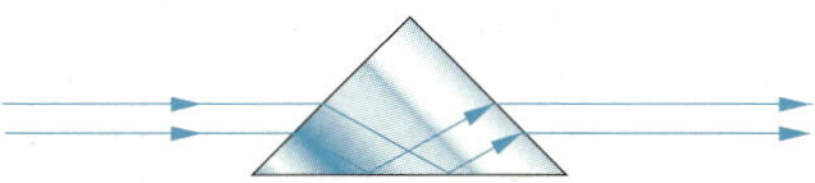

Lichtleitkabel

Kabel aus einem durchsichtigen festen Stoff. Tritt Licht etwa axial in die Stirnfronten der einzelnen Adern ein, so wird es in jeder Ader wiederholt totalreflektiert und verläßt schließlich – auch bei gebogenem Kabel – die Stirnfronten am anderen Ende des Kabels.

- Übertragung von Telefongesprächen; Beleuchten und Betrachten des Inneren von menschlichen Organen

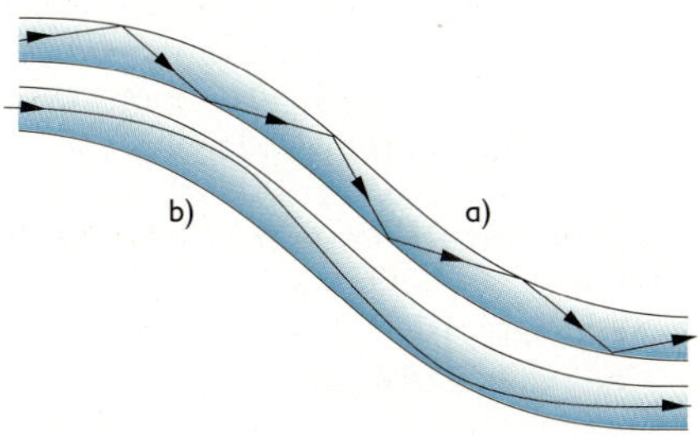

Lichtverlauf in der Faser eines Lichtleitkabels
a) bei konstanter optischer Dichte
b) bei nach außen allmählich abnehmender optischer Dichte

OPTISCHE GERÄTE

Auge

Lichtsinnesorgan höher entwickelter tierischer Lebewesen (Wirbeltiere). Bei Wirbeltieren erzeugt eine Sammellinse auf der Netzhaut ein umgekehrtes, reelles Bild. Je kleiner die Gegenstandsweite ist, desto größer ist das auf der Netzhaut entstehende Bild. Die Anpassung an verschiedene Gegenstandsweiten kann durch Verändern der Krümmung der Augenlinse erfolgen. Dadurch ändert sich die Brennweite.
↗ Bildentstehung an Linsen, S. 263

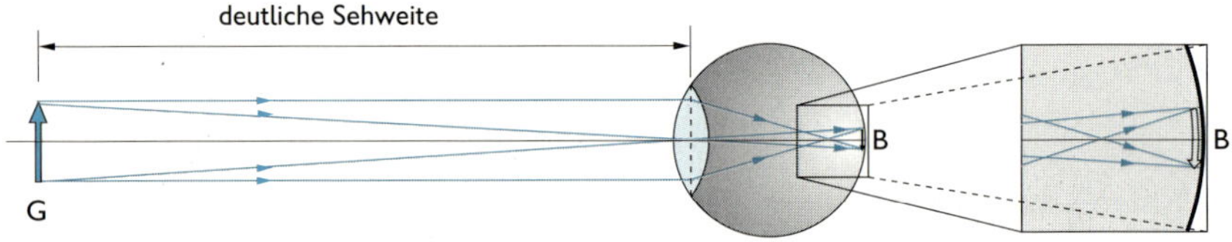

Lupe

Optisches Gerät, bei dem sich der Gegenstand innerhalb der einfachen Brennweite einer Sammellinse befindet. Es entsteht ein vergrößertes, virtuelles Bild. Durch Benutzung der Lupe entsteht auf der Netzhaut des Auges ein vergrößertes Bild. Kleine Brennweiten bedingen starke Vergrößerungen.

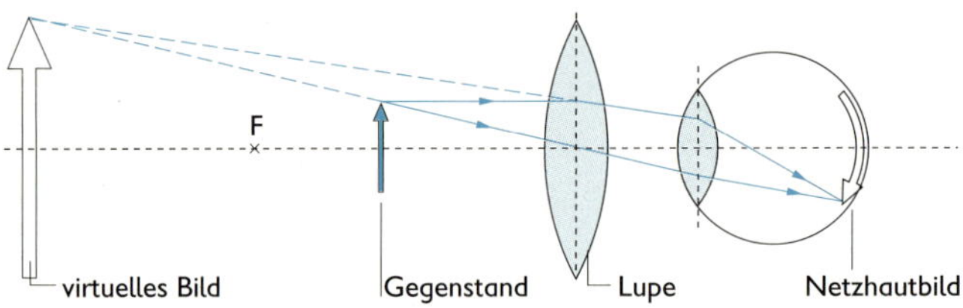

Kamera

Optisches Gerät, in dem mit einem Objektiv ein reelles Bild erzeugt wird. Das Objektiv besteht aus einer Sammellinse oder einem Linsensystem. Die Entfernungseinstellung erfolgt durch Verändern der Bildweite (Abstand Objektiv-Film). Der zum Film gelangende Lichtstrom und die Schärfentiefe werden durch die Blende verändert. Das Normalobjektiv mancher Fotoapparate kann gegen andere Objektive (Weitwinkelobjektiv – kleine Brennweite, Teleobjektiv – große Brennweite, ZOOM – veränderliche Brennweite) ausgewechselt werden. Auf dem Film wird dann ein größerer oder kleinerer Teil des Gegenstandes abgebildet.

Projektor

Optisches Gerät, das Bilder vergrößert auf einer Bildfläche sichtbar macht

Diaskop (Bildwerfer)	Episkop
Es werden lichtdurchlässige Vorlagen (Diapositive) projiziert. Das Diapositiv wird	Es werden lichtundurchlässige Vorlagen projiziert. Die abzubildende Vorlage wird

Diaskop (Bildwerfer)	Episkop
von einer Lichtquelle durchleuchtet. Das Objektiv erzeugt ein reelles Bild auf einem Schirm. Aufgabe von Hohlspiegel und Kondensor ist es, einen möglichst großen Anteil des von der Lichtquelle kommenden Lichtes gleichmäßig durch das Diapositiv fallen zu lassen. Dieses System liegt auch dem Tageslichtschreibprojektor zugrunde.	beleuchtet. Das Objektiv erzeugt ein reelles Bild auf einem Schirm. Aufgabe der Hohlspiegel ist es, möglichst viel Licht der Lichtquelle auf die Vorlage zu reflektieren.
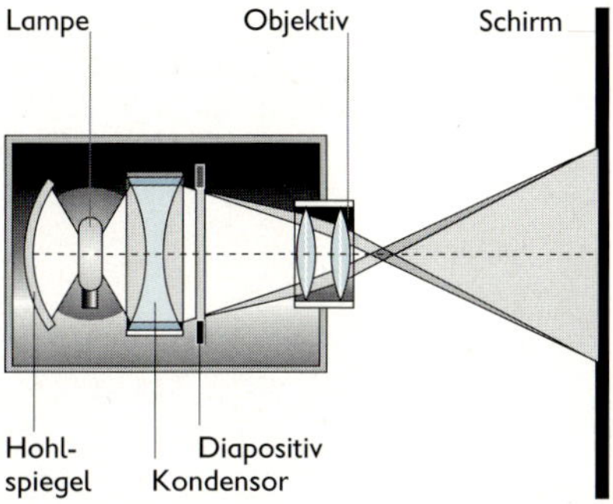	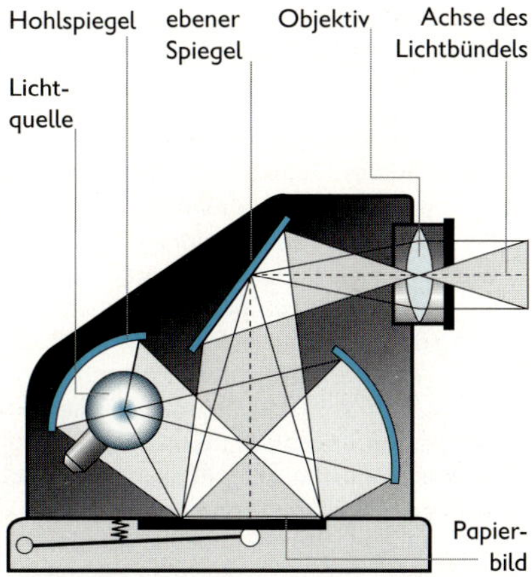

Mikroskop

Optisches Gerät mit Objektiv und Okular zur vergrößerten Abbildung sehr kleiner Objekte. Das Objektiv erzeugt ein reelles, vergrößertes Zwischenbild innerhalb der Brennweite des Okulars. Das Okular wirkt wie eine Lupe.

Die Gesamtvergrößerung V_G ist gleich dem Produkt aus den Vergrößerungen V_{Ob} des Objektivs und V_{Ok} des Okulars. $V_G = V_{Ob} \cdot V_{Ok}$

1500fache Vergrößerungen sind möglich.

↗ Elektronenmikroskop, S. 218

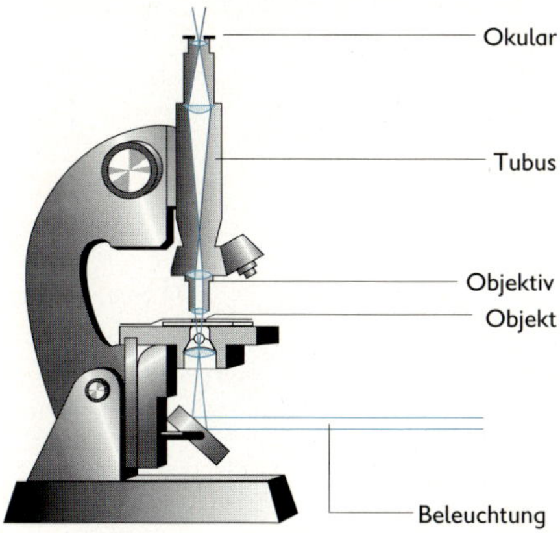

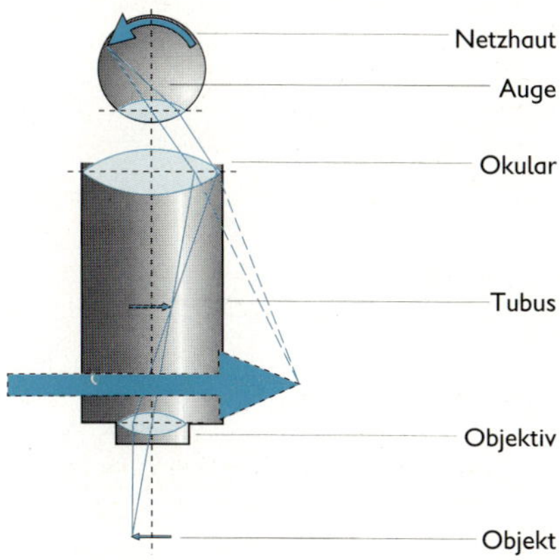

Fernrohr

Optisches Gerät mit Objektiv und Okular zur vergrößerten Abbildung weit entfernter Objekte

Objektiv. Linse bzw. Linsenkombination, die dem Gegenstand (Objekt) zugewandt ist

Okular. Linse bzw. Linsenkombination, die dem Auge (lat. oculus) zugewandt ist

- Spiegelfernrohr (Reflektor): Objektiv ist ein Hohlspiegel.
  Linsenfernrohr (Refraktor): Bild wird durch Linsen erzeugt.

5

Keplersches (astronomisches) **Fernrohr**
Mit Hilfe des Objektivs entsteht ein umgekehrtes, reelles Zwischenbild ZB innerhalb der Brennweite des Okulars. Das Okular wirkt wie eine Lupe und erzeugt das umgekehrte, virtuelle Hauptbild HB. Prismenferngläser vergrößern 8- bis 15fach (Kennzeichnung der Vergrößerung durch die Angabe *10* × 50). Bei astronomischen Fernrohren werden dreitausend- bis fünftausendfache Vergrößerungen erreicht. Größere Objektivdurchmesser ergeben ein helleres Bild. Die Umkehrung des Zwischenbildes kann durch eine zusätzliche Sammellinse zwischen Objektiv und Okular bewirkt werden.

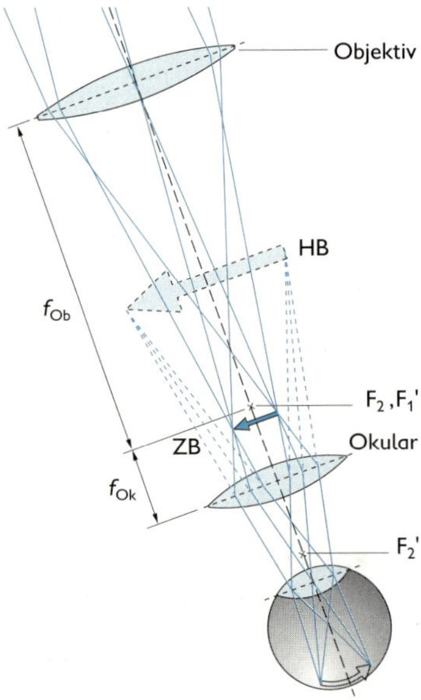

Galileisches (holländisches) **Fernrohr**
Mit Hilfe des Objektivs und des Okulars entsteht ein aufrechtes, virtuelles Bild. Das Galileische Fernrohr ist sehr kurz und führt zu einer drei- bis fünffachen Vergrößerung. Das Okular ist eine Zerstreuungslinse.

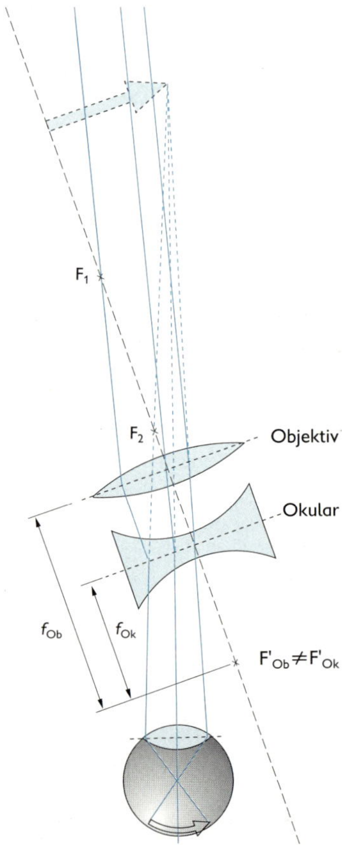

WELLENEIGENSCHAFTEN DES LICHTES

Wellenoptik

Teilgebiet der Physik, in dem optische Erscheinungen und Vorgänge mit Hilfe des Wellenmodells des Lichtes beschrieben werden.
↗ Photonenmodell, S. 307

Wellenmodell des Lichtes

Modell zur Darstellung der Lichtausbreitung. Grundlage des Wellenmodells ist die Erkenntnis, daß Licht bestimmte Welleneigenschaften besitzt. Licht verschiedener Bereiche und Farben unterscheidet sich in der Frequenz und der Wellenlänge.
↗ elektromagnetisches Spektrum, S. 283

Erscheinungsform des Lichtes	Lichtquellen	Anwendungsbeispiele
infrarotes Licht	Sonne, Infrarotstrahler	Infrarot-Fotografie, Wärmestrahler, Medizin
sichtbares Licht	Sonne, künstliche Lichtquellen	Beleuchtung, Signaltechnik
ultraviolettes Licht	Sonne, Bogenlampe, Quecksilberdampflampe	Medizin, Kriminaltechnik
Röntgenstrahlung	Röntgenröhre	Medizin, Werkstoffprüfung

5

Wellenzug

Eine mechanische Welle ist in der Regel räumlich stark ausgedehnt. Demgegenüber besteht ein Lichtbündel aus sehr vielen unterschiedlichen, sehr kleinen Bestandteilen (↗ Lichtquanten, S. 307).
Um die Welleneigenschaften des Lichtes modellmäßig darzustellen, kennzeichnet man es durch einzelne Wellenzüge.

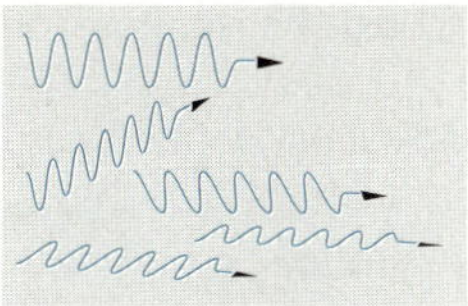

Einzelne Wellenzüge des Lichtes

Wellenlänge λ und Frequenz *f* des Lichtes

Die Wellenlänge des Lichtes ist von dem Medium abhängig, in dem sich das Licht ausbreitet. Die Frequenz des Lichtes ist vom Medium unabhängig.
↗ Spektralfarben, S. 279

	Wellenlänge λ im Vakuum in nm	Frequenz f in Hz
infrarotes Licht	400000 bis 770	$7{,}5 \cdot 10^{11}$ bis $3{,}9 \cdot 10^{14}$
sichtbares Licht	770 bis 390	$3{,}9 \cdot 10^{14}$ bis $7{,}7 \cdot 10^{14}$

	Wellenlänge λ im Vakuum in nm	Frequenz f in Hz
ultraviolettes Licht	390 bis 10	$7{,}7 \cdot 10^{14}$ bis $3 \cdot 10^{16}$
Röntgenstrahlung	10 bis 0,01	$3 \cdot 10^{16}$ bis $3 \cdot 10^{19}$

Energie des Lichtes

Wie eine Welle überträgt Licht Energie, jedoch keinen Stoff. Die Energie des Lichtes ist der Frequenz proportional.

↗ Plancksches Wirkungsquantum, S. 308

- Vorgänge bei der Photosynthese und in der Solarzelle sind Energieübertragungs- und -umwandlungsprozesse.

Lichtgeschwindigkeit c

5

Geschwindigkeit, mit der sich Licht im Raum ausbreitet. Sie ist abhängig von dem Medium, in dem die Ausbreitung erfolgt.

$$c = \lambda \cdot f$$

c Lichtgeschwindigkeit
λ Wellenlänge des Lichtes im betreffenden Medium
f Frequenz des Lichtes

Von zwei lichtdurchlässigen Medien nennt man dasjenige optisch dünner, in dem das Licht die größere Geschwindigkeit hat.

↗ Brechzahl, S. 261; Phasenkonstante, S. 127

Lichtgeschwindigkeit in verschiedenen Medien

Medium	c in $km \cdot s^{-1}$	Medium	c in $km \cdot s^{-1}$
Vakuum	299 792	Kronglas	197 180
Luft	299 711	Flintglas	185 160
Wasser	225 350	Diamant	121 340
Ethanol	220 380		

Richtungsänderung von Licht

	Reflexion	Brechung	Beugung
Erscheinung	Zurückwerfen von Licht an der Grenzfläche zweier Medien	Richtungsänderung von Licht beim Übergang von einem Medium in ein anderes	Richtungsänderung von Licht an Kanten oder schmalen Spalten

	Reflexion	Brechung	Beugung
Anwendung des Huygensschen Prinzips (↗ S. 129)	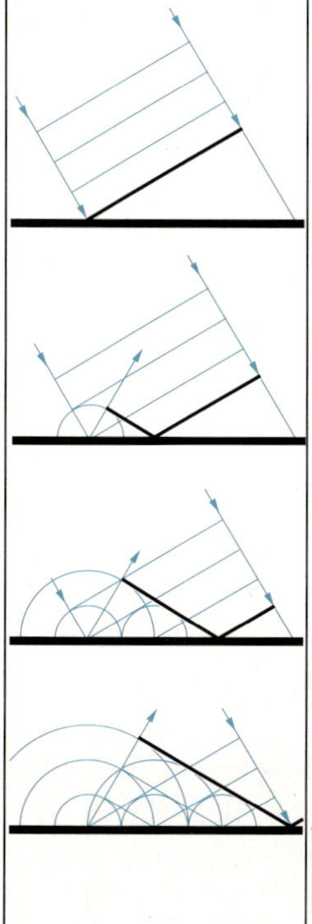	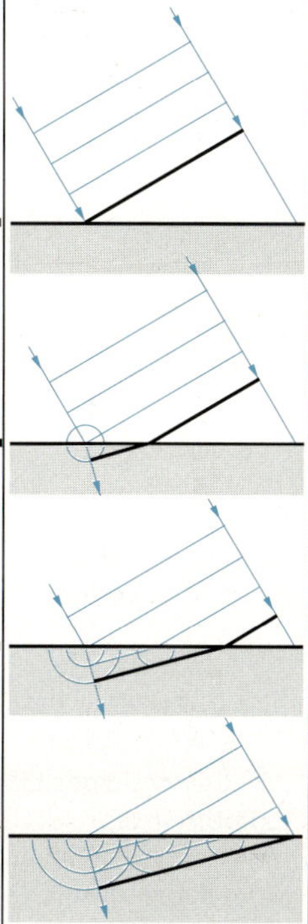	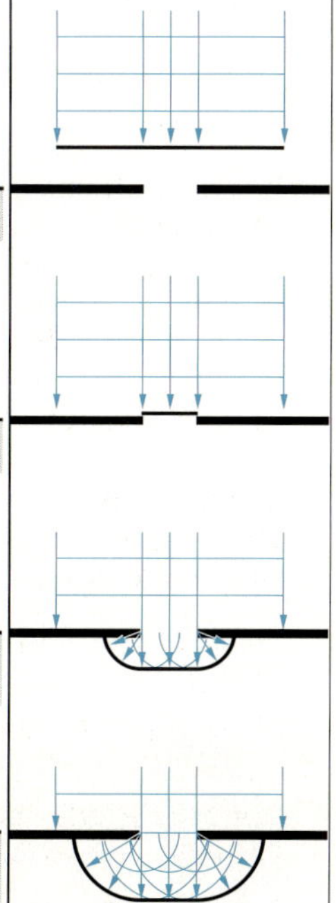

INTERFERENZ DES LICHTES

Interferenz

Überlagerung zweier oder mehrerer Lichtbündel, die zur Verstärkung oder Abschwächung des Lichtes im Überlagerungsgebiet führt. Voraussetzung für das Entstehen von Interferenzbildern sind *kohärente Lichtbündel*, die eine Weglängendifferenz von $\Delta\lambda$ aufweisen.

Weglängendifferenz $\Delta\lambda$. Differenz der Lichtwege zweier Wellenzüge. Sie wird in Vielfachen der Wellenlänge ausgedrückt.

Helligkeit, wenn $\Delta\lambda = k \cdot \lambda$ $\quad (k = 0, 1, 2, \ldots)$

Dunkelheit, wenn $\Delta\lambda = \frac{2k+1}{2}\lambda$ $\quad (k = 0, 1, 2, \ldots)$

Kohärentes Licht. Wellenzüge heißen kohärent, wenn sie im zeitlichen und räumlichen „Gleichtakt" verlaufen. Kohärentes Licht kann durch Aufspalten des Lichtes einer nahezu punktförmigen Lichtquelle in mehrere Lichtbündel gewonnen werden.

- LASERlicht

Erzeugen von Interferenzbildern

Interferenz durch Reflexion	Interferenz durch Brechung	Interferenz durch Beugung
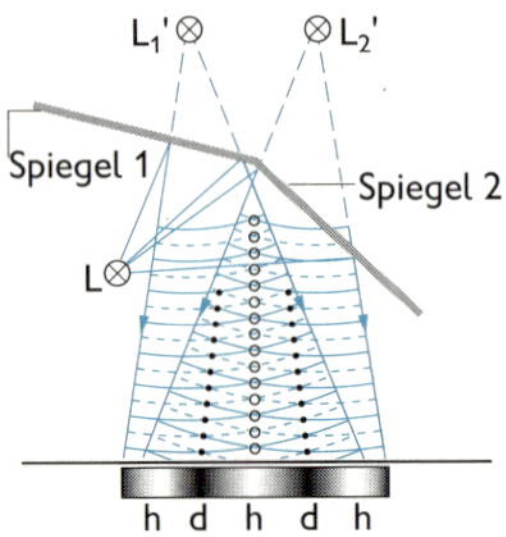	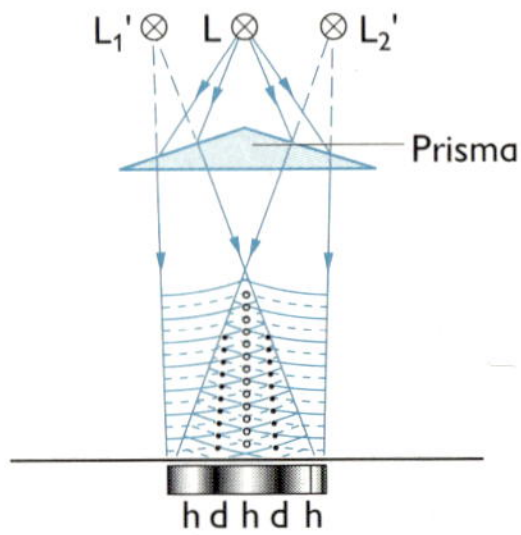	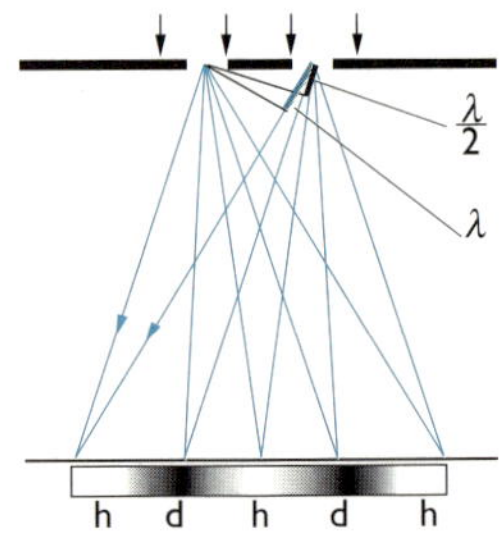
■ Oberflächenvergütung	■ Dickenmessung an Linsen	■ Gitterspektrometer

5

Interferenz durch Beugung am Spalt

Überlagerung von Licht, das an den beiden Kanten eines Spalts gebeugt wird

Interferenzminima

$$\frac{n \cdot \lambda}{d} = \frac{s_n}{e_n}$$

$$\sin \alpha_n = \frac{n \cdot \lambda}{d}$$

für n = 0, +1, +2,...

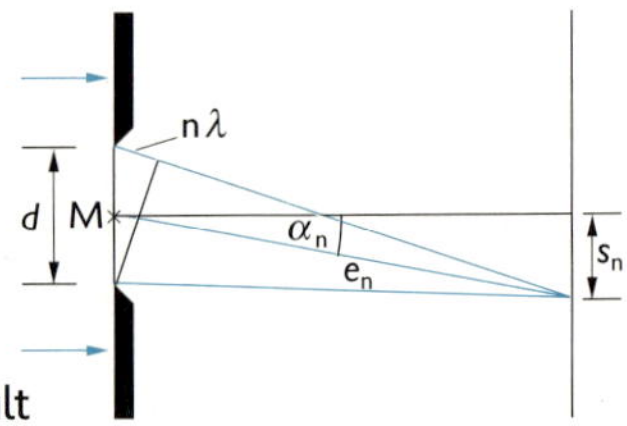

- λ Wellenlänge des Lichtes
- d Spaltbreite
- s_n Abstand des Minimums vom Maximum 0. Ordnung
- e_n Abstand des Schirmes vom Spalt
- n Anzahl der Ordnung des Minimums

Interferenz durch Beugung am Doppelspalt

Überlagerung von Licht, das durch die beiden Spalte des Doppelspaltes gebeugt wird. Interferenzstreifen treten an einem Doppelspalt auf, wenn dessen Spaltabstand b größer als die Wellenlänge λ des Lichtes, aber klein gegen den Abstand e zum Schirm ist.

Interferenzmaxima

$$\frac{n \cdot \lambda}{b} = \frac{s_n}{e_n}$$

für n = 0, +1, +2,...

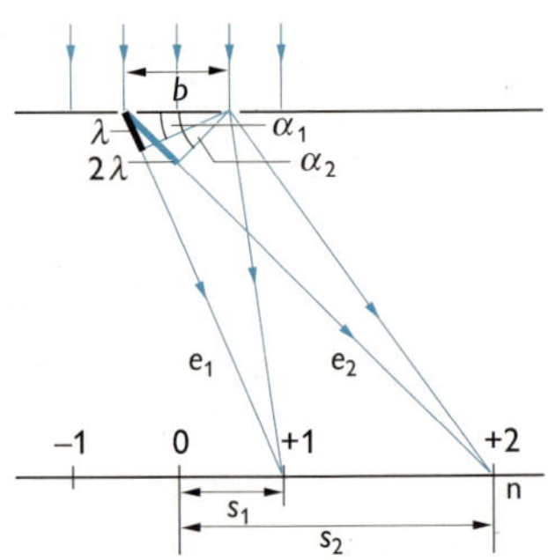

- λ Wellenlänge des Lichtes
- b Spaltabstand
- s_n Abstand der Interferenzstreifen vom Maximum 0. Ordnung
- e_n Abstand des Schirmes vom Doppelspalt
- n Anzahl der Ordnung des Maximums

Wellenlänge des Lichtes beim Doppelspalt

$$\lambda = \frac{s_n \cdot b}{e_n \cdot n} \qquad \lambda = \frac{b \cdot \sin \alpha_n}{n}$$

für n = 0, +1, +2,…

Bei Licht kleinerer Wellenlänge (blaues Licht) sind die Abstände zwischen den Interferenzstreifen kleiner als bei Licht größerer Wellenlänge (rotes Licht).

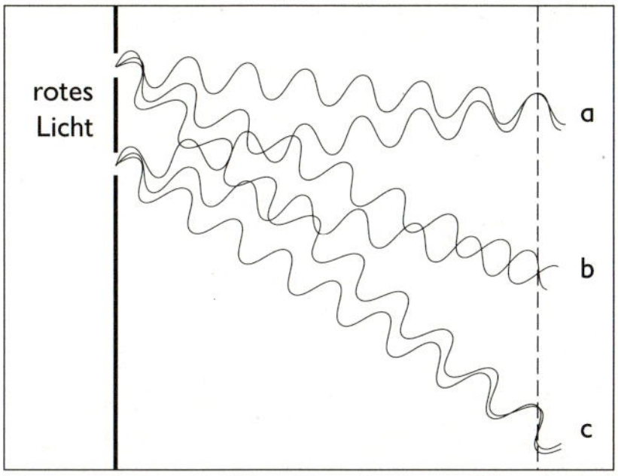

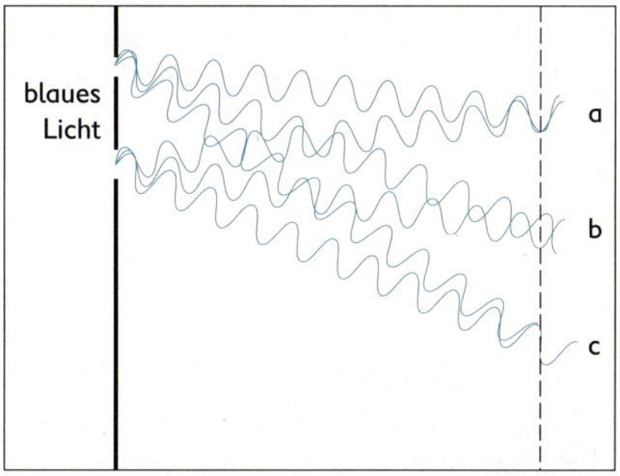

Interferenz durch Beugung am Gitter

Überlagerung von Licht, das durch die Spalte eines Gitters gebeugt wird. Gitter enthalten viele Spalte (bis zu 2000 auf 1 mm). Der Abstand *b* zweier Spalte wird **Gitterkonstante** genannt. Je kleiner die Gitterkonstante ist, desto größer ist der Winkelabstand der Interferenzmaxima. Die Bedingungen entsprechen weitgehend denen beim Doppelspalt, die Interferenzbilder sind jedoch heller und schärfer.

Interferenzbilder hinter einem Gitter mit 2, 4 und mehr Spalten

Interferenzmaxima

$$\frac{n \cdot \lambda}{b} = \frac{s_n}{e_n}$$

für n = 0, +1, +2,...

- λ Wellenlänge des Lichtes
- b Abstand zweier benachbarter Spalte (Gitterkonstante)
- s_n Abstand der Interferenzstreifen vom Maximum 0. Ordnung
- e_n Abstand des Schirmes vom Gitter
- n Anzahl der Ordnung des Maximums

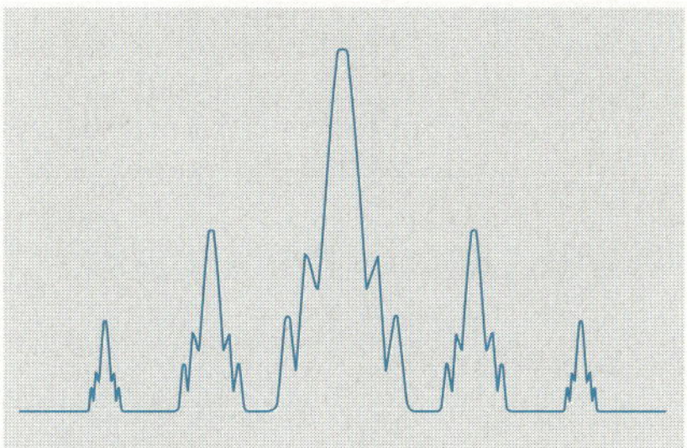

Energieverteilung an einem Gitter mit 6 Spalten

Wellenlänge des Lichtes beim Gitter

$$\lambda = \frac{s_n \cdot b}{e_n \cdot n} \qquad \lambda = \frac{b \cdot \sin \alpha_n}{n}$$ für n = 0, +1, +2,...

- Spektrometer

Interferenz durch Reflexion und Brechung

Überlagerung von Licht, das nach Reflexion an zwei verschiedenen Grenzflächen einen Gangunterschied durch den geometrischen Wegunterschied der beiden Wellenzüge, durch die Veränderung der Wellenlänge im vom Licht durchdrungenen Medium und durch den Phasensprung bei der Reflexion besitzt. Das Entstehen von Interferenzmaxima bzw. -minima hängt von der Dicke *d* der Platte, dem Einfallswinkel α des Lichtes und von der Brechzahl *n* des Stoffes ab, aus dem die Platte besteht.

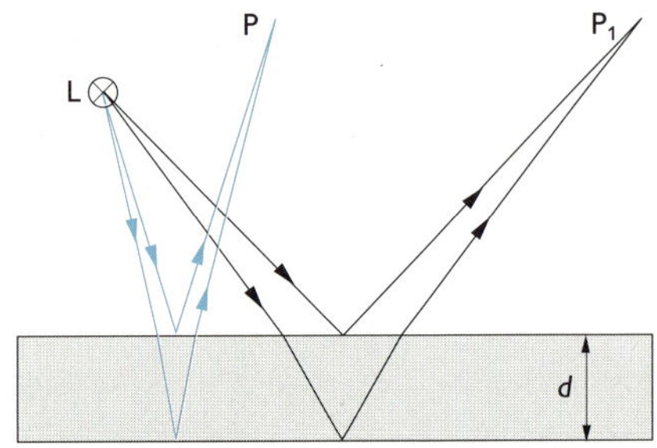

Newtonsche Ringe. Ringförmige Interferenzmaxima und -minima, die beim Auflegen einer schwach gekrümmten Konvexlinse auf eine planparallele Platte auftreten. Die Interferenzen entstehen im Luftspalt zwischen Linse und Platte (reflektiertes Licht).

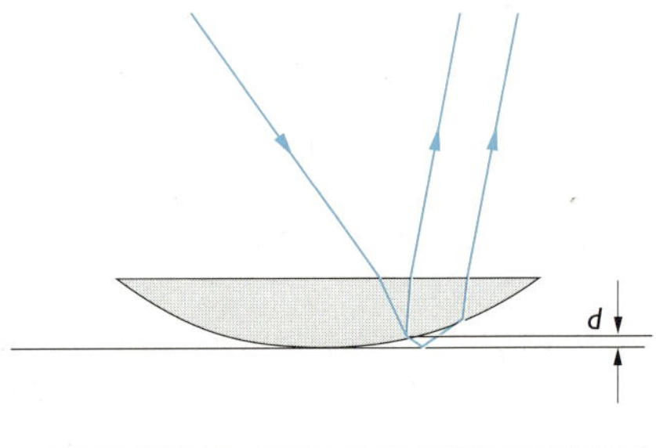

Wellenlänge des Lichtes.

$$\lambda = \frac{a^2}{n \cdot r}$$

a Abstand des dunklen Ringes vom Auflagepunkt der Linse (Radius)
r Krümmungsradius der konvexen Seite der Linse
n Nummer des Ringes, gezählt vom Auflagepunkt aus

POLARISATION DES LICHTES

Polarisation

Vorgang, bei dem natürliches Licht, das aus vielen transversalen Wellenzügen besteht, einen Polarisator passiert. Es sind dann nur noch Wellenzüge vorhanden, die in zueinander parallelen Ebenen schwingen, wenn das auftreffende Licht ein paralleles Lichtbündel war. Dieses Licht heißt linear polarisiert.

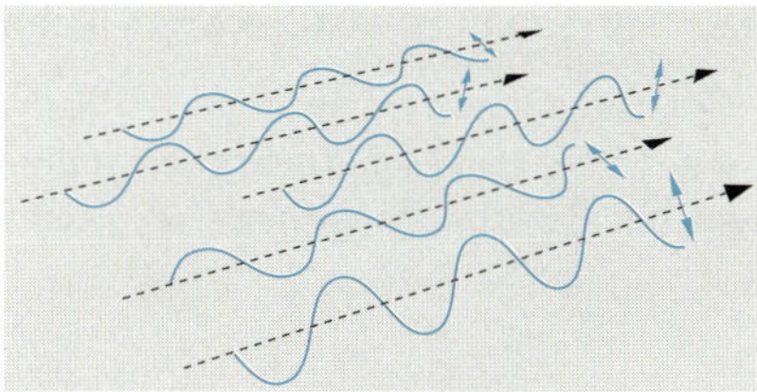

natürliches paralleles Lichtbündel

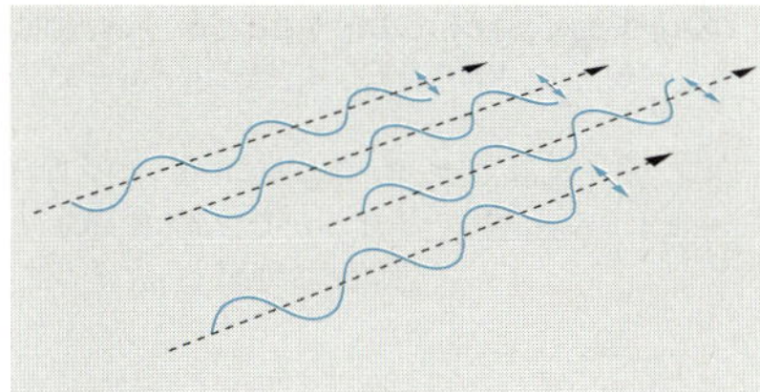

polarisiertes Lichtbündel

Polarisation durch Reflexion und Brechung

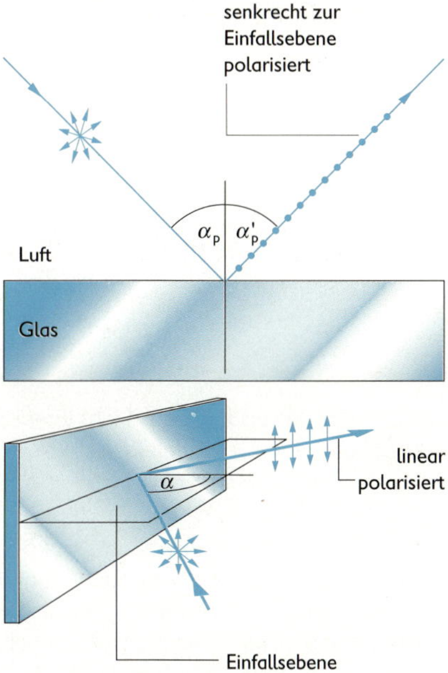

Polarisation durch Reflexion

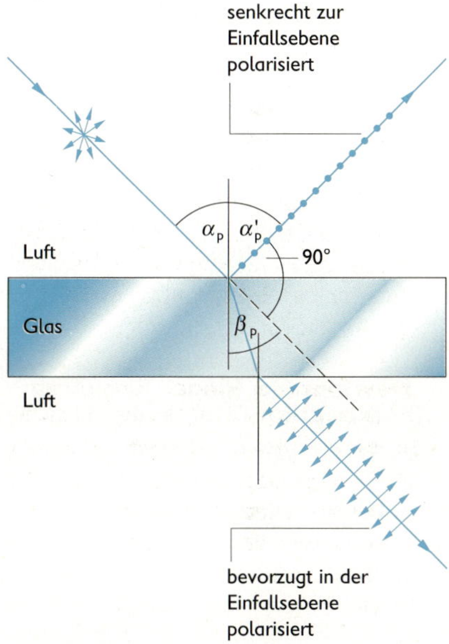

Polarisation durch Brechung

Vorgang, der auftritt, wenn Licht unter dem Brewsterschen Winkel α_P (Polarisationswinkel) auf eine Glasplatte fällt. Im reflektierten Lichtbündel treten dann nur noch Schwingungen senkrecht zur Einfallsebene auf.

Vorgang, der auftritt, wenn die Wellennormalen des reflektierten und gebrochenen Lichtes einen rechten Winkel bilden. Im gebrochenen Lichtbündel treten dann bevorzugt Schwingungen in der Einfallsebene auf.

Brewstersches Gesetz

$$\alpha_P + \beta_P = 90°$$

Das reflektierte Lichtbündel ist vollständig polarisiert, wenn die Summe aus Reflexionswinkel α_P und Brechungswinkel β_P gleich 90° ist.

Da diese Bedingung von der Art des Stoffes und damit von der Brechzahl n abhängig ist, gilt für Licht, das aus dem Vakuum einfällt:

$\tan \alpha_p = n$

Reflektierter und gebrochener Strahl sind senkrecht zueinander polarisiert, wenn der Tangens des Polarisationswinkels α_p gleich der Brechzahl n ist.

Doppelbrechung

Erscheinung, die darauf beruht, daß sich das Licht in einem Kristall in Abhängigkeit von der Richtung mit unterschiedlicher Geschwindigkeit ausbreitet. Bei solchen Kristallen (z. B. Kalkspat) wird ein einfallendes Lichtbündel doppelt gebrochen. Die beiden gebrochenen Lichtbündel sind senkrecht zueinander polarisiert.

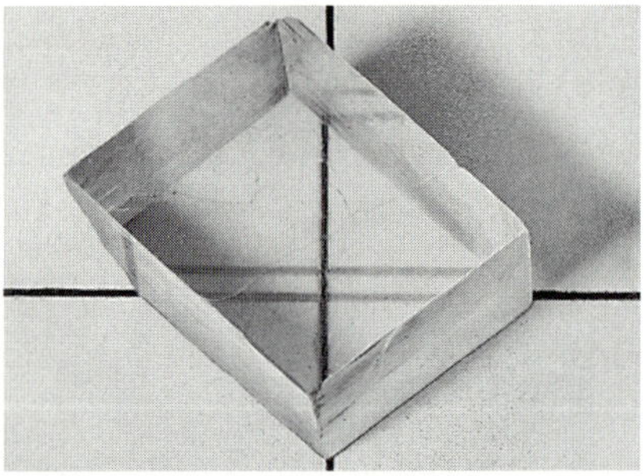

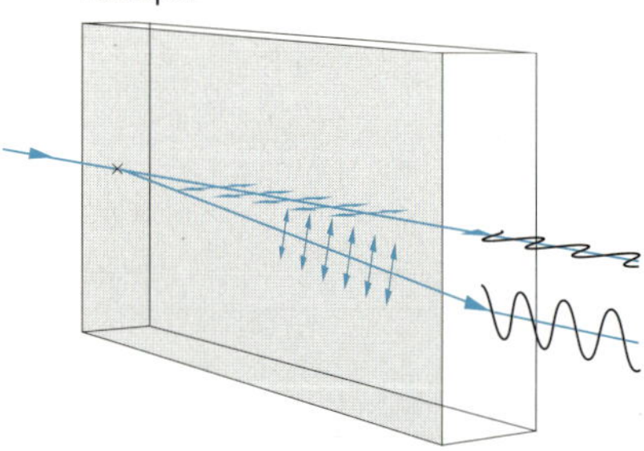

Polarisationsfilter. Folien, in die Kristalle eingebettet sind, die das Licht linear polarisieren. Die Ausrichtung der Kristalle erfolgt herstellerisch auf elektrischem Weg.

Spannungsdoppelbrechung

Werden in lichtdurchlässigen Körpern mechanische Spannungen erzeugt, so können die stark belasteten Gebiete doppelbrechend werden. Mechanische Spannungen in Modellen von Maschinenelementen werden untersucht, indem man sie mit polarisiertem Licht durchstrahlt. Je nach Belastung der einzelnen Gebiete der Körper erscheinen diese hell oder dunkel bzw. farbig, wenn weißes polarisiertes Licht benutzt wird.

- Sichtbarmachen der Kräfteverteilung in mechanisch belasteten Konstruktionen; Sichtbarmachen von Spannungen in optischen Bauteilen

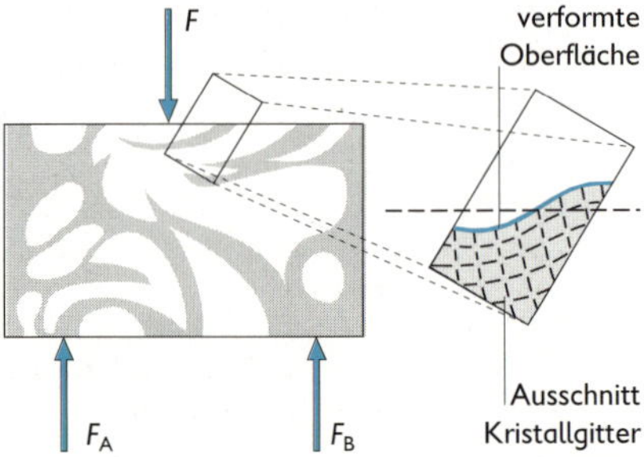

Drehung der Polarisationsebene

Eigenschaft mancher Stoffe, z. B. Quarz oder Zucker in Lösung, die Schwingungsebene polarisierten Lichtes zu drehen. Solche Stoffe nennt man optisch aktiv. Der Drehwinkel hängt von der Art des Stoffes, von der vom Licht zu durchlaufenden Schichtdicke, bei Lösungen von der Konzentration und von der Wellenlänge des Lichts ab.

■ Konzentrationsbestimmung mit einem Polarimeter (Zuckergehalt von Rüben)

LICHTFARBEN

Spektrale Zerlegung des Lichtes

Weißes Licht (Sonnenlicht) besteht aus einer lückenlosen Folge verschiedener elektromagnetischer Wellen unterschiedlicher Frequenz.

↗ Teilchenmodell des Lichtes, S. 253

Das weiße Licht kann durch Brechung oder Beugung zerlegt werden.

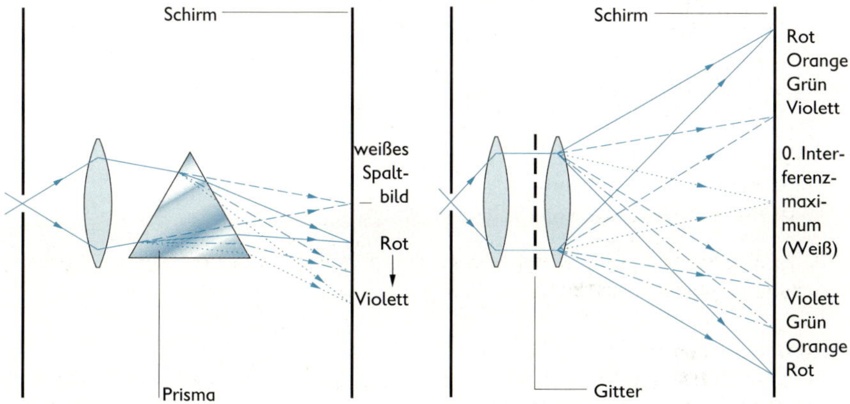

Spektrale Zerlegung durch Brechung (Dispersion)

Spektrale Zerlegung durch Beugung

Spektrum

Lichtfarbband, das nach Zerlegung weißen Lichtes auf einem Schirm abgebildet wird.

Dispersionsspektrum (Prismenspektrum)	**Beugungsspektrum** (Gitterspektrum)
Farbband, das durch ein Prisma infolge Brechung entsteht. Infolge unterschiedlicher Brechzahlen für die einzelnen Anteile des weißen Lichtes in Stoffen werden sie verschieden stark gebrochen. ■ Blaues Licht wird stärker gebrochen als rotes. ↗ Spektren, S. 278	Farbband, das durch ein Gitter infolge Beugung entsteht. Infolge unterschiedlicher Wellenlängen der einzelnen Anteile des weißen Lichtes entstehen die Interferenzmaxima bei verschiedenen Beugungswinkeln. ■ Rotes Licht wird stärker gebeugt als blaues.

Arten von Spektren

Einteilung	Bezeichnung des Spektrums	Merkmale
nach der Art der Zerlegung	**Dispersionsspektrum** (Prismenspektrum) 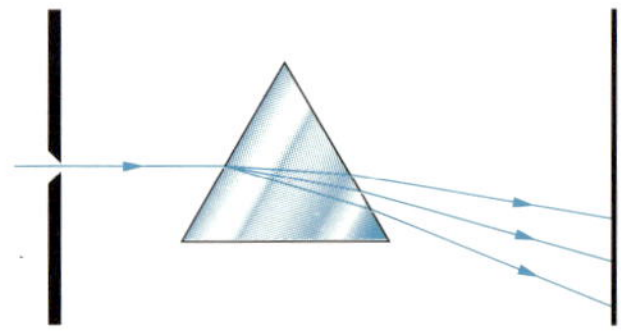	Tritt nur einfach auf; rotes Licht wird weniger stark als violettes gebrochen; die Richtungsänderung erfolgt nicht linear zu den Wellenlängen.
	Beugungsspektrum (Gitterspektrum) 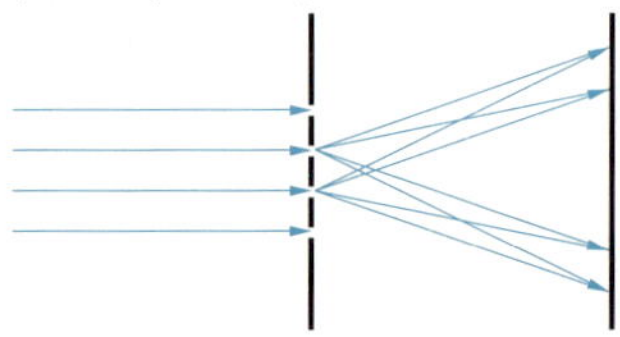	Tritt paarweise in mehreren Ordnungen auf; rotes Licht wird stärker als violettes gebeugt; die Richtungsänderung ist der Wellenlänge proportional.
nach dem Erscheinungsbild des Spektrums	**kontinuierliches Spektrum** 	Es ist ein lückenloses Farbband.
	diskontinuierliches Spektrum Linienspektrum 	Es besteht aus einzelnen, scheinbar unregelmäßig angeordneten Linien.
	Bandenspektrum 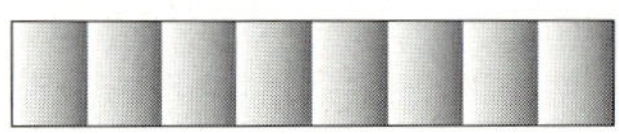	Es besteht aus einer Vielzahl von Linien, die in Gruppen angeordnet sind.
nach der Art, wie der Stoff wirkt, der das Spektrum erzeugt	**Emissionsspektrum** 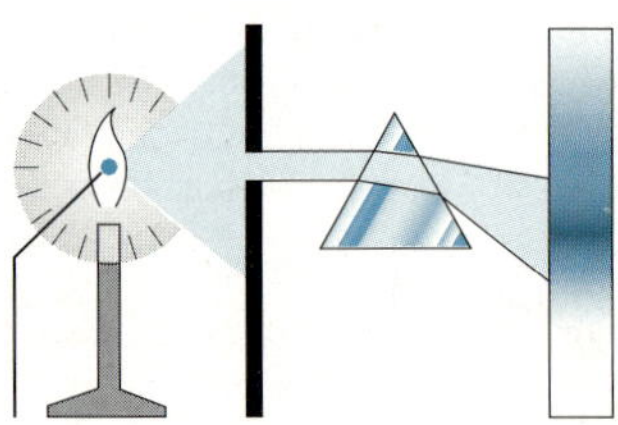	Es entsteht, wenn der betreffende Stoff Licht aussendet.

Einteilung	Bezeichnung des Spektrums	Merkmale
nach der Art, wie der Stoff wirkt, den das Licht durchdringt	**Absorptionsspektrum** 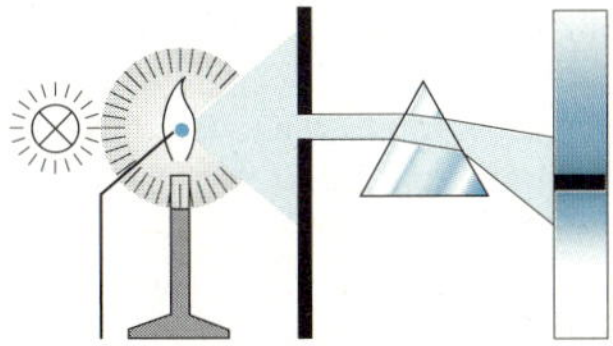	Es entsteht, wenn der betreffende Stoff aus weißem Licht einzelne Anteile absorbiert (dunkle Linien im kontinuierlichen Spektrum).

Spektralfarben

Farben, die durch Zerlegung weißen Lichtes mittels Prisma oder Gitter entstehen und sich nicht weiter zerlegen lassen.

Spektralbereich	Infrarot	Rot	Orange	Gelb	Grün	Blau	Violett	Ultraviolett
Wellenlänge im Vakuum in nm	$3 \cdot 10^5$ bis 770	770 bis 640	640 bis 600	600 bis 570	570 bis 490	490 bis 430	430 bis 390	390 bis 5
Frequenz in 10^{14} Hz	0,01 bis 3,9	3,9 bis 4,7	4,7 bis 5,0	5,0 bis 5,3	5,3 bis 6,1	6,1 bis 7,0	7,0 bis 7,7	7,7 bis 600

Spektralanalyse

Verfahren, mit dem aus dem Spektrum die Zusammensetzung fester, flüssiger und gasförmiger Stoffe ermittelt wird. Dabei kann außer der Art der Bestandteile auch deren massemäßiger Anteil (Massen bis zu 10^{-7} g) festgestellt werden. Die Spektralanalyse beruht auf der Tatsache, daß jeder Stoff im gasförmigen Aggregatzustand ein für ihn charakteristisches Spektrum besitzt. Es können Emissions- und Absorptionsspektren untersucht werden. Im einfachsten Falle wird der Stoff durch Einbringen in eine Flamme angeregt, Licht auszusenden. Die Erzeugung des Spektrums erfolgt in einem Spektrometer.

Anwendung der Spektralanalyse

Besonderheiten im Spektrum	Schlußfolgerungen	Anwendungsbereiche
Lage der Linien	Bestimmung der Art bzw. der Zusammensetzung der Stoffe	chemische Forschung chemische Industrie Medizin

Besonderheiten im Spektrum	Schlußfolgerungen	Anwendungsbereiche
Intensität der Linien	Bestimmung des massemäßigen Anteils der Stoffe	Landwirtschaft Astronomie
Verschiebung der Linien	Relativbewegung zwischen Lichtquelle und Spektrometer	Astronomie
Verbreiterung der Linien	hoher Gasdruck bzw. hohe Gastemperatur	physikalische Forschung Astronomie Natriumdampflampen bei der Straßenbeleuchtung

Spektrometer. Gerät zur spektralen Zerlegung einer Strahlung durch ein Prisma oder ein Gitter.

Farbmischungen

Additive Farbmischung	Subtraktive Farbmischung
Verschiedenfarbiges Licht fällt auf die gleiche Stelle eines Schirmes (es wird „addiert“).	Durch Filter werden Anteile weißen Lichtes absorbiert („subtrahiert“).
Grundfarben: Rot, Grün, (Ultramarin-)Blau	Grundfarben: Gelb, (Purpur-)Rot, Blaugrün
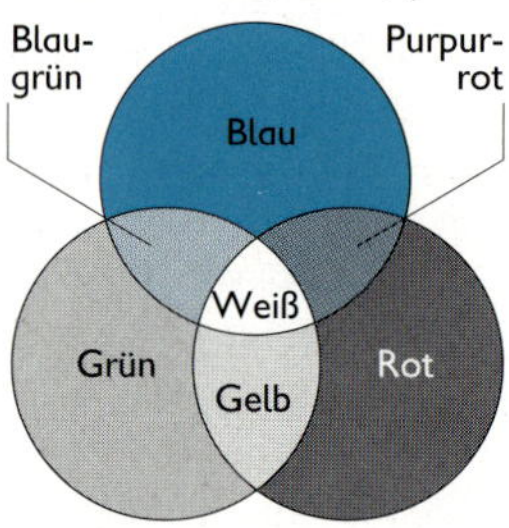	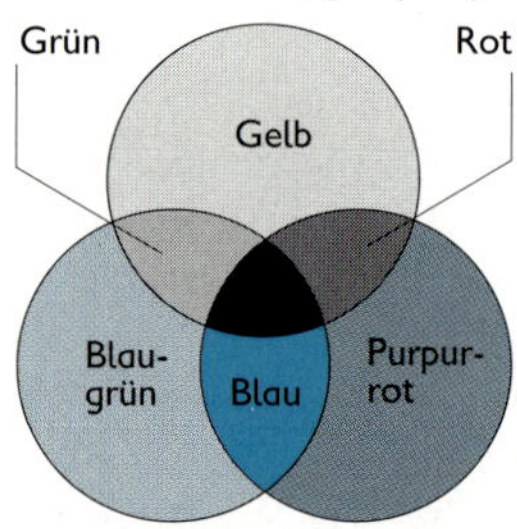
■ Farbfernsehen Die Vereinigung aller Spektralfarben ergibt Weiß.	■ Farbfilter in der Fotografie Filtert man aus weißem Licht eine Spektralfarbe aus, so entsteht aus den restlichen Spektralfarben eine Mischfarbe.

Körperfarben

Farben, die entstehen, wenn ein Körper, der mit weißem Licht beleuchtet wird, Teile des Lichtes absorbiert und den restlichen Teil reflektiert.

Ein Körper erscheint

– weiß, wenn er alles Licht reflektiert;

– schwarz, wenn er alles Licht absorbiert;
– grün, wenn er grünes Licht reflektiert und alles andersfarbige Licht absorbiert.

Komplementärfarben

Farbpaare, die durch additive Farbmischung Weiß ergeben

Rot und Blaugrün	Grün und Purpurrot
Orange und Eisblau	Violett und Grüngelb
Gelb und Ultramarinblau	

RÖNTGENSTRAHLUNG ALS WELLE

Röntgenstrahlung

Strahlung mit großem Durchdringungsvermögen, die beim Auftreffen energiereicher Elektronen auf Metallflächen entsteht. Auf Grund ihrer Welleneigenschaften kann sie in den kurzwelligen Teil des elektromagnetischen Spektrums eingeordnet werden.
↗ elektromagnetisches Spektrum, S. 283

Erzeugung von Röntgenstrahlung

Röntgenstrahlung wird in einer Röntgenröhre erzeugt, in der Elektronen mit einer Spannung von ca. 30000 V stark beschleunigt werden, so daß sie mit etwa einem Drittel der Vakuumlichtgeschwindigkeit auf die Anode prallen.

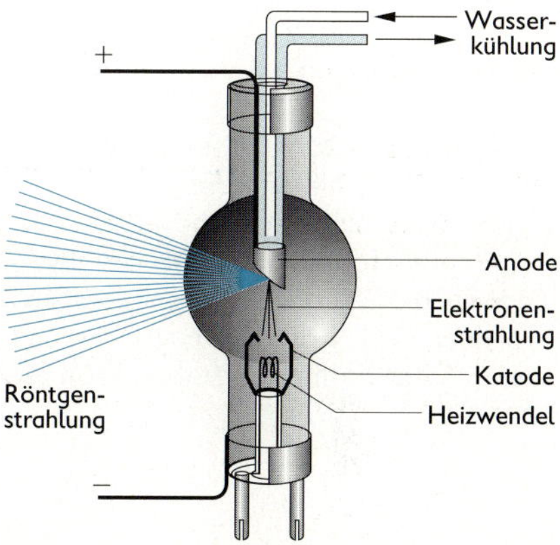

Röntgenröhre

Röntgenbremsstrahlung

Strahlung, die auftritt, wenn die schnellen Elektronen im Metall der Anode stark abgebremst werden. Sie geben ihre Energie teilweise oder vollständig in Form dieser sehr kurzwelligen elektromagnetischen Strahlung ab.

Röntgenbremsstrahlung tritt vor allem bei niedrigen Beschleunigungsspannungen der Elektronen (ca. 20000 V) auf. Sie hat ein kontinuierliches Spektrum.
↗ kontinuierliches Spektrum, S. 278; elektromagnetisches Spektrum, S. 283

Eigenschaften der Röntgenstrahlung

Röntgenstrahlung
– ist nicht sichtbar,
– durchdringt alle Körper,
– ionisiert Stoffe,
– wird gebeugt.

Die Durchdringungsfähigkeit (Härte) der Röntgenstrahlung ist direkt proportional der Röhrenspannung.

Charakteristische Röntgenstrahlung

Strahlung, die auftritt, wenn die Elektronen im Innern der Atome des Anodenmaterials in einen energetisch höheren Zustand versetzt werden. Schnelle Elektronen in der Röntgenröhre übertragen ihre Energie an die Elektronen im Innern der Atomhüllen. Diese Elektronen gehen dann unter Aussendung der charakteristischen Röntgenstrahlung in einen energetisch niedrigeren Zustand über. Charakteristische Röntgenstrahlung tritt bei hohen Beschleunigungsspannungen auf (ca. 40000 V). Sie hat ein Linienspektrum, das für das jeweilige Anodenmaterial charakteristisch ist.

↗ Linienspektrum, S. 278; elektromagnetisches Spektrum, S. 283

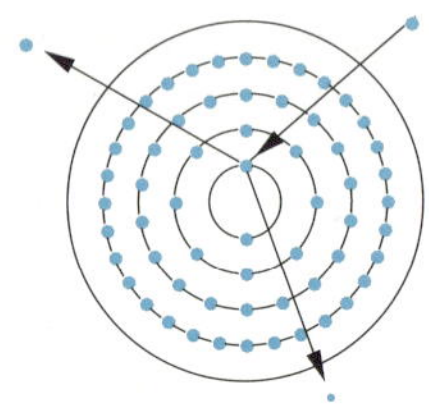

Elektron wird herausgeschlagen

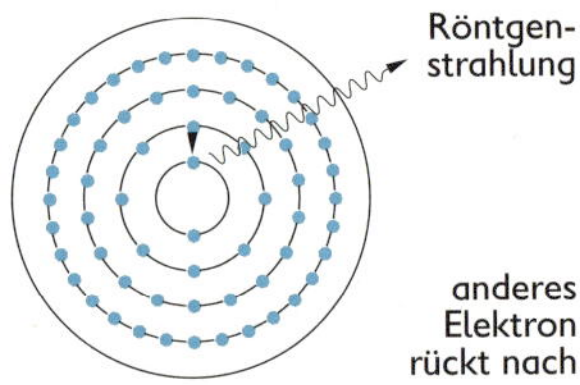

Entstehung von Röntgenstrahlung im Atom

5

Beugung von Röntgenstrahlung

Erscheinung hinter durchleuchteten Kristallen, die den Wellencharakter bestätigt. Die Beugung der Röntgenstrahlung erfolgt an den Atomen oder Ionen, die weitgehend regelmäßig im Kristall angeordnet sind. Röntgenbeugung dient der Untersuchung des atomaren Aufbaus von Stoffen.

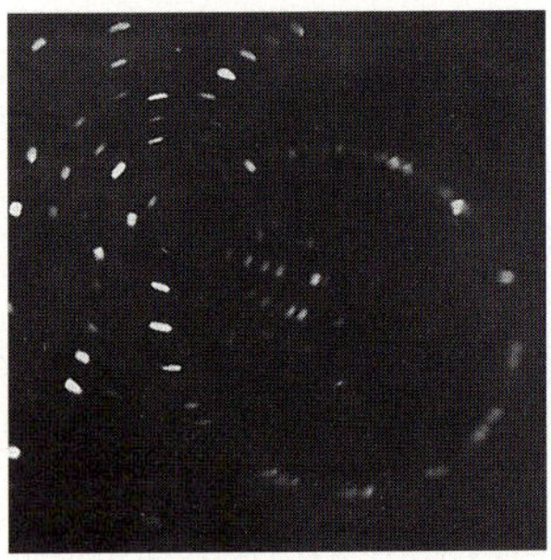

Laue-Diagramm

Braggsche Reflexionsbedingung

Nimmt man an, daß die Röntgenstrahlung an den einzelnen Netzebenen des Kristalls reflektiert wird, so tritt bei der Interferenz dann Verstärkung auf, wenn der Gangunterschied gleich einem Vielfachen der Wellenlänge ist.

$$2b \cdot \sin\alpha = n \cdot \lambda \qquad n = 1, 2, 3, \ldots$$

b Abstand zweier benachbarter Netzebenen
α Winkel zwischen dem Röntgenbündel und der Netzebene (Glanzwinkel)
λ Wellenlänge der Röntgenstrahlung

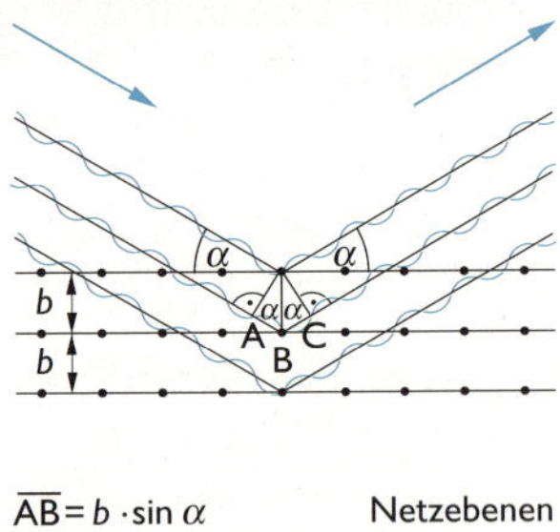

Beugung der Röntgenstrahlung an den Bausteinen eines Kristalls

Besteht die Röntgenstrahlung aus vielen Wellenlängen, so wird jeweils nur der Teil der Strahlung reflektiert, für den die Braggsche Reflexionsbedingung gilt.

Elektromagnetisches Spektrum

Übersicht, in der die verschiedenen elektromagnetischen Wellen nach ihrem Frequenz- bzw. Wellenlängenbereich geordnet sind. Trotz gleichen Wesens der elektromagnetischen Wellen unterscheiden sich ihre Eigenschaften wie Ausbreitung, Durchdringungsfähigkeit und Reflexion in den einzelnen Bereichen beträchtlich.

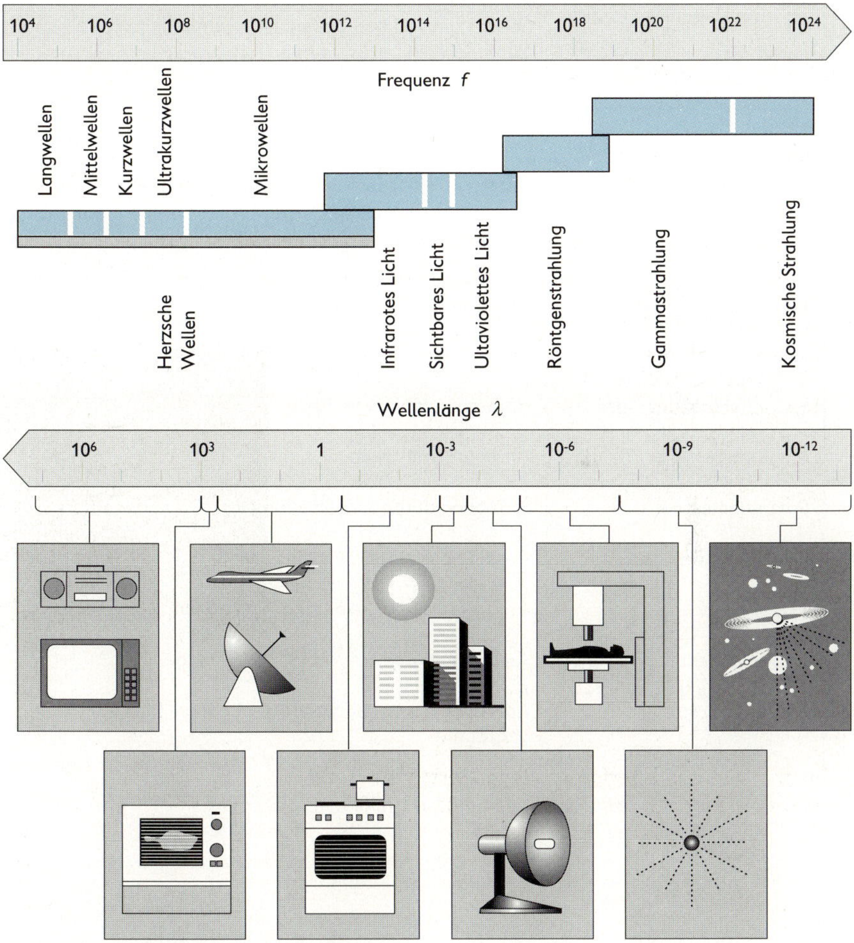

Anwendung der Röntgenstrahlung

Röntgenstrahlung dient der medizinischen Diagnostik, der medizinischen Therapie, der Untersuchung der Struktur von Stoffen, der Analyse der chemischen Zusammensetzung von Stoffen.

Energieumwandlung durch Röntgenstrahlung

Energieart vor der Umwandlung	Erscheinung bei der Umwandlung	Energieart nach der Umwandlung
elektromagnetische Energie (Energie der Röntgenstrahlung)	Leuchten eines Fluoreszenzschirms	Lichtenergie
	Ionisation in Gasen	kinetische Energie
	Schwärzen von Fotopapier Verändern von organischen Zellen	chemische Energie

Lumineszenz

Lichtemission, auch Emission ultravioletter bzw. infraroter Strahlung, von gasförmigen, flüssigen und festen Stoffen, die durch vorangegangene Energieabsorption und Anregung durch die Atome oder Moleküle verursacht wird

Lumineszenzart	Entstehung
Photolumineszenz	Bestrahlung mit Röntgen- oder Ultraviolettstrahlung
Kathodenlumineszenz	Anregung mit Elektronen
Ionolumineszenz	Anregung mit Ionen
Sonolumineszenz	Anregung durch Schallwellen
Radiolumineszenz	Anregung mit radioaktiven Stoffen
Chemolumineszenz	Anregung durch chemische Reaktionen
Tribolumineszenz	Anregung durch mechanische Vorgänge
Biolumineszenz	Anregung durch chemische Reaktionen, bei Lebewesen auftretend

Relativitätstheorie

Spezielle Relativitätstheorie

Gegenstand

Die Relativitätstheorie befaßt sich mit der Unmöglichkeit einer absoluten Raum- und Zeitmessung. Jede Raum- und Zeitmessung ist relativ, da sie vom physikalischen Vorgang und vom gewählten Bezugssystem abhängt.
Die spezielle Relativitätstheorie ist für alle Bezugssysteme gültig, die sich geradlinig gleichförmig zueinander bewegen. Sie stellt eine Erweiterung der klassischen Physik dar.

Bezugssystem

Starre Anordnung von Körpern zur Ortsmessung zusammen mit einer Uhr zur Zeitmessung. In dieses materielle Bezugssystem wird in geeigneter Weise ein Koordinatensystem gelegt.

■ fahrender Zug auf dem Bahndamm

S Bezugssystem ruhender Bahndamm mit den Ortskoordinaten x, y, z
S′ Bezugssystem fahrender Zug mit den Ortskoordinaten x', y', z'

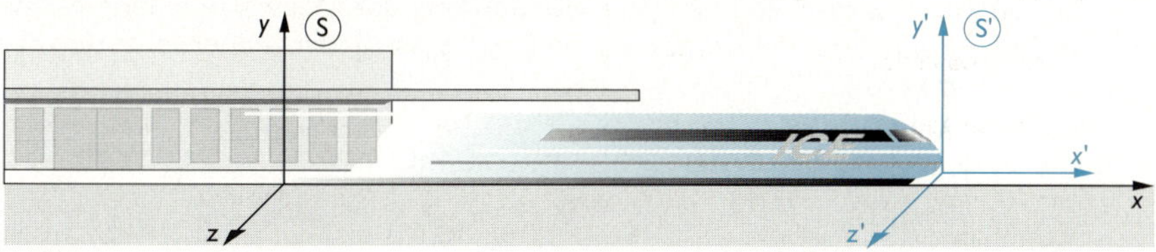

Ereignis

Gesamtheit der Meßwerte einer Orts- und Zeitmessung (x, y, z, t) bzw. (x', y', z', t')

Inertialsystem

Bezugssystem, in dem das Trägheitsgesetz (↗ S. 85) gilt. In ihm ruht oder bewegt sich ein Körper, an dem die Summe aller angreifenden Kräfte null ist, geradlinig gleichförmig. Jedes zu einem Inertialsystem in Ruhe befindliche oder sich geradlinig gleichförmig bewegende Bezugssystem ist ebenfalls ein Inertialsystem.

Klassisches Relativitätsprinzip

Allgemeines, von NEWTON erkanntes, physikalisches Prinzip, das eine Aussage darüber trifft, daß Beobachter, die sich in verschiedenen Inertialsystemen befinden, dieselben physikalischen Grundgesetze feststellen. Kein Inertialsystem zeichnet sich gegenüber einem anderen aus.

Galilei-Transformation

Gleichungen der klassischen Physik zur Überführung der Koordinaten der Orts- und Zeitmessungen für einen Körper, die von zwei verschiedenen Inertialsystemen aus durchgeführt wurden

Bewegt sich das System S′ gegenüber dem System S mit der konstanten Geschwindigkeit v längs der x-Achse, so gilt mit dem absoluten Zeitbegriff der klassischen Physik:

$$t' = t \qquad t = t'$$
$$x' = x - v \cdot t \qquad x = x' + v \cdot t$$
$$y' = y \qquad y = y'$$
$$z' = z \qquad z = z'$$

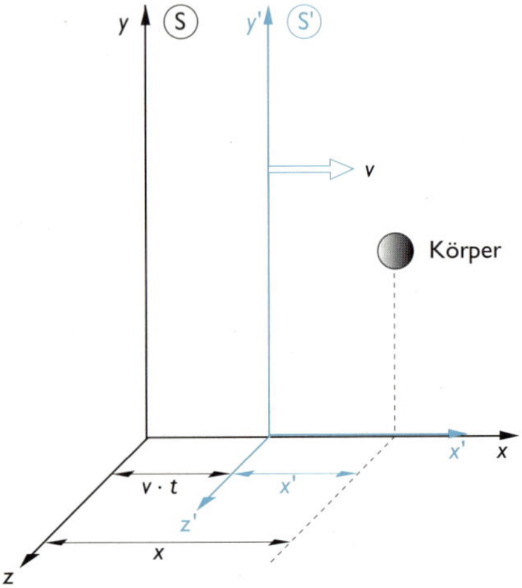

t'	Zeitkoordinate im bewegten System S′
t	Zeitkoordinate im ruhenden System S
x', y', z'	Ortskoordinaten im bewegten System S′
x, y, z	Ortskoordinaten im ruhenden System S
v	konstante Geschwindigkeit des Systems S′ im System S

6

Klassische Addition der Geschwindigkeiten

Gleichung der klassischen Physik zur Überführung der Meßwerte einer Geschwindigkeitsmessung für einen Körper, die von zwei verschiedenen Inertialsystemen aus durchgeführt wird

- Beobachter im ruhenden System S

$$u' = u - v \qquad u = u' + v$$

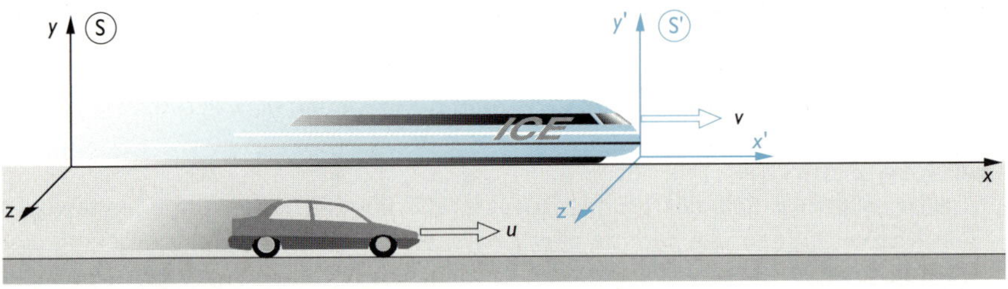

u' Geschwindigkeit des Körpers (Auto) vom System S′ (Zug) aus gemessen
u Geschwindigkeit des Körpers (Auto) vom System S (Bahndamm) aus gemessen
v Geschwindigkeit des Systems S′ (Zug) im System S (Bahndamm)

Jede Geschwindigkeitsmessung ist relativ.

Michelson-Versuch

Von MICHELSON 1881 erstmalig durchgeführter Versuch, der den experimentellen Beweis liefert, daß weder die Galilei-Transformation noch das klassische Additionsgesetz der Geschwindigkeiten bei allen physikalischen Vorgängen Gültigkeit besitzen.

Durch die Bewegung der Experimentieranordnung mit der Erde ($v \approx 30\ \text{km} \cdot \text{s}^{-1}$) würde das Licht für das Zurücklegen der gleich langen Wege l zwischen A und B bzw. A und C unterschiedliche Zeiten benötigen, wodurch im Fernrohr F eine Interferenzerscheinung zu beobachten wäre. Beim Drehen der Anordnung um 90° müßte eine Verschiebung der Interferenzstreifen eintreten. Diese, durch klassische Berechnungen vorausgesagte, Verschiebung der Interferenzstreifen wird aber nicht beobachtet.

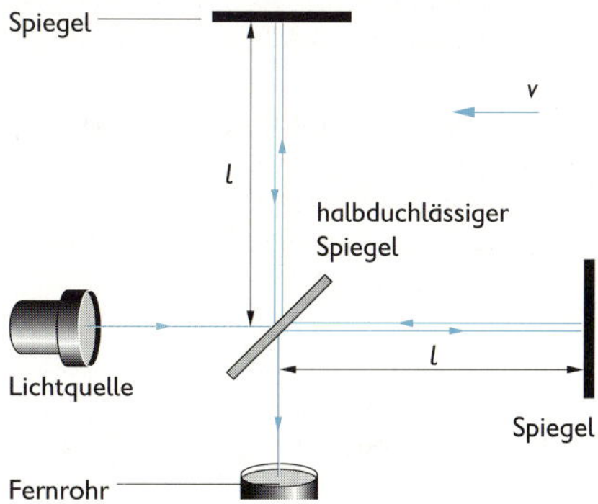

Relativistisches Relativitätsprinzip

Von EINSTEIN 1905 entwickeltes Prinzip, das das klassische Relativitätsprinzip durch das Prinzip der Konstanz der Vakuumlichtgeschwindigkeit erweitert. Damit kann auch das Ergebnis des Michelson-Versuches physikalisch erklärt werden.

6

Prinzip von der Konstanz der Vakuumlichtgeschwindigkeit

Allgemeine physikalische Erkenntnis, die besagt, daß die Lichtgeschwindigkeit c im Vakuum von jedem Inertialsystem aus gemessen stets den gleichen Wert hat (Lichtgeschwindigkeit hier synonym für die Ausbreitung elektromagnetischer Wellen)

Lorentz-Transformation

Gleichungen, die sich aus der Berücksichtigung des Prinzips der Konstanz der Vakuumlichtgeschwindigkeit ergeben, zur Überführung der Koordinaten der Orts- und Zeitmessung für einen Körper, die von zwei verschiedenen Inertialsystemen aus durchgeführt werden. Kennzeichnend für die Lorentz-Transformation ist im Gegensatz zur klassischen Physik (Galilei-Transformation) die Transformation der Zeit.

Betrachtet man nur Bewegungen in x-Richtung (Es gilt also stets $y' = y$ und $z' = z$.), so gelten folgende Gleichungen:

$$t' = \frac{t - \frac{v}{c^2} \cdot x}{\sqrt{1 - \frac{v^2}{c^2}}} \qquad t = \frac{t' + \frac{v}{c^2} \cdot x'}{\sqrt{1 - \frac{v^2}{c^2}}}$$

$$x' = \frac{x - v \cdot t}{\sqrt{1 - \frac{v^2}{c^2}}} \qquad x = \frac{x' + v \cdot t'}{\sqrt{1 - \frac{v^2}{c^2}}}$$

- t' Zeit, zu der sich der Körper im bewegten System S′ am Ort x' befindet
- x' Ort, an dem sich der Körper im System S′ zur Zeit t' befindet
- t Zeit, zu der sich der Körper im ruhenden System S am Ort x befindet
- x Ort, an dem sich der Körper im System S zur Zeit t befindet
- v konstante Geschwindigkeit des Systems S′ im System S

Hinweis: Bei der Umstellung der Gleichungen der Lorentz-Transformation gelten als Folge der Gleichwertigkeit aller Bezugssysteme nicht die Regeln der Algebra, sondern spezielle relativistische Vertauschungsregeln:
1. v wird durch - v ersetzt und umgekehrt
2. Vertauschung von gestrichenen und ungestrichenen Größen
(siehe linke und rechte Seite der Lorentz-Transformation)

Zusammenhang von klassischer Physik und spezieller Relativitätstheorie

Die Gleichungen der Lorentz-Transformation gehen durch den Faktor $\frac{1}{\sqrt{1-\frac{v^2}{c^2}}}$ für $v \ll c$ in die Gleichungen der Galilei-Transformation über.

Die klassische Physik stellt für kleine Geschwindigkeiten einen Sonderfall der umfassenderen Theorie, der speziellen Relativitätstheorie, dar.

Da der Radikand im Nenner des Terms nicht negativ werden darf, gilt auch:

Die Vakuumlichtgeschwindigkeit c stellt die obere Grenze für die Geschwindigkeit von Körpern (und damit auch Bezugssystemen) dar.

6

Relativität der Zeitmessung (Zeitdilatation)

Physikalische Erkenntnis, daß ein Beobachter für einen Vorgang, der an einem relativ zu ihm bewegten Ort stattfindet, eine größere Zeitdauer mißt als ein Beobachter, der relativ am Ort des Vorganges ruht

$$\Delta t' = \frac{\Delta t}{\sqrt{1-\frac{v^2}{c^2}}}$$

- $\Delta t'$ Zeitdauer eines physikalischen Vorganges, der im ruhenden System S stattfindet, vom bewegten System S′ aus gemessen
- Δt Zeitdauer des gleichen Vorganges im ruhenden System S
- v konstante Geschwindigkeit des Systems S′ im ruhenden System S
- c Lichtgeschwindigkeit im Vakuum

Mit der relativistischen Vertauschungsregel ergibt sich:

$$\Delta t = \frac{\Delta t'}{\sqrt{1-\frac{v^2}{c^2}}}$$

- Δt Zeitdauer eines physikalischen Vorganges, der im bewegten System S′ stattfindet, vom ruhenden System S aus gemessen
- $\Delta t'$ Zeitdauer des gleichen Vorganges im bewegten System S′
- v konstante Geschwindigkeit des Systems S′ im ruhenden System S
- c Lichtgeschwindigkeit im Vakuum

Bei Messungen vom jeweils anderen System aus ermittelt man stets eine größere Zeitdauer für einen physikalischen Vorgang als der Beobachter in dem System, in dem der Vorgang stattfindet.

- Müonenzerfall in der Erdatmosphäre
  Müonen sind instabile Elementarteilchen, die durch den Einfluß der kosmischen Strahlung in 18 km Höhe über der Erdoberfläche entstehen.
  Im ruhenden Laborsystem haben die Müonen eine Zerfallsdauer $\Delta t = 2{,}16 \cdot 10^{-3}$ s. Sie könnten bei dieser Zerfallsdauer aus ihrer Höhe niemals die Erdoberfläche erreichen. Bei einer Müonengeschwindigkeit von $v = 0{,}9995\,c$ gegenüber der Erde mißt ein Beobachter auf der Erde eine Zerfallsdauer von $\Delta t' = 30 \cdot \Delta t$. Dadurch wird erklärbar, warum Müonen an der Oberfläche der Erde beobachtet werden.

Relativität der Längenmessung (Längenkontraktion)

Physikalische Erkenntnis, daß für einen Beobachter die Länge eines relativ zu ihm bewegten Körpers in der Bewegungsrichtung kleiner ist als für einen Beobachter, in dessen System der Körper ruht

$$\Delta x' = \Delta x \cdot \sqrt{1 - \frac{v^2}{c^2}}$$

bzw.

$$l' = l \cdot \sqrt{1 - \frac{v^2}{c^2}}$$

$\Delta x' = l'$	Längenausdehnung eines Körpers, der sich im ruhenden System S befindet, vom bewegten System S′ aus gemessen
$\Delta x = l$	Längenausdehnung des gleichen Körpers im ruhenden System S
v	konstante Geschwindigkeit des Systems S′ im ruhenden System S
c	Lichtgeschwindigkeit im Vakuum

Mit der relativistischen Vertauschungsregel ergibt sich:

$$\Delta x = \Delta x' \cdot \sqrt{1 - \frac{v^2}{c^2}}$$

bzw.

$$l = l' \cdot \sqrt{1 - \frac{v^2}{c^2}}$$

$\Delta x = l$	Längenausdehnung eines Körpers, der sich im bewegten System S′ befindet, vom ruhenden System S aus gemessen
$\Delta x' = l'$	Längenausdehnung des gleichen Körpers im bewegten System S′
v	konstante Geschwindigkeit des Systems S′ im ruhenden System S
c	Lichtgeschwindigkeit im Vakuum

Bei Messungen vom jeweils anderen System aus ermittelt man stets eine kleinere Längenausdehnung für einen Körper als der Beobachter in dem System, in dem der Vorgang stattfindet.

- Der Müonenzerfall kann auch mit der Längenkontraktion erklärt werden. Im Bezugssystem des Müons beträgt die Zerfallsdauer $\Delta t = 2{,}16 \cdot 10^{-3}$ s. Von diesem Bezugssystem aus gemessen tritt jedoch eine Längenkontraktion ein, wodurch nur eine Wegstrecke von l = 600 m gemessen wird (gegenüber 18 km für den Erdbeobachter).

Optischer Dopplereffekt

Physikalische Erscheinung bei elektromagnetischen Wellen, die besagt, daß bei hoher Relativgeschwindigkeit zwischen Sender und Empfänger der Empfänger eine andere Frequenz mißt, als der Sender ausstrahlt

Da kein ausgezeichnetes (ruhendes) Bezugssytem wie bei klassischen Schallwellen existiert, gilt beim relativistischen optischen Dopplereffekt auch eine andere Gleichung als beim akustischen Dopplereffekt.

Für einen bewegten Sender und einen ruhenden Empfänger gilt:

$$f_E = f_S \cdot \sqrt{\frac{1 - \frac{v}{c}}{1 + \frac{v}{c}}}$$

f_E gemessene Frequenz beim Empfänger
f_S vom Sender abgestrahlte Frequenz
v konstante Geschwindigkeit des Senders gegenüber dem ruhenden Empfänger
c Lichtgeschwindigkeit im Vakuum

Für die vom ruhenden Empfänger gemessene Wellenlänge gilt:

$$\lambda_E = \lambda_S \cdot \sqrt{\frac{1 + \frac{v}{c}}{1 - \frac{v}{c}}}$$

λ_E gemessene Wellenlänge beim Empfänger
λ_S vom Sender abgestrahlte Wellenlänge
v konstante Geschwindigkeit des Senders gegenüber dem ruhenden Empfänger
c Lichtgeschwindigkeit im Vakuum

6

Bei einer Fluchtbewegung ($v > 0$) erhöht sich stets die Wellenlänge.

- Rotverschiebung der Spektrallinien im Licht weit entfernter Sterne (Galaxien) dient zur Bestimmung von deren Fluchtgeschwindigkeit.

Relativistische Addition der Geschwindigkeiten

Physikalisches Gesetz, das sich aus der Lorentz-Transformation ergibt und Geschwindigkeiten von Körpern größer als die Vakuumlichtgeschwindigkeit ausschließt

- Beobachter im ruhenden System

u' im bewegten System S′ gemessene Geschwindigkeit des Körpers
u im ruhenden System S gemessene Geschwindigkeit des Körpers
v konstante Geschwindigkeit des Systems S′ im ruhenden System S
c Lichtgeschwindigkeit im Vakuum

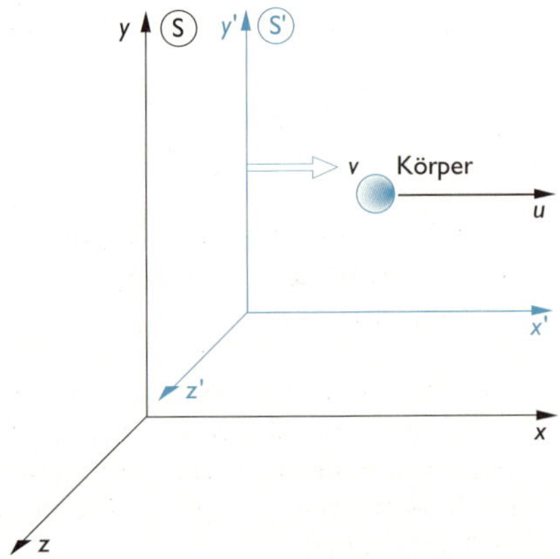

$$u' = \frac{u - v}{1 - \frac{u \cdot v}{c^2}}$$

Mit der relativistischen Vertauschungsregel ergibt sich:

$$u = \frac{u' + v}{1 + \frac{u' \cdot v}{c^2}}$$

- Werden von der Erde aus zwei Raketen beobachtet, die sich mit 0,6 c nach links bzw. mit 0,8 c nach rechts bewegen, so mißt ein Beobachter in einer Rakete nicht etwa eine gegenseitige Relativgeschwindigkeit von 1,4 c, sondern nur 0,946 c.
  Bestimmung der Lichtgeschwindigkeit in strömenden Flüssigkeiten

Relativität der Masse

Physikalische Erscheinung der ständigen Vergrößerung der trägen Masse eines Körpers bei größer werdender Geschwindigkeit
Diese Erscheinung ist der Grund für die Tatsache, daß ein Körper nie die Vakuumlichtgeschwindigkeit erreichen kann.

$$m(v) = \frac{m_0}{\sqrt{1 - \frac{v^2}{c^2}}}$$

$m(v)$ träge Masse eines bewegten Körpers vom ruhenden System S aus gemessen (Impulsmasse)
m_0 träge Masse eines Körpers im Ruhezustand (Ruhmasse)
v konstante Geschwindigkeit des Körpers (System S′) im ruhenden System S
c Lichtgeschwindigkeit im Vakuum

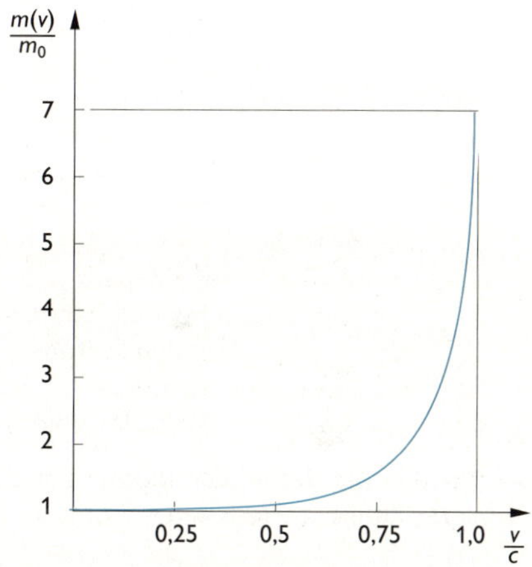

- Durch die Erhöhung der trägen Masse geraten Elektronen in einem Zyklotron (↗ S. 318) bei zu hohen Umlaufgeschwindigkeiten „außer Takt". Das wird im Synchrotron durch eine Änderung der Frequenz der angelegten Wechselspannung verhindert.

Relativistische kinetische Energie

Physikalische Größe, die eine Erweiterung der klassischen kinetischen Energie (↗ S. 94) darstellt, indem die Relativität der Masse mit berücksichtigt wird

$$E_{kin,\,rel} = \frac{m_0 \cdot c^2}{\sqrt{1 - \frac{v^2}{c^2}}} - m_0 \cdot c^2$$

$E_{kin,rel}$ relativistische kinetische Energie eines bewegten Körpers vom ruhenden System S aus gemessen
m_0 Ruhmasse eines Körpers
v konstante Geschwindigkeit des Körpers im ruhenden System S
c Lichtgeschwindigkeit im Vakuum

Diese Gleichung für die relativistische kinetische Energie berücksichtigt die auch experimentell gesicherte Erkenntnis, daß trotz dauerndem Wirken einer konstanten Kraft ein Körper keine beliebig große kinetische Energie erhalten kann.

- Jede Beschleunigungsanlage hat für ein bestimmtes Elementarteilchen eine Höchstenergie. So erreichen Elektronen in einem Zyklotron höchstens eine kinetische Energie von 50 MeV.

Für $v \ll c$ geht die obige Gleichung in die aus der klassischen Physik bekannte Gleichung $E_{kin} = \frac{1}{2} m \cdot v^2$ über.

Relativistischer Impuls

Physikalische Größe, die eine Erweiterung des klassischen Impulses (↗ S. 98) darstellt, indem die Relativität der Masse berücksichtigt wird

$$p_{rel} = m(v) \cdot v = \frac{m_0}{\sqrt{1 - \frac{v^2}{c^2}}} \cdot v$$

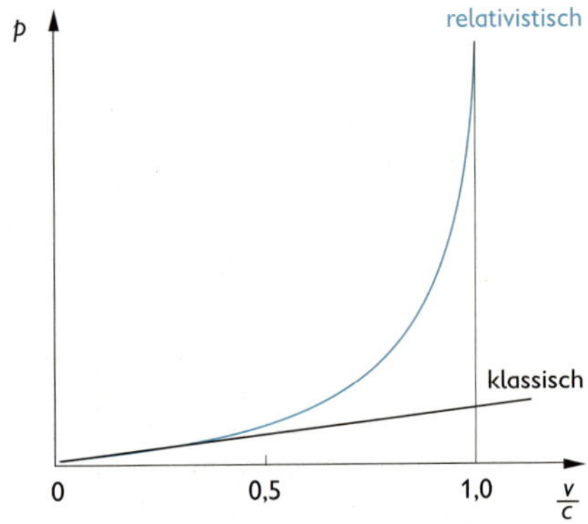

p_{rel} relativistischer Impuls eines Körpers vom ruhenden System S aus gemessen
$m(v)$ Impulsmasse des Körpers
v konstante Geschwindigkeit des Körpers im ruhenden System S
m_0 Ruhmasse des Körpers
c Lichtgeschwindigkeit im Vakuum

- Anwendung der Gleichung bei der Berechnung von Stoßvorgängen hochbeschleunigter Elementarteilchen

Äquivalenz von Masse und Energie

Physikalische Erkenntnis, daß jeder Form von Energie eine Masse zuzuordnen ist (und umgekehrt)

$$E = m \cdot c^2$$

E Gesamtenergie
m Impulsmasse
c Lichtgeschwindigkeit im Vakuum

EINSTEIN gewann diese Erkenntnis durch Umformung der Gleichung für die relativistische kinetische Energie.

$$\frac{m_0 \cdot c^2}{\sqrt{1 - \frac{v^2}{c^2}}} = E_{kin,rel} + m_0 \cdot c^2$$

Gesamtenergie $m \cdot c^2$ = relativistische kinetische Energie + Ruhenergie $m_0 \cdot c^2$

Der Ruhmasse m_0 eines Körpers muß die Ruhenergie $m_0 \cdot c^2$ zugeordnet werden. Physikalische Objekte, die sich mit der Vakuumlichtgeschwindigkeit c ausbreiten (z. B. Photonen), können keine Ruhmasse m_0 haben.

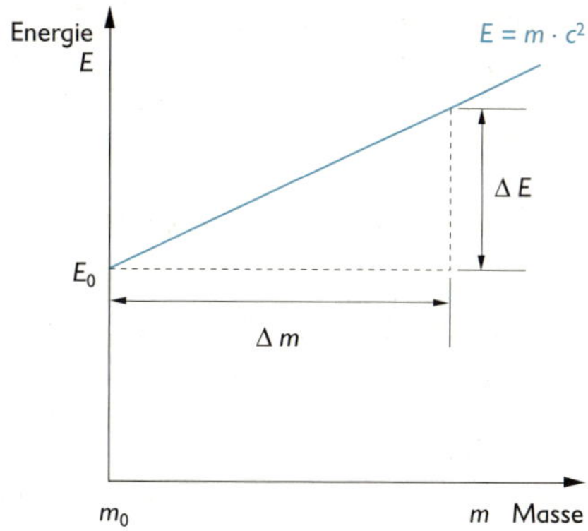

- Massedefekt und Bindungsenergie
  Energiefreisetzung bei Kernspaltung und Kernfusion (↗ S. 330, 332)
  Zerstrahlung und Paarvernichtung (↗ S. 315)

Aus der Äquivalenz von Masse und Energie ergibt sich die Notwendigkeit, das klassische Gesetz von der Erhaltung der Masse (↗ S. 295) und das ebenfalls klassische Gesetz von der Erhaltung der Energie (↗ S. 95) zu einem einzigen Gesetz unter Beachtung der Gleichung $E = m \cdot c^2$ zu verbinden.

Allgemeine Relativitätstheorie

Physikalische Theorie, die eine Erweiterung der speziellen Relativitätstheorie darstellt, indem auch Bezugssysteme betrachtet werden, die zueinander beschleunigt sind, zwischen denen also Kräfte auftreten

Grundlage der allgemeinen Relativitätstheorie

Mit einem physikalischen Experiment kann kein Unterschied zwischen Gravitationskräften und Trägheitskräften demonstriert werden.
Die Kräfte sind experimentell nicht zu unterscheiden.

Äquivalenzprinzip

Physikalische Erkenntnis von der Gleichheit von schwerer und träger Masse

$$m_{\text{schwer}} = m_{\text{träge}}$$

m_{schwer} schwere Masse, die z. B. Gravitationsfelder hervorruft
$m_{\text{träge}}$ träge Masse, die einen Widerstand gegenüber der Änderung der Geschwindigkeit hervorruft

Äquivalenz von Masse und Raumgeometrie

Wichtigste Erkenntnis der allgemeinen Relativitätstheorie, durch die die Geometrie des Raumes mit den dort vorhandenen Massen verknüpft wird (Raumkrümmung in Gravitationsfeldern)

Schlußfolgerungen

– Ablenkung eines Lichtstrahls in einem Gravitationsfeld

■ Ablenkung von Lichtbündeln unmittelbar am Sonnenrand

$$\delta = \frac{4\gamma \cdot m_S}{c^2 \cdot r_S^2}$$

$$\delta = 1{,}74''$$

γ Gravitationskonstante
m_S Masse der Sonne
c Lichtgeschwindigkeit im Vakuum
r_s Radius der Sonne

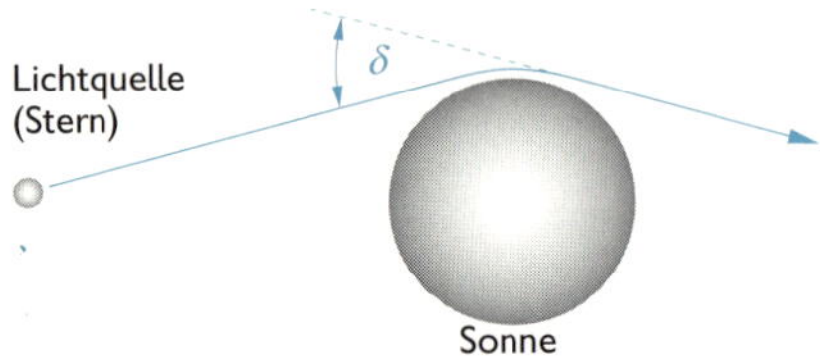

Die seit 1919 durchgeführten Messungen ergaben für den Ablenkwinkel Werte, die zwischen 1,61″ und 2,01″ liegen.

– Verkürzung von Maßstäben im Gravitationsfeld
– Verlangsamung des Ganges von Uhren im Gravitationsfeld

■ Mit Hilfe der modernen Satellitentechnik konnte nachgewiesen werden, daß eine Uhr an der Erdoberfläche (stärkeres Gravitationsfeld) langsamer geht als eine Vergleichsuhr im Satelliten (geringeres Gravitationsfeld)

6

– keine Konstanz der Vakuumlichtgeschwindigkeit im Gravitationsfeld
– Gravitations-Rotverschiebung (Vergrößerung der Wellenlänge einer elektromagnetischen Welle, die beim Austritt gegen die Gravitationskraft eines Sterns Arbeit verrichten muß und dabei Energie verliert.)

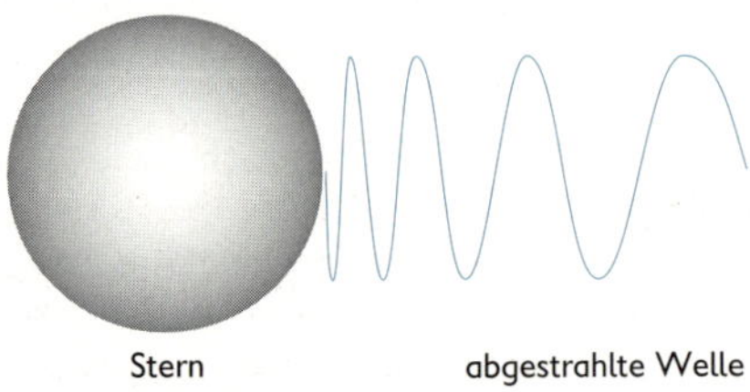

■ Für die Erde ergibt sich bei 10 m Höhenunterschied eine relative Frequenzänderung $\Delta f/f \approx 10^{-15}$. Bei einem Versuch im Turm der Harvard-University wurde mit Gammastrahlen des Eisennuklids $^{57}_{26}$Fe diese Frequenzänderung bestätigt.

– Periheldrehung bei Planeten (Drehung der großen Halbachse der Bahnellipse eines Planeten)
Dadurch beschreibt der sonnennächste Punkt, das Perihel, einen Kreis um die Sonne und der Planet durchläuft im Laufe der Zeit eine Rosettenbahn.

■ Besonders stark ist die Periheldrehung beim Merkur als dem sonnennächsten Planeten. Erst unter Beachtung der Raumkrümmung durch die Sonne stimmten die Meßwerte mit der Theorie überein.

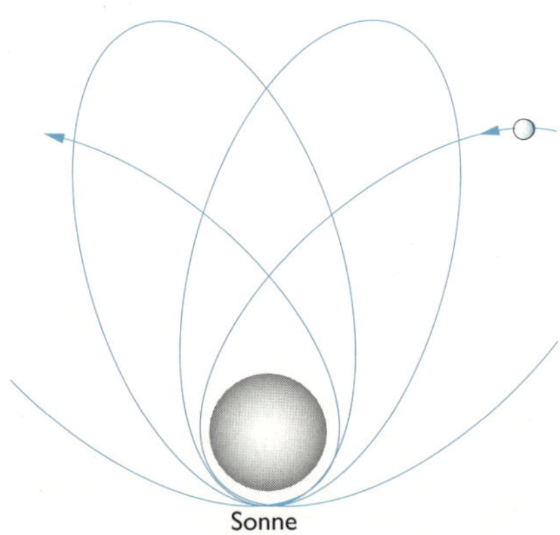

Atom- und Quantenphysik

ENTWICKLUNG DER ATOMVORSTELLUNG

Atom

Teilchen, aus denen die chemischen Elemente aufgebaut sind. Sie können durch chemische Reaktionen nicht zerlegt werden. Atome bestehen aus Atomkern und Atomhülle. Im Atom ist die Anzahl der Elektronen in der Atomhülle gleich der Anzahl der Protonen im Atomkern. Das Atom ist nach außen hin elektrisch neutral.

Atomdurchmesser $d_{\text{Atom}} \approx 10^{-10}$ m ↗ Atomkern, S. 318

Atomhülle

Raum, der durch alle zu einem Atom gehörenden Elektronen gebildet wird. Die Elektronen sind in der Atomhülle nach ihrer Energie geordnet. Elektronen mit annähernd gleicher Energie werden gleichen Energieniveaus zugeordnet. Räume des wahrscheinlichen Aufenthalts von Elektronen mit gleichem Energieniveau werden als Elektronenschalen bezeichnet.

↗ Elektronenschalen, S. 299

Belege für die Existenz der Atome

Gesetz von der Erhaltung der Masse

Bei jeder chemischen Reaktion ist die Gesamtmasse der Ausgangsstoffe gleich der Gesamtmasse der Reaktionsprodukte (LOMONOSSOW 1744, LAVOISIER 1785).

Gesetz von den konstanten Proportionen

Die Elemente verbinden sich miteinander in einem bestimmten, konstanten Massenverhältnis (PROUST 1799).

Gesetz der multiplen Proportionen (Daltonsches Gesetz)

Bilden zwei oder mehrere Elemente verschiedene Verbindungen, so stehen die Massen des einen Elements, bezogen auf eine konstante Masse des anderen Elements, im Verhältnis kleiner, ganzer Zahlen (DALTON 1808).

Verbindung	N_2O	NO	N_2O_3	NO_2	N_2O_5
Masse Stickstoff verbunden mit Masse Sauerstoff	14 g 8 g	14 g 16 g	14 g 24 g	14 g 32 g	14 g 40 g
Verhältnis der Massen Sauerstoff zueinander	1 :	2 :	3 :	4 :	5

Volumengesetz von GAY-LUSSAC
Die Volumen miteinander reagierender oder bei einer Reaktion entstehender Gase stehen im Verhältnis kleiner ganzer Zahlen (GAY-LUSSAC 1809).

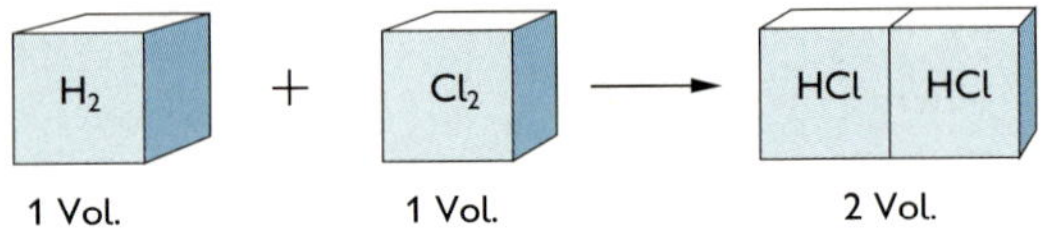

Gesetz von AVOGADRO
Gleiche Volumen aller Gase enthalten bei gleicher Temperatur und gleichem Druck die gleiche Anzahl von Teilchen (AVOGADRO 1811).

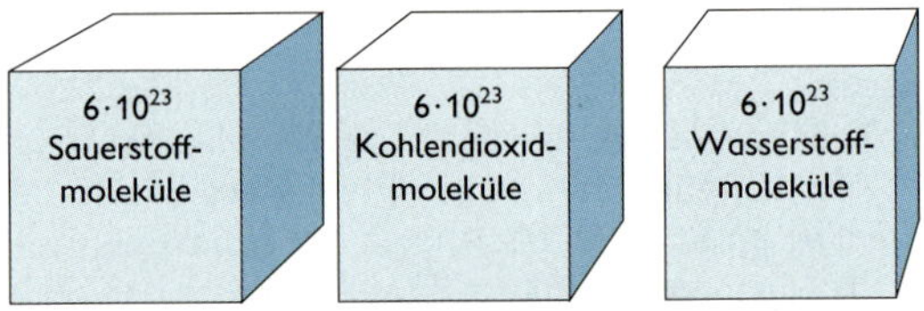

Atomismus der Antike

Propagiert die Vorstellung vom Aufbau der Materie aus kleinsten Teilchen, den Atomen (atomos: unteilbar). Dieser Atombegriff war ein spekulativer Denkansatz zur Beantwortung philosophischer Fragen. Die Chemie des 19. Jahrhunderts lieferte erste wissenschaftliche Belege für die Existenz der Atome.
↗ experimentelle Belege für die Existenz der Atome, S. 295

Atommodell nach DALTON von 1808

- Die Materie ist aus kleinsten, mit chemischen Methoden nicht weiter zerlegbaren Teilchen, den Atomen, aufgebaut. Die Teilchen sind kugelförmig, gleichmäßig mit Masse gefüllt und vollkommen elastisch (Kugel-Atome).
- Alle Atome eines Elements haben untereinander gleiche Masse und gleiche Größe, während Masse und Größe der Atome zweier verschiedener Elemente sich charakteristisch voneinander unterscheiden.
- Die kleinsten Teilchen einer chemischen Verbindung von Elementen (Moleküle) bestehen aus einer bestimmten Anzahl von Atomen jeden Elements.
- Bei chemischen Reaktionen werden Atome nicht geschaffen und auch nicht zerstört, sondern sie werden nur zu anderen Molekülen umgeordnet.

Leistungsfähigkeit und Grenzen des Daltonschen Atommodells

Übereinstimmung mit der Erfahrung	Grenzen des Modells
Interpretation folgender Gesetze und Vorstellungen: – Gasgesetze – Gesetze und Vorstellungen der kinetischen Wärmetheorie – Gesetz von der Erhaltung der Masse – Gesetz von den konstanten und multiplen Proportionen bei chemischen Reaktionen	Nichtdeutbarkeit folgender Erscheinungen: – elektrische und magnetische Erscheinungen – Ursache für chemische Bindungen, Ionisierung – Ordnung der Elemente im Periodensystem – Elektrolyse

Atommodell nach Thomson von 1904

(Rosinenkuchen-Modell)

Die Daltonschen Kugelatome sind positiv geladen. In bestimmten geometrischen Anordnungen sind Elektronen im Atom eingebettet, so daß das Atom insgesamt elektrisch neutral erscheint.

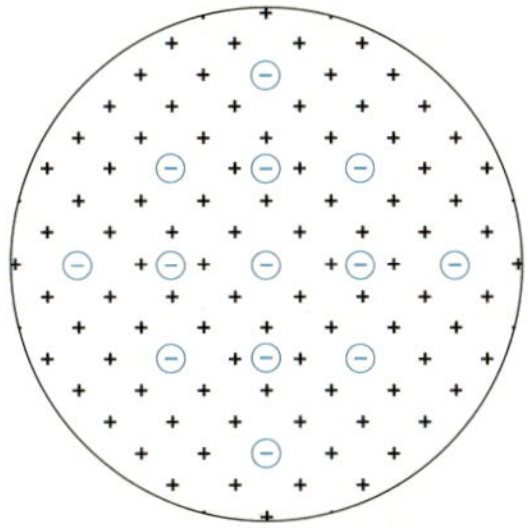

Thomsonsches Rosinenkuchen-Modell

Leistungsfähigkeit und Grenzen des Thomsonschen Atommodells

Übereinstimmung mit der Erfahrung	Grenzen des Modells
Deutbarkeit folgender Erscheinungen: – Ionisierung von Atomen – Elektrolyse – Periodensystem der Elemente	Nichtdeutbarkeit folgender Erscheinungen: – elektromagnetische und optische Erscheinungen – Radioaktivität

Rutherfordsche Streuexperimente von 1911

Von einem radioaktiven Präparat wird ein schmales α-Teilchenbündel ausgeblendet und auf eine extrem dünne (etwa 100 Atomschichten starke) Goldfolie gerichtet. Die Richtungsverteilung der α-Teilchen nach dem Durchgang durch die Folie wird mit Hilfe eines Mikroskops (M) und eines Leuchtschirms (S) beobachtet. Auf ihm rufen die auftreffenden α-Teilchen Lichtblitze hervor. Durch ihr Auszählen kann folgende Winkelverteilung festgestellt werden:

- Die meisten α-Teilchen durchdringen die Folie nahezu geradlinig.
- Einige wenige α-Teilchen werden aus ihrer Richtung stark abgelenkt (gestreut), d. h. praktisch reflektiert.
- Verwendet man Folien unterschiedlichen Materials, so zeigt der Vergleich der Meßreihen, daß die Ablenkung der α-Teilchen von der Ordnungszahl der Atome des Streumaterials abhängig ist.

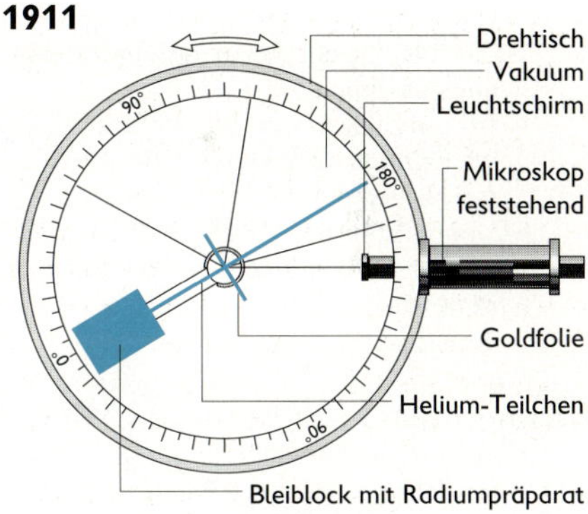

Rutherfordsche Versuchsanordnung

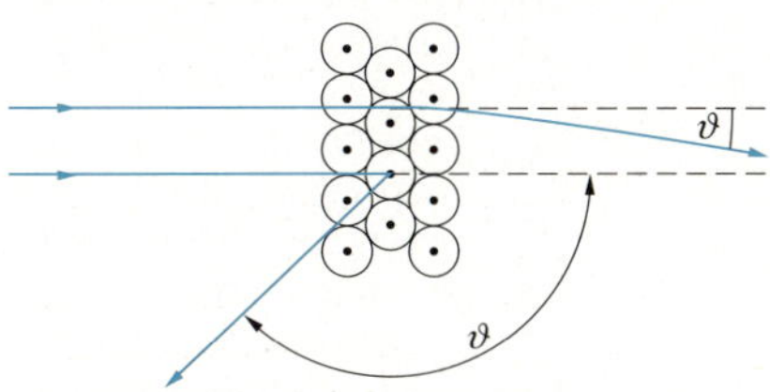

Schematische Darstellung der Streuung von α-Teilchen an Atomkernen

Atommodell nach Rutherford von 1911

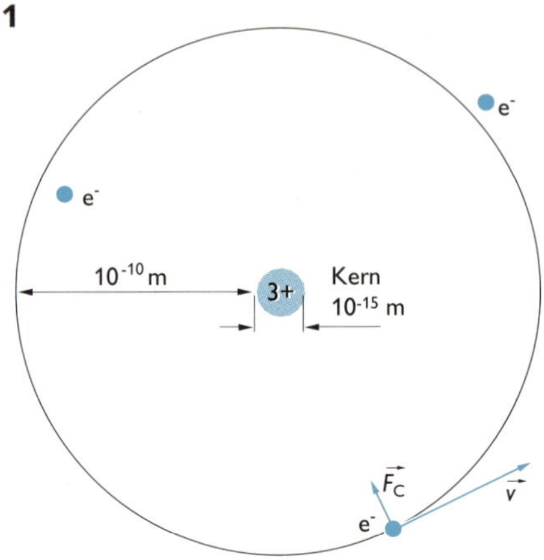

- Das Atom besteht aus Atomkern und Atomhülle.
- Der Atomkern von etwa 10^{-15} m Durchmesser ist positiv geladen und vereinigt in sich fast die gesamte Masse.
- Der Atomkern wird von Elektronen in etwa 10^{-10} m Abstand umkreist. Die notwendige Radialkraft stellt die elektrische Anziehungskraft dar (Coulombkraft F_C).
- Die Gesamtheit der Elektronen bildet die Atomhülle, die mit ihrer negativen Ladung die Kernladung kompensiert.
- Zwischen Atomkern und Atomhülle befindet sich leerer Raum.

Leistungsfähigkeit und Grenzen des Rutherfordschen Atommodells

Übereinstimmung mit der Erfahrung	Grenzen des Modells
– Atome sind keine einfachen Kügelchen, sondern kompliziert zusammengesetzte Gebilde, die aus Atomkern und Atomhülle bestehen. – Atommodell erklärt alle experimentellen Befunde beim Durchgang von β- und α-Teilchen durch Metallfolien. – Übereinstimmung der Kernladungszahl mit der Ordnungszahl des Elements im Periodensystem.	– Atommodell ist mit der Existenz stabiler Atome nicht vereinbar. Es widerspricht den Gesetzen der klassischen Elektrodynamik. – Erklärt nicht die Ergebnisse der Spektroskopie (Emission von Licht). – Erklärt nicht die Ursache für chemische Bindungen.

7

Atommodell nach Bohr von 1913

1. Postulat (Stabilitätsbedingung): Die Elektronen können nur auf bestimmten Bahnen um den Atomkern laufen. Jede Bahn entspricht einer Energiestufe (diskrete Energiezustände) des Atoms. In diesen Zuständen emittiert bzw. absorbiert das Atom keine Energie.

2. Postulat (Frequenzbedingung): Vollzieht ein Elektron einen Wechsel vom Energiezustand E_n zum niedrigeren Energiezustand E_m, so wird die Energiedifferenz als Lichtquant der Frequenz f abgestrahlt. Es gilt: $h \cdot f = E_n - E_m$. Bei Absorption von Energie springt das Elektron auf eine energiereichere Außenbahn.

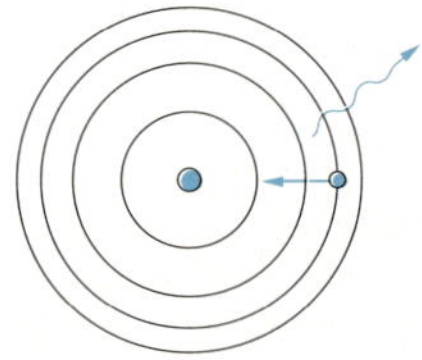

Emission $\Delta E = h \cdot f$

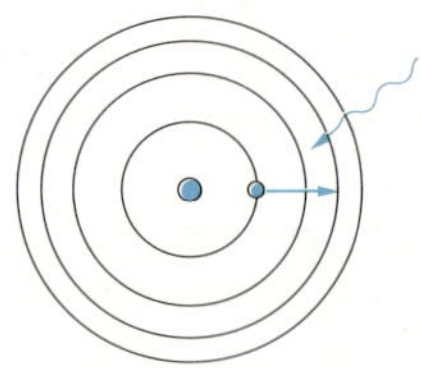

Absorbtion ΔE

Leistungsfähigkeit und Grenzen des Bohrschen Atommodells

Übereinstimmung mit der Erfahrung	Grenzen des Modells
– Grenzen der klassischen Physik werden aufgezeigt (diskrete Bahnen) – Alle Emissions- und Absorptionsquanten können als Energieänderungen des betreffenden Elektrons erklärt werden. – Nachweis der postulierten, diskreten Energieniveaus durch den Franck-Hertz-Versuch (↗ S. 310) – Spektren des Wasserstoffs und der wasserstoffähnlichen Ionen (z. B. He^{+}, Li^{2+}) sowie Ioniersierungsenergien lassen sich berechnen. – Bahnradius (n = 1) des Wasserstoffatoms wird größenordnungsmäßig richtig bestimmt (Vergleich mit gaskinetischen Messungen). – Rydberg-Frequenz kann durch die Berechnung der Energieniveaus des H-Atoms auf Naturkonstanten zurückgeführt werden. – Charakteristischen Röntgenstrahlung nach dem Moseleyschen Gesetz ist berechenbar geworden.	– Postulate erscheinen als willkürliche Zusatzforderungen an ein aus der Mechanik unverändert übernommenes Teilchenbild. Für die Postulate kann keine zwingende Begründung gegeben werden. – Das strahlungslose Umlaufen der Elektronen auf bestimmten Bahnen widerspricht den Gesetzen der Elektrodynamik. – Modell versagt bei Mehrelektronensystemen (z. B. Helium). – Zur Erklärung des vom Wasserstoffatom emittierten Linienspektrums ist in diesem Modell der Bahnbegriff notwendig. Dieser erweist sich infolge der Heisenbergschen Unbestimmtheitsrelation (↗ S. 305) als unbrauchbar. – Für die Feinstruktur der Spektrallinien kann keine Erklärung gegeben werden.

Elektronenschalen

Räume des wahrscheinlichen Aufenthaltes von Elektronen, die ein gleiches Energieniveau haben. Jede Elektronenschale kann eine bestimmte maximale Anzahl von Elektronen aufnehmen. Allgemein gilt, daß die n-te Schale $2 \cdot n^2$ Elektronen aufnehmen kann.

Energieniveaus der Atomhülle

Energiezustände, in denen sich ein Atom befinden kann. Zu jedem Energieniveau gehört eine bestimmte Anzahl von Elektronen.

Energieniveaus lassen sich auf Grund feiner Unterschiede in die Unterniveaus s (sharp), p (principal), d (diffuse) und f (fundamental) aufteilen. Die Elektronen, die zu diesen Unterniveaus gehören, heißen s-, p-, d- beziehungsweise f-Elektronen.

Energieniveau	Höchstanzahl der Elektronen
1	$2 \cdot 1^2 = 2$
2	$2 \cdot 2^2 = 8$
3	$2 \cdot 3^2 = 18$
4	$2 \cdot 4^2 = 32$

7

Energieniveau		Unterniveau	
Bezeichnung	Maximale Elektronenzahl	Bezeichnung	Maximale Elektronenzahl
1	2	1s	2
2	8	2s 2p	2 6
3	18	3s 3p 3d	2 6 10
4	32	4s 4p 4d 4f	2 6 10 14

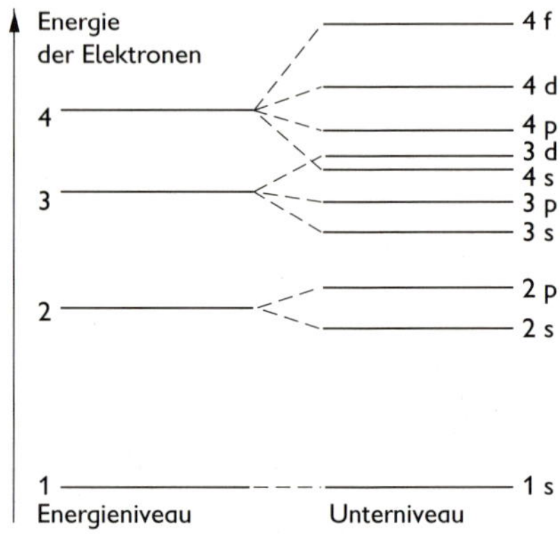

Veranschaulichung der Energieniveaus und deren Unterniveaus

Grundzustand. Energetisch stabiler Zustand, wenn das Atom keinen starken äußeren Einflüssen (z. B. hohe Temperatur) unterliegt. In diesem Zustand kann das Atom beliebig lange verharren.

Angeregter Zustand. Energetisch instabiler Zustand, in den das Atom z. B. durch Aufnahme von Stoßenergie anderer Atome gerät, ohne daß sich die kinetische Energie des Atoms wesentlich ändert. In diesem Zustand kann das Atom nur kurzzeitig verbleiben. Das angeregte Atom geht unter Energieabgabe sofort in den Grundzustand zurück.

Energieniveauschema (Termschema)

Grafische Darstellung der Energiezustände der Atomhülle. Auf der Ordinatenachse sind die einzelnen diskreten Energiezustände E_1 (Grundzustand), E_2, E_3, E_4 usw. (angeregte Zustände) aufgetragen und durch waagerechte Linien markiert. Die Abstände zwischen den Linien entsprechen der Energie, die zugeführt oder abgegeben wird, wenn das Atom von dem einen Energiezustand in den anderen übergeht.

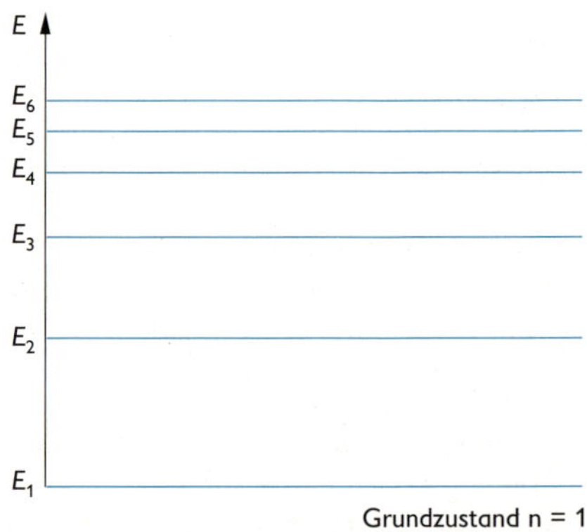

Energieniveauschema des Wasserstoffatoms

Energieniveauschema des Wasserstoffs

Grafische Darstellung der Energiezustände des Wasserstoffatoms. Das Schema ermöglicht es, die Anordnung der Linien im Wasserstoffspektrum zu erklären. Die Aufnahme von Energie wird durch Pfeile in Richtung größerer Ordinatenwerte dargestellt, die Abgabe durch Pfeile in Richtung kleinerer Ordinatenwerte. Jedem Pfeil entspricht eine Spektrallinie. Für ihre Frequenz gilt $f = E : h$.

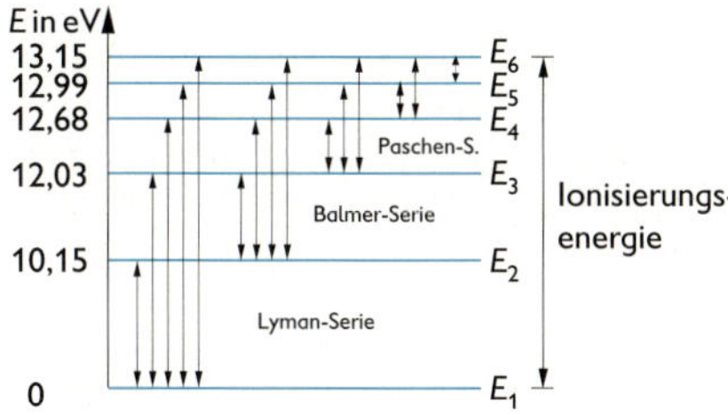

Mögliche Änderungen der Energiezustände des Wasserstoffatoms

Ordnungsprinzipien des Periodensystems

- Ordnungszahl gleich Kernladungszahl gleich Anzahl der Elektronen in der Atomhülle im nicht ionisierten Zustand
- In einer Atomhülle können nicht zwei Elektronen in allen vier Quantenzahlen übereinstimmen (Pauli-Prinzip).
- Im Grundzustand besetzen die Elektronen diejenigen Zustände, deren zugeordnete Energie am niedrigsten ist.

Perioden im Periodensystem. Elemente, deren Atome dieselbe Anzahl besetzter Elektronenschalen haben, stehen in derselben Periode.

besetzte Elektronenschalen ≙ äußere Elektronenschalennummer ≙ Periode

7

Gruppen im Periodensystem. Senkrecht angeordnete Reihen im Periodensystem, deren Elemente ähnliches chemisches Verhalten zeigen. Elemente, deren Atome die gleiche Anzahl Außenelektronen besitzen, stehen in derselben Hauptgruppe.

Anzahl der Außenelektronen ≙ Hauptgruppennummer

Quantenzahlen des Bohrschen Atommodells

Beschreiben die Zustände eines jeden Elektrons in der Atomhülle. Es gibt vier Quantenzahlen, die untereinander durch eindeutige Beziehungen verknüpft sind.

Hauptquantenzahl n. Sie beschreibt die Energie und den mittleren Abstand des Elektrons vom Atomkern. Mit steigender Hauptquantenzahl nehmen der Radius und die Energie des Elektrons zu. Jeder Hauptquantenzahl entspricht ein Energieniveau.

Hauptquantenzahl	1	2	3	4	5	6	7
Energieniveau	1	2	3	4	5	6	7

Nebenquantenzahl l. Sie kann für jede Hauptquantenzahl n die Werte 0 bis (n-1) annehmen. Den Nebenquantenzahlen entsprechen die Unterniveaus s, p, d und f.

Magnetquantenzahl m. Sie beschreibt die Lage des Drehimpulses eines Elektrons im Magnetfeld. Diese Quantenzahl kann ganzzahlige negative und positive Werte in den Grenzen von –1 bis +1 annehmen.

Spinquantenzahl s. Sie beschreibt die Eigenrotation eines Elektrons (Elektronenspin) und hat die Werte +1/2 oder –1/2.

Pauli-Prinzip

In einem Atom stimmen niemals zwei Elektronen in allen vier Quantenzahlen überein. Daraus ergibt sich: $Z = 2\ n^2$.

Z Höchstanzahl der Elektronen, die einem Energieniveau zugeordnet werden

Energieniveau	Hauptquantenzahl n	Nebenquantenzahl l	Magnetquantenzahl m	Spinquantenzahl s	Höchstanzahl Elekronen Z
1	1	0 0	0 0 –1	±1/2 ±1/2 ±1/2	2 8
2	2	1	0 +1	±1/2 ±1/2	

MIKROOBJEKTE

Mikroobjekt

Komplexe Erscheinung, die weder durch das klassische Teilchen- noch durch das klassische Wellenmodell vollständig beschrieben werden kann

- Photonen, Elektronen, Protonen, Neutronen

Bei gleichen Versuchsbedingungen ist über das Verhalten eines einzelnen Mikroobjekts keine sichere Voraussage machbar. Es sind aber sichere Aussagen über eine Gesamtheit von Mikroobjekten (Mikroobjekt-Ensemble) möglich.

Verhalten von Mikroobjekten

Mikroobjekte	Experimentelle Grundlagen	Deutung der Beobachtungen
Photonen (Licht)	Beugung, Interferenz am Hindernis, Doppelspalt und Gitter, äußere lichtelektrische Effekte	mit dem Wellenmodell mit dem Photonenmodell
Elektronen	Millikanversuch, *e*/*m*-Bestimmung, Doppelspaltexperiment, Durchstrahlung von Metall- und Graphitfolie mit Elektronen	mit dem Teilchenmodell mit Hilfe der Ensembleinterpretation

↗ Photonenmodell, S. 307; Doppelspaltexperiment mit Elektronen, S. 304

Taylor-Experiment (1909)

Es zeigt, daß sich das Interferenzmuster von Licht aus einzelnen Mikroobjekten (Photonen) zusammensetzt und die Entstehung dieses Interferenzbildes unabhängig von der Anzahl der Mikroobjekte ist.

In einem geschlossenen Kasten trifft Licht auf eine Anordnung aus einem Spalt und einer Nadel. Das dabei entstandene Interferenzbild wird mit einer Fotoplatte aufgenommen. Die Lichtintensität ist mit Rauchglasfiltern so weit herabgesetzt, daß sich im Mittel höchstens ein Photon zwischen Quelle und Film befindet. Bei genügend langer Belichtungszeit (3 Monate) entsteht die gleiche Intensitätsverteilung auf der Fotoplatte wie bei hoher Lichtintensität und kurzer Belichtungszeit.

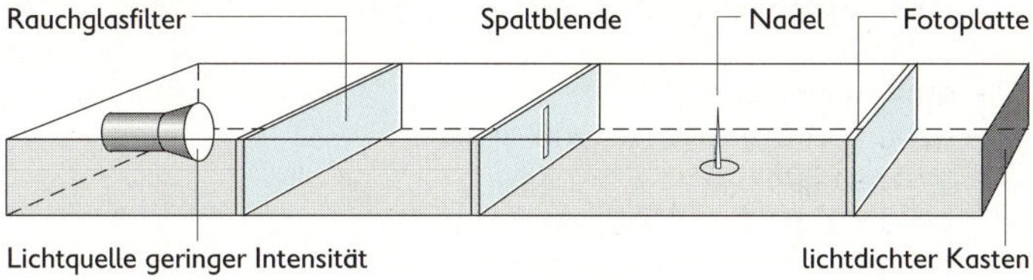

Versuchsaufbau nach TAYLOR

Folgende Ergebnisse veränderten die Vorstellung vom Licht:

- Interferenzmuster hängen nicht vom gleichzeitigen Vorhandensein vieler Photonen ab.
- Aus den Auftrefforten vieler Photonen ergibt sich eine Verteilung, die der Intensitätsverteilung einer Welle entspricht.
- Der Auftreffort eines einzelnen Photons kann nicht vorhergesagt werden. Es sind nur Wahrscheinlichkeitsaussagen möglich.

7

De-Broglie- Wellenlänge

Teilchen, die sich mit einem Impuls $p = m \cdot v$ bewegen, wird eine Welle der Wellenlänge λ zugeordnet.

$$\lambda = \frac{h}{m \cdot v}$$

↗ Plancksches Wirkungsquantum, S. 308

Welle-Teilchen-Verhalten von Röntgenstrahlung

Charakteristisches Verhalten von Röntgenstrahlung, das teilweise mit dem Teilchenmodell (↗ S. 11) und teilweise mit dem Wellenmodell (↗ S. 11) beschrieben werden kann. Welleneigenschaften zeigen sich u. a. bei der Beugung von Röntgenstrahlung an den Gitterbausteinen einer Metallfolie. Teilcheneigenschaften treten beim Nachweis von Röntgenstrahlung mit einem Zählrohr auf.

Interferenzbild bei der Beugung von Röntgenstrahlung an Alumiumfolie

Welle-Teilchen-Verhalten von Elektronen

Charakteristisches Verhalten von Elektronen, das teilweise mit dem Teilchenmodell (↗ S. 11) und teilweise mit dem Wellenmodell (↗ S. 11) beschrieben werden kann. Teilcheneigenschaften zeigen sich z. B.

- bei der Ladungstrennung durch Reibung (↗ S. 182),
- bei elektrischen Leitungsvorgängen in Festkörpern (↗ S. 237),
- in Gasen,
- im Vakuum,
- beim glühelektrischen und lichtelektrischen Effekt (↗ S. 244, 306),
- bei der Katodenstrahlung (↗ S. 251),
- bei der β-Strahlung (↗ S. 327),

Welleneigenschaften der Elektronen treten bei der Beugung von Elektronen beim Durchgang durch Metallfolie auf.

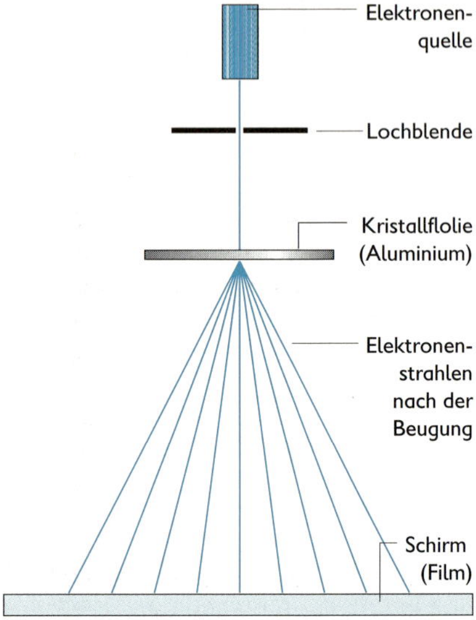

↗ Elektronenbeugung nach DAVISSON und GERMER, S. 305

7

Jönsson-Experiment (Doppelspaltexperiment mit Elektronen)

Ein dünnes Bündel Elektronen durchdringt einen künstlich hergestellten Doppelspalt (Spaltbreite 10^{-6} m). Von einer fotografischen Schicht werden die Auftreffstellen als Punkte registriert. Nach längerer Zeit bildet sich deutlich eine Intensitätsverteilung, die dem Interferenzmuster von Wellen ähnlich ist. Damit weist das Experiment nach, daß Elektronen (Mikroobjekte) ein anderes stochastisches Verhalten zeigen als klassische Teilchen.

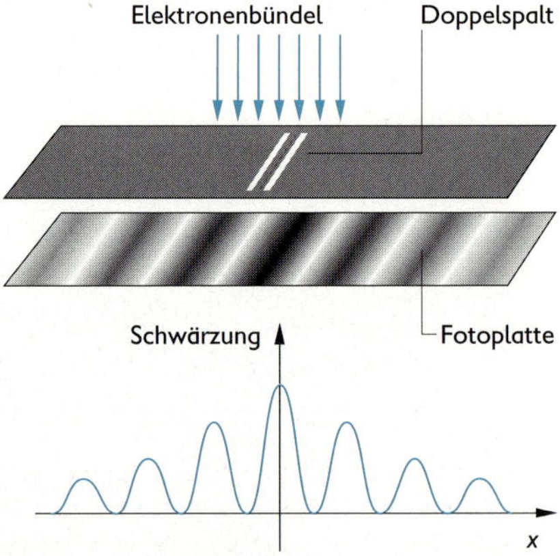

Doppelspaltexperiment mit Elektronenbündel

Allmähliches Ausbilden des Interferenzmusters

Elektronenbeugung nach DAVISSON und GERMER (1923)

Elektronen gleicher kinetischer Energie ($E_{kin} = e \cdot U$) treffen auf die Oberfläche eines Nickelkristalls. Die nach rückwärts gestreuten Elektronen werden als Strom I in Abhängigkeit vom Streuwinkel gemessen. Für kleine Winkel ist gemäß dem klassischen Reflexionsgesetz die Elektronenanzahl groß. Das dann folgende Maximum ist ein Beleg für die de-Broglie-Wellenlänge der Elektronen. Die Atome der Gitterebene des Nickelkristalls wirken als Gitter. Die den Elektronen zugeordneten de-Broglie-Wellen überlagern sich in bestimmten Richtungen zu Interferenzmaxima.

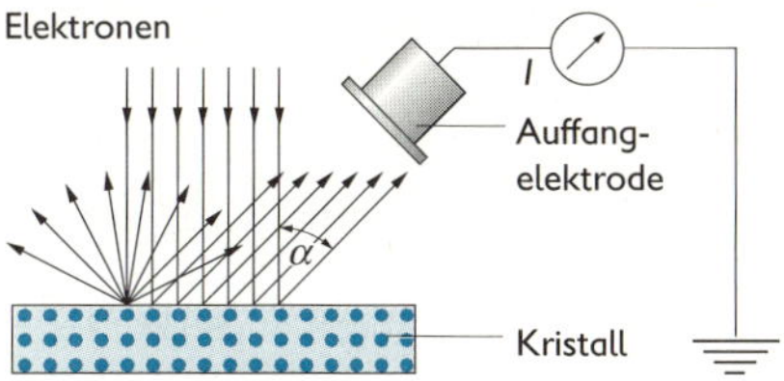

Elektronenstreuung am Gitter

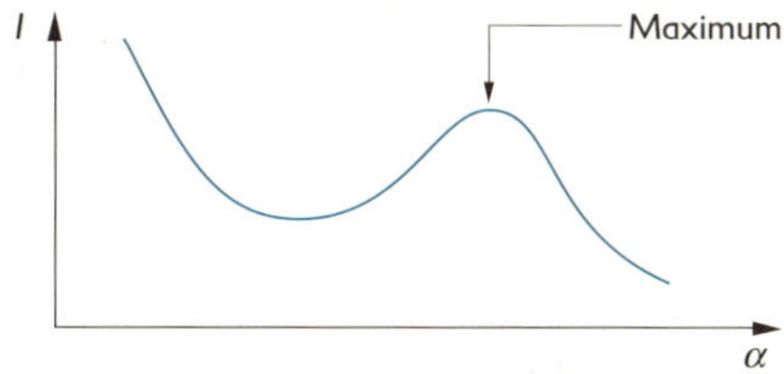

Stromstärke in Abhängigkeit vom Streuwinkel

Heisenbergsche Unbestimmtheitsrelation

Grundaussage über Aufenthaltsbereich und Impulsstreuung von Mikroobjekten. Sie besagt, daß es keine Gesamtheit von Mikroobjekten gibt, deren Ortsstreuung Δx und deren Impulsstreuung Δp_x gleichzeitig beliebig klein sind. Je genauer die momentane Ortskoordinate eines Mikroobjekts bestimmt wird, desto unbestimmter wird die Angabe über die Impulskoordinate in diesem Augenblick und umgekehrt.

$$\Delta x \cdot \Delta h \geq \frac{h}{4\pi}$$

h Plancksches Wirkungsquantum

Die Gleichung besagt, daß Mikroobjekte keine Bahnkurve beschreiben.

Heisenbergs Gedankenexperiment (1927)

Nimmt man an, daß die Geschwindigkeit v der Elektronen eines Elektronenstrahls genau bekannt sei ($v = \sqrt{2U \cdot e : m}$), so gilt für ihre Impulse $p = m \cdot v$. Um den Ort der Elektronen genau zu ermitteln, läßt man sie durch einen Spalt (Breite d) treten. Es ist bei klassischer Betrachtungsweise zu erwarten, daß die Elektronen auf einem Auffangschirm ihre Spur in der Breite d aufzeichnen, d. h., es gilt $\Delta x = d$.

Da aber die Elektronen als Mikroobjekte auch Welleneigenschaften besitzen, treten am Spalt Beugungserscheinungen auf. Die Spur der Elektronen ist verwischt und zwar mindestens um den Betrag des Hauptmaximums der Beugung. Die Beugung des Elektronenstrahls ist um so stärker, je schmaler die Spaltbreite d ist. Beim Passieren des Spaltes erfahren die Elektronen eine Impulsänderung von $\Delta p_x \geq p \cdot \sin \alpha$.

Für den mittleren Streuwinkel gilt: $\sin \alpha = \frac{\lambda}{d}$ (α Beugungswinkel).

Aus den Gleichungen für die Impulsänderung, den mittleren Streuwinkel und der de Broglie-Beziehung folgt die Unbestimmtheitsrelation in der Form:

$$\Delta x \cdot \Delta p_x \geq h$$

QUANTENEFFEKTE DER ELEKTROMAGNETISCHEN STRAHLUNG

Äußerer lichtelektrischer Effekt

Kurzwelliges Licht, das auf eine Metalloberfläche auftrifft, löst aus ihr Elektronen heraus.

Für den äußeren lichtelektrischen Effekt gilt die Einsteinsche Gleichung:

$$h \cdot f = \frac{1}{2} m_e \cdot v^2 + W_A$$

h	Plancksches Wirkungsquantum
m_e	Masse des Elektrons
v	Geschwindigkeit des Elektrons
W_A	Austrittsarbeit

Experimentelle Untersuchung des äußeren lichtelektrischen Effektes

Für das Erkennen des Wesens des Lichtes sind von Bedeutung:

- die Abhängigkeit des Fotostroms von der Beleuchtungsstärke und der Frequenz des eingestrahlten Lichtes,
- die Abhängigkeit der Energie der Fotoelektronen von der Frequenz des eingestrahlten Lichtes.

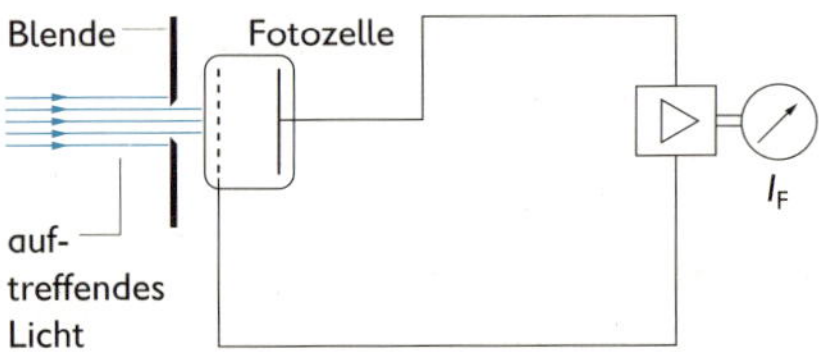

Schaltplan zur Untersuchung der Abhängigkeit des Fotostroms von der Beleuchtungsstärke und der Frequenz des eingestrahlten Lichtes

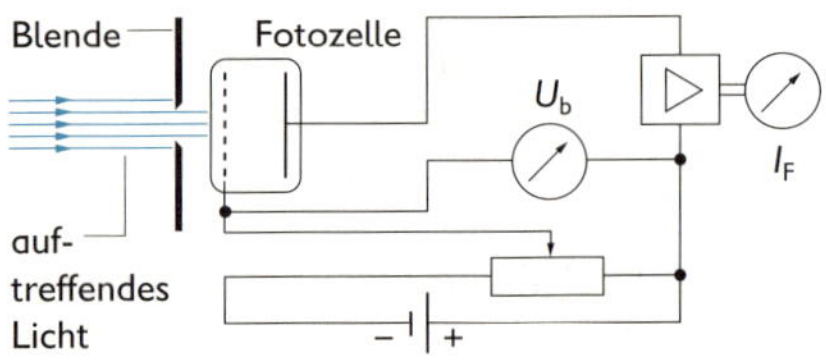

Schaltplan zur Untersuchung der Abhängigkeit der Energie der Fotoelektronen von der Frequenz des eingestrahlten Lichtes

Experimentelle Ergebnisse	Deutung mit dem Wellenmodell	Deutung mit dem Teilchenmodell
1. Der Fotostrom (die Anzahl der herausgelösten Elektronen) nimmt mit der Beleuchtungsstärke des eingestrahlten Lichtes zu.	*möglich* Der größeren Intensität (Wellenamplitude) entspricht eine größere Energie. Also sind mehr Elektronen herauslösbar.	*möglich* Der größeren Intensität entspricht eine größere Anzahl von Teilchen. Diese können mehr Elektronen herauslösen.
2. Der Fotostrom tritt nur bei Bestrahlung mit kurzwelligem Licht auf. Langwelliges Licht bewirkt selbst bei großer Beleuchtungsstärke keinen Strom.	*nicht möglich* Eine Vergrößerung der Intensität (Wellenamplitude) bedeutet eine Vergrößerung der Energie. Sie müßte in jedem Falle einen Fotostrom hervorrufen.	*möglich* Nur bestimmte Teilchen (entsprechend der Lichtfarbe) vermögen Elektronen herauszulösen. Eine Vergrößerung der Anzahl ungeeigneter Teilchen führt zu keinem Erfolg.

Experimentelle Ergebnisse	Deutung mit dem Wellenmodell	Deutung mit dem Teilchenmodell
3. Die kinetische Energie der Fotoelektronen ist von der Beleuchtungsstärke unabhängig.	*nicht möglich* Die Energie einer Welle ist dem Quadrat der Amplitude und dem Quadrat der Frequenz proportional.	*möglich* siehe unter 2.
4. Die vom Licht übertragene Energie ist der Frequenz proportional: $E \sim f$.	*nicht möglich* siehe unter 3.	*nicht möglich* Die physikalische Größe Frequenz ist dem Teilchenmodell fremd.

Die bei der Untersuchung des äußeren lichtelektrischen Effekts gewonnenen experimentellen Ergebnisse sind weder mit dem Wellenmodell (↗ S. 11) noch mit dem Teilchenmodell (↗ S.11) allein vollständig deutbar.

Photonenmodell (Lichtquantenmodell)

- Licht (jede elektromagnetische Strahlung) besteht aus einzelnen Energieportionen, die man Photonen oder Lichtquanten nennt.
- Die Energie des Photons ist proportional der Lichtfrequenz. Es gilt der Erfahrungssatz der Quantenphysik: $E = h \cdot f$.
- Photonen verhalten sich bei der Wechselwirkung mit Elementarteilchen wie Teilchen, sie werden immer einzeln und als Ganzes wirksam.

↗ Elementarteilchen, S. 315

7

Austrittsarbeit W_A

Arbeit, die zum Herauslösen eines Elektrons aus dem Metall erforderlich ist

Mögliche Fälle:

$W_A > h \cdot f$ Die Energie des Lichtquants ist kleiner als die Austrittsarbeit. Das Elektron kann nicht herausgelöst werden.

$W_A = h \cdot f_G$ Die Energie des Lichtquants ist gleich der Austrittsarbeit. Das Elektron wird aus dem Metall herausgelöst, aber nicht beschleunigt.

$W_A < h \cdot f$ Die Energie des Lichtquants ist größer als die Austrittsarbeit. Die überschüssige Energie verbleibt als kinetische Energie beim herausgelösten Elektron.

Kinetische Energie der Fotoelektronen

$$h \cdot f = \frac{1}{2} m_e \cdot v^2 + h \cdot f_G$$

$$\frac{1}{2} m_e \cdot v^2 = h \cdot (f - f_G)$$

m_e Masse des Elektrons
v Geschwindigkeit des Elektrons
h Plancksches Wirkungsquantum
f Frequenz des Lichtquants
f_G Grenzfrequenz

Grenzfrequenz f_G

Frequenz, bei der die Energie des auftreffenden Lichtes gerade ausreicht, die Elektronen aus der Katode herauszulösen

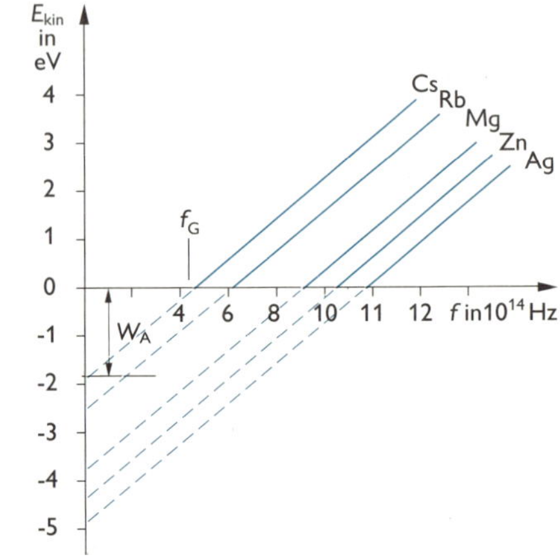

Abhängigkeit der kinetischen Energie der Fotoelektronen von der Frequenz für einige Metalle

Plancksches Wirkungsquantum

Naturkonstante, bedeutsam in der Mikrophysik

$$h = 6{,}6256 \cdot 10^{-34}\ \mathrm{Ws}^2$$

7

Infolge der Bestrahlung der Katode einer Fotozelle mit Licht der Frequenzen f_1 bzw. f_2 werden Elektronen aus dem Metall der Katode herausgelöst. Zur Kompensation ihrer kinetischen Energie müssen die Gegenspannungen U_1 bzw. U_2 angelegt werden.

Es gilt: $h = e \cdot \dfrac{U_1 - U_2}{f_1 - f_2}$

Die systematische Einführung des Planckschen Wirkungsquantums führte zu den Theorien über Quanten. Sie gehen davon aus, daß Größen mit der Dimension einer Wirkung (Energie · Zeit) in der Natur nur als ganzzahlige Vielfache des Planckschen Wirkungsquantums vorkommen.

Einsteinsche Gerade

Gerade im Energie-Frequenz-Diagramm der Fotoelektronen als Ausdruck der linearen Beziehung zwischen der kinetischen Energie der Fotoelektronen und der Frequenz des eingestrahlten Lichtes in der Einsteinschen Gleichung. Ihr Anstieg ist gleich dem Planckschen Wirkungsquantum *h*.

↗ Einsteinsche Gleichung, S. 306

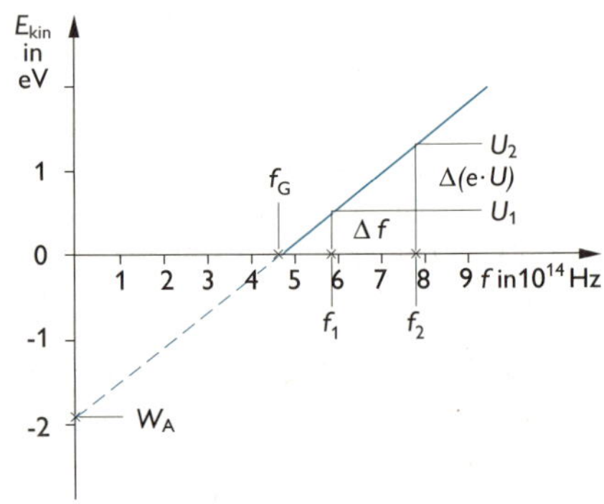

Bestimmung des Planckschen Wirkungsquantums aus der Einsteinschen Geraden

Compton-Effekt

Trifft kurzwellige elektromagnetische Strahlung einer bestimmten Wellenlänge (Röntgen- oder Gammastrahlung) auf Stoffe, deren Elektronen schwach gebunden sind (Graphit, Paraffin), so tritt neben der Streustrahlung, die dieselbe Wellenlänge wie die einfallende Strahlung besitzt, ein weiterer Strahlungsanteil mit etwas größerer Wellenlänge auf. Die auftretende Wellenlängenänderung ist abhängig vom Streuwinkel.

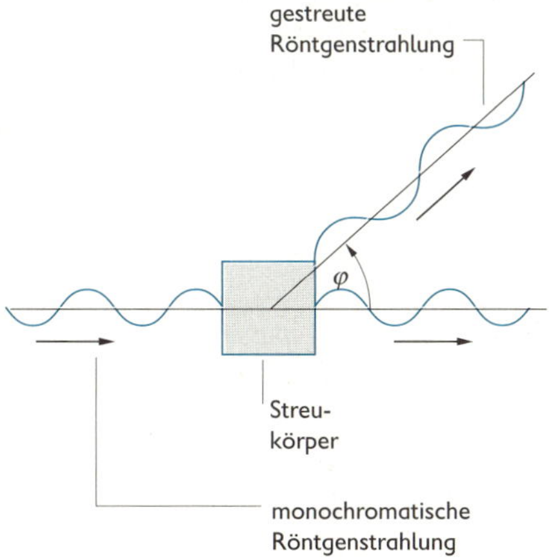

Schematische Darstellung des Compton-Effekts

Deutung des Compton-Effekts

Grundlage: klassisches Wellenbild der elektromagnetischen Strahlung

Tritt elektromagnetische Strahlung (Röntgenstrahlung) mit Elektronen der Streusubstanz in Wechselwirkung, so werden die Elektronen infolge der schnell wechselnden Polarität des elektromagnetischen Feldes zu erzwungenen Schwingungen angeregt.

Die schwingenden elektrischen Ladungen senden nach den Gesetzen der Elektrodynamik eine elektromagnetische Kugelwelle aus, deren Frequenz identisch mit der Frequenz der schwingenden Elektronen und damit mit der Frequenz der einfallenden Röntgenwelle ist.

Aus der Sicht der Wellenlehre und der Elektrodynamik dürfte daher in keiner Richtung eine Frequenzänderung der Röntgenstrahlung auftreten, d. h., der Compton-Effekt widerspricht dem Wellencharakter der elektromagnetischen Strahlung.

Grundlage: Quantenmodell der elektromagnetischen Strahlung

Nach dem Quantenmodell bedeutet Strahlung mit größerer Wellenlänge (kleinerer Frequenz) Photonen mit geringerer Energie.

Damit kann die Existenz von Photonen mit geringerer Energie nur so gedeutet werden, daß bei Wechselwirkung der elektromagnetischen Strahlung mit Stoffen einige Photonen einen Teil ihrer Energie verlieren.

Man nimmt an, daß ein Photon mit einem locker gebundenen Elektron zusammenstößt und einen Teil seiner Energie und seines Impulses an das Elektron überträgt, so daß die Energie des gestreuten Photons kleiner ist als vor dem Stoß. Das bedeutet, daß die Frequenz des gestreuten Photons kleiner ist als die Frequenz des ungestreuten Photons.

Damit liefert der Compton-Effekt einen überzeugenden Beleg für die Quantennatur der elektromagnetischen Strahlung.

↗ Photonenmodell, S. 307

7

Wellenlängenänderung beim Compton-Effekt

	vor dem Stoß		nach dem Stoß	
Energie-bilanz	E_{kin} des Elektrons 0	Energie des Photons $+ \quad h \cdot f_0$	E_{kin} des Elektrons $m_e \cdot \frac{v^2}{2}$	Energie des Photons $+ \quad h \cdot f$
Impulsbilanz	Impuls des Photons p_{Ph}		Impuls des gestreuten Photons p_{Ph}'	Impuls des Elektrons $+ \quad p_e'$

Aus der Energie- und Impulsbilanz erhält man für die Wellenlängenänderung:

$$\Delta\lambda = \frac{h}{m_{0e} \cdot c} \cdot (1 - \cos\varphi)$$

$$\Delta\lambda = \lambda_c \cdot (1 - \cos\varphi)$$

h Plancksches Wirkungsquantum
m_{0e} Ruhmasse des Elektrons
c Lichtgeschwindigkeit
φ Streuwinkel
λ_c Comptonwellenlänge

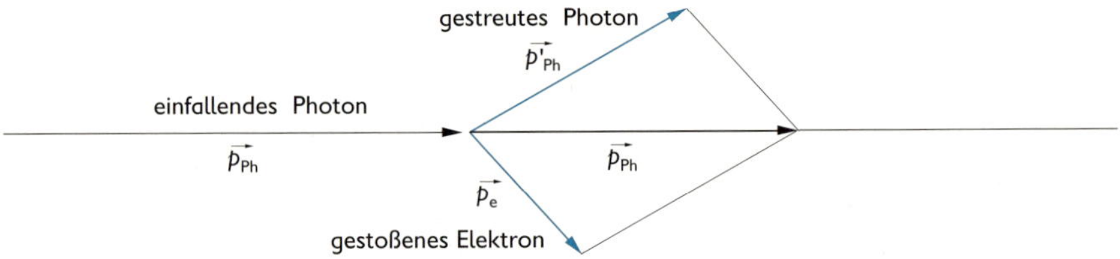

Schematische Darstellung der Impulse vor und nach der Streuung

Bei einer Streuung von Röntgenstrahlung an Elektronen vergrößert sich die Wellenlänge eines Teils der gestreuten Strahlung. Die Wellenlängenänderung hängt vom Streuwinkel ab.
↗ Deutung des Compton-Effekts, S. 309

QUANTENHAFTE ABSORPTION UND EMISSION VON ENERGIE DURCH ATOME

Franck-Hertz-Versuch (1913)

Eine evakuierte Dreielektrodenröhre enthält einen Tropfen Quecksilber. Die Röhre wird auf eine Temperatur von 180 °C erwärmt, damit ein geeigneter Gasdruck von 20 hPa vorliegt. Dieser Gasdruck ermöglicht, daß einerseits die aus der Katode austretenden Elektronen genügend Stoßpartner vorfinden, andererseits die „freie Weglänge" groß genug ist, damit die Elektronen im elektrischen Feld zwischen Katode K

und Gitter G eine genügend hohe kinetische Energie bekommen können. Zwischen Gitter und Auffängerelektrode A liegt eine Bremsspannung U_B von etwa 0,5 V. Der Elektronenstrom wird mit Hilfe eines Meßverstärkers gemessen. Mit wachsender Beschleunigungsspannung steigt die Zahl der Elektronen, die pro Zeiteinheit die Gegenspannung überwinden können. Die Elektronen verlieren bei elastischen Stößen mit den Hg-Atomen praktisch keine Energie. Bei einer Spannung von 4,9 V sinkt der Strom plötzlich ab. Die Elektronen verfügen nicht mehr über die Energie zur Überwindung der Bremsspannung U_B, da sie auf ihrem Weg durch den Quecksilberdampf ihre Energie durch unelastische Stöße an die Hg-Atome abgegeben haben. Bei weiterer Spannungserhöhung erfolgt ein Absinken der Stromstärke immer bei Spannungen, die sich um den Betrag von 4,9 V unterscheiden.
Das bedeutet, daß Quecksilberatome nur Energiebeträge von 4,9 eV aufnehmen können. Damit liefert der Franck-Hertz-Versuch die experimentelle Bestätigung für die quantenhafte Energieaufnahme (Absorption) der Atome.
↗ Stoßgesetze, S. 100

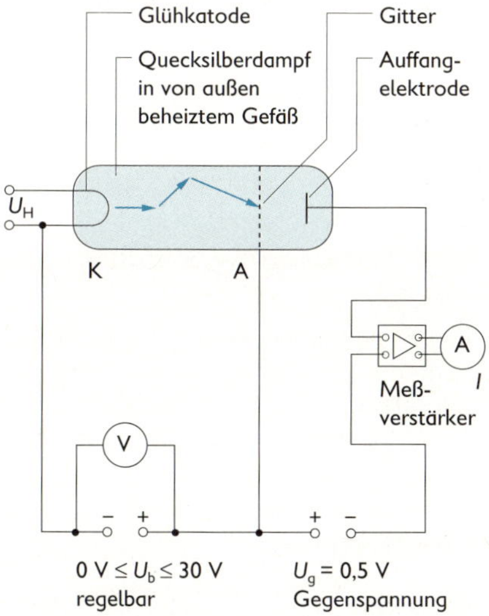

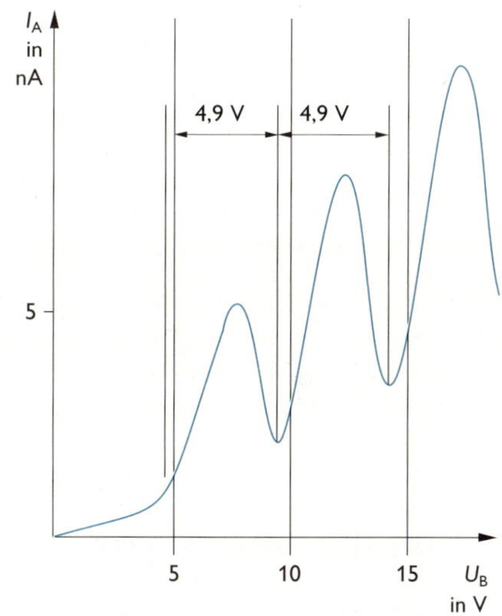

Quantenhafte Absorption von Energie

Befindet sich ein Atom im Zustand minimaler Energie, den man als Grundzustand bezeichnet, so wird ein Atom nach Absorption elektromagnetischer Strahlung in Form eines Photons oder anderer wohldefinierter Energiebeträge in einen angeregten Zustand mit höherer Energie überführt.
↗ Anregungen von Atomen und Molekülen, S. 311; Absorptionsspektren, S. 279; Franck-Hertz-Versuch, S. 310

Anregungen von Atomen und Molekülen

Übergang vom Grundzustand in einen energetisch höheren (angeregten) Zustand. Die Anregung kann auf verschiedene Art erfolgen.
↗ Energieniveauschema, S. 310

Anregung	Merkmale	Beispiele
thermisch	Die Anregung wird durch die hohe Temperatur verursacht und erfolgt durch die Stöße schneller Gasatome bzw. -moleküle.	in Flammen
durch Licht	Sie vollzieht sich bei Bestrahlung mit Licht mindestens so hoher Frequenz, wie die Atome bzw. Moleküle beim Übergang zum Grundzustand selbst emittieren. ↗ Energieniveauschema, S. 300	Entstehung von Absorptionsspektren (↗ S. 279), Rubinlaser (↗ S. 314)
durch die kinetische Energie von Elektronen	Sie wird durch Stöße schneller Elektronen bedingt.	elektrischer Leitungsvorgang in Gasen ↗ Stoßionisation, S. 243; Zählrohr, S. 328; Franck-Hertz-Versuch, S. 310

7

Resonanzabsorption

Absorption elektromagnetischer Strahlung durch Atome, die Strahlung gleicher Wellenlänge emittieren können

Bestrahlt man z. B. Na-Dampf mit Licht einer Bogenlampe (weißes Licht), so beobachtet man eine dunkle Linie an der Stelle, an der sonst die gelbe Natriumlinie erscheint. Die Na-Atome des Na-Dampfes absorbieren nur den Teil des Spektrum, dessen Energie genau ausreicht, um die Na-Atome anzuregen. Durch die anschließende Emission wird das Licht nach allen Richtungen ausgestrahlt. Nur wenige Photonen treffen das Prisma, deshalb ist die Linie nicht ganz schwarz.

↗ Absorptionsspektren, S. 279

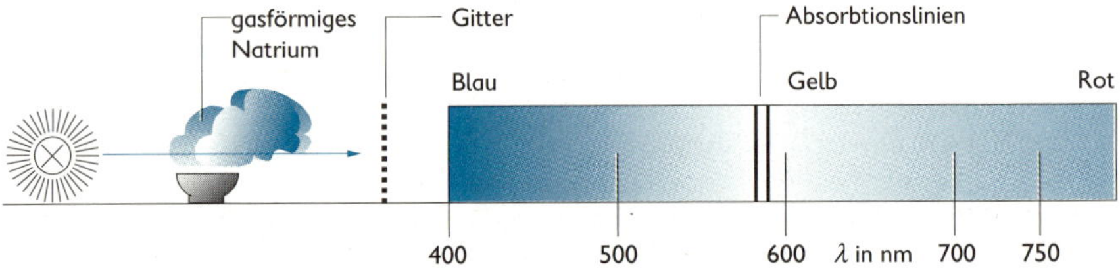

Quantenhafte Emission von Energie

Befindet sich ein Atom in einem angeregten Zustand, so kann es seine Anregungsenergie wieder abgeben, indem es ein Photon emittiert. Die Frequenz des Emissionsspektrums stimmt mit der Frequenz des Absorptionsspektrums überein.

↗ Anregungen von Atomen und Molekülen, S. 311; Emissionsspektren, S. 278; Linienspektren, S. 278; Bandenspektren, S. 278

Spontane Emission von Licht

Aussenden eines Lichtquants durch ein Atom oder Molekül ohne äußeren Einfluß. Da der Grundzustand der stabilste Energiezustand ist, kehren die angeregten Atome bereits nach 10^{-8} s von selbst in diesen zurück.

Induzierte Emission von Licht

Aussenden eines Lichtquants durch ein Atom oder Molekül, das sich unter dem Einfluß äußerer elektromagnetischer Strahlung vollzieht. Dabei wird das angeregte Atom oder Molekül zum Emittieren von Licht veranlaßt, noch bevor es von selbst in den Grundzustand übergeht.

Art der Emission	Spontane Emission	Induzierte Emission
Vorkommen	bei herkömmlichen Lichtquellen	beim Laser
Voraussetzungen	angeregte Atome mit normaler Verteilung der Energie auf die Energieniveaus der einzelnen Atome	angeregte Atome, die sich in einem langlebigen Energiezustand befinden, und ein Lichtquant, das die gleiche Frequenz besitzt, wie das von den Atomen ermittierte
schematische Darstellung	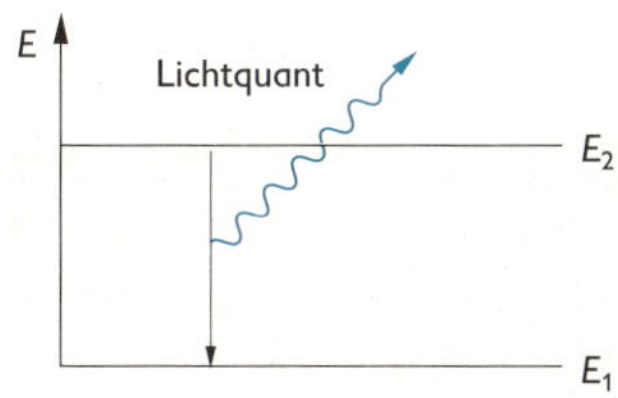	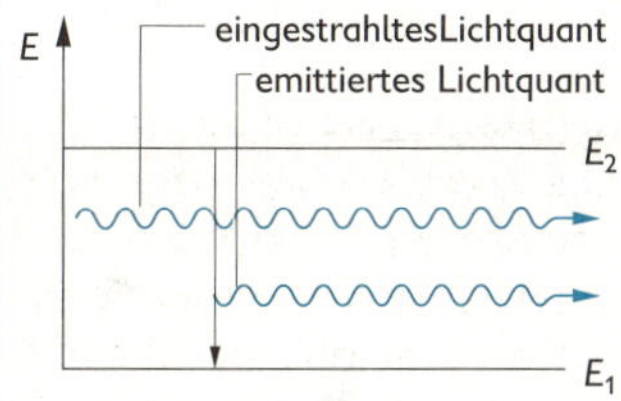

Die induzierte Emission kann vor allem in solchen Fällen Bedeutung erlangen, wo es sich um relativ langlebige angeregte Zustände (10^{-2} s) handelt.

Laser

Lichtquelle, in der das Licht durch induzierte Emission (↗ S. 313) erzeugt wird

Festkörperlaser. Der Energiespeicher ist z. B. ein mit Chrom-Ionen dotierter Rubinkristall. Die Anregung erfolgt auf optischem Wege.

Flüssigkeitslaser. Energiespeicher sind z. B. organische Moleküle, die in Wasser gelöst sind. Die Anregung erfolgt auf optischem Wege.

Gaslaser. Energiespeicher sind z. B. Edelgasgemische. Die Anregung erfolgt durch Elektronenstöße im elektrischen Leitungsvorgang.

Kontinuierliche Laser. Sie senden ständig Laserstrahlung aus (z. B. Helium-Neon-Laser).

Impulslaser. Sie senden kurzzeitig Laserstrahlung großer Leistung aus (z. B. Rubinlaser).

Bestandteile des Lasers

Energiequelle	beim Rubinlaser eine Xenon-Blitz-Lampe
Energiespeicher	Stoff mit geeignetem Energieniveauschema, z. B. Al_2O_3 dotiert mit dreiwertigen Chrom-Ionen Cr^{3+}
Resonator, Energieausgeber	zwei einander gegenüberliegende Spiegel, davon ein teildurchlässiger Spiegel
Aufbau eines Rubinlasers 1 Resonator 2 Energiequelle 3 Energiespeicher 4 Energieausgeber Resonator	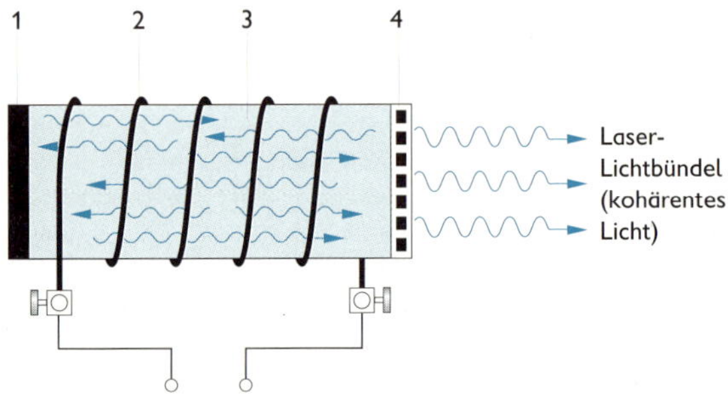

Energieniveauschema des Lasers

Es enthält neben dem Grundzustand mindestens 2 dicht beianderliegende angeregte Energieniveaus. Vom energiereicheren zum energieärmeren angeregten Niveau gelangen die Atome durch strahlungsfreie Übergänge. Das energieärmere Niveau ist so beschaffen, daß die Atome in ihm eine relativ lange Zeit verharren können.

↗ induzierte Emission, S. 313; Energieniveauschema, S. 300

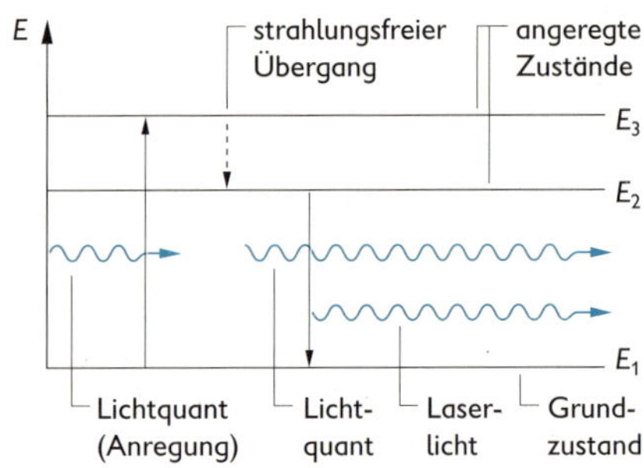

Entstehung des Laserlichtes

Wirkungsprinzip des Rubinlasers

Durch kräftiges Aufblitzen der Xenonlampe werden die Ionen im Rubinkristall angeregt. Danach gehen sehr viele Ionen strahlungsfrei vom Energiezustand E_3 in den Energiezustand E_2 über. Geeignete Photonen rufen die induzierte Emission hervor. Bedingt durch die verspiegelten Enden werden die Photonen zwischen den Stirnflächen des Rubinstabes hin- und herreflektiert. Ein Teil der Photonen verläßt dabei ständig den Resonator durch den teildurchlässigen Spiegel.

Eigenschaften der Laserstrahlung

Laserstrahlung ist nahezu parallel, monochromatisch (einfarbig), besitzt eine hohe Leucht- und damit Energiedichte, ist kohärent.

↗ Kohärenz, S. 271

Kernphysik

Die Kernphysik ist das Teilgebiet der Physik, in dem der Kernaufbau, die Eigenschaften der Kernteilchen und die Veränderungen von Atomkernen untersucht und beschrieben werden.

ELEMENTARTEILCHEN

Elementarteilchen

Einfachste bisher bekannte Bausteine der Materie, die sich mit den gegenwärtig zur Verfügung stehenden Energien nicht in einfachere Gebilde zerlegen lassen. Die mittlere Lebensdauer liegt zwischen 10^{-23} s und ∞ (stabile Elemtarteilchen).

Neben den Bestandteilen der Atome (Elektronen, Protonen, Neutronen) wurden inzwischen bei Kernumwandlungen und in der Höhenstrahlung mehr als 200 Elementarteilchen entdeckt. Man unterscheidet vier Gruppen von Elementarteilchen, die Photonen, die Leptonen, die Mesonen und die Baryonen.

↗ Baryonen, S. 316

Eigenschaften von Elementarteilchen

Ladung	Elementarteilchen sind entweder ungeladen oder sie haben eine Ladung, die Elementarladung e. Das Vorzeichen der Ladung kann positiv (+e) oder negativ (-e) sein.
Masse	Elementarteilchen haben eine bestimmte Ruhmasse, die zwischen Null und einem Vielfachen (mehreren Tausend) der Masse des Elektrons liegt.
Umwandelbarkeit	Viele Elementarteilchen können sich weitgehend ineinander umwandeln. Dabei gelten die Erhaltungssätze für Energie, Impuls, Drehimpuls und bestimmte Quantenzahlen. ■ Umwandlungsgleichung: ${}_0^1n \rightarrow {}_1^1p + {}_{-1}^{0}e + \bar{\nu}_e$
Existenz von Antiteilchen	Zu jedem Elementarteilchen existiert ein Antiteilchen. Teilchen und Antiteilchen haben gleiche Masse, gleichen Spin aber entgegengesetzte Ladung. ■ Antiteilchen des Elektrons e^- ist das Positron e^+.
Zerstrahlung (Paarvernichtung)	Tritt ein Teilchen der Ruhmasse m_0 mit seinem zugeordneten Antiteilchen in eine Wechselwirkung, dann zerstrahlen sie unter Freisetzung der Energie $2\,m_0 \cdot c^2$. (↗ S. 292)

8

Übersicht über einige Elementarteilchen

Elementarteilchen kann man nach ihrer Masse grob in drei Gruppen aufteilen, die Leptonen, die Mesonen und die Baryonen. Eine Sonderstellung nimmt das Photon (Lichtquant) ein.

Gruppe	Bezeichnung	Symbol Teilchen	$\frac{Q}{e}$	$\frac{m_0}{m_e}$	Zerfallsschema	Symbol Antiteilchen
Photonen	Photon	γ	0	0	stabil	γ
Leptonen (leichte Teilchen)	Neutrino Elektron	ν e^-	0 –1	0 1	stabil stabil	$\overline{\nu}$ e^+
Mesonen (mittelschwere Teilchen)	π-Meson K-Meson	π^0 π^+ K^+ K^0	0 +1 +1 0	264 273 967 974	$\pi^0 \rightarrow \begin{cases} \gamma + \gamma \\ e^+ + e^- + \gamma \end{cases}$ $K^+ \rightarrow \begin{cases} \pi^+ + \pi^0 \\ \pi^+ + \pi^+ + \pi^- \end{cases}$	$\overline{\pi}^0$ π^- K^- $\overline{K}^0$
Baryonen (schwere Teilchen)	Proton Neutron	p n	+1 0	1836 1839	stabil $n \rightarrow p + e^- + \overline{\nu}$	$\overline{p}$ $\overline{n}$

Nachweis der Elementarteilchen

Nachweisgeräte für Elementarteilchen				
Kernspurplatte (Fotoplatte) ↗ S. 328	Zählrohr ↗ S. 328	Nebelkammer ↗ S. 327	Blasenkammer	Spinthariskop Szintillationszähler ↗ S. 328
Vorgänge während der Wechselwirkung zwischen Elementarteilchen und Nachweisgerät				
Erzeugen chemischer Strukturveränderungen präparierter fotografischer Schichten	Erzeugen von Ionen in Gasen, in denen ein äußeres elektrisches Feld besteht	Erzeugen von Ionen in einem mit Dampf übersättigten Gas	Erzeugen von Ionen in einer überhitzten Flüssigkeit	Anregen von Atomen
Dokumentation des Nachweises				
Spurenbildung, die beim Entwickeln der Platte als Schwärzung in Erscheinung tritt	akustischer Nachweis der Entladungsstöße durch Verstärker und Lautsprecher	Bilden von Nebelspuren	Bilden von Blasenspuren (Dampfbläschen)	Erzeugen von Licht auf einer Leuchtstoffträgerschicht

Stabile Teilchen

Elementarteilchen, die nicht spontan in leichtere zerfallen. Solche Elementarteilchen sind das Photon (Lichtquant), das Elektron, aus dem die Atomhülle besteht, das Proton, einer der Bausteine des Atomkerns, und das Neutrino. Das Neutrino hat die Ruhmasse 0 und entsteht beim β-Zerfall.

Instabile Teilchen

Elementarteilchen, die mit einer charakteristischen Lebensdauer in leichtere zerfallen. Die Lebensdauern der bekannten Elementarteilchen liegen zwischen 15 Minuten und 10^{-16} Sekunden.

- Das Neutron zerfällt nach einer Lebensdauer von etwa 17 Minuten in ein Proton, ein Elektron und ein Antineutrino.

Quarks

Hypothetische Teilchen, aus denen die Elementarteilchen aufgebaut sein können. Symmetrieprinzipien weisen darauf hin, daß sich die Eigenschaften der Elementarteilchen auf die Merkmale einiger weniger „noch elementarerer" Teilchen zurückführen lassen (Quark-Hypothese der Elementarteilchenphysik). Man unterscheidet die u (up) -, d (down) - und s (strange) - Quarks. Die auffallendste Eigenschaft der Quarks ist die Tatsache, daß sie keine ganzzahligen Vielfachen der Elementarladung tragen, sondern die Ladung $^2/_3$ e oder $-^1/_3$ e. Zur Bestätigung der Quarktheorie sind umfangreiche Experimente mit hohen Teilchenenergien durchzuführen.
↗ Teilchenbeschleuniger, S. 317

- Proton: u + u + d   Ladung: $+\frac{2}{3}e+\frac{2}{3}e-\frac{1}{3}e=e^+$

  Neutron: u + d + d   Ladung: $+\frac{2}{3}e-\frac{1}{3}e-\frac{1}{3}e=0$

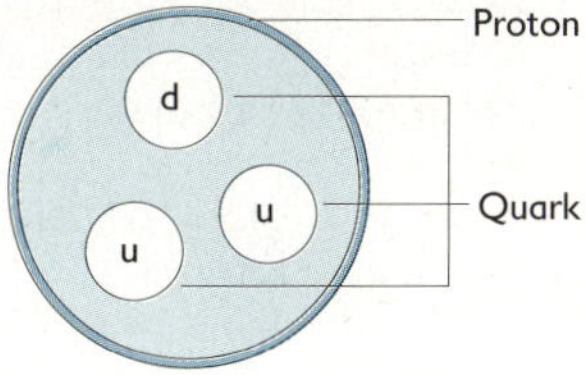

Teilchenbeschleuniger

Anlagen, in denen elektrisch geladene Teilchen im Vakuum mittels elektrischer bzw. magnetischer Felder auf sehr hohe Geschwindigkeiten beschleunigt werden

Linearbeschleuniger. Anlage zur Beschleunigung geladener Teilchen durch elektrostatische Felder. Bei hohen Energien werden die Teilchen durch hochfrequente elektrische Wechselfelder beschleunigt. Die geladenen Teilchen durchlaufen nacheinander mehrere Röhren. Ein negativ geladenes Teilchen wird beim Übergang von einem Rohr (-) zum nächsten (+) beschleunigt. Die Länge der Rohre wird den jeweils erreichten Geschwindigkeiten angepaßt.

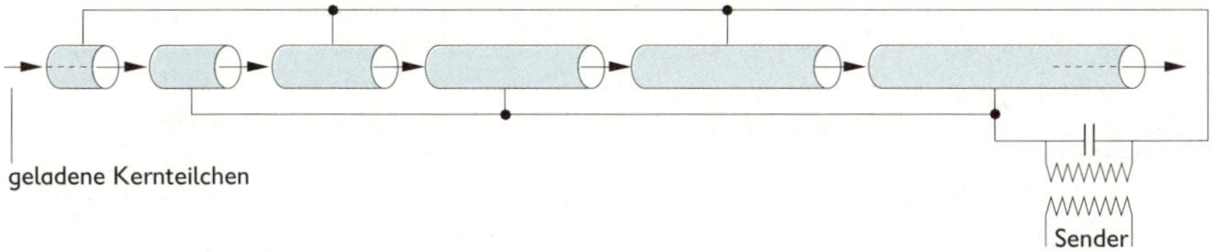

Schema eines Linearbeschleunigers

Zyklotron. Im Zentrum des Zyklotrons befindet sich eine Ionenquelle. In Kreisbeschleunigern zwingt die Lorentzkraft eines starken Magnetfeldes die geladenen Teilchen auf eine Kreisbahn: $r = (m \cdot v) : (q \cdot B)$. Zwischen den D-förmigen Elektroden erfolgt jeweils eine Beschleunigung. Die Teilchen durchlaufen die Beschleunigungsstrecke mehrmals nacheinander und gewinnen bei jedem Umlauf Energie. Mit zunehmender Geschwindigkeit vergrößert sich der Radius der Kreisbahn.

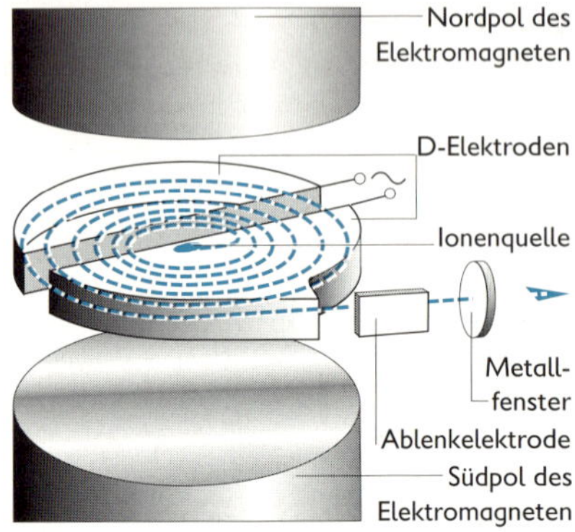

Synchrotron. Die geladenen Teilchen werden durch elektrische und magnetische Felder auf einer Kreisbahn mit konstantem Radius gehalten. Elektronische Rechen- und Steuerungsanlagen passen diese Felder an die vorliegende Teilchengeschwindigkeit an.

ATOMKERN

Atomkern

Innerer Teil des Atoms, ist positiv geladen und vereinigt in sich fast die gesamte Masse des Atoms. Er hat einen Durchmesser der Größenordnung 10^{-15} m. Alle Atomkerne sind aus Nukleonen aufgebaut.

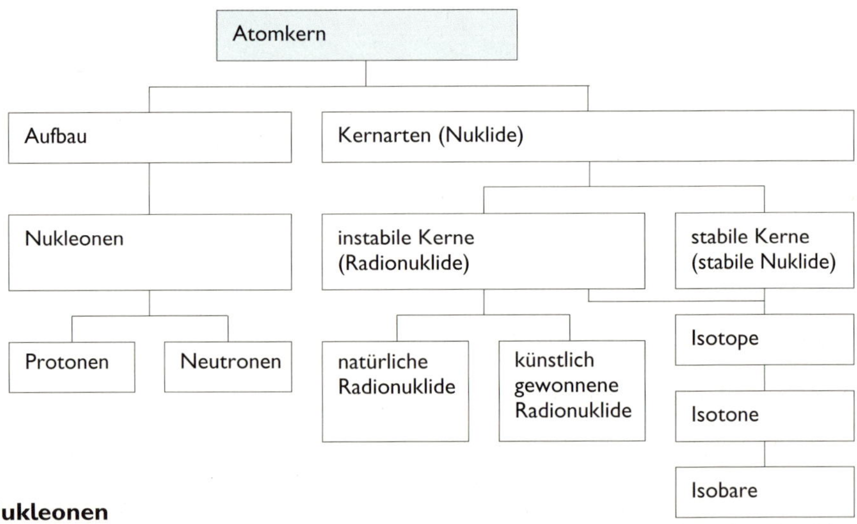

Nukleonen

Teilchen (Protonen und Neutronen), aus denen der Atomkern besteht. Die Nukleonen werden durch Kernkräfte zusammengehalten.

↗ Übersicht zum Atombau, S. 295; Kernkräfte, S. 322

Ordnungszahl *Z*

Zahl, mit der die Reihenfolge der Elemente im Periodensystem gekennzeichnet wird. Für das elektrisch neutrale Atom gilt:

Ordnungszahl	=	Kernladungszahl	=	Protonenanzahl	=	Elektronenanzahl

Kernladungszahl *Z*

Anzahl der Protonen im Atomkern

Kernladungszahl = Protonenanzahl = Ordnungszahl

Massenzahl *A*

Anzahl der Nukleonen eines Atomkerns. Die Massenzahl *A* entspricht der aufgerundeten relativen Atommasse A_r.

Massenzahl *A*	$A = Z + N$

Z Kernladungszahl N Neutronenanzahl

Symbolschreibweise

Kennzeichnet den Atombau eines elektrisch neutralen Atoms

$^{A}_{Z}$Symbol des Elements	■ $^{7}_{3}Li$

A Massenzahl Z Kernladungszahl

■ $^{7}_{3}Li$ Massenzahl $A = 7$
Protonenanzahl $Z = 3$
Neutronenanzahl $N = A - Z = 4$

Absolute Atommasse m_A

Masse des Atoms eines bestimmten Elements in Kilogramm

■ Wasserstoff ($^{1}_{1}H$) $m_A = 1{,}67 \cdot 10^{-27}$ kg

Kohlenstoff ($^{12}_{6}C$) $m_A = 19{,}9 \cdot 10^{-27}$ kg

Sauerstoff ($^{16}_{8}O$) $m_A = 26{,}6 \cdot 10^{-27}$ kg

Atomare Masseneinheit *u*

Zwölfter Teil der Masse des Kohlenstoffnuklids $^{12}_{6}C$

Atomare Masseneinheit	$1\,u = \frac{1}{12} m_A(^{12}_{6}C)$ $1\,u = 1{,}660566 \cdot 10^{-27}$ kg $1\,kg = 6{,}023091 \cdot 10^{26}\,u$

8

Relative Atommasse A_r

Gibt an, wievielmal so groß die absolute Atommasse eines beliebigen Atoms wie der zwölfte Teil der Atommasse des Kohlenstoffisotops $^{12}_{6}C$ ist

Relative Atommasse A_r	$A_r = \frac{m_A}{u}$

Wasserstoff: A_r = 1,00783 Kohlenstoff: A_r = 12,00000 Sauerstoff: A_r = 15,99492
Von den meisten Elementen sind Isotope bekannt.
↗ Isotope, S. 320

- Chlor besteht zu 75,53% aus Atomen des Isotops $^{35}_{17}Cl$ mit A_r = 34,968851 und zu 24,47% aus Atomen des Isotops $^{37}_{17}Cl$ mit A_r = 36,965898.
  Relative Atommasse des Chlors:
  $A_r = 34{,}968851 \cdot 0{,}7553 + 36{,}965898 \cdot 0{,}2447 = 35{,}45$

Nuklid

Bezeichnung für eine Atomkernart, die eindeutig durch die Massenzahl *A* und die Kernladungszahl *Z* gekennzeichnet ist

Isotop

Bezeichnung für Atomkernarten eines chemischen Elements mit gleicher Protonenanzahl *Z*, aber unterschiedlicher Neutronenanzahl *N* und damit unterschiedlicher Massenzahl *A*. Isotope weisen gleiche chemische, aber unterschiedliche physikalische Eigenschaften auf (z. B. Kernmasse, Wärmeleitfähigkeit, Diffusionsgeschwindigkeit).

Beispiele für Nuklide bzw. Isotope

8

Element	Natürliche Nuklide bzw. Isotope	*A*	*Z*	*N* = *A* – *Z*	Häufigkeit in %	Relative Atommasse
Uran	$^{238}_{92}U$	238	92	146	99,274	
	$^{235}_{92}U$	235	92	143	0,72	238,0508
	$^{234}_{92}U$	234	92	142	0,006	
Chlor	$^{37}_{17}Cl$	37	17	20	24,47	35,4575
	$^{35}_{17}Cl$	35	17	18	75,53	
Gold	$^{197}_{79}Au$	197	79	118	100	196,9666

Isotopentrennung

Verfahren zur Trennung bzw. Anreicherung eines Gemisches von Nukliden mit gleicher Protonenanzahl auf der Grundlage unterschiedlicher physikalischer Eigenschaften (z. B. Kernmasse, Wärmeleitfähigkeit, Diffusionsgeschwindigkeit).

Massenspektrographische Isotopentrennung

Verfahren zur genauen Massebestimmung von Nukliden und zur Trennung von Isotopen eines chemischen Elements im gasförmigen und ionisierten Zustand mit dem Massenspektrograph. Dabei wird die unterschiedlich starke Ablenkung von Ionen unterschiedlicher Masse in elektrischen und magnetischen Feldern angewendet.

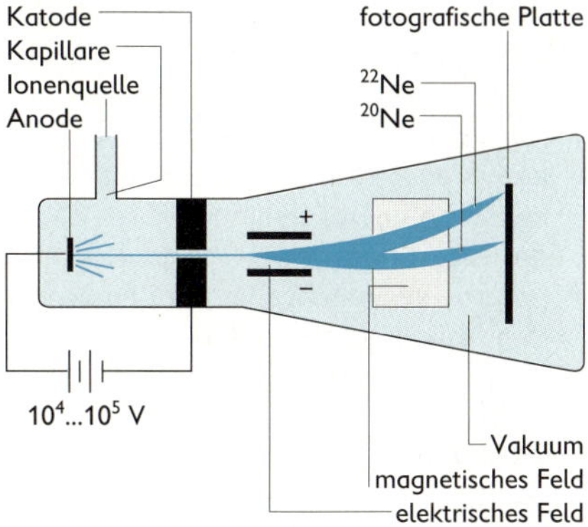

Schematische Darstellung eines Massenspektrographen

Energietopfmodell

Kernmodell zur Beschreibung der potentiellen Energie eines Nukleons als Funktion des Abstandes vom Kernmittelpunkt.

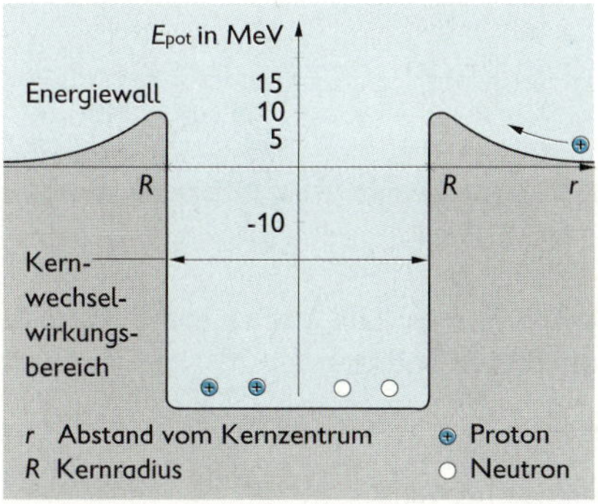

Energietopfmodell eines Protons

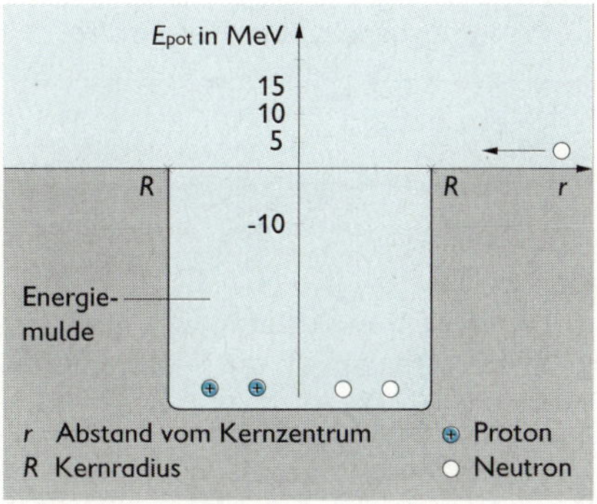

Energietopfmodell eines Neutrons

Tunneleffekt

beschreibt die mikrophysikalische Erscheinung, daß Teilchen aus einem Atomkern austreten können, deren kinetische Energie kleiner als die Energie zur Überwindung des Potentialwalls ist.

- Experimentell stellte man fest, daß die Energie der α-Teilchen unter 10 MeV liegt. Ein α-Teilchen könnte nach klassischer Vorstellung den begrenzenden Potentialwall nur verlassen, wenn seine Energie größer als 25 MeV wäre. Es muß also den Potentialwall „durchtunneln".

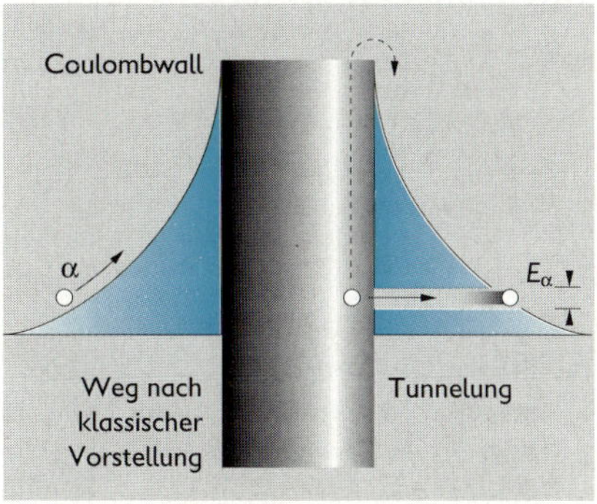

Tröpfchenmodell

Kernmodell zur Beschreibung des Atomkerns. Er wird als Ansammlung dicht aneinander gebundener, starrer und kugelförmiger Nukleonen betrachtet. In seinem Verhalten ist er mit einem Flüssigkeitstropfen vergleichbar. Das Volumen der Nukleonen ist gleich groß. Es bestehen starke Wechselwirkungen zwischen den Nukleonen.

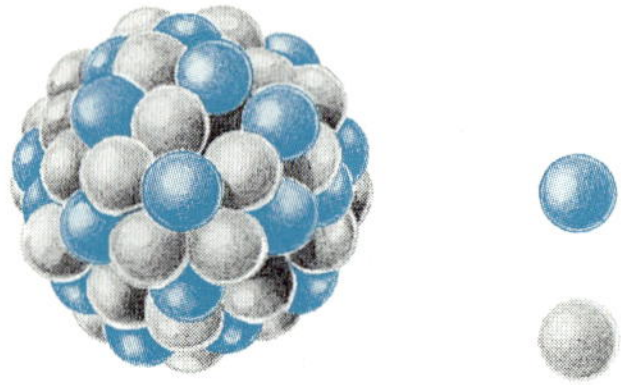

Tröpfchenmodell eines Atomkerns

Kernkräfte

Außerordentlich große, nur zwischen benachbarten Nukleonen wirkende Kräfte von geringer Reichweite ($R \approx 10^{-15}$ m). Sie bewirken die starke Bindung der Nukleonen im Kern und unterscheiden sich grundsätzlich von elektrostatischen und Gravitationskräften: $F_{Kern} : F_{Gravitation} = 1 : 10^{-40}$.

Kernradius R

Wirkungsbereich der Kernkräfte

Kernradius	$R = R_0 \cdot \sqrt[3]{A}$ $R_0 = 1{,}4 \cdot 10^{-15}$ m

Kernmasse m_{0K}

8

Experimentell bestimmbare Masse eines Atomkerns. Die Masse eines Atomkerns ist stets kleiner als die Summe der Massen seiner Bausteine.
(↗ Massedefekt)

$$m_{0K} < Z \cdot m_{0p} + N \cdot m_{0n}$$

Z Protonenanzahl
m_{0p} Masse eines Protons
N Neutronenanzahl
m_{0n} Masse eines Neutrons

Massedefekt Δm_0

Differenz aus der Summe der Massen aller Nukleonen eines Atomkerns und seiner Masse m_{0K}

$$\Delta m_{0K} = (Z \cdot m_{0p} + N \cdot m_{0n}) - m_{0K}$$

Z Protonenanzahl
m_{0p} Masse eines Protons
N Neutronenanzahl
m_{0n} Masse eines Neutrons
m_{0K} Kernmasse

Kernbindungsenergie E_B

Energie, die man aufwenden muß, um den Atomkern in einzelne Nukleonen zu zerlegen. Dieselbe Energie wird frei, wenn sich der Kern aus den einzelnen Nukleonen bildet.

Der Betrag der freiwerdenden Energie E_B ist ein Maß für die Stabilität des gebildeten Kerns. Sie entspricht der dem Massedefekt Δm_0 äquivalenten Energie.
↗ spezielle Relativitätstheorie, S. 285

$$E_B = \Delta m_0 \cdot c^2$$
$$E_B = [(Z \cdot m_{0p} + N \cdot m_{0n}) - m_{0K}] \cdot c^2$$

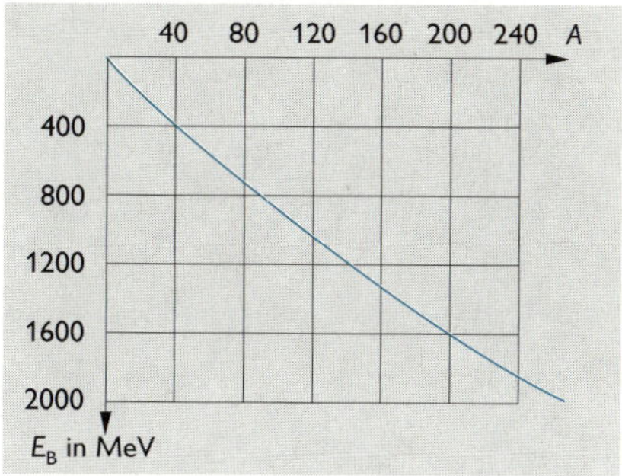

Δm_0 Kernmassedefekt
c Lichtgeschwindigkeit
m_{0K} Kernmasse
m_{0p} Masse des Protons
m_{0n} Masse des Elektrons
Z Protonenanzahl
N Neutronenanzahl

Dem Massedefekt 1 u ist die Energie 931,50 MeV ≈ $1{,}5 \cdot 10^{-10}$ J äquivalent.

Kernbindungsenergie je Nukleon
Quotient aus der Kernbindungsenergie E_B und der Massenzahl. Sie ist bei mittelschweren Atomkernen (Eisen) am größten. Daher wird sowohl beim Aufbau mittelschwerer Atomkerne aus leichten als auch bei der Spaltung schwerer Atomkerne Energie frei.

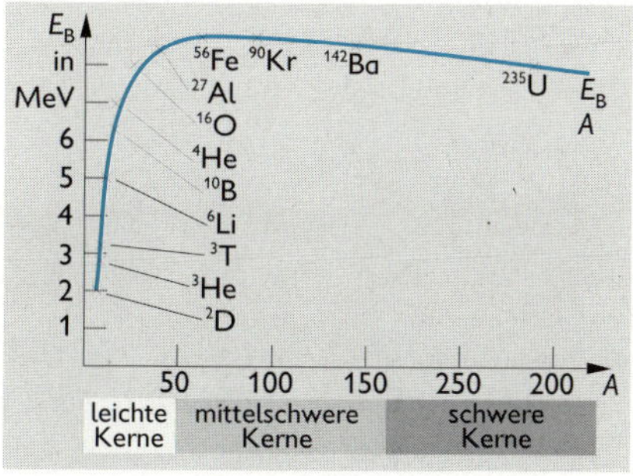

8

Aufbau einiger Atomkerne

Teilchen/ Elemente	Symbol	Massenzahl A	Protonenanzahl Z	Neutronenanzahl N	Kern-, Teilchenmasse m_{0K}	Schreibweise
Proton	p	1	1	0	1,00728 u	${}^1_1p$
Neutron	n	1	0	1	1,00867 u	${}^1_0n$
Helium	He	4	2	2	4,00260 u	${}^4_2He$
Lithium	Li	7	3	4	7,01601 u	${}^7_3Li$
Beryllium	Be	9	4	5	9,01218 u	${}^9_4Be$
Stickstoff	N	14	7	7	14,00307 u	${}^{14}_7N$
Natrium	Na	23	11	12	22,98977 u	${}^{23}_{11}Na$
Radium	Ra	226	88	138	226,02544 u	${}^{226}_{88}Ra$
Uran	U	238	92	146	238,05081 u	${}^{238}_{92}U$

Kernumwandlung

Vorgang, bei dem sich ein Atomkern als Folge eines Spontanzerfalls, einer Kernspaltung, einer Kernfusion oder als Folge des Auftreffens von Elementarteilchen bzw. α-Teilchen auf einen Atomkern (Kernreaktion) verändert.

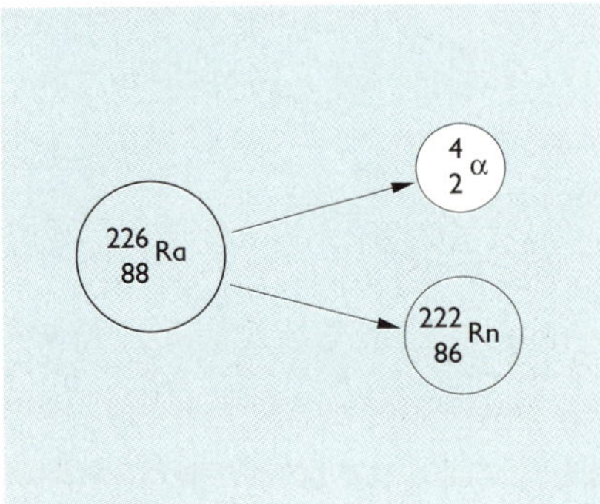

Spontanzerfall
natürliche Radioaktivität

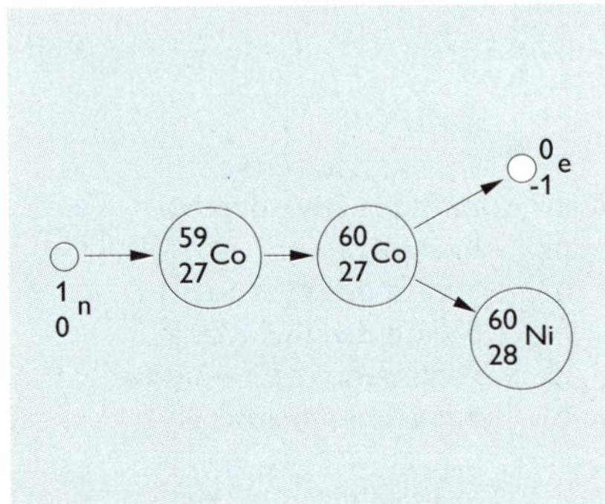

Kernumwandlungen
zur Gewinnung von instabilen Atomkernen und Kernbrennstoffen (Kernreaktion)

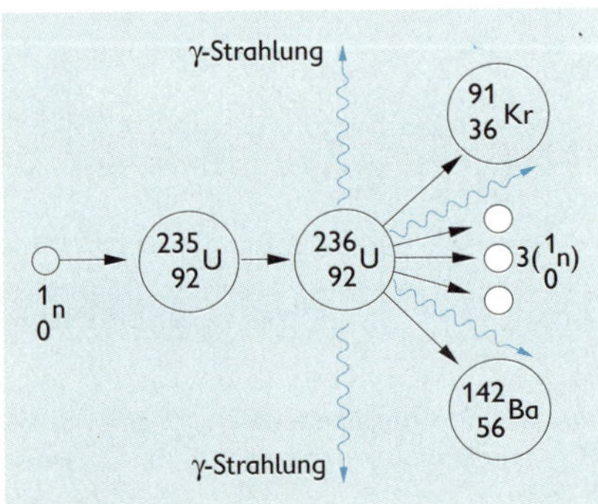

Kernspaltung
Zerlegung schwerer Atomkerne in leichtere mit gleichzeitiger Kernenergiefreisetzung

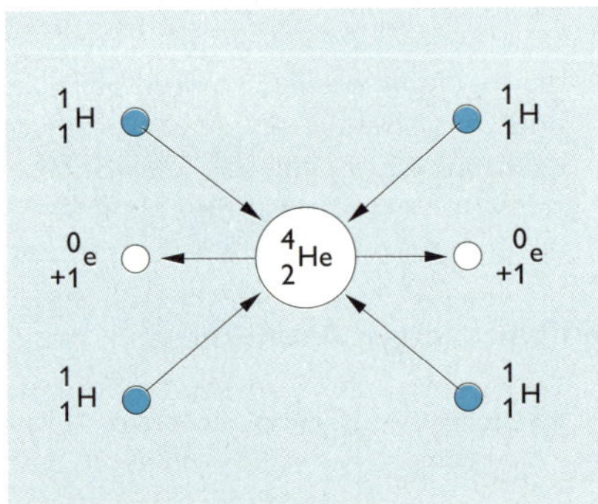

Kernfusion
Verschmelzung leichter Atomkerne zu schweren mit gleichzeitiger Kernenergiefreisetzung

Stabile Atomkerne (stabile Nuklide)

Atomkerne, die sich nicht spontan umwandeln. Sie werden maßgeblich von der Anzahl der Nukleonen, dem Protonen-Neutronen-Verhältnis und dem Betrag der Kernbindungsenergie je Nukleon bestimmt.
Zur Zeit sind etwa 270 stabile Nuklide bekannt.

Instabile Atomkerne (Radionuklide)

Atomkerne, die so lange ohne äußeren Anlaß und unabhängig von mechanischer, thermischer oder anderer Beeinflussung durch Energieabgabe in Form von radioaktiver Strahlung mehr oder weniger schnell zerfallen, bis ein stabiler Atomkern erreicht ist. Zur Zeit sind etwa 1300 Radionuklide bekannt.

Natürliche Radionuklide. In der Natur vorkommende instabile Atomkerne

Künstliche Radionuklide. Instabile Atomkerne, die durch Kernreaktionen entstehen
(↗ Kernreaktionen, S. 329)

Radioaktive Zerfallsreihen (radioaktive Familien)
Zuordnung der im natürlichen Uran oder Thorium vorkommenden Radionuklide zu einzelnen Folgen radioaktiver Zerfallsprodukte, die infolge des Spontanzerfalls (↗ S. 325) entstehen
Es gibt drei natürliche radioaktive Zerfallsreihen, die mit bestimmten langlebigen Nukliden beginnen und mit stabilen Bleiisotopen enden.

Zerfallsreihe	Ausgangsnuklid	Endnuklid
Uran-Radium	$^{238}_{92}U$	$^{206}_{82}Pb$
Uran-Aktinium	$^{235}_{92}U$	$^{207}_{82}Pb$
Thorium	$^{232}_{90}Th$	$^{208}_{82}Pb$

Außerhalb dieser Zerfallsreihen kommen in der Natur noch weitere Radionuklide vor, die besonders große Halbwertszeiten besitzen.

8

Radionuklid	Zerfallsart	Halbwertzeit	Radionuklid	Zerfallsart	Halbwertzeit
$^{40}_{19}K$	β^-	$1{,}28 \cdot 10^9$ a	$^{180}_{73}Ta$	β^+	$2 \cdot 10^{13}$ a
$^{87}_{37}Rb$	β^-	$5 \cdot 10^{10}$ a	$^{187}_{75}Re$	β^-	$5 \cdot 10^{10}$ a
$^{115}_{49}In$	β^-	$6 \cdot 10^{14}$ a	$^{190}_{78}Pt$	α	$6 \cdot 10^{11}$ a
$^{142}_{58}Ce$	α	$5 \cdot 10^{15}$ a	$^{204}_{82}Pb$	α	$1{,}4 \cdot 10^{17}$ a
$^{144}_{69}Nd$	α	$5 \cdot 10^{15}$ a	$^{209}_{83}Bi$	α	$2 \cdot 10^{17}$ a

Spontanzerfall
Vorgang, bei dem sich instabile Atomkerne ohne äußere Beeinflussung von selbst in andere Atomkerne umwandeln. Dabei wird Kernstrahlung emittiert. Man bezeichnet diese Eigenschaft der Atomkerne als Radioaktivität.

Zerfallsgesetz

Für den einzelnen Atomkern kann nicht vorausgesagt werden, ob er in einem bestimmten Zeitraum zerfallen wird. Wann und ob ein bestimmter Atomkern zerfällt, ist zufällig.
Für eine große Anzahl von Atomen gilt ein statistisches Gesetz, das Zerfallsgesetz.
↗ statistisches Gesetz, S. 27

$$N = N_0 \cdot e^{-\lambda t}$$

- N_0 Anzahl der zu Beginn des Zeitabschnittes t vorhandenen instabilen Nuklide
- N Anzahl der nach Ablauf der Zeit t noch nicht zerfallenen Nuklide
- λ für das Nuklid charakteristische Zerfallskonstante
- e Basis des natürlichen Logarithmensystems (e = 2,71828)

Halbwertzeit $T_{1/2}$

Zeit, in der sich die Hälfte der ursprünglich vorhandenen Atome eines Radionuklids umwandelt (zerfällt).

$$T_{1/2} = \frac{\ln 2}{\lambda} = \frac{0{,}693}{\lambda}$$

Nuklid	Halbwertzeit	Nuklid	Halbwertzeit
$^{234}_{92}U$	$2{,}52 \cdot 10^5$ a	$^{218}_{84}Po$	2,05 min
$^{226}_{88}Ra$	$1{,}622 \cdot 10^3$ a	$^{214}_{82}Pb$	26,8 min
$^{222}_{86}Rn$	3,825 d	$^{214}_{84}Po$	$1{,}6 \cdot 10^{-4}$ s

Kernstrahlung (Radioaktive Strahlung)

Bei der Umwandlung von instabilen Atomkernen auftretende charakteristische Strahlung. Man unterscheidet Alpha-, Beta- und Gammastrahlung.

Alphastrahlung

Kernstrahlungsart instabiler Atomkerne, die aus α-Teilchen besteht. α-Teilchen sind Heliumkerne, die zwei Protonen und zwei Neutronen enthalten. Bei der Emission von α-Teilchen wandeln sich Atomkerne in andere Atomkerne mit einer um 2 kleineren Kernladungszahl und einer um 4 kleineren Massenzahl um.

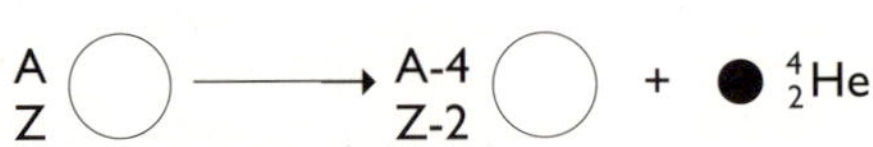

Emission von Heliumkernen

■ $^{226}_{88}Ra \rightarrow \, ^{222}_{86}Rn + \, ^{4}_{2}\alpha$

226 = 222 + 4
88 = 86 + 2

β^--Strahlung

Kernstrahlungsart instabiler Atomkerne, die aus Elektronen besteht. Die Elektronen entstehen im Atomkern durch Umwandlung von Elementarteilchen. Bei der Emission von β^--Strahlung wandeln sich Atomkerne in andere Atomkerne mit einer um 1 größeren Kernladungszahl um.

↗ Übersicht über einige Elementarteilchen, S. 316

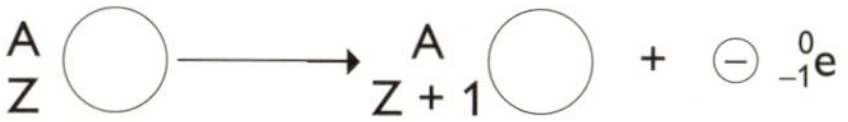

Emission von Elektronen

■ $^{214}_{82}Pb \rightarrow ^{214}_{83}Bi + ^{0}_{-1}e$

$$214 = 214 + 0$$
$$82 = 83 + (-1)$$

β^+-Strahlung

Kernstrahlungsart instabiler Atomkerne, die aus Positronen besteht. Die Positronen entstehen im Atomkern durch Umwandlung von Elementarteilchen. Bei der Emission von β^+-Strahlung wandeln sich Atomkerne in andere Atomkerne mit einer um 1 kleineren Kernladungszahl um.

↗ Elementarteilchenumwandlung, S.***

Emission von Positronen

■ $^{30}_{15}P \rightarrow ^{30}_{14}Si + ^{0}_{-1}e$

$$30 = 30 + 0$$
$$15 = 14 + (+1)$$

Gammastrahlung

Energiereiche elektromagnetische Strahlung angeregter, instabiler Atomkerne. Sie tritt meist im Zusammenhang mit der Emission von α- oder β-Strahlung auf. Dabei findet keine Stoffumwandlung statt.

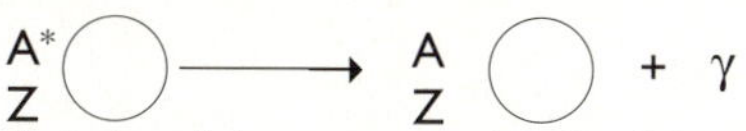

Emission elektromagnetischer Strahlung

■ $^{208}_{82}Pb^{*)} \rightarrow ^{208}_{82}Pb + \gamma$

*) angeregter Atomkern

Nachweisgeräte für Kernstrahlung

Nebelkammer

Gerät zum Sichtbarmachen der Spuren elektrisch geladener Teilchen. In einem abgeschlossenen, zylinderförmigen Gefäß wird staubfreie Luft durch Wasserdampf und Ethanol nahezu gesättigt. Durch rasche adiabatische Ausdehnung (5) wird die Luft so weit abgekühlt, daß der Raum mit Dampf übersättigt ist. Eindringende geladene Teilchen (4) ionisieren das Gas längs ihrer Spur. An den ionisierten Gasatomen (Kondensationskeime) setzen sich feine Wassertröpfchen (3) ab, die bei geeigneter Beleuchtung (1) beobachtet (2) und auch fotografiert werden können.

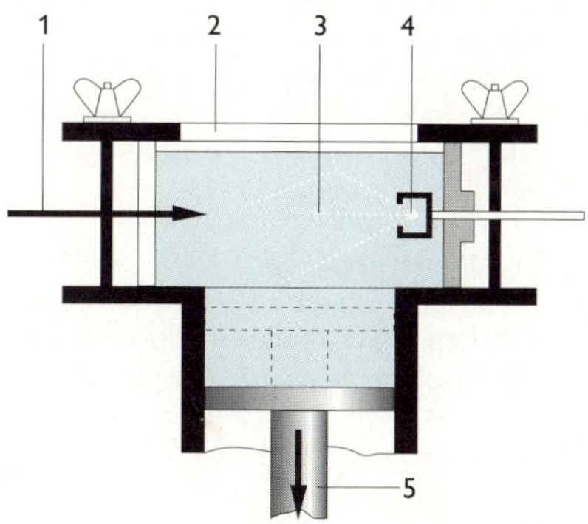

Szintillationszähler
Detektor zum Nachweis von Elementarteilchen und Quanten der Kernstrahlung und zur Bestimmung ihrer Energie.
Er besteht aus einem Szintillator (1) und einem Sekundärelektronenvervielfacher.
Trifft zum Beispiel ein Elementarteilchen auf den Szintillator (Leuchtstoffträger), so erzeugt es dort einen Lichtblitz, der über einen Lichtleiter (2) zur Photokatode (3) gelangt und dort ein Elektron auslöst. Dies wird durch eine angelegte Spannung nach K_1 hin beschleunigt und löst dort Sekundärelektronen aus, die wiederum nach K_2 beschleunigt werden. So wird die Elektronenanzahl von Stufe zu Stufe größer (Sekundärelektronenvervielfacher).

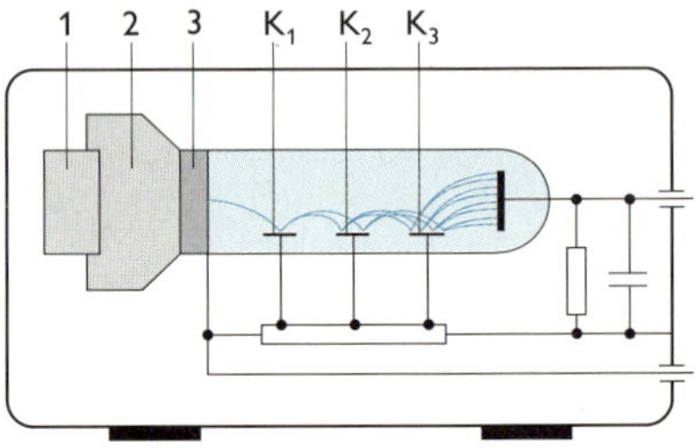

Zählrohr
Eindringende Elementarteilchen (1) ionisieren eine bestimmte Anzahl von Atomen des Füllgases. Die durch Ionisation entstandenen Elektronen und Ionen (2) werden im elektrischen Feld beschleunigt. Insbesondere die Elektronen stoßen mit weiteren Gasatomen zusammen und ionisieren diese (↗ Stoßionisation, S. 243). Sie lösen damit eine Ladungsträgerlawine aus, die im Zählrohr einen Stomstoß erzeugt. Dieser führt zu einem Spannungsstoß am Widerstand (3), der durch den Verstärker als knackendes Geräusch hörbar gemacht werden kann.

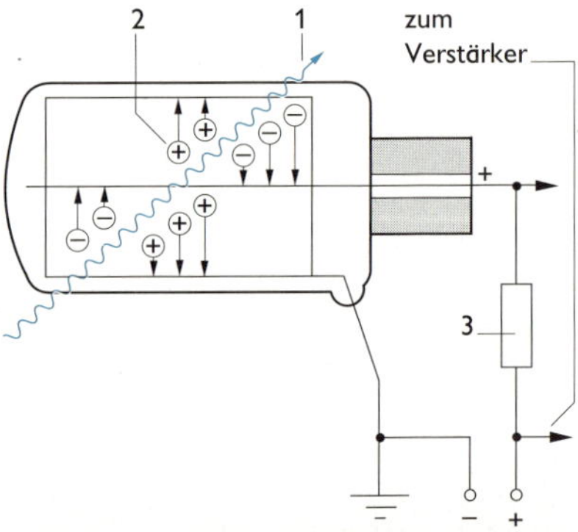

8

Kernspurplatte
Fotoplatte, die gegenüber üblichen fotografischen Schichten eine größere Schichtdicke, einen hohen Bromsilbergehalt und ein extrem feines Korn hat.
Schnellbewegte geladene Teilchen hinterlassen beim Durchdringen der fotografischen Schicht Spuren, die beim Entwickeln der Platte sichtbar werden.

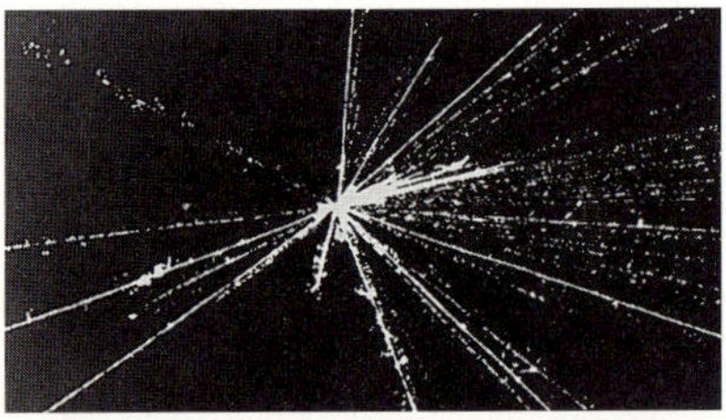

Spinthariskop
Nachweisgerät für energiereiche geladene Teilchen (1), die beim Auftreffen auf einen Leuchtschirm (2) Lichtblitze auslösen, die mit einer Lupe (3) beobachtet und gezählt werden können.

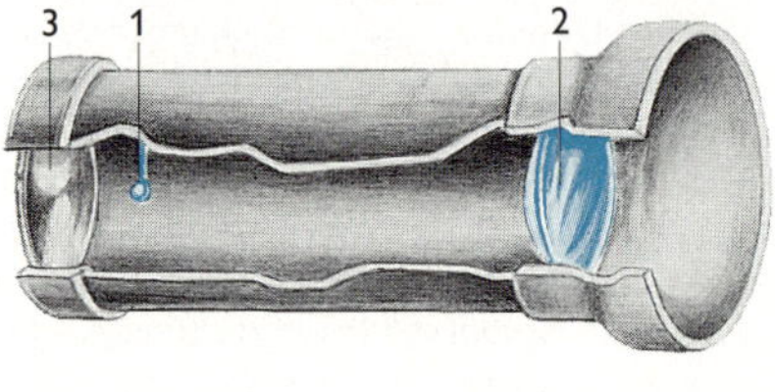

Eigenschaften der Kernstrahlung

geradlinige Ausbreitung	Ablenkbarkeit in elektrischen und magnetischen Feldern	Durchdringungsfähigkeit	Energieübertragung
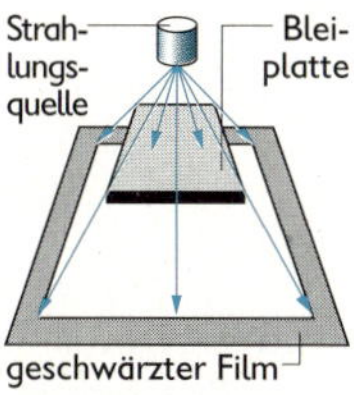	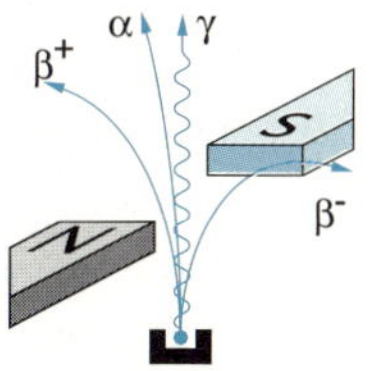	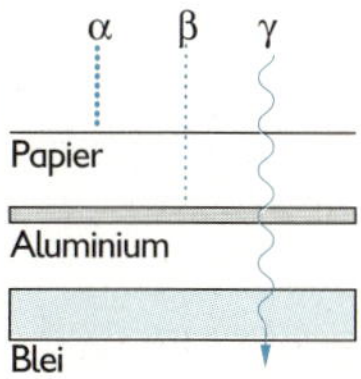	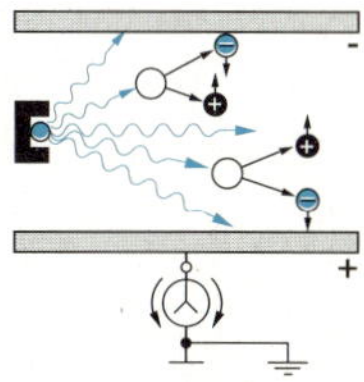
Kernstrahlung breitet sich im Vakuum geradlinig aus	α-, β^--, β^+-Strahlung werden in elektrischen und magnetischen Feldern abgelenkt.	Die Durchdringungsfähigkeit ist abhängig von der Strahlungsart und -energie, der Schichtdicke und der Art des durchstrahlten Stoffes.	Kernstrahlung überträgt Energie. Elektronen können diese Energie aufnehmen und dadurch die Atomhülle verlassen (Ionisation).

↗ Ionisation, S. 245

Wirkungen der Kernstrahlung
Physikalische, chemische oder biologische Veränderungen in den bestrahlten Stoffen infolge der Energieübertragung durch Kernstrahlung

Bestrahlte Objekte	Wirkungen
Gase, Halbleiter	Leitfähigkeitserhöhung durch Freisetzung von wanderungsfähigen Ladungsträgern
fotografische Schicht	Schwärzung durch chemische Veränderungen in der fotografischen Schicht
Leuchtstoffe	Anregung zur Fluoreszenz
lebende Organismen von schnellwachsenden Zellen	Zerstörung von lebenden, insbesondere von schnellwachsenden Zellen

Kernreaktion (künstliche Kernumwandlung)
Umwandlung eines Atomkernes, die durch Stoß entweder mit einem anderen Atomkern oder einem Elementarteilchen bzw. Gammaquant erfolgt. Es entsteht ein instabiler, angeregter Zwischenkern. Dieser zerfällt spontan unter Emission von Teilchen oder Gammastrahlung in einen stabilen Atomkern.

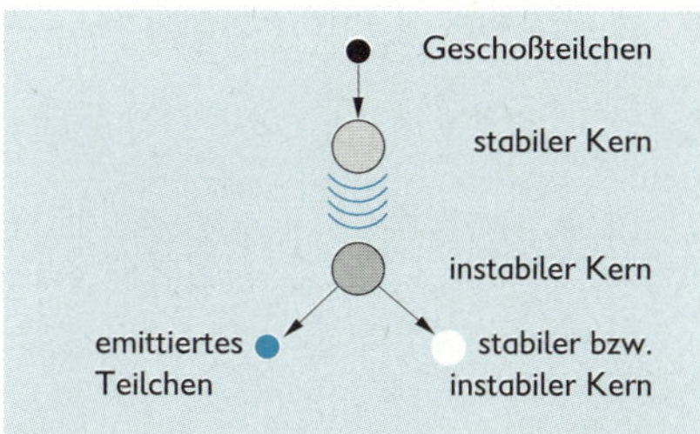

Herstellung radioaktiver Nuklide. Die entsprechenden Stoffe bringt man in dafür vorgesehene Kanäle eines Kernreaktors, wo sie mit Neutronen bestrahlt werden. Die Neutronen dringen in die Atomkerne der Stoffe ein und bilden durch Kernumwandlungen instabile Atomkerne.

- $^{59}_{27}Co + ^{1}_{0}n \rightarrow ^{60}_{27}Co$ $\qquad 59 + 1 = 60$; $\quad 27 + 0 = 27$

Cobalt-60 ist radioaktiv und zerfällt unter Aussendung von β^--Strahlung und Gammastrahlung in Nickel-60. Die Halbwertzeit beträgt 5,24 a.

- $^{60}_{27}Co \rightarrow ^{60}_{28}Ni + ^{0}_{-1}e + \gamma$ $\qquad 60 = 60 + 0$; $\quad 27 = 28 + (-1)$

Herstellung von Kernbrennstoff. Für den Betrieb von Kernkraftwerken ist Plutonium-239 von großer Bedeutung. Es wird durch Beschuß von in der Natur vorkommendem Uranium-238 mit Neutronen gewonnen.

- $^{238}_{92}U + ^{1}_{0}n \rightarrow ^{239}_{93}Np + ^{0}_{-1}e$

  $\quad \rightarrow ^{239}_{94}Pu + ^{0}_{-1}e$

Kernspaltung

Kernumwandlung, bei der ein schwerer Atomkern nach Aufnahme eines Neutrons in einen instabilen Atomkern übergeht. Dieser instabile Kern zerfällt anschließend in zwei Bruchstücke annähernd gleicher Größe und zwei bis drei Neutronen. Dabei wird Kernenergie freigesetzt, die in Form der Bewegungsenergie der Spaltprodukte und der Neutronen sowie als γ-Strahlung auftritt.

$$^{235}_{92}U + ^{1}_{0}n \rightarrow ^{236}_{92}U^* \rightarrow ^{143}_{56}Ba^* + ^{90}_{36}Kr^* + 3(^{1}_{0}n) + \Delta E \qquad \text{(freiwerdende Energie)}$$

(* bedeutet instabiler Atomkern)

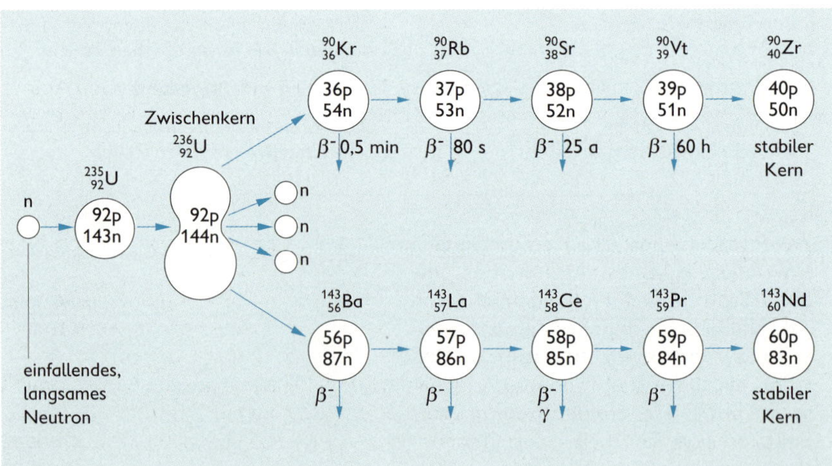

Energiebilanz bei einer Kernspaltung

$^{235}_{92}U + ^{1}_{0}n \rightarrow ^{143}_{56}Ba^{*} + ^{90}_{36}Kr^{*} + 3(^{1}_{0}n) + \Delta E$	
vor der Kernspaltung	nach der Kernspaltung
$^{235}_{92}U$: 235,0437 *u*	$^{143}_{56}Ba$: 142,9200 *u*
$^{1}_{0}n$: 1,0087 *u*	$^{90}_{36}Kr$: 89,9043 *u*
	3 ($^{1}_{0}n$): 3,0261 *u*
$\Delta m_0 = 236{,}0524\,u - 235{,}8504\,u$ $\Delta m_0 = 0{,}2020\,u$	$\Delta E = 0{,}20\,u \cdot 931{,}50\ \text{MeV} \cdot u^{-1}$ $\Delta E \approx 188\ \text{MeV}$

Zusammensetzung der je Spaltung nutzbaren Energie in MeV	
während der Kernspaltung	während des Zerfalls
Spaltstücke $E_{kin} \approx 160$ MeV Neutron $E_{kin} \approx 4$ MeV γ-Strahlung $E_{\gamma} \approx 5$ MeV 169 MeV	Elektronen $E_{kin} \approx 7$ MeV γ-Strahlung $E_{\gamma} \approx 5$ MeV Neutrinos $E_{n} \approx 7$ MeV 19 MeV
Die Kernspaltung verläuft exotherm. Die frei werdende Energie tritt als Wärme auf.	

Bei vollständiger Spaltung von etwa 1 kg $^{235}_{92}U$ tritt ein Massedefekt von $\Delta m_0 = 1$ g auf, der einem Energiewert von etwa $25 \cdot 10^6$ kWh entspricht. Das ist gleich der elektrischen Energie, die 100000 Haushalte einer Großstadt für eine Zeit von zwei bis drei Monaten benötigen.

8

Kettenreaktion

Physikalischer Vorgang, bei dem die Bedingungen für den fortdauernden Ablauf immer wieder neu entstehen. Der Prozeß läuft so lange von selbst ab, bis der reagierende Stoff aufgebraucht ist.

Gesteuerte Kettenreaktion

Kernspaltungsprozeß, bei dem die Anzahl der die Spaltung fortsetzenden Neutronen konstant gehalten wird.

Bedingungen für das Zustandekommen einer gesteuerten Kernkettenreaktion sind:

1. *Geeigneter Kernbrennstoff* ist erforderlich, d. h., der Brennstoff muß spaltbare Nuklide enthalten, in ihm muß eine Kettenreaktion ablaufen können.
2. Eine bestimmte *Mindestmasse* an spaltbarer Substanz (kritische Masse) muß vorhanden sein, damit Neutronen nicht wirkungslos entweichen.
3. *Reflektoren* zur Verringerung der bei der Spaltung aus dem Material diffundierenden Neutronen sind einzusetzen.

4. *Bremssubstanzen* (Moderatoren) zum Abbremsen der schnellen Neutronen auf die für die Kernspaltung günstige Geschwindigkeit sind erforderlich.
5. Es müssen stets mehr Neutronen bei einer Spaltung frei werden, als zur Spaltung geführt haben.
6. *Steuer- und Regelstäbe*, die in der Lage sind, Neutronen zu absorbieren (Bor- und Kadmium) werden benötigt.

Ungesteuerte Kettenreaktion

Kernspaltungsprozeß, bei dem die Anzahl der die Spaltung fortsetzenden Neutronen und der gespaltenen Atomkerne lawinenartig ansteigt.

Bedingungen für eine ungesteuerte Kettenreaktion:

1. Vorhandensein einer bestimmten Mindestmasse (kritische Masse) spaltbaren Materials, (z. B. $^{235}_{92}U$, $^{238}_{92}U$, $^{239}_{94}Pu$) damit die Neutronen nicht wirkungslos nach außen entweichen.

2. Die freiwerdenden Neutronen müssen zum Auslösen einer neuen Spaltung eine bestimmte kinetische Energie besitzen.

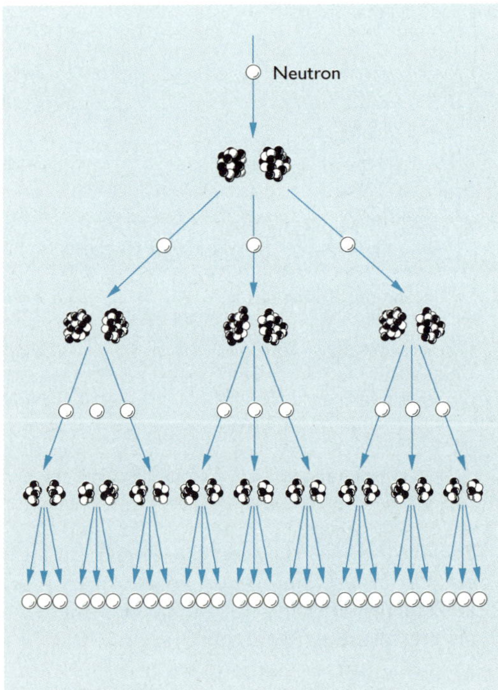

Kernfusion

Vorgang, bei dem leichte Atomkerne, vorzugsweise Wasserstoffkerne, zu schwereren vereinigt (verschmolzen) werden. Die Kernfusion ist eine exotherme Kernreaktion, die nur bei sehr hohen Temperaturen ($T > 10^6$ K) und geeigneter Teilchendichte abläuft.

Grundreaktionen:

$^{2}_{1}D + ^{3}_{1}T \rightarrow ^{1}_{0}n + ^{4}_{2}He + 16{,}8\ \text{MeV}$	freiwerdende Energie, bezogen auf den Einzelprozeß
$^{2}_{1}D + ^{2}_{1}D \rightarrow ^{1}_{1}p + ^{3}_{1}T + 4{,}0\ \text{MeV}$	
$^{2}_{1}D + ^{3}_{2}He \rightarrow ^{1}_{1}p + ^{4}_{2}He + 18{,}3\ \text{MeV}$	

Energiebilanz bei einer Kernfusionsreaktion

$^{2}_{1}D + ^{3}_{1}T \rightarrow ^{4}_{2}He + ^{1}_{0}n + \Delta E$ (freiwerdende Energie)	
vor der Fusion	nach der Fusion
$^{3}_{1}T$: $m_{0T} = 3{,}0161\ u$	$^{4}_{2}He$: $m_{0He} = 4{,}0026\ u$
$^{2}_{1}D$: $m_{0D} = 2{,}0141\ u$	$^{1}_{0}n$: $m_{0n} = 1{,}0087\ u$
$\Delta m_0 = 5{,}0302\ u - 5{,}0113\ u$ $\Delta m_0 = 0{,}0189\ u$	$\Delta E = 0{,}0189\ u \cdot 931{,}50\ \text{MeV} \cdot u^{-1}$ $\Delta E \approx 17{,}6\ \text{MeV}$
Die Kernfusionsreaktion verläuft exotherm. Die freiwerdende Energie tritt als Wärme auf.	

VERFAHREN UND TECHNISCHE ANLAGEN

- Nutzung kernphysikalischer Erkenntnisse in der Praxis
  - Anwendung von Radionukliden in der Praxis
    - Bestrahlungsverfahren
    - Durchstrahlungsverfahren
    - Altersbestimmung
    - Markierungsverfahren
  - Kernkraftwerke
    - Kernspaltungskraftwerke
    - zukünftige Kernfusionskraftwerke

Bestrahlungsverfahren

Die von instabilen Atomkernen ausgesandte Kernstrahlung kann bei ihrer Absorption in Stoffen chemische, physikalische und biologische Veränderungen bewirken.

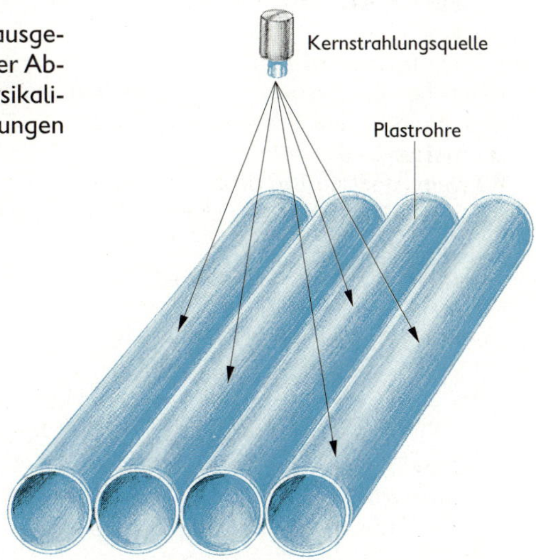

Anwendungsbeispiele	Objekte der Bestrahlung	Ergebnis der Bestrahlung
Industrie	Plaste, Werkstoffe	Veredlung der Plaste (z. B. Erhöhung der Festigkeit und Temperaturbeständigkeit)
Medizin	Instrumente, Arzneimittel, Verbandstoffe, schnell wachsende Zellen	Sterilisation von Instrumenten, Medikamenten und Verbandsstoffen; Geschwulstbekämpfung
Nahrungsmittelindustrie	Fleisch, Fisch, Früchte, Gemüse	Sterilisation von Lebensmitteln
Landwirtschaft	Kartoffeln, Zwiebeln	Keimhemmung, Erhöhung der Lagerfähigkeit von Kartoffeln und Zwiebeln

Durchstrahlungsverfahren

Dient der zerstörungsfreien Materialprüfung von Werkstoffen und Werkstücken sowie der berührungslosen Dickenmessung

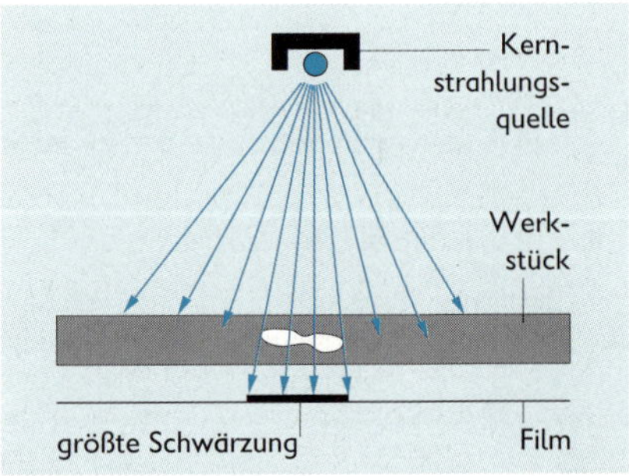

8

Markierungsverfahren

Dient bei chemischen, technologischen und biologischen Prozessen zur Sichtbarmachung des Weges gasförmiger, flüssiger oder fester Stoffe, die durch Radionuklide markiert sind

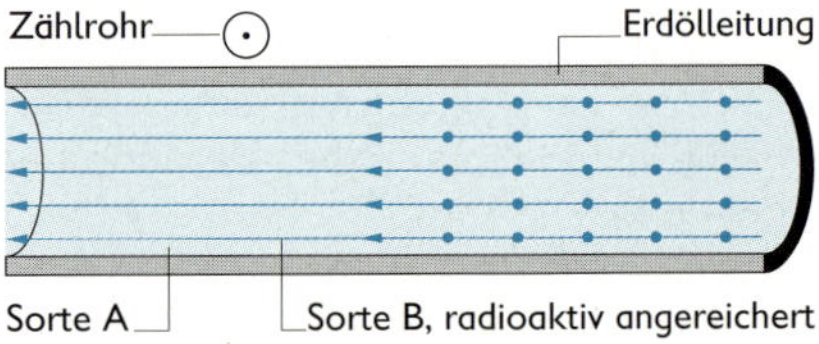

Anwendungsgebiete	markierte Objekte	Ziel der Markierung
Industrie	Maschinenteile, Flüssigkeiten	Verschleißuntersuchung von besonders beanspruchten Maschinenteilen, Schmiermittelumlauf, Dichtheitsprüfung, Strömungsmessung
Medizin, Biologie, Landwirtschaft	Pharmaka, chemische Verbindungen	Untersuchungen von Stoffwechsel-, Transport-, Ausscheidungsvorgängen, Mischungsmessungen

Physikalische Altersbestimmung

Abschätzen des Alters von Mineralien, Gesteinen und anderen, hinreichend alten Stoffen auf Grund der natürlichen Radioaktivität bestimmter, in ihnen enthaltener chemischer Stoffe mit Hilfe der Halbwertszeit.

↗ Spontanzerfall, S. 325

Bleimethode. Methode zur Datierung von Mineralien und Gesteinen. Die Atomkerne der Nuklide Th-232, U-235 und U-238 sind instabil und zerfallen in die stabilen Atomkerne der Bleiisotope Pb-208, Pb-207 und Pb-206. Man bestimmt das Alter von uranhaltigen bzw. thoriumhaltigen Gesteinen aus dem Konzentrationsverhältnis von Uran zu Blei und der Halbwertzeit des radioaktiven Stoffes.

Kohlenstoff-14-Methode (Radiokarbonmethode)**.** Methode zur Datierung archäologischer Funde biologischen Ursprungs, deren Alter zwischen 1000 und 75000 Jahren liegt.
In der Atmosphäre wird radioaktiver Kohlenstoff ($^{14}_{6}C$) durch Beschuß von Stickstoff mit Neutronen der kosmischen Strahlung gebildet.
Es stellt sich ein Gleichgewicht zwischen der Anzahl der zerfallenen und der gebildeten Atomkerne $^{14}_{6}C$ in der Atmosphäre ein. Das derzeitige Verhältnis zwischen der Anzahl Atomkerne $^{14}_{6}C$ und $^{12}_{6}C$ liegt bei $1 : 1{,}5 \cdot 10^{-12}$.
Radioaktiver Kohlenstoff $^{14}_{6}C$ reagiert mit Luftsauerstoff zu Kohlendioxid. Alle Pflanzen nehmen durch Assimilation neben Kohlenstoff ($^{12}_{6}C$) ständig auch eine bestimmte Menge radioaktiven Kohlenstoff ($^{14}_{6}C$) auf. Infolge der pflanzlichen Ernährung gelangen die Atomkerne $^{14}_{6}C$ auch in den tierischen und menschlichen Körper. Mit dem biologischen Tod eines Lebewesens endet die Kohlenstoffaufnahme. Das Verhältnis der Anzahl der Atomkerne $^{14}_{6}C$ und $^{12}_{6}C$ wird im Laufe der Zeit im abgestorbenen Lebewesen immer kleiner. Aus dem Vergleich zwischen einem organischen archäologischen Fundstück und dem eines entsprechenden Organismus der Jetztzeit kann man das Alter des Fundes bestimmen.

↗ Halbwertzeit, S. 326

8

Kernreaktor

Anlage, in der eine gesteuerte Kettenreaktion der Kernspaltung ablaufen kann
Die Kernenergie erscheint zunächst als kinetische Energie der entstehenden Spaltprodukte. Diese werden im umgebenden Material abgebremst. Die dabei entstehende Wärme wird über einen Kühlmittelkreislauf abgeführt und zur Elektroenergieerzeugung genutzt.

Reaktorsicherheit. Verschiedene Maßnahmen und Einrichtungen zur Gewährleistung der Sicherheit der Umwelt und des Reaktors. Dazu zählen Einrichtungen der Regelungstechnik, des Havarieschutzes und des Strahlenschutzes. Dadurch wird die radioaktive Strahlung so geregelt, daß im Reaktor keine unzulässig hohe Erwärmung eintritt, und der Austritt radioaktiver Strahlung wird so stark geschwächt, daß das Bedienungspersonal gesundheitlich nicht gefährdet werden kann.
Um Auswirkungen bei einem Unfall gering zu halten, werden u. a. ein Sicherheitseinschluß, Notkühl- und Sprühsysteme eingebaut.

↗ Kernspaltung, S.330; Kettenreaktion, S. 331

Verwendung von Kernreaktoren

Leistungsreaktor zur Gewinnung wirtschaftlich verwertbarer Energien
↗ Druck- und Siedewasserreaktor, S. 336
Forschungsreaktor
– als Neutronenquelle für Forschungszwecke
– zur Erzeugung von Radionukliden
– zum Studium der Reaktorphysik
Brutreaktor zur Erzeugung spaltbaren Materials (↗ S. 337)

Druckwasserreaktor

Anlage, in der schwach angereichertes Uran als Brennstoff dient, das sich in dünnen Hüllen aus Stahl befindet, um zu verhindern, daß radioaktive Spaltprodukte in den Kreislauf geraten.
Diese Brennstoffstäbe werden in einen Druckwasserbehälter gehängt. Das Wasser wird als Moderator und als Wärmeableiter genutzt. Genügend hoher Druck sorgt dafür, daß es nicht zum Sieden kommt. Die Steuerung erfolgt durch Regelstäbe.

Siedewasserreaktor

Anlage, bei der das Wasser an der Oberfläche der Uranstäbe zum Sieden kommt. Die gewonnene Energie wird mit dem Wasserdampf über einen Wärmeaustauscher einer Turbine zugeführt. Das Wasser ist gleichzeitig Moderator und Wärmeableiter.

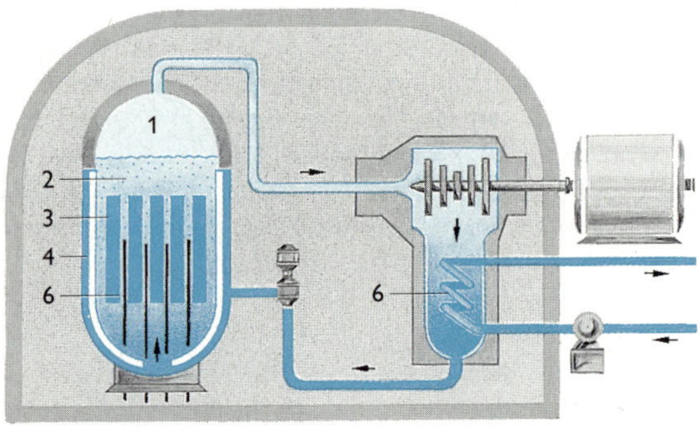

Schema
eines Siedewasserreaktors
1 - Wasserdampf
2 - Wasser
3 - Uranstäbe
4 - Strahlenschutz
5 - Wärmeaustauscher
6 - Regelstäbe

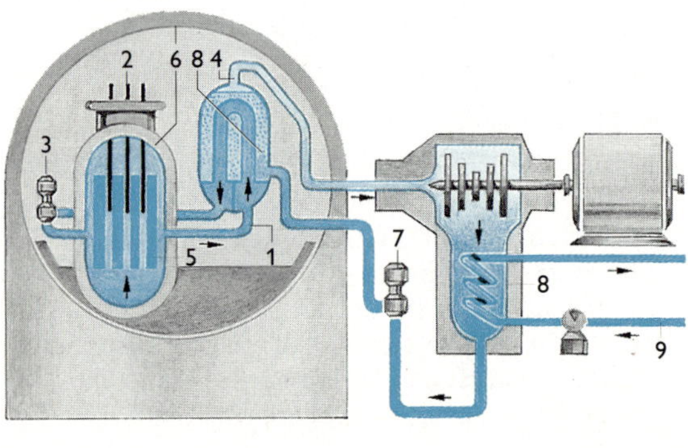

Schema
eines Druckwasserreaktors
1 - Wasser
2 - Regelstäbe
3 - Druckerzeuger
4 - Wasserdampf
5 - Uranstäbe
6 - Strahlenschutz
7 - Pumpe
8 - Wärmeaustauscher
9 - Kühlwasser

Brutreaktor

Anlage, deren Zentrum die Spaltzone bildet, die das spaltbare Material (Uran-235, Plutonium-239) enthält. Hier entstehen durch Kernspaltung Wärme und die zum Brüten erforderlichen schnellen Neutronen, die in die Brutzone dringen und dort durch Kernumwandlungen neues spaltbares Material erzeugen. Die entsprechenden Brutprodukte müssen in gewissen Abständen aus dem Reaktor entfernt und aufbereitet werden.

Da der Brutreaktor mit schnellen Neutronen arbeitet, ist ein Moderator nicht erforderlich. Als Kühlmittel verwendet man flüssiges Natrium, um die Neutronen nicht zu stark zu bremsen.

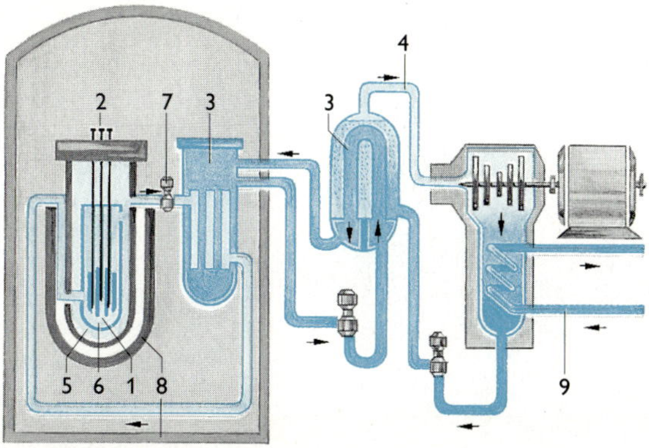

Schema
eines schnellen Brutreaktors
1 – Brutzone
2 – Regelstäbe
3 – Wärmeaustauscher
4 – Wasserdampf
5 – Graphitreflektor
6 – Spaltzone
7 – Pumpe für Flüssigmetall-Kreislauf
8 – Strahlenschutz
9 – Kühlwasser

Kernkraftwerk

Anlage zur industriellen Umwandlung von Kernenergie in Elektroenergie. Die Umwandlung in Elektroenergie erfolgt ähnlich wie in einem konventionellen Kraftwerk. An die Stelle des kohle- oder ölgeheizten Kessels tritt der Kernreaktor als Wärmequelle. Die im Kernreaktor erzeugte thermische Energie wird durch den Kühlkreislauf abgeführt und produziert in einem Wärmeaustauscher (Dampferzeuger) Dampf, dessen Energie in Turbogeneratoren in Elektroenergie umgewandelt wird.

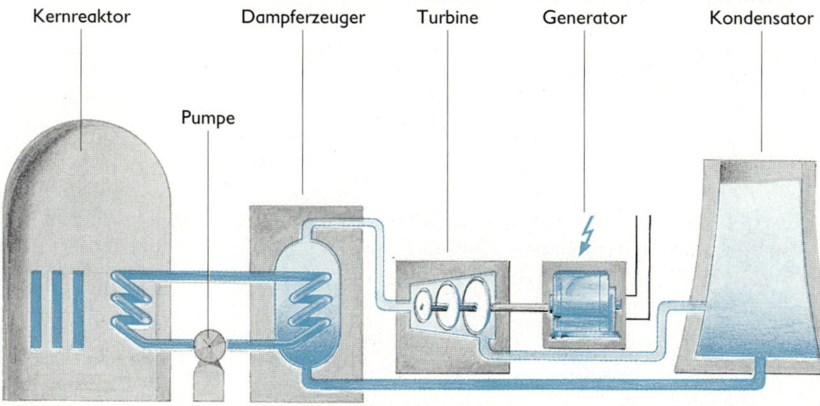

Kernfusionsreaktor

Anlage, in der eine gesteuerte Kernfusion erfolgen soll. Folgende Probleme sind dafür zu lösen:
- Bereitstellung geeigneter Brennstoffe (z. B. Deuterium, Tritium)
- Aufheizung der Ausgangsstoffe, um den Deuteriumkernen die zur Fusion notwendige kinetische Energie zu erteilen. Erfolgversprechend erscheint zur Zeit die Aufheizung und Kompression des Plasmas durch Laserstrahlungsimpulse
- Realisierung einer relativ hohen Teilchenzahldichte (10^{14} cm^{-3}), damit ausreichend viele Zusammenstöße der Kerne in der Zeiteinheit stattfinden können
- Völlige Isolierung des Plasmas von seiner Umgebung durch magnetische bzw. Trägheitshalterung

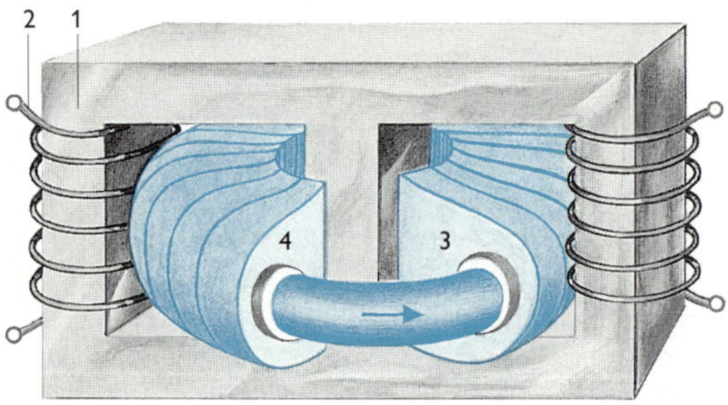

Ringförmige Plasmaversuchsanlage nach dem Tokamak-Prinzip für Untersuchungen zur Kernfusion
1 – Transformator
2 – Hauptfeldspule
3 – Plasma
4 – Vakuumgefäß

Magnetische Halterung (Kernfusion)

Methode, um das Plasma für die gesteuerte Kernfusion zu isolieren, indem durch starke Magnetfelder eine Plasma-Wand-Wechselwirkung verhindert wird

8

Trägheitshalterung

Methode, um das Plasma für die gesteuerte Kernfusion von seiner Umgebung zu isolieren. Diese Methode kann lediglich durch Laser- oder hochenergetische Teilchenstrahlung erreicht werden.

Einheiten der radioaktiven Strahlung

Aktivität *A*. Die Aktivität *A* eines Körpers ist der Quotient aus der Anzahl *N* der Kernzerfälle und der Zeit Δt. Die Einheit der Aktivität ist 1 Bq (1 Becquerel). Es gilt:

$$A = \frac{\Delta N}{\Delta t} \qquad 1\,\text{Bq} = \frac{1\,\text{Kernumwandlung}}{1\,\text{Sekunde}}$$

Energiedosis *D*. Die Energiedosis *D* ist der Quotient aus der von einer radioaktiven Strahlung abgegebenen Energie *E* und der Masse *m* des Körpers, der die Energie aufnimmt. Die Einheit der Energiedosis ist 1 Gy (1 Gray). Es gilt:

$$D = \frac{E}{m} \qquad 1\,\text{Gy} = 1\,\frac{\text{J}}{\text{kg}}$$

Äquivalentdosis D_q: Die Äquivalentdosis D_q einer Strahlung ist das Produkt aus der Energiedosis D mit einem Qualitätsfaktor Q. Die Einheit der Äquivalentdosis ist 1 Sv (1 Sievert). Es gilt:

$$D_q = Q \cdot D \qquad 1\,\text{Sv} = 1\,\frac{\text{J}}{\text{kg}}$$

Der Qualitätsfaktor Q ist ein Erfahrungswert. Man hat festgelegt:

für α-Strahlung: $Q_\alpha = 20{,}0$
für β-Strahlung: $Q_\beta = 1{,}0$
für γ-Strahlung: $Q_\gamma = 1{,}0$
für Röntgenstrahlung: $Q_R = 1{,}0$
für langsame Neutronen: $Q_n = 2{,}3$
für schnelle Neutronen: $Q_n = 10{,}0$

Strahlenschutz

Mögliche Schädigung des Organismus	Schutzmaßnahme	Physikalische Begründung
Einwirkung radioaktiver Strahlung von außen 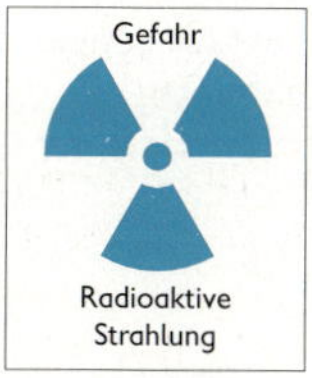	– möglichst großen Abstand zur Strahlenquelle halten – Strahlenschutzschichten verwenden – bei radioaktiver Gefahr Schutzraum aufsuchen – Dauer der Einwirkung der Strahlung beschränken – auf größte Sauberkeit beim Umgang mit radioaktiven Nukliden achten	– begrenzte Reichweite und begrenztes Durchdringungsvermögen radioaktiver Strahlen – Stoffabhängigkeit des Durchdringungsvermögens radioaktiver Strahlen – Ionisierungsvermögen – Kontaminierung
Inkorporation	– durch Atem- und Körperschutzmittel verhindern, daß radioaktive Substanz in den Körper gelangt – Nahrung mit Meßgeräten kontrollieren	– Absorption des radioaktiven Staubes – Ionisierungsvermögen

Strahlungsbelastung und Strahlenschäden

Kurzzeitige Belastung	Strahlenschäden
250 bis 500 mSv	Veränderungen im Blutbild, Schäden der Embryos
100 mSv	akute Gefahr für Gesundheit, beginnende Strahlenkrankheit
2000 mSv	Strahlenkrankheit, Hautschäden, ca. 10% Todesfälle
3000 mSv	Blutungen, schwere Veränderungen im Blutbild, ca. 20% Todesfälle
4000 mSv	schwere Entzündungen, 50% Todesfälle innerhalb von 5 Wochen
ab 8000 mSv	mehr als 80% Todesfälle
	Zusätzlich sind Spätschäden (Krebs und Erbschäden) möglich.

Zeit	3000 v. Chr. bis 2000 v. Chr	2000 v. Chr. bis 1000 v. Chr.
Schlaglichter aus der Physikgeschichte	**3000 v. Chr.:** Wissenschaftliche Sternenkunde bei den Sumerern **2608 v. Chr.:** Kaiser *Huangali* läßt Sternwarte in China bauen. **2160 v. Chr.:** Erste Beschreibung einer totalen Sonnenfinsternis in China **um 2000 v. Chr.:** Babylonier erstellen eine Liste von Sternbildern; 365-Tage-Kalender in Ägypten; Nord-Süd-Ausrichtung der Pyramiden auf 2" genau möglich	**1700 v. Chr.:** Wasserräder zur Feldbewässerung in Babylon  **um 1500 v. Chr.:** Erste bekannte Sonnenuhr; Blasebalg; erste Wasseruhren **1080 v. Chr.:** Berechnung der Ekliptik in China
wichtige Entdekkungen und Erfindungen	**vor 3000 v. Chr.:** Schwingpflug in Mesopotamien; Papyrus als Schriftträger; Dezimalsystem **2800 v. Chr.:** Waage mit zwei Waagschalen in Ägypten  **2500 v. Chr.:** Akupunktur in China; Schaduf in Ägypten (Wasserschöpfstange mit Gegengewicht); chirurgische Operationen in Mesopotamien	**1850 v. Chr.:** Papyrus Rhind mit Flächen- und Volumenberechnungen sowie Bruchrechnung **um 1500 v. Chr.:** Schriften mit heilkundlichen, anatomischen und chirurgischen Inhalten; babylonische Ärzte sezieren Leichen; erste Glasgefäße in Ägypten und Mesopotamien **1200 v. Chr.:** Beginn der Eisenzeit im nahen Osten
aus der allgemeinen Geschichte	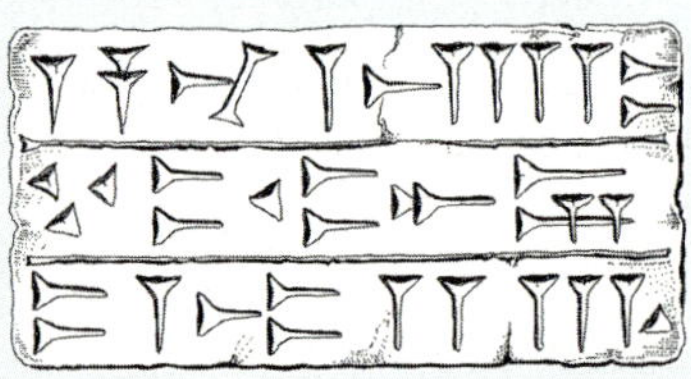 **3200 v. Chr.:** Schriftentwicklung: Sumerische Bilderschrift; Keilschrift **ab 2900 v. Ch.:** Altes und mittleres ägyptisches Reich **um 2500 v. Ch.:** Große Pyramiden in Ägypten; Sphinx; Adapa-Epos von Babylon	**um 2000 v. Chr.:** Maya-Hochkultur **1600 v. Chr. bis 1200 v. Chr.:** Mykenische Kultur in Griechenland **1562 v. Chr. bis 1085 v. Chr.:** Neues Reich in Ägypten; Hauptstadt Theben **um 1300 v. Chr.:** Blütezeit der Mumifizierung **um 1250 v. Chr.:** Errichtung des Felsentempels von Abu Simbel 

1000 v. Chr. bis 0	0 bis 500	500 bis 1000
um 900 v. Chr.: Erste Rollen zum Lastheben in Assyrien; Maßsystem der Chaldäer **750 v. Chr.:** Voraussagen von Sonnen- und Mondfinsternissen durch Babylonier *Euklid:* geradlinige Ausbreitung des Lichtes; Reflexionsgesetz *Thales:* Magnetismus *Aristoteles:* Fall ist beschleunigte Bewegung *Archimedes:* Auftrieb; Flaschenzug; Hebel	*Kleomenes:* Beobachtet und beschreibt die Refraktion **um 140** *Ptolemäus:* Verfaßt „Almagest", eine Enzyklopädie des Wissens, enthält Optik, Akustik, Geografie, ...; untersucht Lichtbrechung an der Grenzschicht Luft/Wasser **um 100** *Heron v. Alexandrien:* „Mechanika" beschreibt einfache Maschinen; Heronsball	**um 900** *Al Battani* (arabischer Astronom): Entwickelt Ptolemäisches Weltbild weiter **um 940** *Than Chiao* (China): Beschreibt verschiedene Linsen **um 990** *Al Hazen* (Araber): Berechnet sphärische Spiegel, beschreibt Camera obscura
420 v. Chr.: Frühe Eisenzeit; Schachtöfen; bergwerksmäßige Salzgewinnung in Hallstadt **3. Jh. v. Chr.:** Bau der Großen Chinesischen Mauer **320 v. Chr.:** „Elemente des Euklid" **2. Jh. v. Chr.:** Erfindung des Pergaments **um 260 v. Chr.** *Eratosthenes:* Methode zur Ermittlung der Primzahlen; berechnet Erdumfang zu 40000 km	Römer: Anwendung von Beton für Straßen- und Brückenbauten; Aquädukte und Kanalisationssysteme entstehen; Häfen; Abformtechnik für Keramik; Glasbläserei; römische Schnellwaage; chemischer Dünger; Schere; Hobel; Nagelbohrer; Handbohrer; Mähmaschine mit Rädern; Korbstuhl	**620:** Erste Porzellanherstellung in China **8. Jh.:** Uhrenbau: Wasseruhren; Kerzenuhren **9. Jh.:** Entstehen der Algebra **10. Jh.:** Flug- und Schwebeversuche; Schachspiel kommt von Arabien nach Europa; arabische Ziffern 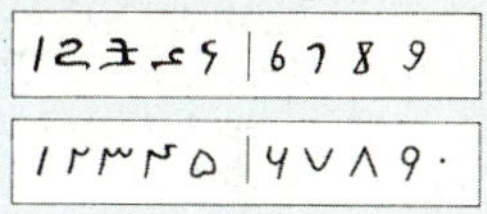 arabische Ziffernschriften
9. Jh. v. Chr. *Homer:* Werke „Ilias" und „Odyssee" **776 v. Chr.:** Begründung der Olympischen Spiele **753 v. Chr.:** Gründung Roms **722 v. Chr. bis 481 v. Chr.:** China: Periode der "Frühlinge und Herbste"; Stadtpaläste und Philosophenschulen **ab 500 v. Chr.:** Entwicklung des Römischen Reiches **481 v. Chr. bis 221 v. Chr.:** China: Epoche der kriegerischen Königreiche, Herausbildung des Konfuzianismus und Taoismus **336 v. Chr. bis 30:** Hellenismus	Zerfall der Urgesellschaft der Germanen **9:** Schlacht im Teutoburger Wald; Befreiungskampf der Germanen gegen die Römer; Zerfall der Sklavenhalterordnung im Römischen Reich 	Entstehung des Feudalismus in West- und Mitteleuropa **um 500:** Entstehung des Frankenreiches **520:** Nibelungensage **um 800:** Reich der Karolinger **919:** *Heinrich der I.* erster deutscher König; Herausbildung des feudalistischen Byzantinischen Reiches und arabischen Kalifats

Zeit	1000 bis 1250	1250 bis 1450
Schlaglichter aus der Physikgeschichte	**1080-1164** *Al Bagdadi:* Untersucht Wurf und andere beschleunigte Bewegungen **um 1220** *Jordanus:* Setzt Prinzip der virtuellen Verrückung zur Erklärung des Hebelgesetzes und anderer Probleme der Statik ein **um 1250** *de Maricourt:* Beschreibt den Magnetismus, führt die Bezeichnung „Magnetpol" ein, bestimmt experimentell Eigenschaften von Magneten 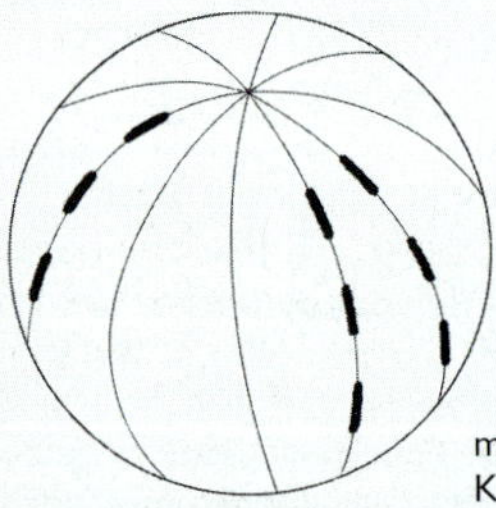 	**1214-1296** *Bacon:* Experimentiert mit Spiegeln und Linsen, entwirft Flugmaschinen, wird als Ketzer verschrieen **1300-1358** *Buridan:* Formuliert physikalischen Impetusbegriff (ähnlich Impuls, Trägheit) als Ursache der Bewegung **1325-1382** *Oresmius:* Stellt physikalische Bewegungsgrößen grafisch dar, untersucht Zusammenhänge zwischen Weg, Geschwindigkeit und Beschleunigung **1401-1460** *v. Cues:* „Die Erde bewegt sich um die Sonne." Er weist auf die Rolle der Praxis und der Mathematik für die Physik hin.
wichtige Entdekkungen und Erfindungen	**1054:** Chinesen beobachten Supernova. **1080:** China: Druck mathematischer Bücher **1100:** Schlesien: Kupferabbau beginnt **1133:** Steinerne Brücke in Würzburg **1145:** Schießpulver in China **1170:** Silberbergbau in Sachsen **1195:** Seekompaß in Europa **1200** *Fibonacci* führt arabische Ziffern ein.	**1275:** Erste mechanische Uhren **1280:** Erste Autopsie eines Menschen **1310:** Erfindung des Trittwebstuhls **1320:** Lochkamera zur Sonnenbeobachtung **1375:** Erste Karte Afrikas **1426:** Ausbau der „Großen Mauer" in China **1448** *Gutenberg:* Erfindet Druck mit beweglichen Lettern
aus der allgemeinen Geschichte	**1077** *Heinrich der IV.:* Gang nach Canossa **1175** Pisa: Schiefer Turm **1209:** Franziskanerorden gegründet **1210:** *Eschenbach:* Parzival **1242:** „Reich der goldenen Horde" an unterer Wolga 	**1290:** „Ewiger Bund" der Schweizer Urkantone **1320:** Krakau Hauptstadt Polens **1348:** Gründung der Universität Prag **1386:** Baubeginn des Mailänder Doms **1415:** *Hus* als Ketzer verbannt **1428:** *D'Arc* befreit Orleans. **1455:** „Rosenkrieg" in England 

1450 bis 1540	1540 bis 1600
1452-1519 *da Vinci:* Künstler, Ingenieur, Techniker, Arzt, Mathematiker; untersucht prismatische Farben, entwirft Wasserräder, Fallschirm, Flugmaschinen, Unterseeboot; forciert Mathematisierung der Mechanik **1494-1555** *Agricola:* Hauptwerk „De re metallica"; umfassende Darstellung des Berg- und Hüttenwesens **1473-1543** *Kopernikus*: In dem von ihm entwickelten Weltsystem steht nicht mehr die Erde, sondern die Sonne im Mittelpunkt. Die Planeten bewegen sich auf Kreisbahnen um die Sonne. 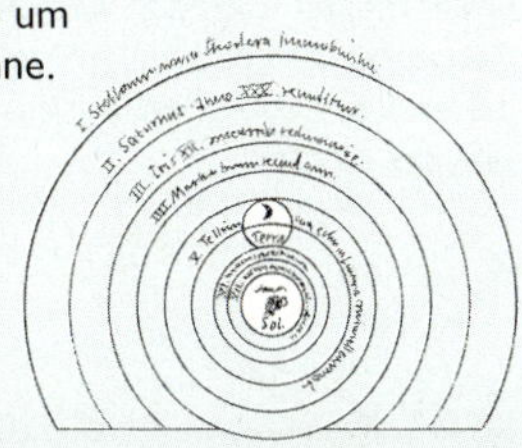	**1540-1603** *Gilbert*: Hauptwerk „De magnete" mit den Hauptthemen Elektrizität und Magnetismus; findet die Untrennbarkeit der Magnetpole, prägt den Namen „Elektrizität", nimmt die Erde als großen Dauermagneten an **1546-1601** *de Brahe:* Macht so genaue astronomische Messungen ohne Fernrohr, daß Kepler damit seine Gesetze findet **1548-1600** *Bruno:* Fordert kosmisches System, in dem weder Erde noch Sonne das Zentrum sind, wird als Ketzer verbrannt **1548-1620** *Stevin:* Macht Entdeckungen in Statik und Hydrostatik, zum Kräfteparallelogramm und Druck in Flüssigkeiten **1571-1630** *Kepler:* Verbessert das heliozentrische Weltsystem: Planeten umkreisen die Sonne auf Ellipsenbahnen 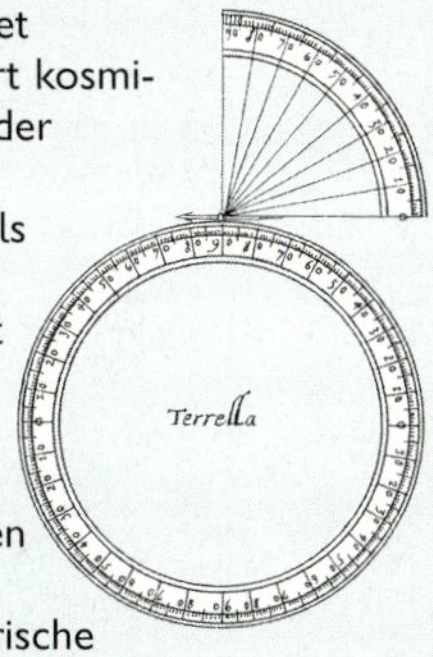
1460: Portugiesen entdecken Kapverdische Inseln. **1473:** Erste deutsche Sternwarte **1487:** *Diaz* erreicht Kap der guten Hoffnung. **1498:** *De Gama* umsegelt Afrika auf dem Weg nach Indien. **1500:** Maschinenentwürfe von *da Vinci* **1506:** *Columbus* stirbt in Überzeugung, Indien auf Westroute erreicht zu haben. **1528:** *Saavedra* durchquert den Pazifik.	**1545:** *Cardano* erfindet die nach ihm benannte Aufhängung. **1566:** Mercatorprojektion erfunden **1573:** *Strumienski* beschreibt die Wasserwaage. **1582:** Gregorianische Kalenderreform 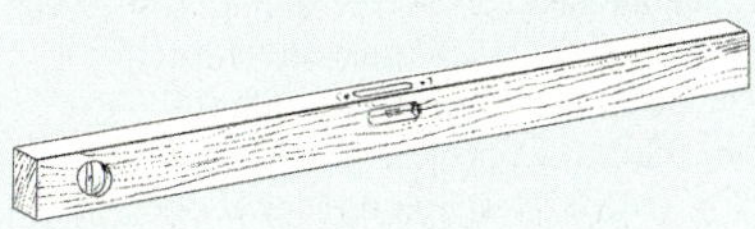
1453: Hagia Sophia in Moschee umgewandelt **1466:** Danzig freie Stadt **1470:** *Dantes* „Göttliche Komödie" gedruckt **1477:** *Stoß* beginnt Hochaltar in Krakau. **1490:** *Riemenschneider* Holzplastiken in Würzburg **1503:** *da Vinci* „Mona Lisa" **1515:** Joachimsthal: erster Taler geprägt 	**1541:** Türken erobern Buda. **1559:** *Boccaccios* „Decamerone" auf Index **1567:** Abdankung von *Maria Stuart* **1572:** „Bartholomäusnacht" in Paris **1587:** „Historia von Dr. Fausten" **1591:** *Shakespeare* „Richard III." **1598:** Hugenotten erhalten in Frankreich volle Gewissensfreiheit. 

9

Zeit	1600 bis 1650	1650 bis 1700
Schlaglichter aus der Physikgeschichte	**1564-1642** *Galilei:* Findet Gesetze des freien Falles und der geneigten Ebene, entdeckt erste Jupitermonde, Sonnenflecken und Mondgebirge **1602-1686** *v. Guericke:* Erzeugt Vakuum, experimentiert zum Luftdruck (Magdeburger Halbkugeln) **1580-1626** *Snellius:* Entdeckt Brechungsgesetz des Lichtes **1608-1647** *Torricelli:* Entdeckt den Luftdruck und macht ihn mit Quecksilberbarometer meßbar **1608:** *Lippershey* erfindet das Fernrohr. 	**1627-1691** *Boyle:* Entdeckt Zusammenhang zwischen Druck und Volumen eines Gases: $p \cdot V =$ konstant **1629-1695** *Huygens:* Wellentheorie des Lichtes, Untersuchungen von Pendel und freiem Fall, erste Pendeluhr **1642-1722** *Newton:* Entdeckt Grundgesetz der Mechanik, Gravitationsgesetz und Zusammensetzung des weißen Lichtes, erfindet Spiegelteleskop **1635-1703** *Hooke:* Untersucht Elastizität von Festkörpern **1646-1710** *Römer:* Bestimmt die Lichtgeschwindigkeit mit Hilfe der Verfinsterung eines Jupitermondes - Nachweis für die endliche Ausbreitungsgeschwindigkeit des Lichtes 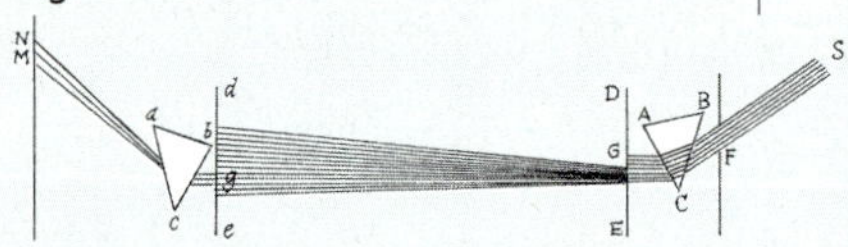
wichtige Entdeckungen und Erfindungen	**1616:** Bismarck-Archipel und Tonga entdeckt **1628:** *Harvey* entdeckt den Blutkreislauf. **1640:** *Mersenne* mißt Schallgeschwindigkeit. **1644:** *Pascal* konstruiert Rechenmaschine zur Addition und Subtraktion. **1650:** *Deshnew* entdeckt die Beringstraße.	**1658:** *Hooke* erfindet die Federunruhe für Taschenuhren. **1664:** *Steensen* erkennt den Bau des Herzens. **1675:** Gründung des Observatoriums von Greenwich **1677:** *Leeuwenhoek* entdeckt Blutkörperchen. 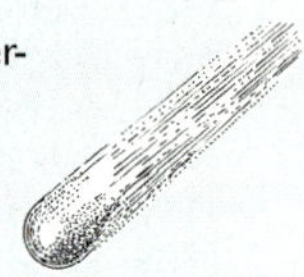 **1682:** *Halley* berechnet Wiederkehr des Halleyschen Kometen. **1690:** *Papin* entwickelt die atmosphärische Dampfmaschine.
aus der allgemeinen Geschichte	**1600:** Gründung der britischen East-India-Company **1609:** Erste Zeitung in Deutschland: „Relation Aller Furnemmen und gedenkwürdigen Historien" **1627:** *Schütz* „Daphne" erste deutsche Oper **1647:** Gründung der Kunstakademie Dresden **1648:** Westfälischer Friede	**1664:** Umbenennung von „New Amsterdam" in „New York" **1669:** *Grimmelshausen* „Simplicissimus" **1672:** *Molière* „Die Streiche des Scapin" **1683:** Türken belagern Wien **1694:** Gründung der Universität Halle **1694:** Taufkapelle der Peterskirche in Rom

1700 bis 1715	1750 bis 1800
1686-1736 *Fahrenheit:* Baut erstes Thermometer zur exakten Temperaturmessung **1700-1782** *Bernoulli:* Hauptwerk „Hydrodynamika“; untersucht Geschwindigkeit, Kraft und Druck in Flüssigkeit, erste Gedanken zur kinetischen Gastheorie **1701-1744** *Celsius:* Erfindet nach ihm benannte Temperaturskale **1706-1790** *Franklin:* Erfindet Blitzableiter, führt Begriff „Ladung“ ein, experimentiert zur Reizungselektrizität **1711-1765** *Lomonossow:* Erklärt Wärmeleitung mit der Bewegung von Teilchen, entdeckt Satz von Erhaltung der Masse **1731-1810** *Cavendish:* Bestimmt die Gravitationskonstante 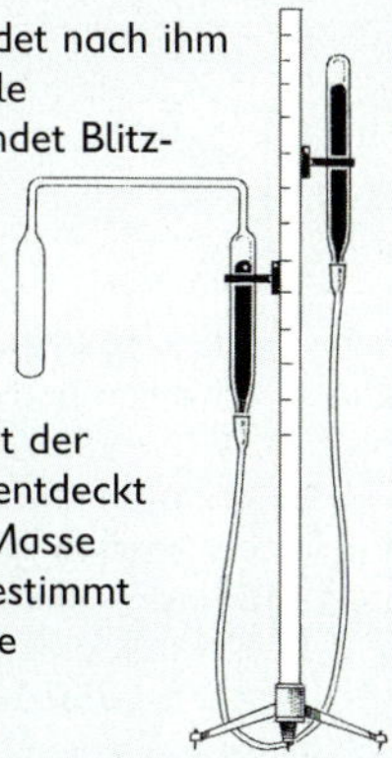	**1736-1806** *Coulomb*: Coulombsches Gesetz $F \sim \frac{Q_1 \cdot Q_2}{r^2}$ 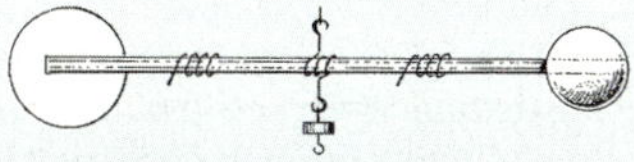 **1736-1789** *Galvani:* Experimentiert mit Strom und Froschschenkeln **1745-1827** *Volta*: Erste elektrochemische Spannungsquelle mit konstantem Strom, Galvanisches Element **1796-1832** *Carnot:* Deutet den Arbeitsertrag einer Dampfmaschine auf allgemeine Weise; Carnotscher Kreisprozeß, Wärme als mechanische Bewegung kleinster Teile
1700: *Leibniz* gründet die preußische Akademie der Wissenschaften. **1709:** *Böttger* schafft erstes europäisches Hartporzellan in Meißen. **1735:** *v. Linné* „Das System der Natur“ **1747:** *Marggraf* Zuckergewinnung aus Rübensaft 	**1763:** *Watt* entwickelt Dampfmaschine. **1770:** *Cook* entdeckt Australien. **1783:** *Montgolfier* erfindet Heißluftballon. **1796:** Schutzimpfung gegen Pocken **1799:** Stein von Rosetta gefunden 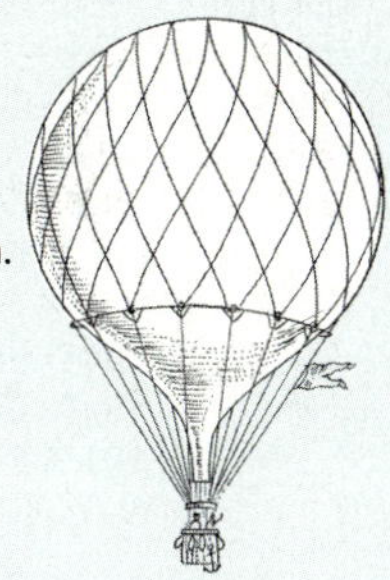
1703: *Händel* „Johannespassion“ **1711:** *Pöppelmann* Baubeginn Dresdener Zwinger **1745:** Gründung der Princeton Universität in New Jersey **1748:** *Bach* „Kunst der Fuge“ 	**1755:** Erdbeben in Lissabon; 12 m Flutwelle, 60 000 Tote **1772:** Erste Teilung von Polen **1773:** *v. Goethe* „Götz von Berlichingen“ **1781:** *Schiller* „Die Räuber“ **1789:** Französische Revolution 

9

9

Zeit	1800 bis 1850	
Schlaglichter aus der Physikgeschichte	**1766-1844** *Dalton:* Führt Begriff „absolute Temperatur" ein, gibt atomistische Erklärung des Gesetzes der multiplen Proportionen **1773-1829** *Young:* Entdeckt Interferenz bei Wellenbewegung (Akustik und Optik), definiert Elastizitätsmodule **1773-1858** *Brown:* Entdeckt Bewegung sehr kleiner Teilchen in Flüssigkeiten (Brownsche Bewegung) **1775-1836** *Ampére:* Entdeckt Kraftwirkungen zwischen stromdurchflossenen Leitern, Ampéresche Molekularströme, Gleichheit der Magnetfelder eines flachen Magneten und einer Stromschleife 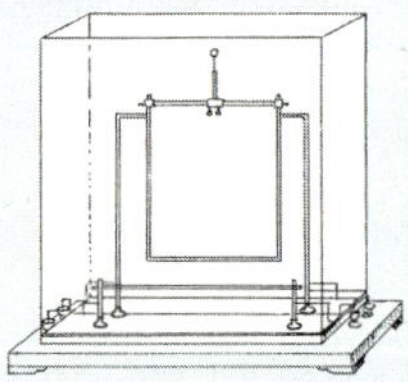	**1776-1856** *Avogadro:* Stellt Molekulartheorie der Gase auf, bestimmt Anzahl der Moleküle in einem Mol 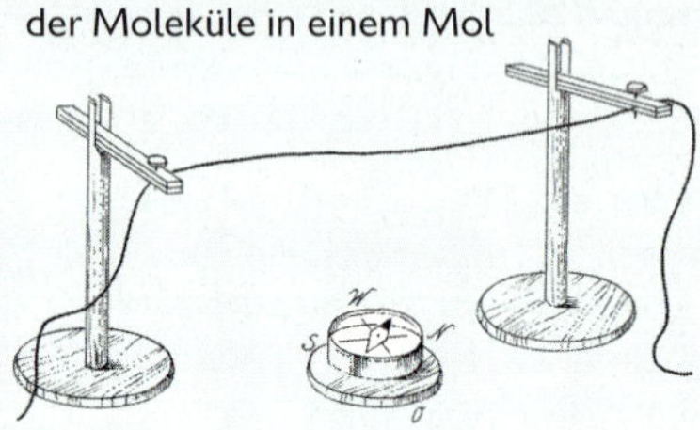 **1777-1851** *Oersted:* Entdeckt magnetische Wirkung des elektrischen Stromes **1777-1855** *Gauß:* Nutzt das Prinzip des kleinsten Zwanges, stellt die Theorie der Abbildungen mit Linsen auf, liefert Beiträge zu Erdmagnetismus und Elektrostatik **1778-1850** *Gay-Lussac*: „Alle Gase dehnen sich bei Erwärmung gleichmäßig aus."
wichtige Entdekkungen und Erfindungen	**1802:** *Humboldt* besteigt Chimborasso. **1803:** Erste Lokomotive für Grubenbahn **1805:** Morphium entdeckt **1807:** Erste Straßengasbeleuchtung in London **1809:** Erster gußeiserner Pflug **1810:** *Goethes* Farbenlehre **1815:** Erste Sicherheitslampe für Bergbau	**1816:** *Gauß* schreibt über nichteuklidische Geometrie. **1818:** Stearinkerzen kommen auf. 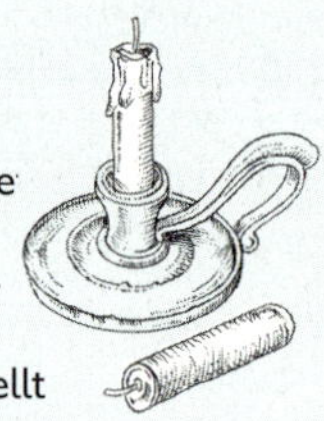 **1819:** *Laennec* erfinde das Stethoskop. **1821:** Erster Elektromagnet **1825:** Anilin dargestellt **1827:** Aluminium aus Tonerde hergestellt
aus der allgemeinen Geschichte	**1804:** *Napoleon Bonaparte* wird „Kaiser der Franzosen"  **1806:** v. *Goethe* Faust I vollendet **1807:** *Friedrich* „Hünengrab im Schnee" **1809:** *Goya* „Erschießung spanischer Freiheitskämpfer"	**1813:** Völkerschlacht bei Leipzig **1814:** *Beethoven* vollendet „Fidelio". **1817:** Wartburgfest **1817:** *Schinkel* Neue Wache in Berlin **1820:** *Puschkin* „Ruslan und Ludmilla" **1822:** Brasilien wird Kaiserreich. 

1800 bis 1850 (Fortsetzung)

1787-1826 *Fraunhofer:* Entdeckt dunkle Linien im Sonnenspektrum
1788-1827 *Fresnel:* Untersucht Beugung des Lichtes, nimmt Licht als Transversalwelle an
1789-1854 *Ohm:* Entdeckt Proportionalität zwischen Spannung und Stromstärke
1791-1867 *Faraday:* Entdeckt elektromagnetische Induktion, Para- und Diamagnetismus, führt Feldlinienmodell ein, untersucht Elektrolyse

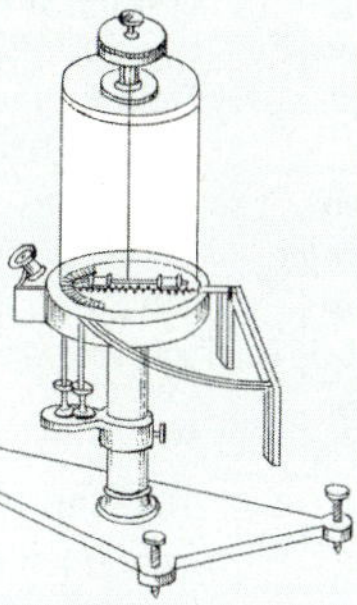

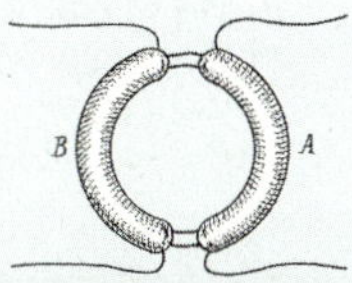

1792-1843 *Coriolis:* Untersucht Dynamik von mechanischen Maschinen und Zerlegung von Kräften in ihre Komponenten
1797-1878 *Henry:* Entdeckt Selbstinduktion beim Ausschalten einer stromdurchflossenen Spule
1804-1865 *Lenz:* Formuliert seine Regel zur Richtung des Induktionsstromes und Beiträge zum Elektromagnetismus
1811-1899 *Bunsen:* Erfindet Kohle-Zink-Element, entdeckt zusammen mit *Kirchhoff* die Spektralanalyse

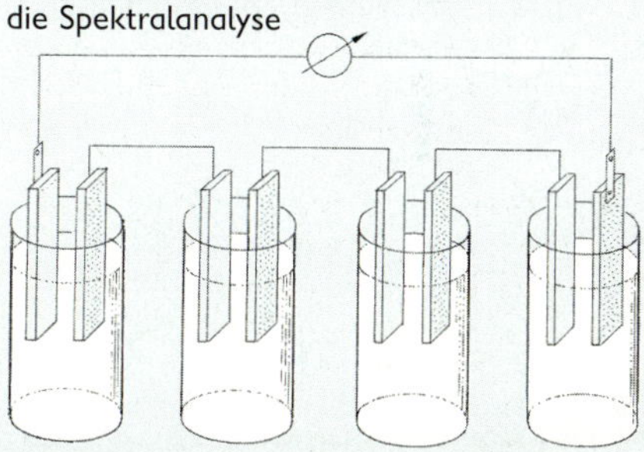

1828: *Blochmann* baut erstes städtisches Kraftwerk in Dresden.
1830: Beginn der Gletscherforschung
1831: Chloroform entdeckt
1832: *Gauß* und *Weber* erfinden elektrischen Telegrafen.
1834: Erste Briefmarke in Irland gedruckt
1835: Erste deutsche Eisenbahn Nürnberg–Fürth

1837: *Daguerre* erfindet die Photographie.
1840: Dampfschiffverkehr England–Amerika
1844: Bildübertragung durch Elektrizität
1846: *Galle* entdeckt den Planeten Neptun.
1849: Stahlbeton erfunden

1826: *Mendelssohn* „Sommernachtstraum"
1830: *Stendhal* „Rot und Schwarz"
1832: Hambacher Fest
1834: Sklavereiverbot im britischen Kolonialreich
1837: Protest der „Göttinger Sieben"
1839: Maya-Kultur entdeckt

1839: *Dickens* „Oliver Twist"
1842: *Gogol* „Die toten Seelen"
1843: *Wagner* „Der fliegende Holländer"
1844: *Heine* „Deutschland, ein Wintermärchen"
1847: „Der Struwwelpeter"
1848: Revolution in Deutschland

Zeit	1850 bis 1900	
Schlaglichter aus der Physikgeschichte	**1814-1878** *Mayer:* Entdeckt Energieerhaltung bei thermischen und chemischen Prozessen **1814-1896** *Fizeau:* Mißt Lichtgeschwindigkeit mit Zahnradmethoden, leistet Vorarbeiten zur Relativitätstheorie **1816-1891** *Siemens:* Trägt wesentlich zur Entwicklung elektrischer Maschinen bei, findet dynamoelektrisches Prinzip **1818-1889** *Joule:* Bestimmt Zusammenhang zwischen mechanischer Energie und Wärme, prägt den Begriff „Stromwärme“ 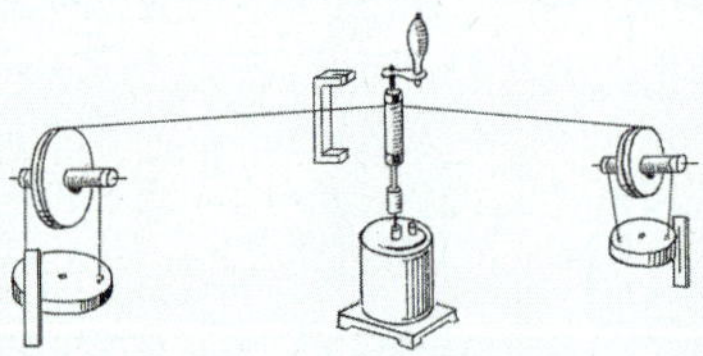	**1821-1894** *Helmholtz:* Formuliert umfassenden Energieerhaltungssatz, erfindet den Augenspiegel, liefert Beiträge zur Hydro-, Thermo- und Elektrodynamik **1824-1907** *Kelvin:* Stellt absolute Temperaturskale auf, findet Joule-Thomson-Effekt, stellt Schwingungsgleichung für elektrischen Schwingkreis auf $\omega=\frac{1}{\sqrt{L\cdot C}}$ **1825-1899** *Balmer:* Trägt wesentlich zur Systematisierung der Linienspektren bei, indem er eine Gleichung für die Linien des Wasserstoffspektrums aufstellt **1831-1879** *Maxwell:* Stellt Theorie des elektromagnetischen Feldes auf
wichtige Entdekkungen und Erfindungen	**1850:** *Liebig* erfindet Kunstdünger. **1851:** Erstes Unterseekabel zwischen Dover und Calais **1851:** *Bauers* Unterseeboot sinkt im Kieler Hafen. **1853:** Erste Rohrpost in London **1855:** Victoriafälle im Sambesi entdeckt **1855:** Bessemer Birne **1858:** *Plücker* entdeckt Katodenstrahlen. 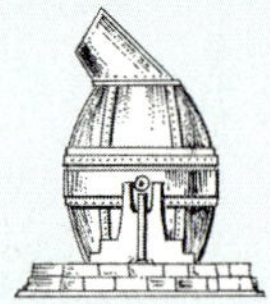	**1858:** Erstes transatlantisches Kabel **1859:** *Darwin* Abstammungslehre **1864:** Siemens-Martin-Stahlprozeß **1865:** *Mendel* Vererbungsgesetze **1867:** *Nobel* erfindet Dynamit. 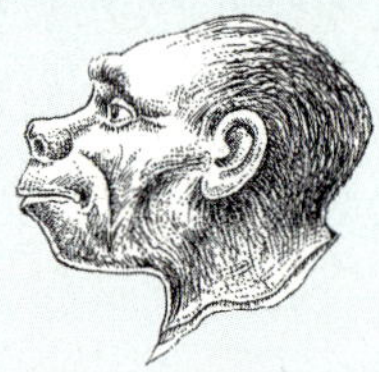
aus der allgemeinen Geschichte	**1850**: *Turgenjew* „Ein Monat auf dem Lande“ **1852:** *Beecher-Stowe* „Onkel Toms Hütte“ **1854:** Unabhängige Burenrepublik Südafrika **1857:** Erste öffentliche Bibliotheken in England und Deutschland **1860:** Nationale Einigung Italiens **1861:** Bau der Wiener Hofoper	**1864:** Rotes Rathaus in Berlin **1865:** *Whymper* besteigt das Matterhorn. **1867:** *Marx* „Das Kapital“ **1871:** Gründung des II. Deutschen Reiches **1870:** *Schliemann* Ausgrabungen in Troja **1875:** *Menzel* „Das Eisenwalzwerk“ 

9

1850 bis 1900 (Fortsetzung)	
1840-1905 *Abbe* (Mitbegründer der Zeiss-Werke): Entdeckt und begründet begrenztes Auflösungsvermögen des Mikroskops **1844-1906** *Boltzmann:* Entdeckt Zusammenhang zwischen Entropie und thermodynamischer Wahrscheinlichkeit 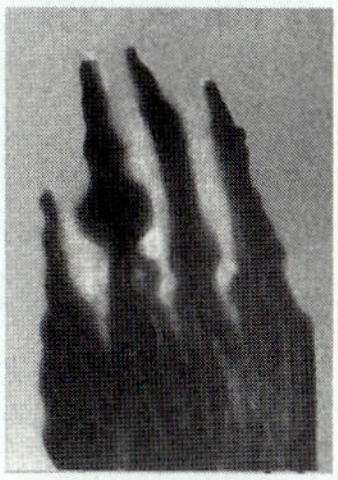 **1845-1923** *Röntgen* (Nobelpreis): Entdeckt die später nach ihm benannten X-Strahlen, untersucht magnetische Wirkungen von Dielektrika **1852-1908** *Becquerel* (Nobelpreis): Entdeckt die Radioaktivität und einige Eigenschaften der Kernstrahlung 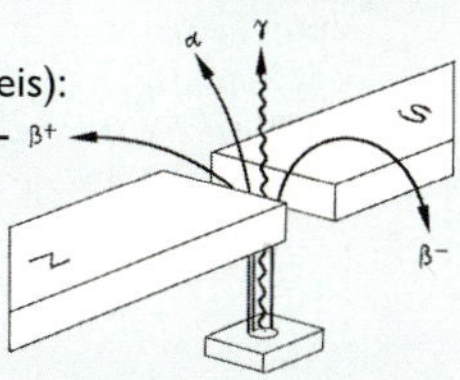	**1852-1931** *Michelson* (Nobelpreis): Erfindet das Interferometer, legt experimentelle Grundlage für Relativitätstheorie durch Bestimmung der Bewegung der Erde in bezug auf den Äther **1855-1938** *Hall:* Entdeckt den Hall-Effekt: In einem stromdurchflossenen Leiter im Magnetfeld entsteht eine Spannung senkrecht zur Feld- und zur Stromrichtung. **1856-1940** *J. J. Thomson* (Nobelpreis): Entdeckt das Elektron, weist Isotope nach, findet im Experiment Hinweise auf Massenzunahme schnell bewegter Teilchen **1857-1894** *H. Hertz:* Entdeckt elektromagnetische Wellen und weist ihre Wesensgleichheit mit Lichtwellen nach
1869: „Brehms Tierleben" **1871:** Zahnradbahn zum Rigi **1874:** *Schliemann* Ausgrabungen in Mykene **1876:** *Otto* erfindet den Viertakt-Motor. **1876:** *Linde* erfindet die Ammoniak-Kältemaschine. **1879:** *Siemens* baut die erste elektrische Lokomotive. **1881:** *Koch* entdeckt den Tuberkel-Bazillus.	**1885:** *Benz* baut dreirädrige Kraftwagen mit Benzinmotor. **1891:** *Lilienthal* macht erste Gleitflüge. **1893:** *Nansen* driftet zum Nordpol. **1895:** Erste Filmvorführung **1900:** Erste Fahrt mit einem Zeppelin 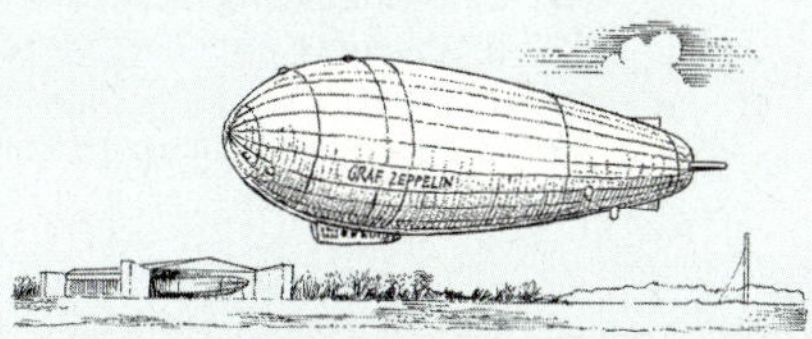
1875: *Bizet* „Carmen" **1876:** *Brahms* 1. Sinfonie **1880:** *Duden* Orthografisches Wörterbuch **1883:** Ausbruch des Vulkans Krakatau **1890:** Sturz *Bismarcks* **1891:** *Gauguin* malt „Frauen von Tahiti" **1892:** Gesetzliche Krankenversicherung in Deutschland	**1894:** Dreyfus-Prozeß in Frankreich **1895:** *Nobel* stiftet nach ihm benannten Preis. **1896:** Erste Olympische Spiele der Neuzeit **1897:** Erster zionistischer Weltkongreß **1899:** Völkerschlachtdenkmal in Leipzig 

9

Zeit	seit 1900	
Schlag-lichter aus der Physikge-schichte	**1858-1947** *Planck* (Nobelpreis): Sein Aufstellen der Strahlungformel für die Strahlung schwarzer Körper führt zur Quantentheorie. Er entdeckt die nach ihm benannte Naturkonstante. **1867-1934** *M. Curie* (Nobelpreis): Entdeckt Radium und Polonium, findet verschiedene Eigenschaften der Kernstrahlung **1868-1953** *Millikan* (Nobelpreis): Mißt als erster die elektrische Elementarladung im Öltröpfchenversuch **1871-1937** *Rutherford* (Nobelpreis): Begründet die moderne Kernphysik, entdeckt den Atomkern, führt erste künstliche Kernreaktionen durch 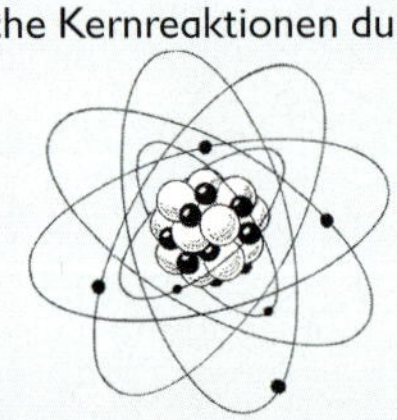	**1878-1968** *Meitner:* Beteiligt an der Entdeckung der Kernspaltung **1879-1955** *Einstein* (Nobelpreis): Entdeckt Masse-Energie-Äquivalenz, begründet Quantentheorie des Lichtes, stellt Relativitätstheorie auf, fordert Krümmung des Raumes  **1879-1960** *v. Laue* (Nobelpreis): Entdeckt Beugung der Röntgenstrahlung, findet mit Röntgenbeugung Strukturen der Kristallgitter, arbeitet zur Theorie der Supraleitung **1879-1968** *Hahn* (Nobelpreis): Entdeckt Spaltung von Atomkernen
wichtige Entdek-kungen und Erfin-dungen	**1901:** *Marconi* transatlantische drahtlose Funkübertragung **1903:** Brüder *Wright* erster Motorflug **1908:** Glühkatodenröhre erfunden **1909:** *Haber* Ammoniaksynthese **1911:** *Amundsen* am Südpol **1912:** *Wegener* Kontinentalverschiebungstheorie **1916:** *Sauerbruch* konstruiert bewegliche Prothesen.	**1922:** Isolierung von Insulin, drahtlose Bildübertragung von Europa nach USA **1923:** Erste Rundfunksendung in Deutschland **1927:** *Pfleumer* erfindet das Magnettonband. **1928:** *Fleming* entdeckt das Penicillin. **1932:** Schwerer Wasserstoff entdeckt; *Anderson* entdeckt Positron. **1934:** Erste künstliche radioaktive Atome durch Ehepaar *Joliot-Curie*
aus der allgemei-nen Ge-schichte	**1900:** Boxeraufstand in China **1900:** *Th. Mann* „Buddenbrooks" **1901:** *Picasso* „Mädchen mit der Taube" **1903:** *Gorki* „Das Nachtasyl" **1905:** Revolution in Rußland **1906:** Erdbeben zerstört San Francisco **1910:** *May* „Winnetou"	**1912:** Untergang der Titanic **1914:** Eröffnung des Panamakanals **1914-1918:** Erster Weltkrieg **1918:** *Chaplin* „Ein Hundeleben" **1919:** *Gropius* gründet Bauhaus in Dessau. **1925:** *Mao Tse-tung* organisiert Bauern in der Provinz Hunan. 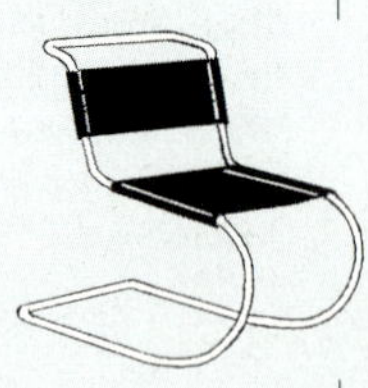

seit 1900 (Fortsetzung)	
 **1885-1962** *Bohr* (Nobelpreis): Entwickelt ein Atommodell mit strahlungsfreien Elektronenbahnen, baut die Quantentheorie aus **1887-1975** *G. Hertz* (Nobelpreis): Weist zusammen mit *Franck* diskrete Energieniveaus der Elektronen im Atom nach **1891-1974** *Chadwick* (Nobelpreis): Entdeckt das Neutron und verbessert damit wesentlich das Atomkernmodell **1892-1962** *Compton* (Nobelpreis): Arbeitet zur Polarisation der Röntgenstrahlung, entdeckt Absorptionsmechanismus der Röntgen- und Gammastrahlung **1892-1987** *de Broglie* (Nobelpreis): Begründet Wellentheorie der Materie: „Jedes Teilchen ist auch Welle und besitzt eine Wellenlänge."	**1901-1954** *Fermi* (Nobelpreis): Entdeckt künstliche Radioaktivität, baut ersten Kernspaltungsreaktor, findet Theorie des Beta-Zerfalls, arbeitet an erster Atombombe mit **1901-1976** *Heisenberg* (Nobelpreis): Entwickelt Quantentheorie auf Matrizenbasis, stellt Unschärferelation auf, erkennt Protonen und Neutronen als Kernbausteine, sucht nach einheitlicher Feldtheorie **1902-1980** *Straßmann*: Mitentdecker der Kernspaltung * **1929** *Gell-Mann* (Nobelpreis): Klassifiziert Elementarteilchen und ihre Wechselwirkungen, entwickelt Strangeness-Theorie * **1929** *Mößbauer* (Nobelpreis): Entdeckt Resonanzabsorption der Gammastrahlung
1935 Erstes regelmäßig gesendetes TV der Welt in Berlin **1938:** Nylon/Perlon erfunden **1941:** *Zuse* baut programmgesteuerte Rechenmaschine auf Relaisbasis. **1943:** *Worburg* erkennt Bedeutung des Chlorophylls. **1945:** Erste Atombombenexplosion, Elektronenbeschleuniger „Betatron" gebaut	**1946:** Erster elektronischer Digitalrechner **1947:** Erster Überschallflug **1948:** Transistor erfunden **1953:** DNS-Struktur enträtselt **1957:** Sputnik erster künstlicher Erdsatellit 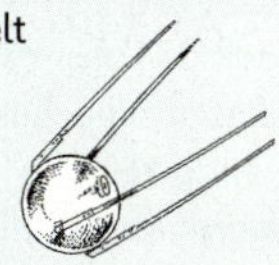 **1961:** *Gagarin* erster Mensch im All **1963:** Erste Sofortbildkamera **1967:** Erste Herztransplantation
1932: *Hauptmann* „Vor Sonnenaufgang" **1933:** Machtergreifung durch Nationalsozialisten in Deutschland **1935:** Nürnberger Rassengesetze **1936:** *Prokoffiev* „Peter und der Wolf" **1938:** Reichskristallnacht; Judenpogrome **1939:** Beginn des II. Weltkrieges **1943:** *Brecht* „Das Leben des Galilei" **1944:** Attentat auf *Hitler* **1945:** Kapitulation Deutschlands	**1947:** *Camus* „Die Pest" **1947:** *Dix* Selbstbildnis als Kriegsgefangener **1948:** *Chagall* „Das fliegende Pferd" **1959:** *Grass* „Die Blechtrommel"; *Schönberg* „Moses und Aron" **1961:** Mauerbau in Berlin **1963:** Organisation für afrikanische Einheit **1975:** Ende des Vietnamkrieges **1981:** Größte Friedensdemonstration in Bonn **1989:** Wiedervereinigung Deutschlands

9

Register

H

R

S

W